BIBLIOTHÈQUE LATINE-FRANÇAISE

ŒUVRES COMPLÈTES

DE

CICÉRON

RHÉTORIQUE A HERENNIUS
TRADUCTION DE M. DELCASSO
RECTEUR HONORAIRE DE LA FACULTÉ DES LETTRES DE STRASBOURG

DE L'INVENTION
TRADUCTION DE E. GRESLOU
REFONDUE PAR M. GRÉARD
INSPECTEUR DE L'ACADÉMIE DE PARIS

NOUVELLE ÉDITION REVUE AVEC LE PLUS GRAND SOIN

PARIS
GARNIER FRÈRES, LIBRAIRES-ÉDITEURS
6, RUE DES SAINTS-PÈRES, ET PALAIS-ROYAL, 215

BIBLIOTHÈQUE LATINE-FRANÇAISE

ŒUVRES COMPLÈTES

DE

CICÉRON

TOME DEUXIÈME

AVIS DES ÉDITEURS

Pour entrer de suite en matière et répondre au désir exprimé par nos lecteurs, nous croyons devoir commencer notre publication par les Œuvres mêmes de Cicéron. Nous publierons ultérieurement un volume complémentaire contenant sa Vie et une Étude d'ensemble. Ce volume formera le tome Ier de l'ouvrage.

PARIS. — IMP. SIMON RAÇON ET COMP., RUE D'ERFURTH, 1.

ŒUVRES COMPLÈTES

DE

CICÉRON

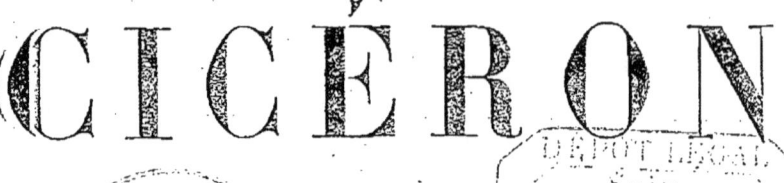

RHÉTORIQUE A HERENNIUS

TRADUCTION DE M. DELCASSO

DIRECTEUR HONORAIRE DE LA FACULTÉ DES LETTRES DE STRASBOURG

DE L'INVENTION

TRADUCTION DE E. GRESLOU

REFONDUE PAR M. GRÉARD

INSPECTEUR DE L'ACADÉMIE DE PARIS

NOUVELLE ÉDITION REVUE AVEC LE PLUS GRAND SOIN

PARIS

GARNIER FRÈRES, LIBRAIRES-ÉDITEURS

6, RUE DES SAINTS-PÈRES, ET PALAIS-ROYAL, 215

1867

PRÉFACE

DE LA PREMIÈRE ÉDITION

(1855)

———

Nous n'avons pas la prétention d'approfondir ici toutes les questions qui ont pu être soulevées par les savants, à propos de l'ouvrage dont nous donnons une traduction nouvelle. Après les doctes travaux de MM. Schütz et Le Clerc, il ne reste rien de neuf à dire sur ce sujet. Notre devoir se borne à présenter, dans un résumé succinct, le résultat des recherches de nos devanciers.

La *Rhétorique à Herennius* est citée comme un ouvrage de Cicéron par plusieurs écrivains[1] qui appartiennent au commencement du moyen âge, c'est-à-dire à cette seconde antiquité si voisine de la première, et qui la connaissait si bien. Alors on possédait encore beaucoup d'auteurs perdus aujourd'hui, et on lisait ceux qui nous restent dans des manuscrits plus anciens et plus complets que les nôtres. On avait donc, pour vérifier l'authenticité des

———

[1] D. Hieronym. *Adv. Ruf.*, lib. I, p. 137, et in *Proœm. comment. ad Abdiam.* — Rufinus, *de Compos. et meth. orat.* — Priscianus, passim, etc.

productions littéraires de l'âge précédent, des ressources dont nous sommes privés. Parmi les graves autorités de cette époque qui attribuent à Cicéron le traité suivant, nous ne citerons que saint Jérôme. « Lisez, dit-il, les livres de Cicéron à Herennius, lisez ses livres de rhétorique, ou bien, comme il avoue lui-même que ce sont des ébauches imparfaites, échappées à son inexpérience, feuilletez ses trois dialogues de l'*Orateur*. » Ce témoignage est confirmé par les meilleurs manuscrits, et par les savants éditeurs du quinzième et du seizième siècle, qui s'accordent presque tous à ranger la *Rhétorique* en question parmi les œuvres de l'orateur romain.

Cependant la plupart des éditeurs modernes n'ont pas cru devoir adopter cette opinion. Fondés sur quelques passages de Quintilien, ils ont affirmé que l'ouvrage n'était point de Cicéron, et se sont livrés à d'immenses recherches pour en découvrir le véritable auteur.

Comme il se trouve, en effet, dans le traité adressé à Herennius, quelques idées que Quintilien rapporte sous le nom de Cornificius, il était naturel de songer d'abord à ce rhéteur pour le substituer à Cicéron. Mais quel est donc cet heureux rival qui vient déposséder un si puissant propriétaire? Quintilien ne nous le fait pas suffisamment connaître, et les érudits, comme pour augmenter encore notre embarras, sont parvenus à exhumer trois ou quatre personnages de ce nom. Tandis que les avis étaient partagés entre ces concurrents, une critique sévère a démontré qu'aucun des Cornificius ne pouvait être l'auteur cherché[1]. Dès lors ceux qui voulaient, à tout prix, exclure

---

[1] Schürz, *Ciceronis opera rhetorica*, 3 vol. Leipzig, 1804-1808. —

Cicéron, se sont livrés à de nouvelles hypothèses, les unes ingénieuses, les autres ridicules, toutes inadmissibles. On a nommé M. Tullius, fils de Cicéron; Lauréa Tullius et Tullius Tiron, ses affranchis; M. Gallion, Virginius Rufus, Marc-Antoine Gniphon et même Timolaüs, fils de la reine Zénobie. Sans alléguer les divers arguments qu'on peut opposer à chacun de ces candidats, contentons-nous de faire observer qu'il n'en est pas un qui ait en sa faveur l'unique titre des Cornificius, je veux dire la mention de Quintilien.

Avant de s'enfoncer dans ces interminables recherches, il aurait fallu s'arrêter plus sérieusement à la question préliminaire, et se demander s'il y avait lieu d'élever des doutes sur l'auteur de la *Rhétorique*. Rappelons qu'il n'y a contre Cicéron que l'autorité de Quintilien. Si ce témoignage est décisif, l'auteur, quel qu'il soit, doit se nommer Cornificius ; si les passages cités dans les *Institutions oratoires* n'offrent rien de concluant, nous n'avons nul motif pour chercher un auteur à l'ouvrage : c'est une propriété non contestée qui reste, de plein droit, à son ancien possesseur.

Or, un examen scrupuleux a démontré que, parmi les allusions de Quintilien à l'ouvrage de Cornificius[1], quelques-unes sont étrangères à la *Rhétorique* qui nous oc-

---

Schütz, *Ciceronis opera*, 20 vol.; Lips., 1814-1821. — Le Clerc, *Œuvres de Cicéron*, t. I, Introduction. — Fabric., *Bibl. lat.*, c. viii. — Baehr., *Geschichte der Romischen litteratur*, B. III, c. xv, § 248.

[1] Quint., v, 10, 2; *Rh. ad Herenn.*, iv, 18. — Quint., ix, 2, 27; *Rh. ad Herenn.*, iv, 36. — Quint., ix, 3, 51; *Rh. ad Herenn.*, iv, 14. — Quint., ix, 3, 69; *Rh. ad Herenn.*, iv, 14. — Quint., ix, 3, 91; *Rh. ad Herenn.*, iv, 17, 25. — Quint. ix, 4, 98; *Rh. ad Herenn.*, iv, 15, 16, 24, 27, 54, etc.

cupe, d'autres n'y ont qu'un rapport éloigné. Une seule paraît s'en approcher davantage ; mais la ressemblance ne porte que sur les noms de plusieurs figures. Deux auteurs ne peuvent-ils pas, en traitant le même sujet, avoir adopté, à peu près, les mêmes termes et les mêmes classifications? Voilà cependant la base fragile sur laquelle reposent tant d'hypothèses et de discussions.

A ces preuves, qu'on pourrait appeler négatives, M. Le Clerc en ajoute de plus puissantes encore, tirées de l'ouvrage même. D'abord, il détermine approximativement l'époque à laquelle il a dû être composé. En fixant avec exactitude la date des faits contemporains qui s'y trouvent mentionnés, on a constaté que le plus récent est la mort du tribun Sulpicius[1], tué par ordre de Sylla, l'an de Rome 666. Cicéron avait alors dix-neuf ans. M. Le Clerc en conclut qu'il aurait pu rédiger cette *Rhétorique* après sa vingtième année.

Un autre passage peut concourir avec le précédent à déterminer l'époque que nous cherchons. L'auteur de la *Rhétorique* mentionne (liv. I, ch. II) une loi qui impose à l'un des augures l'obligation de proposer à l'assemblée du peuple le candidat qui demande à remplacer un augure décédé. Cette loi ne peut être que la loi *Domitia*, abrogée par Sylla en 675. C'est donc avant cette année que l'ouvrage a été composé, et il n'a pu l'être avant 666, comme le prouve le fait cité plus haut.

L'auteur de la traduction publiée en 1846, sans aborder directement la difficulté, avance un fait qui, s'il était constant, renverserait notre calcul et celui de M. Le Clerc :

---

[1] *Rhetor. ad Herenn.*, lib I, c. xv. Cf. *Brutus.* c. LXXXIX.

« Une chose bien digne de remarque, dit-il, et à laquelle les critiques n'ont peut-être pas fait attention, c'est qu'on trouve dans la *Rhétorique à Herennius* des exemples pris dans les discours de l'orateur romain, et notamment dans la cinquième *Philippique*. » Si cette assertion était fondée, il ne serait guère possible d'attribuer à Cicéron un ouvrage postérieur à la cinquième *Philippique*. Mais une découverte pareille méritait bien que l'auteur prît la peine d'indiquer ces passages que, le premier entre tant de critiques, il avait découverts. Comme il n'en a rien fait, nous craignons fort qu'il n'ait été dupe de quelque illusion. De légers rapports entre les expressions et les pensées ne prouveraient rien ici. Pourquoi Cicéron n'aurait-il pas repris dans les ouvrages de son âge mûr ou de sa vieillesse quelques-unes des idées qu'il avait déjà émises dans ses premières compositions?

D'autres motifs nous confirment encore dans notre opinion. On reconnaît à chaque page de la *Rhétorique à Herennius* l'esprit des études que l'auteur faisait alors sous des maîtres grecs : c'est bien la méthode stoïcienne, avec ses définitions précises, ses divisions multipliées. Le style, aussi bien que le fond des idées, annonce un jeune homme; l'expression, habituellement vive et ingénieuse, est trop souvent obscure et recherchée. Néanmoins ce premier essai n'est pas indigne d'un grand maître; nous y reconnaissons le futur héritier des philosophes et des orateurs grecs, avec son jugement sain, sa critique délicate, son imagination féconde. Il a déjà son goût pour les vieux poëtes latins, qu'il cite à chaque instant; déjà même, à travers ses sympathies plébéiennes, il laisse entrevoir les opinions politiques du dernier chef de l'aristocratie ro-

maine. Enfin, si l'on trouve peu de charme dans une science décomposée trop minutieusement, et, pour ainsi dire, pulvérisée, on ne saurait pourtant se défendre d'admirer la force d'analyse qui a su ramener ainsi l'art oratoire à ses éléments constitutifs.

Par une bizarrerie qui nous semble inexplicable, ceux qui veulent enlever à Cicéron la *Rhétorique* ne lui contestent point le traité de l'*Invention*, qui n'est évidemment qu'une seconde édition du premier ouvrage. En effet, s'il y a deux auteurs, il faut nécessairement que l'un ait copié l'autre. Or, il est certain que le traité de l'*Invention* a été écrit le dernier : il correspond rigoureusement à la première moitié de la *Rhétorique*; il en reproduit des pages entières, mais avec d'heureuses modifications : ce sont à peu près les mêmes divisions, mais avec plus de méthode; les mêmes définitions, mais avec plus d'exactitude. Accusera-t-on d'un ignoble plagiat le génie le plus fécond de l'antiquité?

Reconnaissons donc qu'il n'y a ici qu'un seul auteur. Cicéron, dans un âge plus mûr, a refondu les deux premiers livres de sa *Rhétorique*, comme il refit aussi plus tard, sur un autre plan, les dialogues qu'il avait consacrés à l'histoire des doctrines académiques. Tout, dans le traité de l'*Invention*, porte l'empreinte d'un progrès incontestable. L'auteur ne s'éloigne de la *Rhétorique* que pour la corriger, la perfectionner. L'écrivain, éclairé par l'expérience, change ou modifie les exemples, supprime les détails inutiles, ajoute des développements nécessaires, rectifie les termes ou les idées. La forme s'est sensiblement améliorée; le fond est resté le même.

Dans les remarques ajoutées à chaque livre, nous re-

viendrons plus d'une fois sur les nombreux rapports qui existent entre les deux ouvrages. Nous renvoyons également aux notes pour beaucoup d'autres détails dont nous croyons inutile de surcharger cette Introduction.

Quel que soit l'auteur de la *Rhétorique à Herennius*, il est certain qu'il n'a point travaillé d'après la *Rhétorique* d'Aristote. Son traité n'a pas été non plus composé sur le plan de la *Rhétorique à Alexandre*, dont l'auteur est incertain. Les écrits d'Hermagoras sont vraisemblablement la source à laquelle il a puisé de préférence.

PRÉFACE

DE CETTE NOUVELLE ÉDITION

Depuis la première publication de notre travail, la *Rhétorique à Hérennius* a été l'objet d'études importantes, entre lesquelles il faut signaler l'édition de C. L. Kayser donnée en 1854 à Leipzig sous ce titre : *Cornificii Rhetoricorum ad Herennium libri IV*. Une nouvelle collation des manuscrits (on en possède 90) a permis au savant philologue d'amender le texte que les copistes ont si étrangement défiguré. La préface plaide avec érudition la cause du mystérieux Cornificius. Cependant, après mûr examen, nous croyons devoir maintenir nos conclusions de 1835. Cette dissidence ne nous empêche pas de rendre hommage à l'édition de Leipzig, dont nous avons souvent profité[1]. Et d'abord, nous acceptons le portrait du jeune auteur de la *Rhétorique* tel que l'esquisse le critique allemand. L'ami d'Hérennius, en effet, en même temps qu'il exploite les rhéteurs grecs, s'inspire du génie romain,

[1] Celle d'Orelli, justement estimée, nous a été d'un grand secours.

prodiguant les réminiscences des poëtes nationaux, des orateurs de la république et des événements contemporains. Peu soucieux des artifices de la parole, il écrit avec une simplicité mâle et lucide, où respire l'amour de la vertu, le patriotisme, le dévouement à la cause populaire. Ajoutez une juvénile ardeur de produire : il promet d'écrire un jour sur l'*art grammatical*[1], sur la *mémoire*[2] sur l'*art militaire* et sur l'*administration de la république*[3] ; il projette une *réfutation des dialecticiens*[4] ; enfin, au début de l'ouvrage et au dernier chapitre, il attribue une juste prééminence à la philosophie. A ce brillant éloge de Cornificius, M. Kayser nous permettra de reconnaître Cicéron, alors que sa jeune verve éclatait dans le poëme de Marius et dans l'éloquence un peu rude de ses premiers plaidoyers.

Rapprochons les faits, les dates et les citations. Il est constant que notre rhétorique, publiée avant 675, n'a été composée qu'après 666. Entre ces deux chiffres sont comprises les années studieuses de Cicéron, de 19 à 25. Pendant cet intervalle, trois maîtres lui enseignèrent à Rome la philosophie : Phèdre l'Épicurien, l'académicien Philon et le stoïcien Diodote. Alors aussi il étudiait la jurisprudence sous les frères Scévola. Plus tard, en 672, le rhéteur Apollonius Molon, de Rhodes, qu'il avait déjà entendu, revint à Rome et perfectionna son éducation oratoire. Les résultats de ces diverses directions d'études se montrent à toutes les pages de la *Rhétorique*. Vous y ren-

[1] L. IV, c. xii.
[2] L. III, c. xvi.
[3] L. II, c. ii
[4] L. II, c. xi

contrez tour à tour le jeune légiste, le publiciste débutant, le rhétoricien déjà expert. Le soldat qui vient de faire ses premières armes dans la guerre sociale (664) s'y laisse entrevoir. J'y reconnais surtout l'apprenti philosophe et la méthode de Diodote, ce stoïcien qui resta jusqu'à sa mort attaché à la maison de l'orateur et qui l'avait façonné avec un soin particulier, comme il dit lui-même, à la dialectique, qu'il définit une éloquence condensée et resserrée[1]. Ce fut assurément sous cette discipline sèche et austère qu'il composa le traité oratoire dont il parle *De Orat.*, l. I, c. II : « Ébauche informe d'un enfant, d'un tout jeune homme, échappé de ses rédactions scolaires. » La sortie contre les dialecticiens, au l. II, c. II, n'est pas en contradiction avec le ton général de l'ouvrage ; c'est la satire de l'abus et non la méthode elle-même.

Ce premier essai, très-répandu dans le public à l'époque où l'illustre consulaire en parlait avec tant de dédain (699), est manifestement la *Rhétorique à Hérennius* où se montre à chaque pas, avec la haute morale du *Portique*, son système d'exposition, genre roide et pointilleux dont notre auteur ne tarda pas à se corriger. N'avons-nous pas encore des reliefs de l'enseignement du *Stoïcien* dans les exemples que le naïf disciple se félicite d'avoir imaginés lui-même[2] ? Ce sont sans doute des extraits de ces compositions dont il est parlé à la fin du *Brutus* : « Je me livrais à ce maître et à ses procédés didactiques avec une telle ardeur que pas un jour n'était vide

---

[1] Brutus, 90.
[2] L. IV, c. I-VII.

d'exercices oratoires, tantôt en grec, tantôt en latin. »

Le rhéteur Molon eut peu de peine sans doute à détourner son brillant élève d'une école étriquée et pédantesque, en lui ouvrant des sources d'inspiration plus abondantes. De là sortit, selon nous, le traité de l'*Invention* commencé vers 674, lorsque Cicéron avait atteint sa 27e année. Quoi qu'il en soit de nos conjectures, la *Rhétorique à Hérennius* fut dès sa naissance le manuel des étudiants. De curieux rapprochements démontrent qu'Horace la savait par cœur[1]. Les citations répandues dans une foule d'écrivains, les quatre-vingt-dix manuscrits venus jusqu'à nous, et les emprunts que lui ont faits nos traités classiques, prouvent que ce livre n'a jamais perdu sa popularité.

ERRATA

Rhétorique, page 30, 2e ligne du texte latin, au lieu de *et officia*, lisez : *et ea officia*.

Ibid., page 74, 8e ligne du texte latin, au lieu de *ingenuam*, lisez : *ingenuum*.

RHÉTORIQUE

A C. HERENNIUS

ARGUMENT

DU LIVRE PREMIER

L'auteur, dans une courte préface, indique l'objet qu'il se propose (ch. 1er); ensuite il fait connaître les trois genres d'éloquence, *démonstratif, délibératif, judiciaire*, et les conditions que l'orateur doit remplir, c'est-à-dire l'*invention*, la *disposition*, l'*élocution*, la *mémoire* et le *débit* (ii). Il consacre ce premier livre à l'invention en général, qui comprend l'*exorde*, la *narration*, la *division*, la *confirmation*, la *réfutation* et la *conclusion* (iii).

Pour bien traiter l'exorde, il faut l'approprier au genre de la cause. On distingue quatre genres de causes, l'*honnête*, le *honteux*, le *douteux* et le *bas* (iii). Il y a deux sortes d'exordes, le *simple début* (iv et v) et l'*insinuation* (vi et vii).

On distingue trois espèces de *narrations* : 1° la narration fondamentale, sur laquelle roule toute la cause; 2° les narrations accessoires, qui se présentent dans le cours des plaidoiries; 3° les narrations de fantaisie, qu'on écrit pour s'exercer (viii). L'auteur s'arrête sur la première, qui doit être *courte, claire, vraisemblable* (ix); puis il passe à la *division* et à la *distribution* (x); de là il nous conduit à la *confirmation* et à la *réfutation*, qui doivent se subordonner à l'état de la question. Il y a trois questions, *conjecturale*, *légale*, *juridiciaire* (xi-xv). L'état de la question étant trouvé, il faut chercher la *raison* de la cause, la *réplique* de l'adversaire, et le *point à juger* (xvi et xvii). Une conclusion insignifiante termine ce livre.

RHÉTORIQUE

A C. HERENNIUS

LIVRE PREMIER

1. Quoique je puisse à peine, au milieu des affaires privées qui me captivent, réserver assez de loisir pour l'étude, et que même, ce peu de temps qui me reste, je le consacre plus volontiers à la philosophie, cependant, C. Herennius, cédant à vos désirs, je me suis décidé à écrire sur l'art oratoire : je ne veux point que vous me reprochiez de vous avoir refusé quelque chose, ou de reculer devant le travail. Je me suis chargé de cet ouvrage avec d'autant plus d'ardeur que, si vous aspirez à connaître la rhétorique, ce n'est pas sans motifs, je le sais. En effet, l'abondance des idées et la facilité de l'élocution n'offrent pas de stériles avantages,

RHETORICORUM

AD C. HERENNIUM

LIBER PRIMUS

1. Etsi negociis familiaribus impediti, vix satis otium studio suppeditare possumus, et id ipsum, quod datur, otii, libentius in philosophia consumere consuevimus; tamen tua nos, C. Herenni, voluntas commovit, ut de ratione dicendi conscriberemus : ne aut tua causa noluisse aut fugisse nos laborem putares. Et eo studiosius hoc negocium suscepimus, quod te non sine causa velle cognoscere rhetoricam intelligebamus. Non enim in se parum fructus habet copia dicendi, et commoditas orationis, si recta intelligentia et definita

lorsqu'elles sont gouvernées par un jugement droit et par un esprit sagement modérateur. Voilà pourquoi nous avons laissé de côté certains détails dont les écrivains grecs ne s'embarrassèrent que par une vaine ostentation. Dans la crainte de ne pas paraître assez savants, ils ont recherché au loin des choses étrangères au sujet, afin qu'on crût l'art plus difficile : nous, au contraire, nous n'avons abordé que les questions relatives à la rhétorique. Ce n'est pas l'espoir du gain, ou le mobile de la gloire, qui nous a entraîné à écrire, comme tant d'autres ; notre unique but est de vous complaire. Maintenant, sans nous égarer en un trop long préambule, nous entrerons en matière, après vous avoir toutefois donné un avis : c'est que l'art, sans l'exercice assidu de la parole, n'est pas d'un grand secours ; comprenez donc bien que notre théorie doit toujours être adaptée à la pratique.

II. Le devoir de l'orateur est de pouvoir parler sur toutes les questions de l'ordre civil qui sont réglées par les coutumes ou par les lois, en se conciliant, autant qu'il est possible, l'assentiment des auditeurs. Il y a trois genres de causes que l'orateur doit embrasser : le démonstratif, le délibératif et le judiciaire. Le démonstratif est consacré à louer ou à blâmer une personne déterminée ; le délibératif, qui suppose une consultation, a pour objet de conseiller ou de dissuader ; le judiciaire, qui repose sur

---

moderatione animi gubernetur. Quas ob res illa, quæ Græci scriptores inanis arrogantiæ causa sibi assumpserunt, reliquimus. Nam illi, ne parum multa scisse viderentur, ea conquisiverunt, quæ nihil attinebant, ut ars difficilior cognitu putaretur : nos autem ea, quæ videbantur ad rationem dicendi pertinere, sumpsimus. Non enim spe quæstus, aut gloria commoti venimus ad scribendum, quemadmodum cæteri ; sed ut industria nostra tuæ morem geramus voluntati. Nunc, ne nimium longa sumatur oratio, de re dicere incipiemus :
te unum illud monuerimus, artem sine assiduitate dicendi non multum uvare : ut intelligas hanc rationem præceptionis ad exercitationem accommodari oportere.
II. Oratoris officium est, de iis rebus posse dicere, quæ res ad usum civilem moribus ac legibus constitutæ sunt, cum assensione auditorum, quoad ejus fieri poterit. Tria sunt genera causarum, quæ recipere debet orator : demonstrativum, deliberativum, judiciale. Demonstrativum est, quod tribuitur in alicujus certæ personæ laudem, vel vituperationem ; deliberativum est in consultatione, quod habet in se suasionem et dissuasionem ; judiciale est,

une controverse, renferme l'accusation ou l'attaque, et la défense.

Nous allons indiquer à présent les conditions indispensables pour être orateur; nous montrerons ensuite comment il faut traiter ces trois genres de causes. A l'orateur appartiennent l'invention, la disposition, l'élocution, la mémoire et le débit. L'invention est ce travail de la pensée qui trouve les moyens vrais ou vraisemblables à l'appui de la cause. La disposition est l'ordre et le classement de ces moyens; elle enseigne où chaque chose doit être placée. L'élocution accommode aux idées fournies par l'invention les mots et les phrases les mieux appropriés. Par la mémoire, l'esprit retient fermement les pensées, les expressions et le plan du discours. Le débit nuance avec grâce la voix, la physionomie et le geste. Trois choses nous conduisent à l'accomplissement de toutes ces conditions : l'art, l'imitation et l'exercice. L'art est l'ensemble des préceptes qui dirigent la marche et l'économie du discours ; l'imitation nous fait travailler avec soin à ressembler aux modèles que nous avons choisis; l'exercice est la pratique assidue et l'habitude de la parole.

Puisque nous venons d'indiquer les genres de causes que traite l'orateur, les conditions qu'il doit remplir, maintenant nous avons à dire comment ces principes s'appliquent à la composition d'un discours.

quod positum in controversia habet accusationem, aut petitionem cum defensione.

Nunc, quas res oratorem habere oporteat, docebimus; deinde, quo modo has causas tractari conveniat, ostendemus. Oportet igitur esse in oratore inventionem, dispositionem, elocutionem, memoriam, et pronunciationem. Inventio est excogitatio rerum verarum aut veri similium, quæ causam probabilem reddant. Dispositio est ordo et distributio rerum ; quæ demonstrat quid quibus locis sit collocandum. Elocutio est idoneorum verborum et sententiarum ad inventionem accommodatio. Memoria est firma animi rerum et verborum et dispositionis perceptio. Pronunciatio est vocis, vultus, gestus moderatio cum venustate. Hæc omnia tribus rebus assequi poterimus, arte, imitatione, exercitatione. Ars est præceptio, quæ dat certam viam rationemque dicendi. Imitatio est, qua impellimur cum diligenti ratione, ut aliquorum similes in dicendo velimus esse. Exercitatio est assiduus usus consuetudoque dicendi.

Quoniam igitur demonstratum est quas causas oratorem recipere, qusaque res habere conveniret, nunc, quemadmodum possit oratio ad rationem oratoris officii accommodari, dicendum videtur.

III. L'invention se résout en six parties oratoires : exorde, narration, division, confirmation, réfutation, conclusion. L'exorde ou le commencement du discours dispose l'esprit de l'auditeur à l'attention. La narration est l'exposé des choses faites, ou données comme faites. La division met au jour ce dont on est convenu, ce qui est contesté ; par elle nous exposons les objets dont nous avons à parler. La confirmation établit nos arguments dans toute leur force. La réfutation détruit les moyens qu'on nous oppose. La conclusion est la fin du discours ménagée avec art. À propos des devoirs de l'orateur, afin de nous faire mieux comprendre, nous avons énuméré les parties du discours, en les rapportant au travail de l'invention : il convient donc de parler d'abord de l'exorde.

La cause une fois posée, il faut, pour que l'exorde soit plus approprié au sujet, examiner quel est le genre de la cause. Il y a quatre genres de causes : l'honnête, le honteux, le douteux et le bas. La cause appartient au genre honnête, quand nous défendons ce qui semble devoir être défendu par tout le monde, ou que nous attaquons ce que chacun semble devoir attaquer ; ainsi l'on parle en faveur d'un homme de bien contre un parricide. Le genre est appelé honteux, lorsqu'on attaque ce qui est honnête ou qu'on défend ce qui ne l'est pas. Le genre est

---

III. Inventio in sex partes orationis consumitur : exordium, narrationem, divisionem, confirmationem, confutationem, conclusionem. Exordium est principium orationis, per quod animus auditoris constituitur ad audiendum. Narratio est rerum gestarum, aut perinde ut gestarum, expositio. Divisio est, per quam aperimus quid conveniat, quid in controversia sit, et per quam exponimus quibus de rebus simus dicturi. Confirmatio est nostrorum argumentorum expositio cum asseveratione. Confutatio est contrariorum locorum dissolutio. Conclusio est artificiosus terminus orationis. Nunc, quoniam una cum oratoris officiis, quo res cognitu facilior esset, producti sumus, ut de orationis partibus loqueremur, et eas ad inventionis rationem accommodaremus, de exordio primum dicendum videtur.

Causa posita, quo commodius exordiri possimus, genus causæ est considerandum. Genera causarum sunt quattuor : honestum, turpe, dubium, humile. Honestum causæ genus putatur, quum aut id defendimus, quod ab omnibus defendendum videtur ; aut id oppugnamus, quod ab omnibus videtur oppugnari debere : ut pro viro forti contra parricidam. Turpe genus intelligitur, quum aut honesta res oppugnatur, aut defenditur turpis. Dubium genus est,

douteux, quand la cause est en partie honnête, en partie honteuse. Le genre est bas, quand on présente une chose méprisée.

IV. Puisqu'il en est ainsi, il conviendra de conformer l'exorde au genre de la cause. Il y a deux sortes d'exordes : l'un, que les Grecs nomment προοίμιον, n'est qu'un simple début ; l'autre, qu'ils nomment ἔφοδος, se fait par insinuation. L'exorde n'est qu'un simple début, quand, dès l'abord, nous disposons l'auditeur à nous écouter. Il a pour but de le rendre attentif, docile, bienveillant. Si le genre de la cause est douteux, nous débuterons en réclamant la bienveillance, de peur que la partie honteuse qu'il contient ne nous fasse du tort. Si le genre est bas, nous provoquerons l'attention ; s'il est honteux, on se servira de l'insinuation, dont nous devons parler plus tard, à moins qu'on n'ait trouvé un moyen de capter la bienveillance en accusant les adversaires. Si le genre est honnête, il sera permis d'employer ou de ne pas employer le simple début : si nous voulons l'employer, il faudra montrer ce qui constitue l'honnêteté de la cause, ou exposer brièvement le sujet du discours ; si nous ne voulons point l'employer, il faudra débuter en citant une loi, un écrit ou quelque circonstance qui offre un solide appui à la cause.

---

quum habet in se causa et honestatis et turpitudinis partem. Humile genus est, quum contempta res affertur.

IV. Quum hæc ita sint, conveniet exordiorum rationem ad causæ genus accommodari. Exordiorum duo sunt genera : principium, quod græce προοίμιον appellatur, et insinuatio, quæ ἔφοδος nominatur. Principium est, quum statim auditoris animum nobis idoneum reddimus ad audiendum. Id ita sumitur, ut attentos, ut dociles, ut benevolos auditores habere possimus. Si genus causæ dubium habebimus, a benevolentia principium constituemus, ne quid illa turpitudinis pars nobis obesse possit. Sin humile genus erit causæ, faciemus attentos. Sin turpe causæ genus erit, insinuatione utendum est, de qua posterius dicemus, nisi quid nacti erimus, quare adversarios criminando, benevolentiam capere possimus. Sin honestum causæ genus erit, licebit recte vel uti, vel non uti principio. Si uti volemus, aut, id oportebit ostendere, quare causa sit honesta, aut breviter, quibus de rebus simus dicturi, exponere. Sin principio uti nolemus, ab lege, a scriptura, aut ab aliquo firmissimo nostræ causæ adjumento principium capere oportebit.

Puisque nous voulons avoir un auditeur docile, bienveillant, attentif, faisons connaître les moyens de parvenir à ce triple but. Nous pourrons avoir des auditeurs dociles, si nous exposons succinctement le fond de la cause, et si nous fixons leur attention : car être docile, c'est consentir à écouter attentivement. Nous obtiendrons l'attention, si nous déclarons devoir parler de choses importantes, nouvelles, extraordinaires, de choses qui intéressent l'État, ou les auditeurs, ou le culte des dieux immortels ; si nous prions qu'on nous écoute attentivement, et si nous exposons avec ordre les questions que nous allons traiter. Pour rendre l'auditoire bienveillant, nous avons quatre moyens : parler de nous-mêmes, des adversaires, des auditeurs, et du sujet.

V. Nous gagnerons la bienveillance en parlant de nous-mêmes, si nous faisons valoir nos services sans arrogance, si nous rappelons ce que nous avons fait pour l'état, pour nos parents, pour nos amis, ou pour ceux mêmes qui nous écoutent, pourvu que tous ces détails aient rapport à l'objet dont il s'agit ; si nous retraçons nos peines, notre détresse, notre abandon, notre calamité ; enfin si, en implorant le secours des auditeurs, nous déclarons qu'en eux seuls nous avons voulu mettre nos espérances. Nous obtiendrons la bienveillance en parlant de nos adversaires, si nous attirons sur eux la haine, l'envie, le mépris,

---

Quoniam igitur docilem, benevolum, attentum auditorem habere volumus, quo modo quidque confici possit, aperiemus. Dociles auditores habere poterimus, si summam causæ breviter exponemus, et si attentos eos faciemus ; nam docilis est, qui attente vult audire. Attentos habebimus, si pollicebimur nos de rebus magnis, novis, inusitatis verba facturos, aut de iis quæ ad rem publicam pertineant, aut ad eos ipsos qui audient, aut ad deorum immortalium religionem ; et si rogabimus, ut attente audiant : et, si numero exponemus res, quibus de rebus dicturi sumus. Benevolos auditores facere quattuor modis possumus, a nostra, ab adversariorum nostrorum, ab auditorum persona, et a rebus ipsis.

V. A nostra persona benevolentiam contrahemus, si nostrum officium sine arrogantia laudabimus, atque in rem publicam quales fuerimus aut in parentes aut in amicos aut in eos ipsos qui audiunt, aliquid referemus, dum hæc omnia ad eam ipsam rem qua de agitur, sint accommodata. Item, si nostra incommoda proferemus, inopiam, solitudinem, calamitatem : et si orabimus, ut nobis sint auxilio, simul ostendemus, nos in aliis spem noluisse habere. Ab adversariorum persona benevolentia captabitur, si eos in odium, in invidiam, in contem-

Nous les dévouerons à la haine, si nous citons de leur part quelque trait d'infamie, d'orgueil, de perfidie, de cruauté, de présomption, de malice, de perversité. Nous les livrerons à l'envie, si nous mettons en avant leur force, leur puissance, la faction qui les soutient, leurs richesses, leur ambition effrénée, leur noblesse, le nombre de leurs clients, de leurs hôtes, de leurs amis, de leurs parents, et si nous démontrons qu'ils placent leur confiance dans ces appuis plutôt que dans la vérité. Nous les ferons tomber dans le mépris, si nous dévoilons leur apathie, leur mollesse, leur lâcheté, leurs mauvaises mœurs. Nous recueillerons la bienveillance en parlant des auditeurs, si nous rappelons les jugements où ils firent preuve de courage, de sagesse, de clémence, de grandeur d'âme ; si nous étalons à leurs yeux et l'estime qui les environne, et l'attente excitée par l'arrêt qu'ils vont prononcer. Nous rendrons l'auditoire bienveillant en parlant du sujet même, si nous relevons notre cause par des louanges adroites, et si nous rabaissons avec mépris celle de la partie adverse.

VI. A présent il faut développer ce qui concerne l'insinuation. Il y a trois circonstances où l'on ne peut se servir du simple début, et qu'il faut considérer avec soin : quand nous avons une cause honteuse, c'est-à-dire quand le sujet même aliène de nous l'esprit de l'auditeur ; en second lieu, quand l'auditeur paraît avoir été persuadé par ceux qui, auparavant, ont parlé contre

ptionem adducemus. In odium rapiemus, si quod eorum spurce, superbe, perfidiose, crudeliter, confidenter, malitiose, flagitiose factum proferemus. In invidiam trahemus, si vim, si potentiam, factionem, divitias, incontinentiam, nobilitatem, clientelas, hospitium, sodalitatem, affinitates adversariorum proferemus, et his adjumentis magis, quam veritate eos confidere aperiemus. In contemptionem adducemus, si inertiam, ignaviam, desidiam, luxuriam adversariorum proferemus. Ab auditorum persona benevolentia colligetur, si res eorum fortiter, sapienter, mansuete, magnifice judicatas proferemus : et si, quæ de iis existimatio, quæ judicii exspectatio sit, aperiemus. Ab rebus ipsis benevolum efficiemus auditorem, si nostram causam laudando tollemus, adversariorum per contemptionem deprimemus.

VI. Deinceps de insinuatione aperiendum est. Tria sunt tempora, quibus principio uti non possumus, quæ diligenter sunt consideranda : aut quum turpem causam habemus, hoc est, quum ipsa res animum auditoris a nobis alienat ;

nous ; enfin, quand il est déjà fatigué d'avoir entendu les discours qui ont précédé le nôtre.

Si la cause est du genre honteux, on pourra commencer par ces arguments : *Il faut avoir égard à la chose et non à la personne; ou bien, à la personne et non à la chose : nous n'approuvons point le fait qu'on nous impute, il est indigne ou criminel.* Ensuite, après avoir longuement insisté sur la gravité du fait, nous montrerons que nous n'avons commis rien de pareil. D'autres fois, nous alléguerons un jugement prononcé par d'autres juges sur une cause semblable, ou identique, ou moins importante, ou plus sérieuse ; puis, nous nous approcherons à pas comptés de notre sujet, et nous montrerons la similitude des deux faits. On réussit de même en déclarant qu'on ne dira rien des adversaires ou de quelque autre chose dont on parle cependant à la dérobée, en glissant quelques mots avec adresse. Si l'auditeur a été persuadé, si le discours de la partie adverse a obtenu créance (ce qui n'est point difficile à remarquer, puisque nous connaissons les moyens qui opèrent la conviction) ; si, dis-je, nous croyons nos juges convaincus, voici les différentes manières de nous insinuer dans la cause : nous nous engagerons à parler d'abord de ce que l'adversaire aura présenté comme son plus puissant secours ; ou bien nous commencerons par une de ses assertions, surtout par la dernière ; ou bien encore nous

---

aut quum animus auditoris persuasus esse videtur ab iis, qui ante contra dixerunt ; aut quum defessus est eos audiendo, qui ante dixerunt.

Si causa turpitudinem habebit, exordiri poterimus his rationibus : *rem, non hominem* ; aut *hominem, non rem spectari oportere; non placere nobis ipsis, quæ facta dicantur ab adversariis, et esse indigna aut nefaria.* Deinde quum diu rem auxerimus, nihil simile a nobis factum ostendemus ; aut aliquorum judicium de simili causa aut de eadem aut de minore aut de majore proferemus. Deinde ad nostram causam pedetemptim accedemus, et similitudinem conferemus. Item, si negabimus, nos de adversariis aut de aliqua re dicturos, et tamen occulte dicemus interjectione verborum. Si persuasus auditor fuerit, id est, si oratio adversariorum fecerit fidem auditoribus (neque enim non facile scire poterimus, quoniam non sumus nescii quibus rebus fides fieri soleat) : ergo si fidem factam putabimus, his rebus nos insinuabimus ad causam : de eo, quod adversarii firmissimum sibi adjumentum putarint, primum nos dicturos pollicebimur ; aut ab adversarii dicto exordiemur ; et ab eo maxime

paraîtrons hésiter, ne sachant à quel argument donner la préférence, à quelle attaque répondre d'abord, embarrassés du choix. Si l'attention de l'auditoire est déjà fatiguée, nous commencerons par quelque chose qui puisse exciter le rire ; ou bien par un apologue, un conte vraisemblable, une imitation, une charge, une inversion de mots, une équivoque, une allusion maligne, une raillerie, une bouffonnerie, une exagération, un rapprochement, un changement de lettres ; on peut aussi débuter en piquant la curiosité, en offrant une similitude, une chose inattendue, une anecdote, un vers ; ou bien nous profiterons d'une interpellation, d'un sourire échappé à quelqu'un de nos auditeurs ; nous pourrons aussi promettre de parler autrement que nous ne nous y étions préparés ; de ne pas nous exprimer comme les autres ont coutume de le faire ; et, dans ce dernier cas, nous exposerons en peu de mots leur méthode et la nôtre.

VII. Voici en quoi l'insinuation diffère du simple début. Dans le simple début, on cherche à rendre l'auditeur bienveillant, attentif, docile, en présentant de prime abord les moyens que nous avons prescrits ; tandis que l'insinuation, en dissimulant sa marche, arrive au même but, et nous procure la même faveur dans l'exercice de la parole. Je sais que, dans toute la durée du discours, on doit se ménager ce triple avantage ; oui, il faut que

---

quod ille nuperrime dixerit ; aut dubitatione utemur, quid potissimum dicamus, aut cui loco primum respondeamus, cum admiratione. Si defessi erunt audiendo, ab aliqua re, quæ risum movere possit, ab apologo, fabula veri simili, imitatione, depravatione, inversione, ambiguo, suspicione, irrisione, stultitia, exsuperatione, collatione, litterarum mutatione ; præterea exspectatione, similitudine, novitate, historia, versu, aut ab alicujus interpellatione, aut arrisione ; et si promiserimus, aliter ac parati fuerimus, nos esse dicturos ; nos non eodem modo, ut cæteri soleant, verba facturos ; quid alii soleant, quid nos facturi simus, breviter exponemus.

VII. Inter insinuationem, et principium hoc interest. Principium hujusmodi debet esse, ut statim apertis rationibus, quibus præscripsimus, aut benevolum, aut attentum, aut docilem faciamus auditorem : at insinuatio ejusmodi debet esse, ut occulte per dissimulationem eadem illa omnia conficiamus, ut ad eamdem commoditatem in dicendi opere pervenire possimus. Verum hæ tres utilitates tametsi in tota oratione sunt comparandæ, hoc est, ut auditores sese

nos auditeurs se montrent constamment attentifs, dociles, bienveillants : mais c'est à l'exorde surtout d'assurer ce triomphe au reste de la cause.

Maintenant je vais enseigner quels sont les défauts à éviter pour ne point faire un mauvais exorde. Au commencement d'un discours, ayez soin de donner de la douceur à l'expression, de ne pas vous éloigner du langage usité, en sorte que votre style soit sans apprêt. L'exorde est mauvais, s'il peut convenir à plusieurs causes : c'est ce qu'on appelle un exorde banal ; il ne l'est pas moins, si l'adversaire peut s'en servir sans y rien changer : c'est ce qu'on appelle un exorde commun ; il est encore défectueux quand, avec de légers changements, l'adversaire peut l'employer contre nous. On condamne aussi l'exorde, si la diction en est trop recherchée, s'il est trop long, s'il ne sort point du sujet naturellement et de manière à se rattacher sans effort à la narration (on l'appelle, en ce cas, exorde détaché, ce qui comprend l'exorde d'emprunt) ; enfin, s'il ne rend l'auditeur ni bienveillant, ni docile, ni attentif. C'en est assez sur l'exorde ; passons à la narration.

VIII. Il y a trois sortes de narrations. La première, exposant le fait, en tourne toutes les circonstances au profit de notre cause, afin d'obtenir la victoire : elle appartient aux causes dans lesquelles on attend un jugement. La deuxième intervient quel-

---

perpetuo nobis attentos, dociles, benevolos præbeant ; tamen id per exordium causæ maxime comparandum est.

Nunc, ne quando vitioso exordio utamur, quæ vitia vitanda sint, docebo. In exordienda causa servandum est, ut lenis sit sermo, et usitata verborum consuetudo, ut non apparata oratio esse videatur. Vitiosum exordium est, quod in plures causas potest accommodari, quod vulgare dicitur ; item vitiosum est, quo nihilominus adversarius potest uti, quod commune appellatur ; item illud, quo leviter commutato adversarius poterit uti ex contrario ; item vitiosum est, quod nimium apparate compositum est, aut nimium longum est, et quod non ex ipsa causa natum videatur (quod separatum vocatur ; in quo etiam translatum includitur), ut proprie cohæreat cum narratione : et quod neque benevolum, neque docilem, neque attentum facit auditorem. De exordio satis dictum erit : deinceps ad narrationem transeamus.

VIII. Narrationum tria genera sunt. Unum est, quum exponimus rem gestam, et unum quidque trahimus ad utilitatem nostram, vincendi causa : quod pertinet ad eas causas de quibus judicium futurum est. Alterum genus est nar-

quefois au milieu du discours; elle offre une preuve, une accusation, une transition, une préparation, un éloge. La troisième, quoique étrangère aux causes civiles, présente un exercice avantageux pour apprendre à traiter les deux autres. Ce genre se divise en deux espèces : l'une concerne les choses; l'autre, les personnes. La narration consacrée aux choses est triple : merveilleuse, historique, ou feinte. La narration merveilleuse présente des choses qui ne sont ni vraies ni vraisemblables, comme il s'en trouve dans les tragiques. La narration historique rapporte un fait véritable, mais éloigné de notre époque. La narration feinte nous offre un fait supposé, mais possible, comme celle des comédies. La narration consacrée aux personnes exige les grâces du style, la variété des caractères; tour à tour grave ou légère, elle peint l'espoir, la crainte, le soupçon, le désir, la dissimulation, la pitié, les vicissitudes des choses, les changements de la fortune, un malheur imprévu, une joie inespérée, un dénoûment heureux. Au reste, c'est par l'exercice qu'on se forme à ce genre de narration : occupons-nous seulement de ce qui appartient à une cause véritable.

IX. La narration doit avoir trois qualités : brièveté, clarté, vraisemblance. Puisque nous savons que ces conditions sont essen-

rationis, quod intercurrit nonnumquam fidei, aut criminationis, aut transitionis, aut alicujus apparitionis, vel laudationis causa. Tertium genus est id, quod a causa civili remotum est : in quo tamen exerceri convenit, quo commodius illas superiores narrationes in causis tractare possimus. Ejus narrationis duo genera sunt : unum, quod in negociis ; alterum, quod in personis positum est. Id, quod in negociorum expositione positum est, tres habet partes : fabulam, historiam, argumentum. Fabula est, quæ neque veras, neque veri similes continet res, ut eæ sunt, quæ tragœdis traditæ sunt. Historia est gesta res, sed ab ætatis nostræ memoria remota. Argumentum est ficta res, quæ tamen fieri potuit, velut argumenta comœdiarum. Illud genus narrationis, quod in personis positum est, debet habere sermonis festivitatem, animorum dissimilitudinem, gravitatem, levitatem, spem, metum, suspicionem, desiderium, dissimulationem, misericordiam, rerum varietates, fortunæ commutationem, insperatum incommodum, subitam lætitiam, jucundum exitum rerum. Verum hæc in exercendo transigentur : illud, quod ad veritatem pertinet, quomodo tractari conveniat, aperiemus.

IX. Tres res convenit habere narrationem, ut brevis, ut dilucida, ut veri similis sit : quæ quoniam fieri oportere scimus, quemadmodum faciamus, cogno-

tielles, apprenons comment nous pourrons les remplir. Nous raconterons avec brièveté, si nous commençons par où il faut commencer, sans remonter à la première origine; si nous présentons l'essentiel, sans entrer dans de minutieux détails; si nous nous arrêtons à propos, sans poursuivre le fait jusqu'à ses dernières conséquences; si, évitant toute digression, nous ne nous écartons jamais du sujet que nous aurons entrepris; si, en présentant les conséquences d'une action, nous laissons deviner ce qui a précédé, bien que nous ne le disions point : quand je dis, par exemple, que je suis revenu de la province, on comprend que j'y étais allé. En tout cas, le mieux est de passer non-seulement ce qui nuit, mais encore ce qui n'est ni avantageux ni nuisible. Gardons-nous aussi de répéter deux ou trois fois la même chose, et de reprendre dans chaque phrase ce qui vient d'être dit dans la précédente, comme en cet exemple :

Simon arriva le soir d'Athènes à Mégare;
Dès qu'il fut arrivé à Mégare, il tendit des piéges à la jeune fille;
Après lui avoir tendu des piéges, il lui fit violence dans le même lieu.

La narration sera claire, si nous exposons d'abord ce qui s'est fait d'abord; si, conservant l'ordre des choses et des temps, nous

scendum est. Rem breviter narrare poterimus, si inde incipiemus narrare, unde necesse erit; et, si non ab ultimo initio repetere volemus; et, si summatim, non particulatim narrabimus; et si non ad extremum, sed usque eo, quo opus erit, persequemur; et si transitionibus nullis utemur; et si non deerrabimus ab eo, quod cœperimus exponere; et si exitus rerum ita ponemus, ut, ante quoque quæ facta sunt, sciri possint, tametsi nos reticuerimus : quod genus, si dicam : « me ex provincia redisse, » profectum quoque in provinciam intelligatur. Et omnino non modo id quod obest, sed etiam id quod neque obest, neque adjuvat, satius est præterire. Et ne bis aut sæpius idem dicamus, cavendum est : etiam ne id quod semel supra diximus, deinceps dicamus, hoc modo :

Athenis Megaram vesperi advenit Simo :
Ubi advenit Megaram, insidias fecit virgini
Insidias postquam fecit, vim in loco attulit

Rem dilucide narrabimus, si ut quidque primum gestum erit, ita primum exponemus, et rerum ad temporum ordinem conservabimus, ut gestæ res erunt

montrons les faits tels qu'ils se sont passés ou ont pu se passer (ici, il faudra éviter avec soin la confusion, l'entortillage, l'ambiguïté, les termes nouveaux, les digressions étrangères au sujet; il faudra ne point remonter trop haut, ne point descendre trop bas, ne rien omettre de ce qui appartient au sujet); enfin nous serons clairs, si nous observons les préceptes relatifs à la brièveté : car plus un récit est court, plus il est lucide et facile à saisir.

La narration sera vraisemblable, si nous conformons nos paroles à l'usage, à l'opinion, à la nature; si nous avons égard au laps de temps, à la dignité des personnes, aux motifs des résolutions, à la convenance des lieux, de peur qu'on ne nous dise : Le temps n'a point suffi; il n'y avait pas de motif; le lieu n'était pas convenable; de tels hommes ne pouvaient ni faire ni souffrir de tels actes. Lors même que le fait est vrai, il faut encore, en le racontant, observer toutes ces conditions : car, si vous n'en tenez compte, la vérité peut souvent n'être pas crue. Quand le fait est supposé, c'est une raison de plus pour suivre nos règles. Enfin, vous ne contesterez qu'avec circonspection les faits qui paraissent appuyés sur des titres écrits ou sur une autorité respectable.

Jusqu'ici, dans ce que j'ai avancé, je crois être d'accord avec

---

aut ut potuisse geri videbuntur. Hic erit considerandum, ne quid perturbate, ne quid contorte, ne quid ambigue, ne quid nove dicamus, ne quam in aliam rem transeamus, ne ab ultimo repetamus, ne longe persequamur, ne quid, quod ad rem pertineat, prætereamus; et si sequamur ea, quæ de brevitate præcepta sunt : nam quo brevior, eo dilucidior et cognitu facilior narratio fiet.

Veri similis narratio erit, si, ut mos, ut opinio, ut natura postulat, dicemus; si spatia temporum, personarum dignitates, consiliorum rationes, locorum opportunitates constabunt : ne refelli possit, aut temporis parum fuisse, aut causam nullam, aut locum idoneum non fuisse, aut homines ipsos facere, aut pati non potuisse. Si vera res erit, nihilo minus hæc omnia narrando conservanda sunt, nam sæpe veritas, nisi hæc servata sint, fidem non potest facere. Sin erit ficta, eo magis erunt conservanda. De iis rebus caute confligendum est, quibus in rebus tabulæ aut alicujus firma auctoritas videbitur interfuisse.

Adhuc quæ dicta sunt, arbitror mihi constare cum cæteris artis scriptoribus,

les maîtres de l'art, à l'exception de ce que j'ai dit de neuf sur les insinuations, que j'ai, seul, divisées en trois espèces, afin de donner à l'exorde une méthode claire et sûre.

X. Maintenant, pour ce qui nous reste à dire de l'invention qui contient le principal devoir de l'orateur, nous apporterons à ce travail tout le soin qu'il réclame, en consacrant d'abord quelques mots à la division des causes.

La division a deux parties. En effet, la narration achevée, nous devons d'abord montrer ce que nous admettons avec l'adversaire, et, si les points convenus entre nous sont à notre avantage, passer ensuite à ce qui est en controverse; par exemple : « Oreste a tué sa mère, j'en conviens avec la partie adverse. En avait-il le droit? ce meurtre était-il permis? voilà ce qui est controversé. » De même dans la réplique : « On avoue qu'Agamemnon a été tué par Clytemnestre, et néanmoins on prétend que je ne devais pas venger mon père. » Après avoir divisé, nous emploierons la distribution, qui comprend l'énumération et l'exposition. L'énumération indique le nombre des objets dont on va parler. Il ne faut pas qu'elle ait plus de trois parties : car il y a du danger à dire trop ou trop peu ; on pourrait aussi par là faire soupçonner à l'auditeur de la préméditation et de l'artifice, ce qui enlève au

---

nisi quæ de insinuationibus nova excogitavimus, quod eas soli nos, præter cæteros, in tria tempora divisimus, ut plane certam viam et perspicuam rationem exordiorum haberemus.

X. Nunc, quod reliquum est, quoniam de rerum inventione disputandum est, in qua singulare consumitur oratoris officium, dabimus operam, ut nihilo minus industrie, quam rei utilitas postulabit, quæsisse videamur, si prius pauca de divisione causarum dixerimus.

Causarum divisio in duas partes distributa est. Primum enim perorata narratione debemus aperire quid nobis conveniat cum adversariis ; et si ea, quæ utilia nobis erunt, convenient, quid in controversia relinquatur, hoc modo : « Interfectam esse ab Oreste matrem, convenit mihi cum adversariis : jurene fecerit, et licueritne facere, id est in controversia. » Item e contrario : « Agamemnonem esse a Clytæmnestra occisum confitentur : quum id ita sit, me ulcisci parentem negant oportuisse. » Deinde quum hoc fecerimus, distributione uti debemus. Ea dividitur in duas partes, enumerationem et expositionem. Enumeratione utemur, quum dicemus numero, quot de rebus dicturi simus. Eam plus quam trium partium numero esse non oportet : nam et periculosum est, ne quando plus minusve dicamus, et suspicionem affert auditori medita-

discours toute confiance. L'exposition a pour but de présenter en peu de mots, mais complétement, le sujet du discours.

Passons maintenant à la confirmation et à la réfutation. Tout l'espoir du triomphe, tous les moyens de persuasion reposent sur ces deux parties. En effet, dès que nous aurons développé nos preuves, et détruit celles de l'adversaire, nous aurons entièrement accompli la tâche imposée à l'orateur.

XI. Nous serons à même de traiter ces deux parties, si l'état de la question nous est connu. La plupart des rhéteurs ont établi quatre sortes de questions; Hermès, notre maître, n'en admettait que trois; non qu'il retranchât quelque chose de ce que les autres mettaient dans l'invention; il voulait montrer qu'on avait divisé et considéré, sous un double point de vue, ce qu'il aurait fallu offrir dans son indivisible unité.

Ce qui constitue la question, c'est le fond même de la défense et le point essentiel de l'accusation. Les questions, comme on vient de le dire, sont au nombre de trois : Question conjecturale, question légale, question juridiciaire. La question est conjecturale, lorsque le fait est contesté; par exemple : « Ajax, dans un bois, après avoir appris ce qu'il a fait pendant son délire, se jette sur son épée. Ulysse arrive, le voit sans vie, arrache de son corps le fer sanglant. Teucer survient, et voyant auprès de son

---

tionis et artificii, quæ res fidem abrogat orationi. Expositio est, quum res, quibus de rebus dicturi sumus, exponimus breviter et absolute.

Nunc ad confirmationem et confutationem transeamus. Tota spes vincendi, ratioque persuadendi posita est in confirmatione et confutatione : nam quum adjumenta nostra exposuerimus, contrariaque dissolverimus, absolute nimirum munus oratorium confecerimus.

XI. Utrumque igitur facere poterimus, si constitutionem causæ cognoverimus. Causarum constitutiones alii quattuor fecerunt : noster doctor Hermes tres putavit esse; non ut de illorum quidquam detraheret inventione, sed ut ostenderet, id, quod oportuisset simpliciter ac singulari modo docere, illos distribuisse dupliciter et bipartito.

Constitutio est prima deprecatio defensoris cum accusatoris insimulatione conjuncta. Constitutiones itaque, ut ante diximus, tres sunt : conjecturalis, legitima, juridicialis. Conjecturalis est, quum de facto controversia est, hoc modo : « Ajax in silva, postquam rescivit quæ fecisset per insaniam, gladio incubuit. Ulixes intervenit; occisum conspicatur; corpore telum cruentum educit. Teucer intervenit ; quum fratrem occisum, inimicum fratris cum gladio

frère tué l'ennemi de son frère tenant le glaive ensanglanté, il accuse Ulysse d'assassinat. » Comme on cherche la vérité par conjecture, il y aura discussion sur le fait ; et voilà pourquoi la question est appelée conjecturale. La question est légale, quand il s'élève quelque contestation au sujet d'un écrit. Elle se divise en six parties : 1° la lettre et l'esprit ; 2° les lois contraires ; 3° les termes ambigus ; 4° la définition ; 5° la translation ; 6° l'analogie.

La controverse roule sur la lettre et l'esprit, lorsque l'intention de celui qui a écrit ne paraît pas d'accord avec le texte ; par exemple : « Une loi porte que ceux qui, dans une tempête, abandonnent leur vaisseau, doivent perdre bâtiment et cargaison ; et, que si le vaisseau est sauvé, tout appartiendra à ceux qui ne l'auront point quitté. Effrayés par une horrible tempête, tous les passagers d'un vaisseau l'ont abandonné et se sont jetés dans le canot, à l'exception d'un malade que son état a empêché de sortir et de fuir le danger. Le hasard, la fortune conduisent sans accident le vaisseau dans le port : le malade se trouve possesseur du bâtiment ; l'ancien propriétaire le réclame. » Voilà une question légale qui repose sur la lettre et l'esprit.

La controverse a sa source dans les lois contraires, lorsqu'une loi ordonne ou permet ce qu'une autre défend ; par exemple :

---

cruento videt ; capitis arcessit. » Hic, quoniam conjectura verum quæritur, de facto erit controversia, et ex eo constitutio causæ conjecturalis nominatur. Legitima est constitutio, quum in scripto aliquid controversiæ nascitur. Ea dividitur in partes sex : scriptum et sententiam, contrarias leges, ambiguum, definitionem, translationem, ratiocinationem.

Ex scripto et sententia controversia nascitur, quum videtur scriptoris voluntas cum scripto ipso dissentire, hoc modo : « Si lex sit, quæ jubeat, eos qui propter tempestatem navim reliquerint, omnia perdere ; eorum navim, cæteraque esse, si navis conservata sit, qui remanserint in navi. Magnitudine tempestatis omnes perterriti navim reliquerunt, et in scapham conscenderunt præter unum ægrotum ; is propter morbum exire et fugere non potuit. Casu et fortuitu navis in portum incolumis delata est : illam ægrotus possidet : navim petit ille, cujus fuerat. » Hæc constitutio legitima est ex scripto et sententia.

Ex contrariis legibus controversia constat, quum alia lex jubet aut permittit, alia vetat quidpiam fieri, hoc modo : « Lex vetat eum qui de pecuniis repe-

« Une loi défend au citoyen condamné pour concussion de parler devant l'assemblée du peuple. Une autre loi ordonne à l'augure de proposer dans l'assemblée du peuple celui qui se présente pour remplacer l'augure décédé. Un augure condamné pour concussion a proposé le successeur du défunt : on demande qu'il soit puni. » Voilà une question légale fondée sur deux lois opposées.

XII. La controverse vient de l'ambiguïté des termes, lorsque la phrase, écrite dans un sens, en présente deux, ou plus encore : par exemple : « Un père de famille, en instituant son fils héritier, a légué par testament des vases d'argent à sa femme, en s'exprimant ainsi : TULLIUS, MON HÉRITIER, DONNERA A MA FEMME TRENTE LIVRES DE VAISSELLE D'ARGENT, A SON CHOIX. Après la mort du testateur, la femme demande des vases précieux et magnifiquement ciselés. Tullius prétend qu'il peut donner ceux qu'il voudra, pourvu qu'ils pèsent trente livres. » Ici la question légale résulte de l'ambiguïté des termes.

Elle dépendra de la définition, si l'on n'est point d'accord sur le nom qu'il faut donner à un acte ; en voici un exemple : « Lorsque L. Saturninus allait porter sur les blés la loi *des demi-as* et *des tiers d'as*, Q. Cépion, alors questeur urbain, avertit le sénat que le trésor public ne pouvait suffire à une si grande largesse. Le sénat décréta que, présenter cette loi au

---

tundis damnatus sit, in concione orationem habere. Altera lex jubet augurem, in demortui locum qui petat, in concione nominare. Augur quidam damnatus de pecuniis repetundis, in demortui locum, nominavit : petitur ab eo mulcta. » Constitutio hæc legitima est ex contrariis legibus.

XII. Ex ambiguo controversia nascitur, quum scriptum duas aut plures sententias significat, hoc modo : « Paterfamilias quum filium hæredem faceret, testamento vasa argentea uxori legavit. TULLIUS HÆRES MEUS TERENTIÆ UXORI MEÆ XXX PONDO VASORUM ARGENTEORUM DATO, QUÆ VOLET. Post mortem ejus vasa pretiosa et cælata magnifice petit mulier. Tullius se, quæ ipse velit, in xxx pondo ei debere dicit. » Constitutio est legitima ex ambiguo.

Ex definitione causa constat, quum in controversia est, quo nomine factum appelletur ; ea est hujusmodi : « Quum L. Saturninus legem frumentariam de semissibus et trientibus laturus esset, Q. Cæpio, qui per id temporis quæstor urbanus erat, docuit senatum, ærarium pati non posse largitionem tantam.

peuple, ce serait agir contre la république. Saturninus la présenta; ses collègues firent opposition; Saturninus n'en fit pas moins apporter l'urne des suffrages. Cépion, le voyant, au mépris du sénatus-consulte et de l'opposition de ses collègues, porter une loi contraire à la république, se précipite avec quelques bons citoyens, brise les ponts, renverse les urnes, et empêche que la loi ne soit portée. On accuse Cépion de lèse-majesté. » La question légale dépend ici de la définition : en effet, on ne peut déterminer ce qu'on entend par lèse-majesté sans définir ce mot.

La controverse naît de la translation, lorsque l'accusé demande un délai, lorsqu'il veut faire changer l'accusateur ou les juges. Chez les Grecs on se sert de cette espèce de question dans les jugements qui intéressent l'État; chez nous, le plus souvent, dans les jugements civils. En pareille matière, la science du droit civil sera d'un grand secours. Cependant nous employons parfois ce moyen, même quand il s'agit de crimes d'État; en voici un exemple : « Si un homme est accusé de péculat pour avoir enlevé d'un lieu particulier des vases d'argent, propriété publique, il peut dire, après avoir défini le vol et le péculat, qu'on doit lui intenter une action de vol et non de péculat. » Cette sorte de question légale se présente rarement devant nos tribunaux, pour deux motifs : d'abord, parce que, dans toute accusation particu-

---

Senatus decrevit, si eam legem ad populum ferat, adversus rem publicam videri eum facere. Saturninus ferre cœpit. Collegæ intercedere. Ille nihilo minus cistellam detulit. Cœpio, ut illum contra S. C., intercedentibus collegis, adversus rem publicam vidit ferre, cum viris bonis impetum facit, pontes disturbat, cistas dejicit, impedimento est, quo secius feratur lex : arcessitur Cœpio majestatis. » Constitutio est legitima ex definitione. Vocabulum enim definitur ipsum, quum quæritur, quid sit minuere majestatem.

Ex translatione controversia nascitur, quum aut tempus differendum, aut accusatorem mutandum, aut judices mutandos reus dicit. Hac parte constitutionis, Græci in judiciis, nos in jure civili plerumque utimur. In hac parte nos juris civilis scientia maxime juvabit. In judiciis tamen nonnihil utimur, ut hoc modo : « Si quis peculatus accusatur, quod vasa argentea publica de loco privato dicatur sustulisse, possit dicere, quum definitione sit usus, quid sit furtum, quid peculatus ; secum furti agi, non peculatus oportere. » Hæc partitio legitimæ constitutionis his de causis raro venit in judicium, quod in privata

lière, le préteur fait connaître les exceptions, et que celui qui ne suit pas les formes prescrites perd la cause ; en second lieu, parce que, dans les causes publiques, les lois ont permis que préalablement, quand l'accusé y trouve son avantage, il soit décidé par un jugement si l'accusateur a ou n'a point le droit d'accuser.

XIII. La controverse repose sur l'analogie, lorsqu'il faut prononcer sur un fait qu'aucune loi n'a spécialement prévu, mais qui a quelque rapport avec d'autres lois ; en voici un exemple : *Il est une loi ainsi conçue :* « Si un homme est furieux, sa personne et sa fortune devront être sous la puissance de ses agnats et de ses *gentiles* ; » *une autre :* « Celui qui est condamné pour avoir tué son père sera enveloppé et lié dans un sac de cuir ; puis on le jettera à la rivière ; » *une troisième :* « Si un père de famille a légué ses biens et ses esclaves, que sa volonté soit respectée ; » *une quatrième :* « Si le père de famille meurt sans avoir testé, ses esclaves et ses biens appartiendront à ses agnats et à ses *gentiles*. Malleolus a été condamné pour avoir tué sa mère ; aussitôt on lui a couvert le visage d'une peau de loup ; on lui a mis aux pieds des sandales de bois, et on l'a conduit en prison. Ses défenseurs apportent des tablettes dans la prison, écrivent son testament devant lui, en présence de témoins, suivant la loi ; peu après, il est livré au supplice. Ceux que le tes-

---

actione prætoriæ exceptiones sunt, et causa cadit is, qui non, quemadmodum oportet, egerit ; et in publicis quæstionibus cavetur legibus, ut ante, si reo commodum sit, judicium de accusatore fiat, utrum illi liceat accusare, necne.

XIII. Ex ratiocinatione controversia constat, quum res sine propria lege venit in judicium, quæ tamen ab aliis legibus similitudinem quamdam aucupatur. Ea est hujusmodi : Lex, « Si furiosus escit, agnatum gentiliumque in eo pecuniaque ejus potestas esto. » Et lex. « Qui parentem necasse judicatus erit, ut is obvolutus et obligatus corio, devehatur in profluentem. » Et lex, « Paterfamilias uti super familia pecuniave sua legassit, ita jus esto. » Et lex, « Si paterfamilias intestatus moritur, familia pecuniaque ejus agnatum gentiliumque esto. » Malleolus judicatus est matrem necasse : ei damnato statim folliculo lupino os obvolutum est, et soleæ ligneæ in pedibus inductæ sunt, et in carcerem ductus est. Qui defendebant eum, tabulas in carcerem afferunt ; testamentum ipso presente conscribunt ; testes recte affuerunt : de illo suppli-

tament institue héritiers réclament la succession. Le frère puiné de Malleolus, qui avait été son accusateur, déclare que l'héritage lui appartient en qualité d'agnat. Aucune loi expresse ne peut être invoquée en cette affaire; mais on en cite plusieurs desquelles on conclut par analogie que Malleolus avait ou n'avait pas le droit de tester. » Telle est la question légale fondée sur l'analogie.

Nous avons montré les différentes espèces de questions légales; parlons maintenant de la question juridiciaire.

XIV. La question juridiciaire se présente quand on convient du fait, mais en se demandant s'il est ou n'est point conforme au droit. Cette question prend deux formes : elle est absolue ou empruntée. Elle est absolue, quand nous soutenons qu'une action est bonne, sans nous appuyer sur aucun motif étranger; par exemple : « Un comédien apostropha en plein théâtre le poëte Accius par son nom; Accius l'accusa d'injures; le comédien borna sa défense à dire qu'il était permis de nommer celui sous le nom duquel la pièce était livrée à la représentation. » La question est empruntée, lorsque la défense, faible par elle-même, s'appuie sur une circonstance prise hors du sujet. Cette question peut se présenter sous quatre points de vue : l'aveu, le recours, la récrimination, l'alternative.

---

cium paullo post sumitur; ii qui hæredes erant testamento hereditatem adeunt. Frater minor Malleoli, qui cum oppugnaverat in ejus periculo, suam vocat hereditatem lege agnationis. Hic certa lex in rem nulla affertur, et tamen multæ afferuntur, e quibus ratiocinatio nascitur, quare potuerit aut non potuerit jure testamentum facere. » Constitutio legitima est ex ratiocinatione.

Cujusmodi partes essent legitimæ constitutionis, ostendimus; nunc de juridiciali constitutione dicamus.

XIV. Juridicialis constitutio est, quum factum convenit; sed jure, an injuria factum sit, quæritur. Ejus constitutionis partes sunt duæ, quarum una absoluta, altera assumptiva nominatur. Absoluta est, quum id ipsum quod factum est, ut aliud nihil foris assumatur, recte factum esse dicemus. Ea est hujusmodi : « Mimus quidam nominatim Accium poetam compellavit in scæna : cum eo Accius injuriarum agit : hic nihil aliud defendit, nisi licere nominari eum, cujus nomine scripta dentur agenda. » Assumptiva pars est; quum per se defensio infirma est, sed assumpta extraria re comprobatur. Assumptivæ partes sunt quattuor : concessio, remotio criminis, translatio criminis, comparatio.

Par l'aveu, l'accusé demande qu'on lui pardonne, soit en excusant sa conduite, soit en suppliant ses juges. Pour s'excuser, il déclarera n'avoir point failli à dessein; il s'en prendra à la fortune, à l'ignorance, à la nécessité. A la fortune : « c'est par cette excuse que Cépion se justifie devant les tribuns du peuple de la perte de son armée; » à l'ignorance : « comme celui qui fit mettre à mort un esclave de son frère, assassin de son maître, avant d'avoir ouvert le testament de la victime, en vertu duquel l'esclave était affranchi; » à la nécessité : « comme celui qui n'est point venu au jour fixé pour se réunir, parce que les eaux lui ont fermé le passage. » L'accusé a recours aux supplications, quand il avoue avoir commis une faute avec connaissance de cause, et qu'il implore la pitié des juges. On ne peut guère employer ce moyen en justice, à moins qu'on ne parle pour un homme connu par plusieurs belles actions. Nous l'envelopperons alors dans le lieu commun appelé amplification : « Quand même il serait coupable, il faudrait lui pardonner en considération de ses anciens services; mais il ne veut point de pardon. » Ce moyen, disons-nous, ne convient point en justice; mais il peut être employé devant le sénat ou devant un général et son conseil.

XV. La question repose sur la récrimination, lorsque nous ne nions pas avoir fait l'action, mais que nous prétendons y avoir

---

Concessio est, quum reus postulat sibi ignosci : ea dividitur in purgationem, et deprecationem. Purgatio est, quum consulto negat se reus fecisse. Ea dividitur in fortunam, imprudentiam, necessitatem. Fortunam, « ut Cæpio ad tribunos plebis de exercitus amissione : » imprudentiam, « ut ille qui de eo servo qui dominum occiderat, supplicium sumpsit, cui frater esset, antequam tabulas testamenti aperuit, quum is servus testamento manu missus esset : » necessitudinem, « ut ille, qui ad diem commeatus non venit, quod cum aquæ interclusissent. » Deprecatio est, quum et peccasse se, et consulto fecisse confitetur; et tamen postulat, ut sui misereantur. Hoc in judicio non fere potest usu venire, nisi quando pro eo dicimus, cujus multa recte facta exstant. Hoc modo in loco communi per amplificationem injiciemus : « Quodsi hoc fecisset, tamen ei pro pristinis beneficiis ignosci conveniret : verum nihil postulat ignosci. » Ergo in judicium non venit; at in senatum, aut ante imperatorem et in consilium talis causa potest venire.

XV. Ex translatione criminis causa constat, quum fecisse nos non negamus,

été contraints par la faute d'autrui : « Oreste, en se défendant rejette le crime sur sa mère. »

La question est fondée sur le recours, lorsque nous nous défendons, non du fait, mais de la culpabilité, en la rejetant ou sur quelqu'un ou sur quelque chose : sur quelqu'un, comme « si l'accusé avouait qu'il a tué P. Sulpicius, mais en alléguant un ordre des consuls, et en ajoutant qu'ils n'ont pas seulement commandé ce meurtre, qu'ils ont donné des raisons pour en établir la légitimité; » sur quelque chose, comme « si un plébiscite s'oppose à l'exécution de ce qu'un testament nous prescrit. » La cause roule sur l'alternative, lorsque nous disons qu'il n'y avait que deux partis à prendre, et que nous avons préféré le meilleur. Voici une question de ce genre : « C. Popillius, cerné par les Gaulois, et n'ayant aucun moyen d'échapper, entra en pourparler avec les généraux ennemis, et obtint de se retirer avec son armée, à condition qu'il laisserait les bagages. Il pensa qu'il valait mieux perdre ses bagages que son armée. Il emmena donc son armée et abandonna ses bagages. On l'accuse de lèse-majesté. »

XVI. Je crois avoir suffisamment montré quelles sont les questions, et comment elles se divisent. Mais de quelle manière, avec quelle méthode les traiterons-nous? voilà ce qu'il faut enseigner maintenant, toutefois après avoir fait saisir, de

---

sed aliorum peccatis coactos fecisse dicimus ; ut « Orestes quum se defendit, in matrem confert crimen. »

Ex remotione criminis causa constat, quum a nobis non crimen, sed culpam ipsam amovemus, et vel in hominem transferimus, vel in rem quampiam conferimus. In hominem transfertur : ut « si accusetur is, qui P. Sulpicium se fateatur occidisse, et id jussu consulum defendat; et eos dicat non modo imperasse, sed rationem quoque ostendisse quare id facere liceret. » In rem confertur, ut, « si quis, ex testamento quod facere jussus sit, ex plebiscito vetetur. » Ex comparatione causa constat, quum dicimus necesse fuisse alterutrum facere, et id, quod fecerimus satius fuisse facere. Ea causa hujusmodi est : « C. Popillius, quum a Gallis obsideretur, neque effugere ullo modo posset, venit cum hostium ducibus in collocutionem; ita discessit, ut, si impedimenta relinqueret, exercitum educeret. Satius esse duxit, amittere impedimenta, quam exercitum ; exercitum eduxit, impedimenta reliquit. Arcessitur majestatis. »

XVI. Quæ constitutiones, et quæ constitutionum partes sint, satis videor ostendisse. Nunc quo modo eas, et qua via tractari conveniat, demonstrandum

part et d'autre, le point essentiel de la cause, dans lequel se résume la *raison* de toute la plaidoirie. L'état de la question étant trouvé, on doit donc aussitôt en chercher la *raison* : nous entendons par ce mot ce qui constitue la cause, ce qui contient l'esprit de la défense. Citons toujours le même exemple, afin de nous faire mieux comprendre : — « Oreste, en avouant qu'il a tué sa mère, ne peut se défendre, s'il n'apporte une *raison* de cet acte ; il en apporte donc une, sans l'introduction de laquelle la cause même n'existerait pas : « Elle avait tué mon père, » dit-il. Ainsi, je le répète, la *raison* est le point fondamental de la défense : sans elle il ne reste pas même le moindre doute qui puisse retarder la condamnation.

Une fois qu'on a trouvé la *raison*, il faut chercher la preuve à l'appui, en d'autres termes, le point essentiel de l'accusation, ce que l'on oppose à cette *raison* de la défense dont je viens de parler. Voici la manière de déterminer ce point : Oreste adopte cette *raison* : « J'ai eu le droit de la tuer, car elle avait tué mon père. » L'accusateur répliquera : « Mais elle ne devait pas périr de votre main, et subir le supplice sans avoir été condamnée. »

De la *raison* de la défense et de la réplique de l'accusation, résulte le point à juger, que les Latins nomment *judicatio*, et

est ; si prius aperuerimus, quid oporteat ab ambobus in causa destinari, quo ratio omnis totius orationis conferatur. Constitutione igitur reperta, statim quærenda est ratio : ratio est, quæ causam facit et continet defensionem, hoc modo (ut docendi causa in hac potissimum causa consistamus) : « Orestes, quum confiteatur se occidisse matrem, nisi attulerit facti rationem, perverterit defensionem : ergo affert eam ; quæ nisi intercederet, ne causa quidem esset : Illa enim, inquit, patrem meum occiderat. » Ergo (ut ostendi) ratio ea est, quæ continet defensionem, sine qua ne parva quidem dubitatio potest remorari damnationem.

Inventa ratione, firmamentum quærendum est ; id est, quod continet accusationem, quod affertur contra rationem defensionis, de qua ante dictum est. Id constituetur hoc modo : Quum usus fuerit Orestes ratione, hoc pacto, « Jure occidi, illa enim patrem meum occiderat ; » utetur accusator firmamento, hoc pacto : « Sed non abs te occidi, neque indemnatam pœnas pendere oportuit.

Ex ratione defensionis, et ex firmamento accusationis, judicii quæstio na-

les Grecs κρινόμενον. Ce qui le constitue, c'est le concours de la *raison* de la défense, et de la réplique de l'accusation ; on le pose ainsi : « Puisque Oreste déclare avoir tué sa mère pour venger son père, était-il juste que Clytemnestre fût tuée par son fils et sans jugement ? » Tel est le moyen de trouver le point à juger. Dès qu'il est découvert, c'est là qu'il faut rapporter tout le système de la plaidoirie.

XVII. C'est par la même méthode qu'on saisit le point à juger dans toutes les questions et dans leurs diverses parties, si l'on excepte la question conjecturale, dans laquelle on ne cherche point la *raison* du fait, puisque le fait est nié ; dans laquelle l'absence de la raison dispense de la réplique. Là le point à juger résulte de l'imputation et de la dénégation. L'imputation : « Vous avez tué Ajax ; » la dénégation : « Je ne l'ai pas tué ; » le point à juger : « L'a-t-il tué ? » À ce point doit se rapporter, comme je l'ai dit, tout le système des deux plaidoiries. S'il y a plusieurs questions, ou plusieurs parties de question dans une seule cause, il y aura aussi plusieurs points à juger ; mais on les trouvera tous par la même voie.

Nous avons apporté une attention scrupuleuse à présenter avec concision et lucidité les matières qui devaient être traitées jusqu'ici. Maintenant, comme ce livre a pris assez de développe-

---

scatur oportet ; quam nos judicationem, Græci κρινόμενον appellant. Ea constituetur ex conjunctione firmamenti et rationis [defensione], hoc modo : « Quum dicat Orestes, se patris ulciscendi causa matrem occidisse, rectumne fuerit sine judicio a filio Clytæmnestram occidi ? » Ergo hac ratione judicationem reperire convenit. Reperta judicatione, omnem rationem totius orationis eo conferri oportebit.

XVII. In omnibus constitutionibus et partibus constitutionum hac via judicationes reperientur, præterquam in conjecturali constitutione. Nam in ea nec ratio quare fecerit quæritur ; fecisse enim negatur : nec firmamentum exquiritur ; quoniam non subest ratio. Quare ex intentione et infitiatione judicatio constituitur, hoc modo : Intentio : « Occidisti Ajacem. » Infitiatio : « Non occidi. » Judicatio : « Occideritne ? » Ratio omnis utriusque orationis, ut ante dictum est, ad hanc judicationem conferenda est. Si plures erunt constitutiones, aut partes constitutionum ; judicationes quoque plures erunt in una causa, sed eæ omnes simili ratione reperientur.

Sedulo dedimus operam, ut breviter et dilucide, quibus de rebus adhuc dicendum fuit, diceremus. Nunc quoniam satis hujus voluminis magnitudo

ment, il est plus convenable d'exposer dans un autre la suite de notre sujet, de peur que la multitude des détails ne cause à votre esprit quelque fatigue. Si cet ouvrage s'achève trop lentement au gré de vos désirs, il faut attribuer ce retard à l'importance des questions, et aux affaires qui m'occupent. Néanmoins je me hâterai ; mon activité suppléera au défaut de temps, afin de combler vos vœux en vous donnant cet ouvrage pour prix de vos bons offices, et comme gage de mon attachement.

crevit, commodius est in altero libro de cæteris rebus deinceps exponere, ne qua propter multitudinem litterarum possit animum tuum defetigatio retardare. Sed si quo tardius hæc, quam studes, absolventur, quum rerum magnitudini, tum nostris quoque occupationibus assignare debebis. Verumtamen maturabimus, et quod negocio deminutum fuerit, exæquabimus industria ; ut pro tuo in nos officio et nostro in te studio munus hoc accumulatissime tuæ largiamur voluntati.

ARGUMENT

DU LIVRE DEUXIÈME

L'auteur résume ce qu'il a dit dans le livre précédent, et rappelle qu'il s'attache surtout au genre judiciaire. Il revient sur les trois questions, *conjecturale, légale* et *juridiciaire*, qu'il a déjà décrites (ch. 1er). Maintenant il va enseigner à traiter chacune de ces questions.

Question conjecturale : elle se prouve 1° par le *probable* (ii et iii); 2° par la *convenance;* 3° par le *signe* (iv); 4° par l'*argument;* 5° par les *suites* (v); 6° par les *preuves confirmatives* (vi, vii, viii).

Question légale : 1° opposition du sens littéral et de l'intention de l'auteur; 2° lois contradictoires (ix et x); 3° ambiguïté du texte (xi); 4° usage de la définition; 5° translation; 6° analogie (xii).

Question juridiciaire : 1° *absolue*, s'appuyant sur la nature, la loi, la coutume, la chose jugée, l'équité, les contrats (xiii); 2° *empruntée*, s'appuyant sur l'alternative (xiv), sur la récrimination (xv), sur l'aveu, sur le recours (xvi, xvii).

Après avoir indiqué les arguments convenables aux trois questions du genre judiciaire, l'auteur enseigne à les traiter avec succès, et expose les cinq parties de l'argumentation : *exposition, raison, confirmation de la raison, ornements, récapitulation* (xviii-xxx).

Ayant ainsi terminé ce qui concerne la confirmation et la réfutation, on passe à la péroraison, où l'on distingue l'énumération, l'amplification et la commisération (xxx, xxxi).

LIVRE DEUXIÈME

I. Dans le premier livre, Herennius, nous avons brièvement exposé les genres de causes qui sont du domaine de l'orateur, les devoirs que l'art lui impose, et les moyens de remplir ces devoirs avec le plus possible de facilité. Mais comme on ne pouvait traiter toutes les questions à la fois, et qu'il fallait d'abord présenter les plus importantes, afin de vous faire comprendre plus aisément les autres, nous avons jugé à propos d'aborder de préférence les plus grandes difficultés.

Il y a trois genres de causes, le démonstratif, le délibératif, le judiciaire. Le judiciaire étant de beaucoup le plus difficile, nous l'expliquerons le premier. C'est ainsi que nous avons procédé dans le livre précédent, en traitant des cinq devoirs de l'orateur, parmi lesquels l'invention est le plus important et le plus difficile. Dans ce deuxième livre, nous achèverons à peu près ce qui concerne l'invention, n'en réservant qu'une faible partie pour le troisième.

LIBER SECUNDUS

I. In primo libro, Herenni, breviter exposuimus, quas causas oratorem recipere oporteret, et in quibus partibus artis elaborare conveniret, et officia qua ratione facillime consequi posset. Verum, quia neque de omnibus rebus simul dici poterat, et de maximis rebus primum scribendum fuit, quo cætera tibi faciliora cognitu viderentur; ita nobis placitum est, ut ea, quæ difficillima essent, potissimum conscriberemus.

Causarum tria sunt genera, demonstrativum, deliberativum, judiciale. Multo difficillimum judiciale est : ergo id primum absolvemus. Hoc et priore libro egimus, quum de quinque oratoris officiis tractaremus, quorum inventio et prima, et difficillima est. Eaque nobis erit hoc libro propemodum absoluta, sed parvam partem ejus in tertium volumen transferemus.

LIVRE II.

Nous avons commencé à décrire les six parties oratoires. Dans le premier livre, on a parlé de l'exorde, de la narration, de la division avec toute la brièveté possible, avec toute la clarté que vous me paraissez désirer. Ensuite il fallait parler conjointement de la confirmation et de la réfutation : voilà pourquoi nous avons fait connaître les états de question et leurs parties. En même temps on a vu comment, la cause étant posée, on peut trouver l'état de la question et ses diverses espèces. Puis, nous avons montré comment il convient de chercher le point à juger ; comment, après l'avoir découvert, on doit rapporter à ce point tout le système du discours. Ensuite, nous avons averti qu'il est bien des causes auxquelles peuvent s'adapter plusieurs états ou plusieurs parties de question.

II. Restait à montrer de quelle manière on peut accommoder les produits de l'invention à chaque état et à chaque espèce de question ; ensuite, quels sont les arguments (en grec ἐπιχειρήματα) qu'il faut employer, ceux qu'il faut éviter. Ces deux choses regardent la confirmation et la réfutation. Nous finirons par enseigner quelle doit être la nature de la conclusion du discours : on appelle ainsi la dernière des six parties oratoires.

Nous chercherons donc d'abord comment il convient de traiter chaque cause. Commençons par considérer la question conjectu-

---

De sex partibus orationis primum scribere incepimus. In primo libro locuti sumus de exordio, narratione, divisione, nec pluribus verbis, quam necesse fuit, nec minus dilucide, quam te velle existimabamus ; deinde conjuncte de confirmatione et confutatione dicendum fuit : quare genera constitutionum et earum partes aperuimus ; ex quo simul ostendebatur, quomodo constitutionem et partes constitutionis, causa posita, reperiri oporteret : deinde docuimus, judicationem quemadmodum quaeri conveniret ; qua inventa, curandum, ut omnis ratio totius orationis ad eam conferatur. Postea admonuimus esse causas complures, in quibus plures constitutiones aut partes constitutionum accommodarentur.

II. Reliquum videbatur esse, ut ostenderemus, quae ratio posset inventiones ad unam quamque constitutionem aut partem constitutionis accommodare : et item quas argumentationes, quas Graeci ἐπιχειρήματα appellant, sequi, et quas vitare oporteret : quorum utrumque pertinet ad confirmationem et confutationem. Deinde ad extremum docebimus, cujusmodi conclusionibus orationum uti oporteat : qui locus erat proximus de sex partibus orationis.

Primum ergo quaeremus, quemadmodum quamque causam tractari conve-

rale, qui est la première et la plus difficile. Dans cet état de cause, la narration de l'accusateur doit offrir des soupçons adroitement glissés çà et là, de manière à faire croire que tout acte, toute parole, toute arrivée, tout départ, en un mot tout ce qui a été fait avait une intention. La narration du défenseur doit présenter une exposition simple et lucide, capable de détruire tout soupçon. L'ensemble de cette question se divise en six parties : le probable, la convenance, le signe, l'argument, les suites, la preuve confirmative. Montrons la valeur de chacun de ces moyens.

Par le *probable* on prouve que le crime était avantageux à l'accusé, et que jamais il n'eut d'éloignement pour une telle turpitude. Il faut considérer ici la cause du crime et la conduite de l'accusé. La cause qui conduit au mal est ou l'espoir d'un avantage, ou la fuite d'un désagrément : c'est ainsi que l'on cherche si, par son crime, il pensait arriver à quelque avantage, aux honneurs, à la fortune, au pouvoir ; s'il voulait assouvir un amour effréné ou quelque passion de ce genre ; ou bien s'il échappait à quelque désagrément, à l'inimitié, à l'infamie, à la douleur, au supplice.

III. A propos de l'espoir d'un avantage, l'accusateur fera valoir la cupidité de son adversaire ; il exagèrera ses craintes, s'il

---

niat : et nimirum conjecturalem, quæ prima quæque difficillima est, potissimum consideremus. In causa conjecturali, narratio accusatoris suspiciones interjectas et dispersas habere debet, ut nihil actum, nihil dictum, nusquam ventum, aut abitum, nihil denique factum sine causa putetur. Defensoris narratio simplicem et dilucidam expositionem debet habere, cum attenuatione suspicionis. Hujus constitutionis ratio in sex partes est distributa, probabile, collationem, signum, argumentum, consecutionem, approbationem. Horum unum quidque quid valeat, aperiemus.

Probabile est, per quod probatur, expedisse reo peccare, et a simili turpitudine hominem numquam abfuisse. Id dividitur in causam et in vitam. Causa est ea, quæ induxit ad maleficium, commodorum spe, aut incommodorum vitatione : ut quum quæritur, num quod commodum maleficio appetierit, num honorem, num pecuniam, num dominationem, num aliquam cupiditatem amoris, aut hujusmodi libidinis voluerit explere, aut num quod incommodum vitarit, inimicitias, infamiam, dolorem, supplicium.

III. Hic accusator in spe commodi cupiditatem ostendet adversarii, in vita-

s'agit de la fuite d'un désagrément. Le défenseur, au contraire niera la cause, s'il le peut, ou mettra tous ses soins à l'atténuer. Il ajoutera qu'il est injuste de soupçonner d'une mauvaise action tous ceux qui ont pu en retirer quelque profit.

Ensuite on jugera la conduite du prévenu d'après les antécédents. L'accusateur considérera si son adversaire a déjà quelque chose de semblable à se reprocher. Ne trouve-t-il rien de tel, i cherchera si parfois il n'a pas donné lieu à de semblables soupçons : et il s'appliquera à montrer que sa conduite s'accorde avec la cause assignée au crime. Par exemple : « La cause attribuée au crime est-elle l'argent, montrez que le prévenu a toujours été avare ; sont-ce les honneurs, prouvez qu'il fut toujours ambitieux. Ainsi, le vice de l'âme paraîtra inséparable de la cause du crime. » Si l'on ne peut trouver un vice de même nature que la cause, qu'on en prenne un de nature différente. Vous ne pouvez le montrer avare, montrez-le, s'il est possible, corrupteur et prévaricateur ; enfin imprimez sur son caractère une ou plusieurs taches honteuses, et ajoutez qu'il n'est pas étonnant qu'après de tels excès, il ait commis un nouveau crime. Mais l'adversaire a-t-il une réputation pure et intacte, dites qu'il faut avoir égard aux actes et non à la renommée ; que l'accusé a jusque-là caché ses turpitudes ; que vous mettrez au grand jour sa culpabilité.

tione incommodi formidinem augebit : defensor autem negabit fuisse causam, si poterit, aut eam vehementer extenuabit ; deinde iniquum esse dicet, omnes, ad quos aliquid emolumenti ex aliqua re pervenerit, in suspicionem maleficii devocari.
Deinde vita hominis ex ante factis spectabitur. Primum considerabit accusator, num quando simile quid fecerit : si id non reperiet, quæret, num quando venerit in similem suspicionem ; et in eo debebit esse occupatus, ut ad eam causam peccati, quam paullo ante exposuerit, vita hominis possit accommodari, hoc modo : « Si dicet pecuniæ causa fecisse, ostendet eum semper avarum fuisse ; si honoris, ambitiosum : ita poterit animi vitium cum causa peccati conglutinare. » Si non poterit par animi vitium cum causa reperire, reperiat dispar. Si non poterit avarum demonstrare, demonstret corruptorem vel perfidiosum, si quo modo poterit : denique aliquo, aut quam plurimis vitiis contaminabit personam : deinde qui illud fecerit tam nequiter, eundem hoc tam perperam fecisse non esse mirandum. Si vehementer castus et integer existimabitur adversarius, dicet facta, non famam spectari oportere ; illum ante occultasse sua flagitia ; se planum facturum, ab eo maleficium non abesse.

Le défenseur démontrera d'abord, s'il le peut, que la vie de l'inculpé est sans tache ; s'il ne le peut, il s'en prendra à l'imprudence, à l'étourderie, à la jeunesse, à la contrainte, à la persuasion. Par ces excuses, on écartera le blâme des actes antérieurs à la présente accusation. Mais si le défenseur se trouve sérieusement embarrassé par la turpitude et l'infamie de son client, il aura soin de dire, avant tout, que de faux bruits ont été répandus sur un innocent, et emploiera ce lieu commun, *qu'il ne faut pas croire aux bruits populaires.* Si nul de ces moyens n'est admissible, il aura recours à sa dernière ressource, en disant qu'il n'a point à défendre les mœurs de son client devant les censeurs, mais à répondre, devant les juges, aux accusations de ses adversaires.

IV. Il y a *convenance* lorsque l'accusateur démontre que l'action imputée à l'adversaire n'a été avantageuse à nul autre que lui, ou bien que seul il a pu l'exécuter, qu'il n'en pouvait venir à bout par d'autres moyens, que du moins il ne l'aurait pas pu aussi facilement ; ou bien qu'entraîné par la passion, il a négligé d'autres moyens plus commodes. Dans ce même cas, le défenseur montrera que l'action fut avantageuse à d'autres, ou que d'autres ont pu faire ce dont on accuse son client.

Le *signe* nous montre que l'inculpé avait le moyen de faire ce qu'on lui impute. On le divise en six parties : le lieu, le temps,

Defensor primum demonstrabit vitam integram, si poterit : id si non poterit, confugiet ad inprudentiam, stultitiam, adolescentiam, vim, persuasionem : quibus de rebus vituperatio eorum, quæ extra id crimen erunt, non debeat assignari. Sin vehementer hominis turpitudine impedietur et infamia, prius dabit operam, ut falsos rumores dissipatos esse dicat de innocente ; et utetur loco communi, rumoribus credi non oportere. Sin nihil eorum fieri poterit ; utatur extrema defensione ; dicat, non se de moribus ejus apud censores, sed de criminibus adversariorum apud judices dicere.

IV. Collatio est, quum accusator id, quod adversarium fecisse criminatur, alii nemini, nisi reo, bono fuisse demonstrat ; aut alium neminem potuisse perficere, nisi adversarium ; aut eum ipsum aliis rationibus aut non potuisse, aut non æque commode potuisse ; aut eum fugisse alias rationes commodiores propter cupiditatem. Hoc loco defensor demonstret, oportet, aut aliis quoque bono fuisse, aut alios quoque id, quod ipse insimuletur, facere potuisse.

Signum est, per quod ostenditur idonea perficiendi facultas esse quæsita. Id dividitur in partes sex : locum, tempus, spatium, occasionem, spem perficiendi,

la durée, l'occasion, l'espoir de réussir, l'espoir de n'être point vu. Au sujet du lieu, on demande s'il était fréquenté ou désert ; s'il était toujours désert, ou s'il le fut seulement à l'heure où l'action se fit ; est-il sacré ou profane, public ou privé ? quels sont les lieux attenants ? a-t-on pu voir ou entendre la victime ? Nous n'hésiterions pas à tracer au long ce qui, dans ces moyens, convient à l'accusateur et à l'accusé, si chacun ne pouvait facilement le reconnaître dès que la cause est posée. L'art, en effet, doit fournir les principes de l'invention : le reste s'acquerra sans peine par l'exercice. A l'égard du temps, on demande à quelle époque de l'année, à quelle heure le fait a eu lieu : est-ce pendant le jour ou pendant la nuit ? et pourquoi dans un tel moment ? Relativement à la durée, on considère si elle a été assez longue pour que le fait s'accomplît, et si l'accusé a pu prévoir qu'elle serait assez longue : car il importe peu que l'espace de temps ait suffi pour accomplir le fait, si on n'a pu le savoir et le calculer d'avance. Quant à l'occasion, on cherche si elle était convenable pour entreprendre l'action, s'il y en avait une meilleure qui a été manquée ou qu'on n'a pas attendue. On constatera l'espoir du succès, si les signes dont nous avons parlé concourent ensemble ; si, en outre, on remarque, d'une part, la force, l'argent, les lumières, les précautions ; de l'autre, la faiblesse, le dénûment, la sottise, l'imprudence, le défaut de pré-

spem celandi. Locus quæritur, celebris an desertus ; semper desertus an tum, quum id factum sit, fuerit in eo loco solitudo ; sacer an profanus ; publicus an privatus fuerit ; cujusmodi loci attingant ; num, qui quid est passus, perspectus aut exauditus esse possit. Horum quid reo, quid accusatori conveniat, perscribere non gravaremur, nisi facile quivis, causa posita, posset judicare : initia enim inventionis ab arte debent proficisci ; cætera facile comparabit exercitatio. Tempus ita quæritur : qua parte anni ; qua hora ; noctu an interdiu ; qua diei, qua noctis hora factum esse dicatur, et cur ejusmodi temporibus. Spatium ita considerabitur : satisne longum fuerit ad eam rem transigendam, et sciveritne satis ad id perficiendum spatii futurum. Nam parvi refert satis spatii fuisse ad id perficiendum, si id ante sciri et ratione provideri non potuit. Occasio quæritur, idoneane fuerit ad rem adoriendam, an alia melior, quæ aut præterita sit, aut non exspectata. Spes perficiendi ecqua fuerit, spectabitur hoc modo : si, quæ supra dicta sunt signa, concurrerint ; si præterea ex altera parte vires, pecunia, consilium, scientia, apparatio videbitur fuisse ; ex altera parte imbecillitas, inopia, stultitia, imprudentia, inapparatio demonstrabitur fuisse :

cautions. Par là on saura si l'accusé devait craindre ou avoir confiance. L'espoir de n'être point vu se constate par les complices, les témoins, les coopérateurs soit libres, soit esclaves.

V. L'*argument* soutient l'accusation par des preuves plus certaines et par des soupçons plus fondés. Il se rapporte à trois époques, relativement à l'action : au passé, au présent, au futur. Pour le passé, on considère où l'accusé se trouvait ; où et avec qui on l'a vu ; s'il a fait quelque préparatif ; s'il est allé voir quelqu'un ; s'il a dit quelque chose ; s'il a eu avec lui des complices, des coopérateurs ; s'il s'est trouvé dans un lieu dont l'éloignaient ses habitudes, ou qui ne le vit jamais à cette heure. Pour le présent, on demande si l'accusé a été pris sur le fait ; si l'on a entendu du tumulte, des cris, le moindre bruit : peut-on invoquer quelque perception de l'un de nos sens, de la vue, de l'ouïe, du tact, de l'odorat ou du goût? car le témoignage de chaque sens peut grossir le soupçon. Quant au temps postérieur à l'action, on cherchera si, après le fait, il n'est pas resté des traces attestant un délit et l'auteur de ce délit. On constate le crime de la manière suivante : si le corps de la victime est enflé et livide, c'est un signe d'empoisonnement. On reconnaît l'auteur, si un poignard, un vêtement, ou quelque autre objet de ce genre a été abandonné ; si l'on a découvert quelque vestige,

quare scire potuerit, utrum diffidendum, an confidendum fuerit. Spes celandi quae fuerit, quaeritur ex consciis, arbitris, adjutoribus, liberis, aut servis, aut utrisque.

V. Argumentum est, per quod res coarguitur certioribus argumentis, et magis firma suspicione. Id dividitur in tempora tria, praeteritum, instans, consequens. In praeterito tempore oportet considerare, ubi fuerit, ubi visus sit, quicum visus sit ; num quid apparavit, num quem convenerit, num quid dixerit, num quem habuerit de consciis, de adjutoribus, de adjumentis, num quo in loco praeter consuetudinem fuerit, aut alieno tempore. In instanti tempore quaeretur, num visus sit, quum faciebat ; num qui strepitus, clamor, crepitus exauditus sit ; aut denique num quid aliquo sensu perceptum sit, adspectu, auditu, tactu, odoratu, gustatu : nam quivis horum sensus potest conflare suspicionem. In consequenti tempore spectabitur, num quid re transacta relictum sit, quod indicet aut factum esse maleficium, aut a quo factum sit. Factum esse, hoc modo : si tumore et livore decoloratum est corpus mortui, significat eum veneno necatum. A quo factum sit, hoc modo : si telum, si vestimentum, si quid ejusmodi relictum sit, aut si vestigium rei repertum ; si cruor

s'il y a du sang sur les habits de l'accusé; s'il a été saisi sur le lieu même, ou si, après l'action, on l'a vu à l'endroit où elle doit avoir été commise.

Les *suites* sont les signes qui résultent de l'innocence ou de la culpabilité. L'accusateur dira, s'il le peut, que l'adversaire, quand on est venu à lui, a rougi, pâli, chancelé; qu'il s'est contredit; qu'il est tombé dans l'abattement; qu'il a fait des promesses, signes par lesquels se manifeste la conscience. Si le prévenu n'a rien fait de tout cela, l'accusateur dira qu'il avait si bien calculé d'avance ce qui devait lui être avantageux, qu'il a répondu avec une assurance inébranlable, ce qui est un signe d'audace et non d'innocence. Le défenseur répondra, si l'accusé a témoigné de la crainte, qu'il était troublé par la grandeur du péril et non par la conscience d'une faute; s'il n'en a point témoigné, qu'appuyé sur son innocence, il ne pouvait craindre.

VI. La *preuve confirmative* est celle qu'on emploie la dernière, quand le soupçon est bien établi. Elle a des lieux propres et des lieux communs. Les lieux propres sont ceux qui ne peuvent servir qu'à l'accusateur ou au défenseur. Les lieux communs sont ceux qui, dans une cause, conviennent à l'accusé; dans une autre, à l'accusateur. Pour la cause conjecturale, le lieu propre de l'accusateur consiste à dire qu'il ne faut pas avoir pitié des méchants, et à exagérer l'atrocité du crime; le lieu propre du

---

in vestimentis ; si in eo loco comprehensus, aut visus transacto negotio, quo in loco res gesta dicitur.

Consecutio est, quum quæritur, quæ signa nocentis et innocentis consequi soleant. Accusator dicet, si poterit, adversarium, quum ad eum ventum sit, erubuisse, expalluisse, titubasse, inconstanter locutum esse, concidisse, pollicitum esse aliquid : quæ signa conscientiæ sunt. Si reus horum nihil fecerit, accusator dicet eum usque adeo præmeditatum fuisse, quid sibi esset usu venturum, ut confidentissime resistens responderet : quæ signa confidentiæ, non innocentiæ sunt. Defensor, si pertimuerit, magnitudine periculi, non conscientia peccati commotum esse dicet ; si non pertimuerit, fretum innocentia negabit esse commotum.

VI. Approbatio est, qua utimur ad extremum, confirmata suspicione : ea habet locos proprios, atque communes. Proprii sunt, quibus nisi accusator, et ii, quibus nisi defensor nemo potest uti. Communes sunt, qui alia in causa ab reo, alia ab accusatore tractantur. In causa conjecturali proprius locus accusatoris est, quum dicit malorum misereri non oportere, et quum auget peccati

défenseur, à solliciter la compassion, et à se plaindre des calomnies de l'accusateur. Les lieux communs, tant pour l'accusation que pour la défense, consistent à parler pour ou contre les témoins, pour ou contre les tortures, pour ou contre les arguments, pour ou contre la rumeur publique. En faveur des témoins, nous alléguerons leur gravité, leur conduite, l'accord de leurs dépositions ; contre les témoins, leur vie honteuse, les variations de leur témoignage; nous soutiendrons que ce qu'ils avancent n'a pu être, ou n'a pas eu lieu, qu'ils n'ont pu le savoir ; que la passion dicte leurs paroles, leurs raisonnements. C'est ainsi qu'on blâme ou qu'on approuve les témoins.

VII. Nous parlerons en faveur de la torture, si nous établissons que nos ancêtres ont eu recours aux tourments et aux douleurs de la question, afin de découvrir la vérité ; et qu'ils ont voulu, par l'excès des souffrances, forcer les hommes à dire ce qu'ils savaient. Notre argumentation sera plus décisive, si, en recourant aux preuves employées dans toute question conjecturale, nous donnons aux aveux le caractère de la vraisemblance. A l'égard des témoignages, il faudra procéder de même. Voici ce que nous dirons contre la torture : d'abord nos ancêtres ne l'ont fait intervenir que pour des cas déterminés, quand on pouvait constater la vérité, ou réfuter l'imposture des paroles arra-

atrocitatem. Defensoris proprius locus est, quum misericordiam captat et quum accusatorem calumniari criminatur. Communes loci sunt quum accusatoris tum defensoris ; a testibus contra testes, a quæstionibus contra quæstiones, ab argumentis contra argumenta, a rumoribus contra rumores. A testibus dicemus secundum auctoritatem et vitam testium et constantiam testimoniorum. Contra testes vitæ turpitudinem, testimoniorum inconstantiam ; si aut fieri non potuisse dicemus, aut non factum esse quod dicant, aut scire illos non potuisse, aut cupide dicere et argumentari. Hæc et ad improbationem et approbationem testium pertinebunt.

VII. A quæstionibus dicemus, quum demonstrabimus majores veri inveniendi causa tormentis et cruciatu voluisse quæri, et summo dolore homines cogi, ut quidquid sciant dicant. Et præterea confirmatior hæc erit disputatio, si, quæ dicta erunt argumentando, iisdem viis, quibus omnis conjectura tractatur, trahemus ad veri similem suspicionem ; idemque hoc in testimoniis facere oportebit. Contra quæstiones hoc modo dicemus : primum majores voluisse certis in rebus interponi quæstiones, quum, quæ vere dicerentur, sciri,

chées par la question, comme dans cet exemple : « En quel lieu a-t-on déposé telle chose ? » ou s'il est un fait semblable, qui puisse être vu ou reconnu à quelque signe. Nous dirons ensuite qu'il ne faut pas ajouter foi à la douleur : car l'un peut être plus qu'un autre novice à la douleur, ou plus ingénieux à trouver des mensonges; souvent aussi l'on peut savoir ou soupçonner ce que le juge veut apprendre, et l'on n'ignore pas qu'il suffit de le dire, pour mettre fin à ses douleurs. Cette argumentation sera encore plus puissante, si nous réfutons les aveux de la torture par des raisonnements de l'ordre probable; et nous y parviendrons, grâce aux moyens indiqués pour les causes conjecturales.

Voulez-vous faire valoir les arguments, les signes et les autres lieux qui fortifient le soupçon, exprimez-vous ainsi : Lorsqu'un grand nombre d'arguments et de signes d'accord entre eux concourent à démontrer une chose, elle n'a pas le caractère du soupçon, mais celui de l'évidence. Les signes et les arguments sont plus dignes de foi que les témoins : les premiers sont l'expression fidèle de ce qui a eu lieu; les seconds peuvent être corrompus par l'argent, la faveur, la crainte ou la haine. Contre les arguments, les signes et les autres soupçons, nous prouverons qu'il n'est rien qu'on ne puisse accuser sur des soupçons. Ensuite nous atténuerons chaque soupçon en particulier, et nous nous appliquerons à montrer qu'il ne nous concerne pas plus

quæ falso in quæstione pronuntiarentur, refelli possent, hoc modo : « Quo in loco quid positum sit; » et si quid esset simile, quod videri, aut aliquo simili signo percipi posset : deinde, dolori credi non oportere, quod alius alio recentior sit in dolore, quod ingeniosior ad comminiscendum, quod denique sæpe scire aut suspicari possit, quid quæsitor velit audire ; quod quum dixerit, intelligat sibi finem doloris futurum. Hæc disputatio comprobabitur, si refellemus, quæ in quæstionibus erunt dicta, probabili argumentatione; idque partibus conjecturæ, quas ante exposuimus, facere oportebit.

Ab argumentis et signis et cæteris locis, quibus augetur suspicio, dicere hoc modo convenit : Quum multa concurrant argumenta et signa, quæ inter se consentiant, rem perspicuam, non suspiciosam videri oportere. Item : plus oportere signis et argumentis credi quam testibus; hæc enim eo modo exponi, quo modo re vera sint gesta; testes corrumpi posse vel pretio vel gratia vel metu vel simultate. Contra argumenta et signa et cæteras suspiciones dicemus hoc modo : si demonstrabimus, nullam rem esse, quam non suspicionibus quivis possit criminari; deinde, unam quamque suspicionem extenuabimus et dabi-

que tout autre; et que c'est chose indigne que de voir une preuve suffisante dans une conjecture sans témoins, dans un simple soupçon.

VIII. Nous parlerons en faveur des bruits publics, si nous soutenons que l'opinion ne se forme point à la légère et sans quelque fondement; si nous prétendons que personne n'avait intérêt à mentir et à tromper; que, d'ailleurs, lors même que tous les autres bruits seraient faux, celui dont on s'occupe devrait être fondé. Pour combattre les rumeurs publiques, nous montrerons qu'il y en a beaucoup de fausses; nous citerons des exemples de bruits mensongers : ce sont nos ennemis, dirons-nous, ou des hommes naturellement malveillants et médisants qui ont imaginé ces fables ; nous supposerons quelque récit injurieux à nos adversaires, et nous dirons qu'il est dans toutes les bouches; ou nous alléguerons un bruit réel dont ils ont à rougir, en déclarant n'y point ajouter foi, parce qu'il n'est personne sur qui le premier venu ne puisse avancer un bruit injurieux et répandre une calomnie. Mais si le bruit a beaucoup de probabilité, il faudra, par la force du raisonnement, enlever toute créance à cette opinion.

Comme la question conjecturale est la plus difficile à traiter, et celle qui, dans les causes véritables, se présente le plus sou-

---

mus operam, ut ostendamus nihilo magis in nos eam quam in alium quempiam convenire ; indignum facinus esse sine testibus conjecturam et suspicionem firmamenti satis habere.

VIII. A rumoribus dicemus, si negabimus temere famam nasci solere, quin subsit aliquid ; et si dicemus causam non fuisse, quare quispiam confingeret et comminisceretur ; et præterea, si cæteri falsi soleant esse, argumentabimur hunc esse verum. Contra rumores dicemus primum, si docebimus multos esse falsos rumores, et exemplis utemur, de quibus falsa fama fuerit ; et aut inimicos nostros, aut homines natura malevolos et maledicos confinxisse dicemus : et aut aliquam fictam fabulam in adversarios adferemus, quam dicamus omnibus in ore esse ; aut verum rumorem proferemus, qui illis aliquid turpitudinis adferat, neque tamen ei rumori nos fidem habere dicemus ; ideo quod quivis homo possit quemvis turpem de quolibet rumorem proferre et confictam fabulam dissipare. Verumtamen si rumor vehementer probabilis esse videbitur, argumentando famæ fidem poterimus abrogare.

Quod et difficillima tractatu est constitutio conjecturalis, et in veris causis sæpissime tractanda est, eo diligentius omnes ejus partes perscrutati sumus,

vent, nous en avons minutieusement examiné toutes les parties, afin que le moindre faux pas, la moindre hésitation ne pût nous arrêter, si aux préceptes de la théorie nous accommodions un jour l'exercice de la pratique.

IX. Maintenant passons à la question légale. Le texte n'est-il pas d'accord avec l'intention de celui qui l'a écrit? si nous défendons l'écrit, nous emploierons les lieux suivants, après avoir narré le fait : d'abord faire l'éloge de l'auteur; ensuite lire le texte; puis demander aux adversaires s'ils savaient qu'il y eût dans une loi, dans un testament, dans une stipulation, ou dans tout autre écrit, quelque chose de relatif au sujet. On peut encore, après avoir mis en présence l'écrit et le fait avoué par l'adversaire, se demander à quoi le juge doit s'en rapporter, à un texte précis, ou à des interprétations subtiles. Ensuite, cette intention imaginée par les adversaires, et attribuée à l'écrit, sera livrée au mépris, et repoussée. S'il avait voulu exprimer cette idée, ajouterons-nous, qui l'eût empêché de l'écrire formellement? C'est à nous alors de faire ressortir le véritable sens; et le motif qui a inspiré l'auteur; de démontrer que l'écrit est clair, concis, naturel, irréprochable et fait avec connaissance de cause. Suivront des exemples de jugements prononcés en vertu d'un texte, bien que les adversaires alléguassent l'intention

---

ut ne parvula quidem titubatione aut offensione impediremur, si ad hanc rationem præceptionis adsiduitatem exercitationis accommodassemus.

IX. Nunc ad legitimæ constitutionis partes transeamus. Quum voluntas scriptoris cum scripto dissidere videbitur, si a scripto dicemus, his locis utemur secundum narrationem : primum scriptoris collaudatione; deinde scripti recitatione; deinde percontatione, scierintne adversarii id scriptum fuisse in lege aut in testamento aut in stipulatione aut in quolibet scripto, quod ad eam rem pertinebit; deinde collatione, quid scriptum sit, quid adversarii se fecisse dicant, quid judicem sequi conveniat, utrum id, quod diligenter perscriptum sit, an id, quod acute sit excogitatum; deinde ea sententia, quæ ab adversariis sit excogitata et scripto attributa, contemnetur et infirmabitur. Deinde quæretur, quid ei obfuerit, si id voluisset adscribere, aut num non potuerit perscribi. Deinde a nobis sententia reperietur, et causa proferetur, quare id scriptor senserit, quod scripserit; et demonstrabitur scriptum illud esse dilucide, breviter, commode, perfecte, cum ratione. Deinde exempla proferentur, quæ res, quum ab adversariis sententia et voluntas adferretur, a

et la volonté secrète de l'écrivain. Puis on montrera combien il est dangereux de s'écarter de la lettre. Il y a un lieu commun contre celui qui reconnaît avoir enfreint le texte d'une loi ou d'un testament, et qui néanmoins cherche à défendre son action.

X. Pour défendre l'intention, nous louerons d'abord le naturel et la concision de l'auteur qui s'est borné à écrire l'indispensable, et n'a pas jugé à propos d'exprimer ce qui, pour être entendu, n'a pas besoin d'être écrit. Ensuite nous dirons : Il n'y a qu'un homme de mauvaise foi qui puisse s'attacher au mot, à la lettre, sans tenir compte de l'intention. D'autres fois, nous soutiendrons que ce qui est écrit ne peut être exécuté, ou ne peut se faire qu'au mépris des lois, des usages, de la nature, de l'équité et du bien ; personne ne dira que l'auteur n'a pas voulu qu'en tout ceci on suivît la justice : or, ce que nous avons fait est entièrement conforme à la justice. Nous ajouterons que l'intention contraire est absurde, ou insensée, ou injuste, ou impossible ; quelle n'est pas d'accord avec le sens de ce qui précède et de ce qui suit ; qu'elle est en opposition avec le droit commun, avec les autres lois, avec la jurisprudence des tribunaux. Ensuite nous énumérerons des exemples de décisions en faveur de l'esprit et contre le sens littéral ; nous citerons de courts extraits de lois ou de contrats, dans lesquels on puisse comprendre l'intention des

---

scripto potius judicatæ sunt. Deinde ostendetur, quam periculosum sit a scripto recedere. Locus communis est contra eum, qui, quum fateatur se contra quam legibus sancitum aut testamento perscriptum sit, fecisse, tamen facti quærat defensionem.

X. Ab sententia sic dicemus : Primum laudabimus scriptoris commoditatem tque brevitatem, quod tantum scripserit, quod necesse fuerit ; illud, quod sine scripto intelligi potuerit, non necessario scribendum putarit. Deinde dicemus calumniatoris esse officium, verba et litteras sequi, negligere voluntatem. Deinde id, quod scriptum sit, aut non posse fieri aut non lege, non more, non natura, non æquo et bono posse fieri ; quæ omnia scriptorem noluisse quam rectissime fieri nemo dicet : at ea, quæ a nobis facta sint, justissime facta. Deinde contrariam sententiam aut nullam esse aut stultam aut injustam aut non posse fieri aut non constare cum superioribus et inferioribus sententiis aut cum jure communi aut cum aliis legibus communibus aut cum rebus judicatis dissentire. Deinde exemplorum a voluntate et contra scriptum judicatorum enumeratio ; deinde legum et stipulationum breviter

écrivains et le sens de l'exposition. Il y a un lieu commun contre celui qui réciterait un écrit sans expliquer l'intention du rédacteur.

Lorsque deux lois sont en opposition, il faut chercher d'abord s'il n'y a ni abrogation ni dérogation; ensuite si ces lois sont tellement contradictoires, que l'une ordonne et que l'autre interdise, que l'une exige et que l'autre permette. La défense sera faible, si l'on prétend n'avoir point fait ce qu'une loi exige, parce qu'il en est une autre qui permet : car il y a plus de force dans un commandement absolu que dans une simple permission. La défense est encore faible, si l'on montre que l'on a agi en vertu d'une loi qu'une autre a remplacée, ou à laquelle on a dérogé; et si l'on n'a point tenu compte de ce que prescrivait la loi postérieure. Après ces considérations, il faudra citer, lire, faire valoir la loi qui nous est favorable; puis nous expliquerons le sens de la loi contraire, et nous le ramènerons à l'intérêt de notre cause. Ensuite nous emprunterons à la question juridiciaire absolue la *raison du droit*; et nous chercherons la *partie du droit* qui milite en notre faveur. Nous parlerons plus bas de cette partie.

XI. Si un écrit est ambigu, c'est-à-dire s'il peut se prêter à deux ou à plusieurs interprétations, vous le discuterez ainsi. D'a-

---

excerptarum, in quibus intelligatur scriptorum voluntas, expositio. Locus communis contra eum, qui scriptum recitet, et scriptoris voluntatem non interpretetur.

Quum duæ leges inter se discrepant, videndum est primum, num qua obrogatio aut derogatio sit; deinde utrum leges ita dissentiant, ut altera jubeat, altera vetet; an ita, ut altera cogat, altera permittat. Infirma enim erit ejus defensio, qui negabit se fecisse, quod cogeretur, quum altera lex permitteret; plus enim valet sanctio permissione. Item illa defensio tenuis est, quum ostenditur id factum esse, quod ea lex sanciat, cui legi obrogatum, vel derogatum sit; id, quod posteriori lege sancitum sit, esse neglectum. Quum hæc erunt considerata, statim nostræ legis expositione, recitatione, collaudatione utemur. Deinde contrariæ legis enodabimus voluntatem, et eam trahemus ad nostræ causæ commodum. Deinde de juridiciali absoluta sumemus rationem juris, et quæremus partes juris, utrum cum ea faciant; de qua posterius disseremus.

XI. Si ambiguum est scriptum, ut puta quod in duas aut plures sententias

bord cherchez si cet écrit est ambigu; puis montrez comment il eût été conçu si le sens admis par les adversaires avait été celui de l'auteur; ensuite, prouvez que votre interprétation est facile, honorable, juste, conforme à la loi, à l'usage, à la nature, au bien et à l'équité; que celle de vos antagonistes est tout le contraire; enfin, qu'un écrit n'est pas ambigu lorsqu'on reconnaît laquelle des deux interprétations est la véritable. Plusieurs pensent que, pour traiter cette question, il importe de connaître ce que les dialecticiens enseignent sur les *amphibolies*. Mais nous croyons que cette étude, loin d'offrir quelque secours à l'orateur, ne fait que l'embarrasser davantage. En effet, ils sont à la piste de toutes les *amphibolies*, même de celles qui, dans l'une de leurs acceptions, ne présentent aucun sens. Aussi ne vois-je en eux que les interrupteurs incommodes des discours d'autrui, les interprètes odieux et obscurs des textes; et, tandis qu'ils veulent parler avec tant de précaution et d'exactitude, ils finissent par perdre la parole. Dans la crainte de laisser échapper un mot à double sens, ils n'osent même prononcer leur nom. Mais, quand vous le voudrez, nous réfuterons leurs opinions puériles par les arguments les plus solides. Pour le moment, il n'était pas inutile de jeter en passant quelque mépris sur cette école, bavarde dans la théorie, muette dans la pratique.

trahi possit, hoc modo tractandum est. Primum, sitne ambiguum, quærendum est. Deinde, quomodo scriptum esset, si id, quod adversarii interpretantur, scriptor fieri voluisset, ostendendum est. Deinde, id, quod nos interpretemur, et fieri posse et honeste, recte, lege, more, natura, bono et æquo fieri posse; quod adversarii interpretentur, e contrario : nec esse ambigue scriptum, quum intelligatur, utrum sententia vera sit. Sunt, qui arbitrentur ad hanc causam tractandam vehementer pertinere cognitionem amphiboliarum eam, quæ a dialecticis profertur. Nos vero arbitramur non modo nullo adjumento esse, sed potius maximo impedimento. Omnes enim illi amphibolias aucupantur, eas etiam, quæ ex altera parte sententiam nullam possunt interpretari. Itaque et alieni sermonis molesti interpellatores et scripti quum odiosi tum obscuri interpretes sunt; et dum caute et expedite loqui volunt, infantissimi reperiuntur. Ita dum metuunt in dicendo, ne quid ambiguum dicant, nomen suum pronuntiare non possunt. Verum horum pueriles opiniones rectissimis rationibus, quum voles, refellemus. In præsentiarum hoc interdicere non alienum fuit, ut hujus infantiæ garrulam disciplinam contemneremus.

XII. Quand nous emploierons la définition, nous donnerons d'abord une courte définition de mots, par exemple : « Est coupable de lèse-majesté quiconque porte atteinte aux choses qui constituent la grandeur de l'état, c'est-à-dire aux suffrages du peuple et à l'assemblée des magistrats : or, vous avez interdit au peuple ses suffrages, aux magistrats leur assemblée, quand vous avez brisé les ponts. » L'accusé répondra : « Le crime de lèse-majesté consiste à porter préjudice à la grandeur de l'état. Mais loin d'y porter préjudice, je l'ai protégée ; j'ai conservé le trésor public ; j'ai résisté aux passions des mauvais citoyens ; je n'ai pas permis que la majesté de l'État pérît tout entière. » Ainsi, d'abord le sens du mot sera expliqué brièvement, et dans l'intérêt de la cause ; ensuite nous rapprocherons notre conduite de la définition du mot : puis nous combattrons l'esprit de la définition qu'on nous oppose, si elle est fausse, ou insignifiante, ou honteuse, ou injurieuse. Nous emprunterons aussi nos arguments à la partie du droit qui concerne la question juridiciaire absolue, et dont nous allons parler.

Par les *translations* on recherche si, dans l'affaire présente, quelqu'un a dirigé une action, une demande, ou une poursuite, sans en avoir le droit ; s'il fallait une autre marche, un autre temps, un autre lieu, une autre loi, un autre juge d'instruction, un autre avocat. Ces moyens seront empruntés aux lois, aux

XII. Quum definitione utemur, primum adferemus brevem vocabuli definitionem, hoc modo : « Majestatem is minuit, qui ea tollit, ex quibus rebus civitatis amplitudo constat, quæ sunt ea, quæ capiunt suffragia populi et magistratus consilium. Nempe igitur tu et populum suffragio et magistratum consilio privasti, quum pontes disturbasti. » Item ex contrario : « Majestatem is minuit, qui amplitudinem civitatis detrimento adficit. Ego non adfeci, sed prohibui detrimento ; ærarium enim conservavi, libidini malorum restiti, majestatem omnem interire non passus sum. » Primum igitur vocabuli sententia breviter et ad utilitatem causæ accommodate describetur ; deinde factum nostrum cum verbi descriptione conjungetur ; deinde contrariæ descriptionis ratio refelletur, si aut falsa erit, aut inutilis, aut turpis, aut injuriosa. Id quoque ex juris partibus sumetur de juridiciali absoluta, de qua jam loquemur.

Quæritur in translationibus, primum, num aliquis ejus rei actionem, petitionem, aut persecutionem habeat, quem non oporteat ; num alio modo, tempore, loco ; num alia lege, num alio quærente aut agente. Hæc legibus et mo-

usages, à l'équité et au bien, choses dont nous parlerons dans la question juridiciaire absolue.

Dans toute cause fondée sur *l'analogie*, on cherche d'abord si pour des choses plus grandes, moindres, ou semblables, on a quelque loi ou quelque décision pareille; ensuite, si la chose alléguée est semblable ou non à la chose dont il s'agit; puis si ce n'est point à dessein qu'on n'a écrit aucune loi spéciale sur le fait, parce qu'on n'a pas voulu le prévoir, ou parce qu'on a cru qu'il était suffisamment prévu par d'autres lois analogues. Nous avons assez parlé des subdivisions de la question légale, revenons maintenant à la question juridiciaire.

XIII. Nous ferons usage de la question juridiciaire absolue, lorsque, reconnaissant avoir fait l'action, nous soutiendrons que nous en avions le droit, sans employer aucun moyen extérieur. Il convient alors de rechercher si l'on a agi avec droit; et, pour y parvenir, il faut, une fois la cause posée, connaître les parties constitutives du droit; or les voici : la nature, la loi, l'usage, la chose jugée, l'équité, les contrats. De la nature dérive le droit qui consacre les liens du sang et la piété envers la famille, envers la patrie; le droit qui constitue les devoirs réciproques des enfants et des parents. Le droit repose sur la loi, lorsqu'il a été sanctionné par la volonté du peuple: ainsi vous devez vous présenter en justice quand vous y êtes appelés. Le droit fondé sur

---

ribus, æquo et bono reperientur; de quibus dicetur in juridiciali absoluta.

In causa rationali primum quæretur, ecquid in rebus majoribus aut minoribus aut similibus similiter scriptum aut judicatum sit : deinde, utrum ea res similis sit ei rei, qua de agitur, an dissimilis ; deinde, utrum consulto de ea re scriptum non sit, quod noluerit cavere, an quod satis cautum putarit, propter cæterorum scriptorum similitudinem. De partibus legitimæ constitutionis satis dictum est : nunc ad juridicialem revertamur.

XIII. Absoluta juridiciali constitutione utemur, quum ipsam rem, quam nos fecisse confitemur, jure factam dicemus, sine ulla adsumptione extrariæ defensionis. In ea convenit quæri, jurene sit factum : de eo causa posita dicere poterimus, si, ex quibus partibus jus constet, cognoverimus. Constat igitur ex his partibus : natura, lege, consuetudine, judicato, æquo et bono, pacto. Natura jus est, quod cognationis aut pietatis causa observatur; quo jure parentes a liberis et a parentibus liberi coluntur. Lege jus est id, quod populi jussu sancitum est ; quod genus, ut in jus eas, quum vocaris. Consuetudine jus est

l'usage est celui qui, en l'absence de toute loi, est aussi respecté que si la loi l'eût consacré; ainsi : « Si vous avez déposé des fonds entre les mains d'un banquier, vous avez le droit de les demander à son associé. » Il y a chose jugée lorsque, sur la même question, une sentence, un décret sont intervenus. Mais souvent la jurisprudence varie, selon la manière de voir d'un juge, d'un préteur, d'un consul ; et il arrive maintes fois que, sur une même chose, les décrets ou les jugements de l'un sont en opposition avec ceux de l'autre; ainsi : « M. Drusus, préteur urbain, rendit un jugement qui autorisait à poursuivre l'héritier. Sext. Julius ne voulut point rendre un tel jugement. » Autre exemple : « C. Cælius, juge, renvoya absous de l'accusation d'injures un acteur qui avait blessé le poëte Lucilius, en le nommant sur la scène. P. Mucius condamna celui qui avait nommé le poëte L. Accius. » Puisque deux causes pareilles peuvent être différemment jugées, il faudra, si le cas se présente, faire connaître les juges, les circonstances et le nombre des décisions pour et contre. L'équité constitue le droit, quand il repose sur la vérité et l'utilité commune. Exemple : « Celui qui a plus de soixante ans, et qui est retenu par maladie, peut comparaître par procureur. » En vertu de ce principe, on peut établir un nouveau droit, d'après les circonstances et la dignité des personnes. Le droit dépend d'un contrat, lorsque plusieurs personnes

id, quod sine lege æque, ac si legitimum sit, usitatum est ; quod genus, « Id quod argentario tuleris expensum, a socio ejus recte repetere possis. » Judicatum est id, de quo sententia lata est, aut decretum interpositum. Ea sæpe diversa sunt, ut aliud alii judici aut prætori aut consuli aut tribuno plebis placitum sit ; et fit, ut de eadem re sæpe alius aliud decreverit aut judicaverit ; quod genus : « M. Drusus, prætor urbanus, quod cum herede mandati ageretur, judicium reddidit; Sext. Julius non reddidit. Item : C. Cælius judex absolvit injuriarum eum, qui Lucilium poetam in scena nominatim læserat ; P. Mucius eum, qui L. Accium poetam nominaverat, condemnavit. » Ergo, quia possunt res simili de causa dissimiliter judicatæ proferri, quum id usu venerit, judicem cum judice, tempus cum tempore, numerum cum numero judiciorum conferemus. Ex æquo et bono jus constat, quod ad veritatem et utilitatem communem videtur pertinere ; quod genus : « Ut major annis LX, et cui morbus causa est, cognitorem det. » Ex eo vel novum jus constitui convenit ex tempore et ex hominis dignitate. Ex pacto jus est : « Si qui quid inter se pepige-

ont fait entre elles une convention, un accord. Il y a des contrats dont la loi prescrit l'observation ; ainsi : « Si l'on s'arrange par contrat, que ce soit chose jugée ; sinon, portez la cause, avant midi, au forum ou au comitium. » Il y a aussi des contrats qui, sans l'intervention de la loi, s'observent en vertu de la convention, et sont dits exécutoires de droit. C'est donc par ces moyens qu'il convient de démontrer le tort, de confirmer le droit ; c'est ainsi qu'on doit procéder dans la question juridiciaire absolue.

XIV. Quand, par l'*alternative*, on demandera si la conduite que l'accusé déclare avoir tenue est préférable à celle que l'accusateur voudrait qu'il eût tenue : d'abord on examinera, en les comparant, laquelle des deux aurait été la plus avantageuse, c'est-à-dire la plus belle, la plus facile, la plus profitable. Ensuite, il faudra demander si c'était bien à lui-même de juger lequel des deux partis était le plus avantageux, ou s'il appartenait aux autres de le décider. D'autres fois l'accusateur, en vertu de la question conjecturale, insinuera le soupçon que l'accusé n'a pas agi dans la vue de préférer le meilleur au pire, mais que son action procède du *mauvais dol*. On demandera encore si on ne pouvait pas éviter de venir en ce lieu. Le défenseur, au contraire, réfutera l'argumentation conjecturale par quelqu'un des motifs probables dont on a déjà parlé. Une fois ces moyens em-

---

runt, si quid inter quos convenit. » Pacta sunt, quæ legibus observanda sunt, hoc modo : « Rem ubi pagunt, orato ; ni pagunt, in comitio, aut in foro ante meridiem causam conjicito. » Sunt item pacta, quæ sine legibus observantur ex conventu, quæ jure præstare dicuntur. His igitur partibus injuriam demonstrari, jus confirmari convenit, idque in absoluta juridiciali faciendum videtur.

XIV. Quum ex comparatione quæretur, utrum satius fuerit agere id, quod reus dicat se fecisse, an id, quod accusator dicat oportuisse fieri : primum quæri convenit, utrum fuerit utilius ex contentione, hoc est utrum venustius, facilius, conducibilius. Deinde oportebit quæri, ipsumne oportuerit judicare, utrum fuerit utilius, an aliorum fuerit statuendi potestas. Deinde interponetur ab accusatore suspicio ex constitutione conjecturali ; quare putetur non ea ratione factum esse, quo melius deteriori anteponeretur, sed dolo malo negotium gestum. Deinde quæretur, potueritne vitari, ne in eum locum veniretur. Ab defensore contra refelletur argumentatio conjecturalis, aliqua probabili causa, de qua ante dictum est. His ita tractatis, accusator utetur loco com-

ployés, l'accusateur, par un lieu commun, reprochera au prévenu d'avoir préféré à l'avantageux ce qui ne l'était point, lorsqu'il n'avait pas le droit de prononcer. Le défenseur opposera à ceux qui jugent convenable de préférer le nuisible à l'avantageux, le lieu commun *per conquestionem*; et, en même temps, il demandera aux accusateurs et aux juges eux-mêmes ce qu'ils eussent fait à la place de l'accusé; et il mettra sous leurs yeux le temps, le lieu, la chose, et les motifs de son client.

XV. La récrimination a lieu quand l'accusé rejette sur la faute d'autrui le motif de son action. Alors il faut chercher premièrement si c'est avec raison que le tort est rejeté sur un autre. En second lieu, on examinera si la faute imputée à un autre par le prévenu est aussi grave que celle qu'il avoue lui-même avoir commise. Et puis, fallait-il faillir parce qu'auparavant un autre avait failli? devait-on se faire justice avant le jugement? lorsque aucune sentence n'avait été prononcée sur le fait, était-ce à l'accusé de se porter juge de ce qui n'avait pas encore été légalement jugé? Là se présente le lieu commun par lequel l'accusateur reproche à l'inculpé de mettre la violence au-dessus des jugements. A quoi faudrait-il s'attendre, ajoutera-t-il, si les autres en faisaient autant, s'ils infligeaient le supplice avant la condamnation, en s'autorisant de votre exemple? Que dirait-on si l'ac-

muni in eum, qui inutile utili præposuerit, quum statuendi non habuerit potestatem. Defensor contra eos, qui æquum censeant rem perniciosam utili præponi, utetur loco communi per conquestionem et simul quæret ab accusatoribus et ab judicibus ipsis, quid facturi essent, si in eo loco fuissent; et tempus, locum, rem, deliberationem suam ponet ante oculos.

XV. Translatio criminis est, quum ab reo facti causa in aliorum peccatum transfertur. In qua primum quærendum est, jurene in alium crimen transferatur : deinde spectandum est, æque ne magnum sit illud peccatum, quod in alium transferatur, atque illud, quod reus suscepisse dicatur : deinde, oportueritne in ea re peccare, in qua alius ante peccarit : deinde, oportueritne judicium ante fieri : deinde, quum factum judicium non sit de illo crimine, quod in alium transferatur, oporteatne de ea re judicium fieri, quæ res in judicium nondum venerit. Locus communis accusatoris contra eum, qui plus censeat vim, quam judicia, valere oportere : et ab adversariis percontabitur accusator, quid futurum sit, si idem cæteri faciant, ut de indemnatis supplicia sumant, quod eos idem fecisse dicant. Quid, si ipse accusator idem facere vo-

cusateur lui-même avait voulu agir ainsi? Le défenseur fera valoir l'énormité du crime de ceux sur qui l'on rejette l'accusation. Il mettra sous les yeux le fait, le lieu, le moment pour persuader aux auditeurs qu'il n'était pas possible ou qu'il n'était pas avantageux de juger l'affaire.

XVI. Par l'*aveu*, nous demandons qu'on nous pardonne. Il se divise en deux parties, l'excuse et la supplication. Par l'excuse, nous déclarons n'avoir pas agi à dessein : elle s'appuie sur la nécessité, sur la fortune, sur l'ignorance. Traitons d'abord de ces trois moyens ; puis nous reviendrons à la supplication.

Il faut considérer d'abord si c'est par notre faute que nous avons été réduits à cette nécessité, ou si c'est la nécessité elle-même qui nous y a entraînés. Ensuite on cherchera par quel moyen on pouvait se soustraire à cette force, ou l'affaiblir. Celui qui s'excuse par la nécessité a-t-il essayé tout ce qu'il pouvait faire ou imaginer pour lui résister? Ne peut-on pas tirer de la question conjecturale des soupçons pour prouver qu'il a fait à dessein ce qu'il attribue à la nécessité? et quand même, à la rigueur, il y aurait eu quelque nécessité, ce motif serait-il une excuse suffisante?

Si l'accusé attribue sa faute à l'ignorance, considérons d'abord s'il pouvait savoir, où s'il ne le pouvait pas ; ensuite, s'il a fait ou n'a point fait des efforts pour savoir ; enfin, est-ce accidentelle-

---

luisset? Defensor corum peccati atrocitatem proferet, in quos crimen transferetur ; rem, locum, tempus ante oculos ponet, ut ii, qui audient, existiment aut non potuisse aut non utile fuisse rem in judicium venire.

XVI. Concessio est, per quam nobis ignosci postulamus. Ea dividitur in purgationem, et deprecationem. Purgatio est, quum consulto a nobis factum negamus. Ea dividitur in necessitudinem, fortunam, imprudentiam. De his partibus primum ostendendum est ; deinde ad deprecationem revertendum videtur.

Primum considerandum est, num culpa ventum sit in necessitudinem, num culpam veniendi necessitudo fecerit. Deinde quærendum est, ecquo modo vis illa vitari potuerit ac levari. Deinde is, qui in necessitudinem causam conferet, expertusne sit, quid contra facere aut excogitare posset. Deinde, num quæ suspiciones ex conjecturali constitutione trahi possint, quæ significent id consulto factum esse, quod necessario accidisse dicitur. Deinde, si maxime necessitudo quæpiam fuerit, conveniatne eam satis idoneam causam putari.

Sin autem imprudentia reus se peccasse dicet, primum quæretur, utrum potuerit scire an non potuerit. Deinde, utrum data sit opera ut sciretur, an non;

ment, ou par sa faute, qu'il n'a point su? car celui qui prétendrait avoir été privé de la raison par le vin, l'amour ou la colère, aurait perdu connaissance par un tort volontaire, et non par ignorance : son ignorance ne serait pas une excuse, mais une faute manifeste. Ensuite, par la question conjecturale, on demandera si réellement il savait ou ignorait : on considérera si l'ignorance est une justification suffisante, lorsque le fait est constant.

Quand on s'en prend à la fortune, et que, pour ce motif, le défenseur prétend qu'on doit pardonner à l'accusé, il faut s'attacher aux considérations données pour la nécessité. En effet, ces trois espèces d'excuses ont beaucoup d'affinité entre elles, et peuvent se prêter à peu près aux mêmes combinaisons. Dans ces causes se présentent les lieux communs de l'accusateur contre celui qui, avouant sa faute, retient inutilement les juges par ses longs discours; du défenseur, sur l'humanité, la compassion : en toutes choses, il faut tenir compte de l'intention ; et qui n'a pas agi à dessein ne saurait être coupable.

XVII. Nous emploierons la *supplication*, si nous avouons notre faute, sans invoquer l'excuse de l'ignorance, de la fortune, ou de la nécessité, et si pourtant nous demandons qu'on nous pardonne. Ici les motifs du pardon se tirent des lieux suivants :

deinde, utrum casu nescierit an culpa. Nam qui se propter vinum aut amorem aut iracundiam fugisse rationem dicet, is animi vitio videbitur nescisse, non imprudentia; quare non imprudentia se defendet, sed culpa contaminabit personam. Deinde conjecturali constitutione quæretur, utrum scierit an ignoraverit; et considerabitur, satisne imprudentia præsidii debeat esse, quum factum esse constet.

Quum in fortunam causa conferetur et ea re defensor ignosci reo dicet oportere, eadem omnia videntur consideranda, quæ de necessitudine præscripta sunt. Etenim omnes hæ tres partes purgationis inter se finitimæ sunt, ut in omnes eadem fere possint accommodari. Loci communes in his causis : accusatoris contra eum, qui, quum se peccasse confiteatur, tamen oratione judices demoretur; defensoris, de humanitate, misericordia : voluntatem in omnibus rebus spectari convenire; quæ consulto facta non sint, in iis fraudem esse non oportere.

XVII. Deprecatione utemur, quum fatebimur nos peccasse neque id imprudenter aut fortuitu aut necessario fecisse dicemus et tamen ignosci nobis postulabimus. Hic ignoscendi ratio quæritur ex iis locis, si plura aut majora

s'il paraît constant que les bonnes actions du prévenu l'emportent sur ses torts par le nombre et par la gravité; si sa vertu, sa naissance donnent plus de poids à ses supplications; si en le renvoyant absous, on peut espérer de conserver un citoyen utile; si l'on montre que ce même suppliant fut débonnaire et compatissant au sein des grandeurs; s'il a commis ses fautes, non par haine ou par cruauté, mais entraîné par son obligeance et par de bonnes intentions; si, dans une pareille cause, d'autres ont déjà obtenu leur grâce; si son acquittement ne nous expose à aucun danger; s'il ne doit provoquer ni le blâme de nos concitoyens, ni celui d'une autre cité. Suivent les lieux communs sur l'humanité, la fortune, la compassion, les vicissitudes des choses. L'adversaire retournera tous ces lieux contre l'accusé, en y ajoutant l'énumération et l'amplification des fautes qu'on lui impute. Ce moyen n'appartient pas au genre judiciaire, ainsi que nous l'avons dit dans le premier livre; mais, comme il peut se rencontrer devant le sénat ou devant un conseil militaire, je n'ai pas cru devoir l'omettre.

Par le *recours*, nous éloignons de nous l'accusation, en rejetant la cause de notre faute sur une chose ou sur une personne. Est-ce sur une personne? On cherchera d'abord si celui à qui l'on s'en prend a eu l'influence que lui attribue l'accusé, et de

officia, quam maleficia, videbuntur constare; si qua virtus aut nobilitas erit in eo, qui supplicabit; si qua spes erit, usui futurum, si sine supplicio discesserit; si ipse ille supplex, mansuetus et misericors in potestatibus ostendetur fuisse; si ea, quæ peccavit, non odio, neque crudelitate, sed officio et recto studio commotus fecit; si tali de causa aliis quoque ignotum est; si nihil ab eo periculi nobis futurum videbitur, si eum missum fecerimus; si nulla aut a nostris civibus aut ab aliqua civitate vituperatio ex ea re suscipietur. Loci communes : de humanitate, fortuna, misericordia, rerum commutatione. Iis locis omnibus ex contrario utetur is, qui contra dicet, cum amplificatione et enumeratione peccatorum. Hæc causa judicialis fieri non potest, ut in libro primo ostendimus : sed quod potest vel ad senatum vel ad consilium venire, non visa est supersedenda.

Quum a nobis crimen removere volemus, aut in rem aut in hominem nostri peccati causam conferemus. Si causa in hominem conferetur, quærendum erit primum, potueritne tantum, quantum reus demonstrabit, is, in quem causa

quelle manière on pouvait honorablement ou sans danger lui résister. Supposez même les allégations du prévenu admises; est-ce une raison pour reconnaître qu'il a cédé à une force étrangère? Ensuite, entraînez-le dans la question conjecturale, et que la discussion établisse s'il a agi avec connaissance de cause. Rejetez-vous le tort sur une chose? suivez la même marche, et profitez aussi de tout ce que nous avons dit sur la nécessité.

XVIII. Maintenant qu'il nous semble avoir suffisamment fait connaître de quels arguments il convient de se servir dans chacune des trois questions du genre judiciaire, nous devons enseigner comment on peut embellir ces arguments, et les traiter de la manière la plus parfaite. En effet, il n'est guère difficile de trouver ce qui convient à l'appui de notre cause; mais, une fois qu'on l'a trouvé, il est très-difficile de le polir et de l'exprimer convenablement. C'est cet art qui nous apprend à ne pas nous arrêter plus longtemps qu'il ne faut sur un seul passage, à ne pas revenir maintes fois au même point, à ne pas quitter un raisonnement inachevé pour passer mal à propos à un autre. Grâce à cette méthode, nous nous rappellerons la place de chaque idée, et l'auditeur saisira et retiendra l'ensemble du discours et la distribution de toutes les preuves. Ainsi, l'argumentation la

conferetur, et quonam modo aut honeste aut sine periculo potuerit obsistere; si maxime ita sit, num ea re concedi reo conveniat, quod alieno inductu fecerit. Deinde in conjecturalem trahetur controversiam et edisseretur, num consulto factum sit. Si causa in rem quamdam conferetur, et hæc eadem fere et omnia, quæ de necessitudine præcepimus, consideranda erunt.

XVIII. Quòniam satis ostendisse videmur, quibus argumentationibus in uno quoque genere causæ judicialis uti conveniret; consequi videtur, ut doceamus, quemadmodum ipsas argumentationes ornate et absolute tractare possimus. Nam fere non difficile est invenire, quid sit causæ adjumento; difficillimum vero est, inventum expolire et expedite pronunciare. Hæc enim res facit, ut neque diutius, quam satis sit, in eisdem locis commoremur, neque eodem identidem revolvamur, neque inchoatam argumentationem relinquamus, neque incommode ad aliam deinceps transeamus. Itaque hac ratione et ipsi meminisse poterimus, quid quoque loco dixerimus, et auditor quum totius causæ, tum unius cujusque argumentationis distributionem percipere et meminisse poterit. Ergo absolutissima et perfectissima est argumentatio ea, quae in quinque

plus achevée et la plus parfaite se développe en cinq parties : l'exposition, la raison, la confirmation de la raison, les ornements et le résumé. L'exposition est l'énoncé sommaire de ce que nous voulons prouver. La raison est le principe qui, embrassant en peu de mots le but auquel nous tendons, en démontre la légitimité. La confirmation de la raison fortifie par un grand nombre de preuves ce que la raison expose en résumé. Les ornements servent à embellir, à enrichir la cause, lorsque les preuves sont bien établies. Le résumé conclut brièvement, en récapitulant les divers moyens de l'argumentation.

XIX. Pour ne rien laisser à désirer dans l'emploi de ces cinq parties, voici comment il faut traiter l'argumentation : « Nous allons prouver qu'Ulysse avait un motif pour tuer Ajax ; en effet, il voulait se débarrasser d'un ennemi acharné, de la part duquel il redoutait, non sans raison, les plus grands dangers. Ajax vivant, il n'y avait point de sûreté pour lui ; par sa mort, il espérait acheter son propre salut. Il avait l'habitude, à défaut de moyens légitimes, d'user de toute perfidie pour tramer la perte d'un ennemi : la mort indigne de Palamède en est une preuve. Ainsi, la crainte d'un danger l'excitait à tuer un homme de la part duquel il craignait un châtiment, en même temps que l'habitude du crime écartait tout scrupule de commettre un assas-

---

partes est distributa : propositionem, rationem, rationis confirmationem, exornationem, complexionem. Propositio est, per quam ostendimus summatim, quid sit, quod probare volumus. Ratio est causa, quæ demonstrat verum esse id, quod intendimus, brevi subjectione. Rationis confirmatio est ea, quæ pluribus argumentis corroborat breviter expositam rationem. Exornatio est, qua utimur rei honestandæ et collocupletandæ causa, confirmata argumentatione. Complexio est, quæ concludit breviter, colligens partes argumentationis.

XIX. Hisce igitur quinque partibus ut absolutissime utamur, hoc modo tractabimus argumentationem. « Causam ostendemus Ulixi fuisse, quare interfecerit Ajacem ; inimicum enim acerrimum de medio tollere volebat, a quo sibi non injuria summum periculum metuebat. Videbat illo incolumi se incolumem non futurum ; sperabat illius morte se salutem sibi comparare ; consueverat, si jure non poterat, injuria quavis inimico exitium machinari ; cui rei mors indigna Palamedis testimonium dat. Ergo et metus periculi hortabatur eum interimere, a quo supplicium verebatur ; et consuetudo peccandi, male-

sinat. Les hommes, en effet, qui ne commettent jamais sans motif les fautes les plus légères, sont entraînés aux plus grands crimes par la certitude du profit. Si beaucoup ont été poussés au mal par l'espoir du gain, si un plus grand nombre s'est plongé dans le crime par l'ambition du pouvoir, si plusieurs ont payé un léger avantage au prix des plus grands forfaits; qui s'étonnera que cet homme, dominé par la plus vive terreur, n'ait pu s'abstenir d'un assassinat? Un héros, plein de courage et d'intégrité, implacable dans ses vengeances, était outragé et irrité à l'excès; un rival lâche et perfide, qui se sentait coupable, un artisan de trames, un ennemi n'a pas voulu le laisser vivre : qui s'en étonnera? Puisque nous voyons les bêtes féroces s'élancer avec tant d'ardeur et d'avidité pour nuire à d'autres animaux, on ne peut trouver incroyable que ce cœur farouche, cruel, inhumain, se soit élancé en furieux à la ruine d'un ennemi. Songeons surtout que les animaux ne nous paraissent obéir à aucun motif bon ou mauvais, tandis qu'Ulysse, nous le savons, eut toujours des motifs aussi nombreux que criminels. Si donc je vous ai promis de vous dévoiler la cause qui a entraîné Ulysse à commettre cet assassinat; si je vous ai démontré l'intervention des mobiles les plus puissants, l'inimitié et la crainte du péril, il n'y a point de doute qu'il n'avoue que telle est la cause de son crime. »

ficii suscipiendi removebat dubitationem. Omnes enim quum minima peccata cum causa suscipiunt, tum vero illa, quæ multo maxima sunt maleficia, aliquo certo emolumento inducti suscipere conantur. Si multos induxit in peccatum pecuniæ spes, si complures scelere se contaminaverunt imperii cupiditate, si multi leve compendium fraude maxima commutarunt; cui mirum videbitur, istum a maleficio propter acerrimam formidinem non temperasse? Virum fortissimum, integerrimum, inimicitiarum persequentissimum, injuria lacessitum, ira exsuscitatum si homo timidus, nocens, conscius sui peccati, insidiosus, inimicus incolumem esse noluit : cui tandem hoc mirum videbitur? Nam quum feras bestias videamus alacres et erectas vadere, ut alteri bestiæ nocent; non est incredibile putandum istius quoque animum ferum, crudelem atque inhumanum, cupide ad inimici perniciem profectum, præsertim quum in bestiis nullam neque bonam neque malam rationem videamus, in isto plurimas et pessimas rationes semper fuisse intelligamus. Si ergo pollicitus sum me daturum causam, qua inductus Ulixes accesserit ad maleficium, et si inimiciarum acerrimam rationem et periculi metum intercessisse demonstravi, non est dubium, quin confiteatur causam maleficii fuisse. »

L'argumentation la plus parfaite est donc celle qui se compose des cinq parties; mais il n'est pas toujours nécessaire de l'employer. En effet, on se dispense du résumé, si le sujet est peu développé et facile à retenir; d'autres fois, on renonce aux ornements, si le sujet n'est pas assez riche pour l'amplification et les embellissements; si l'argumentation est courte, et qu'en même temps le sujet soit modeste et peu fécond, abstenez-vous et des ornements et du résumé. Dans toute argumentation, suivez, pour les deux dernières parties, la marche que je viens de prescrire. Ainsi l'argumentation la plus développée a cinq parties; la plus courte en a trois; la moyenne, dont on retranche les ornements ou le résumé, en a quatre.

XX. Il y a deux espèces d'argumentations vicieuses, l'une, qui peut être réfutée par l'adversaire et qui appartient à la cause; l'autre, qui, malgré sa futilité, n'exige pas de réplique. Quelles sont les preuves qu'il convient de réfuter? Quelles sont celles qu'on doit mépriser et passer sous silence sans les relever? vous ne pourriez le discerner nettement, si je ne vous offrais des exemples. Cette connaissance des argumentations vicieuses procure deux avantages : elle nous fait éviter les fautes de raisonnement, et nous enseigne à relever facilement celles que notre adversaire n'a point évitées. Puisque nous avons montré que

Ergo absolutissima est argumentatio ea, quæ ex quinque partibus constat; sed ea non semper necesse est uti. Tum complexione supersedendum est, si res brevis est, ut facile memoria comprehendatur; tum exornatio prætermittenda est, si parum locuples ad amplificandum et exornandum res videtur esse. Sin et brevis erit argumentatio et res tenuis aut humilis, tum et exornatione et complexione supersedendum est. In omni argumentatione de duabus partibus postremis hæc, quam exposui, ratio est habenda. Ergo amplissima est argumentatio quinquepertita; brevissima est tripertita; mediocris, sublata aut exornatione aut complexione, quadripertita.

XX. Duo genera sunt vitiosarum argumentationum: unum, quod ab adversario reprehendi potest, idque pertinet ad causam; alterum, quod tametsi nugatorium est, tamen non indiget reprehensione. Quæ sint, quæ reprehensione confutari conveniat, quæ tacite contemni atque vitari sine reprehensione, nisi exempla subjecero, intelligere dilucide non poteris. Hæc cognitio vitiosarum argumentationum duplicem utilitatem adferet. Nam et vitare in argumentatione vitium admonebit et ab aliis non vitatum commode reprehendere doce-

l'argumentation parfaite et accomplie se compose de cinq parties, considérons dans chacune quels sont les défauts à éviter, afin que nous nous en gardions nous-mêmes, et que nous puissions, par la même méthode, éprouver l'argumentation des adversaires dans toutes ses parties, et voir de quel côté nous la battrons en brèche.

L'exposition est vicieuse lorsque, après avoir observé quelques individus, ou même la majeure partie d'entre eux, on applique à tous ce qui ne convient pas nécessairement à tous, comme si l'on disait : « Tous ceux qui sont dans la pauvreté aiment mieux acquérir des richesses par des moyens criminels que de conserver leur pauvreté avec leur vertu. » Si quelqu'un *expose* ainsi son argumentation, sans s'inquiéter de la *raison* où de la *confirmation de la raison*, nous réfuterons facilement son *exposition* en montrant qu'il est faux et inique d'attribuer à tous les pauvres ce qui n'est propre qu'à quelques pauvres malhonnêtes. L'exposition est encore vicieuse, quand on prétend qu'une chose qui arrive rarement n'arrive jamais. Par exemple : « Personne ne peut, au premier coup d'œil et en passant, être pris d'amour. » Car il est arrivé qu'un seul regard a fait naître l'amour, tandis que l'orateur affirme que cela n'arrive jamais. Peu importe que le fait soit rare, pourvu qu'il soit possible.

it. Quoniam igitur ostendimus perfectam et plenam argumentationem ex quinque partibus constare, in una quaque parte argumentationis quae vitia vitanda sint, consideremus, ut et ipsi ab his vitiis recedere et adversariorum argumentationes hac praeceptione in omnibus partibus temptare et ab aliqua arte labefactare possimus.

Expositio vitiosa est, quum ab aliqua aut a majore parte ad omnes conferatur id, quod non necessario est omnibus attributum ; ut si quis hoc modo exponat : « Omnes, qui in paupertate sunt, malunt maleficio parare divitias, quam officio paupertatem tueri. » Si qui hoc modo exposuerit argumentationem, ut non curet quaerere, qualis ratio aut rationis confirmatio sit, ipsam facile reprehendemus expositionem, quum ostendemus, id, quod in aliquo paupere improbo sit, in omnes pauperes falso et injuria conferri. Item vitiosa expositio st, quum id, quod raro fit, fieri omnino negatur, hoc modo : « Nemo potest uo aspectu neque praeteriens in amorem incidere. » Nam quum nonnemo venerit in amorem uno aspectu, et quum ille neminem dixerit omnino, nihil differt raro id fieri, dummodo aliquando fieri aut posse fieri intelligitur.

XXI. L'exposition est encore vicieuse lorsque nous prétendons avoir énuméré toutes les circonstances, et que nous en avons omis une essentielle; par exemple : « Puisqu'il est constant qu'un homme a été tué, il est nécessaire que le coup ait été porté ou par des brigands, ou par ses ennemis, ou par toi qu'il avait, dans son testament, fait en partie son héritier. Des brigands? on n'en vit jamais en ce lieu; des ennemis? il n'en avait point. Que reste-t-il? s'il n'a été tué ni par des brigands, puisqu'il ne s'en trouvait point là, ni par ses ennemis, puisqu'il n'en avait point, il n'a pu être tué que par toi. » Nous réfuterons une exposition de ce genre, en montrant que, outre ceux qu'a nommés l'orateur, d'autres ont pu exécuter le meurtre : comme si, dans l'exemple cité, lorsqu'on nous dit que l'assassinat a été nécessairement commis ou par des brigands, ou par des ennemis, ou par nous-mêmes, nous répondions qu'il a pu l'être aussi, ou par des esclaves de la victime, ou par nos cohéritiers. Après avoir ainsi renversé toute l'énumération de l'adversaire, nous donnerons un plus vaste champ à notre défense. Il faut donc éviter, dans l'exposition, d'oublier une partie essentielle, quand nous paraissons les avoir réunies toutes. Un autre vice de l'exposition, c'est de contenir une énumération fausse, comme si, au lieu d'un grand nombre d'idées, on en présente très-peu; par

XXI. Item vitiosa expositio est, quum omnes res ostendimus nos collegisse et aliquam rem idoneam præterimus, hoc modo : « Quoniam igitur hominem occisum constat esse, necesse est aut a prædonibus aut ab inimicis occisum esse aut abs te, quem ille heredem testamento ex parte faciebat. Prædones in illo loco visi numquam sunt, inimicum nullum habebat : relinquitur, si neque a prædonibus neque ab inimicis occisus est, quoniam alteri non erant, alteros non habebat, ut abs te sit interemptus. » Nam in hujuscemodi expositione reprehensione utemur, si quos præter quam ille dixerit, potuisse suscipere maleficium ostenderimus; velut in hoc exemplo, quum dixerit necesse esse aut a prædonibus aut ab inimicis aut a nobis occisum esse; dicemus potuisse vel a familia vel a coheredibus nostris. Quum hoc modo illorum collectionem disturbaverimus, nobis latiorem locum defendendi relinquemus. Ergo hoc quoque vitandum est in expositione, ne quando, quum omnia collegisse videamur, aliquam idoneam partem reliquerimus. Item vitiosa expositio est, quæ constat ex falsa enumeratione : ut si, quum plura sunt, pauciora dicamus, hoc modo :

exemple : « il y a deux choses, juges, qui poussent tous les hommes au mal : la débauche et l'avarice. — Eh quoi ! vous dira-t-on, et l'amour? et l'ambition? et la superstition? et la crainte de la mort? et le désir du pouvoir, et tant d'autres passions enfin? » L'énumération est encore fausse si nous présentons plus d'idées qu'il n'y en a, comme : « Trois choses chagrinent les hommes : la crainte, le désir, l'inquiétude. » Il eût suffi de dire la crainte et le désir, puisque l'inquiétude est nécessairement jointe à l'une et à l'autre.

XXII. L'exposition est encore vicieuse lorsqu'elle est tirée de trop loin ; par exemple : « La mère de tous les maux est la sottise, qui enfante les désirs insatiables ; ces désirs qui ne connaissent ni bornes ni mesure engendrent l'avarice ; l'avarice pousse l'homme à toutes sortes d'excès ; aussi est-ce par l'avarice que nos adversaires ont été entraînés à commettre un tel crime. » L'exposition devait se borner à cette dernière idée. Gardons-nous d'imiter Ennius et les autres poëtes, auxquels il est permis de parler ainsi :

> Plût aux dieux que dans la forêt du Pélion, par la hache
> Frappé, le pin ne fût jamais tombé à terre ;
> Que jamais on n'eût commencé à en construire

« Duæ res sunt, judices, quæ homines ad maleficium impellunt, luxuries et avaritia. — Quid amor ? inquiet quispiam : quid ambitio ? quid religio ? quid metus mortis ? quid imperii cupiditas ? quid denique alia permulta ? » Item falsa enumeratio est, quum pauciora sunt et plura dicimus, hoc modo : « Tres res sunt, quæ omnes homines sollicitant, metus, cupiditas, ægritudo. » Satis enim fuerat dixisse metum et cupiditatem, quoniam ægritudinem cum utraque re conjunctam esse necesse est.

XXII. Item vitiosa expositio est, quæ nimium longe repetitur, hoc modo : « Omnium malorum stultitia est mater, quæ præ cæteris parit immensas cupiditates. Immensæ porro cupiditates infinitæ, immoderatæ sunt. Hæ pariunt avaritiam. Avaritia porro hominem ad quodvis maleficium impellit. Ergo avaritia inducti adversarii nostri hoc in se facinus admiserunt. » Hic id, quod extremum dictum est, satis fuit exponere, ne Ennium, et cæteros poetas imitemur, quibus hoc modo loqui concessum est :

> Utinam ne in nemore Pelia securibus
> Cæsa accidisset abiegna ad terram trabes,
> Neve inde navis inchoandæ exordium

> Le premier navire, qui porte aujourd'hui le nom
> D'Argo, et sur lequel l'élite des guerriers argiens
> Allait conquérir la toison d'or d'un bélier,
> En Colchide, par l'ordre perfide du roi Pélias!
> Hélas! jamais elle n'eût quitté sa patrie, ma maîtresse errante,
> Médée, le cœur malade, blessée d'un cruel amour.

Il eût suffi de dire ici (si le poëte se fût soucié de ce qui suffisait) :

> Plût aux dieux qu'elle n'eût jamais quitté sa patrie, ma maîtresse errante,
> Médée, le cœur malade, blessée d'un cruel amour.

Il faut donc se garder de remonter ainsi trop haut dans l'exposition. Cette faute n'a pas besoin d'être réfutée comme tant d'autres : elle saute aux yeux.

XXIII. La *raison* est défectueuse, quand elle n'est pas appropriée à l'*exposition*, soit à cause de sa faiblesse, soit à cause de sa fausseté. La *raison* pèche par faiblesse, si elle ne montre pas que la chose est nécessairement telle qu'elle a été *exposée;* comme dans ce passage de Plaute :

> Châtier un ami pour une faute qui le mérite,
> C'est une action innocente, et même, dans certains cas, utile
> Et profitable.

> Cœpisset, quæ nunc nominatur nomine
> Argo, qua vecti Argivi delecti viri,
> Petebant illam pellem inauratam arietis
> Colchis, imperio regis Peliæ, per dolum
> Nam numquam hera errans mea domo ecferret pedem,
> Medea, animo ægra, amore sævo saucia.

Nam hic satis erat dicere (si id modo, quod esset satis, curasset poeta):

> Utinam ne hera errans mea domo ecferret pedem.
> Medea, animo ægra, amore sævo saucia.

Ergo hac quoque ab ultimo repetitione in expositionibus magnopere supersedendum est. Non enim reprehensione, sicut aliæ complures, sed sua sponte vitiosa est.

XXIII. Vitiosa ratio est, quæ ad expositionem non est accommodata vel propter infirmitatem vel propter vanitatem. Infirma ratio est, quæ non necessario ostendit ita esse, quemadmodum expositum est ; velut apud Plautum :

> Amicum castigare ob meritam noxiam,
> Immune est facinus : verum in ætate utile
> Et conducibile.

LIVRE II.

Voilà l'exposition : voyons la raison que l'auteur en donne :

> Car je châtierai aujourd'hui mon ami
> Pour une faute qui le mérite.

C'est d'après ce qu'il fera, et non d'après ce qu'il convient de faire, qu'il raisonne pour établir l'utilité de son action. La raison est fausse quand elle s'appuie sur une cause mensongère; comme dans cet exemple : « On ne doit pas fuir l'amour, car il engendre l'attachement le plus vrai; » ou dans cet autre : « On doit fuir la philosophie, car elle est mère de l'indolence et de la paresse. » En effet, si ces raisons n'étaient fausses, il faudrait aussi admettre comme vraies les expositions qui les précèdent.

La raison est encore faible lorsqu'elle n'apporte pas une cause nécessaire de l'exposition; comme ce passage de Pacuvius :

> Les philosophes disent que la Fortune est insensée, aveugle et sans intelligence :
> Ils prétendent que cette déesse mobile se tient debout sur un globe de pierre,
> Et qu'elle tombe du côté vers lequel le sort pousse ce globe.
> Ils la disent aveugle, parce qu'elle ne voit point où elle doit se fixer;
> Insensée, parce qu'elle est cruelle, incertaine, instable;
> Sans intelligence, parce qu'elle ne peut distinguer le mérite et le démérite.
> D'autres philosophes, au contraire, n'attribuent à la Fortune
> Aucun malheur, mais font tout dériver du hasard, opinion plus

---

Hæc expositio est. Videamus, quæ ratio afferatur :

> Nam ego amicum hodie meum
> Concastigabo pro commerita noxia.

Ex eo, quod ipse facturus est, non ex eo, quod fieri convenit, utile quid sit, ratiocinatur. Vana ratio est, quæ ex falsa causa constat, hoc modo : « Amor fugiendus non est : nam ex eo verissima nascitur amicitia. » Aut hoc modo : « Philosophia vitanda est : adfert enim socordiam atque desidiam. » Nam hæ rationes nisi falsæ essent, expositiones quoque earum veras esse confiteremur.

Itemque infirma ratio est, quæ non necessariam causam adfert expositionis, velut Pacuvius :

> Fortunam insanam esse et cæcam et brutam perhibent philosophi,
> Saxoque illam instare globoso prædicant volubilem :
> Quia quo saxum impulerit fors, eo cadere Fortunam autumant.
> Cæcam ob eam rem esse iterant, quia nihil cernat, quo sese applicet.
> Insanam autem aiunt, quia atrox, incerta instabilisque sit,
> Brutam, quia dignum atque indignum nequeat internoscere.
> Sunt autem alii philosophi, qui contra Fortunam negent
> Miseriam esse ullam, sed temeritate omnia regi. Id magis

Vraisemblable, disent-ils, et que confirme l'expérience.
Ainsi quand Oreste, de roi devint mendiant,
Ce fut le résultat de son naufrage ; ce malheur ne vint donc point de la Fortune.

Ici Pacuvius se sert d'une raison faible, lorsqu'il veut prouver que « c'est par le hasard, et non par la Fortune, que tout se fait : » car, dans l'un et dans l'autre système philosophique, on explique comment, de roi, Oreste devint mendiant.

XXIV. J'appelle encore faible la raison qui n'est qu'une raison apparente, et se borne à répéter ce qui a été dit dans l'exposition, comme : « L'avarice est un grand mal pour les hommes, parce que les hommes sont en proie à des malheurs aussi nombreux que cruels, par suite du désir immodéré des richesses. » En effet, ici on donne, en d'autres termes, pour raison, ce qui déjà se trouve dans l'exposition.

La raison est encore faible, quand elle prête à l'exposition une cause moins convenable que celle qu'elle exigerait ; par exemple : « La sagesse est avantageuse, parce que ceux qui sont sages ont l'habitude de pratiquer la piété. » Ou bien : « Il est avantageux d'avoir de vrais amis ; car vous aurez ainsi avec qui vous amuser. » De pareilles raisons ne confirment point l'exposition par une preuve universelle, absolue, mais par une circonstance mi-

---

Veri simile aiunt ; quod usus reapse experiundo edocet.
Velut Orestes modo fuit rex, modo mendicus factus est ;
Naufragio res contigit. Nempe ergo haud Fortuna obtigit.

Nam hic Pacuvius infirma ratione utitur, quum ait « verius esse temeritate quam Fortuna res regi. » Nam utraque opinione philosophorum fieri potuit, ut is, qui rex fuisset, mendicus fieret.

XXIV. Item infirma ratio est, quæ videtur pro ratione adferri, sed idem dicit, quod in expositione dictum est, hoc modo : « Magno malo est hominibus avaritia, idcirco quod homines magnis et multis incommodis conflictantur propter immensam pecuniæ cupiditatem. » Nam hic aliis verbis idem per rationem dicitur, quod dictum est per expositionem.

Item infirma ratio est, quæ minus idoneam, quam res postulat, causam subjicit expositionis, hoc modo : « Utilis est sapientia, propterea quod qui sapientes sunt, pietatem colere consuerunt. » Item : « Utile est amicos veros habere : habeas enim quibuscum jocari possis. » Nam in hujusmodi rationibus non universa neque absoluta, sed extenuata ratione expositio confirmatur. Item infirma

nime. La raison est encore faible, quand elle peut s'appliquer à une autre exposition : ainsi Pacuvius donne la même raison pour établir que la Fortune est aveugle, et qu'elle est sans intelligence.

Pour la *confirmation de la raison*, il est beaucoup de défauts à éviter dans notre discours, et beaucoup à relever dans celui de nos adversaires; cet article exige d'autant plus d'attention, qu'en confirmant la raison avec soin, on consolide fortement l'argumentation tout entière. Voilà pourquoi les orateurs habiles emploient le dilemme dans la confirmation; par exemple :

> Vous m'affligez d'une injustice imméritée, mon père :
> Car, si vous ne voyiez en Cresphonte qu'un méchant,
> Pourquoi me l'avoir donné pour époux? s'il est vertueux,
> Pourquoi me contraindre à le quitter malgré lui, malgré moi?

Pour répondre à un pareil argument, on le retourne contre l'adversaire, ou l'on réfute une des deux parties. Voici comme on le retourne :

> Je ne t'afflige, ma fille, d'aucune injustice imméritée :
> S'il est vertueux, je te l'ai donné pour époux; s'il ne l'est point,
> Je te délivrerai par le divorce d'une foule de chagrins.

ratio est, quæ vel alii expositioni potest accommodari, ut facit Pacuvius, qui eandem adfert rationem, quare cæca; eandem, quare bruta Fortuna dicatur. In confirmatione rationis multa et vitanda in nostra et observanda in adversariorum ratione sunt vitia, proptereaque diligentius consideranda, quod accurata confirmatio rationis totam vehementissime comprobat argumentationem. Utuntur igitur studiosi in confirmanda ratione duplici conclusione, hoc modo :

> Injuria abs te adficior indigna, pater;
> Nam, si improbum Cresphontem existimaveras,
> Cur me huic locabas nuptiis? sin est probus,
> Cur talem invitam invitum cogis linquere?

Quæ hoc modo concludentur, aut ex contrario convertentur aut ex simplici parte reprehendentur. Ex contrario hoc modo :

> Nulla te indigna, o nata, adficio injuria.
> Si probus est, collocavi : sin est improbus,
> Divortio te liberabo incommodis.

On réfute une seule partie, lorsque l'on combat l'une ou l'autre des deux propositions du dilemme; ainsi :

> Car, si vous jugiez Cresphonte un méchant,
> Pourquoi lui avoir donné ma main ? — Je l'ai cru vertueux;
> Je me suis trompé; j'ai appris à le connaître, et je le fuis.

Ainsi cet argument se réfute de plusieurs manières : la première est plus irrésistible; la seconde plus facile à trouver.

XXV. La confirmation est encore vicieuse, lorsque nous donnons pour signe certain d'une seule chose, un signe qui peut en indiquer plusieurs; par exemple : « Puisqu'il est pâle, il faut nécessairement qu'il ait été malade; » ou bien « il faut nécessairement que cette femme ait accouché, puisqu'elle tient un enfant entre ses bras. » Ces signes par eux-mêmes n'ont point de certitude, si d'autres indices analogues ne concourent avec eux pour nous convaincre. Il est également défectueux d'avancer contre l'adversaire ce qui peut s'appliquer à tout autre, ou même à celui qui parle; par exemple :

> Malheureux ceux qui se marient ! — Mais tu t'es marié deux fois.

C'est encore un défaut que d'employer une excuse qui convient

---

Ex simplici parte reprehendentur, si ex duplici conclusione alterutra pars diluetur, hoc modo :

> Nam, si improbum Cresphontem existimaveras,
> Cur me huic locabas nuptiis? — Duxi probum;
> Erravi : post cognovi, et fugio cognitum.

Ergo reprehensio hujus modi conclusionis duplex est; acutior illa superior, facilior hæc posterior ad excogitandum.

XXV. Item vitiosa confirmatio est rationis, quum ea re, quæ plures res significat, abutimur pro certo unius rei signo, hoc modo : « Necesse est, quoniam pallet, ægrotasse : » aut « Necesse est peperisse, quoniam sustinet puerum infantem. » Nam hæc sua sponte certa signa non habent, si non cætera quoque similia concurrant. Quod si concurrerint, nonnihil illiusmodi signa adaugent suspicionem. Item vitiosum est, quum vel in alium vel in eum ipsum, qui dicit, id, quod in adversarium dicitur, potest convenire, hoc modo :

> Miseri sunt, qui uxores ducunt. — At tu duxisti alteram.

Item vitiosum est id, quod vulgarem habet defensionem, hoc modo : « Iracun-

à tout le monde; comme : « Il a été entraîné au mal par la colère, par la jeunesse, par l'amour. » Qu'on approuve de pareils moyens de défense, et les plus grands crimes passeront impunis. C'est une autre faute de prendre pour certain ce qui n'est point reconnu par tous, puisque c'est encore une question en controverse; par exemple :

> Eh! ne sais-tu pas que les dieux, dont la puissance meut les cieux et la terre,
> Établissent entre eux la paix, et maintiennent la concorde?

Ainsi, Ennius introduit Cresphonte présentant en faveur de son droit cet exemple, comme s'il avait démontré qu'il en est ainsi, par des raisons suffisantes. On n'est pas admis à venir, trop tard et après coup, s'exprimer ainsi : « Si je l'avais prévu, Romains, je n'eusse point laissé les affaires en venir à ce point : j'aurais fait ceci ou cela; mais cette idée ne s'est point présentée alors à mon esprit. » C'est encore une faute de chercher à couvrir un crime manifeste d'une ombre de défense; comme :

> Lorsque tous te recherchaient, au sein de ton empire florissant,
> Je m'éloignai de toi ; maintenant que tout le monde te délaisse,
> Seule, à mon grand péril, je me prépare à te rétablir.

dia inductus peccavit aut adolescentia aut amore. » Hujuscemodi enim deprecationes si probabuntur, impune maxima peccata diluentur. Item vitiosum est, quum id pro certo sumitur, quasi inter omnes constet, quod etiam nunc in controversia est, hoc modo :

> Eho tu, di, quibus est potestas motus superûm, atque inferûm,
> Pacem inter sese conciliant, et conferunt concordiam.

Nam ita pro suo jure hoc exemplo usum Cresphontem Ennius induxit, quasi jam satis certis rationibus ita esse demonstrasset. Item vitiosum est, quod jam quasi sero atque acto negocio dici videtur, hoc modo : « In mentem mihi si venisset, Quirites, non commisissem, ut hunc in locum res veniret; nam hoc aut hoc fecissem ; sed me tum hæc ratio fugit. » Item vitiosum est, quum id, quod in aperto delicto positum est, tamen aliqua levi tegitur defensione, hoc modo :

> Quum te expetebant omnes, florentissimo
> Regno reliqui; nunc desertum ab omnibus
> Summo periculo sola ut restituam paro.

4.

XXVI. La confirmation est vicieuse quand elle a été prononcée dans un sens et qu'elle peut être prise dans un autre, comme si un homme puissant et factieux disait dans l'assemblée du peuple : « Il vaut mieux avoir un roi que de mauvaises lois. » Car, bien que sans mauvaise intention on puisse laisser échapper ces mots pour amplifier sa pensée, le crédit de celui qui parle ne lui permet point de s'exprimer ainsi, sans s'exposer à un odieux soupçon. C'est aussi un tort d'employer des définitions fausses ou vulgaires; en voici une fausse : « Il n'y a d'injures que celles qui résultent de voies de fait ou de paroles outrageantes. » La définition est vulgaire quand elle peut sans difficulté s'appliquer à une autre chose; en voici une : « Le délateur de crimes publics, pour le faire connaître en peu de mots, est un homme digne du dernier supplice; car c'est un citoyen méchant et comme pestiféré. » Ce n'est pas plus la définition d'un délateur que celle d'un voleur, d'un assassin, d'un traître. On est également blâmable de donner pour preuve ce qui est en question; comme si, en accusant quelqu'un de vol, « on le taxait de malhonnêteté, d'avarice, de fraude, en donnant pour preuve le vol qu'on lui reproche. » C'est encore une faute de résoudre une question controversée par une autre également douteuse; ainsi : « Il ne convient pas, censeur, que vous acceptiez son excuse, quand il dit n'avoir pu se présenter comme il l'avait promis avec serment : s'il ne se fût pas

---

XXVI. Item vitiosum est, quod aliam in partem, ac dictum sit, potest accipi. Id est hujusmodi, ut, si quis potens ac factiosus in concione dixerit : « Satius est uti regibus, quam malis legibus. » Nam et hoc, tametsi rei augendæ causa potest sine malitia dici, tamen propter potentiam ejus, qui dicit, non dicitur sine atroci suspicione. Item vitiosum est falsis aut vulgaribus definitionibus uti. Falsæ sunt hujusmodi, ut si quis dicat « Injuriam esse nullam, nisi quæ ex pulsatione, aut convicio constet. » Vulgares sunt, quæ nihilo minus in aliam rem transferri possunt, ut si quis dicat : « Quadruplator, ut breviter describam, capitalis est : est enim improbus, et pestifer civis. » Nam nihilo magis quadruplatoris quam furis, quam sicarii aut proditoris attulerit definitionem. Item vitiosum est pro argumento sumere, quod in disquisitione positum est ; ut si quis quem furti arguat et dicat « cum esse hominem improbum, avarum, fraudulentum ; ei rei testimonium esse, quod sibi furtum fecerit. » Item vitiosum est controversiam controversia dissolvere, hoc modo : « Non convenit, censores, istum vobis satis facere ex eo, quod ait se non potuisse adesse ita, ut juratus fuerat. Quid, si ad exercitum non venisset, idne

rendu à l'armée, donnerait-il la même excuse au tribun militaire ? »
Cet argument est vicieux, parce que l'on apporte pour exemple
un fait, qui, loin d'être démontré et jugé, est lui-même contesté
et en controverse. Un autre défaut, c'est de ne pas assez éclairer
le point essentiel de la discussion, et de le laisser de côté, comme
une chose dont on est d'accord. En voici un exemple :

> L'oracle parle clairement, si vous le saisissez ;
> Il ordonne de donner ces armes à un guerrier tel que celui qui les porta,
> Si nous voulons nous emparer de Pergame :
> Ce guerrier, je prétends que c'est moi ; il est juste que je jouisse
> Des armes fraternelles, et qu'on me les adjuge,
> Ou comme au parent d'Achille, ou comme à l'émule de sa valeur.

C'est une autre faute de n'être point, en parlant, d'accord avec
soi-même, et de contredire ce que l'on a déjà avancé ; par
exemple :

> Je ne puis, en y réfléchissant, expliquer pourquoi je l'accuse :
> Car, s'il a de la pudeur, pourquoi accuser un honnête homme ?
> Si, au contraire, il a une âme privée de toute pudeur,
> Pourquoi accuser un homme peu soucieux de mes reproches ?

Certes, il se donne d'assez bonnes raisons pour ne point accuser. Pourquoi donc dit-il ensuite :

> Maintenant je te dévoilerai en remontant au principe ?

tribuno militum diceret ? » Hoc ideo vitiosum est, quia non expedita aut judicata res, sed impedita et in simili controversia posita exempli loco profertur. Item vitiosum est, quum id, de quo summa controversia est, parum expe-
ditur et, quasi transactum sit, relinquitur, hoc modo :

> Aperte fatur dictio, si intelligas :
> Tali dari arma, qualis, qui gessit, fuit,
> Jubet, potiri si studeamus Pergamo.
> Quem ego profiteor esse mea : me æquum est frui
> Fraternis armis mihique adjudicarier,
> Vel quod propinquus vel quod virtutis æmulus.

Item vitiosum est, ipsum sibi in sua oratione dissentire et contra atque ante
dixerit, dicere, hoc modo :

> Qua causa accusem hunc, tum id exputando evolvere ?
> Nam si veretur, quid eum accusem, qui est probus ?
> Sin inverecundum animi ingenium possidet,
> Quid eum accusem, qui id parvi auditu existimet ?

Non incommoda ratione videtur sibi ostendisse, quare non accusaret. Quid ?
postea quid ait ?

> Nunc ego te ab summo jam delekam exordio ?

XXVII. Il faut blâmer encore toute parole qui heurte la volonté des juges ou des auditeurs, qui blesse le parti qu'ils soutiennent, ou les personnes qu'ils affectionnent; en un mot, tout ce qui peut offenser leurs intentions. Vous êtes encore répréhensible de ne point appuyer par la confirmation toutes les choses que l'exposition a promises. Gardez-vous aussi de parler d'une chose lorsqu'une autre est en discussion; pour éviter ce défaut, n'ajoutez rien au sujet, n'en retranchez rien, ou ne dénaturez pas la cause au point de la transformer en une autre; comme, dans Pacuvius, Zethus et Amphion, qui, après avoir entrepris une discussion sur la musique, ne s'occupent que des règles de la sagesse et de l'utilité de la vertu. Il faut encore, quand l'accusateur établit une prévention, que la défense n'en réfute pas une autre, ce que font souvent à dessein beaucoup d'avocats, resserrés dans les limites d'une cause difficile; comme « si un citoyen accusé d'avoir sollicité une magistrature par brigue, répondait que souvent, à l'armée, il avait reçu des récompenses de ses généraux. » Si nous épions attentivement ces artifices dans le discours de l'adversaire, nous en surprendrons souvent, et, en les signalant, nous montrerons qu'il n'avait rien à dire sur le sujet.

On est répréhensible encore de blâmer un art, une science ou une étude, à cause des vices de ceux qui s'en occupent; comme

---

XXVII. Item vitiosum est, quod dicitur contra judicis voluntatem aut eorum, qui audiunt, si aut partes, quibus illi student, aut homines, quos illi caros habent, lædantur aut aliquo hujusmodi vitio lædatur auditoris voluntas. Item vitiosum est, non omnes res confirmare, quas pollicitus sis in expositione. Item verendum est, ne de alia re dicatur, quum alia de re controversia sit, inque hujusmodi vitio considerandum est, ne aut ad rem addatur quid aut quidpiam de re detrahatur; aut tota causa mutata in aliam causam derivetur : uti apud Pacuvium Zethus cum Amphione, quorum controversia quum de musica inducta est, disputatio in sapientiæ rationem et virtutis utilitatem consummatur. Item considerandum est, ne aliud accusatoris criminatio contineat, aliud defensoris ratio purget; quod sæpe consulto multi ab reo faciunt, angustiis causæ coacti : uti, « Si quis, quum accusetur, ambitu magistratum petiisse, ab imperatoribus sæpe numero se apud exercitum donatum esse dicat. » Hoc si diligenter in oratione adversariorum observaverimus, sæpe deprehendemus et in ejusmodi deprehensione ostendemus eos, de ea re quid dicant, non habere.

Item vitiosum est artem aut scientiam aut studium quodpiam vituperare

ceux qui blâment la rhétorique, parce que la conduite de quelque orateur est blâmable. C'est par une erreur semblable, que, pour avoir démontré qu'un crime a eu lieu, on s'imagine en avoir fait connaître l'auteur; comme : « Il est constant que le cadavre était défiguré, enflé, livide; la cause de la mort est donc le poison. » Ensuite, s'il donne tous ses soins, comme tant d'autres, à prouver l'empoisonnement, il tombera dans une faute grave : car on ne demande pas si le crime a eu lieu, mais par qui il a été commis.

XXVIII. Il ne faut pas non plus, quand on compare deux choses, en exalter une, et ne point parler de l'autre, ou la présenter avec négligence; comme si, dans cette question : « Est-il plus avantageux que le peuple reçoive du blé, ou qu'il n'en reçoive point? » vous mettiez tous vos soins à énumérer les avantages de l'un de ces avis, passant par-dessus les inconvénients de l'autre, comme étant de nulle valeur, ou vous bornant à en rappeler les moindres. C'est une autre faute, lorsqu'on compare deux choses, de croire qu'on doit blâmer l'une, parce qu'on loue l'autre; comme si, sur cette question : « Qui des Albains ou des Vestins doit-on le plus honorer, pour les services qu'ils ont rendus à la république? » celui qui parle pour les uns, blessait les autres. En effet, il n'est pas nécessaire, parce que vous pré-

propter eorum vitia, qui in eo studio sunt : veluti, qui rhetoricam vituperant propter alicujus oratoris vituperandam vitam. Item vitiosum est, ex eo, quod perperam factum esse constet, putare ostendi a quo homine factum sit, hoc modo : » Mortuum deformatum, tumore præditum, corpore decoloratum constat fuisse : constat ergo veneno necatum. » Deinde, si sit usque adeo in eo occupatus, ut multi faciunt, venenum datum, vitio non mediocri conflictetur. Non enim factumne sit, quæritur, sed a quo factum sit.

XXVIII. Item vitiosum est in comparandis rebus alteram rem efferre, de re altera mentionem non facere aut negligentius disputare; ut, « si cum comparetur, utrum satius sit populum frumentum accipere an non accipere ? » quæ commoda sint in altera re, curet enumerare : quæ in altera incommoda sint, velut depressa prætereat aut ea, quæ minima sint, dicat. Item vitiosum est in rebus comparandis necesse putare alteram rem vituperari, quum alteram laudes : quod genus, « si quæratur, utris major honor habendus sit, Albensibus, an Vestinis Pinnensibus, quod rei publicæ populi Romani profuerint; » et is, qui dicat ab alteris, alte-

férez les habitants d'Albe, de blâmer ceux de Vénuse. Vous pouvez même, après avoir donné les plus grandes louanges aux premiers, faire aussi quelque éloge des seconds, pour ne pas laisser croire que vous ayez combattu avec passion contre la vérité.

Un autre défaut, c'est d'élever une discussion sur les mots et leur signification, quand l'usage ne permet aucun doute à cet égard : « Ainsi Sulpicius, après s'être opposé au rappel des exilés, qui n'avaient pas eu l'autorisation de se défendre, changea d'avis un peu plus tard, et, proposant la même loi qu'il avait combattue, soutint que c'était une loi nouvelle, par un simple changement de nom ; ce n'étaient point des exilés, disait-il, mais des citoyens chassés par la violence, qu'il ramenait dans leur patrie ; comme s'il y avait discussion sur la manière dont le peuple romain devait les appeler, ou comme si tous ceux à qui l'on a interdit le feu et l'eau ne sont pas dits exilés. » Cependant nous pouvons bien lui pardonner, s'il avait un motif ; quant à nous, reconnaissons que l'on a tort d'élever une controverse sur une dispute de mots.

XXIX. Puisque les ornements reposent sur la similitude, l'exemple, l'amplification, la chose jugée et d'autres lieux oratoires qui servent à développer et à enrichir l'argumentation, il faut considérer les fautes auxquelles ces divers moyens sont exposés. La similitude est vicieuse, lorsqu'elle est en partie inexacte,

---

ros lædat. Non enim necesse est, si alteros præponas, alteros vituperare ; fieri enim potest, ut, quum alteros magis laudaris, aliquam alteris laudis partem attribuas, ne cupide pugnasse contra veritatem puteris.

Item vitiosum est de nomine et vocabulo [ejus rei] controversiam struere, quam rem consuetudo optime potest judicare : « velut Sulpicius, qui intercesserat, ne exsules, quibus causam dicere non licuisset, reducerentur, idem, posterius immutata voluntate, quum eandem legem ferret, aliam se ferre dicebat propter nominum commutationem : nam non exsules, sed vi ejectos se reducere aiebat ; perinde quasi id fuisset in controversia, quo illi nomine appellarentur a populo romano, aut perinde quasi non omnes, quibus aqua et igni interdictum est, exsules appellentur. » Verum illi fortasse ignoscimus, si cum causa fecit ; nos tamen intelligamus vitiosum esse intendere controversiam propter nominum mutationem.

XXIX. Quoniam exornatio constat ex similibus et exemplis et amplificationibus et rebus judicatis, et cæteris rebus, quæ pertinent ad exaugendam et collocupletandam argumentationem, quæ sint his rebus vitia, consideremus. Simile

et ne présente pas égalité de rapport entre les termes de la comparaison; ou si elle est nuisible à l'orateur. L'exemple est blâmable, s'il peut être accusé de fausseté, s'il est trop mauvais pour être imité, s'il est au-dessus ou au-dessous du sujet. On a tort de s'appuyer sur une chose jugée, si, dans ce jugement, il s'agissait d'une question différente, d'une question sur laquelle il n'y a point contestation; ou si la décision citée est injuste; ou si les adversaires peuvent s'autoriser de jugements analogues plus nombreux ou plus concluants. Gardez-vous, lorsque l'accusé avoue le fait, d'argumenter pour démontrer qu'il a eu lieu; en ce cas, il suffit de l'amplifier. Mais n'allez pas non plus amplifier ce qui auparavant a besoin d'être prouvé; comme, « si l'on accusait quelqu'un d'assassinat, et qu'avant de l'avoir suffisamment prouvé, on amplifiât le crime, et l'on dit qu'il n'y a rien de plus indigne que de tuer un homme. » On ne demande pas si l'action est ou n'est pas indigne, mais si elle a été commise.

Le *résumé* est défectueux, quand il ne reprend pas chaque moyen dans l'ordre où il a été présenté; quand il ne récapitule pas brièvement; quand il ne présente pas dans son énumération un ensemble bien précis qui fasse saisir, dans la suite des preuves, l'*exposition*, la *raison*, la *confirmation*, en un mot, l'argumentation tout entière.

vitiosum est, quod ex aliqua parte dissimile est nec habet parem rationem comparationis aut ipsi obest qui adfert. Exemplum vitiosum est, si aut falsum est, ut reprehendatur; aut si improbum, ut non sit imitandum; aut majus aut minus, quam res postulat. Res judicata vitiose profertur, si aut dissimili de re proferetur, aut de ea re, qua de controversia non est; aut si improba aut ejusmodi, ut aut plures aut magis idoneæ res judicatæ ab adversariis proferri possint. Item vitiosum est, id quod adversarii factum esse confiteantur, de eo argumentari, et planum facere factum esse; nam id augeri oportet. Item vitiosum est id augere, quod convenit doceri, hoc modo: ut « si quis quem arguat, hominem occidisse et, antequam satis idoneas argumentationes attulerit, augeat peccatum et dicat nihil indignius esse, quam hominem occidere. » Non enim, utrum indignum sit, an non, sed factumne sit, quæritur.

Complexio vitiosa est, quæ non, ut quidque primum dictum est, primum complectitur et quæ non breviter concludit, et quæ non ex enumeratione certum et constans aliquid relinquit, ut intelligatur, quid propositum in argumentatione sit, quid deinde ratione, quid confirmatione, quid tota argumentatione demonstratum.

XXX. Les conclusions que les Grecs nomment ἐπίλογα, ont trois parties : l'énumération, l'amplification et la commisération. Il y a quatre places où l'on peut employer des conclusions : après le début, après la narration, après les preuves confirmatives et à la fin du discours.

Par l'énumération, nous résumons les choses dont nous avons parlé, et les rappelons en peu de mots, non pour les reproduire en entier, mais pour en renouveler le souvenir, en reprenant avec méthode tout ce qui aura été dit, de manière à réveiller dans la mémoire de l'auditeur les idées qu'il aura pu retenir. Il faut se garder aussi de remonter, dans l'énumération, jusqu'à l'exorde, ou seulement jusqu'à la narration : car le discours paraîtrait travaillé, apprêté avec recherche, pour faire preuve d'habileté, étalage d'esprit, ostentation de mémoire. Voilà pourquoi l'énumération se fera à partir de la division. Ensuite nous exposerons en peu de mots, et dans leur ordre de succession, les moyens traités dans la confirmation et la réfutation.

L'amplification a pour objet d'entraîner les auditeurs au moyen des lieux communs. Dix préceptes très-faciles renferment les lieux propres à amplifier l'accusation. Le premier se tire de l'*autorité*, quand nous rappelons quel grand intérêt la chose en question a inspiré aux dieux immortels, à nos ancêtres, aux rois,

---

XXX. Conclusiones, quæ apud Græcos ἐπίλογοι nominantur, tripertitæ sunt. Nam constant ex enumeratione, amplificatione et commiseratione. In quattuor locis uti possumus conclusionibus : in principio, secundum narrationem, secundum firmissimam argumentationem, in conclusione.

Enumeratio est, per quam colligimus et commonemus, quibus de rebus verba fecerimus, breviter ; ut renovetur, non redintegretur oratio, et ordine, ut quidquid erit dictum, referemus, ut auditor, si memoriæ mandaverit, ad id, quod ipse meminerit, reducatur. In qua curandum est, ne aut ab exordio aut a narratione repetatur orationis enumeratio : ficta enim et dedita opera comparata oratio videbitur esse artificii significandi, ingenii venditandi, memoriæ ostentandæ causa. Quapropter initium enumerationis sumendum est a divisione. Deinde ordine breviter exponendæ res sunt, quæ tractatæ erunt in confirmatione et confutatione.

Amplificatio est, quæ per locum communem instigationis auditorum causa sumitur. Loci communes ex decem præceptis commodissime sumuntur adaugendi criminis causa. Primus locus sumitur ab auctoritate, quum commemoramus, quantæ curæ ea res fuerit dis immortalibus aut majoribus nostris,

aux cités, aux nations, aux hommes les plus sages, au sénat ; en remarquant surtout avec quelle énergie les lois ont prononcé sur ces matières. Le second lieu nous fait examiner quels sont ceux qui se trouvent atteints par l'action que nous accusons : est-ce l'universalité des hommes ? c'est alors que le crime est le plus révoltant ; sont-ce des supérieurs ? tels sont ceux que nous avons compris dans le lieu commun de l'autorité ; des égaux ? je veux dire des hommes placés dans une même situation d'esprit, de corps, de fortune ; des inférieurs ? c'est-à-dire des hommes qui le cèdent sous tous ces rapports. Par le troisième lieu nous demandons ce qui arrivera, si l'on a la même tolérance pour tout le monde ; et nous montrons combien ce crime impuni entraînerait de dangers et de malheurs. Le quatrième lieu consiste à démontrer que l'acquittement du prévenu rendrait bien plus audacieux à faire le mal une foule d'hommes que l'attente du jugement retient encore. Le cinquième lieu déclare que, si une fois on juge dans un autre sens, il n'y aura plus rien qui puisse remédier au mal et corriger l'erreur des juges. A ce propos, il ne sera pas inutile de comparer le fait avec d'autres, pour montrer qu'il est des abus que le temps efface, que la prudence corrige ; mais que celui qu'on craint ne peut être effacé ou corrigé par rien au monde. Le sixième lieu prouve que l'on a agi avec réflexion ;

regibus, civitatibus, nationibus, hominibus sapientissimis, senatui. Item maxime, quo modo de his rebus legibus sancitum sit. Secundus locus est, quum consideramus, illæ res, de quibus criminamur, ad quos pertineant : utrum ad omnes, quod atrocissimum est ; an ad superiores, quod genus ii sunt, a quibus auctoritatis locus communis sumitur ; an ad pares, hoc est, in eisdem partibus animi, corporis, fortunarum positos ; an ad inferiores, qui omnibus his rebus antecelluntur. Tertius locus est, quo percontamur, quid sit eventurum, si omnibus idem concedatur : et, ea re neglecta, ostendimus, quid periculorum atque incommodorum consequatur. Quartus locus est, quo demonstratur, si huic sit remissum, multos alacriores ad maleficia futuros, quos adhuc exspectatio judicii remoretur. Quintus locus est, per quem ostendimus, si semel aliter judicatum sit, nullam rem fore, quæ huic incommodo mederi, aut perperam factum judicium corrigere possit. Quo in loco non incommodum erit uti cæterarum rerum comparatione, ut ostendamus alias res posse aut vetustate sedari aut consilio corrigi ; hujus rei aut leniendæ aut corrigendæ nullam rem adjumento futuram. Sextus locus est, quum ostendimus ex consulto factum ; et dicimus

qu'un acte volontaire n'admet point d'excuse; que l'imprudence seule a le droit de demander grâce. Le septième lieu fait ressortir ce qu'il y a dans l'action d'horrible, de cruel, d'impie, de tyrannique; tels sont les outrages faits à une femme, ou ces injures qui provoquent les guerres et font couler le sang dans les combats. Le huitième lieu présente le crime, non comme vulgaire, mais comme unique, infâme, impie, sans exemple, afin que la punition en soit plus prompte et plus terrible. Le neuvième lieu repose sur la comparaison des délits, quand on soutient, par exemple, que c'est un plus grand crime d'attenter à la pudeur d'un *ingénu*, que de piller un temple; car l'un est le résultat du besoin; l'autre, d'une intempérance effrénée. Le dixième lieu expose tous les détails de l'action, en énumère les suites habituelles, avec des traits si vifs, si accusateurs, si caractéristiques, que l'on croit voir se reproduire le fait lui-même et toutes ses conséquences.

XXXI. Pour émouvoir la compassion de l'auditeur, nous peindrons les vicissitudes de la fortune; nous comparerons notre prospérité passée avec notre infortune présente; nous énumérerons et ferons ressortir les tristes conséquences qu'entraînerait pour nous la perte de notre cause; nous supplierons nos juges, et, en nous recommandant à leur pitié, nous nous mettrons à leur discrétion;

voluntario facinori nullam excusationem, imprudentiæ justam deprecationem paratam. Septimus locus est, quo ostendimus tætrum facinus, crudele, nefarium, tyrannicum esse : quod genus injuria mulierum aut earum rerum aliquid, quarum rerum causa bella suscipiuntur et cum hostibus de vita dimicatur. Octavus locus est, quo ostendimus non vulgare, sed singulare esse maleficium, spurcum, nefarium, inusitatum, quo maturius et atrocius vindicandum sit. Nonus locus constat ex peccatorum comparatione, quasi quum dicimus majus esse maleficium stuprare ingenuam, quam sacrum legere, quod alterum propter egestatem, alterum propter intemperantem superbiam fiat. Decimus locus est, per quem omnia, quæ in negocio gerundo acta sunt quæque rem consequi solent, exponemus ácriter et criminose et diligenter, ut agi res et geri negocium videatur, rerum consequentium enumeratione.

XXXI. Misericordia commovebitur auditoribus, si variam fortunarum commutationem dicemus; si ostendemus, in quibus commodis fuerimus quibusque incommodis simus; comparatione si, quæ nobis futura sint, nisi causam obtinuerimus, enumerabimus et ostendemus : si supplicabimus et nos sub eorum, quorum misericordiam captabimus, potestatem subjiciemus : si quid

nous décrirons les maux que nos calamités feraient rejaillir sur nos parents, nos enfants, nos amis, en déclarant que c'est leur abandon et leur misère qui nous affligent, et non nos propres malheurs ; nous rappellerons la clémence, l'humanité, la compassion dont nous avons usé envers les autres ; nous prouverons que nous avons vécu, toujours ou longtemps, dans l'adversité ; nous déplorerons notre destinée, notre fortune ; nous promettrons de conserver à l'avenir une âme ferme et résignée aux coups du sort. En traitant de la *commisération*, il faut être bref, car rien ne sèche plus vite qu'une larme.

Les questions les plus obscures, à peu près, de l'art oratoire ont été traitées dans ce livre : voilà pourquoi nous le terminerons ici. Nous poursuivrons, dans le troisième, l'examen des autres préceptes, aussi loin qu'il nous paraîtra convenable. Si vous étudiez ce traité avec autant de zèle que j'ai mis de soin à l'écrire, je recueillerai, dans votre instruction, le fruit de mon travail, et vous pourrez, en même temps, vous féliciter de mes efforts et de vos progrès : les règles de l'art augmenteront votre savoir, et moi j'aurai plus de courage pour achever d'acquitter ma dette. C'est un résultat dont je suis assuré, car je vous connais. Passons donc à la suite de nos préceptes, afin de satisfaire à vos justes désirs, ce qui est pour moi la plus douce occupation.

nostris parentibus, liberis, cæteris necessariis casurum sit propter nostras calamitates, aperiemus, et simul ostendemus, illorum nos solitudine et miseria, non nostris incommodis dolere : si de clementia, humanitate, misericordia nostra, qua in alios usi sumus, aperiemus : si nos semper aut diu in malis fuisse ostendemus : si nostrum fatum aut fortunam conquereremur : si animum nostrum fortem, patientem incommodorum ostendemus futurum. Commiserationem brevem esse oportet. Nihil enim lacryma citius arescit.

Fere locos obscurissimos totius artificii tractavimus in hoc libro : quapropter huic volumini modus hic sit. Reliquas præscriptiones, quoad videbitur, in tertium librum transferemus. Hæc si, ut conquisite conscripsimus, ita tu diligenter fueris consecutus, et nos industriæ fructus ex tua scientia capiemus et tute nostram diligentiam laudabis tuaque perceptione lætabere ; tu scientior eris præceptorum artificio, nos alacriores ad reliquum persolvendum. Verùm hæc futura satis scio, te enim non ignoro. Nos deinceps ad cætera præcepta transeamus, ut, id quod libentissime facimus, tuæ voluntati rectissimæ morem geramus.

ARGUMENT

DU LIVRE TROISIÈME

L'Auteur, dans un court préambule, rappelle qu'il a traité de l'invention appliquée au genre judiciaire. Ce troisième livre considère d'abord l'invention dans le délibératif et le démonstratif. Ensuite on s'occupera de la disposition, du débit et de la mémoire, ne réservant pour le quatrième livre que l'élocution (ch. 1er).

L'auteur s'occupe d'abord du délibératif, détermine les diverses questions et le but de ce genre. Ce but est l'*utile*, dont on donne les subdivisions (ii, iii, iv). Ensuite on montre comment, dans une cause délibérative, doivent être traitées les diverses parties oratoires (v).

Puis on passe au démonstratif; on indique les sources de la louange et du blâme, et on montre comment se distribue un discours de ce genre (vi, vii, viii).

Ayant terminé l'invention, l'auteur donne quelques préceptes généraux sur la disposition : il en distingue deux sortes, l'une conforme aux règles de l'art, l'autre qui dépend des circonstances (ix, x).

L'élocution étant réservée pour le quatrième livre, l'auteur parle d'abord du débit, qu'il rapporte aux tons de la voix et aux mouvements du corps (xi, xii, xiii, xiv, xv).

Suivent les préceptes relatifs à la mémoire, qui est naturelle ou artificielle (xvi). La mémoire artificielle se sert des emplacements (xvii, xviii, xix) et des images (xx, xxi). Comment peut-on donner de la persistance aux images (xxii)? Mauvaise méthode des Grecs (xxiii). Utilité de la mémoire artificielle des mots; avantage de l'exercice sur les préceptes (xxiv).

LIVRE TROISIÈME

I. Les livres précédents ont enseigné, je crois, avec assez de détails comment les préceptes de l'invention doivent s'appliquer à toute cause du genre judiciaire. Nous avons réservé pour ce troisième livre les règles de l'invention qui concernent le délibératif et le démonstratif, afin de vous donner d'abord toute la théorie de l'invention. Il restait encore quatre parties de la rhétorique : trois seront traitées en ce livre, la disposition, le débit et la mémoire. Quant à l'élocution, comme elle exige de plus longs développements, nous préférons y consacrer un quatrième livre : il sera bientôt achevé, je l'espère, et je vous l'enverrai, pour qu'il ne vous manque aucune partie de l'art oratoire. En attendant, vous vous pénétrerez des premières parties, avec nous, si vous le voulez ; et quelquefois sans nous au moyen de la lecture, afin que rien ne vous empêche de vous acheminer, aussi bien que nous, vers l'exercice de la parole. Maintenant, prêtez-nous votre attention, tandis que nous continuerons à marcher au but proposé.

LIBER TERTIUS

I. Ad omnem judicialem causam quemadmodum conveniret inventionem rerum accommodari, satis abundanter, ut arbitror, superioribus libris demonstratum est. Nunc earum rationem rerum inveniendarum, quæ pertinebant ad causas deliberativas et demonstrativas, in hunc librum transtulimus, ut omnis inveniendi præceptio tibi quam primum persolveretur. Reliquæ quattuor partes erant artificii. De tribus partibus in hoc libro dicemus, dispositione, pronunciatione, memoria. De elocutione, quia plura dicenda videbantur, in quarto libro conscribere maluimus : quem, ut arbitror, tibi librum celeriter absolutum mittemus, ne quid tibi rhetoricæ artis deesse possit. Interea prima quæque et nobiscum, quum voles, et interdum sine nobis legendo consequere ; ne quid impediare, quin ad hanc utilitatem pariter nobiscum progredi possis. Nunc tu fac attentum te præbeas : nos proficisci ad instituta pergemus.

II. Dans une délibération, on cherche, tantôt quel est le meilleur de deux partis, tantôt quel est en général le parti préférable. Le meilleur de deux partis, par exemple : « Faut-il détruire Carthage, ou la laisser subsister? » Le parti préférable en général; ainsi : « Hannibal, rappelé d'Italie à Carthage, consulte, afin de décider s'il demeurera en Italie, s'il retournera dans son pays, ou s'il ira en Égypte pour s'emparer d'Alexandrie. » Quelquefois la délibération s'établit sur le fond même de la question; ainsi : « Le sénat examine s'il rachètera ou non les prisonniers. » D'autres fois c'est une circonstance extérieure qui amène la délibération; par exemple : « Le sénat, dans la guerre punique, délibère s'il accordera une dispense à Scipion, pour qu'il puisse être nommé consul avant l'âge fixé par la loi. » D'autres fois on délibère sur le fond même de la question; mais c'est une circonstance étrangère qui amène la discussion : « Le sénat, dans la guerre italique, examine s'il accordera, ou non, le droit de cité aux alliés. »

Dans les causes où la délibération reposera sur le fond même de la question, le discours ne s'éloignera jamais du sujet. Dans les causes où la délibération s'appuiera sur un motif étranger, c'est ce motif qu'il faudra relever ou déprimer.

Tout discours d'un orateur qui donne son avis dans une déli-

II. Deliberationes partim sunt hujusmodi, ut quæratur, utrum potius faciendum sit, partim ejusmodi, ut, quid potissimum faciendum sit, consideretur. Utrum potius, hoc modo : « Karthago tollenda an relinquenda videatur. » Quid potissimum, hoc pacto : « ut si Hannibal consulat, quum ex Italia Karthaginem arcessitur, an in Italia remaneat, an domum redeat, an in Ægyptum profectus occupet Alexandriam. » Item deliberationes partim ipsæ propter se consultandæ sunt : « ut si deliberet senatus, captivos ab hostibus redimat, an non. » Partim propter aliquam extraneam causam veniunt in deliberationem et consultationem : « ut si deliberet senatus, bello Pœnico, solvatne legibus Scipionem, ut cum liceat ante tempus consulem fieri. » Partim et propter se sunt deliberandæ et magis propter extraneam causam veniunt in consultationem : « ut si deliberet senatus, bello Italico, sociis civitatem det, an non. »

In quibus causis rei natura faciet deliberationem, omnis oratio ad ipsam rem accommodabitur. In quibus extranea causa conficiet deliberationem, in his ea ipsa causa erit adaugenda aut deprimenda.

Omnem orationem eorum, qui sententiam dicent, finem sibi conveniet utili-

bération doit se proposer pour but l'utile : c'est à cette fin que tendra l'ensemble des moyens oratoires. Dans une discussion politique, l'utile a deux parties, la sûreté et l'honnêteté.

La sûreté consiste à éviter, par quelque moyen que ce soit, un danger présent ou à venir : elle s'appuie ou sur la force ou sur la ruse, soit qu'on les emploie séparément, soit qu'on les réunisse. La force se déploie par les armées, les flottes, les armes, les machines de guerre, les levées d'hommes et les autres moyens de ce genre. La ruse a recours à l'argent, aux promesses, à la dissimulation, à la précipitation, à la feinte et à d'autres expédients, dont je parlerai plus à propos une autre fois, si je me décide à écrire sur l'art militaire ou sur l'administration publique.

Dans une chose honnête, on considère ou le bien ou le louable. Le bien est le terme auquel aspirent la vertu et le devoir; il renferme la prudence, la justice, la force d'âme et la tempérance. La prudence est un tact délicat qui, d'après un certain calcul, peut choisir entre les biens et les maux : on appelle aussi quelquefois prudence une science mise en pratique. On entend encore par ce mot une mémoire riche en souvenirs, jointe à une vaste expérience. La justice est l'équité rendant à chacun ce qui lui est dû, selon son mérite. La force d'âme est l'ambition des grandes choses, le mépris des choses communes et la résignation aux

tatis proponere, ut omnis eo totius orationis ratio conferatur. Utilitas in duas partes in civili consultatione dividitur, tutam et honestam.

Tuta est, quæ conficit instantis aut consequentis periculi vitationem qualibet ratione. Hæc distribuitur in vim et dolum, quorum aut alterum separatim aut utrumque sumemus conjuncte. Vis decernitur per exercitus, classes, arma, tormenta, evocationes hominum et alias hujusmodi res. Dolus consumitur in pecunia, pollicitatione, dissimulatione, maturatione, mentione, et cæteris rebus, de quibus magis idoneo tempore loquemur, si quando de re militari, aut de administratione rei publicæ scribere velimus.

Honesta res dividitur in rectum et laudabile. Rectum est, quod cum virtute et officio fit. Id dividitur in prudentiam, justitiam, fortitudinem, modestiam. Prudentia est calliditas, quæ ratione quadam potest delectum habere bonorum et malorum. Dicitur item prudentia scientia cujusdam artificii. Et appellatur prudentia rerum multarum memoria et usus complurium negociorum. Justitia est æquitas jus uni cuique tribuens pro dignitate cujusque. Fortitudo est rerum magnarum appetitio et rerum humilium contemptio et laboris cum

fatigues, en raison de leur utilité. La tempérance est dans l'âme un pouvoir modérateur qui contient les passions.

III. Notre argumentation s'appuiera sur la prudence, si, comparant les avantages et les inconvénients, nous exhortons à rechercher les uns, à éviter les autres; ou si nos conseils portent sur un sujet que nous connaissons assez bien pour l'enseigner aux autres, et que nous indiquions la marche à suivre et les moyens à employer; enfin, si nous engageons à prendre un parti dont nous avons vu nous-mêmes, ou dont on nous a raconté les avantages; dans ce cas, il nous sera facile, en alléguant l'exemple, de faire partager notre conviction.

Nos preuves seront empruntées à la justice, si nous réclamons la pitié en faveur des innocents et des suppliants; si nous montrons qu'il faut récompenser ceux qui ont bien fait et punir ceux qui ont mal agi, si nous recommandons de garder sa foi à tout prix, de respecter scrupuleusement les lois et les mœurs de la cité; de maintenir avec un soin religieux les alliances et les amitiés; d'observer pieusement les devoirs que la nature nous impose envers nos parents, envers les dieux, envers la patrie; de conserver un respect inviolable au caractère d'hôte, de client; aux droits du sang et aux liens de famille; si nous prouvons que ni l'appât du gain, ni la faveur, ni le danger, ni la

---

utilitatis ratione perpessio. Modestia est in animo continens moderatio cupiditatum.

III. Prudentiæ partibus utemur in dicendo, si commoda cum incommodis conferemus, quum alterum sequi, vitare alterum cohortemur, aut si, qua in re cohortabimur aliquid, cujus rei aliquam disciplinabilem scientiam poterimus habere; quo modo aut qua quidque ratione fieri oporteat, ostendemus; aut si suadebimus quidpiam, cujus rei gestæ aut præsentem aut auditam memoriam poterimus habere : qua in re facile id, quod velimus, exemplo adlato persuadere possimus.

Justitiæ partibus utemur, si aut innocentium, aut supplicum misereri dicemus oportere : si ostendemus bene merentibus gratiam referri convenire; si demonstrabimus ulcisci male meritos oportere; si fidem magnopere conservandam; si leges et mores civitatis egregie dicemus oportere servari : si societates atque amicitias studiose dicemus coli convenire; si, quod jus in parentes, deos, patriam natura comparavit, id religiose colendum demonstrabimus; si hospitia, clientelas, cognationes, adfinitates caste colendas esse dicemus; si nec pretio, nec gratia, nec periculo, nec simultate a via recta

haine ne doivent nous détourner du droit chemin; si nous proclamons que l'équité doit présider à toutes les actions. Par ces moyens empruntés à la justice, et par d'autres du même genre, on prouve dans une assemblée du peuple, ou dans un conseil, que la résolution qu'on veut faire adopter est juste; par les moyens contraires, on prouve qu'elle est injuste. Ainsi les mêmes lieux nous serviront à persuader et à dissuader.

Si c'est pour vous faire déployer de la force d'âme qu'on vous conseille une démarche, on démontrera non-seulement qu'il faut rechercher et ambitionner les choses grandes et élevées, mais encore que les âmes fortes doivent mépriser les actions basses et honteuses, et les regarder comme au-dessous de leur dignité; nous dirons qu'il ne faut jamais se laisser éloigner d'une chose honnête par la grandeur du péril ou des fatigues; qu'on doit préférer la mort à l'infamie; que nulle douleur ne doit nous contraindre à nous écarter de la vertu; que pour la vérité, on ne doit redouter les inimitiés de personne; enfin, que pour sa patrie, ses parents, ses hôtes, en un mot, pour ce que la justice exige de nous, il faut marcher au-devant de tous les dangers, se résigner à tous les sacrifices.

Nous emprunterons nos moyens à la tempérance, si nous blâmons l'excessive avidité des honneurs, de l'argent et des autres

---

ostendemus deduci oportere; si dicemus in omnibus æquabile jus statui convenire. His atque hujusmodi partibus justitiæ si quam rem in contione aut in concilio faciendam censebimus, justam esse ostendemus; contrariis injustam. Ita fiet, ut eisdem locis et ad suadendum et ad dissuadendum simus comparati.

Sin fortitudinis retinendæ causa faciundum quid esse dicemus, ostendemus res magnas et celsas sequi et appeti oportere; et item res humiles et indignas viris fortibus viros fortes propterea contemnere oportere, nec idoneas dignitate sua judicare. Item ab nulla re honesta, periculi aut laboris magnitudine deduci oportere; antiquiorem mortem turpitudine haberi; nullo dolore cogi, ut ab officio recedatur; nullius pro rei veritate metuere inimicitias; quodlibet pro patria, parentibus, hospitibus, amicis, et iis rebus, quas justitia colere cogit, adire periculum et quemlibet suscipere laborem.

Modestiæ partibus utemur, si nimias libidines honoris, pecuniæ similiumque

avantages de ce genre; si nous renfermons tous les désirs dans les justes bornes de la nature; si nous montrons à chacun la somme de biens qui lui suffit, l'engageant à ne pas l'outre-passer, et déterminant la mesure de chaque chose.

Telles sont les idées que nous fournit la vertu; il faut les amplifier si l'on conseille, les atténuer si l'on dissuade. On en fera autant pour les moyens que j'ai indiqués auparavant. Personne, sans doute, n'opinera qu'on doit s'éloigner de la vertu; mais, dira-t-on, le fait n'est pas tel qu'on y puisse reconnaître une haute vertu; ou même on fera voir qu'elle trouverait mieux sa place dans des circonstances contraires. Nous démontrerons, s'il nous est possible, que ce qu'il plaît à notre antagoniste d'appeler justice n'est que lâcheté, faiblesse, profusion criminelle; que sa prétendue prudence n'est que l'ineptie, le bavardage et l'importunité d'une vaine science; que sa tempérance est une véritable mollesse, une négligence insouciante; que sa force d'âme est l'audace inconsidérée d'un gladiateur.

IV. Le louable est ce qui, pour le présent et pour l'avenir, procure une honorable réputation. Nous le distinguons du bien, non que les quatre qualités comprises sous le mot *bien* ne nous donnent habituellement une honorable réputation; mais parce

---

rerum vituperabimus; si unam quamque rem certo naturæ termino definiemus; si, quoad cuique satis sit, ostendemus, nimium progredi dissuadebimus, modum uni cuique rei statuemus.

Hujusmodi partes sunt virtutis, amplificandæ, si suadebimus; attenuandæ, si ab his dehortabimur, ut hæc attenuentur, quæ supra demonstravi. Nam nemo erit, qui censeat a virtute recedendum; verum aut res non ejusmodi dicantur esse, ut virtutem possimus egregiam experiri, aut in contrariis potius rebus, quam in his, virtus constare ostendatur. Item si quo pacto poterimus, quam is, qui contra dicet, justitiam vocarit, nos demonstrabimus ignaviam esse et inertiam ac pravam liberalitatem; quam prudentiam appellarit, ineptam et garrulam et odiosam scientiam esse dicamus; quam ille modestiam dicet esse, eam nos inertiam et dissolutam negligentiam esse dicamus; quam ille fortitudinem nominarit, eam nos gladiatoriam et inconsideratam appellabimus temeritatem.

IV. Laudabile est, quod conficit honestam et præsentem et consequentem commemorationem. Hoc nos eo a recto separavimus, non quod hæ quattuor partes, quæ subjiciuntur sub vocabulo recti, hanc honestatis commemorationem dare

qu'il faut, quoique le louable naisse du bien, les traiter séparément l'un et l'autre dans le discours. En effet, ce n'est pas en vue de la louange seule qu'on doit rechercher le bien ; mais, si la louange en doit être le prix, la volonté de bien faire doublera d'énergie. Ainsi, après avoir démontré que l'action est bonne, nous prouverons, ou qu'elle obtiendra les louanges des juges compétents (comme si, blâmée des personnes d'un rang inférieur, elle devait être approuvée par les hommes d'un rang plus distingué) ; ou qu'elle sera louée par quelques-uns de nos alliés, par tous nos concitoyens, par les nations étrangères, par la postérité.

On a vu quelle est la division des lieux pour le genre délibératif : exposons rapidement la distribution du discours entier. On pourra commencer ou par le simple début, ou par l'insinuation, usant des moyens indiqués pour le genre judiciaire. S'il se présente un fait à raconter, suivez aussi les règles déjà données sur la narration. Comme dans ces sortes de causes le but est l'*utile*, et que l'utile contient la sûreté et l'honnêteté, si nous pouvons nous prévaloir de l'une et de l'autre à la fois, nous nous engagerons à démontrer par notre discours, que c'est à l'une et à l'autre que nous tendons : si nous devons nous borner à l'une des deux, nous annoncerons simplement le motif que nous faisons valoir. Est-ce la sûreté? notre division reposera sur la force et la sa-

---

non soleant : sed quamquam ex recto laudabile nascatur, tamen in dicendo seorsum tractandum est hoc ab illo. Neque enim solum laudis causa rectum sequi convenit ; sed si laus consequitur, duplicatur recti appetendi voluntas. Quum igitur erit demonstratum rectum, laudabile esse demonstrabimus aut ab idoneis hominibus, ut si qua res honestiori ordini placeat, quae a deteriore ordine improbetur, aut ab aliquibus sociis aut omnibus civibus, exteris nationibus posterisque nostris.

Quum hujusmodi divisio fit locorum in consultatione, breviter aperienda est totius tractatio causæ. Exordiri licebit vel a principio vel ab insinuatione, vel iisdem rationibus, quibus in judiciali causa. Si cujus rei narratio incidet, eadem ratione narrari oportebit. Quoniam in hujusmodi causis finis est utilitas, et ea dividitur in rationem tutam atque honestam : si utrumque poterimus ostendere, utrumque pollicebimur nos in dicendo demonstraturos esse ; sin alterum erimus demonstraturi, simpliciter, quod dicturi sumus, ostendemus. At si nostram rationem tutam esse dicemus, divisione utemur in vim et

gesse : car, ce que dans la théorie j'ai appelé ruse, pour être plus clair, il sera plus convenable de l'appeler sagesse dans votre discours. Est-ce le bien? si toutes les parties du bien s'appliquent à votre sujet, vous le diviserez en quatre points; si toutes ne vous conviennent pas, vous exposerez celles que le sujet réclame. Dans la confirmation et la réfutation, nous nous servirons des lieux déjà indiqués, pour établir nos moyens et renverser ceux de l'adversaire. On trouvera dans le second livre tous les préceptes de l'art qui peuvent diriger l'argumentation.

V. Mais s'il arrive que, dans une délibération, l'un appuie son opinion sur des motifs d'utilité, l'autre sur des motifs d'honneur, comme si l'armée, cernée par les Carthaginois, délibérait sur le parti à prendre; celui qui conseillera d'avoir en vue la sûreté emploiera les lieux suivants : Rien n'est plus utile que d'avoir la vie sauve; nul ne peut pratiquer les vertus qui n'a mis en sûreté ses moyens d'agir; les dieux mêmes refusent leur secours à ceux qui se jettent inconsidérément dans le péril; il ne faut pas voir l'honnête dans ce qui compromet notre salut. L'orateur qui préfère à la sûreté des motifs d'honneur, se servira des lieux suivants : On ne doit jamais renoncer à la vertu; la douleur, si c'est là ce qu'on redoute, la mort, si c'est elle qui vous fait trembler, sont peu de chose auprès du déshonneur et de l'infa-

---

consilium. Nam, quod in docendo rei dilucidandæ causa dolum appellavimus, id in dicendo honestius consilium appellabimus. Si rationis nostræ sententiam rectam esse dicemus, et omnes partes recti incident, quadripertita divisione utemur; si non incident, quot erunt, tot exponemus in dicendo. In confirmatione et confutatione utemur nostris locis, quos ante ostendimus, confirmandis, contrariis confutandis. Argumentationis artificiose tractandæ ratio de secundo libro petetur.

V. Sed si acciderit, ut in consultatione alteri ab tuta ratione, alteri ab honesta sententia sit, ut in deliberatione eorum, qui a Pœno circumsessi deliberant, quid agant, tutam rationem si quis adhibebit, his locis utetur : Nullam rem utiliorem esse incolumitate ; virtutibus uti neminem posse, qui suas rationes in tuto non collocarit; ne deos quidem esse auxilio iis, qui se inconsulto in periculum mittant ; honestum nihil oportere existimari, quod non salutem pariat. Qui tutæ rei præponet rationem honestam, his locis utetur : Virtutem nullo tempore relinquendam : vel dolorem, si is timeatur ; vel mortem, si ea formidetur, dedecore et infamia leviorem esse : considerare, quæ

mie ; songez combien de honte entraînerait une telle détermination, et cependant elle ne nous assurerait ni l'immortalité, ni un éternel bien-être; rien ne nous garantit qu'après avoir évité ce péril nous ne tomberons dans aucun autre. Pour la vertu, il est beau de marcher même volontairement à la mort; le courage, habituellement, a la fortune pour auxiliaire; pour vivre en sûreté, il faut vivre avec honneur, et non se borner à l'intérêt présent ; celui qui vit dans la honte ne peut jouir d'une perpétuelle prospérité.

Les conclusions, dans le genre délibératif, sont d'ordinaire les mêmes que dans le genre judiciaire, à cela près qu'il est très-avantageux d'y citer comme exemples le plus grand nombre possible de faits antérieurs.

VI. Maintenant passons au genre démonstratif : comme il a pour but la louange et le blâme, certains moyens serviront à louer, et les moyens contraires à blâmer. La louange a pour objet ou des circonstances extérieures, ou le corps, ou l'âme. Les circonstances extérieures sont les choses qui peuvent nous venir du hasard ou de la fortune, bonne ou mauvaise : comme la naissance, l'éducation, les richesses, le pouvoir, les honneurs, la patrie, les amitiés, enfin tous les biens de cette espèce, et leurs contraires. Le corps a reçu de la nature des avantages ou des

sit turpitudo consecutura ; at non immortalitatem, neque æternam incolumitatem consequi, nec esse exploratum, illo vitato periculo; nullum in aliud periculum venturos; virtute vel ultro ad mortem proficisci esse præclarum : fortitudini fortunam quoque esse adjumento solere ; cum tute vivere, qui honeste vivat, non, qui in præsentia incolumis ; et eum, qui turpiter vivat, incolumem in perpetuum esse non posse.

Conclusionibus fere similibus in his et judicialibus causis uti solemus, nisi quod in his maxime conducit quam plurima rerum ante gestarum exempla proferre.

VI. Nunc ad demonstrativum genus causæ transeamus. Quoniam hæc causa dividitur in laudem, et vituperationem, quibus ex rebus laudem constituerimus, ex contrariis rebus erit vituperatio comparanda. Laus igitur potest esse rerum externarum, corporis, animi. Rerum externarum sunt ea, quæ casu aut fortuna secunda aut adversa accidere possunt : ut genus, educatio, divitiæ, potestates, gloriæ, civitas, amicitiæ, et quæ hujusmodi sunt ; et ea, quæ his, contraria. Corporis sunt ea, quæ natura corpori attribuit com-

inconvénients, l'agilité, la vigueur, la dignité, la santé, et leurs contraires. L'âme a des biens qui dépendent de notre volonté et de notre entendement, comme la prudence, la justice, la force et la tempérance, qui ont aussi leurs contraires. [Ce sera donc de là que nous tirerons nos moyens de confirmation et de réfutation.]

Dans un discours de ce genre, nous tirerons l'exorde de notre personne, de la personne dont nous parlons, de nos auditeurs, ou du sujet même. De notre personne : si nous louons quelqu'un, nous dirons que c'est par devoir, attendu qu'il existe entre nous une liaison intime ; ou par inclination, car c'est un mérite tel que tous doivent le célébrer ; ou enfin parce que, en louant les autres, nous faisons honorablement ressortir notre caractère. Si nous blâmons, nous dirons que c'est à juste titre, après la manière dont on nous a traités ; ou par un penchant naturel, regardant comme utile de faire connaître à tous tant de malice et de scélératesse ; ou bien enfin, parce que, en blâmant les autres, il nous plaît de mettre au jour ce qui nous déplaît. De la personne dont nous parlons : si nous louons quelqu'un, nous exprimerons la crainte de ne pouvoir atteindre par nos paroles à la hauteur de ses actions ; toutes les bouches, dirons-nous, doivent célébrer ses vertus ; sa conduite est au-dessus de l'éloquence de tous les panégyristes. Si nous blâmons, nous pourrons,

moda, aut incommoda : velocitas, vires, dignitas, valetudo, et quæ contraria sunt. Animi sunt ea, quæ consilio et cogitatione nostra constant : prudentia, justitia, fortitudo, modestia, et quæ contraria sunt. Erit igitur hæc confirmatio et confutatio nobis.

In hujusmodi causa principium sumetur aut ab nostra aut ab ejus, de quo loquemur, aut ab eorum, qui audient, persona aut ab re. Ab nostra, si laudabimus, aut officio facere, quod causa necessitudinis intercedat ; aut studio, quod ejusmodi virtute sit, ut omnes commemorare debeant velle ; aut quod rectum sit ex aliorum laude ostendere, qualis ipsius animus sit. Si vituperabimus, aut merito facere, quod ita tractati simus ; aut studio, quod utile putemus esse ab omnibus unicam malitiam atque nequitiam cognosci ; aut quod placeat ostendi, quid nobis displiceat, ex aliorum vituperatione. Ab ejus persona, de quo loquemur, si laudabimus, vereri nos, ut illius facta verbis consequi possimus ; omnes homines illius virtutes prædicare oportere ; ipsa facta omnium laudatorum eloquentiam antecire. Si vituperabimus, ea, quæ

en changeant quelques mots, exprimer des idées contraires, comme nous en avons plus haut donné l'exemple. De nos auditeurs : si nous louons quelqu'un, nous dirons que, parlant devant des personnes qui le connaissent, il nous suffira de quelques mots pour les mettre au courant ; ou s'ils ne le connaissent pas, nous leur demanderons de vouloir bien connaître un homme si distingué ; puisque ceux qui entendent son éloge partagent ce zèle de la vertu qui l'animait, ou qui l'anime encore, nous espérons leur faire approuver facilement sa conduite au gré de nos désirs. Le blâme repose sur les moyens contraires. Le personnage est-il connu? nous ne dirons que peu de mots de sa scélératesse ; ne le connaît-on pas ? nous recommanderons d'apprendre à le connaître pour se soustraire à sa méchanceté ; puisque nos auditeurs diffèrent essentiellement de celui qui est blâmé, nous espérons qu'ils improuveront avec force sa conduite. Du sujet même : on hésite sur ce qu'on louera de préférence ; on craint qu'après avoir présenté bien des traits avantageux, on n'en ait omis plus encore ; en un mot, on a recours à toutes les idées de ce genre ; les idées contraires serviront pour le blâme.

VII. Après que l'exorde a été tiré d'une des sources que nous avons indiquées, il n'est pas nécessaire qu'une narration suive ; mais s'il s'en présente une, et qu'on ait à raconter avec éloge ou

---

videbimus contrarie, paucis verbis commutatis dici posse, dicemus : ut paullo supra exempli causa demonstratum est. Ab auditorum persona, si laudabimus, quoniam nihil novi, apud ignotos laudemus, nos monendi causa pauca nihil dicturos : aut si erunt ignoti, ut talem virum velint cognoscere, petemus ; quoniam in eodem virtutis studio sint, apud quos laudemus, atque ille, qui laudetur, fuerit, aut sit, sperare nos facile iis, quibus velimus, hujus facta probaturos. Contraria vituperatio : quoniam norint, pauca de nequitia ejus nos esse dicturos : quod si ignorent, petemus, ut cognoscant, uti malitiam vitare possint ; quoniam dissimiles sint, qui audiunt, atque ille, qui vituperatur, eos sperare illius vitam vehementer improbaturos. Ab rebus ipsis : incertos esse, quid potissimum laudemus ; vereri, ne, quum multa dixerimus, plura praetereamus ; et quae similes sententias habebunt : quibus sententiis contraria sumuntur a vituperatione.

VII. Principio tracto ab aliqua harum, quas ante commemoravimus, rationum, narratio non erit ulla, quae necessario consequatur : sed si qua inciderit, quum aliquod factum ejus, de quo loquemur, nobis narrandum sit cum

avec blâme une action de celui dont on parle, on cherchera dans le premier livre les règles de la narration. La division se fera ainsi : d'abord on expose les choses qu'on veut louer ou blâmer ; ensuite on montre avec ordre comment et dans quel temps chaque chose a eu lieu, afin de faire comprendre ce qui a été fait, et comment on a pris ses sûretés et ses précautions. Mais il faudra tenir compte des qualités ou des vices de l'esprit, et montrer comment l'esprit a tiré parti des avantages ou des désavantages attachés soit au corps, soit aux choses extérieures. Pour décrire la vie, on suivra cet ordre : commençant par les choses extérieures, on parlera de la famille ; dans l'éloge, si la personne louée est de noble extraction, dites qu'elle a été au niveau ou au-dessus de sa naissance ; si elle est d'une basse origine, dites qu'elle a trouvé son appui dans ses vertus, et non dans celles de ses aïeux. Dans le blâme, si la personne censurée est de noble extraction, dites qu'elle a déshonoré ses aïeux ; si elle est d'une basse naissance, dites qu'elle l'a encore avilie. Ensuite viendra l'éducation ; dans l'éloge, on présentera celui dont on parle comme formé, pendant toute son enfance, à l'école de l'honneur et de la vertu ; dans le blâme, on avancera le contraire. Puis on passera aux avantages du corps, et d'abord à ceux qui viennent de la nature. Dans l'éloge, dites : si cet homme joint dans son extérieur la noblesse à la beauté, il s'en est fait un

---

laude aut vituperatione, præceptio narrandi de primo libro repetetur. Divisione hac utemur : exponemus, quas res laudaturi sumus aut vituperaturi deinde ; ut quæque quove tempore res erit gesta, ordine dicemus, ut, quid quamque tute cauteque egerit, intelligatur. Sed exponere oportebit animi virtutes aut vitia : deinde commoda aut incommoda corporis aut rerum externarum, quomodo ab animo tractata sint, demonstrare. Ordinem hunc adhibere in demonstranda vita debemus. Ab externis rebus : genus, in laude, quibus majoribus natus sit : si bono genere, parem, aut excelsiorem fuisse ; si humili genere, ipsum in suis, non in majorum virtutibus habuisse præsidium ; in vituperatione, si bono genere, dedecori majoribus fuisse ; si malo, tamen his ipsis detrimento fuisse. Educatio : bene, in laude, quod honeste in bonis disciplinis totius pueritiæ fuerit : in vituperatione, inde se retraxisse aperte. Inde transire oportet ad corporis commoda. A natura : [in laude] si sit dignitas atque forma, laudi fuisse eam ; non quemadmodum cæteris, detrimento atque dedecori : si vires atque velocitas egregia ; honestis exercitationibus et

honneur, et non, comme d'autres, une cause de ruine et de honte ; s'il est remarquable par sa force et son agilité, c'est le résultat de nobles exercices et d'une industrieuse activité ; s'il jouit d'une bonne santé, c'est le fruit de soins constants et de l'empire qu'il a sur ses passions. Dans le blâme, s'il possède ces avantages corporels, il sera accusé d'avoir fait un mauvais usage de ces biens qu'il doit, comme tout gladiateur, au hasard et à la nature ; s'il n'a aucun de ces avantages, hormis la beauté, il en est privé, dirons-nous, par sa faute et par son intempérance. Ensuite, nous reviendrons aux choses extérieures, et considérerons l'influence qu'exercent sur elles les qualités ou les vices de l'esprit. Est-ce un homme riche ou pauvre ? quels sont ses dignités, ses titres de gloire, ses amitiés, ses inimitiés ; a-t-il déployé de l'énergie contre ses ennemis ? quel est le motif qui l'a mis en hostilité avec eux ; a-t-il eu de la fidélité, de la bienveillance, du dévouement dans ses amitiés, comment s'est-il montré, soit dans la richesse, soit dans la pauvreté ; quel esprit a-t-il manifesté dans l'exercice de ses fonctions ; s'il n'est plus, quelle a été sa mort ; quelles en ont été les suites.

VIII. Tous les faits dans lesquels se manifeste l'activité de l'esprit doivent se rapporter aux quatre vertus que nous avons désignées. Par exemple, si nous louons, nous dirons qu'on a agi avec justice, avec force, avec tempérance, ou avec prudence ; si nous blâmons une action, nous la présenterons comme résultant

industriis dicemus comparata : si valetudo, perpetua diligentia, et temperantia cupiditatum. In vituperatione, si erunt hæc corporis commoda, male his usum dicemus, quæ casu et natura, tanquam quilibet gladiator habuerit ; si non erunt præter formam, omnia ipsius culpa et intemperantia afuisse dicemus. Deinde revertemur ad extraneas res, et in his animi virtutes aut vitia quæ fuerint, considerabimus : divitiæ an paupertas fuerit, et quæ potestates, quæ gloriæ, quæ amicitiæ, quæ inimicitiæ ; et quid fortiter in inimicitiis gerendis fecerit ; cujus causa susceperit inimicitias ; qua fide, benevolentia, officio gesserit amicitias : in divitiis qualis, aut in paupertate cujusmodi fuerit : quemadmodum habuerit in potestatibus gerendis animum. Si interierit, cujusmodi mors ejus fuerit, cujusmodi res mortem ejus sit consecuta.

VIII. Ad omnes autem res, in quibus animus hominis maxime consideratur, illæ quattuor animi virtutes erunt accommodandæ : ut, si laudemus, aliud juste, aliud fortiter, aliud modeste, aliud prudenter factum esse prædicemus. Si

de l'injustice, de la faiblesse, de l'intempérance ou de l'aveuglement.

On voit clairement, par cette disposition, comment il faut traiter les trois parties de la louange et du blâme ; remarquons seulement qu'il n'est pas toujours nécessaire, en louant ou en blâmant, de les employer toutes trois, parce que souvent il en est qui ne se présentent point, ou que parfois elles ont si peu d'importance, qu'il est inutile d'en parler. On choisira donc celles de ces parties qui offrent les plus solides arguments. La conclusion sera courte et se réduira à une récapitulation à la fin du discours. Dans le cours même de la cause, nous intercalerons des amplifications fréquentes et rapides, empruntées à des lieux communs. Parce que ce genre de cause se présente rarement dans la vie, ce n'est pas une raison pour y apporter peu de soin ; car, dès qu'on peut avoir à faire une chose quelquefois, on doit vouloir s'en acquitter le mieux possible. D'ailleurs, s'il est rare que l'on ait à traiter séparément le genre démonstratif, la louange et le blâme tiennent souvent beaucoup de place dans les causes judiciaires et délibératives : voilà pourquoi nous croyons devoir aussi consacrer quelque attention à l'étude de ce genre.

Maintenant que nous avons terminé la partie la plus difficile de la rhétorique, que l'invention a été élaborée et adaptée à cha-

---

vituperabimus, aliud injuste, aliud ignave, aliud immodeste, aliud stulte factum esse dicemus.

Perspicuum est jam nimirum ex hac dispositione, quemadmodum sit tractanda tripertita divisio laudis et vituperationis ; si illud etiam adsumpserimus, non necesse esse nos omnes has partes in laudem aut vituperationem transferre, propterea quod sæpe ne incidunt quidem : sæpe ita tenuiter incidunt, ut non sint necessariæ dictu. Quapropter eas partes, quæ firmissimæ videbuntur, legere oportebit. Conclusionibus brevibus utemur, enumeratione ad exitum causæ ; in ipsa causa crebras et breves amplificationes interponemus per locos communes. Nec hoc genus causæ, eo quod raro accidit in vita, negligentius commentandum est. Neque enim id, quod potest accidere, ut faciendum sit aliquando, non oportet velle quam accommodatissime posse facere. Et, si separatim hæc causa minus sæpe tractatur ; at in judicialibus et in deliberativis causis sæpe magnæ partes versantur laudis aut vituperationis. Quare in hoc quoque causæ genere nonnihil industriæ consumendum putemus.

Nunc, absoluta a nobis difficillima parte rhetoricæ, hoc est inventione perpo-

que genre de cause, il est temps d'aborder les autres parties. Nous allons donc parler de la disposition.

IX. Puisque la disposition nous enseigne à mettre en ordre les matériaux fournis par l'invention et assigne à chaque idée la place qui lui convient, il faut connaître les principes qui président à ce travail. On distingue deux sortes de dispositions : l'une dépend des règles de l'art ; l'autre se conforme aux circonstances. Nous distribuerons notre discours en vertu des règles de l'art, quand nous suivrons les préceptes donnés dans le premier livre, c'est-à-dire quand nous emploierons l'exorde, la narration, la division, la confirmation, la réfutation, la conclusion, et que nous observerons, en parlant, l'ordre de ces parties, tel qu'il a été réglé précédemment. C'est aussi d'après les règles de l'art que nous distribuerons non-seulement l'ensemble du discours, mais encore les diverses parties de l'argumentation, expliquées dans le deuxième livre, l'exposition, la raison, la confirmation de la raison, les ornements et le résumé. Il y a donc deux dispositions, celle du discours et celle de l'argumentation, reposant l'une et l'autre sur les règles de l'art.

Mais il est une autre disposition, abandonnée au jugement de l'orateur, lorsqu'il faut s'éloigner de l'ordre fixé par l'art, et se conformer aux circonstances. Ainsi on commence par la narra-

lita, atque ad omne causæ genus accommodata, tempus est ad cæteras partes proficisci. Deinceps igitur de dispositione dicemus.

IX. Quoniam dispositio est, per quam illa, quæ invenimus, in ordinem redigimus, ut certo quidque loco pronuncietur, videndum est, cujusmodi rationem in disponendo habere conveniat. Genera dispositionum sunt duo : unum ab institutione artis profectum ; alterum ad casum temporis accommodatum. Ex institutione artis disponemus, quum sequemur eam præceptionem, quam in primo libro exposuimus, hoc est, ut utamur principio, narratione, divisione, confirmatione, confutatione, conclusione : et hunc ordinem, quemadmodum præceptum est ante, in dicendo sequamur. Item ex institutione artis non modo totas causas per orationem, sed per singulas quoque argumentationes disponemus, quemadmodum in libro secundo docuimus, id est, expositionem, rationem, confirmationem rationis, exornationem, complexionem. Hæc igitur duplex dispositio est : una per orationes, altera per argumentationes, ab institutione artis profecta.

Est autem alia dispositio, quæ, quum ab ordine artificioso secedendum est, oratoris judicio ad tempus accommodatur : ut si a narratione dicere inci-

tion, ou par quelque argument des plus solides, ou par la lecture de quelque pièce; ou bien de l'exorde on passe à la confirmation, puis à la narration; enfin, on se permet tous les changements de ce genre, mais seulement quand la cause l'exige. Par exemple, si vos adversaires ont assourdi les oreilles et fatigué les esprits des auditeurs par une surabondance de paroles, il sera bon de supprimer l'exorde, et de débuter, soit par la narration, soit par un fort argument. Ensuite, s'il y a quelque avantage, car ce n'est pas toujours nécessaire, il sera permis de revenir aux idées qui auraient pu fournir l'exorde.

X. Si la cause paraît offrir une grande difficulté, au point que personne ne soit disposé à entendre favorablement l'exorde, nous commencerons par la narration, puis nous pourrons reprendre les moyens qui auraient convenu à l'exorde. Si la narration elle-même est peu probable, on débutera par un argument solide. Il est souvent nécessaire de recourir à ces changements et à ces transpositions de parties, lorsque le sujet l'exige; l'art alors consiste à modifier la disposition prescrite par l'art. Dans la confirmation et la réfutation, il convient aussi de disposer ses preuves avec méthode; on placera ses raisons les plus puissantes au commencement et à la fin; les raisons médiocres, celles qui, sans être inutiles à la cause, ne sont pas essentielles à la con-

---

piamus, aut ab aliqua firmissima argumentatione, aut a litterarum aliquarum recitatione; aut si secundum principium confirmatione utamur, deinde narratione; aut, si quam ejusmodi permutationem ordinis faciamus : quorum nihil, nisi causa postulet, fieri oportebit. Nam si vehementer aures auditorum obtusæ videbuntur, atque animi defatigati ab adversariis multitudine verborum, commode poterimus principio supersedere et exordiri causam aut a narratione aut ab aliqua firma argumentatione. Deinde, si commodum erit, quia non semper necesse est, ad principii sententiam reverti licebit.

X. Si causa nostra magnam difficultatem videbitur habere, ut nemo æquo animo principium possit audire, ab narratione quum inceperimus, ad principii sententiam revertemur. Si narratio parum probabilis est, exordiemur ab aliqua firma argumentatione. His commutationibus et translationibus partium sæpe uti necesse est, quum ipsa res artificiosam dispositionem artificiose commutare cogit. In confirmatione et confutatione argumentationum dispositiones hujusmodi convenit habere : firmissimas argumentationes in primis et in postremis causæ partibus collocare; mediocres, et neque inutiles ad dicen-

viction, qui, présentées séparément et une à une, seraient faibles, mais qui, réunies à d'autres, deviennent fortes et décisives, devront être placées entre les précédentes, au milieu du discours; car, après la narration, l'esprit de l'auditeur attend aussitôt les arguments qui peuvent confirmer la cause; il faut donc à l'instant lui présenter des preuves solides; et comme les dernières paroles se conservent aisément dans la mémoire, il est utile, à la fin du discours, de laisser dans les esprits l'impression récente d'un raisonnement inébranlable. Cette disposition des moyens est semblable à l'ordre de bataille d'une armée, et de même que l'un rend la victoire facile au général, l'autre peut assurer le triomphe de l'orateur.

XI. Beaucoup de rhéteurs regardent le débit comme ce qu'il de plus utile à l'orateur, et de plus capable d'opérer la persuasion. Pour moi, je ne dirais pas volontiers qu'il est la plus importante des cinq parties; mais je ne crains pas d'affirmer qu'il offre de très-grands avantages; car la facilité de l'invention, le charme de l'élocution, l'heureuse disposition des parties, et une mémoire fidèle à retenir tout le discours, n'ont pas plus de pouvoir sans le débit, que n'en aurait le débit seul dépourvu de tous ces avantages. Comme ce sujet n'a pas encore été traité avec soin, les auteurs ayant jugé qu'il n'était pas pos-

---

dum, neque necessarias ad probandum, quæ, si separatim ac singulæ dicantur, infirmæ sint, cum cæteris conjunctæ, firmæ et probabiles fiant, interponi et in medio collocari oportet. Nam statim re narrata exspectat animus auditoris, ex qua re causa confirmari possit. Quapropter continuo firmam aliquam oportet inferre argumentationem. Et quoniam nuperrime dictum facile memoriæ mandatur, utile est, quum dicere desinamus, recentem aliquam relinquere in animis auditorum bene firmam argumentationem. Hæc dispositio locorum, tanquam instructio militum, facillime in dicendo, sicut illa in pugnando, parare poterit victoriam.

XI. Pronunciationem multi maxime utilem oratori dixerunt esse et ad persuadendum plurimum valere. Nos quidem unam de quinque rebus plurimum posse non facile dixerimus; egregie magnam esse utilitatem in pronunciatione audacter confirmaverimus. Nam commodæ inventiones et concinnæ verborum elocutiones et partium causæ artificiosæ dispositiones et horum omnium diligens memoria sine pronunciatione non plus, quam sine his rebus pronunciatio sola valere poterit. Quare, quia nemo de ea re diligenter scripsit:

sible de soumettre à des règles précises la voix, le visage et le geste, qui dépendent de notre organisation sensible, et comme il est cependant d'une grande importance pour l'orateur de posséder cette partie de l'art, nous croyons devoir y consacrer une attention particulière.

Le débit comprend le ton de la voix et les mouvements du corps. Nous appelons ton de la voix une certaine intensité qui peut être réglée par l'art et par le travail. On distingue dans la voix l'étendue, la fermeté, la flexibilité. L'étendue vient presque uniquement de la nature; le soin suffit pour l'augmenter quelque peu, et surtout pour la conserver. La fermeté vient, en grande partie, du soin; mais l'exercice de la déclamation l'augmente et surtout la conserve. La flexibilité de la voix, c'est-à-dire cette souplesse qui, dans le discours, se prête à tous les besoins de la pensée, résulte principalement de l'exercice de la déclamation. Il suit de là que nous n'avons rien à dire sur l'étendue de la voix, qui est un don de la nature, ni sur cette partie de la fermeté qui ne dépend que du soin : seulement, nous conseillerons de demander à ceux qui s'occupent de cet art quels sont les soins par lesquels on peut perfectionner la voix.

XII. Nous devons nous borner à cette partie de la fermeté que conserve l'art de la déclamation, et à la flexibilité, qui est sur-

---

nam omnes vix posse putarunt de voce et vultu et gestu dilucide scribi, quum eæ res ad sensus nostros pertinerent, et quia magnopere ea pars a nobis ad dicendum comparanda est, non negligenter videtur tota res consideranda.

Dividitur igitur pronuntiatio in vocis figuram et in corporis motum. Figura vocis est ea, quæ suum quemdam possidet habitum ratione et industria comparatum. Ea dividitur in tres partes, magnitudinem, firmitudinem, mollitudinem. Magnitudinem vocis maxime comparat natura; nonnihil adauget, sed maxime conservat cura; firmitudinem vocis maxime comparat cura; nonnihil adauget, sed maxime conservat ratio declamationis; mollitudinem vocis, hoc est, ut eam torquere in dicendo pro nostro commodo possimus; maxime faciet exercitatio declamationis. Quapropter de magnitudine vocis et firmitudinis parte, quoniam altera natura, altera cura comparatur, nihil nos attinet commonere, nisi ut ab iis, qui non inscii sunt ejus artificii, ratio curandæ vocis petatur.

XII. De ea parte firmitudinis, quæ conservatur ratione declamationis, et de

tout nécessaire à l'orateur; parce que c'est l'art de la déclamation qui nous la fait acquérir. Nous conserverons une voix ferme dans le discours, si nous prononçons l'exorde d'un ton calme et peu élevé : car la trachée-artère est blessée lorsque, avant de l'avoir préparée par des sons doux et caressants, on la remplit brusquement d'une voix éclatante. Il sera bon de se ménager de longs repos, parce que la respiration donne à la voix de nouvelles forces, et qu'un moment de silence laisse du relâche à l'organe. D'une déclamation soutenue, il faut savoir passer au langage de la conversation : par ces changements la voix, ne s'épuisant dans aucun ton, demeure apte à les prendre tous. Évitons les exclamations trop aiguës, qui ébranlent violemment la trachée-artère et la blessent par une intonation criarde et perçante : tout l'éclat de la voix peut ainsi se perdre en un seul effort. Prononcer d'une haleine de longues tirades convient à la fin du discours; en effet, le gosier s'échauffe, la trachée se remplit, et la voix, après avoir été diversement modulée, se prête à des sons égaux et soutenus.

Souvent nous devons de la reconnaissance à la nature; nous en avons un exemple ici : car tout ce que l'on a recommandé pour conserver la voix contribue à rendre la prononciation agréable; en sorte que prendre soin de notre voix, c'est travailler au

mollitudine vocis, quæ maxime necessaria est oratori, quoniam ea quoque moderatione declamationis comparatur, dicendum videtur. Firmam maxime poterimus in dicendo vocem conservare, si quam maxime sedata et depressa voce principia dicemus. Nam læduntur arteriæ, si, antequam leni voce permulsæ sunt, acri clamore compleantur. Et intervallis longioribus uti conveniet; recreatur enim spiritu vox, et arteriæ reticendo adquiescunt; et continuum clamorem omittere, et ad sermonem transire oportet; commutationes enim faciunt, ut, nullo genere vocis effuso in omni voce integri simus. Et acutas vocis exclamationes vitare debemus : ictus enim fit et vulnus arteriæ acuta atque attenuata nimis acclamatione; et si quis splendor est vocis, consumitur uno clamore universus; et uno spiritu continenter multa dicere in extrema convenit oratione : fauces enim calefiunt et arteriæ complentur et vox, quæ tractata varie est, reducitur in quemdam sonum æquabilem atque constantem.

Sæpe rerum naturæ gratia quædam jure debetur, velut accidit in hac re. Nam quæ diximus ad vocem conservandam prodesse, eadem attinent ad suavitudinem pronunciationis; ut, quod nostræ voci prosit, idem voluptate auditoris

plaisir des auditeurs. Il est avantageux, pour conserver à la voix sa fermeté, de commencer sur un ton calme : quoi de plus désagréable aussi que d'entendre des cris dès l'exorde d'un discours? Des repos soutiennent la force de la voix ; en même temps ils donnent plus d'harmonie aux périodes, en les divisant, et laissent à l'auditeur le temps de réfléchir. Pour ménager la voix, il faut en détendre l'énergie trop continue; cette variété fait aussi le principal charme de ceux qui nous écoutent, tantôt les intéressant par la simplicité de la conversation, tantôt les éveillant par des paroles éclatantes. Si des cris aigus altèrent la voix et l'organe, ils blessent aussi l'auditeur ; ils ont je ne sais quoi d'ignoble qui convient plus aux vociférations d'une femme qu'à la dignité d'un orateur. A la fin du discours, un ton soutenu est salutaire à l'organe : n'est-ce pas aussi ce qui convient le mieux pour échauffer les esprits au moment de la conclusion? Ainsi, puisque les mêmes conditions concourent à rendre la voix plus ferme et la prononciation plus agréable, nous avons dû les présenter réunies, donnant d'abord les conseils qui regardent la fermeté, puis indiquant les rapports qu'elle a avec l'agrément. Les autres questions seront traitées à leur tour.

XIII. La flexibilité de la voix, dépendant tout entière des préceptes de la rhétorique, appelle particulièrement notre attention. Elle se divise en trois parties, le ton de l'entretien, celui de la

---

probetur. Utile est ad firmitudinem sedata vox in principio. Quid insuavius, quam clamor in exordio causæ? Intervalla vocem confirmant : eadem sententias concinniores divisione reddunt et auditori spatium cogitandi relinquunt. Conservat vocem continui clamoris remissio : et auditorem quidem varietas maxime delectat ; quum sermone animum ejus retinet, aut exsuscitat clamore. Acuta exclamatio vocem [et fauces] vulnerat : eadem lædit auditorem ; habet enim quiddam illiberale, et ad muliebrem potius vociferationem, quam ad virilem dignitatem in dicendo accommodatum. In extrema oratione continens vox remedio est voci. Quid? hæc eadem nonne animum vehementissime calefacit auditoris in totius conclusione causæ? Quoniam igitur res eædem vocis firmitudini et pronunciationis suavitudini prosunt, de utraque re simul erit in præsentia dictum, de firmitudine, quæ visa sunt, de suavitudine, quæ conjuncta fuerunt ; cætera suo loco paullo post dicemus.

XIII. Mollitudo igitur vocis, quoniam omnis ad rhetoris præceptionem pertinet, diligentius nobis consideranda est. Eam dividimus in sermonem, cou-

discussion et celui de l'amplification. L'entretien est un parler atténué, voisin de la conversation habituelle; la discussion est un discours vif, propre à la confirmation et à la réfutation; l'amplification est un discours qui entraîne l'esprit de l'auditeur, soit à la colère, soit à la pitié. L'entretien comprend quatre parties : la dignité, la démonstration, la narration et la plaisanterie. La dignité s'exprime d'un ton grave, et sans trop élever la voix; la démonstration explique, d'une voix peu élevée, comment une chose a pu ou n'a pas pu se faire. La narration est l'exposé d'un fait qui a eu lieu, ou qui a pu avoir lieu ; la plaisanterie provoque sur quelque sujet un rire décent et de bonne compagnie. On distingue deux sortes de discussions, l'une continue, l'autre entrecoupée : elle est continue lorsqu'elle se précipite en périodes sonores; entrecoupée lorsque de petites phrases, séparées par des repos courts et fréquents, sont articulées d'une voix forte et mordante. L'amplification embrasse l'exhortation et la plainte. L'exhortation amplifie une faute pour entraîner l'auditeur à la colère; la plainte amplifie les maux pour amener les cœurs à la pitié. La flexibilité de la voix ayant été divisée en trois parties, et ces parties elles-mêmes en huit, il faut enseigner la prononciation propre à chacune.

tentionem, amplificationem. Sermo est oratio remissa et finitima quotidianæ locutioni : contentio est oratio acris et ad confirmandum et ad confutandum accommodata : amplificatio est oratio, quæ aut in iracundiam inducit aut ad misericordiam trahit auditoris animum. Sermo dividitur in partes quattuor, dignitatem, demonstrationem, narrationem, jocationem : dignitas est oratio cum aliqua gravitate et vocis remissione ; demonstratio est oratio quæ docet remissa voce, quomodo quid fieri potuerit aut non potuerit ; narratio est rerum gestarum aut perinde ut gestarum, expositio ; jocatio est oratio, quæ ex aliqua re risum pudentem et liberalem potest comparare. Contentio dividitur in continuationem et distributionem ; continuatio est orationis enuntiandæ acceleratio clamosa ; distributio est in contentione oratio frequens cum raris et brevibus intervallis, acri vociferatione. Amplificatio dividitur in cohortationem et conquestionem : cohortatio est oratio, quæ aliquod peccatum amplificans auditorem ad iracundiam adducit ; conquestio est oratio, quæ incommodorum amplificatione animum auditoris ad misericordiam perducit. Quoniam igitur mollitudo vocis in tres partes divisa est et hæ partes ipsæ sunt in octo alias distributæ, harum octo partium quæ cujusque idonea pronunciatio sit, demonstrandum videtur.

XIV. L'entretien sur le ton de la dignité laissera couler à plein gosier une voix très-calme et très-grave, sans pourtant passer des habitudes oratoires au ton tragique. Sommes-nous dans la démonstration? il faudra, d'une voix un peu atténuée, multiplier les intervalles et les divisions, de telle sorte que, par la diction même, nous paraissions entrecouper les vérités démontrées et les introduire une à une dans l'esprit des auditeurs. Lorsque l'entretien prend la forme de la narration, il faut varier les tons, afin que le récit reproduise toutes les nuances des faits. Voulez-vous exprimer la promptitude d'une action, employez des paroles rapides; pour peindre la lenteur, appesantissez vos phrases. Tour à tour âpre ou douce, triste ou gaie, la prononciation doit reproduire les mobiles variétés du discours. S'il se rencontre dans une narration des paroles, des questions, des réponses, des exclamations à raconter, nous mettrons tous nos soins à exprimer, par les inflexions de la voix, les sentiments et les pensées de tous les personnages. Si l'entretien prend le ton de la plaisanterie, donnez à la voix, par un léger tremblement, l'expression d'un rire malin, et, sans descendre à la joie bruyante d'un bouffon, que la voix passe doucement du discours sérieux à une raillerie décente. S'il s'agit d'une discussion, comme elle peut être ou continue ou entrecoupée, dans le premier cas,

XIV. Sermo quum est in dignitate, plenis faucibus quam sedatissima et depressissima voce uti conveniet : ita tamen, ut ne ab oratoria consuetudine ad tragicam transeamus. Quum autem est in demonstratione, voce paullulum attenuata, crebris intervallis et divisionibus uti oportet, ut in ipsa pronunciatione eas res, quas demonstrabimus, inserere, atque intersecare videamur in animis auditorum. Quum autem est sermo in narratione, tum vocum varietates opus sunt, ut, quo quidque pacto gestum sit, ita narrari videatur. Strenue quod volumus ostendere factum, celeriuscule dicemus; at aliud ociose, retardabimus. Deinde modo acriter, tum clementer, mæste, hilariter in omnes partes commutabimus ut verba, ita pronunciationem. Si qua inciderint in narratione dicta, rogata, responsa, si quæ admirationes, de quibus nos narrabimus; diligenter animum advertemus, ut omnium personarum sensus atque animos voce exprimamus. Sin erit sermo in jocatione, leviter tremebunda voce, cum parva significatione risus, sine ulla suspicione nimiæ cachinnationis, leniter oportebit ab sermone serio torquere ad liberalem jocum vocem. Quum autem contendere oportebit, quoniam id aut per continuationem, aut per distributionem facien-

vous grossirez un peu le volume de la voix; pour rendre l'enchaînement des phrases, vous unirez étroitement les sons; vous lancerez incessamment des paroles rapides, éclatantes, afin que la prononciation suive la course impétueuse du discours; dans le style entrecoupé, on tirera du fond de la poitrine les exclamations les plus sonores, et autant chaque exclamation aura duré, autant on laissera d'intervalle de l'une à l'autre. Dans les amplifications, pour exhorter, nous donnerons à la voix moins d'ampleur; elle sera douce et sonore à la fois, égale dans sa force, variée dans ses intonations, entraînante dans sa rapidité. Dans la plainte, la voix s'abaisse, le son faiblit; il faut de fréquentes suspensions, de longues interruptions, des changements bien tranchés. Nous avons assez parlé des modifications de la voix : maintenant occupons-nous des mouvements du corps.

XV. Les mouvements du corps se composent de gestes et d'un certain jeu de la physionomie, qui, d'accord avec la prononciation, rendent nos paroles plus persuasives. Il faut que le visage porte l'empreinte de la modestie et de la décision; que le geste ne soit ni trop élégant, ni trop négligé, si l'on ne veut ressembler ni à un acteur, ni à un artisan. Aux différentes inflexions du débit oratoire se conformeront les mouvements du corps. Ainsi, l'orateur qui parle avec une dignité simple, restant à la même

dum est : in continuatione, adaucto mediocriter sono vocis, verbis continuandis vocem quoque jungere oportebit et torquere sonum et celeriter cum clamore verba conficere, ut vim volubilem orationis vociferatio consequi possit ; in distributione vocem ab imis faucibus exclamatione quam clarissima adhibere oportet : et quantum spatii per singulas exclamationes sumpserimus, tantum in singula intervalla spatii consumere jubemur. In amplificationibus, cum cohortatione utemur voce attenuatissima, clamore leni, sono, æquabili, commutationibus crebris, maxima celeritate : in conquestione utemur voce depressa, inclinato sono, crebris intervallis, longis spatiis, magnis commutationibus. De figura vocis satis dictum est : nunc de corporis motu dicendum videtur.

XV. Motus est corporis gestus, et vultus moderatio quædam, quæ pronuncianti convenit, et probabiliora reddit ea, quæ pronunciantur. Convenit igitur in vultu pudorem et acrimoniam esse ; in gestu nec venustatem conspiciendam, nec turpitudinem esse, ne aut histriones aut operarii videamur esse. Ad easdem igitur partes, in quas vox est distributa, motus quoque corporis ratio videtur esse accommodanda. Nam si erit sermo cum dignitate, stantes in vestigio, levi

place, accompagnera ses paroles d'un léger mouvement de la main droite; la joie, la tristesse ou le calme de son visage s'accorderont toujours avec le sens de ses paroles. S'il discourt familièrement pour démontrer, il avancera la tête en inclinant un peu le corps; car la nature même nous porte à rapprocher notre visage de nos auditeurs, le plus qu'il nous est possible, quand nous avons quelque chose à leur enseigner, à leur inculquer fortement. Est-ce une narration sans apprêt? le mouvement convenable sera celui qu'on a indiqué plus haut pour la dignité. N'est-ce que plaisanterie? le visage prendra un certain air de gaieté, et le geste sera peu varié. Si l'on discute en style continu, il faut des gestes rapides, un visage mobile, des regards perçants; si la discussion est entrecoupée, que votre bras étendu presse ses mouvements; marchez, frappez de temps en temps du pied droit; que votre regard soit fixe et pénétrant. Si nous nous servons de l'amplification pour exhorter, il faudra mettre dans le geste un peu plus de lenteur et de circonspection; et, pour le reste, agir comme dans la discussion continue. Si l'amplification a pour objet la plainte, on se frappera la cuisse, la tête; quelquefois le geste sera calme, égal, le visage triste et troublé.

Je n'ignore pas la difficulté dont je me suis chargé en m'efforçant d'exprimer par la parole les mouvements du corps, et de

---

dexteræ motu loqui oportebit, hilaritate, tristitia, mediocritate vultus ad sermonis sententias accommodata : sin erit in demonstratione sermo ; paullulum corpus a cervicibus demittemus; nam hoc est a natura datum, ut quam proxime tum vultum admoveamus ad auditores, si quam rem docere eos et vehementer instigare velimus; sin erit in narratione sermo ; idem motus poterit idoneus esse, qui paullo ante demonstrabatur in dignitate ; sin in jocatione, vultu quamdam debebimus hilaritatem significare, sine commutatione gestus. Si contendemus per continuationem, brachio celeri, mobili vultu, acri aspectu utemur : sin contentio fiet per distributionem ; celeri porrectione brachii, inambulatione, pedis dextri rara supplausione, acri et defixo aspectu uti oportet. Si utemur amplificatione per cohortationem, paullo tardiore et consideratiore gestu conveniet uti, similibus cæteris rebus, atque in contentione per continuationem : sin utemur amplificatione per conquestionem, feminis plangore, et capitis ictu, nonnunquam sedato et constanti gestu, mœsto et conturbato vultu uti oportebit.

Non sum nescius, quantum susceperim negocii, qui motus corporis expri-

rendre par écrit les inflexions de la voix. Aussi n'ai-je pas eu la confiance de croire qu'un pareil sujet fût facile à traiter; mais, lors même qu'il me serait impossible d'en venir à bout, j'ai cru n'avoir point entrepris un travail inutile en vous indiquant ce qu'il convient de faire : l'exercice vous mènera plus loin. Ce qu'il est bon de savoir, c'est qu'une prononciation expressive a pour effet de faire croire que les paroles sortent du cœur.

XVI. Passons maintenant à la mémoire, véritable trésor où se conservent les produits de l'invention et des autres parties de la rhétorique. La mémoire a-t-elle quelque chose d'artificiel, ou ne dépend-elle que de la nature? C'est une question que nous traiterons plus à propos une autre fois. Aujourd'hui, nous en parlerons comme si l'on s'accordait à reconnaître l'influence de l'art et des préceptes sur cette faculté; car nous croyons qu'il y a un art de la mémoire; un jour nous donnerons les motifs de notre opinion; pour le moment, bornons-nous à exposer cette théorie.

Il y a donc deux mémoires, l'une naturelle, l'autre artificielle. La mémoire naturelle est innée en nous et contemporaine de la pensée. La mémoire artificielle tire sa force de la méthode et des règles qui la dirigent. Dans les autres travaux de l'esprit, le talent, par sa seule force, peut obtenir les mêmes résultats qu'une étude réfléchie; mais l'art fortifie et augmente les dons de la

mere verbis et imitari scriptura conatus sim voces. Verum nec hoc confisus sum posse fieri, ut de his rebus satis commode scribi posset ; nec, si id fieri non posset, hoc, quod feci, fore inutile putabam, propterea quod hic admonere voluimus, quid oporteret : reliqua trademus exercitationi. Hoc scire tamen oportet, pronunciationem bonam id perficere, ut res ex animo agi videatur.

XVI. Nunc ad thesaurum inventorum, atque ad omnium partium rhetoricæ custodem memoriam transeamus. Memoria utrum habeat quiddam artificii, an omnis ab natura proficiscatur, aliud dicendi tempus magis idoneum dabitur. Nunc perinde atque constet in hac re multum valere artem et præceptionem, ita ea de re loquemur. Placet enim nobis esse artificium memoriæ : quare placeat, alias ostendemus; in præsentia, cujusmodi sit ea, aperiemus.

Sunt igitur duæ memoriæ : una naturalis, altera artificiosa. Naturalis est ea, quæ nostris animis insita est et simul cum cogitatione nata : artificiosa est ea, quam confirmat inductio quædam et ratio præceptionis. Sed quomodo in cæteris rebus ingenii bonitas imitatur sæpe doctrinam ; ars porro naturæ commoda confirmat et auget; item fit in hac re, ut nonnumquam naturalis memoria, si

nature. Ainsi, quelquefois la mémoire naturelle, lorsqu'elle est portée à un haut degré, rivalise avec la mémoire artificielle ; mais celle-ci conserve et accroît, par un ensemble de règles, les avantages que nous devons à la nature. La mémoire naturelle a donc besoin d'être fécondée par des préceptes, pour obtenir tout son développement ; et les procédés de l'art n'ont de puissance que sur un esprit heureusement né. Il en est de cet art comme des autres : c'est grâce au talent que les règles sont fécondes, c'est par l'étude que le génie se perfectionne. Aussi, ceux qui sont doués d'une bonne mémoire trouveront-ils quelque avantage dans nos préceptes, comme vous pourrez bientôt vous en convaincre vous-même. Que si cette puissance de faculté les dispense d'avoir recours à nous, notre travail a cependant un motif bien légitime, c'est de prêter secours aux esprits qui n'ont pas des dispositions aussi brillantes. Il est temps de parler de la mémoire artificielle.

La mémoire artificielle se compose d'emplacements et d'images. Nous appelons emplacements certains objets, ouvrages de la nature ou de l'homme, si restreints, si bien déterminés, si remarquables, que la mémoire naturelle puisse facilement les saisir et les embrasser : tels sont un autel, un entre-colonnement, un angle, une voûte et autres choses semblables. Les images sont des formes, des signes, des représentations de la chose que nous voulons nous rappeler : par exemple, des chevaux, des lions,

---

cui data est egregia, similis sit huic artificiosae. Porro hæc artificiosa naturæ commoda retinet et amplificat ratione doctrinæ. Quapropter et naturalis memoria præceptione confirmanda est, ut sit egregia; et hæc, quæ doctrina datur, indiget ingenii. Nec hoc magis aut minus in hac re, quam in cæteris artibus fit, ut ingenio doctrina, præceptione natura niteseat. Quare et illis, qui natura memores sunt, utilis hæc erit institutio : quod tute paullo post poteris intelligere; et si illi, freti ingenio suo, nostri non indigerent, tamen justa causa daretur, quare iis, qui minus ingenii habent, adjumento velimus esse. Nunc de artificiosa memoria loquemur.

Constat igitur artificiosa memoria ex locis et imaginibus. Locos appellamus eos, qui breviter, perfecte, insignite aut natura aut manu sunt absoluti, ut eos facile naturali memoria comprehendere et amplecti queamus, ut ædes, intercolumnium, angulum, fornicem, et alia quæ his similia sunt. Imagines sunt formæ quædam, et notæ et simulacra ejus rei, quam meminisse volumus

des aigles ; pour conserver la mémoire de ces animaux, nous en placerons les images dans certains lieux. Enseignons maintenant quels doivent être ces emplacements, comment on les trouve et comment on y fixe les images.

XVII. De même que ceux qui connaissent les lettres peuvent écrire ce qu'on leur a dicté et lire ce qu'ils ont écrit, ainsi ceux qui ont appris la *mnémonique* peuvent attacher à certains lieux les choses qu'ils ont apprises, et, à l'aide de ces lieux, les redire de mémoire. En effet, les emplacements ressemblent à la cire ou au papier, les images aux lettres ; l'art de disposer et de fixer les images est une sorte d'écriture ; prendre ensuite la parole, c'est en quelque sorte lire. Il faut donc, si l'on veut amasser de nombreux souvenirs, se pourvoir d'une multitude d'emplacements, pour y déposer une grande quantité d'images. Nous croyons aussi qu'il faut enchaîner ces emplacements dans un ordre successif, de peur que l'absence de liaison ne nous empêche d'aborder les images à notre gré par le haut, par le bas ou par le milieu, de reconnaître les souvenirs confiés à chaque case, et de les en faire sortir.

XVIII. Si nous avions devant nous un grand nombre de personnes de notre connaissance rangées en ordre, il nous serait égal de les nommer en commençant par la première, par la dernière,

---

quod genus, equi, leonis, aquilæ memoriam si volemus habere, imagines eorum locis certis collocare nos oportebit. Nunc, cujusmodi locos invenire, et quo pacto reperire, et in locis imagines constituere oporteat, ostendemus.

XVII. Quemadmodum igitur qui litteras sciunt, possunt id, quod dictatum est, scribere et recitare, quod scripserunt : ita qui μνημονικὰ didicerunt, possunt, quæ audierunt, in locis collocare et ex his memoriter pronunciare. Loci enim ceræ aut chartæ simillimi sunt ; imagines litteris, dispositio et collocatio imaginum scripturæ, pronunciatio lectioni. Oportet igitur, si volumus multa meminisse, multos nobis locos comparare, ut in multis locis multas imagines collocare possimus. Item putamus oportere ex ordine hos locos habere, ne quando perturbatione ordinis impediamur, quo secius, quotoquoque loco libebit, vel ab superiore, vel ab inferiore, vel a media parte imagines sequi et ea, quæ mandata locis erunt, edere et proferre possimus.

XVIII. Nam ut, si in ordine stantes notos complures viderimus, nihil nostra intersit, utrum a summo, an ab imo, an ab medio nomina eorum dicere inci-

ou par celle du milieu : de même, une fois que les emplacements sont bien coordonnés, nous pouvons prendre le point de départ, ou le lieu qui nous convient ; avertis par les images, nous retrouvons chaque idée au poste qui lui fut assigné. Voilà pourquoi nous recommandons de choisir des lieux disposés avec ordre, et de fixer longuement nos méditations sur ces précieux dépôts, afin qu'ils restent imprimés en nous. En effet, les images, comme les caractères écrits, s'effacent dès qu'on ne s'en sert plus ; les emplacements, comme les tablettes, restent toujours à notre disposition. Pour que le nombre des lieux ne devienne pas une cause d'erreur, il est bon de les marquer de cinq en cinq : ainsi vous pouvez mettre une main d'or à la cinquième place, et, à la dixième, quelqu'un qui vous soit connu, et dont le prénom soit *Decimus* ; ensuite il sera facile de placer, à chaque nouvelle série de cinq, des signes pareils.

XIX. Il est plus avantageux de disposer ces emplacements dans un endroit désert que dans un endroit fréquenté : la foule et le mouvement des promeneurs confondent les images et en affaiblissent les traits, tandis que la solitude conserve dans leur entier ces figures représentatives. De plus, il faut choisir des lieux dont la nature et l'aspect soient si variés, que chacun semble se détacher des autres et appeler nos regards ; car si l'on s'en tenait à de nombreux entre-colonnements, il naîtrait, de la ressemblance des

piamus ; item in locis ex ordine collocatis eveniet, ut in quamlibet partem, quotoquoque loco libebit, imaginibus commoniti dicere possimus id, quod locis mandaverimus. Quare placet et ex ordine locos comparare, et locos, quos sumpserimus, egregie commeditari oportebit, ut perpetuo nobis hærere possint : nam imagines, sicut litteræ, delentur, ubi nihil utimur : loci, tamquam cera, remanere debent. Et, ne forte in numero locorum falli possimus quintum quemque locum placet notari ; quod genus, si in quinto loco manum auream collocemus, in decimo aliquem notum, cui prænomen sit Decimo ; deinde facile erit deinceps similes notas quinto quoque loco collocare.
XIX. Item commodius est in derelicta, quam in celebri regione locos comparare, propterea quod frequentia et obambulatio hominum conturbat et infirmat imaginum notas, solitudo conservat integra vi simulacrorum figuras. Præterea dissimiles forma atque natura loci comparandi sunt, ut distincte interlucere possint. Nam si qui multa intercolumnia sumpserit, conturbabitur

lieux, une telle confusion, qu'on ne saurait plus ce qui aurait été déposé dans l'un ou dans l'autre. Que vos emplacements soient d'une grandeur moyenne : trop étendus, ils donneraient du vague aux images ; trop resserrés, ils ne pourraient les contenir. Qu'ils ne soient ni trop éclairés ni trop obscurs, de peur que les images ne disparaissent dans les ténèbres, ou ne nous éblouissent par leur éclat. Il est bon que les intervalles d'un lieu à un autre aient une médiocre étendue, un peu plus ou un peu moins de trois pieds : car l'esprit, comme la vue, ne saisit plus aussi bien les objets en perspective, lorsqu'ils sont trop éloignés ou trop rapprochés. Quoiqu'il soit facile à celui qui a beaucoup observé de rencontrer à souhait des emplacements nombreux et convenables, cependant, si quelqu'un croyait ne pouvoir en trouver de propres à son sujet, il lui sera permis d'en créer autant qu'il voudra : car l'imagination peut, comme il lui plaît, concevoir une région, puis y former, y construire un emplacement, selon le désir de l'orateur. Nous pourrons donc, si les lieux que la nature offre en foule ne nous conviennent pas, imaginer pour notre usage une région dans laquelle nous disposerons, par la pensée, des lieux faciles à saisir et propres à notre sujet. C'en est assez sur les emplacements : exposons maintenant ce qui concerne les images.

similitudine locorum, ut ignoret, quid in quoque loco collocarit. Et magnitudine modica et mediocres locos habere oportet : nam et præter modum ampli vagas imagines reddunt ; et nimis angusti sæpe non videntur posse capere imaginum collocationem. Tum nec nimis illustres nec vehementer obscuros locos haberi oportet, ne aut obcæcentur tenebris imagines aut splendore perfulgeant. Intervalla locorum mediocria placet esse, fere paullo plus, aut minus pedum tricenum. Nam ut aspectus, ita cogitatio minus valet, sive nimis procul removeris sive vehementer prope admoveris id, quod oportet videri. Sed quamquam facile est ei qui paullo plura exploraverit, et quamvis multos et idoneos locos comparare : tamen si quis satis idoneos invenire se non putabit, ipse sibi constituat, quam volet multos licebit. Cogitatio enim quamvis regionem potest amplecti, et in ea situm loci cujusdam ad suum arbitrium fabricari et architectari. Quare licebit, si hac prompta copia contenti non erimus, nosmet ipsos nobis cogitatione nostra regionem constituere et idoneorum locorum commodissimam distinctionem comparare. De locis satis dictum est : nunc ad imaginum rationem transeamus.

XX. Puisqu'il nous faut des images fidèles pour représenter les choses, et que, pour nous rappeler les mots, nous devons choisir des similitudes connues, il y a donc deux sortes de ressemblances : celle des choses et celle des mots. Nous obtenons la ressemblance d'une chose, lorsque nous en formons sommairement l'image; nous établissons des ressemblances de mots lorsque nous attachons à une image le souvenir de chaque nom, de chaque vocable. Souvent vous embrasserez dans un seul signe, dans une image unique, le souvenir d'une chose tout entière par exemple « L'accusateur prétend que le prévenu a empoisonné un homme, qu'il a commis ce crime pour avoir son héritage, et qu'il y avait des témoins et des complices en grand nombre. » Veut-on se rappeler d'abord cette accusation de manière à l'avoir prête quand il faudra la réfuter, on représentera dans le premier emplacement l'image du fait tout entier : si nous connaissons les traits du malade, nous nous le figurerons lui-même dans son lit ; si nous ne le connaissons pas, nous supposerons un autre malade, d'un rang assez distingué pour qu'il nous revienne facilement à l'esprit. A côté du lit nous placerons l'accusé, tenant de la main droite une coupe, de la gauche des tablettes, et portant suspendus au troisième doigt des testicules de bélier. Ce tableau nous rappellera les témoins, l'héritage et l'empoisonne-

XX. Quoniam ergo rerum similes imagines esse oportet, et ex omnibus verbis notas nobis similitudines eligere debemus, duplices similitudines esse debent ; unæ rerum, alteræ verborum. Rerum similitudines exprimuntur, quum summatim ipsorum negociorum imagines comparamus : verborum similitudines constituuntur, quum unius cujusque nominis et vocabuli memoria imagine notatur. Rei totius memoriam sæpe una nota et imagine simplici comprehendemus, hoc modo : « Ut si accusator dixerit, ab reo hominem veneno necatum et hæreditatis causa factum arguerit et ejus rei multos dixerit testes et conscios esse : » si hoc primum, ut ad defendendum nobis expeditum sit, meminisse volemus, in primo loco rei totius imaginem conformabimus ; ægrotum in lecto cubantem faciemus ipsum illum, de quo agetur, si formam ejus detinebimus ; si eum non agnoverimus, aliquem ægrotum non de minimo loco sumemus, ut cito in mentem venire possit; et reum ad lectum ejus adstituemus, dextra poculum, sinistra tabulas, medico testiculos arietinos tenentem. Hoc modo et testium et hæreditatis et veneno necati memoriam habere

ment. Ensuite on fixera les autres accusations, selon leur ordre, dans les divers emplacements; et toutes les fois qu'on voudra se rappeler une chose, si les figures ont été bien disposées, et les images nettement caractérisées, nous évoquerons facilement les souvenirs dont nous aurons besoin.

XXI. Lorsque nous voudrons exprimer par des images des ressemblances de mots, ce sera une tâche plus difficile, et qui donnera plus d'exercice à notre esprit. Il faudra nous y prendre de la manière suivante : Déjà les rois fils d'Atrée préparent leur vengeance. » *Jam domi ultionem reges Atridæ parant.* Placez dans un de vos lieux, *Domitius* élevant les mains vers le ciel, lorsqu'il est déchiré à coups de fouet, par ordre des Marcius Rex. Cette image vous rappellera *jam domi ultionem reges.* Placez dans un second lieu Ésopus et Cimber représentant, dans *Iphigénie,* Agamemnon et Ménélas : ainsi vous figurerez *Atridæ parant,* et tous les mots se trouveront exprimés. Mais cet emploi des images servira surtout à réveiller par des signes visibles la mémoire naturelle : s'agit-il d'apprendre un vers, nous le repassons d'abord en nous-mêmes deux ou trois fois; ensuite nous exprimons les mots avec des images. Par ce moyen, l'art aide la nature : s'ils étaient séparés, l'un et l'autre auraient moins d'efficacité; néanmoins il y a toujours beaucoup plus de secours à espérer de l'art et des règles : je n'aurais point de peine à le

poterimus. Item deinceps cætera crimina ex ordine in locis ponemus : et, quotiescumque rem meminisse volemus, si formarum dispositione, et imaginum diligenti notatione utemur, facile ea, quæ volemus, memoria consequemur.

XXI. Quum verborum similitudines imaginibus exprimere volemus, plus negocii suscipiemus et magis ingenium nostrum exercebimus. Id nos hoc modo facere oportebit. « Jam domi ultionem reges Atridæ parant. » In primo loco constituere oportet manus ad cælum tollentem Domitium, quum a Regibus Marciis loris cædatur. Hoc erit, « Jam domi ultionem reges. » In altero loco Æsopum et Cimbrum subornare Iphigeniam [Agamemnonem et Menelaum]. Hoc erit, « Atridæ parant. » Hoc modo omnia verba erunt expressa. Sed hæc imaginum conformatio tum valet, si naturalem memoriam exsuscitaverimus hac notatione, ut, versu posito, ipsi nobiscum primum transeamus bis aut ter cum versum ; deinde cum imaginibus verba exprimamus. Hoc modo naturæ suppeditabitur doctrina. Nam quum est utraque ab altera separata, minus erit firma, ita tamen, ut multo plus in doctrina atque arte præsidii sit. Quod docere non gravaremur, ni metuere-

prouver si je ne craignais, en m'éloignant du but proposé, de ne point conserver cette brièveté lucide qui convient aux préceptes.

Mais comme, parmi les images, il s'en trouve dont l'impression est durable et se représente facilement à l'esprit ; et d'autres qui, faibles, indécises, ne peuvent guère éveiller la mémoire, il faut considérer la cause de cette différence, afin de connaître les images qu'on doit éviter et celles dont on doit se servir.

XXII. La nature elle-même nous enseigne ce qu'il convient de faire. Si nous voyons, dans la vie, des choses insignifiantes, communes, journalières, il ne nous arrive pas souvent d'en garder la mémoire, parce qu'il n'y a que le nouveau ou l'étonnant qui frappe l'esprit. Mais si nous voyons, si l'on nous raconte un fait d'une éclatante infamie ou d'une vertu signalée, une action extraordinaire, grande, incroyable, ridicule, nous sommes dans l'habitude de nous en souvenir longtemps. De même nous oublions aujourd'hui la plupart des choses qui se font ou se disent devant nous ; souvent, au contraire, nous avons parfaitement retenu ce qui est arrivé pendant notre enfance. La seule raison de cette différence, c'est que les impressions habituelles s'échappent facilement de la mémoire, tandis que les idées frappantes, inaccoutumées, s'y gravent en traits ineffaçables. Le lever, la marche et le coucher du soleil n'excitent aucun étonnement, parce que c'est un spectacle de tous les jours ; mais les éclipses

---

mus, ne, quum ab instituto nostro recessissemus, minus commode servaretur hæc dilucida brevitas præceptionis.

Nunc, quoniam solet accidere, ut imagines partim firmæ et ad monendum idoneæ sint, partim imbecillæ et infirmæ, quæ vix memoriam possint excitare : qua de causa utrumque fiat, considerandum est ; ut, cognita causa, quas vitemus et quas sequamur imagines, scire possimus.

XXII. Docet igitur nos ipsa natura, quid oporteat fieri. Nam si quas res in vita videmus parvas, usitatas, cotidianas, meminisse non solemus ; propterea quod nulla nisi nova aut admirabili re commovetur animus. At si quid videmus aut audimus egregie turpe aut honestum, inusitatum, magnum, incredibile, ridiculum, id diu meminisse consuevimus. Itemque quas res ante ora videmus aut quod recens audivimus, obliviscimur plerumque ; quæ acciderunt in pueritia, meminimus optime sæpe ; nec hoc alia de causa potest accidere, nisi quod usitatæ res facile e memoria elabuntur, insignes et novæ manent diutius. Solis exortus, cursus, occasus, nemo admiratur, propterea quod cotidie fiunt : at

du soleil nous étonnent, parce qu'elles arrivent rarement; les éclipses de soleil nous frappent plus que les éclipses de lune, parce qu'elles sont moins fréquentes. Ainsi notre nature même nous apprend que des objets vulgaires et accoutumés ne peuvent lui donner l'éveil; que, pour l'émouvoir, il faut du nouveau, de l'extraordinaire. Que l'art imite donc la nature; qu'il découvre ce qu'elle désire, qu'il marche au but qu'elle nous indique : car il n'est point de découverte dans laquelle la nature se soit laissé primer, dans laquelle l'art ait pris les devants. Le génie fournit les premiers éléments; la culture ensuite les perfectionne.

Il faudra donc se former des images du genre de celles qui restent le plus longtemps dans la mémoire : elles auront cet avantage, si nous choisissons des similitudes qui nous soient bien connues; si nous ne posons pas des images muettes et vagues, mais des images accomplissant une action; si nous leur prêtons une beauté rare ou une laideur singulière; si nous leur donnons quelque parure, une couronne, une robe de pourpre, pour rendre la similitude plus facile à saisir; ou si nous les défigurons en les couvrant de sang, de fange ou de vermillon, pour y ajouter une expression plus remarquable; enfin, si nous attribuons à ces figures quelque chose de ridicule : car c'est encore un moyen de les retenir plus aisément, puisque les caractères qui, dans la réalité, s'impriment volontiers en notre

---

eclipses solis mirantur, quia raro accidunt, et solis eclipses magis mirantur quam lunæ, propterea quod hæ crebriores sunt. Docet ergo se natura vulgari et usitata re non exsuscitari; novitate et insigni quodam negocio commoveri. Imitetur ars igitur naturam, et, quod ea desiderat, inveniat; quod ostendit, sequatur. Nihil est enim, quod aut natura extremum invenerit aut doctrina primum : sed rerum principia ab ingenio profecta sunt et exitus disciplina comparantur.

Imagines igitur nos in eo genere constituere oportebit, quod genus manere in memoria diutissime potest. Id accidet, si quam maxime notas similitudines constituemus; si non mutas nec vagas, sed aliquid agentes imagines ponemus; si egregiam pulcritudinem, aut unicam turpitudinem eis attribuemus; si aliquas exornabimus, ut si coronis aut veste purpurea, quo nobis notatior sit similitudo; aut si qua re deformabimus, ut si cruentam aut cœno oblitam aut rubrica delibutam inducamus, quo magis insignita sit forma; aut si ridiculas res aliquas imaginibus attribuamus : nam ea res quoque faciet, ut faci-

souvenir, sont aussi ceux qui, exploités par la fiction, se gravent sans peine et distinctement dans la mémoire. Néanmoins, pour renouveler le souvenir des images, il faudra plusieurs fois parcourir rapidement, en idée, les premiers lieux de chaque série.

XXIII. Je sais que la plupart des Grecs qui ont écrit sur la mémoire ont recueilli les images d'une multitude de mots, afin que ceux qui voudraient les apprendre, les ayant toujours à leur disposition, fussent dispensés de la peine de les chercher. Nous improuvons cette méthode pour plusieurs raisons : d'abord parce que, en présence de la foule innombrable des mots, il est ridicule de se faire une provision d'un millier d'images : faible ressource, quand, de cette multitude infinie d'expressions, ce sera tantôt l'une, tantôt l'autre qu'il faudra nous rappeler ! Ensuite, pourquoi vouloir éloigner les autres de tout travail intellectuel et les dispenser de recherches, en leur offrant des résultats trouvés et préparés? D'ailleurs, telle similitude frappe celui-ci, telle autre frappe celui-là. Souvent, quand nous nous prononçons sur la ressemblance d'un portrait, tout le monde n'est pas de notre avis, parce que chacun a sa manière de voir. Il en est de même pour les images : celles qui nous paraissent nettement caractérisées paraissent à d'autres peu remarquables. Voilà pourquoi il est à propos que chacun se procure les images qui lui con-

---

lius meminisse possimus. Nam, quas res veras facile meminerimus, easdem fictas et diligenter notatas meminisse non difficile est. Sed illud facere oportebit, ut identidem primos quosque locos imaginum renovandarum causa celeriter animo pervagemur.

XXIII. Scio plerosque Græcos, qui de memoria scripserunt, fecisse, ut multorum verborum imagines conscriberent, uti, qui eas ediscere vellent, paratas haberent, ne quid in quærendo operæ consumerent. Quorum rationem aliquot de causis improbamus : primum, quod in verborum innumerabilium multitudine ridiculum sit mille verborum imagines comparare. Quantulum enim poterunt hæc valere, quum ex infinita verborum copia modo aliud, modo aliud nos verbum meminisse oportebit? Deinde cur volumus ab industria quemquam removere, ut ne quid ipse quærat, quum nos illi omnia parata quæsitaque tradamus? Præterea similitudine alia alius magis commovetur. Nam ut sæpe, formam si quam similem cuipiam dixerimus esse, non omnes habemus adsensores, quod alii videtur aliud : ita fit in imaginibus, ut, quæ nobis diligenter notatæ sint, ea parum videatur insignis aliis. Quare, sibi quemque suo commodo

viennent. Enfin, c'est au maître d'enseigner à son disciple la manière de les découvrir, et de lui citer, comme exemples, non pas toutes les similitudes du même genre, mais seulement une ou deux, pour rendre la théorie plus claire. Ainsi, quand nous parlons des sources de l'exorde, nous indiquons la manière de trouver des exordes, sans en présenter un millier à notre disciple. Nous pensons qu'on doit en faire autant pour les images.

XXIV. Maintenant, comme vous pourriez vous imaginer que la mémoire des mots est difficile à l'excès, ou médiocrement utile, et qu'il vaut mieux vous en tenir à celle des choses, qui offre plus d'utilité pratique et plus de facilité, considérez les motifs pour lesquels j'attache quelque prix à la mémoire des mots. Je pense que, si l'on veut sans travail et sans peine retenir facilement les choses faciles, il faut s'exercer auparavant à celles qui présentent plus de difficulté. Nous recommandons cet exercice, non pour en venir à savoir quelques vers, mais parce qu'il fortifie cette mémoire des choses, la seule qui serve dans la pratique; parce que, rompus à ce travail difficile, nous passerons sans effort à un procédé plus facile. Mais comme dans tout enseignement les préceptes de l'art ne peuvent rien sans un exercice assidu, de même, dans la *mnémonique*, les règles n'ont de valeur que grâce à l'activité de l'esprit, à l'étude, au travail,

convenit imagines comparare. Postremo præceptoris est docere, quemadmodum quæri quidque conveniat, et unum aliquod aut alterum, non omnia quæ ejus generis erunt, exempli causa subjicere, quo res possit esse dilucidior. Ut quum de procemiis quærendis disputamus, rationem damus quærendi, non mille procemiorum genera conscribimus : ita arbitramur de imaginibus fieri convenire.

XXIV. Nunc, ne forte verborum memoriam aut nimis difficilem aut parum utilem arbitrere, et ipsarum memoria rerum contentus sis, quod et utiliores sint et plus habeant facilitatis, admonendus es, quare verborum memoriam non improbemus. Nam putamus oportere eos, qui velint res faciliores sine labore et molestia facile meminisse, in rebus difficilioribus esse ante exercitatos. Nec nos hanc verborum memoriam inducimus, ut versus meminisse possimus, sed ut hac exercitatione illa rerum memoria, quæ pertinet ad utilitatem, confirmetur; ut ab hac difficili consuetudine sine labore ad illam facilitatem transire possimus. Sed quum in omni disciplina infirma est artis præceptio sine summa adsiduitate exercitationis, tum vero in $\mu\nu\eta\mu o\nu\iota\kappa o\tilde{\iota}\varsigma$ minimum valet doctrina, nisi industria, studio, labore, diligentia, comprobetur.

à l'application. Vous mettrez donc vos soins à réunir le plus grand nombre d'emplacements, et à les choisir rigoureusement conformes à nos préceptes. Il sera bon de vous exercer chaque jour à confier des images à ces dépôts : car les occupations qui souvent nous détournent des autres études ne sauraient nous distraire de celle-ci. Nous ne sommes jamais sans avoir quelque chose à confier à notre mémoire, surtout quand un intérêt majeur nous absorbe. Puisqu'il est avantageux d'avoir une mémoire facile, vous concevez avec quelle ardeur on doit rechercher un bien si précieux : vous l'apprécierez mieux encore quand vous en aurez éprouvé l'utilité. Je ne veux pas insister plus longtemps sur ces exhortations, de peur de paraître douter de votre zèle, ou n'avoir pas assez fait sentir l'importance de cette étude. Nous allons exposer la cinquième partie de la rhétorique : cependant ramenez souvent votre attention sur les parties précédentes, et, ce qui importe le plus, fortifiez-vous par l'exercice.

Quam plurimos locos ut habeas et quam maxime ad præcepta accommodatos, curare debebis. In imaginibus collocandis exerceri cotidie convenit. Non enim, sicut a cæteris studiis abducimur nonnumquam occupatione, item ab hac re nos potest causa deducere aliqua. Numquam est enim, quin aliquid memoriæ tradere velimus et tum maxime, quum aliquo majore negocio detinemur. Quare quum sit utile facilem eminisse, non te fallit, quod tantopere utile sit, quanto labore sit appetendum ; quod poteris existimare, utilitate cognita. Pluribus verbis ad eam te adhortari non est sententia, ne aut tuo studio diffisi aut minus, quam res postulat, dixisse videamur. De quinta parte rhetoricæ deinceps dicemus : tu primas quasque partes in animo frequenta, et, quod maxime necesse est, exercitatione confirma.

ARGUMENT

DU LIVRE QUATRIÈME

L'auteur, dans une longue préface, annonce qu'il accompagnera les préceptes relatifs à l'élocution d'exemples qu'il a composés lui-même, discute les raisons qu'on peut lui opposer, et donne les motifs qui l'ont déterminé à s'écarter de la coutume des autres rhéteurs (ch i^{er}-vii).

Ensuite, abordant l'élocution, il la divise en deux parties. La première s'occupe des trois espèces de style : sublime (viii), tempéré (ix), simple (x). Suivent des réflexions sur les défauts auxquels chaque genre est exposé (xi).

La seconde partie traite des qualités du style : 1° la correction 2° l'élégance (xii) ; 3° la noblesse qui résulte de l'emploi des figures.

Figures de mots : répétition, conversion (xiii), complexion, traduction (xiv), antithèse, exclamation, interrogation (xv), ratiocination (xvi), sentence (xvii), contraires (xviii), membres, articles, continuation (xix), *compar, similiter cadens* (xx), annomination (xxi-xxii), subjection (xxiii-xxiv), gradation, définition (xxv), transition, correction (xxvi), prétérition, disjonction, conjonction, adjonction (xxvii), conduplication, interprétation, commutation (xxviii), permission, dubitation, expédition (xxix), dissolution, réticence, conclusion (xxx). Viennent ensuite dix tropes : l'onomatopée, l'antonomase (xxxi), la métonymie, la périphrase, l'hyperbate (xxxii), l'hyperbole, la synecdoche, la catachrèse (xxxiii), la métaphore et la permutation (xxxiv).

Figures de pensées : distribution (xxxv), licence (xxxvi-xxxvii), litote (xxxviii), description (xxxix), division (xl), accumulation (xli), expolition (xlii-xliv), commoration, antithèse, similitude (xlv-xlviii), exemple, image, portrait (xlix), éthopée (l-li), dialogisme (lii), prosopopée (liii), signification, laconisme (liv), démonstration (lv), conclusion (lvi).

LIVRE QUATRIÈME

I. Dans ce livre, Herennius, en traitant de l'élocution, lorsque j'ai eu besoin de citer des exemples, je les ai composés moi-même; et comme en cela je me suis écarté de la coutume des auteurs grecs qui ont écrit sur ce sujet, il est nécessaire que je vous rende compte en peu de mots des motifs qui m'ont déterminé. Une preuve que j'entre dans ces détails par nécessité, et non par amour-propre, c'est que les livres précédents ne contiennent ni préface, ni digression. Après les courtes réflexions que je crois indispensables ici, j'acquitterai ma dette en achevant de remplir le plan que je me suis tracé. Pour que vous compreniez mieux mes raisons, j'exposerai d'abord celles des autres rhéteurs.

Ils pensent, pour plusieurs motifs, qu'il faut, en donnant des préceptes sur la manière d'orner l'élocution, présenter, pour chaque genre, un exemple pris dans un orateur ou dans un poëte estimé. Et d'abord ils disent qu'en agissant ainsi ils cèdent

LIBER QUARTUS

1. Quoniam in hoc libro, Herenni, de elocutione conscripsimus et, quibus in rebus opus fuit exemplis uti, nostris exemplis usi sumus, et id fecimus præter consuetudinem Græcorum, qui de hac re scripserunt; necessario faciendum est, ut paucis rationem nostri consilii demus. Atque hoc nos necessitudine facere, non studio, satis erit signi, quod in superioribus libris nihil neque ante rem neque præter rem locuti sumus. Nunc, si pauca, quæ res postulat, dixerimus, tibi id, quod reliquum est artis, ita, ut instituimus, persolvemus. Sed facilius nostram rationem intelliges, si prius, quid illi dicant, cognoveris.

Compluribus de causis putant oportere, quum ipsi præceperint, quo pacto oporteat ornare elocutionem, unius cujusque generis ab oratore aut poeta probato sumptum ponere exemplum. Et primum se id modestia commotos facere

LIVRE IV.

à un sentiment de modestie : car ils voient une sorte d'ostentation à ne point s'en tenir à tracer les règles de l'art, mais à vouloir produire soi-même des exemples marqués au coin de l'art : ce n'est pas montrer l'art, disent-ils, c'est se montrer soi-même. Nous devons donc, avant tout, nous en abstenir par pudeur, afin de ne point paraître n'approuver et n'aimer que nous, mépriser et déprécier les autres. Lorsque nous pouvons emprunter un exemple à Ennius ou à Gracchus, il semble qu'il y ait de la présomption à le négliger, pour en citer un de notre façon. D'ailleurs, les exemples sont de véritables témoignages ; en effet, le conseil qui, dans un précepte, n'aurait qu'une faible autorité, sera confirmé par un exemple, comme par la déposition d'un témoin. Ne serait-il pas ridicule, dans un procès civil ou criminel, de s'appuyer sur des témoignages domestiques et de s'autoriser de son propre exemple? L'exemple, en effet, comme le témoignage, est un moyen de confirmation : il ne faut donc l'emprunter qu'à un auteur très-estimé; sinon, ce qui devrait servir de preuve aurait besoin d'être prouvé, car il est nécessaire, nous dit-on, ou que vous préfériez à tout et vous et vos ouvrages, ou que vous prétendiez que les meilleurs exemples ne sont point ceux qu'on emprunte aux orateurs ou aux poëtes les plus estimés. Si vous vous préférez à tous, c'est une arrogance intolérable ; si, tout en reconnaissant la supériorité de quelques-

---

dicunt, propterea quod videatur esse ostentatio quædam non satis habere præcipere de artificio, sed etiam ipsos videri velle artificiose gignere exempla : hoc est, inquiunt, ostentare se, non ostendere artem. Quare pudor in primis est ad eam rem impedimento, ne nos solos probare, nos amare, alios contemnere et deridere videamur. Etenim quum possimus ab Ennio sumptum aut a Graccho ponere exemplum, videtur esse adrogantia illa relinquere et ad sua devenire. Præterea exempla testimoniorum locum obtinent. Id enim, quod admonuerit et leviter fecerit præceptio, exemplo sicut testimonio comprobatur. Non igitur ridiculus sit, si quis in lite aut in judicio domesticis testimoniis pugnet [et sui ipsius abutatur exemplo]? Ut enim testimonium, sic exemplum rei confirmandæ causa sumitur. Non ergo oportet hoc nisi a probatissimo sumi, ne, quod aliud confirmare debeat, egeat ipsum confirmationis. Etenim necesse est aut se omnibus anteponant et sua maxime probent aut negent optima esse exempla, quæ a probatissimis oratoribus aut poetis sumpta sint. Si se omnibus anteponant, intolerabili adrogantia sunt ; si quos sibi præponant

7.

uns, vous ne jugez pas cependant leurs exemples préférables aux vôtres, il vous est impossible d'expliquer pourquoi vous les mettez au-dessus de vous.

II. Eh quoi! n'est-ce pas l'autorité même des anciens qui, en faisant croître l'estime de leurs œuvres, rend les hommes plus ardents à les imiter? Que dis-je? C'est elle qui exalte toutes les ambitions, aiguillonne tous les talents, dès que s'est glissée dans le cœur l'espérance de pouvoir, en les imitant, parvenir à la puissance oratoire des Gracques et de Crassus. Enfin, n'est-ce pas le comble de l'art que de choisir avec goût des fragments divers, disparates, répandus çà et là dans tant de poëmes ou de discours, et de rapporter chaque exemple à chaque règle? S'il suffisait, pour atteindre ce but, de déployer une industrieuse activité, il faudrait déjà nous louer de n'avoir point reculé devant un pareil travail; mais on n'y réussit que par un art accompli : car quel est celui qui, sans porter au plus haut degré la science du style, pourrait, dans la foule immense des écrits, remarquer et extraire les exemples que chaque précepte réclame? Lorsque les lecteurs vulgaires lisent de bons discours ou de bons poëmes, ils approuvent les orateurs et les poëtes, sans se rendre compte des motifs de leur approbation; le principe du plaisir qu'ils éprouvent, ils ne savent où il est, quel il est, sous quelle forme il se produit. Mais celui qui comprend tous ces secrets, qui

---

et eorum exempla suis exemplis non putent præstare, non possunt dicere, quare sibi illos anteponant.

II. Quid, ipsa auctoritas antiquorum non quum res probabiliores, tum hominum studia ad imitandum alacriora reddit? Immo erigit omnium cupiditates et acuit industriam, quum spes injecta est posse imitando Gracchi aut Crassi consequi facultatem. Postremo hoc ipsum summum est artificium res varias et dispares in tot poematis et orationibus sparsas et vago disjectas ita diligenter eligere, ut unum quodque genus exemplorum sub singulos artis locos subjicere possis. Hoc si industria solum fieri posset, tamen essemus laudandi, quum talem laborem non fugissemus : nunc sine summo artificio non potest fieri. Quis est enim, qui, nisi cum summe teneat artem, possit ea, quæ jubeat ars, de tanta et tam diffusa scriptura notare et separare? Cæteri, quum legunt orationes bonas aut poemata, probant oratores et poetas, neque intelligunt, qua re commoti probent : quod scire non possunt, ubi sit, nec quid sit, nec quo modo factum sit id, quod eos maxime delectet. At is, qui et hæc

choisit les exemples les plus convenables, et qui, en traçant les lois de la rhétorique, subordonne ses citations aux règles correspondantes, doit être nécessairement un artiste distingué dans son genre. Il faut donc une rare habileté pour pouvoir, dans son art, employer les exemples d'autrui.

Quand ces rhéteurs parlent ainsi, l'autorité de leur nom nous inquiète bien plus que la force de leurs arguments : car nous craignons que plusieurs n'adoptent l'opinion contraire à la nôtre, uniquement parce qu'elle a été défendue par les inventeurs de l'art, dont l'ancienneté est un titre à l'approbation générale ; mais si l'on veut, après avoir écarté l'influence de leur nom, comparer leur méthode avec la chose dont il s'agit, on comprendra qu'il ne faut pas tout accorder à l'antiquité.

III. Voyons d'abord si ce qu'ils disent de la modestie n'est pas une raison par trop puérile : car si la modestie consiste à se taire ou à ne pas écrire, pourquoi ont-ils écrit ou parlé eux-mêmes? S'ils ont écrit quelque chose en leur nom, pourquoi la modestie les empêcherait-elle d'écrire un ouvrage en entier ? Je crois voir un homme qui, après s'être rendu à la course olympique, et avoir pris place pour s'élancer dans le stade, accuserait d'impudence ceux qui osent courir, resterait lui-même à la barrière, et raconterait aux autres comment Ladas

---

omnia intelligit, et idonea maxime eligit, et omnia in arte maxime scribenda redigit in singulas rationes præceptionis necesse est ejus rei summus artifex sit. Hoc igitur ipsum maximum artificium est in arte sua posse et alienis exemplis uti.

Hæc illi quum dicunt, magis nos sua auctoritate commovent, quam veritate disputationis. Illud enim veremur, ne cui satis sit ad contrariam rationem probandam, quod ab ea parte steterint ii, qui et inventores hujus artificii fuerunt et vetustate jam satis omnibus probati sunt. Quodsi illorum auctoritate remota, res omnes volent cum re comparare, intelligent non omnia concedenda esse antiquitati.

III. Primum igitur, quod ab eis de modestia dicitur, videamus, ne nimium pueriliter proferatur. Nam si tacere aut nihil scribere modestia est, cur quidquam scribunt aut loquuntur? Sin aliquid suum scribunt, cur, quo secius omnia scribant, impediuntur modestia? Quasi si quis ad Olympiacum quum venerit cursum et steterit, ut mittatur, impudentes dicat esse illos, qui currere cœperint, ipse intra carceres stet et narret aliis, quomodo Ladas aut Boius

ou Boius coururent avec des souliers de Sicyone. Ainsi ces timides rhéteurs, descendus dans la lice de l'art, reprochent à ceux qui composent d'après les règles de manquer de modestie ; ils citent eux-mêmes un orateur, un poëte, un écrivain de l'antiquité, en se gardant bien de mettre le pied dans la carrière de l'éloquence. Je n'ose le dire, mais je crains bien qu'en courant après une apparence de modestie, ils ne soient au fond coupables de vanité. « Que prétendez-vous ? leur dira-t-on ; vous composez votre art, vous établissez de nouvelles règles, et, ne pouvant les confirmer vous-mêmes, vous empruntez des exemples aux autres : prenez-y garde ; n'est-ce pas vous qui agissez avec impudence, lorsque vous voulez répandre sur votre nom une gloire dérobée aux travaux d'autrui ? » En effet, si les anciens orateurs et les anciens poëtes prenaient les livres que nous combattons, et que chacun en retirât son bien, il n'y resterait plus rien dont nos rhéteurs voulussent se glorifier.

Mais les exemples sont semblables à des témoignages ; ils doivent donc, comme les témoignages, émaner des autorités les plus respectables. Je réponds d'abord que les exemples ne sont destinés ici ni à confirmer ni à rendre témoignage, mais à mettre sous les yeux. Ainsi, quand nous disons qu'il y a une figure qui consiste à donner à plusieurs mots les mêmes désinences, et que nous ajoutons ces paroles de Crassus : *Quibus possumus, et*

cum Sicyoniis cursitarint, sic isti, quum in artis curriculum descenderunt, illos, qui in eo, quod est artificii, elaborent, aiunt facere immodeste ; ipsi aliquem antiquum oratorem, aut poetam laudant, aut scripturam, sic ut in stadium artis rhetoricæ prodire non audeant. Non ausim dicere, sed tamen vereor, ne, qua in re laudem modestiæ venentur, in ea ipsa re sint impudentes. « Quid enim tibi vis ? aliquis inquiet ; artem tuam scribis ; gignis novas nobis præceptiones : eas ipse confirmare non potes ; ab aliis exempla sumis. Vide, ne facias impudenter, qui tuo nomini velis ex aliorum laboribus libare laudem. » Nam si corum volumina prehenderint antiqui oratores et poetæ et suum quisque de libris sustulerit, nihil istis, quod suum velint, relinquetur.

At exempla, quoniam testimoniorum similia sunt, item convenit ut testimonia ab hominibus probatissimis sumi. Primum omnium exempla ponuntur hic non confirmandi neque testificandi causa, sed demonstrandi. Non enim, quum dicimus esse exornationem, quæ verbi causa constet ex similiter desinentibus verbis, et ponimus hoc exemplum a Crasso, « Quibus possumus, et debe-

debemus, ce n'est pas un témoignage que nous citons, mais un exemple. Voici la différence qu'il y a entre l'exemple et le témoignage : l'exemple fait connaître la nature de la chose dont nous parlons ; le témoignage prouve qu'elle est telle que nous l'avons présentée. Il faut, en outre, que le témoignage s'accorde avec la chose ; autrement, il ne pourrait la confirmer. Mais les citations de ces rhéteurs ne sont point d'accord avec le sujet. Pourquoi ? Parce qu'ils promettent d'enseigner un art, et prennent ordinairement leurs exemples dans les auteurs à qui cet art fut inconnu. Ensuite, quel est celui qui peut démontrer la justesse des principes qu'il a posés, s'il ne fait pas lui-même l'application de ces principes ? Nos adversaires sont en contradiction avec ce qu'ils semblaient promettre : en nous annonçant une théorie littéraire, ils s'engagent à imaginer ce qu'ils enseigneront aux autres ; mais, dans leurs traités, ils nous montrent seulement ce que d'autres ont imaginé.

IV. Mais il n'est pas sans difficulté, disent-ils, de choisir entre un grand nombre d'exemples. Qu'entendez-vous par difficulté ? le travail, ou l'art ? S'il ne faut que du travail, ce n'est pas un sujet de gloire : que de travaux pénibles qui n'ont rien de glorieux ! Si vous aviez transcrit de votre main de longs poëmes ou des discours entiers, y attacheriez-vous un grand honneur ? Si vous voyez dans cette difficulté le triomphe de l'art, vous ris-

---

mus, » non testimonium collocamus, sed exemplum. Hoc interest igitur inter exemplum et testimonium : exemplo demonstratur id, quod dicimus, cujusmodi sit ; testimonio esse illud ita, ut nos dicimus, confirmatur. Præterea oportet testimonium cum re convenire ; aliter enim rem non potest confirmare. At id, quod illi faciunt, cum re non convenit. Quid ita ? quia pollicentur artem se scribere et exempla proferunt ab iis plerumque, qui artem nescierunt. Tum quis est, qui possit id, quod de arte scripserit, comprobare, nisi aliquid scribat ex arte ? Contraque faciunt, quam polliceri videntur. Nam quum scribere artem instituunt, videntur dicere se excogitasse, quod alios docerent ; quum vero scribunt, ostendunt nobis, quid alii excogitarint.

IV. At hoc ipsum difficile est, inquiunt, eligere de multis. Quid dicitis difficile ? utrum laboriosum, an artificiosum ? Si laboriosum, non statim præclarum : sunt enim multa laboriosa, quæ si faciatis, non continuo gloriemini : nisi forte etiam, si vestra manu fabulas aut orationes totas transcripsissetis, gloriosum putaretis. Sin autem istud artificiosum egregie dicitis ; videte, ne in-

quez de paraître étrangers aux grandes choses, vous qu'un effort vulgaire charmera autant qu'une belle création. Sans doute un ignorant ne pourrait faire un tel choix ; mais que de gens y réussiront sans un talent supérieur! Quiconque, en effet, aura quelque connaissance de l'art, surtout de l'élocution, reconnaîtra facilement les passages qui portent le cachet de l'art : mais un génie bien cultivé pourra seul produire de pareils exemples. Ainsi vous voulez, je suppose, choisir des pensées dans les tragédies d'Ennius, des périodes dans celles de Pacuvius : pour avoir exécuté un travail au-dessus de la portée d'un homme tout à fait ignorant, vous croirez-vous un grand littérateur? ce serait une ineptie ; car tout homme médiocrement instruit en ferait autant. De même, après avoir choisi dans des discours et dans des poëmes des modèles marqués au coin de l'art, parce qu'un ignorant n'eût point fait ce choix, croiriez-vous avoir déployé un talent extraordinaire? Vous vous abuseriez : votre discernement prouverait quelque instruction ; d'autres signes révèlent un vaste savoir. S'il faut le tact d'un artiste pour reconnaître dans un écrit l'empreinte de l'art, il faut être un artiste consommé pour faire respirer l'art dans ses ouvrages. Un écrivain de cette force pourra facilement apprécier les livres bien faits : au contraire, le critique qui sait choisir ne saura pas pour cela composer avec talent. D'ailleurs, si vos emprunts at-

sueti rerum majorum videamini, si vos parva res, sicuti magna delectat. Nam isto modo eligere rudis quidem nemo potest, sed sine summo artificio multi. Quisquis enim audierit de arte paullo plus, in elocutione præsertim, omnia videre poterit, quæ ex arte dicuntur ; facere nemo poterit nisi eruditus. Ita ut, si de tragœdiis Ennii velis sententias eligere aut de Pacuvianis periodos, quia plane rudis id facere nemo poterit, quum feceris, te litteratissimum putes, ineptus sis ; propterea quod id facile faciat quivis mediocriter litteratus. Item si, quum ex orationibus aut poematis elegeris exempla, quæ certis signis artificii notata sunt, quia rudis id nemo facere possit, artificiosissime te fecisse putes, erres, propterea quod isto signo videmus te nonnihil hujus scire, aliis signis, multa scire intelligemus. Quod si artificiosum est intelligere, quæ sint ex arte scripta, multo est artificiosius, ipsum scribere ex arte. Qui enim scribit artificiose, ab aliis commode scripta facile intelligere poterit : qui eliget facile, non continuo ipse commode scribit. Et, si est maxime artificiosum, alio tem-

testent un haut mérite, employez-le dans un autre temps, mais non pas lorsque vous devez vous-mêmes concevoir, enfanter, mettre au jour. Enfin, tirez parti de votre talent, non pas simplement pour avoir la réputation de bien citer, mais plutôt pour devenir dignes d'être cités à votre tour. Nous avons assez réfuté l'opinion de ceux qui veulent qu'on se serve d'exemples étrangers ; voyons maintenant les arguments que nous leur opposons nous-mêmes.

V. Nous disons donc que tous ces rhéteurs ont tort de recourir à des exemples étrangers, et qu'ils font encore plus mal d'emprunter ces exemples à plusieurs écrivains. Examinons d'abord cette dernière proposition. Si je leur accordais qu'on doit prendre des exemples étrangers, je voudrais qu'on les prît d'un seul auteur. Ils n'auraient aucune objection à me faire, puisqu'il leur serait permis de choisir, de préférer, selon leur goût, le poëte ou l'orateur qui leur fournirait des exemples pour chaque question, et sur l'autorité duquel ils s'appuieraient. Ensuite, il importe fort à celui qui veut s'instruire, de savoir si un seul homme peut réussir dans toutes les parties, ou si, nul n'étant capable d'embrasser tous les genres, tel brille par une qualité, tel par une autre. Si le disciple pense qu'un seul esprit peut réunir les différents mérites, il s'efforcera lui-même d'atteindre à tous les talents ; s'il en désespère, il ne s'exercera que

---

pore utantur ea facultate, non tum, quum parere ipsi et gignere et proferre debent. Postremo in eo vim artificii consumant, ut ipsi ab aliis potius eligendi, quam aliorum boni electores existimentur. Contra ea quæ ab iis dicuntur, qui dicunt alienis exemplis uti oportere, satis est dictum. Nunc, quæ separatim dici possunt, consideremus.

V. Dicimus igitur eos quum ideo, quod alienis utantur, peccare, tum magis etiam delinquere, quod a multis exempla sumant. Sed de eo, quod postea diximus, ante videamus. Si concederem, aliena oportere assumere exempla, vincerem unius oportere : primum, quod contra hoc nulla staret eorum ratio. Liceret enim eligerent, et probarent quemlibet, qui sibi in omnes res suppeditaret exempla, vel poetam, vel oratorem, cujus auctoritate niterentur. Deinde interest magni ejus, qui discere vult, utrum unum omnia an omnia neminem, sed aliud alium putet consequi posse. Si enim putabit posse omnia penes unum consistere, ipse quoque ad omnium nitetur facultatem. Si id desperarit, in

dans un cercle restreint : là se bornera son ambition, et il ne faut pas s'en étonner, puisque son maître lui-même n'aura pu trouver en un seul auteur toutes les beautés de l'art. En présence de ces exemples tirés de Caton, des Gracques, de Lélius, de Scipion, de Galba, de Porcina, de Crassus, d'Antoine et des autres orateurs ; à l'aspect des citations empruntées aux poëtes et aux historiens, le disciple croira nécessairement qu'il a fallu s'adresser à tous, et que, dans un seul, on eût à peine recueilli quelques exemples. Dès lors, content d'égaler un d'entre eux, il renoncera à l'espoir de reproduire en lui seul le mérite de tous les autres. Il y a donc peu d'utilité, pour celui qui veut devenir orateur, à ne pas croire qu'un seul puisse réussir dans tous les genres. Or, personne ne tomberait en cette erreur, si les exemples étaient tous pris dans le même écrivain. Maintenant, ce qui prouve que les rhéteurs eux-mêmes n'ont pas cru qu'un seul homme pût briller dans les diverses parties de l'élocution, c'est qu'ils n'ont donné pour exemples ni leurs propres œuvres, ni celles d'un seul auteur, ni même celles de deux ; mais ils ont pris leurs citations dans tous les poëtes et tous les orateurs. Je dis plus, si quelqu'un voulait démontrer que l'étude de l'art ne sert à rien, il n'aurait pas tort d'alléguer pour preuve qu'il est impossible à un homme d'embrasser toutes les parties de l'art. N'est-il pas ridicule que le jugement d'un maître de l'art serve

paucis se exercebit ; ipsis enim contentus erit ; nec mirum, quum ipse præceptor artis omnia penes unum reperire non potuerit. Adlatis igitur exemplis a Catone, a Gracchis, a Lælio, a Scipione, Galba, Porcina, Crasso, Antonio, cæterisque ; item sumptis aliis a poetis et historiarum scriptoribus, necesse erit eum, qui discet, putare ab omnibus omnia, ab uno pauca vix potuisse sumi. Quare se unius alicujus esse similem satis habebit, omnia, quæ omnes habuerint, solum habere se posse diffidet. Ergo inutile est ei, qui discere vult, non putare unum omnia posse. Igitur nemo in hanc incideret opinionem, si ab uno exempla sumpsissent. Nunc hoc signi est ipsos artis scriptores non putasse unum potuisse in omnibus elocutionis partibus enitere, quoniam neque sua protulerunt, neque unius alicujus aut denique duorum, sed ab omnibus oratoribus et poetis exempla sumpserunt. Deinde, si quis velit artem demonstrare nihil prodesse ad discendum, non male utatur hoc adjumento, quod unus omnes artis partes consequi nemo potuerit. Quod igitur juvat horum ra-

à confirmer l'opinion de ceux par qui l'art est condamné comme inutile? Nous avons donc montré que si le rhéteur doit emprunter ses exemples, il ne doit les emprunter qu'à un seul écrivain.

VI. Maintenant faisons comprendre pourquoi on ne doit, en aucun cas, employer des exemples empruntés. Avant tout, l'exemple que présente un rhéteur doit être un fruit de sa doctrine : le maître de l'art ne ressemblera point à un homme qui, vendant de la pourpre ou toute autre chose, dirait : « Prenez de ma marchandise : je vais vous en montrer un échantillon, mais je le tirerai d'un autre magasin. » Si les commerçants allaient chercher ailleurs les échantillons de ce qu'ils vendent; s'ils déclaraient posséder des monceaux de froment, sans en avoir à la main quelques grains à nous montrer ; si Triptolème, quand il donnait le blé aux humains, en avait emprunté la semence à d'autres hommes; ou si Prométhée, quand il voulait faire part du feu aux mortels, s'en était allé, portant un réchaud, demander lui-même à ses voisins des charbons ardents, tout cela ne vous paraîtrait-il pas ridicule? Et ces maîtres de la parole, ces précepteurs de toute notre jeunesse, ne sentent pas combien ils sont ridicules lorsqu'ils promettent aux uns ce qu'ils empruntent aux autres! Si quelqu'un prétendait avoir découvert d'abondantes sources cachées dans les entrailles de la terre, et qu'en même temps il fût dévoré par la soif sans avoir de quoi l'apaiser, ne rirait-on

---

tionem, qui omnino improbant artem, id non ridiculum est ipsum scriptorem artis suo judicio comprobare ? Ergo ab uno sumenda fuisse docuimus exempla, si semper aliunde sumerentur.

VI. Nunc omnino aliunde sumenda non fuisse sic intelligemus. Primum omnium, quod ab artis scriptore adfertur exemplum, de ejusdem artificio debet esse ; non ut, si quis purpuram aut aliud quidpiam vendens dicat: « Sume a me, sed hujus exemplum aliunde rogabo tibique ostendam. » Si mercem ipsi qui venditant aliunde exemplum quæritent; aut in arcis acervos se dicant tritici habere et eorum exemplum pugno non habeant, quod ostendant; si Triptolemus, quum hominibus semen largiretur, ipse ab aliis id hominibus mutuaretur; aut si Prometheus, quum mortalibus ignem dividere vellet, ipse a vicinis, cum testa ambulans carbunculos corrogaret, non ridiculus videretur? Isti magistri, omnium dicendi præceptores, non videntur sibi ridicule facere, quum id, quod aliis pollicentur, ab aliis quærunt. Si qui se fontes maximos, penitus absconditos, aperuisse dicat et hæc sitiens quum maxime lo-

pas à ses dépens? Et nos rhéteurs, qui se vantent non-seulement de posséder les sources de l'éloquence, mais d'être eux-mêmes les sources vivifiantes qui doivent arroser tous les esprits, ne comprennent pas qu'il est ridicule de promettre aux autres la fécondité, et de languir dans la sécheresse! Lorsque Lysippe enseignait à Charès l'art de faire des statues, il ne lui montrait pas pour modèle une tête de Myron, des bras de Praxitèle, une poitrine de Polyclète; mais il exécutait lui-même toutes les parties d'une statue devant son élève, sans l'empêcher de considérer à son gré les ouvrages des autres sculpteurs.

VII. Les rhéteurs grecs pensent que ceux qui veulent apprendre se formeront mieux par la méthode opposée. Mais les exemples pris dans les autres ne sauraient être aussi bien appropriés à l'art que ceux qui viennent du maître, parce que, dans ses discours, un orateur effleure à peine les différents secrets du style, de peur de laisser paraître l'art. C'est en donnant les préceptes qu'il faut poser des exemples faits exprès, afin qu'ils entrent parfaitement dans la forme prescrite par le rhéteur; et puis, quand le disciple parlera, il mettra tout son talent à effacer, à faire disparaître la trace de l'art. Il vaut donc mieux, pour faire connaître plus à fond l'application des règles, donner des exemples que l'on compose soi-même.

quatur, neque habeat, qui sitim sedet, non rideatur? Isti quum non modo dominos se fontium, sed se ipsos fontes esse dicant et omnium rigare debeant ingenia, non putant fore ridiculum, si, quum id polliceantur, arescant ipsi siccitate? Chares a Lysippo statuas facere non isto modo didicit, ut Lysippus caput ostenderet Myronium, brachia Praxitelia, pectus Polycletium : sed omnia coram magistrum facientem videbat, cæterorum opera vel sua sponte poterat considerare.

VII. Isti credunt, eos, qui hæc velint discere, alia ratione doceri posse commodius. Præterea ne possunt quidem ea, quæ sumuntur ab aliis exempla, tam esse accommodata ad artem quam propria, propterea quod in dicendo leviter unus quisque locus plerumque tangitur, ne ars appareat ; in præcipiendo expresse conscripta ponere oportet exempla, ut in artis formam convenire possint ; et post in dicendo, ne possit ars eminere et ab omnibus videri, facultate oratoris occultatur. Ergo etiam ut magis ars cognoscatur, suis exemplis melius est uti.

Enfin, un autre motif m'a aussi engagé à suivre cette marche : c'est que les expressions grecques qu'il m'a fallu traduire sont éloignées de notre usage : les idées étant nouvelles parmi nous, les noms ne pouvaient être usités. Ces mots nécessairement paraîtront d'abord un peu durs ; ce sera la faute du sujet, et non la mienne. Les exemples composeront le reste de l'ouvrage. Si nous les avions pris à d'autres, il en résulterait que la partie la plus intéressante de ce traité ne nous appartiendrait pas, et qu'on n'aurait à nous attribuer en propre que les détails rebutants et inusités. Nous avons voulu éviter aussi ce désavantage. Pour ces motifs, tout en approuvant la théorie de l'art inventée par les Grecs, nous n'avons point suivi leur système sur le choix des exemples.

Il est temps enfin de passer aux règles de l'élocution. Nous les diviserons en deux parties : d'abord nous dirons à combien de genres se ramène l'élocution ; ensuite nous ferons connaître les qualités qu'elle doit avoir.

VIII. Tout discours bien écrit comprend trois genres d'élocution, que nous appelons figures de style : le sublime, le tempéré, le simple. Le style sublime se compose d'expressions nobles, construites avec grandeur et magnificence ; le tempéré veut des termes moins élevés, mais sans bassesse et sans trivialité ; le

---

Postremo hæc quoque res nos duxit ad hanc rationem, quod nomina rerum Græca, cum vertimus, ea remota sunt a consuetudine : quæ enim res apud nostros non erant, earum rerum nomina non poterant esse usitata. Ergo hæc asperiora primo videantur necesse est, idque fiet rei, non nostra, difficultate. Reliquum scripturæ consumetur in exemplis : hæc aliena si posuissemus, factum esset, ut, quod commodius esset in hoc libro, id nostrum non esset ; quod asperius et inusitatum, id proprie nobis attribueretur. Ergo hanc quoque incommoditatem fugimus. His de causis, quum artis inventionem Græcorum probassemus, exemplorum rationem secuti non sumus.

Nunc tempus postulat, ut ad elocutionis præcepta transeamus. Bipertita igitur erit nobis elocutionis præceptio. Primum dicemus, quibus in generibus semper omnis oratoria elocutio debeat esse : deinde ostendemus, quas res semper habere debeat.

VIII. Sunt igitur tria genera, quæ genera nos figuras appellamus, in quibus omnis oratio non vitiosa consumitur : unam gravem, alteram mediocrem, tertiam attenuatam vocamus. Gravis est, quæ constat ex verborum gravium lævi et ornata constructione. Mediocris est, quæ constat ex humiliore, neque tamen

simple descend jusqu'aux habitudes les plus familières d'une conversation élégante.

Le discours sera du genre sublime, si l'on emploie les expressions les plus riches, soit au propre, soit au figuré, en les adaptant à la nature du sujet ; si l'on choisit de ces nobles idées qui conviennent à l'amplification et au pathétique ; enfin, si l'on met en usage les figures de pensées ou de mots qui ont de l'élévation, et dont nous parlerons bientôt. A ce genre de style appartient l'exemple suivant : « Quel est celui d'entre vous, juges, qui pourrait imaginer un châtiment assez sévère pour celui qui a conçu la pensée de livrer sa patrie à l'ennemi? Est-il un attentat comparable à ce crime? est-il une peine proportionnée à cet attentat? Contre celui qui aurait violé un *ingénu*, ou attenté à l'honneur d'une mère de famille; qui aurait maltraité ou tué un homme, nos ancêtres ont épuisé toute la rigueur des supplices : et pour cette action exécrable, impie, ils n'ont pu trouver un châtiment à part. Dans les autres crimes, le coupable ne porte préjudice qu'à une seule personne ou à un petit nombre ; tandis que les traîtres dont nous parlons, en méditant un seul forfait, trament contre tous leurs concitoyens les plus affreuses calamités. Cœurs impitoyables! projets atroces! hommes dépourvus de toute humanité! ils ont osé exécuter, ils ont pu

---

ex infima et pervulgatissima verborum dignitate. Attenuata est, quæ demissa est usque ad usitatissimam puri consuetudinem sermonis.

In gravi figura consumetur oratio, si, quæ cujusque rei poterunt ornatissima verba reperiri, sive propria sive extranea unam quamque in rem accommodabuntur : et, si graves sententiæ, quæ in amplificatione et commiseratione tractantur, eligentur: et, si exornationes sententiarum aut verborum, quæ gravitatem habebunt, de quibus post dicemus, adhibebuntur. In hoc genere figuræ erit hoc exemplum : « Nam quis est vestrum, judices, qui satis idoneam possit in eum pœnam excogitare, qui prodere hostibus patriam cogitarit? Quod maleficium cum hoc scelere comparari, quod huic maleficio dignum supplicium potest inveniri? In iis, qui violassent ingenuum, matremfamilias constuprassent, pulsassent aliquem aut postremo necassent, maxima supplicia majores consumpserunt : huic truculentissimo ac nefario facinori singularem pœnam non reliquerunt. Atque in aliis maleficiis ad singulos aut ad paucos ex alieno peccato injuria pervenit; hujus sceleris qui sunt adfines, uno consilio universis civibus atrocissimas calamitates machinantur. O feros animos! o crudeles cogitationes! o derelictos homines ab humanitate! qui id agere ausi

même concevoir un complot, grâce auquel l'ennemi, après avoir brisé les tombeaux de nos pères, et renversé nos remparts, se précipiterait en triomphe dans notre cité; un complot qui, après avoir livré les temples des dieux au pillage, les grands au fer des assassins, les autres citoyens à la servitude, les mères de famille et les enfants de condition libre à la brutalité des soldats, abîmerait la ville entière dans les horreurs d'un incendie! Ils croiront n'avoir pas atteint le but qu'ils se sont proposé, tant qu'ils n'auront pas vu, les scélérats! leur sainte patrie misérablement réduite en cendres. O juges! je ne puis mettre dans mes paroles tout ce qu'il y a de révoltant dans cette action; mais je m'en console en songeant que votre indignation n'a pas besoin d'être excitée. Votre ardent patriotisme vous dit assez de jeter hors de cette ville cet homme qui, conspirant contre toutes vos fortunes, a voulu ensevelir la patrie sous l'infâme domination des ennemis les plus abjects. »

IX. Le discours sera du genre tempéré, si nous descendons un peu du style dont nous venons de parler, sans pourtant nous abaisser jusqu'au ton le plus humble; en voici un exemple :
« Vous voyez, juges, à qui nous faisons la guerre; à des alliés qui longtemps combattirent pour nous, et qui, dans nos rangs, défendirent notre république avec autant de zèle que de courage. S'ils se connaissent eux-mêmes, s'ils savent nécessairement

sunt aut cogitare potuerunt, quo pacto hostes, revulsis majorum sepulcris, dejectis mœnibus, ovantes irruerent in civitatem ; quo modo deum templis spoliatis, optimatibus trucidatis, aliis abreptis in servitutem, matribusfamilias et ingenuis sub hostilem libidinem subjectis, urbs acerbissimo concidat incendio conflagrata; qui se non putant, id, quod voluerint, ad exitum perduxisse, nisi sanctissimæ patriæ miserandum scelerati viderint cinerem. Neque verbis consequi, judices, indignitatem rei : sed negligentius id fero, quia vos mei non egetis. Vester enim vos animus amantissimus rei publicæ facile edocet, ut eum, qui fortunas omnium voluerit prodere, præcipitem proturbetis ex ea civitate, quam iste hostium spurcissimorum dominatu nefario voluerit obruere. »

IX. In mediocri figura versabitur oratio, si hæc, ut ante dixi, aliquantulum demiserimus, neque tamen ad infimum descenderimus, sic : « Quibuscum bellum gerimus, judices, videtis; cum sociis, qui pro nobis pugnare et imperium nostrum nobiscum simul virtute et industria conservare soliti sunt. Ili quium se et opes suas et copiam necessario norunt; tum vero nihilo minus

quelles sont leurs forces et leurs ressources, ils ont pu tout aussi bien, grâce au voisinage et aux rapports de tout genre qu'ils ont eus avec nous, connaître et apprécier la puissance du peuple romain. Lorsqu'ils se sont décidés à nous faire la guerre, je vous le demande, sur quel espoir pouvaient-ils se fonder en nous attaquant, puisqu'ils savaient que la plus grande partie des alliés restait dans le devoir, et qu'eux-mêmes n'avaient à leur disposition ni des troupes nombreuses, ni des généraux habiles, ni des finances en assez bon état ; en un mot, aucun des moyens nécessaires pour soutenir une pareille entreprise ? S'ils faisaient la guerre à des voisins pour des limites, et s'ils croyaient que le différend dût se terminer par une seule bataille, ils se présenteraient cependant, pourvus de plus amples ressources, et plus prêts à combattre ; et cet empire du monde que peuples, rois, nations, tous ont reconnu, de force ou de gré, vaincus par nos armes ou par nos bienfaits, ils s'efforceraient de nous le ravir avec de si faibles moyens ! Quoi ! dira-t-on, les habitants de Frégelles n'ont-ils pas spontanément tenté la même entreprise ? C'était une raison de plus pour que ceux-ci n'imitassent point un exemple dont ils voyaient les suites fâcheuses. Les hommes sans expérience, qui ne peuvent pour chaque chose demander au passé des exemples, se laissent, par ignorance, facilement

propter propinquitatem, et omnium rerum societatem, quid in omnibus rebus populus Romanus posset, scire et existimare poterant. Hi, quum deliberassent nobiscum bellum gerere, quæso, quæ res erat, qua freti bellum suscipere conarentur, qutim multo maximam partem sociorum in officio manere intelligerent ? quum sibi non multitudinem militum, non idoneos imperatores, non pecuniam publicam præsto esse viderent ? non denique ullam rem, quæ res pertineret ad bellum administrandum ? Si cum finitimis de finibus bellum gererent, si totum certamen in uno prælio positum putarent, tamen omnibus rebus instructiores et apparatiores venirent ; nedum illud imperium orbis terræ, cui imperio omnes gentes, reges, nationes, partim vi, partim voluntate concesserunt, quum aut armis aut liberalitate a populo Romano superati essent, ad se transferre tantulis viribus conarentur. Quæret aliquis : Quid ? Fregellani non sua sponte conati sunt ? Eo quidem isti minus facile conarentur, quod illi quemadmodum discessissent, videbant. Nam rerum imperiti, qui unius cujusque rei de rebus ante gestis exempla petere non possunt, ii per imprudentiam facillime

entraîner dans un faux pas ; mais ceux qui savent ce qui est arrivé à d'autres peuvent régler leur conduite sur ce résultat. Nos alliés auraient-ils donc pris les armes sans y être déterminés par un motif, encouragés par un espoir? Qui croira qu'on ait poussé la démence jusqu'à oser attaquer l'empire du peuple romain, sans pouvoir s'appuyer sur aucune force? Il faut nécessairement supposer une cause cachée ; et quelle autre admettrez-vous, si ce n'est celle que je vous indique? »

X. Pour le genre simple, qui s'abaisse jusqu'au ton le plus humble de nos conversations journalières, nous donnerons l'exemple suivant : « Comme il se trouvait aux bains, après avoir été arrosé d'huile, il se fit frotter ; mais ensuite, lorsqu'il voulut descendre dans la baignoire, voilà que ce débauché se jeta au-devant de lui : Holà ! jeune homme, dit-il, vos esclaves m'ont maltraité tout à l'heure ; vous me devez une réparation. Celui-ci, dans un âge si tendre, se voyant apostrophé par un inconnu, sur un ton auquel il n'était point accoutumé, rougit ; l'autre alors, en termes plus clairs, répète ce qu'il a dit, et ajoute d'autres choses. Le jeune homme enfin laisse à peine échapper cette réponse : Souffrez que j'examine... Mais le corrupteur, d'un ton qui ferait rougir le plus effronté, s'écrie : Tu es si libertin, si ardent au plaisir, que les jeux du *solarium* ne te conviennent point, à ce qu'il me semble ; c'est derrière la

---

deducuntur in fraudem : at ii, qui sciunt, quid aliis acciderit, facile ex aliorum eventu suis rationibus possunt providere. Nulla igitur re inducti, nulla spe freti arma sustulerunt? Quis hoc credet, tantam amentiam quemquam tenuisse, ut imperium populi Romani temptare auderet, nullis copiis fretus ? Ergo aliquid fuisse necessarium est. Quid aliud, nisi id, quod dico, potest esse ? »

X. In attenuato figuræ genere, quod ad infimum et cotidianum sermonem demissum est, hoc erit exemplum : « Nam ut forte hic in balneas venit, cœpit, postquam perfusus est, defricari. Deinde, ubi visum est [ire], ut in alveum descenderet, ecce ibi iste de transverso : Heus, inquit, adolescens, pueri tui modo me pulsaverunt; satis facias oportet. Hic, qui id ætatis ab ignoto præter consuetudinem appellatus esset, erubuit. Iste clarius eadem et alia dicere cœpit. Hic vix tandem inquit : Sine me considerare. Tum vero iste cœpit clamare voce ista, quæ perfacile cuivis ruborem elicere posset : Ita petulans es atque acer, ut ne ad solarium quidem, ut mihi videtur, sed pone scænam et in

scène, ou dans des lieux pareils que tu prends tes ébats. Le jeune homme reste interdit : faut-il s'en étonner? il croyait même, en ce moment, entendre encore retentir à ses oreilles les semonces de son gouverneur, et n'avait pas été habitué à de tels outrages. Où, en effet, aurait-il pu voir un bouffon de ce genre, qui, dépourvu de pudeur, pense n'avoir plus rien à perdre en fait d'estime, et pouvoir tout se permettre sans faire tort à sa réputation? » Ces exemples suffisent pour donner une idée des genres de style. Il y aura donc des phrases construites avec simplicité, d'autres sur un ton sublime, d'autres dans un style tempéré.

Quand nous voulons nous exercer dans un de ces genres, il faut nous garder de tomber dans les défauts voisins et, pour ainsi dire, limitrophes. Ainsi le style sublime, que nous admirons, touche de près à un style qu'il faut fuir, et qu'on nommerait avec justesse style enflé. En effet, de même que la bouffissure a souvent l'apparence de l'embonpoint, ainsi les ignorants prennent souvent pour du sublime des phrases enflées, boursouflées, des phrases hérissées de termes nouveaux ou vieillis, de métaphores peu naturelles, ou trop élevées pour le sujet; par exemple : « Celui qui vend sa patrie aux étrangers ne serait pas assez puni quand même on le précipiterait dans les abîmes de Neptune. Abandonnons donc à ses remords celui qui

---

ejusmodi locis exercitatus sis. Conturbatus est adolescens : nec mirum, cui etiam nunc pædagogi lites ad auriculas versarentur imperito ejusmodi conviciorum. Ubi enim iste vidisset scurram exhausto rubore, qui se putaret nihil habere, quod de existimatione perderet, ut omnia sine famæ detrimento facere posset? » Igitur genera figurarum ex ipsis exemplis intelligi poterunt. Erit enim et attenuata verborum constructio quædam et item alia in gravitate, alia posita in mediocritate.

Est autem cavendum, ne, dum hæc genera consectamur, in finitima et propinqua vitia veniamus. Nam gravis figura, quæ laudanda est, propinqua est ei, quæ fugienda est, quæ recte videbitur appellari, si sufflata nominabitur. Nam ita ut corporis bonam habitudinem tumor imitatur sæpe ; ita gravis oratio sæpe imperitis videtur ea, quæ turget et inflata est, quum aut novis aut priscis verbis aut duriter aliunde translatis aut gravioribus, quam res postulat, aliquid dicitur, hoc modo : « Nam qui perduellionibus venditat patriam, non satis supplicii dederit, si præceps in Neptunias depulsus erit lacunas. Pœniteat igitur istum,

a construit les montagnes de la guerre, et fait disparaître les plaines de la paix. » La plupart de ceux qui, entraînés dans cet abus, s'écartent du noble genre auquel ils aspiraient, se laissent tromper par une apparence de grandeur, et n'aperçoivent point l'enflure de leurs expressions.

XI. Celui qui se propose d'atteindre au genre tempéré et ne peut y parvenir, s'égare, et tombe dans le défaut voisin, que j'appelle style lâche, parce qu'il manque de nerfs et de jointures, style traînant, parce qu'il se laisse aller çà et là sans pouvoir prendre une démarche ferme et virile; en voici un exemple: « Nos alliés, lorsqu'ils voulaient se mettre en guerre avec nous, auraient assurément calculé mainte et mainte fois ce qu'ils pouvaient faire, s'ils avaient agi d'eux-mêmes, et s'ils n'avaient pas eu ici pour auxiliaires un grand nombre d'hommes méchants et audacieux. En effet, tous ceux qui veulent entreprendre de grandes choses ont coutume d'y penser longtemps. » Un pareil style ne peut commander à l'attention de l'auditeur; il s'écoule sans laisser de traces : ce ne sont pas là des pensées nettes, resserrées dans des phrases précises.

Ceux qui ne savent point se maintenir dans une simplicité pleine de grâce et de finesse, descendent à une diction sèche et décolorée, qu'on nommerait assez bien style décharné; exemple : « Celui-ci vient aux bains, vers celui-là, et lui dit : Cet esclave,

qui montes belli fabricatus est, campos sustulit pacis. » In hoc genus plerique quum declinassent, et ab eo, quo profecti sunt, aberraverunt, et specie gravitatis falluntur, nec perspicere possunt orationis tumorem.

XI. Qui in mediocre genus orationis profecti sunt, si pervenire eo non potuerunt, errantes perveniunt ad confine ejus generis, quod appellamus dissolutum, eo quod est sine nervis et articulis, ut hoc modo appellem fluctuans, eo quod fluctuat huc et illuc, nec potest confirmate neque viriliter sese expedire. Id est hujusmodi : « Socii nostri quum belligerare nobiscum vellent, profecto ratiocinati essent etiam atque etiam, quid possent facere, si quidem sua sponte facerent et non haberent hinc adjutores multos, malos homines et audaces. Solent enim diu cogitare omnes, qui magna negocia volunt agere. » Non potest hujusmodi sermo tenere attentum auditorem : diffluit enim totus neque quidquam comprehendens perfectis verbis amplectitur.

Qui non possunt in illa facetissima verborum attenuatione commode versari, veniunt ad aridum et exsangue genus orationis, quod non alienum est exile nominari, cujusmodi est hoc : « Nam istic in balneas accessit ad hunc :

qui est à vous, m'a maltraité ; ensuite l'autre lui répond : J'examinerai. Puis le premier adresse au second des paroles outrageantes, et, devant un grand nombre de personnes, crie de plus en plus fort. » Voilà un langage sans valeur et sans dignité, un langage bien éloigné de ce style simple qui n'admet dans le discours que des expressions pures et choisies.

Ces trois genres, le sublime, le tempéré et le simple, doivent leur noblesse aux figures, dont nous parlerons bientôt. Lorsqu'elles sont employées avec réserve, elles font briller le discours du vif éclat des couleurs naturelles : si vous les multipliez, votre discours paraîtra tout couvert de fard. Du reste, il faut mélanger les genres de style, faire succéder le tempéré au sublime, le simple au tempéré, et, dans la suite du discours, intervertir de temps en temps cet ordre, afin d'éviter l'ennui par la variété.

XII. Après avoir parlé des différents genres dans lesquels doit se renfermer l'élocution, considérons maintenant les qualités qui la rendront utile et accomplie. L'élocution la plus avantageuse pour l'orateur doit offrir trois qualités : la correction, l'harmonie, la convenance. La correction consiste à ne se servir que d'expressions pures et claires. On l'envisage sous deux points de vue, la latinité et la justesse. La latinité respecte les lois de la langue et s'interdit toute faute grammaticale. On blesse les lois

---

postea dicit : Hic tuus servus me pulsavit. Postea dicit hic illi : Considerabo. Post ille huic convicium fecit, et magis magisque præsentibus multis clamavit. » Frivolus hic quidem jam et illiberalis est sermo. Non enim adeptus est id, quod habet attenuata figura, puris verbis et electis compositam orationem.

Omne genus orationis et grave et mediocre et attenuatum dignitate adficiunt exornationes, de quibus post loquemur ; quæ si raræ disponentur, distinctam, sicuti coloribus ; si crebræ collocabuntur, oblitam reddent orationem. Sed figuram in dicendo commutari oportet, ut gravem mediocris, mediocrem excipiat attenuata. Deinde identidem commutentur, ut facile satietas varietate vitetur.

XII. Quoniam, quibus in generibus elocutio versari debeat, dictum est, videamus nunc, quas res debeat habere elocutio commoda et perfecta. Quæ maxime admodum oratori accommodata est, tres res in se debet habere, elegantiam, compositionem, dignitatem. Elegantia est, quæ facit, ut unum quodque pure et aperte dici videatur. Hæc distribuitur in latinitatem, et explanationem. Latinitas est, quæ sermonem purum conservat, ab omni vitio remotum. Vitia in

de la langue ou par les solécismes ou par les barbarismes. Le solécisme, dans une suite de mots, n'observe point les règles de concordance et de dépendance. Le barbarisme est une altération vicieuse dans la forme d'un mot. En traitant de la grammaire, nous apprendrons comment on peut éviter ces défauts. La justesse rend le sens du discours lucide et manifeste. Pour l'obtenir, il faut ne se servir que de termes usités et de termes propres. Les termes usités sont ceux qu'on emploie dans le langage habituel ; les termes sont propres quand ils ont été consacrés ou peuvent être appliqués à la chose dont nous parlons.

L'harmonie construit les mots de manière à donner le même poli à toutes les parties de la phrase. Si nous voulons la conserver, évitons le concours trop fréquent des voyelles, d'où résultent des hiatus et une prononciation béante, comme dans cette phrase *Baccæ aeriæ amœnissimæ impedebant*. Gardons-nous de répéter trop souvent la même lettre ; on trouve un exemple de ce défaut dans le vers suivant, car rien n'empêche, quand il s'agit de défauts, de citer des exemples d'autrui :

O Tite, tute, Tati, tibi tanta, tyranne, tulisti !

Et dans ce vers du même poëte :

Quidquam quisquam quoiquam, quod conveniat, neget.

sermone, quo minus is latinus sit, duo possunt esse : solœcismus et barbarismus. Solœcismus est, quum in verbis pluribus consequens verbum superiori non accommodatur. Barbarismus est, quum verbum aliquod vitiose effertur. Hæc qua ratione vitare possimus, in arte grammatica dilucide discemus. Explanatio est, quæ reddit apertam et dilucidam orationem. Ea comparatur duabus rebus, usitatis verbis et propriis. Usitata sunt ea, quæ versantur in sermone et consuetudine cotidiana, propria, quæ ejus rei verba sunt aut esse possunt, qua de loquemur.

Compositio est verborum constructio, quæ facit omnes partes orationis æquabiliter perpolitas. Ea conservabitur, si fugiemus crebras vocalium concursiones, quæ vastam atque hiantem orationem reddunt, ut hæc est : « Baccæ aeneæ amœnissimæ impendebant. » Et, si vitabimus ejusdem litteræ nimiam adsiduitatem ; cui vitio versus hic erit exemplo : nam hic nihil prohibet in vitiis alienis exemplis uti :

O Tite, tute, Tati, tibi tanta, tyranne, tulisti !

Et hic ejusdem poetæ :

Quidquam quisquam quoiquam, quod conveniat, neget.

Ne répétons pas fastidieusement le même mot, comme dans cette phrase : *Nam cujus rationis ratio non exstet, ei rationi ratio non est fidem habere.* N'employons pas non plus une suite de mots ayant la même terminaison, comme :

> Flentes, plorantes, lacrimantes, obtestantes.

Évitons les transpositions de mots, excepté celles qui offrent de l'agrément et dont nous parlerons plus bas. Ce défaut est habituel dans Lucile : voyez ce vers de son premier livre :

> Has res ad te scriptas, Luci, misimus, Æli.

Fuyons encore les longues périodes, qui fatiguent et les oreilles des auditeurs et la respiration de celui qui parle. Lorsqu'on a évité ces défauts dans la structure élégante des phrases, il ne reste plus qu'à s'occuper de la convenance.

XIII. La convenance consiste dans l'emploi des figures, qui donnent au discours l'éclat de la variété. On distingue les figures de mots et les figures de pensées. La figure de mots réside dans une forme significative imprimée à l'expression. La figure de pensées tient sa valeur, non des mots, mais des idées...

Et, si ejusdem verbi adsiduitatem nimiam fugiemus ; ea est hujusmodi : « Nam cujus rationis ratio non exstet, ei rationi ratio non est fidem habere. » Et, si non utemur continenter similiter cadentibus verbis, hoc modo :

> Flentes, plorantes, lacrimantes, obtestantes.

Et, si verborum transjectionem vitabimus, nisi quæ erit concinna, qua de re posterius loquemur ; quo in vitio est Lucilius assiduus, ut hoc est in priore libro :

> Has res ad te scriptas, Luci, misimus, Æli.

Item fugere oportet longam verborum continuationem, quæ et auditoris aures et oratoris spiritum lædit. His vitiis in compositione vitatis, reliquum operis consumendum est in dignitate.

XIII. Dignitas est, quæ reddit ornatam orationem, varietate distinguens. Hæc in verborum et in sententiarum exornationem dividitur. Verborum exornatio est, quæ ipsius sermonis insignita continetur perpolitione. Sententiarum exornatio est, quæ non in verbis, sed in ipsis rebus quamdam habet dignitatem....

La *répétition*, en parlant de choses semblables ou différentes, commence par un seul et même mot plusieurs propositions successives ; ainsi : « C'est à vous qu'il faut attribuer cette action, à vous la reconnaissance en est due, à vous en reviendra l'honneur. » Autre exemple : « Scipion a renversé Numance, Scipion a détruit Carthage, Scipion a conquis la paix, Scipion a sauvé la république. » Autre exemple : « Toi, chercher encore à te montrer dans le forum ! toi, contempler la lumière du jour ! toi, paraître devant cette assemblée ! tu oses proférer une parole ! tu oses demander quelque chose à ces citoyens ! tu oses implorer ta grâce ! que peux-tu dire pour ta défense ? que peux-tu demander ? que peux-tu espérer de l'indulgence de tes juges ? n'as-tu pas renoncé à ton serment ? n'as-tu pas trahi tes amis ? n'as-tu pas porté la main sur ton père ? enfin, ne t'es-tu pas plongé dans toutes sortes d'opprobres ? » Cette figure a beaucoup de grâce, et en même temps beaucoup d'élévation et de véhémence : aussi convient-elle non-seulement pour orner le discours, mais encore pour en augmenter l'énergie.

La *conversion* est une figure qui ne répète pas le premier mot, comme la précédente, mais qui ramène continuellement le dernier ; par exemple : « Rome a triomphé des Carthaginois ; en justice ils ont été vaincus, par les armes vaincus, en générosité vaincus. » Autre exemple : « Depuis que, dans notre cité, la

---

Repetitio est, quum continenter ab uno atque eodem verbo in rebus similibus et diversis principia sumuntur, hoc modo : « Vobis istud attribuendum est, vobis gratia est habenda, vobis ista res erit honori. » Item, « Scipio Numantiam sustulit, Scipio Karthaginem delevit, Scipio pacem peperit, Scipio civitatem servavit. » Item : « Tu in forum prodire, tu lucem conspicere, tu in horum conspectum venire conaris ? audes verbum facere ? audes quidquam ab istis petere ? audes supplicium deprecari ? Quid est, quod possis defendere ? quid est, quod audeas postulare ? quid est, quod tibi concedi putes oportere ? Non jus jurandum reliquisti ? non amicos prodidisti ? non parenti manus intulisti ? non denique in omni dedecore volutatus es ? » Hæc exornatio quum multum venustatis habet tum gravitatis et acrimoniæ plurimum. Quare videtur esse adhibenda et ad ornandam, et ad exaugendam orationem.

Conversio est, per quam non, ut ante, primum repetimus verbum, sed ad postremum continenter revertimur, hoc modo : « Pœnos populus Romanus justitia vicit, armis vicit, liberalitate vicit. » Item : « Ex quo tempore concordia de

8.

concorde a disparu, la liberté a disparu, la bonne foi a disparu, l'amitié a disparu, la patrie même a disparu. » Autre exemple : « On sait quelle fut l'activité de C. Lélius, le génie, le savoir de Lélius ; les gens de bien, les hommes studieux trouvaient un ami dans Lélius ; la première place entre les Romains appartenait donc à Lélius. » Autre exemple : « Lorsque tu demandes à être absous par les juges, c'est leur parjure que tu demandes, c'est leur déshonneur que tu demandes, c'est le sacrifice des lois romaines à ta passion que tu demandes. »

XIV. La *complexion* embrasse cette dernière figure et la précédente : elle répète plusieurs fois le premier mot de chaque proposition, et ramène à plusieurs reprises le dernier ; exemple : « Quels sont ceux qui ont souvent rompu les traités ? les Carthaginois. Quels sont ceux qui ont fait une guerre cruelle en Italie ? les Carthaginois. Quels sont ceux qui ont ravagé l'Italie ? les Carthaginois. Quels sont ceux qui demandent qu'on leur pardonne ? les Carthaginois. Voyez donc ce qu'ils méritent d'obtenir. » Autre exemple : « Celui que le sénat a condamné, celui que le peuple romain a condamné, celui que l'opinion publique a condamné, l'absoudrez-vous par vos suffrages ? »

La figure appelée *traductio*, en répétant plusieurs fois le même mot, non-seulement ne blesse point le goût, mais rend l'expression plus agréable ; ainsi : « Celui qui, dans la vie, ne trouve

---

civitate sublata est, libertas sublata est, fides sublata est, amicitia sublata est, res publica sublata est. » Item : « C. Lælius homo navus erat, ingeniosus erat, doctus erat, bonis viris et studiosis amicus erat : ergo in civitate primus erat. » Item : « Nam quum istos, ut absolvant te, rogas : ut pejerent, rogas ; ut existimationem negligant, rogas ; ut leges populi Romani tuæ libidini largiantur, rogas. »

XIV. Complexio est, quæ utramque complectitur exornationem, et hanc et quam ante exposuimus, ut et repetatur idem [primum] verbum sæpius et crebro ad idem postremium revertamur, hoc modo : « Qui sunt, qui fœdera sæpe ruperunt ? Karthaginienses. Qui sunt, qui crudele bellum in Italia gesserunt ? Karthaginienses. Qui sunt, qui Italiam deformaverunt ? Karthaginienses. Qui sunt, qui sibi postulant ignosci ? Karthaginienses. Videte ergo, quam conveniat eos impetrare. » Item : « Quem senatus damnarit, quem populus Romanus damnarit, quem omnium existimatio damnarit, eum vos sententiis vestris absolvetis ? »

Traductio est, quæ facit, ut, quum idem verbum crebrius ponatur, non modo non offendat animum, sed etiam concinniorem orationem reddat, hoc pacto : « Qui nihil habet in vita jucundius vita, is cum virtute vitam non potest

rien de préférable à la vie, ne peut passer sa vie dans la vertu. »
Ou bien : « Celui que vous appelez homme, s'il eût été vraiment
homme, n'aurait jamais si cruellement attenté à la vie d'un
homme. — Mais il était son ennemi. — Il a donc voulu se
venger d'un ennemi, de manière à devenir ennemi de lui-
même? » Ou bien encore : « Laisse les richesses aux riches;
toi, préfère la vertu aux richesses ; car si tu compares les
richesses à la vertu, tu reconnaîtras que les richesses sont à
peine dignes de marcher à la suite de la vertu. »

Par la même figure, le mot répété est pris tantôt dans une
acception, tantôt dans une autre ; en voici des exemples : *Cur
eam rem tam studiose curas, quæ tibi multas dabit curas? — Nam
amari jucundum est, si curetur ne quid insit amari. — Veniam
ad vos, si mihi senatus det veniam.* Dans les quatre espèces de
figures que nous avons exposées jusqu'ici, ce n'est pas la disette
des mots qui fait revenir plusieurs fois à la même expression,
c'est parce qu'il en résulte un certain agrément que l'oreille
peut bien apprécier, mais qu'il n'est pas possible de faire comprendre par des paroles.

XV. L'*antithèse* oppose les mots aux mots, les idées aux idées,
comme dans cet exemple : « La flatterie est douce dans ses
commencements; mais les suites en sont pleines d'amertume; »
ou dans cet autre : « Vous vous montrez clément envers vos

---

colere. » Item : « Eum hominem appellas, qui si fuisset homo, nunquam tam
crudeliter hominis vitam petisset. — At erat inimicus. — Ergo inimicum sic
ulcisci voluit, ut ipse sibi reperiretur inimicus? » Item : « Divitias sine divitum
esse : tu virtutem præfer divitiis. Nam si voles divitias cum virtute comparare,
vix satis idoneæ tibi videbuntur divitiæ, quæ virtutis pedisequæ sint. »

Ex eodem genere est exornationis, quum idem verbum ponitur modo in hac,
modo in altera re, hoc modo : « Cur eam rem tam studiose curas, quæ tibi multas dabit curas? » Item : « Nam amari jucundum est, si curetur ne quid insit
amari. » Item: « Veniam ad vos, si mihi senatus det veniam. » In his quattuor
generibus exornationum, quæ adhuc propositæ sunt, non inopia verborum fit,
ut ad idem verbum redeatur sæpius ; sed inest festivitas, quæ facilius auribus
dijudicari quam verbis demonstrari potest.

XV. Contentio est, quum ex contrariis [verbis aut] rebus oratio conficitur,
hoc pacto : « Habet adsentatio jucunda principia, eadem exitus amarissimos
adfert. » Item : « Inimicis te placabilem, amicis inexorabilem præbes. » Item:

ennemis, inexorable pour vos amis; » ou dans cet autre encore :
« Quand tout est calme, vous vous agitez; quand tout s'agite,
vous restez calme. Dans l'affaire la plus froide, vous êtes tout
de feu; l'action est-elle chaude, vous êtes de glace. Faut-il du
silence, vous criez; faut-il parler, vous gardez le silence. Présent, vous voulez vous éloigner; absent, vous voulez revenir.
Pendant la paix, vous cherchez la guerre; pendant la guerre,
vous regrettez la paix. Dans l'assemblée du peuple, vous parlez
de courage; dans le combat, votre lâcheté ne peut supporter le
bruit de la trompette. » Si cette figure est habilement placée
dans votre discours, elle lui donnera de la grâce et de la force.

L'*exclamation* exprime la douleur ou l'indignation, en apostrophant un homme, une ville, un lieu, un objet quelconque :
par exemple : « C'est vous maintenant que j'atteste, ô Scipion
l'Africain ! vous dont le nom, même après votre mort, répand
encore tant d'éclat et de gloire sur la république ! Vos illustres
petits-fils ont nourri de leur sang la cruauté de leurs ennemis. »
De même : « O perfide Frégelles ! avec quelle promptitude tu
as trouvé ta perte dans ton crime ! Naguère, ta splendeur était
l'orgueil de l'Italie; aujourd'hui, il reste à peine quelques traces
de tes fondements ! » De même encore : « Scélérats ! qui menacez
les jours de tous les innocents pour faire tomber leurs biens
dans vos filets, est-ce l'iniquité des tribunaux qui vous fait

---

« In ocio tumultuaris, in tumultu es ociosus. In re frigidissima cales, in ferventissima friges. Tacito quum opus est, clamas : ubi loqui convenit, obmutescis. Ades : abesse vis; abes : reverti cupis. In pace bellum quæritas; in bello pacem desideras. In contione de virtute loqueris; in prœlio præ ignavia tubæ sonitum perferre non potes. » Hoc genere si distinguemus orationem, et graves et ornati poterimus esse.

Exclamatio est, quæ conficit significationem doloris aut indignationis alicujus per hominis aut urbis aut loci aut rei cujuspiam compellationem, hoc modo : « Te nunc adloquor, Africane, cujus mortui quoque nomen splendori ac decori est civitati. Tui clarissimi nepotes suo sanguine aluerunt inimicorum crudelitatem. » Item : « Perfidiosæ Fregellæ, quam facile scelere vestro contabuistis ! ut, cujus nitor urbis Italiam nuper illustravit, ejus nunc vix fundamentorum reliquiæ maneant. » Item, « Bonorum insidiatores latrocinio vitam innocentissimi cujusque petistis : tantamne ex iniquitate judiciorum vestris

mettre tant de confiance en vos calomnies? » Si l'exclamation est employée à propos, rarement, et quand la grandeur du sujet l'exige, elle amènera l'esprit de l'auditeur au degré d'indignation qui nous conviendra.

L'*interrogation* n'appartient pas seulement au ton sublime ou au ton gracieux; mais, lorsqu'on a énuméré les moyens contraires à la partie adverse, cette figure sert encore à confirmer les preuves qu'on vient d'avancer; exemple : « Votre conduite, vos paroles, votre administration avaient-elles pour but, oui ou non, d'aliéner de la république les esprits des alliés? et celui qui s'est opposé à vos projets, qui vous a empêché de les accomplir, méritait-il des récompenses, oui ou non? »

XVI. Par la *ratiocination* l'orateur se demande à lui-même compte de tout ce qu'il avance, et fait suivre chaque proposition des motifs qui l'expliquent. Cette figure se traite ainsi : « Quand nos ancêtres condamnaient une femme pour une faute unique, ils la croyaient, par ce seul jugement, convaincue de plusieurs autres crimes. Comment cela? c'est qu'ils pensaient que déclarer une femme impudique, c'était la reconnaître capable d'empoisonner. Pour quel motif? parce qu'une femme qui s'est abandonnée à la plus honteuse passion doit craindre beaucoup de personnes. Et quelles personnes? son époux, ses parents, tous

---

calumniis adsumitis facultatem? » Hac exclamatione si loco utemur, et raro et quum rei magnitudo postulare videbitur, ad quam volemus indignationem nimum auditoris adducemus.

Interrogatio non omnis gravis est neque concinna, sed hæc, quæ, quum enumerata sunt ea, quæ obsunt causæ adversariorum, confirmat superiorem orationem, hoc pacto : « Quum igitur hæc omnia faceres, diceres, administrares, trum animos sociorum ab re publica removebas, et ab alienabas, an non? Et : trum aliquem exornari oportuit, qui ista prohiberet ac fieri non sineret, n non? »

XVI. Ratiocinatio est, per quam ipsi a nobis rationem poscimus, quare quidue dicamus, et crebro nosmet a nobis petimus unius cujusque propositionis xplanationem. Ea est hujusmodi : « Majores nostri si quam unius peccati muerem damnabant, simplici judicio multorum maleficiorum convictam putaant. Quo pacto? quoniam, quam impudicam judicarant, eam veneficii quoque amnatam existimabant. Quid ita? quia necesse est eam, quæ suum corpus ddixerit turpissimæ cupiditati, timere permultos. Quos istos? Virum, pa-

ceux sur lesquels elle voit rejaillir son déshonneur. Qu'en résulte-t-il? qu'elle empoisonnera nécessairement, par tous les moyens en son pouvoir, ceux qui lui inspirent tant de crainte. Pourquoi donc? parce qu'aucun scrupule de vertu ne peut retenir celle à qui l'énormité de sa faute fait tout craindre, à qui sa passion désordonnée inspire de l'audace, à qui l'étourderie du sexe ne permet point la réflexion. Et quand une femme était convaincue d'empoisonnement, qu'en pensaient-ils? Ils la regardaient comme nécessairement impudique. Pourquoi? parce que le mobile le plus puissant qui pousse à ce crime, c'est un amour honteux, une passion déréglée : nos ancêtres pensaient qu'une femme dont le cœur est corrompu ne peut avoir le corps chaste. Et, sur les hommes, portaient-ils le même jugement? Point du tout. Pourquoi? parce que les hommes sont entraînés par chaque passion à chaque crime correspondant, tandis qu'une seule passion conduit les femmes à tous les crimes. » Voici un autre exemple : « Nos ancêtres avaient la sage coutume de ne point priver de la vie les rois pris à la guerre. Pourquoi? parce qu'il serait injuste d'abuser de l'avantage que nous devons à la fortune, en livrant au supplice un adversaire que cette même fortune avait placé naguère au premier rang. — Mais il a conduit une armée contre nous! — Je ne m'en souviens plus. — Pour quel motif? — Parce qu'un noble cœur traite en ennemis ceux

---

rentes, cæteros, ad quos videt sui dedecoris infamiam pertinere. Quid postea? quos tantopere timeat, eos necesse est, ut, quoquo modo possit, veneficio petat. Cur? quia nulla potest honesta ratio retinere eam, quam magnitudo peccati facit timidam, intemperantia audacem, natura muliebris inconsideratam. Quid? veneficii damnatam quid putabant? Impudicam quoque necessario. Quare? quia nulla facilius ad id maleficium causa, quam turpis amor et intemperans libido commovere potuit : cujus mulieris animus esset corruptus, ejus corpus castum esse non putaverunt. Quid in viris? Idemne hoc observabant? Minime. Quid ita? Quia viros ad unum quodque maleficium singulæ cupiditates impellunt : mulieres ad omnia maleficia cupiditas una ducit. » Item : « Bene majores nostri hoc comparaverunt, ut neminem regem, quem armis cepissent, vita privarent. Quid ita? Quia, quam nobis facultatem fortuna dedisset, iniquum erat in eorum supplicio consumere, quos eadem fortuna paullo ante in amplissimo statu collocarat. — Quid, quod exercitum contra duxit? — Desino meminisse. — Quid ita? Quia viri fortis est, qui de victoria contendant, eos hostes

qui lui disputent la victoire, mais ne voit dans les vaincus que des hommes, s'efforçant ainsi d'atténuer la guerre par sa grandeur d'âme, d'embellir la paix par son humanité. — Mais lui, s'il eût vaincu, aurait-il agi de même? — Non, sans doute; il n'eût pas été assez sage. — Pourquoi donc lui pardonner? — C'est que j'ai l'habitude de mépriser une telle fureur et non de l'imiter. » Cette figure convient particulièrement à la discussion : elle fixe l'attention de l'auditeur par l'agrément du dialogue et par l'attente des répliques.

XVII. La *sentence* est une maxime empruntée à l'expérience, exprimant en peu de mots ce qui se fait ou ce qui doit se faire dans la vie; ainsi : « Il est bien difficile de révérer avant tout la vertu, quand on a toujours été heureux. — Regardons comme libre celui qui n'est esclave d'aucun vice. — Celui qui n'a point assez et celui à qui rien ne suffit sont également pauvres. — Il faut choisir le genre de vie le plus honnête : l'habitude nous le rendra agréable. » La simplicité de ces sentences ne doit pas les faire dédaigner : car l'exposition rapide d'une vérité qui n'a pas besoin de preuve cause un grand plaisir à l'esprit. Mais il faut approuver aussi les sentences accompagnées d'une preuve qui les confirme; comme : « Toutes les règles de conduite doivent être empruntées à la vertu, parce que la vertu seule ne dépend

putare ; qui victi sunt, eos homines judicare, ut possit bellum fortitudo minuere, pacem humanitas augere. — At ille, si vicisset, num idem fecisset? — Non profecto tam sapiens fuisset. — Cur igitur ei parcis? — Quia talem stultitiam contemnere, non imitari consuevi. » Hæc exornatio ad sermonem vehementer accommodata est et animum auditoris retinet attentum quum venustate sermonis tum rationum exspectatione.

XVII. Sententia est oratio sumpta de vita, quæ aut quid sit aut quid esse oporteat in vita, breviter ostendit, hoc modo : « Difficile est primum virtutes revereri, qui semper secunda fortuna sit usus. » Item : « Liber is est existimandus, qui nulli turpitudini servit. » Item : « Egens æque est is, qui non satis habet, et is, cui satis nihil potest esse. » Item : « Optima vivendi ratio est eligenda : eam jucundam consuetudo reddet. » Hujusmodi sententiæ simplices non sunt improbandæ, propterea quod habet brevis expositio, si rationis nullius indiget, magnam delectationem. Sed illud quoque probandum est genus sententiæ, quod confirmatur subjectione rationis, hoc pacto : « Omnes bene vivendi rationes in virtute sunt collocandæ, propterea quod sola virtus in sua

que d'elle-même, et que tout le reste est soumis au pouvoir de la fortune. » De même : « Ceux qui, entraînés par l'appât de la fortune, ont recherché l'amitié d'un riche, aussitôt que la fortune s'enfuit, prennent leur vol avec elle. En effet, dès que la cause de leur attachement a disparu, il ne reste plus aucun lien qui retienne leur amitié. » Il y a encore des sentences que l'on emploie de deux manières, c'est-à-dire avec ou sans preuves. En voici deux sans preuves : « Lorsqu'on est au sein de la prospérité, c'est une erreur de se croire à l'abri des attaques de la fortune. C'est penser avec sagesse que de redouter, même dans le bonheur les coups de l'adversité. » En voici deux autres, accompagnées de leur preuve : « Ceux qui pensent qu'il faut fermer les yeux sur les défauts des jeunes gens sont dans l'erreur : car cet âge n'est point un obstacle à la pratique du bien. C'est, au contraire, agir avec sagesse que de châtier sévèrement les jeunes gens, pour leur faire acquérir, dans un âge encore tendre, les vertus qui doivent les soutenir pendant le reste de leur vie. » N'entremêlez que rarement des sentences dans vos discours, en sorte que vous paraissiez représenter à nos yeux l'action même, et non débiter des préceptes de morale. Ainsi clair-semées, elles embelliront beaucoup le style. Il est nécessaire, en effet, que l'auditeur vous approuve tacitement, lorsque vous appliquez à la cause une pensée juste, empruntée à la vie et à l'expérience.

potestate est, omnia præter cam subjecta sunt sub fortunæ dominationem. » Item : « Qui fortunis alicujus inducti amicitiam ejus secuti sunt, hi, simul ac fortuna dilapsa est, devolant omnes. Quum enim recessit ea res, quæ fuit consuetudinis causa, nihil superest, quare possint in amicitia teneri. » Sunt item sententiæ, quæ dupliciter efferuntur, sine ratione et cum ratione. Hoc modo sine ratione : « Errant, qui in prosperis rebus omnes impetus fortunæ se putant fugisse. Sapienter cogitant, qui temporibus secundis casus adversos reformidant. » Cum ratione, hoc pacto : « Qui adolescentium peccatis ignosci putant oportere, falluntur, propterea quod ætas illa non est impedimento bonis studiis. At hi sapienter faciunt, qui adolescentes maxime castigant, ut, quibus virtutibus omnem vitam tueri possint, eas in ætate maturissima velint comparare. » Sententias interponi raro convenit, ut rei actores, non vivendi præceptores videamur esse. Quum ita interponentur, multum adferent ornamenti. Necesse est enim, comprobet eam tacitus auditor, quum ad causam videat accommodari rem certam, ex vita et moribus sumptam.

XVIII. Le *contraire* est à peu près la même chose que l'antithèse. Cette figure résulte de deux idées diverses, dont l'une démontre l'autre par une preuve courte et facile; voyez ces exemples : « Pouvez-vous espérer que l'ennemi de ses propres intérêts ait jamais à cœur les intérêts d'autrui? — Celui que vous avez connu sans foi envers ses amis, comment croyez-vous qu'il puisse garder sa foi à ses ennemis? — Simple particulier, il était d'un orgueil insupportable; espérez-vous que les dignités le rendent affable et lui apprennent à se connaître? — Celui qui, dans ses conversations et dans le cercle de ses amis, n'a jamais dit la vérité, s'abstiendra-t-il de mensonge dans les assemblées publiques? — Craindrons-nous de nous mesurer, en rase campagne, avec ceux que nous avons précipités des hauteurs? Quand ils nous étaient supérieurs en nombre, ils n'ont pu nous tenir tête; maintenant qu'ils sont moins nombreux que nous, craindrions-nous d'être vaincus? » Cette espèce de figure s'exprime en phrases courtes et bien unies. Si elle plaît à l'oreille par sa rapidité et par sa forme précise, en même temps elle prouve énergiquement, par le *contraire*, ce que l'orateur a besoin de prouver; d'une vérité reconnue elle fait sortir une vérité douteuse, avec une force irrésistible, ou du moins bien difficile à combattre.

XIX. On appelle *membre* de phrase une proposition complète

XVIII. Contrarium idem fere est, quod contentio. Contrarium est, quod ex rebus diversis duabus alteram breviter et facile confirmat, hoc pacto : « Nam, qui suis rationibus inimicus fuerit semper, eum quomodo alienis rebus amicum fore speres ? » Et item : « Nam, quem in amicitia perfidiosum cognoveris, cum quare putes inimicitias cum fide habere posse ? » Et : « Qui privatus intolerabili superbia fuerit, eum commodum et cognoscentem sui fore in potestate qui speres ? » Et : « Qui in sermonibus et conventu amicorum verum non dixerit, numquid eum sibi in contionibus credis a mendacio temperaturum ? » Item : « Quos ex collibus dejecimus, cum his in campo metuimus dimicare ? Qui quum plures erant, paucis nobis exaequari non poterant, hi, postquam pauciores sunt, metuimus ne sint superiores ? » Hoc orationis genus breviter et continuatis verbis perfectum esse debet, et quum commodum est auditu, propter brevem et absolutam conclusionem tum vero vehementer id, quod opus est oratori, comprobat contraria re et ex eo, quod dubium non est, expedit illud, quod est dubium, ut aut dilui non possit, aut multo difficillime possit.

XIX. Membrum orationis appellatur res breviter absoluta sine totius senten-

en sa brièveté, mais qui, n'offrant pas une pensée dans tout son développement, a besoin de s'appuyer sur un autre membre ; par exemple : « Et vous rendiez service à votre ennemi ; » voilà le premier membre ; il doit s'appuyer sur un second, que voici « Et vous nuisiez à votre ami. » Cette figure peut se borner à deux membres ; mais elle est plus élégante et plus parfaite, lorsqu'elle en a trois ; ainsi : « Et vous rendiez service à votre ennemi, et vous nuisiez à votre ami, et vous ne songiez pas à votre propre intérêt. » Ou bien : « Vous n'avez ni servi la république, ni soutenu vos amis, ni résisté à vos ennemis. »

On appelle *articles* les petites divisions qui coupent la phrase et la suspendent à chaque mot ; ainsi : « Vous avez effrayé vos adversaires par votre véhémence, votre voix, vos regards. — Pour détruire vos ennemis, vous avez employé l'envie, l'injustice, le crédit, la perfidie. » Entre l'énergie de cette figure et celle de la précédente, il y a une différence : c'est que les coups de la première sont plus lents et plus rares ; les atteintes de la seconde plus nombreuses et plus vives. Dans l'une, je crois voir le bras s'allonger, le poignet se tordre, afin de porter l'épée jusqu'au sein de l'adversaire ; dans l'autre, des coups rapides et multipliés le couvrent de blessures.

La *continuation* résulte de l'union étroite et non interrompue qui enchaîne tous les mots jusqu'à ce que le sens soit achevé.

tiæ demonstratione, quæ denuo alio membro orationis excipitur, hoc modo : « Et inimico proderas. » Id est unum, quod appellatur membrum : deinde hoc excipiatur oportet ab altero : « Et amicum lædebas. » Ex duobus membris hæc exornatio potest constare ; sed commodissima et absolutissima est, quæ ex tribus constat, hoc pacto ; « Et inimico proderas et amicum lædebas et tibi ipsi non consulebas. » Item : « Nec rei publicæ consuluisti nec amicis profuisti nec inimicis restitisti. »

Articulus dicitur, quum singula verba intervallis distinguuntur cæsa oratione, hoc modo : « Acrimonia, voce, vultu adversarios perterruisti ; » Item : « Inimicos invidia, injuriis, potentia, perfidia sustulisti. » Inter hujus generis et illius superioris vehementiam hoc interest, quod illud tardius et rarius venit, hoc crebrius et celerius pervenit ; Itaque in illo genere, ex remotione brachii, et contortione dexteræ gladius ad corpus adferri ; in hoc autem crebro et celeri corpus vulnere consauciari videtur.

Continuatio est densa et continens frequentatio verborum cum absolutione

On en tire le parti le plus avantageux dans la *sentence*, dans les *contraires*, dans la *conclusion*. Dans la sentence, ainsi : « La fortune ne saurait faire beaucoup de mal à celui qui a mis son plus ferme appui dans la vertu, et non dans le hasard. » Dans les contraires : « Car si un homme n'a pas fondé grand espoir sur le hasard, quel mal si grand le hasard pourrait-il lui faire? » Dans la conclusion : « Si la fortune a tout empire sur ceux qui abandonnent leurs déterminations au hasard, il ne faut point nous livrer sans réserve à la fortune, de peur qu'elle ne prenne sur nous une autorité trop absolue. » Dans ces trois figures, l'union intime des mots est si indispensable à la force de l'expression, que l'on accuserait l'orateur de faiblesse, si la sentence, les contraires et la conclusion n'étaient pas énoncés en termes étroitement unis. Il est encore d'autres circonstances où la continuation, sans être absolument nécessaire, peut s'employer avec avantage.

XX. On appelle *compar* une figure dans laquelle les membres de phrase, dont nous avons parlé plus haut, ont presque le même nombre de syllabes. Il ne faut pas pour cela les compter (ce qui serait puéril); mais l'habitude et l'exercice nous apprendront à conformer, par une sorte d'instinct, chaque membre à celui qui précède ; exemple : « Dans un combat le père succom-

---

sententiarum. Ea utemur commodissime tripertito; in sententia, in contrario, in conclusione. In sententia, hoc pacto : « Ei non multum potest obesse fortuna, qui sibi firmius in virtute, quam in casu præsidium collocavit. » In contrario, hoc modo : « Nam si quis spei non multum collocavit in casu, quid est quod ei magnopere casus obesse possit ? » In conclusione, hoc pacto : « Quod si in eos plurimum fortuna potest, qui suas rationes omnes in casum contulerunt ; non sunt omnia committenda fortunæ, ne magnam nimis in nos habeat dominationem. » In his tribus generibus ad continuationis vim adeo frequentatio necessaria est, ut infirma facultas oratoris videatur, nisi sententiam et contrarium et conclusionem frequentibus efferat verbis. Sed alias quoque nonnumquam non alienum est, tametsi necesse non est eloqui res aliquas per hujuscemodi continuationes.

XX. Compar appellatur, quod habet in se membra orationis, de quibus ante diximus, quæ constent ex pari fere numero syllabarum. Hoc non dinumeratione nostra fiet (nam id quidem puerile est), sed tantum adferet usus et exercitatio facultatis; ut animi quodam sensu par membrum superiori referre possimus, hoc modo : « In prœlio mortem pater oppetebat, domi filius nuptias

bait ; dans sa maison le fils se mariait ; un sort cruel tous deux les conduisait. » Autre exemple : « A la fortune, l'un doit le bonheur ; à ses efforts, l'autre doit la vertu. » Il arrive quelquefois, dans cette figure, que le nombre des syllabes n'est pas rigoureusement égal ; et cependant il paraît l'être, si l'un des deux membres est plus court d'une ou de deux syllabes, ou qu'en même temps il contienne une ou plusieurs syllabes plus longues et plus pleines : la durée et la plénitude des sons dans un membre compensent le nombre des syllabes de l'autre, et rétablissent l'équilibre.

La figure appelée *similiter cadens* (à chutes pareilles) rapproche, dans la même construction, deux ou plusieurs mots dont le cas et la terminaison sont les mêmes, comme dans ces phrases : *Hominem laudas egentem virtutis, abundantem felicitatis. — Cujus omnis in pecunia spes est, a sapientia est animus remotus. Diligentia comparat divitias, negligentia corrumpit animum; et tamen quum ita vivit, neminem præ se ducit hominem.* Par la figure appelée *similiter desinens* (à désinences pareilles) bien que les mots n'aient point de cas, ils ont encore une même terminaison, comme dans ces phrases : *Turpiter audes facere, nequiter studes dicere. Vivis invidiose, delinquis studiose, loqueris odiose.—Audacter territas, humiliter placas.* Ces deux figu-

---

comparabat; hæc omnia graves casus administrabant. » Item : « Alii fortuna dedit felicitatem, huic industria virtutem comparavit. » In hoc genere sæpe fieri potest, ut non plane par numerus sit syllabarum, et tamen esse videatur, si una aut etiam altera syllaba est alterutrum brevius, aut si, quum in altero plures sunt, in altero longior aut longiores, plenior aut pleniores syllabæ erunt: ut longitudo aut plenitudo harum multitudinem alterius assequatur et exæquet.

Similiter cadens exornatio appellatur, quum in eadem constructione verborum duo aut plura sunt verba, quæ similiter iisdem casibus efferuntur, hoc modo: « Hominem laudas egentem virtutis, abundantem felicitatis. » Item : « Cujus omnis in pecunia spes est, a sapientia est animus remotus. Diligentia comparat divitias, negligentia corrumpit animum; et tamen quum ita vivit, neminem præ se ducit hominem. » Similiter desinens est, quum, tametsi casus non insunt in verbis, tamen similes exitus sunt, hoc pacto: « Turpiter audes facere, nequiter studes dicere. Vivis invidiose, delinquis studiose, loqueris odiose. » Item : « Audacter territas, humiliter placas. » Hæc duo genera, quo-

res, dont l'une consiste dans la ressemblance des cas, l'autre dans le simple rapport des désinences, s'accordent très-bien ensemble : aussi les bons écrivains ont-ils soin de les rapprocher habituellement dans les mêmes parties de leur discours. On s'y prendra de la manière suivante : *Perditissima ratio est amorem petere, pudorem fugere, diligere formam, negligere famam.* Ici les cas, dans les mots qui en ont, se terminent de même ; et, dans les mots qui n'ont point de cas, la désinence est pareille.

XXI. L'*annomination* reproduit à peu peu près le même mot, le même nom, en n'y changeant qu'une ou deux lettres ; d'autres fois elle applique le même mot à deux choses différentes. Elle se fait de plusieurs manières. Tantôt c'est l'atténuation, la contraction d'une lettre : *Hic, qui se magnifice jactat atque ostentat, veniit ante, quam Romam venit ;* tantôt c'est le contraire : *Hic, quos homines alea vicit, eos ferro statim vincit.* Quelquefois on allonge une voyelle : *Hunc ăvium dulcedo ducit ad āvium.* D'autres fois on abrège : *Hic tametsi videtur esse honoris cupidus, tamen non tantum curiam diligit, quantum Curiam.* On ajoute des lettres comme : *Hic sibi posset temperare, nisi amori mallet obtemperare.* On en retranche : *Si lenones vitasset tanquam leones, vitæ se tradidisset.* On transpose des lettres, ainsi : *Videte, judices, utrum homini navo an vano*

---

rum alterum in exitus, alterum in casus similitudine versatur, inter se vehementer conveniunt : et ea re, qui his bene utuntur, plerumque simul ea collocant in iisdem partibus orationis. Id hoc modo facere oportet : « Perditissima ratio est amorem petere, pudorem fugere, diligere formam, negligere famam. » Hic et ea verba, quæ casus habent, ad casus similes, et illa, quæ non habent ad similes exitus veniunt.

XXI. Adnominatio est, quum ad idem verbum et [ad idem] nomen acceditur commutatione unius litteræ aut litterarum ; aut ad res dissimiles similia verba accommodantur. Ea multis et variis rationibus conficitur. Attenuatione aut complexione ejusdem litteræ, sic : « Hic, qui se magnifice jactat atque ostentat, veniit ante, quam Romam venit. » Ex contrario : « Hic, quos homines alea vicit, eos ferro statim vincit. » Productione ejusdem litteræ, hoc modo : « Hunc ăvium dulcedo ducit ad āvium. » Brevitate ejusdem litteræ, hoc modo : Hic tametsi videtur esse honoris cupidus, tamen non tantum curiam diligit, quantum Curiam. » Addendis litteris, hoc pacto : « Hic sibi posset temperare, nisi amori mallet obtemperare. » Demendis litteris sic : « Si lenones vitasset tanquam leones, vitæ se tradidisset. » Tranferendis litteris, sic : « Videte,

credere malitis. Ou bien : *Nolo esse laudator, ne videar adulator.* On en change une : *Deligere oportet, quem velis diligere.* Telles sont les annominations qui font subir aux lettres un léger changement, soit qu'elles les allongent, soit qu'elles les transposent, soit qu'elles les modifient d'une autre manière.

XXII. Mais il y a d'autres annominations où les mots, sans être dissemblables, offrent pourtant une ressemblance moins frappante. En voici une de ce genre : *Quid veniam, qui sim, quare veniam, quem insimulem, cui prosim, quem postulem, brevi cognoscetis.* Ici vous trouvez entre certains mots une analogie qu'il faut moins rechercher que celles des exemples précédents, mais qu'on doit pourtant employer quelquefois. Voici encore une autre forme de la même figure : *Demus operam, Quirites, ne omnino patres conscripti circumscripti putentur.* Cette annomination se rapproche de la ressemblance un peu plus que la dernière, mais moins que les précédentes, parce que non-seulement on a ajouté des lettres, mais on en a aussi retranché. Une troisième forme de cette figure consiste à présenter de suite différents cas d'un seul ou de plusieurs noms. D'un seul nom, par exemple : *Alexander Macedo summo labore animum ad virtutem a pueritia confirmavit. Alexandri virtutes per orbem terræ cum*

judices, utrum homini navo an vano credere malitis. » Item : « Nolo esse laudator, ne videar adulator. » Commutandis, hoc modo : « Deligere oportet, quem velis diligere. » Hæ sunt adnominationes, quæ in litterarum brevi commutatione, aut productione, aut transjectione, aut aliquo hujusmodi genere versantur.

XXII. Sunt autem aliæ, quæ non habent tam propinquam in verbis similitudinem et tamen dissimiles non sunt : quibus de generibus unum est hujusmodi : « Quid veniam, qui sim, quare veniam, quem insimulem, cui prosim, quem postulem, brevi cognoscetis. » Nam hic est in quibusdam verbis quædam similitudo non tam adfectanda, quam illæ superiores; sed tamen adhibenda nonnumquam. Alterum genus hujusmodi : « Demus operam, Quirites, ne omnino patres conscripti circumscripti putentur. » Hæc adnominatio magis accedit ad similitudinem, quam superior, sed minus, quam illæ superiores : propterea quod non solum additæ, sed uno tempore demptæ quoque litteræ sunt. Tertium genus est, quod versatur in casuum commutatione aut unius aut plurium nominum. Unius nominis, hoc modo : « Alexander Macedo summo labore animum ad virtutem a pueritia confirmavit. Alexandri virtutes per orbem ter-

laude et gloria vulgatæ sunt. Alexandro si vita data longior esset, Oceanum manus Macedonum transvolasset. Alexandrum omnes, ut maxime metuerunt, item plurimum dilexerunt. Ici un seul nom a passé par les transformations des différents cas ; maintenant on va voir une annomination dans laquelle divers noms changeront tour à tour. *Tib. Gracchum rem publicam administrantem indigna prohibuit nex diutius in ea commorari. C. Graccho similiter occisio est oblata, quæ virum rei publicæ amantissimum subito de sinu civitatis eripuit. Saturninum, fide captum, malorum perfidia scelus vita privavit. Tuus, o Druse, sanguis domesticos parietes et vultum parentis adspersit. Sulpicium, cui paullo ante omnia concedebant, eum brevi spatio non modo vivere, sed etiam sepeliri prohibuerunt.* Ces trois dernières figures, que nous avons appelées *similiter cadens, similiter desinens* et *annomination,* doivent être employées très-rarement, lorsqu'on parle sur un sujet réel, parce qu'on ne peut les trouver sans effort, et sans une grande dépense de travail.

XXIII. De tels jeux d'esprit semblent avoir pour objet l'agrément plutôt que la vérité : aussi l'emploi fréquent de ces figures fait-il perdre à l'éloquence son autorité, sa noblesse et sa sévérité; non-seulement il enlève toute puissance à la parole, mais

---

ræ cum laude et gloria vulgatæ sunt. Alexandro si vita data longior esset, Oceanum manus Macedonum transvolasset. Alexandrum omnes, ut maxime metuerunt, item plurimum dilexerunt. » Varie hic unum nomen in commutatione casuum volutatum est. Plura nomina, casibus commutatis, hoc modo facient adnominationem : « Tib. Gracchum rem publicam administrantem indigna prohibuit nex diutius in ea commorari. C. Graccho similiter occisio est oblata, quæ virum rei publicæ amantissimum subito de sinu civitatis eripuit. Saturninum, fide captum, malorum perfidia scelus vita privavit. Tuus, o Druse, sanguis domesticos parietes et vultum parentis adspersit. Sulpicium, cui paullo ante omnia concedebant, cum brevi spatio non modo vivere, sed etiam sepeliri prohibuerunt. » Hæc tria proxima genera exornationum, quorum unum in similiter cadentibus, alterum in similiter desinentibus verbis, tertium in adnominationibus positum est, perraro sumenda sunt, quum in veritate dicemus : propterea quod non hæc videntur reperiri posse sine elaboratione et consumptione operæ.

XXIII. Ejusmodi autem studia ad delectationem, quam ad veritatem, videntur accommodatiora. Quare fides et gravitas et severitas oratoria minuitur his exornationibus frequenter collocatis, et non modo tollitur auctoritas dicendi :

l'auditeur même en est blessé, parce que, dans ce style fin et plaisant, il ne trouve ni élévation ni beauté. En effet, le grand et le beau peuvent plaire longtemps ; l'agréable et le joli inspirent bientôt de la satiété à l'oreille, le plus dédaigneux des sens. En prodiguant les figures de cette espèce, nous paraîtrions donc nous complaire dans une élocution puérile ; mais si elles sont répandues en petit nombre, et semées çà et là dans tout le discours, ce seront des points lumineux qui en rehausseront l'éclat.

Par la *subjection* nous demandons à nos adversaires, ou nous demandons à tout le monde, ce qu'on pourrait dire en leur faveur ou contre nous ; puis nous mettons en opposition ce qu'il faut réellement dire ou ne pas dire, ce qui est favorable à notre cause ou nuisible à la leur. Voyez cet exemple : « Je demande donc comment cet homme est devenu si riche. Lui a-t-on laissé un ample patrimoine ? mais tous les biens de son père ont été vendus. Lui est-il survenu quelque héritage ? non, sans doute : tous ses parents, au contraire, l'ont déshérité. Sa fortune est-elle le fruit d'un procès, d'un jugement ? non-seulement il n'en est rien, mais il a même été condamné à une grosse amende. S'il ne doit sa richesse à aucune de ces causes, ce que vous voyez tous, il faut donc, ou qu'il ait chez lui une mine d'or, ou qu'il ait acquis sa fortune par des moyens illégitimes. »

sed offenditur quoque in ejusmodi oratione auditor ; propterea quod est in his lepos et festivitas, non dignitas, neque pulcritudo. Quare, quæ sunt ampla et pulcra, diu placere possunt : quæ lepida et concinna, cito satietate adficiunt aurium sensum fastidiosissimum. Quo modo igitur, si crebro his generibus utemur, puerili videbimur elocutione delectari : ita si raro has intersecremus exornationes, et in causa tota varie dispergemus, commode luminibus distinctis illustrabimus orationem.

Subjectio est, quum interrogamus adversarios, aut quærimus ipsi, quid ab illis, aut quid contra nos dici possit : deinde subjicimus id quod dici oportet aut non oportet aut nobis adjumento futurum sit aut obfuturum illis e contrario, hoc modo : « Quæro igitur, unde iste tam pecuniosus sit factus. Amplum patrimonium relictum est ? At patris bona venierunt. Hereditas aliqua venit ? Non potest dici, sed etiam a necessariis omnibus exheredatus est. Præmium aliquod ex lite aut judicio cepit ? Non modo id non fecit, sed etiam insuper ipse grandi sponsione victus est. Ergo, si his rationibus locupletatus non est, sicut omnes videtis, aut isti domi nascitur aurum aut, unde non est licitum, pecunias cepit. »

XXIV. Autre exemple de la même figure : « Souvent j'ai remarqué, juges, dans bien des causes, que l'accusé pouvait s'appuyer sur quelque circonstance honorable, à l'abri de toutes les attaques de l'accusateur. Notre adversaire n'a aucune ressource de ce genre : invoquera-t-il la vertu de son père? mais vous-mêmes, sous la foi du serment, vous l'avez frappé d'une peine capitale. Rappellera-t-il sa vie passée et où s'est-elle montrée avec honneur? non; car il a vécu sous vos yeux, et vous savez tous de quelle manière. A-t-il à vous énumérer des parents dont le nom doive faire impression sur vous? il n'en a point. Des amis? il n'est personne qui ne regardât comme une honte d'être l'ami d'un tel homme. » Autre exemple : « Cet ennemi que tu croyais coupable, sans doute tu l'as amené devant ses juges? non : il n'avait pas été condamné quand tu l'as tué. Les lois, qui s'opposaient à ce crime, t'auront du moins intimidé? tu n'as pas même songé qu'il y eût des lois. Mais lorsqu'il te rappelait votre ancienne amitié, tu te sentais ému? point du tout, tu le frappais avec plus d'acharnement. Eh quoi! lorsque ses enfants se roulaient à tes pieds, ne fus-tu pas touché de compassion? loin de là, tu poussas la cruauté jusqu'à leur interdire de donner la sépulture à leur père. » Il y a dans cette figure beaucoup de véhémence et d'autorité, puisque après avoir demandé ce qu'il fallait faire, on ajoute à l'instant qu'on ne l'a

---

XXIV. Item : « Sæpe, judices, animum adverti multos aliqua ex honesta re, quam ne inimici quidem criminari possint, sibi præsidium petere : quorum nihil potest adversarius facere. Nam utrum ad patris virtutem confugiet? at eum vos jurati capite damnastis. An ad suam revertetur antiquam vitam alicubi honeste tractatam? Non; nam hic quidem ante oculos vestros quomodo vixerit, scitis omnes. An cognatos suos enumerabit, quibus vos conveniat commoveri? at hi quidem nulli sunt. Amicos proferet? at nemo est, qui sibi non turpe putet istius amicum nominari. » Item : « Credo, inimicum, quem nocentem putabas, in judicium adduxisti? non; nam indemnatum necasti. Leges, quæ id facere prohibent, veritus es? at ne scriptas quidem judicasti. Quum ipse te veteris amicitiæ commonefaceret, commotus es? at nihilo minus, sed etiam studiosius occidisti. Quid? quum tibi pueri ad pedes volutarentur, misericordia motus es? at eorum patrem crudelissime sepultura quoque prohibuisti. » Multum inest acrimoniæ et gravitatis in hac exornatione, propterea quod, quum quæ-

9.

point fait. Ainsi l'on amplifie très-facilement ce qu'il y a d'indigne dans l'action.

L'orateur peut aussi rapporter la subjection à lui-même : « Que devais-je faire, lorsque j'étais enveloppé par une si grande multitude de Gaulois ? Combattre ? mais nous n'avions qu'une poignée de soldats, et notre position était très-défavorable. Rester dans le camp ? mais nous n'avions ni secours à attendre ni subsistances pour prolonger notre vie. Abandonner le camp ? mais nous étions cernés. Compter pour rien la vie de mes soldats ? mais je croyais, en les recevant, m'être engagé à les conserver, autant qu'il me serait possible, à la patrie, à leurs parents. Rejeter les conditions de l'ennemi ? mais le salut des soldats devait passer avant la conservation des bagages. » En réunissant ainsi plusieurs objections, on prouve quelquefois qu'il n'y avait point de meilleur parti à prendre que celui auquel on s'est arrêté.

XXV. La *gradation* est une figure par laquelle on ne descend au mot suivant qu'après être revenu sur le mot qui précède ; ainsi : « Quel espoir de liberté nous reste-t-il, s'il leur est permis de faire ce qu'il leur plaît, s'ils peuvent ce qui leur est permis, s'ils osent ce qu'ils peuvent, s'ils font ce qu'ils osent, et

---

situm est, quid oporteat, subjicitur id non esse factum. Quare facillime fit, ut exaugeatur indignitas negocii.

Ex eodem genere, ut ad nostram quoque personam referamus subjectionem, sic : « Nam quid me facere convenit, quum a tanta Gallorum multitudine circumsederer ? An dimicarem ? at quum parva manu tum prodiremus, locum quoque inimicissimum habebamus. Sederem in castris ? at neque subsidium, quod exspectarem, habebamus, neque erat, qui vitam producerem. Castra relinquerem ? at obsidebamur. Vitam militum negligerem ? at eos videbar ea accepisse condicione, ut eos, quoad possem, incolumes patriæ et parentibus conservarem. Hostium condicionem repudiarem ? at salus antiquior est militum, quam impedimentorum. » Ejusmodi consequuntur identidem subjectiones, ut ex omnibus ostendi videatur, nihil potius, quam quod factum sit, faciendum fuisse.

XXV. Gradatio est, in qua non ante ad consequens verbum descenditur, quam ad superius conscensum est ; hoc modo : « Nam quæ reliqua spes manet libertatis, si illis, et quod libet, licet ; et quod licet, possunt ; et quod possunt audent ; et quod audent, faciunt ; et quod faciunt, vobis molestum non est ? » Item : « Non sensi hoc, et non suasi ; neque suasi, et non ipse statim facere cœpi ;

si vous souffrez ce qu'ils font? » Autre gradation : « Je n'ai point conçu ce projet sans vous le conseiller ; je ne l'ai point conseillé sans commencer sur-le-champ à l'exécuter moi-même ; je n'ai point commencé à l'exécuter sans l'achever ; je ne l'ai point achevé sans obtenir l'assentiment général. » Autre exemple : « Scipion l'Africain dut son mérite à l'activité de son génie, sa gloire à son mérite, ses rivaux à sa gloire. » Voyez encore : « L'empire de la Grèce fut au pouvoir des Athéniens ; les Athéniens furent subjugués par les Spartiates ; les Spartiates abattus par les Thébains ; les Thébains vaincus par les Macédoniens, qui triomphèrent bientôt de l'Asie, et l'ajoutèrent à l'empire de la Grèce. » Il y a une certaine grâce dans ce retour au mot précédent, dont la répétition fréquente constitue cette figure.

La *définition* embrasse en peu de mots, mais complétement, les attributs essentiels d'une chose. En voici une : « La majesté de la république se compose de la dignité et de la grandeur de la cité. » En voici une autre : « Les injures sont des violences qui attaquent le corps par des coups, les oreilles par des outrages ou la vie par quelque diffamation. » Autre : « Ce n'est point là de l'économie, c'est de la cupidité : car l'économie conserve avec soin notre fortune ; la cupidité désire injustement le bien d'autrui. » Autre : « Ce n'est point là du courage, c'est de la témérité ; en effet, le courage est le mépris des fatigues et des

---

neque facere cœpi, et non perfeci ; neque perfeci, et non probavi. » Item : « Africano industria virtutem, virtus gloriam, gloria æmulos comparavit. » Item : « Imperium Græciæ fuit penes Athenienses, Atheniensium potiti sunt Spartiatæ, Spartiatas superavere Thebani, Thebanos Macedones vicerunt, qui ad imperium Græciæ brevi tempore adjunxerunt Asiam bello subactam. » Habet in se quemdam leporem superioris cujusque crebra repetitio verbi, quæ propria est hujus exornationis.

Definitio est, quæ rei alicujus proprias amplectitur potestates breviter et absolute, hoc modo : « Majestas rei publicæ est, in qua continetur dignitas et amplitudo civitatis. » Item : « Injuriæ sunt, quæ aut pulsatione corpus aut convicio aures aut aliqua turpitudine vitam cujuspiam violant. » Item : « Non est ista diligentia, sed avaritia : ideo quod diligentia est accurata conservatio suorum ; avaritia, injuriosa appetitio alienorum. » Item : « Non est ista fortitudo, sed temeritas ; propterea quod fortitudo est contemptio laboris et periculi cum

périls, en vue de l'utilité et des avantages qui en sont le prix ; la témérité est la fougue du gladiateur, qui, sans motif, se charge de travaux et se jette dans les dangers. » Cette figure se prête à l'éloquence en ce qu'elle fait connaître la force et la valeur de la chose, d'une manière si claire et si rapide à la fois, qu'il paraît impossible d'ajouter un mot, impossible d'en retrancher.

XXVI. La *transition* rappelle brièvement ce qu'on a dit, et annonce de même en peu de mots ce qui doit suivre. Exemple : « Vous avez vu sa conduite envers sa patrie ; considérez maintenant comment il s'est emporté envers ses parents. » Autre exemple : « Vous savez tout le bien que je lui ai fait ; apprenez maintenant la reconnaissance qu'il m'a témoignée. » Cette figure est de quelque utilité pour un double objet : elle rappelle ce qu'on vient de dire, et prépare à entendre le reste.

La *correction* efface ce qui a été dit, et le remplace par d'autres expressions plus convenables ; ainsi : « S'il avait prié ses hôtes, que dis-je ? s'il leur avait seulement fait un signe, il eût facilement obtenu cela. — Après qu'ils eurent été vainqueurs, ou plutôt vaincus : car, comment appellerai-je victoire ce qui a été plus funeste qu'avantageux aux vainqueurs. — O envie, compagne de la vertu, toi qui suis le plus souvent, qui, pour mieux dire, persécutes les gens de bien ! » Ce genre de figure

---

ratione utilitatis, et compensatione commodorum : temeritas est cum inconsiderata laborum perpessione gladiatoria periculorum susceptio. » Hæc ideo commoda putatur exornatio, quod omnem rei cujuspiam vim et potestatem ita dilucide proponit et breviter, ut neque pluribus verbis oportuisse dici videatur, neque lucidius potuisse dici putetur.

XXVI. Transitio vocatur, quæ quum ostendit breviter, quid dictum sit, proponit item brevi, quid consequatur, hoc pacto : « Modo in patriam cujusmodi fuerit, habetis ; nunc in parentes qualis exstiterit, considerate. » Item : « Mea in istum beneficia cognoscitis ; nunc, quomodo iste mihi gratiam rettulerit, accipite. » Proficit hæc aliquantulum exornatio ad duas res : nam et quid dixerit commonet, et ad reliquum comparat auditorem.

Correctio est, quæ tollit id, quod dictum est, et pro eo id, quod magis idoneum videtur, reponit, hoc pacto : « Quodsi iste suos hospites rogasset, imo innuisset modo ; facile hoc perfici posset. » Item : « Nam postquam isti vicerunt atque adeo victi sunt : eam quomodo victoriam appellem, quæ victoribus plus calamitatis, quam boni, dederit ? — O virtutis comes invidia, quæ bonos insequeris plerumque atque adeo insectaris ! » Commovetur hoc genere ani-

frappe fortement les esprits. En effet, une chose énoncée en termes ordinaires paraît seulement dite ; la même idée, relevée par la *correction* oratoire, devient plus digne de l'éloquence. Mais, dira-t-on, ne vaudrait-il pas mieux, surtout quand vous écrivez, prendre d'abord le mot le plus expressif, le mieux choisi? Il est possible que non, si le changement d'expression doit faire sentir qu'il s'agit d'une chose que le mot ordinaire caractériserait trop faiblement, et qu'un mot choisi mettra plus en relief. Si vous aviez donné sur-le-champ ce terme énergique, on n'aurait remarqué ni le mérite de l'idée, ni celui de l'expression.

XXVII. La *prétérition* affirme qu'on passera sous silence, ou qu'on ne sait pas, ou qu'on ne veut pas dire une chose, qu'on dit pourtant à l'instant même; comme : Je parlerais de votre jeunesse que vous avez vouée à tous les excès, si je le jugeais convenable en ce moment; j'y renonce à dessein. Je ne rappellerai pas que vous avez été accusé d'avoir abandonné vos drapeaux; je regarde comme étrangère au sujet la réparation que L. Labéon a exigée de vous. Je néglige ces faits, et je reviens à ce qui est en jugement. » Second exemple : « Je ne dis point que vous avez reçu de l'argent des alliés ; je ne m'arrête point à rappeler que vous avez pillé les cités, les royaumes, les mai-

---

mus auditoris. Res enim communi verbo elata, tantummodo dicta videtur : ast ea, post ipsius oratoris correctionem magis idonea fit pronunciatione. Non igitur satius esset, dicet aliquis, ab initio, præsertim quum scribas, ad optimum et electissimum verbum devenire? Est, quum non est satius, si commutatio verbi id erit demonstratura, ejusmodi rem esse, ut, quum eam communi verbo appellaris, levius dixisse videaris; quum ad electius verbum accedas, insigniorem rem facias. Quodsi continuo venisses ad id verbum, nec rei nec verbi gratia animadversa esset.

XXVII. Occupatio est, quum dicimus, nos præterire, aut non scire, aut nolle dicere id, quod tunc maxime dicimus, hoc modo : « Nam de pueritia quidem tua, quam tu omni intemperantiæ addixisti, dicerem, si hoc tempus idoneum putarem : nunc consulto relinquo. Et illud prætereo, quod rei militaris te reddidisti infrequentem: deinde quod injuriarum satis fecisti L. Labeoni, nihil ad hanc rem pertinere puto. Horum nihil dico : revertor ad illud, de quo judicium est. » Item : « Non dico te ab sociis pecunias cepisse, non sum in eo occupatus, quod civitates, regna, domos omnium depeculatus es ;

sons particulières ; je passe sous silence vos rapines et vos brigandages. » Cette figure est très-utile, s'il est de notre intérêt de faire entrevoir une chose qu'il ne conviendrait pas de montrer en détail, à cause de sa longueur, ou de son peu de noblesse ; une chose trop difficile à prouver, trop facile à combattre : il vaut mieux alors faire naître un soupçon en termes couverts, que d'étaler des développements exposés à mille attaques.

La *disjonction* a lieu lorsque l'une et l'autre, ou chacune des choses dont on parle, est déterminée par un mot spécial ; ainsi : « Le peuple romain a détruit Numance, anéanti Carthage, renversé Corinthe, ruiné de fond en comble Frégelles. Les forces corporelles des Numantins n'ont pu les protéger ; la science militaire des Carthaginois ne leur a été d'aucun secours ; la politique rusée des Corinthiens ne les a point défendus ; la communauté de mœurs et de langage avec Rome n'a point sauvé Frégelles. » Voyez encore : « La beauté se flétrit par la maladie, ou s'éteint par la vieillesse. » Dans ce dernier exemple l'une et l'autre idée, et dans l'exemple précédent chaque idée, se trouve déterminée par un mot spécial.

La *conjonction*, en interposant un mot, réunit la première partie d'une phrase à la seconde, comme : « La beauté se *flétrit* ou par la maladie ou par la vieillesse. »

---

urta, rapinas omnes tuas omitto. » Hæc utilis est exornatio, si aut rem, quam non pertineat aliis ostendere, occulte admonuisse prodest aut si longum est aut ignobile aut planum non potest fieri aut facile potest reprehendi ; ut utilius sit occulte fecisse suspicionem, quam hujusmodi intendisse orationem, quæ redarguatur.

Disjunctio est, quum eorum, de quibus dicimus, aut utrumque aut unum quodque certo concluditur verbo, sic : « Populus Romanus Numantiam delevit, Karthaginem sustulit, Corinthum disjecit, Fregellas evertit. Nihil Numantinis vires corporis auxiliatæ sunt ; nihil Karthaginiensibus scientia rei militaris adjumento fuit ; nihil Corinthiis erudita calliditas præsidii tulit ; nihil Fregellanis morum et sermonis societas opitulata est. » Item : « Formæ dignitas aut morbo deflorescit aut vetustate exstinguitur. » Hic utrumque, et in superiore exemplo unam quamque rem certo verbo concludi videmus.

Conjunctio est, quum interpositione verbi et superiores partes orationis comprehenduntur et inferiores, hoc modo : « Formæ dignitas aut morbo deflorescit, aut vetustate.

Par *l'adjonction*, le mot qui sert de lien n'est point interposé, mais placé au commencement ou à la fin. Au commencement : *Deflorescit formæ dignitas aut morbo aut vetustate*. À la fin : *Aut morbo aut vetustate formæ dignitas deflorescit*. La disjonction est très-voisine du ton plaisant ; aussi faut-il s'en servir rarement, de peur qu'elle n'engendre la satiété. La conjonction aime la brièveté, ce qui autorise à l'employer plus souvent. Ces trois figures découlent d'un seul et même genre.

XXVIII. La *conduplication* est la répétition d'un seul mot ou de plusieurs, dans le but d'amplifier ou d'émouvoir ; en voici des exemples : « Les Gracques, oui, les Gracques excitent des troubles dans les familles, des troubles dans l'État. — Tu ne fus point touché quand une mère embrassait tes genoux, tu ne fus point touché? — Osez-vous bien encore aujourd'hui paraître devant cette assemblée, vous traître à la patrie, oui, traître à la patrie, osez-vous paraître devant cette assemblée? » La répétition du même mot frappe fortement l'auditeur, et fait à la cause adverse une plus large blessure, semblable à un glaive qui frappe à plusieurs reprises l'ennemi au même endroit.

L'*interprétation* ne répète pas le même mot, mais y substitue un mot différent qui a la même valeur, comme dans ces deux phrases : « Vous avez renversé la république de fond en comble ;

Adjunctio est, quum verbum, quo res comprehenditur, non interponimus, sed aut primum aut postremum collocamus. Primum, hoc pacto : « Deflorescit formæ dignitas aut morbo aut vetustate. » Postremo sic : « Aut morbo aut vetustate formæ dignitas deflorescit. » Ad festivitatem disjunctio est apposita; quare rarius utemur ea, ne satietatem pariat. Ad brevitatem conjunctio; quare sæpius adhibenda est. Hæ tres exornationes de simplici genere manant.

XXVIII. Conduplicatio est cum ratione amplificationis aut commiserationis ejusdem unius, aut plurium verborum iteratio, hoc modo : « Tumultus Gracchi, Gracchi tumultus domesticos et intestinos comparant. » Item : « Commotus non es, quum tibi mater pedes amplexaretur, non es commotus? » Item : « Nunc etiam audes in horum conspectum venire, proditor patriæ, proditor, inquam, patriæ, venire audes in horum conspectum? » Vehementer auditorem commovet ejusdem redintegratio verbi, et vulnus majus efficit in contrario causæ; quasi aliquod telum sæpius perveniat in eamdem partem corporis.

Interpretatio est, quæ non iterans idem redintegrat verbum, sed id commutat, quod positum est; alio verbo, quod idem valeat, hoc modo : « Rem publicam

vous l'avez radicalement détruite. — Vous avez indignement frappé votre père ; vous avez porté sur l'auteur de vos jours une main criminelle. » Il est nécessaire que l'esprit de l'auditeur soit ébranlé, lorsque l'impression faite par le premier mot est renouvelée par celui que l'interprétation y substitue.

La *commutation* transpose réciproquement deux pensées différentes, de manière que la dernière naisse de la première, et que celle-ci sorte de l'autre ; par exemple : « Il faut manger pour vivre, et non vivre pour manger. — Je ne fais pas de poëmes, parce que je ne puis en faire comme je voudrais, et que je ne veux pas en faire comme je pourrais. — Ce qu'on dit de cet homme ne se peut dire ; ce qu'on pourrait dire ne se dit pas de lui. — Si un poëme est un tableau parlant, un tableau doit être un poëme muet. — C'est parce que vous êtes un sot, que vous vous taisez ; ce n'est pas parce que vous vous taisez, que vous êtes un sot. » On ne peut dire tout ce qu'il y a de piquant dans cette transposition de deux pensées contraires où les mots se trouvent renversés. Nous en avons présenté plusieurs exemples, parce que, cette figure étant difficile à trouver, nous voulions en donner une idée nette, afin qu'il fût plus aisé de la traiter dans le discours.

XXIX. Par la *permission*, l'orateur déclare qu'il abandonne une chose, qu'il la livre sans réserve à la discrétion de quelqu'un ;

---

radicitus evertisti, civitatem funditus dejecisti. » Item : « Patrem nefarie verberasti, parenti manus scelerate intulisti. » Necesse est ejus, qui audit, animum commoveri, quum gravitas prioris dicti renovatur interpretatione verborum.

Commutatio est, quum duæ sententiæ inter se discrepantes ex transjectione ita efferuntur, ut a priore posterior, contraria priori, proficiscatur, hoc modo : « Esse oportet ut vivas, non vivere ut edas. » Item : « Ea re poemata non facio, quia, cujusmodi volo, non possum ; cujusmodi possum, nolo. » Item : « Quæ de illo dicuntur, dici non possunt ; quæ dici possunt, non dicuntur. » Item : « Poema loquens pictura, pictura tacitum poema debet esse. » Item : « Si stultus es, ea re taces ; non tamen, si taces, ea re stultus es. » Non potest dici, quam commode fiat, quum contrariæ sententiæ translatione verba quoque convertantur. Plura subjecimus exempla, ut, quoniam difficile est hoc genus exornationis inventu, dilucidum esset, ut, quum bene esset intellectum, facilius in dicendo inveniretur.

XXIX. Permissio est, quum ostendimus in dicendo, nos aliquam rem totam

ainsi : « Puisque j'ai tout perdu, puisqu'on ne m'a laissé que mon âme et mon corps, je vous confie ce qui me reste de tant de biens, je les remets en votre pouvoir. Usez, abusez de ma personne comme il vous plaira, tout vous est permis sur moi : prononcez sur mon sort, parlez, et j'obéis. » Quoiqu'on puisse employer quelquefois cette figure dans d'autres circonstances, cependant elle convient plus particulièrement pour exciter la compassion.

Par la *dubitation*, l'orateur semble se demander laquelle de deux, ou de plusieurs choses, il doit dire de préférence ; exemple : « La république souffrit beaucoup alors, dirai-je par l'incapacité ou par la perversité du consul, ou par l'une et l'autre à la fois. — Tu as osé tenir ce langage, ô de tous les hommes... ! en vérité, je ne sais où trouver un nom digne de ton caractère. »

L'*expédition*, après avoir énuméré plusieurs raisons qui expliquent comment une chose a pu arriver ou ne pas arriver, les élimine toutes, à l'exception d'une seule que nous dirigeons contre l'adversaire. On s'y prend ainsi : « Puisqu'il est constant que ce fonds m'a appartenu, vous devez nécessairement établir qu'il était abandonné, quand vous vous en êtes emparé, ou qu'il est devenu votre propriété par droit de prescription, ou que vous l'avez acheté, ou qu'il vous est arrivé par succession. Or, vous

tradere et concedere alicujus voluntati, sic : « Quoniam omnibus rebus ereptis solum superest animus et corpus, hæc ipsa, quæ mihi de multis sola relicta sunt, vobis et vestræ condono potestati. Vos me vestro, quo pacto vobis videbitur, utamini atque abutamini licebit impune : in me, quidquid libet, statuite; dicite; atque obtemperabo. » Hoc genus tametsi alias quoque nonnunquam tractandum est, tamen ad misericordiam commovendam vehementissime est accommodatum.

Dubitatio est, quum quærere videtur orator, utrum de duobus potius, aut quid de pluribus potissimum dicat, hoc modo : « Obfuit eo tempore plurimum rei publicæ consulum sive stultitiam sive malitiam dicere oportet sive utrumque. » Item : « Tu istud ausus es dicere, homo omnium mortalium... ! nam quo te digno moribus tuis appellem nomine ? »

Expeditio est, quum, rationibus compluribus enumeratis, quibus aliqua res aut fieri aut non fieri potuerit, cæteræ tolluntur, una relinquitur, quam nos intendimus, hoc modo : « Necesse est, quum constet istum fundum nostrum fuisse, ostendas te aut vacuum possedisse aut usu tuum fecisse aut emisse aut hæreditate tibi venisse. Vacuum, quum ego adessem, possidere non po-

n'avez pu le prendre comme étant abandonné, puisque j'ai toujours fait acte de propriété; vous ne sauriez alléguer la prescription; on ne présente aucun titre de vente; moi vivant, vous n'avez pu hériter de mon bien. Il en résulte que c'est par la violence que vous m'avez dépossédé. » Cette figure est d'un grand secours pour l'argumentation conjecturale; mais nous ne pouvons pas l'employer à notre gré, comme la plupart des autres. Pour la mettre en œuvre, il faut que la nature du sujet nous y autorise.

XXX. La *dissolution* est une figure qui, supprimant les conjonctions, présente les membres de phrase séparés. Exemple : « Suivez la volonté de votre père; obéissez à votre famille; cédez à vos amis; soumettez-vous aux lois. » Autre exemple : « Descendez à une justification complète; ne vous refusez à rien; livrez vos esclaves à la question; ne négligez rien pour découvrir la vérité. » Cette figure, pleine de vivacité et de véhémence, se prête à une expression rapide.

La *réticence* a lieu lorsque, après avoir prononcé quelques mots, on s'interrompt et l'on abandonne au jugement de l'auditeur la phrase commencée. Exemple : « Mon démêlé avec vous ne vient point de ce que le peuple romain m'a... je me tais, de peur qu'on ne m'accuse de vanité; pour vous, il vous a souvent

---

tuisti; tuum etiamnunc usu fecisse non potes; emptio nulla profertur; hereditate tibi me vivo mea pecunia venire non potuit. Relinquitur ergo, ut me vi de meo fundo dejeceris. » Hæc exornatio plurimum juvabit conjecturales argumentationes; sed non erit, tamquam in plerisque, ut, quum velimus, ea possimus uti. Nam facere id non poterimus, nisi nobis ipsa negocii natura dabit facultatem.

XXX. Dissolutum est, quod conjunctionibus verborum e medio sublatis, separatis partibus effertur, hoc modo : « Gere morem parenti, parc cognatis, obsequere amicis, obtempera legibus. » Item : « Descende in integram defensionem, noli quidquam recusare, da servos in quæstionem, stude verum invenire. » Hoc genus et acrimoniam habet in se et vehementissimum est, et ad brevitatem accommodatum.

Præcisio est, quum, dictis quibusdam, reliquum, quod cœptum est dici, relinquitur inchoatum in audientium judicio, sic : « Mihi tecum præcertatio non est, ideo quod populus Romanus me... nolo dicere, ne cui forte adrogans videar

jugé digne de mépris. — Quoi ! tu oses tenir ce langage, toi qui dernièrement dans la maison d'autrui !... je n'ose achever, de peur qu'en racontant des choses dignes de toi, je ne paraisse tenir des propos indignes de moi. » Ici la réticence fait naître un soupçon bien plus odieux que ne le serait une explication complète.

La *conclusion* est une figure qui, par une courte argumentation, tire de ce qui a été dit ou fait précédemment, une conséquence nécessaire. Voici comme on s'y prend : « Puisqu'un oracle avait annoncé aux Grecs que Troie ne pourrait être prise sans les flèches de Philoctète, et que ces flèches n'ont servi qu'à tuer Pâris, il en résulte qu'immoler ce prince, ce fut prendre Troie. »

XXXI. Restent encore dix figures de mots que nous n'avons pas voulu disperser çà et là, et que nous séparons des autres, parce qu'elles appartiennent au même genre. En effet, elles ont toutes la propriété d'éloigner les mots de leur signification usitée, pour les amener à une acception nouvelle qui contribue à l'ornement du discours.

La première de ces figures est l'*onomatopée*, qui, lorsqu'une chose n'a point de nom, ou lorsqu'elle n'a pas un nom assez expressif, nous enseigne à trouver un mot qui la désigne avec

---

te autem sæpe ignominia dignum putavit. » Item : « Tu ista nunc audes dicere, qui nuper alienæ domui... non ausim dicere, ne, quum te digna dixero, me indignum quidpiam dixisse videar. » Hic atrocior tacita suspicio, quam diserta explanatio facti est.

Conclusio est, quæ brevi argumentatione ex iis, quæ ante dicta sunt aut facta, conficit, quod necessario consequatur, hoc modo : « Quodsi Danais datum erat oraculum, non posse capi Trojam sine Philoctetæ sagittis, hæ autem nihil aliud fecerunt, nisi Alexandrum perculerunt : hunc exstinguere, id nimirum capi fuit Trojam. »

XXXI Restant etiam decem exornationes verborum, quas idcirco non vage dispersimus, sed a superioribus separavimus, quod omnes in uno genere sunt positæ. Nam earum omnium hoc proprium est, ut ab usitata verborum potestate recedatur, atque in aliam rationem cum quadam venustate oratio conferatur.

De quibus exornationibus nominatio est prima, quæ nos admonet, ut, cujus rei nomen aut non sit aut satis idoneum non sit, eam nosmet idoneo verbo nomi-

exactitude, sous le rapport de l'imitation ou de la signification. Par imitation nos ancêtres ont créé ces mots : *rudere, vagire, mugire, murmurare, sibilare.* On voit, dans la phrase suivante, comment on renouvelle la signification d'un mot : *Postquam iste in rem publicam fecit impetum, fragor civitatis inprimis est auditus.* Il faut user rarement de l'onomatopée : le retour fréquent des termes nouveaux pourrait déplaire ; mais si vous l'employez avec adresse et avec sobriété, cette originalité d'expression, loin d'offenser le goût, ajoute à la beauté du style.

L'*antonomase* désigne, par une espèce de surnom emprunté, ce qui ne peut être désigné par son propre nom. Par exemple, en parlant des Gracques : « Mais les petits-fils de l'Africain, dira-t-il, ne se conduisirent pas ainsi. » De même, si l'on disait d'un adversaire : « Voyez maintenant, juges, de quelle manière m'a traité ce *Plagioxypus.* » Par cette figure nous pouvons, dans l'éloge ou dans le blâme, emprunter élégamment au corps, ou à l'esprit, ou aux choses extérieures, une espèce de surnom qui remplace le terme propre.

XXXII. La *métonymie,* pour exprimer une idée, n'emploie pas le terme propre, mais va chercher le nom d'une autre idée, voisine ou corrélative. Tantôt elle désigne une chose par le nom de l'inventeur, comme si, pour parler du *Capitole,* on se servait du mot *Tarpeius.* Tantôt elle donne pour le nom de l'inventeur

nemus, aut imitationis, aut significationis causa. Imitationis, hoc modo, ut majores « rudere et vagire et mugire et murmurare et sibilare » appellarunt. Significandæ rei causa, sic : « Postquam iste in rem publicam fecit impetum, fragor civitatis inprimis est auditus. » Hoc genere raro est utendum, ne novi verbi adsiduitas odium pariat : sed si commode quis eo utatur et raro, non modo non offendet novitate, sed etiam exornat orationem.

Pronominatio est, quæ sicuti cognomine quodam extraneo demonstrat id, quod suo nomine appellari non potest ; ut, si quis, quum loquatur de Gracchis : « At non Africani nepotes, inquiet, istiusmodi fuerunt. » Item, si quis, de adversario quum dicat : « Videte nunc, inquit, judices, quemadmodum me Plagioxyppus iste tractarit. » Hoc pacto non inornate poterimus et in laudando et in lædendo corpore aut animo aut extraneis rebus dicere, sicuti cognomen, quod pro certo nomine collocamus.

XXXII. Denominatio est, quæ ab rebus propinquis et finitimis trahit orationem, qua possit intelligi res, quæ non suo vocabulo sit appellata. Id aut ab inventore conficitur, ut si quis Tarpeium, loquens de Capitolio, nominet : aut

celui de la chose inventée ; ainsi, pour *Bacchus*, on dit *le vin* ; pour *Cérès*, *le blé*. Quelquefois on prend l'arme pour celui qui en fait usage, comme si on désignait ainsi les Macédoniens : « Les *sarisses* ne s'emparèrent pas de la Grèce si promptement. » Ou si l'on indiquait les Gaulois par ce mot : « La *matère* transalpine ne fut pas si aisément chassée de l'Italie. » La métonymie substitue encore la cause à l'effet : pour montrer qu'une action a été faite à la guerre, on dira : « C'est *Mars* qui vous a contraint à vous conduire ainsi ; » l'effet à la cause : on appelle *oisif* un art qui accoutume à l'oisiveté ; on dit, dans le même sens, le froid *paresseux*, parce qu'il engourdit notre activité. Elle prend le contenant pour le contenu : « L'Italie ne peut être vaincue dans la guerre, ni la Grèce dans les arts. » Ici, au lieu des Grecs et des Italiens, on a nommé le pays qui contient ces peuples. Le contenu pour le contenant : si quelqu'un voulait désigner les richesses, il pourrait nommer l'or, ou l'argent, ou l'ivoire. Il est plus difficile de donner des règles distinctes sur ces différentes espèces de métonymies, que d'en trouver des exemples : car non-seulement les poëtes et les orateurs en sont habituellement pleins, mais elles fourmillent dans nos conversations journalières.

La *périphrase* prend une circonlocution pour exprimer une

---

ab invento, ut si quis pro Libero vinum, pro Cerere frugem appellet ; aut ab instrumento dominum, ut si quis Macedonas appellarit, hoc modo : « Non tam cito sarissæ Græcia potitæ sunt ; » aut idem, Gallos significans, dicat : « Nec tam facile ex Italia materis transalpina depulsa est : » aut id quod fit, ab eo qui facit ; ut si quis, quum bello velit ostendere aliquid quempiam fecisse, dicat : « Mars istud te facere necessario coegit : » aut si, quod facit, ab eo quod fit, ut, quum « desidiosam » artem dicemus, quia desidiosos facit ; et frigus « pigrum, » quia pigros efficit. Ab eo quod continet, id quod continetur, hoc modo denominabitur : « Armis Italia non potest vinci, nec Græcia disciplinis. » Nam hic pro Græcis et Italis, quæ continent, nominata sunt. Ab eo quod continetur, id quod continet ; ut si quis aurum vel argentum aut ebur nominet, quum divitias velit nominare. Harum omnium denominationum magis in præcipiendo divisio, quam in quærendo difficilis inventio est : ideo quod plena consuetudo est non modo poetarum et oratorum, sed etiam cotidiani sermonis hujusmodi denominationum.

Circuitio est oratio, rem simplicem adsumpta circumscribens elocutione, hoc

chose simple. Exemple : « La prudence de Scipion a brisé la puissance de Carthage. » Si l'orateur n'avait pas voulu embellir sa phrase, il aurait pu nommer simplement *Scipion, Carthage*.

L'*hyberbate* ou *transgression* change l'ordre des mots, en les renversant ou en les transposant. En les renversant, par exemple : *Hoc vobis deos immortales arbitror dedisse* PIETATE PRO VESTRA. En les transposant : *Instabilis in istum plurimum fortuna valuit.* — *Omnes invidiose eripuit tibi bene vivendi casus facultates.* Quand ces transpositions ne rendent pas le sens obscur, elles sont très-favorables à la *continuation*, dont nous avons parlé plus haut, parce que cette figure construit les phrases selon le rhythme poétique, afin de leur donner le dernier poli et la dernière perfection.

XXXIII. L'*hyperbole* est une expression qui sort des bornes de la vérité, soit pour augmenter, soit pour diminuer une chose. Elle a lieu sans comparaison, ou avec comparaison ; sans comparaison, comme dans cette phrase : « Si nous restons unis, l'étendue de l'empire se mesurera entre le lever et le coucher du soleil. » L'hyperbole par comparaison est avec similitude, ou avec supériorité. Avec similitude : « Son corps était blanc comme la neige, et ses yeux ardents comme le feu. » Avec supériorité : « De sa bouche coulaient des discours plus doux que le miel. »

---

pacto : « Scipionis providentia Karthaginis opes fregit. » Nam hic, nisi ornandi ratio quædam esset habita, Scipio potuit et Karthago simpliciter appellari.

Transgressio est, quæ verborum perturbat ordinem perversione aut transjectione. Perversione, sic : « Hoc vobis deos immortales arbitror dedisse pietate pro vestra. » Transjectione, hoc modo : « Instabilis in istum plurimum fortuna valuit. » Item : « Omnes invidiose eripuit tibi bene vivendi casus facultates. » Hujusmodi transjectio, quæ rem non reddit obscuram, multum proderit ad continuationes, de quibus ante dictum est : in quibus oportet verba sint ad poeticum quemdam exstructa numerum, ut perfecte et perpolitissime possint esse absolutæ.

XXXIII. Superlatio est oratio superans veritatem, alicujus augendi minuendive causa. Hæc sumitur separatim aut cum comparatione. Separatim, sic : « Quodsi concordiam retinebimus in civitate, imperii magnitudinem solis ortu atque occasu metiemur. » Cum comparatione, aut a similitudine, aut a præstantia superlatio sumitur. A similitudine, sic : « Corpore niveum candorem, aspectu igneum ardorem adsequebatur. » A præstantia, hoc modo : « Cujus ore

LIVRE IV.

Autre hyperbole du même genre : « Tel était l'éclat de ses armes, qu'il semblait obscurcir l'éclat du soleil. »

La *synecdoche* donne l'idée du tout en nommant une petite partie, ou l'idée d'une partie en nommant le tout. Exemple qui présente une partie pour le tout : « Ces flûtes nuptiales ne te rappelaient-elles pas ce mariage? » Ici toute la cérémonie des noces est comprise sous cette seule idée de flûtes nuptiales. On présenterait le tout pour la partie, si l'on disait à un homme vêtu avec luxe, paré avec ostentation : « Vous étalez à mes yeux toutes vos richesses ; vous jetez avec profusion les trésors de votre opulence. » La synecdoche donne encore le singulier pour le pluriel : « Le Carthaginois eut pour auxiliaire l'Espagnol ; il eut le farouche Transalpin ; et même l'Italien, sous la toge, a parfois embrassé sa cause. » Le pluriel pour le singulier : « Une affreuse calamité affligeait son cœur (*pectora*) : aussi, du fond de sa poitrine (*pulmonibus*) oppressée par le chagrin, arrachait-il avec peine un souffle haletant. » Dans le premier exemple, on veut faire entendre plusieurs Espagnols, plusieurs Gaulois, plusieurs Italiens ; dans le second, on ne parle que d'un seul cœur, d'une seule poitrine. Le moins pour le plus a de la grâce ; le plus pour le moins a de l'énergie.

La *catachrèse*, par une sorte d'abus, emploie au lieu de l'expression juste et propre, un mot analogue et d'un sens rappro-

---

sermo melle dulcior profluebat. » Eodem genere est hoc : « Tantus erat in armis splendor, ut solis fulgor obscurior videretur. »

Intellectio est, quum res tota parva de parte cognoscitur, aut de toto pars. De parte totum sic intelligitur : « Non illæ te nuptiales tibiæ ejus matrimonii commonebant ? » Nam hic omnis sanctimonia nuptiarum, uno signo tibiarum intelligitur. De toto pars, ut si quis ei, qui vestitum aut ornatum sumptuosum ostentet, dicat : « Ostentas mihi divitias et locupletes copias jactas. » Ab uno plura hoc modo intelliguntur : « Pœno fuit Hispanus auxilio, fuit immanis ille Transalpinus : in Italia quoque nonnemo idem sensit togatus. » A pluribus unum sic intelligitur : « Atrox calamitas pectora mærore pulsabat. Itaque anhelans ex imis pulmonibus præ cura spiritus ducebatur. » Nam in superiore plures Hispani et Galli et togati, et hic unum pectus et unus pulmo intelligitur : et erit illic deminutus numerus festivitatis, hic adauctus gravitatis gratia.

Abusio est, quæ verbo simili et propinquo pro certo et proprio abutitur, hoc

ché. Exemple : *Vires hominis breves sunt; parva statura; longum in homine consilium; — oratio magna; — uti pauco sermone.* Dans ces expressions il est facile de remarquer que l'on a emprunté, par une sorte d'abus, les noms de choses différentes, mais rapprochées.

XXXIV. La *métaphore* transporte le nom d'un objet à un autre objet, auquel il convient en vertu d'une similitude. Nous nous en servons pour mettre la chose sous les yeux; ainsi ? « Ce bruit tumultueux éveilla l'Italie frappée d'une terreur subite. » Pour être plus rapide : « L'arrivée récente des troupes éteignit la liberté civile. » Pour éviter un mot obscène : « Sa mère se complait chaque jour dans un nouveau mariage. » Pour amplifier : « Il n'y eut ni gémissements ni infortunes qui pussent assouvir le ressentiment et rassasier la barbarie de ce monstre. » Pour diminuer : « Il se vante de nous avoir été d'un grand secours, parce que, dans des circonstances très-difficiles, il nous a aidés d'un léger souffle. » Enfin, pour orner le style : « Un jour, cette république qui languit desséchée par les crimes des citoyens pervers, reverdira par les vertus des gens de bien. » On veut que la métaphore ait une certaine retenue, qu'elle passe avec convenance de l'idée qui nous occupe à une idée semblable, et qu'elle n'aille pas sans discernement, dans sa folle ambition, courir après une idée toute différente.

---

modo : « Vires hominis breves sunt, aut parva statura, aut longum in homine consilium; aut oratio magna; aut uti pauco sermone. » Nam hic facile est intellectu finitima verba rerum dissimilium ratione abusionis esse traducta.

XXXIV. Translatio est, quum verbum in quamdam rem transfertur ex alia re, quod propter similitudinem recte videbitur posse transferri. Ea [igitur] sumitur rei ante oculos ponendæ causa, sic : Hic Italiam tumultus expergefecit terrore subito. » Brevitatis causa, sic : « Recens adventus exercitus exstinxit subito civitatem. » Obscœnitatis vitandæ causa, sic : « Cujus mater cotidianis nuptiis delectatur. » Augendi causa, sic : « Nullius mœror et calamitas istius explere inimicitias et nefariam crudelitatem saturare potuit. » Minuendi causa, sic : « Magno se prædicat auxilio fuisse, quia paullulum in rebus difficillimis aspiravit. » Ornandi causa, sic : « Aliquando rei publicæ rationes, quæ malitia nocentium exaruerunt, virtute optimatium revirescent. » Translationem pudentem dicunt esse oportere, ut cum ratione in consimilem rem transeat; ne sine delectu temere et cupide videatur in dissimilem transcurrisse.

La *permutation* présente deux sens : l'un, dans les mots; l'autre, dans la pensée. On en distingue trois espèces : l'allégorie, l'allusion, l'antiphrase. Par l'allégorie on rassemble plusieurs métaphores dérivées de la même similitude. Exemple : « Lorsque les chiens font l'office des loups, à quelle garde confierons-nous les troupeaux? » Par l'allusion nous tirons une similitude d'une personne, d'un lieu ou de quelque autre chose, pour donner plus de force à l'idée, ou pour l'affaiblir; ainsi l'on dirait de Drusus : « Voilà l'éclat suranné des Gracchus. » Par antiphrase, « pour plaisanter un homme prodigue et débauché, vous le direz économe et sévère dans ses mœurs. » Dans cette dernière espèce de permutation, qui repose sur l'antiphrase, et dans la première, qui constitue l'allégorie, on peut aussi employer l'allusion métaphorique. En voici un exemple pour l'allégorie : « Que dit ce roi, notre Agamemnon, ou plutôt, car il est cruel, que dit cet Atrée? » Pour l'antiphrase : « Si un impie a battu son père, nous disons c'est un Énée; est-ce un homme intempérant, un adultère, nous l'appelons Hippolyte. » Voilà, à peu près, ce que nous avions à dire sur les figures de mots. L'ordre des idées nous avertit de passer maintenant aux figures de pensées.

XXXV. La *distribution* a lieu lorsque nous partageons certaines choses entre plusieurs objets ou plusieurs personnes; exemple :

Permutatio est oratio, aliud verbis, aliud sententia demonstrans. Ea dividitur in tres partes : similitudinem, argumentum, contrarium. Per similitudinem sumitur, quum translationes una aut plures frequenter ponuntur a simplici ratione ductæ, sic : « Nam quum canes funguntur officiis luporum, cuinam præsidio pecua credemus ?. » Per argumentum tractatur, quum a persona aut a loco aut a re aliqua similitudo augendi aut minuendi causa ducitur : « Ut si quis Drusum Gracchûm nitorem obsoletum dicat. « Ex contrario ducitur sic : « Ut si quis hominem prodigum et luxuriosum illudens parcum et diligentem appellet. » Et in hoc postremo, quod ex contrario sumitur ; et in illo primo, quod a similitudine ducitur, per translationem argumento poterimus uti. Per similitudem sic : « Quid ait hic rex atque Agamemno noster, sive, ut crudelitas est, potius Atreus ? » Ex contrario : « Ut si quem impium, qui patrem verberarit, Æneam vocemus; intemperantem et adulterum Hippolytum nominemus. » Hæc sunt fere, quæ dicenda videbantur de verborum exornationibus. Nunc res ipsa monet, ut deinceps ad sententiarum exornationes transeamus.

XXXV. Distributio est, quum in plures res aut personas negocia quædam

« Celui d'entre vous, juges, à qui le nom du sénat est cher, doit détester l'accusé : car il attaqua toujours le sénat avec la dernière insolence. Celui qui désire que l'ordre équestre brille du plus vif éclat dans la république, doit vouloir qu'on livre ce misérable au dernier supplice, de peur que son infamie ne souille et ne déshonore un ordre respectable. Vous qui avez un père, montrez par le châtiment du coupable l'horreur que vous inspirent les cœurs dénaturés. Vous qui avez des enfants, montrez par un grand exemple quelle est la punition que nos lois réservent à des hommes tels que lui. » — « C'est le devoir du sénat de soutenir la république de ses conseils ; c'est le devoir des magistrats d'exécuter les décisions du sénat avec zèle et fidélité ; c'est le devoir du peuple de choisir ou de confirmer par ses suffrages les hommes les plus capables, les lois les plus justes. » — « Le devoir de l'accusateur est de dénoncer les crimes ; celui du défenseur, de les réfuter et de les repousser ; celui du témoin, de dire ce qu'il sait ou ce qu'il a entendu ; celui du président, de contenir chacun d'eux dans son devoir. C'est pourquoi, L. Cassius, si vous souffrez qu'un témoin, au delà de ce qu'il a vu ou entendu, poursuive des arguments et des conjectures, vous confondrez le droit de l'accusateur avec celui du témoin ; vous enhardirez les mensonges d'un témoin passionné ; vous réduirez l'accusé à se défendre deux fois. » Cette figure a de l'abondance ;

dispertiuntur, hoc modo : « Qui vestrum, judices, nomen senatus diligit, hunc oderit necesse est : petulantissime enim semper iste oppugnavit senatum. Qui equestrem locum splendidissimum cupit esse in civitate, is oportet istum maximas pœnas dedisse velit, ne iste sua turpitudine ordini honestissimo maculæ atque dedecori sit. Qui parentes habetis, ostendite istius supplicio vobis homines impios non placere. Quibus liberi sunt, statuite exemplum, quantæ pœnæ sint in civitate hominibus istiusmodi comparatæ. » Item : Senatus est officium consilio civitatem juvare ; magistratus officium est opera et diligentia consequi senatus voluntatem ; populi est officium, res optimas et homines idoneos maxime suis sententiis deligere et probare. » — « Accusatoris officium est inferre crimina ; defensoris diluere et propulsare ; testis dicere quæ sciat aut audierit ; quæsitoris est unum quemque horum in officio suo continere. Quare, L. Cassi, si testem, præterquam quod sciat aut audierit, argumentari et conjectura prosequi patieris, jus accusatoris cum jure testimonii commiscebis, testis improbi cupiditatem confirmabis, reo duplicem defensionem parabis. » Hæc est exornatio copiosa : comprehendit

elle comprend beaucoup en peu de mots, et, attribuant à chacun son devoir, elle établit entre plusieurs choses des divisions bien marquées.

XXXVI. Nous nous servons de la *licence* lorsque, parlant à des personnes que nous devons respecter ou craindre, nous reprochons, dans les limites de notre droit, à eux ou à leurs amis, une faute qu'ils ont réellement commise. « Vous vous étonnez, Romains, que tout le monde déserte vos intérêts, que personne n'embrasse votre cause, que personne ne se déclare votre défenseur? N'attribuez cet abandon qu'à vos propres fautes, et cessez d'en être surpris. Pourquoi et comment, en effet, tous ne devraient-ils pas fuir ou éviter une tâche si ingrate? Ressouvenez-vous de ceux que vous avez eus pour défenseurs; remettez-vous sous les yeux leur dévouement à vos intérêts, et considérez ensuite quel fut leur sort! Alors vous reconnaîtrez, pour parler avec franchise, que votre insouciance, ou plutôt votre lâcheté, les a laissé massacrer devant vos yeux, tandis que vos suffrages ont élevé leurs ennemis aux plus hautes dignités. » Autre exemple : « Quel motif, juges, vous a fait différer votre sentence? pourquoi accorder à ce scélérat un plus ample informé? N'avait-on pas appuyé l'accusation des preuves les plus manifestes? Ces preuves n'étaient-elles pas toutes confirmées par les témoins? qu'a-t-il répondu? des puérilités, des

---

enim brevi multa et suum cuique tribuens officium separatim res dividit plures.

XXXVI. Licentia est, quum apud eos, quos aut vereri aut metuere debemus, tamen aliquid pro jure nostro dicimus, quo eos aut quos ii diligunt, aliquo in errato vere reprehendere videamur, hoc modo : « Miramini, Quirites, quod ab omnibus vestræ rationes deserantur? quod causam vestram nemo suscipiat? quod se nemo vestri defensorem profiteatur? Id tribuite vestræ culpæ, atque istud desinite mirari. Quid est enim, quare non omnes istam rem fugere ac vitare debeant? Recordamini, quos habueritis defensores; studia eorum vobis ante oculos proponite; deinde exitus omnium considerate. Tum vobis veniet in mentem, ut vere dicam, negligentia vestra, sive ignavia potius illos omnes ante oculos vestros trucidatos esse, inimicos eorum vestris suffragiis in amplissimum locum pervenisse. » Item : « Nam qui fuit, judices, quare in sententiis ferundis dubitaveritis, aut istum hominem nefarium ampliaveritis? Non apertissimæ res erant crimini datæ? non omnes hæ testibus comprobatæ? non contra tenuiter et nugatorie responsum? Ilic

bagatelles. Sans doute vous avez craint, si vous le condamniez dès la première audience, d'être accusés de cruauté. En voulant éviter un blâme, qui ne pouvait vous atteindre, vous avez mérité le reproche de faiblesse et de lâcheté. Vous avez attiré sur les particuliers et sur l'État des calamités sans nombre ; et lorsque de plus grandes encore semblent nous menacer, vous restez immobiles, incertains ! Le jour, vous attendez la nuit ; la nuit vous attendez le jour. À chaque instant vous recevez une nouvelle affligeante, douloureuse ; et vous conservez, vous nourrissez dans votre sein l'auteur de tous ces maux ! Autant que vous le pouvez, vous retenez dans la république le fléau de la patrie. »

XXXVII. Si une licence de ce genre paraît avoir trop de violence, il y a beaucoup de correctifs qui l'adouciront. On peut ajouter immédiatement : « Ici je cherche en vain votre vertu ; je regrette votre sagesse ; je ne retrouve plus vos anciennes coutumes. » Ainsi l'irritation soulevée par la licence se calmera par une louange adroite, et nous écarterons le mécontentement et la colère, en même temps que nous détournerons d'une faute. Ces précautions prises à propos dans l'usage de la parole, comme dans l'amitié, ont le grand avantage de préserver d'un faux pas ceux qui nous écoutent, et de prouver que nous sommes à la fois leurs amis et ceux de la vérité.

vos veriti estis, si primo cœtu condemnassetis, ne crudeles existimaremini ? Dum eam vitastis vituperationem, quæ longe a vobis erat afutura, eam invenistis, ut timidi atque ignavi putaremini. Maximas et privatas et publicas calamitates accepistis : quum etiam majores impendere videantur, sedetis et oscitamini. Luce noctem, nocte lucem exspectatis. Aliquid cotidie acerbi atque incommodi nuntiatur, et cum, cujus opera nobis hæc accidunt, vos remoramini diutius et alitis ad reipublicæ perniciem, retinetis, quoad potestis, in civitate. »

XXXVII. Ejusmodi licentia si nimium videbitur acrimoniæ habere, multis mitigationibus lenietur ; nam continuo aliquid hujusmodi licebit inferre : « Hic ego virtutem vestram quæro, sapientiam desidero, veterem consuetudinem requiro. » Quod erit commotum licentia, id constituetur laude ; ut altera res ab iracundia et molestia removeat, altera res ab errato deterreat. Hæc res, sicut in amicitia, item in dicendo, si loco fit, maxime facit, ut et illi, qui audient, a culpa absint, et nos, qui dicimus, amici ipsorum et veritatis esse videamur.

Il est une autre espèce de licence oratoire qui exige plus de finesse : c'est lorsque nous reprenons nos auditeurs de la manière dont ils veulent être repris, ou lorsque, sachant bien qu'ils entendront volontiers nos reproches, nous semblons craindre qu'ils ne les reçoivent mal, et cependant persister à les exprimer, parce que la vérité nous entraîne. Nous ajouterons des exemples de ces deux sortes de licences. Exemple de la première : « Romains, vous avez dans l'esprit trop de candeur et de bonté ; vous vous livrez à tout le monde avec une confiance excessive. Vous pensez que chacun s'efforce d'accomplir ce qu'il vous a promis. C'est une erreur, et depuis longtemps cette fausse espérance vous abuse. Quand votre destinée était entre vos mains, vous avez eu la folie de demander aux autres ce qui ne dépendait que de vous. » Exemple de la seconde espèce de licence : « Entre cet homme et moi, juges, il y eut des liens d'amitié ; mais cette amitié (bien que je craigne de vous déplaire, je parlerai franchement), c'est vous qui me l'avez ravie. Et comment ? parce que, afin de conserver votre faveur, j'ai mieux aimé avoir pour ennemi que pour ami celui qui vous attaquait. » Ainsi la figure nommée licence peut, comme nous l'avons montré, se traiter de deux manières : avec une véhémence, que l'on tempérera par un mot d'éloge, si elle parait trop violente ; ou bien avec cette feinte dont nous avons parlé en dernier lieu, et qui n'a pas

---

Est autem quoddam genus in dicendo licentiæ, quod astutiore ratione comparatur : quum aut ita objurgamus eos, qui audiunt, quomodo ipsi se cupiunt objurgari : aut id, quod scimus facile omnes audituros, dicimus nos timere, quomodo accipiant ; sed tamen veritate commoveri, ut nihilo secius dicamus. Horum amborum generum exempla subjiciemus. Prioris, hujusmodi : « Nimium, Quirites, animis estis simplicibus et mansuetis ; nimium creditis uni cuique. Existimatis unum quemque eniti, ut perficiat, quæ vobis pollicitus sit. Erratis et falsa spe frustra jam diu detinemini. Stultitia vestra id, quod erat in vestra potestate, ab aliis petere, quam ipsi sumere maluistis. » Posterioris licentiæ hoc erit exemplum : « Mihi cum isto, judices, fuit amicitia ; sed ista tamen amicitia, tametsi vereor quomodo accepturi sitis, tamen dicam, vos me privastis. Quid ita? Quia, ut vobis essem probatus, eum qui vos oppugnabat, inimicum, quam amicum habere malui » Ergo hæc exornatio, cui licentiæ nomen est, sicuti demonstravimus, duplici ratione tractabitur : acrimonia, quæ si nimium fuerit aspera, mitigabitur laude, et adsimulatione, de qua posterius diximus ; quæ non indi-

10.

besoin de correctif, parce que, si elle prend les dehors de la licence, elle s'applique néanmoins à s'introduire dans l'esprit des auditeurs.

XXXVIII. L'orateur emploie la *diminution* lorsqu'il lui faut louer, en lui-même ou dans ses clients, le caractère, la beauté, les talents; alors, pour ne point se donner un air d'arrogance on diminue, on affaiblit par ses paroles les avantages que l'on rappelle; comme dans cet exemple : « Car il m'est permis de le dire, juges, j'ai employé mes efforts et mon application pour ne point être un des derniers dans la science militaire. » Si l'orateur avait dit : « Pour être au premier rang, » quand même il eût dit vrai, on l'aurait accusé de présomption. Il a dit précisément ce qu'il fallait et pour ne point éveiller l'envie, et pour faire valoir son mérite. Autre exemple : « Est-ce l'avarice ou le besoin qui l'a entraîné au crime? L'avarice? mais il a été prodigue envers ses amis, ce qui est un effet de la libéralité c'est-à-dire du contraire de l'avarice. Le besoin? mais son père (je ne veux point exagérer) ne lui a pas laissé un mince héritage. » L'orateur évite de dire un grand ou un très-grand héritage. Nous observerons donc cette réserve en parlant de nos avantages ou de ceux de nos clients : car celui qui parle de sa supériorité avec maladresse, dans la société, soulève l'envie; dans un discours, s'attire la haine. Or, de même que, dans la société, la

---

get mitigationis, propterea quod imitatur licentiam, et sua sponte ad animum auditoris se accommodat.

XXXVIII. Deminutio est, quum aliquid inesse in nobis, aut in iis quos defendimus, aut natura aut forma aut industria dicemus egregium : quod, ne qua significetur adrogans ostentatio, deminuitur et attenuatur oratione, hoc modo : « Nam hoc pro meo jure, judices, dico me labore et industria curasse, ut disciplinam militarem non in postremis tenerem. » Hic si quis dixisset: « Ut optime tenerem, » tametsi vere dixisset, tamen adrogans visus esset. Nunc et ad invidiam vitandam et ad laudem comparandam satis dictum est. Item : « Utrum igitur avaritiæ causa an egestatis accessit ad maleficium? Avaritiæ? at largissimus fuit in amicos; quod signum liberalitatis est, quæ contraria est avaritiæ. Egestatis? at huic quidem pater (nolo nimium dicere) non tenuissimum patrimonium reliquit. » Hic quoque vitatum est, ne magnum aut maximum diceretur. Hoc igitur in nostris aut eorum quos defendemus, egregiis commodis proferendis observabimus. Nam ejusmodi res et invidiam contrahunt in vita, et odium in oratione, si inconsiderate tractes: Quare, quemad=

prudence nous fait échapper à l'envie, ainsi, dans un discours, une sage réserve nous met à l'abri de la haine.

XXXIX. On appelle *description* la peinture de toutes les conséquences d'un fait, dans un tableau qui réunit la clarté, l'éclat et la noblesse. Par exemple : « Juges, si vos suffrages le rendent à la liberté, aussitôt, semblable à un lion lâché de sa cage, ou à quelque autre animal féroce qui a rompu sa chaîne, vous le verrez courir, errer sur le Forum, aiguiser ses dents impunies, se ruer sur toutes les fortunes ; attaquer amis, ennemis, connus, inconnus ; piller la renommée des uns, menacer la vie des autres ; briser l'asile des foyers domestiques, le sanctuaire des familles ; saper la république jusque dans ses fondements. C'est pourquoi, juges, chassez-le de notre patrie ; délivrez tous les citoyens de la terreur qu'il leur inspire ; songez enfin à votre propre salut ; car, si vous le renvoyez impuni, ce sera, croyez-moi, un monstre farouche et sanguinaire que vous aurez déchaîné contre vous-mêmes. » Deuxième exemple : « Juges, si vous prononcez sur ce malheureux une sentence funeste, vous frapperez du même coup bien d'autres victimes. Un père chargé d'années, qui fondait sur la jeunesse de son fils toutes les espérances de sa vieillesse, n'aura plus rien qui l'attache à la vie ; des enfants en bas âge, privés des secours paternels, deviendront le jouet et la risée des ennemis de leur père ; l'affreuse cala-

---

modum ratione in vivendo fugitur invidia, sic in dicendo consilio vitatur odium.

XXXIX. Descriptio nominatur, quæ rerum consequentium continet perspicuam et dilucidam cum gravitate expositionem, hoc modo : « Quodsi istum, judices, vestris sententiis liberaveritis, statim sicut e cavea leo missus, aut aliqua teterrima bellua soluta ex catenis, volitabit et vagabitur in foro, acuens dentes inultos in cujusque fortunas, in omnes amicos atque inimicos, notos atque ignotos incursans ; aliorum famam depeculans, aliorum caput oppugnans, aliorum domum atque omnem familiam perfringens, rem publicam funditus labefactans. Quare, judices, ejicite eum de civitate, liberate omnes formidine ; vobis denique ipsis consulite ; nam si istum impunitum dimiseritis, in vosmet ipsos, mihi credite, feram et truculentam bestiam immiseritis. » Item : « Nam si de hoc, judices, gravem sententiam tuleritis, uno judicio simul multos jugulaveritis. Grandis natu parens, cujus spes senectutis omnis in hujus adolescentia posita est, quare velit in vita manere, non habebit ; filii parvi, privati patris auxilio, ludibrio et despectui paternis inimicis erunt oppositi ; tota do-

mité qui s'appesantira sur lui écrasera toute une famille ; et cependant leurs persécuteurs, maîtres d'une palme sanglante et d'une victoire odieuse, insulteront à leur misère, et joindront l'arrogance des paroles à l'arrogance de leur conduite. » Troisième exemple : « Romains, personne de vous n'ignore les maux horribles qui fondent sur une ville prise d'assaut. Quiconque a porté les armes est d'abord impitoyablement massacré ; on traîne en esclavage ceux à qui leur âge et leurs forces permettent de supporter le travail ; les malheureux qu'on juge inutiles sont privés de la vie ; en même temps, l'incendie qu'allume le vainqueur dévore les maisons ; ceux qu'avait unis la nature ou la tendresse sont violemment séparés ; des enfants sont arrachés des bras de leurs parents, d'autres égorgés sur le sein de leurs mères, d'autres déshonorés sous leurs yeux. Il n'est personne, juges, qui puisse trouver des paroles pour un tel sujet, qui puisse exprimer dans un discours la grandeur de leur calamité. » Cette figure convient pour exciter l'indignation ou la pitié, lorsque toutes les suites d'un fait sont rassemblées dans une exposition claire et rapide.

XL. La *division*, distinguant deux points de vue, résout l'un et l'autre, en s'appuyant d'une raison pour chacun ; par exemple : « Pourquoi vous adresserais-je maintenant des reproches ? si vous êtes honnête homme, vous ne les avez point mérités ; si

---

mus hujus indigna concidet calamitate; at inimici statim sanguinolenta palma, crudelissima victoria potiti, insultabunt in horum miserias, et superbi re simul et verbis invehentur. » Item : « Nam, neminem vestrum fugit, Quirites, urbe capta quæ miseriæ consequi soleant : arma qui contra tulerunt, statim crudelissime trucidantur; cæteri, qui possunt per ætatem et vires laborem ferre; rapiuntur in servitutem; qui non possunt, vita privantur : uno denique atque eodem tempore domus hostili flagrat incendio, et quos natura aut voluntas necessitudine aut benevolentia conjunxit, distrahuntur : liberi partim e gremiis diripiuntur parentum, partim in sinu jugulantur, partim ante pedes constuprantur. Nemo, judices, est, qui possit satis rem consequi verbis nec referre oratione magnitudinem calamitatis. » Hoc genere exornationis vel indignatio vel misericordia potest commoveri, quum res consequentes comprehensæ universæ perspicua breviter exprimuntur oratione.

XL. Divisio est, quæ rem semovens ab re, utramque absolvit, ratione subjecta, hoc modo : « Cur ego nunc tibi quidquam objiciam ? Si probus es, non

vous êtes sans probité, ils ne vous toucheront point. » De même : « Qu'ai-je besoin maintenant de vous rappeler mes services ? si vous vous en souvenez, je ne ferai que vous fatiguer ; si vous en avez perdu le souvenir, mes paroles laisseront-elles une impression plus durable que mes actions ? » De même encore : « Deux choses peuvent entraîner les hommes à rechercher un profit illégitime : la misère et l'avidité des richesses. Nous vous avons reconnu pour avide, dans le partage que vous avez fait avec votre frère ; maintenant nous vous voyons dans la misère et dans le besoin. Comment donc nous prouver que vous n'aviez point de motifs pour commettre une mauvaise action ? » Entre cette division et la troisième partie du discours dont nous avons parlé dans le premier livre, à la suite de la narration, il y a cette différence : l'un divise, par énumération ou par exposition, les idées qui doivent être discutées dans tout le discours ; l'autre se développe sur-le-champ en deux ou plusieurs parties, ajoute à chacune sa preuve, et contribue ainsi à l'ornement du discours.

L'*accumulation* réunit en un seul faisceau des idées éparses dans toute la cause, afin de rendre l'argumentation plus forte, plus vive, plus accablante ; ainsi : « Enfin, de quel vice est-il exempt ? A quel titre, juges, voudriez-vous l'absoudre ? lui, qui prostitue sa pudeur et tend des piéges à celle d'autrui ; cupide,

---

meruisti ; si improbus, non commovebere. » Item : « Quid nunc ego de meis promeritis prædicem ? Si meministis, obtundam ; si obliti estis, quum re nihil egerim, quid est quod verbis proficere possim ? » Item : « Duæ res sunt, quæ possunt homines ad turpe compendium commovere, inopia atque avaritia. Te avarum in fraterna divisione cognovimus ; inopem atque egentem nunc videmus. Qui potes igitur ostendere causam maleficii non fuisse ? » Inter hanc divisionem, et illam, quæ de partibus orationis tertia est, de qua in primo libro diximus secundum narrationem, hoc interest : illa dividit per enumerationem aut per expositionem, quibus de rebus in totam orationem disputatio futura sit ; hæc se statim explicat, et brevi duabus aut pluribus partibus subjiciens tiones, exornat orationem.

Frequentatio est, quum res in tota causa dispersæ coguntur in unum, quo gravior aut acrior aut criminosior oratio sit, hoc pacto : « A quo tandem abest iste vitio ? Quid est, judices, cur judicio velitis eum liberare ? Suæ pudicitiæ proditor est, insidiator alienæ ; cupidus, intemperans, petulans, superbus ; im-

intempérant, effronté, arrogant ; impie envers ses parents, ingrat envers ses amis, persécuteur de sa famille, rebelle à ses supérieurs, dédaigneux envers ses égaux et ses pareils, cruel envers ses inférieurs, véritable fléau insupportable à tout le monde! »

XLI. Il y a une accumulation du même genre, qui est d'un grand secours dans les causes conjecturales, lorsque des soupçons qui, présentés isolément, seraient faibles et légers, peuvent, en se réunissant, conduire, non pas à la probabilité, mais à la certitude, comme dans cette argumentation : « N'allez pas, juges, considérer séparément les preuves que j'ai données : il faut les rapprocher, les voir dans leur ensemble. L'accusé trouvait son avantage dans la mort de cet homme ; on connaît la turpitude de de sa vie, son avidité, le délabrement de sa fortune ; le crime ne fut avantageux qu'à lui ; nul autre n'eût pu l'exécuter aussi facilement, et lui-même ne pouvait mieux choisir ses moyens ;

n'a rien omis de ce qui devait assurer le succès ; il n'a rien fait qui pût le compromettre : le lieu était le plus propre à une surprise, l'occasion favorable, l'instant de l'attaque on ne peut plus propice ; il avait pris tout le temps nécessaire à l'accomplissement de son projet, et pouvait compter sur le secret et sur le succès de son crime ; ajoutez qu'avant l'assassinat on l'a vu seul dans le lieu où il a été commis ; peu après, au moment

---

pius in parentes, ingratus in amicos, infestus cognatis, in superiores contumax, in æquos et pares fastidiosus, in inferiores crudelis, denique in omnes intolerabilis. »

XLI. Ejusdem generis est illa frequentatio, quæ plurimum conjecturalibus causis opitulatur, quum suspiciones, quæ separatim dictæ, minutæ et infirmæ erant, unum in locum coactæ rem videntur perspicuam facere, non suspiciosam, hoc pacto : « Nolite igitur, nolite, judices, ea, quæ dixi, separatim spectare ; sed omnia colligite, et conferte in unum. Si et commodum ad istum ex illius morte veniebat, et vita hominis est turpissima, animus avarissimus, fortunæ familiares attenuatissimæ, et res ista bono nemini præter istum fuit; neque alius quisquam æque commode, neque iste aliis commodioribus rationibus facere potuit ; neque præteritum est ab isto quidquam, quod opus fuerit ad maleficium, neque factum, quod opus non fuerit ; et quum locus idoneus maxime quæsitus, tum occasio adgrediendi commoda, tempus adeundi opportunissimum, spatium conficiendi longissimum sumptum est, non sine maxima occultandi et perficiendi maleficii spe ; et præterea ante, quam occisus homo is est, iste visus est in eo loco, in quo est occisio facta, solus ; paullo post in

où le meurtre s'exécutait, la voix de la victime a été entendue ; ensuite, après l'homicide, il est constant qu'il n'est rentré dans sa maison que bien avant dans la nuit ; le lendemain, en parlant de la mort de cet homme il a balbutié et s'est contredit ; tous ces faits sont démontrés, en partie par les témoignages, en partie par la question, par les indices et par la rumeur publique, qui, fondée sur ces indices, doit être conforme à la vérité : c'est donc à vous, juges, de tirer de toutes ces preuves réunies, non pas le soupçon, mais la certitude de la culpabilité : car, si le hasard a pu élever contre le prévenu une ou deux de ces présomptions, il est impossible que toutes, depuis la première jusqu'à la dernière, s'accordent par un simple effet du hasard. » Cette figure est véhémente, et presque toujours nécessaire dans les causes conjecturales ; mais on peut aussi l'employer quelquefois dans les autres genres de causes, et dans toutes sortes de discours.

XLII. L'*expolition* s'arrête sur une même pensée, et semble cependant ajouter toujours quelque chose de nouveau. Elle se traite de deux façons : ou elle dit tout à fait la même chose, ou seulement elle parle de la même chose. Nous dirons la même chose, non pas de la même manière (car ce serait fatiguer l'auditeur, sans ajouter à l'éclat du discours), mais avec des changements. Ces changements se font, ou dans les termes, ou dans la

---

ipso maleficio, vox illius, qui occidebatur, audita ; deinde post occisionem, istum multa nocte domum rediisse constat ; postera die titubanter et inconstanter de occisione illius locutum ; hæc partim testimoniis, partim quæstionibus [et argumentis] omnia comprobantur, et rumore populi, quem ex argumentis natum, necesse est esse verum : vestrum, judices, est his in unum locum collatis, certam sumere scientiam, non suspicionem maleficii. Nam unum aliquid, aut alterum potest in istum casu cecidisse suspiciose : ut omnia inter se a primo ad postremum conveniant maleficio, necesse est casu non posse fieri. » Vehemens hæc est exornatio, et in conjecturali constitutione causæ ferme semper necessaria, et in cæteris generibus causarum, et in omni oratione adhibenda nonnumquam.

XLII. Expolitio est, quum in eodem loco manemus, et aliud atque aliud dicere videmur. Ea dupliciter fit, si aut eamdem plane dicemus rem aut de eadem re. Eamdem rem dicemus, non eodem modo (nam id quidem obtundere auditorem est ; non rem expolire), sed commutate. Commutabimus tripli-

prononciation, ou dans le tour de la pensée. Nous changerons l'idée au moyen des termes, lorsque après l'avoir d'abord énoncée, nous la répéterons une seconde fois, ou à plusieurs reprises, en termes équivalents ; par exemple : « Il n'est point de danger si grand que le sage n'affronte pour le salut de sa patrie. Quand il s'agira de perpétuer la prospérité de l'état, le bon citoyen exposera sa tête à tous les périls, pour défendre la fortune publique ; et si l'intérêt du pays réclame son bras, il n'hésitera jamais, quel que soit le danger, à s'y précipiter avec ardeur. » Nous changerons l'idée au moyen de la prononciation, si, passant du ton simple au ton véhément et à toutes les autres modifications de la voix et du geste, en même temps qu'une pensée unique se diversifie par les termes, nous la varions plus énergiquement encore par le débit. Il n'est pas facile de réduire ce conseil en préceptes, mais il est aisé de le mettre en pratique : on nous dispensera donc de donner des exemples. La troisième espèce de changement dépend du tour de la pensée, selon que nous donnons à notre phrase la forme du dialogisme ou celle de l'interrogation.

XLIII. Le *dialogisme*, dont nous parlerons bientôt avec plus de détails, ne nous arrêtera maintenant qu'autant que la question l'exige : c'est une figure qui met dans la bouche d'un personnage un discours conforme à sa dignité. Pour faire mieux saisir

citer, verbis, pronunciando, tractando. Verbis commutabimus, quum, re semel dicta, iterum, aut sæpius, aliis verbis, quæ idem valeant, eadem res proferetur, hoc modo : « Nullum tantum est periculum, quod sapiens pro salute patriæ vitandum arbitretur. Quum agetur incolumitas perpetua civitatis, qui bonis erit rationibus præditus, profecto nullum vitæ discrimen sibi pro fortunis rei publicæ fugiendum putabit, et erit in ea sententia semper, ut pro patria studiose quamvis in magnam descendat vitæ dimicationem. » Pronunciando commutabimus, si tum in sermone, tum in acrimonia, tum in alio atque alio genere vocis atque gestus, eadem verbis commutando, pronunciatione quoque vehementius immutabimus. Hoc neque commodissime scribi potest neque parum est apertum : quare non eget exempli. Tertium genus est commutationis, quod tractando conficitur, si sententiam trajiciemus aut ad sermocinationem, aut ad exsuscitationem.

XLIII. Sermocinatio est (de qua planius paullo post suo loco dicemus, nunc breviter, quod ad hanc rem satis sit, attingemus), in qua constituetur alicujus personæ oratio acommodata ad dignitatem, hoc modo ut, quo facilius res

la chose, je ne m'éloignerai pas de mon premier exemple : « Le sage qui croira devoir braver tous les dangers pour la défense de l'État, se dira souvent : Ce n'est pas pour moi seul, mais c'est bien plus encore pour ma patrie, que je suis né. Cette vie, que je ne pourrais refuser au destin, sacrifions-la plutôt au salut de la patrie. La patrie m'a nourri ; elle m'a assuré jusqu'à ce jour une existence paisible et honorable ; elle a protégé ma vie par des lois sages, par d'excellentes coutumes, par une éducation libérale. Par quels services pourrai-je payer les bienfaits que j'ai reçus de ma patrie ? Ces paroles du sage m'ont souvent déterminé, dans les dangers publics, à braver tous les périls pour la défense de mon pays. » Le changement opéré par le tour de phrase prend la forme de *l'interrogation*, lorsque, vivement émus nous-mêmes, nous voulons émouvoir les autres ; ainsi : « Est-il un homme d'un esprit assez rampant, d'un cœur assez resserré par l'envie, pour ne pas louer avec enthousiasme, pour ne pas regarder comme vraiment sage, celui qui, pour le salut de la patrie, pour la prospérité de l'État, pour la conservation de la fortune publique, méprise les plus grands, les plus horribles dangers, les cherche avec ardeur, s'y précipite avec joie ? Pour moi, je sens dans mon cœur le désir, bien plus que le pouvoir, de louer dignement un tel homme, et je suis assuré qu'il en est de même de vous tous. »

cognosci possit, ne ab eadem sententia recedamus : « Sapiens, qui omnia rei publicæ causa suscipienda pericula putabit, sæpe ipse secum loquetur : Non mihi soli, sed etiam atque adeo multo potius natus sum patriæ ; vita, quæ fato debetur, saluti patriæ potissimum solvatur. Aluit hæc me ; tute atque honeste produxit usque ad hanc ætatem : muniit meas rationes bonis legibus, optimis moribus, honestissimis disciplinis. Quid est, quod a me satis ei persolvi possit, unde hæc accepta sunt ? Quare hæc loquitur secum sapiens sæpe ego in periculis rei publicæ nullum ipse periculum fugi. » Item mutatur retractando, si traducitur ad exsuscitationem, quum et nos commoti dicere videamur, et auditoris animum commovemus, sic : « Quis est tam tenui cogitatione præditus, cujus animus tantis angustiis invidiæ continetur, qui non hunc hominem studiosissime laudet, et sapientissimum judicet, qui pro salute patriæ, pro incolumitate civitatis, pro rei publicæ fortunis quamvis magnum atque atrox periculum studiose suscipiat, et libenter subeat ? Equidem hunc hominem magis cupio satis laudare, quam possum ; idemque hoc certo scio vobis omnibus usu venire. »

Une même chose peut donc se varier dans le discours de trois manières : par les termes, par la prononciation, par les tours de phrases ; et ces derniers prennent ou la forme du dialogisme, ou celle de l'interrogation. Mais si nous nous bornons à parler sur une même chose, les moyens de varier le discours sont plus nombreux. Lorsque nous aurons simplement *énoncé la chose*, nous pourrons y joindre une *preuve*, puis prononcer une *sentence*, qui se présentera avec ou sans preuves ; ensuite nous ferons usage des *contraires* (on a parlé de tout cela dans les figures de mots) ; nous passerons à la *similitude*, à l'*exemple*, dont nous parlerons en détail quand le moment sera venu ; nous finirons par la *conclusion*, sur laquelle on a enseigné tout ce qui était nécessaire, en exposant, dans le deuxième livre, la manière de conclure une argumentation. Dans ce livre même, nous avons fait connaître la figure de mots qui porte le nom de *conclusion*.

XLIV. Ainsi une expolition de ce genre sera très-brillante, quand elle se composera d'un grand nombre de figures de mots et de pensées. En suivant la marche que nous indiquons, elle aura sept parties. Reprenons encore le même exemple, pour vous montrer avec quelle facilité, grâce aux règles de l'art, une seule idée peut se traiter de diverses manières : « Le sage, quand il s'agit de la patrie, ne se refuse à aucun danger ; il sait que bien souvent celui qui n'a pas voulu périr pour la répu-

---

Eadem res igitur his tribus in dicendo commutabitur, rebus, verbis, pronunciando, tractando : sed tractando dupliciter, sermocinatione, et exsuscitatione. Sed de eadem re quum dicemus, pluribus utemur commutationibus. Nam quum rem simpliciter pronunciaverimus, rationem poterimus subjicere : deinde dupliciter vel sine rationibus vel cum rationibus pronunciare ; deinde adferre contrarium — de quibus omnibus diximus in verborum exornationibus —; deinde simile et exemplum —; de quo suo loco plura dicemus ; — deinde conclusionem — de qua in secundo libro, quæ opus fuerunt, diximus, demonstrantes, argumentationem quemadmodum concludere oporteat. [In hoc libro docuimus, cujusmodi esset expolitio verbi, cui conclusioni nomen est.]

XLIV. Ergo hujusmodi vehementer ornata poterit esse expolitio, quæ constabit ex frequentibus verborum exornationibus et sententiarum. Hoc modo igitur septem partibus tractabitur. Sed ab ejusdem sententiæ non recedamus exemplo, ut scire possis, quam facile præceptione rhetoricæ res simplex multiplici ratione tractetur. « Sapiens nullum pro re publica periculum vitabit ;

blique est réduit à périr avec elle. Et puisque nous tenons de la patrie tous les avantages dont nous jouissons, pour elle aucun sacrifice ne doit nous paraître à charge. C'est donc une folie de ne pas offrir sa tête au danger quand l'intérêt commun l'exige : car, sans pouvoir se soustraire au malheur public, on se souille du crime d'ingratitude envers la patrie. Au contraire, ceux qui voudraient détourner sur eux-mêmes les dangers de l'État sont véritablement sages, puisqu'ils conservent à la république le dévouement qui lui est dû, et préfèrent mourir pour leurs concitoyens que de mourir avec eux. En effet, cette vie reçue de la nature et conservée par les bienfaits de la patrie, ne serait-ce pas une injustice révoltante de la rendre à la nature quand elle l'exige, de la refuser à la patrie quand elle la demande? Quand vous pouvez mourir pour votre pays avec courage, avec gloire, préférerez-vous une vie traînée dans l'opprobre et dans la lâcheté? et lorsque vous seriez prêt à braver les périls pour vos amis, vos parents, vos alliés, vous ne voudriez point exposer vos jours pour la république, qui contient, outre tous ces grands intérêts, le nom sacré de la patrie? Comme on doit blâmer celui qui, dans une navigation, aimerait mieux sauver sa vie que le vaisseau, on doit condamner avec une égale sévérité celui qui, dans les dangers de l'État, préfère son salut au salut commun. Souvent même, lorsqu'un vaisseau se brise, bien des passagers échappent au nau-

---

Ideo quod sæpe fit, ut, quum pro re publica perire noluerit, necessario cum re publica pereat. Et quoniam omnia sunt commoda a patria accepta, nullum incommodum pro patria grave putandum est. Ergo qui fugiunt id periculum, quod pro re publica subeundum est, stulte faciunt. Nam neque effugere incommoda possunt, et ingrati in civitatem reperiuntur. At, qui patriæ pericula suo periculo expetunt, hi sapientes putandi sunt, quum et cum, quem debent, honorem rei publicæ reddunt, et pro multis perire malunt, quam cum multis. Etenim vehementer est iniquum, vitam, quam a natura acceptam propter patriam conservaris, naturæ, quum cogat, reddere; patriæ, quum roget, non dare; et, quum possis cum summa virtute et honore pro patria interire, malle per dedecus et per ignaviam vivere ; et, quum pro amicis et parentibus et cæteris necessariis adire periculum velis, pro re publica, in qua et hæc et illud sanctissimum nomen patriæ continetur, nolle in discrimen venire. Itaque uti contemnendus est, qui in navigando se, quam navim, mavult incolumem : ita vituperandus, qui in rei publicæ discrimine suæ plus quam communi saluti

frage ; mais, dans le vaste naufrage de la patrie, il n'est personne qui puisse se sauver. C'est une vérité que Decius me paraît avoir bien comprise, Decius qui, dit-on, se dévoua, et, pour sauver les légions, se précipita au milieu des ennemis : il y laissa la vie, mais il ne la perdit point ; en échange d'une chose fragile et sans valeur, il obtint un bien aussi solide que précieux ; il donna sa vie ; le salut de Rome en fut la récompense ; il sacrifia ses jours, et conquit une gloire qui, perpétuée par l'admiration des siècles, devient chaque jour plus belle en vieillissant. S'il est prouvé par le raisonnement, et confirmé par des exemples, que l'on doit affronter les périls pour le salut de l'État, il faut donc regarder comme sages ceux qui, pour le service de la patrie, ne reculent devant aucun danger » Telles sont les différentes espèces d'expolitions : nous nous sommes arrêtés longtemps sur cette figure, non-seulement parce qu'elle donne de la force et de la grâce au discours lorsque nous traitons une cause, mais surtout parce qu'elle offre un exercice très-avantageux au talent de l'élocution. Il conviendra donc, quand nous ne traiterons pas une cause réelle, de nous exercer sur les diverses formes de l'expolition, et de nous en servir aussi quand nous parlerons en public, afin d'orner l'argumentation, dont on a parlé dans le deuxième livre.

XLV. La *commoration* s'arrête longtemps et revient souvent

consulit. Navi enim fracta, multi incolumes evaserunt : ex naufragio patriæ salvus nemo potest enatare. Quod mihi bene videtur Decius intellexisse, qui se devovisse dicitur pro legionibus et se in hostes immisisse medios ; unde amisit vitam, at non perdidit : re enim vili carissimam, et parva maximam redemit. Vitam dedit, accepit patriam ; amisit animam, potius est gloria, quæ cum summa laude prodita vetustate cotidie magis enitescit. Quod si pro re publica decere accedere ad periculum, et ratione demonstratum est, et exemplo comprobatum, ii sapientes sunt existimandi, qui nullum pro salute patriæ periculum vitant. » In his igitur generibus expolitio versatur, de qua producti sumus, ut plura diceremus, quod non modo, quum causam dicimus, adjuvat et exornat orationem, sed multo maxime per eam exercemur ad elocutionis facultatem. Quare conveniet extra causam in exercendo rationes adhibere expolitionis, in dicendo uti, quum exornabimus argumentationem, de qua re diximus in libro secundo.

XLV. Commoratio est, quum in loco firmissimo, quo tota causa continetur,

sur le point le plus solide de la cause, celui qui la contient tout entière. Il est très-avantageux de s'en servir : c'est une figure familière aux bons orateurs. Elle ne permet pas à l'auditeur de détacher son attention de l'argument essentiel. Il ne nous a pas été possible de donner ici un exemple assez convenable, parce que cette figure ne se présente jamais séparée de l'ensemble de la cause, comme un membre distinct des autres ; elle est plutôt comme le sang qui circule dans tout le corps du discours.

L'*antithèse* oppose les contraires. Elle est au nombre des figures de mots, comme on l'a vu plus haut par cet exemple : « Vous vous montrez clément envers vos ennemis, inexorable pour vos amis. » Elle appartient aussi aux figures de pensées, comme : « Vous déplorez son infortune ; il se réjouit des malheurs de la république. Vous vous défiez de vos ressources ; seul, il n'en a que plus de confiance dans les siennes. » Entre ces deux sortes d'antithèses, il y a cette différence, que la première consiste dans deux mots rapidement opposés, la seconde dans deux pensées contraires, mises en regard.

La *similitude* est une figure qui applique à une chose un trait de ressemblance emprunté à une chose différente. On s'en sert ou pour orner, ou pour prouver, ou pour éclaircir la pensée, ou pour la mettre devant les yeux. Comme quatre motifs font recourir à cette figure, elle se traite de quatre manières : par

manetur diutius, et eodem sæpius reditur. Hac uti maxime convenit, et id est oratoris boni maxime proprium. Non enim datur auditori potestas animum de re firmissima demovendi. Huic exemplum satis idoneum subjici non potuit, propterea quod hic locus non est tota causa separatus, sicuti membrum aliquod, sed tamquam sanguis perfusus est per totum corpus orationis.

Contentio est, per quam contraria referuntur. Ea est in verborum exornationibus, ut ante docuimus, hujusmodi : « Inimicis te placabilem, amicis inexorabilem præbes. » In sententiarum, hujusmodi : « Vos hujus incommodis lugetis, iste rei publicæ calamitate lætatur. Vos vestris fortunis diffiditis, iste solus suis eo magis confidit. » Inter hæc duo contentionum genera hoc interest : illud ex verbis celeriter relatis constat ; hic sententiæ contrariæ ex comparatione referantur oportet.

Similitudo est oratio traducens ad rem quampiam aliquid ex re dispari simile. Ea sumitur aut ornandi causa, aut probandi, aut apertius dicendi, aut ante oculos ponendi. Et quomodo quattuor de causis sumitur, ita quattuor modis dicitur; per contrarium, per negationem, per brevitatem, per collationem.

les contraires, par négation, par un trait rapide, par un parallèle. Nous allons montrer comment à chacun de ces quatre modes correspond un des quatre motifs qui nous font employer la similitude.

XLVI. Quand la similitude a pour objet l'ornement, elle se fait par les contraires; exemple : « Si l'athlète qui, dans la palestre, reçoit le flambeau ardent, soutient mieux la rapidité de sa course que l'athlète qui le lui remet, ne croyez point que de même le nouveau général qui prend le commandement d'une armée, soit préférable à celui qu'il remplace : car c'est un coureur fatigué qui remet le flambeau à un coureur dans la plénitude de ses forces; c'est un général expérimenté qui remet le commandement à un général sans expérience. » On pouvait, en supprimant la similitude, exprimer la même pensée sans la rendre moins nette, moins frappante, moins solide ; par exemple : « Des généraux moins habiles remplacent ordinairement les bons généraux. » Cette similitude ne sert ici qu'à l'ornement ; elle ajoute au style un certain éclat. Elle se fait par les contraires; car la similitude est tirée d'une chose contraire, lorsque nous prétendons qu'une chose n'a point de ressemblance avec celle que nous avançons, comme dans notre comparaison prise des coureurs.

La similitude qui a pour objet de prouver, se fait par négation ; exemple : « Ni un cheval indompté, quelque bien conformé qu'il soit par la nature, ne peut être propre aux services qu'on

---

Ad unam quamque sumendæ causam similitudinis accommodabimus singulos modos pronunciandi.

XLVI. Ornandi causa sumitur per contrarium, sic : « Non enim, quemadmodum in palæstra, qui tædas candentes accipit, celerior est in cursu continuo, quam ille qui tradit ; ita melior imperator novus, qui accipit exercitum, quam ille qui decedit : propterea quod defatigatus cursor integro facem, hic peritus imperator imperito exercitum tradit. » Hoc sine simili satis plane, et perspicue, et probabiliter dici potuit, hoc modo : « Minus bonos imperatores a melioribus exercitus accipere solere : » sed ornandi causa simile sumptum est, ut orationi quædam dignitas comparetur. Dictum est autem per contrarium. Nam tunc similitudo sumitur per contrarium, quum ei rei, quam nos probamus, aliquam rem negamus esse similem, ut paullo ante, quum de cursoribus disserebamus.

Per negationem dicetur probandi causa, hoc modo : « Neque equus indomitus, quamvis natura bene compositus sit, idoneus potest esse ad eas utilitates,

attend d'un cheval ; ni un homme ignorant, quel que soit son esprit, ne peut parvenir au vrai mérite. » Ce qui prouve cette vérité, c'est qu'il devient plus vraisemblable que, sans l'éducation, on ne peut arriver au vrai mérite, dès qu'on a reconnu qu'un cheval indompté ne saurait être utile. Ici donc la similitude avait pour objet de prouver. De plus, elle s'est faite par négation, comme on le voit facilement dès le premier mot.

XLVII. La similitude qui a pour objet de rendre la pensée plus claire, se fait par un trait rapide ; ainsi : « Dans les devoirs de l'amitié, il ne faut pas, comme dans les courses du cirque, borner ses efforts à parvenir au but ; mais il faut déployer assez de zèle et de force pour atteindre au delà. » Par cette similitude, on fait voir plus clairement combien on aurait tort, par exemple, de reprocher à un homme de s'être chargé des enfants d'un ami après sa mort : car, s'il suffit au coureur d'avoir assez d'agilité pour arriver au but, un ami doit avoir assez de tendresse pour prolonger son dévouement au delà du tombeau de son ami. Cette similitude est exprimée par un trait rapide ; en effet, les deux termes du rapport ne sont point distincts, comme dans les autres exemples ; ils se présentent, au contraire, unis et confondus l'un avec l'autre.

La similitude qui a pour but de mettre la chose sous les yeux,

quæ desiderantur ab equo ; neque homo indoctus, quamvis sit ingeniosus, ad virtutem potest pervenire. » Hoc probabilius factum est, quod magis est veri simile non posse virtutem sine doctrina comparari, quoniam ne equus quidem indomitus idoneus possit esse. Ergo sumptum est probandi causa. Dictum est autem per negationem ; id enim perspicuum est de primo similitudinis verbo.

XLVII. Sumetur et apertius dicendi causa simile : dicitur autem per brevitatem, hoc modo : « In amicitia gerunda, sicut in certamine currendi, non ita convenit exerceri, ut, quoad necesse sit, venire possis ; sed ut productus studio et viribus, ultra facile procurras. » Nam hoc simile est, ut apertius intelligatur mala ratione facere, qui reprehendant eos qui, verbi causa, post mortem amici liberos ejus custodiant, propterea quod in cursore tantum velocitatis esse oporteat, ut efferatur ultra finem ; in amico tantum benevolentiæ, ut ultra quam amicus sentire possit, procurrat amicitiæ studio. Dictum autem simile est per brevitatem : non enim ita, ut in cæteris rebus, res ab re separata est, sed utraque res conjuncte et confuse comparata.

Ante oculos ponendi negocii causa sumetur similitudo, quum dicetur per

se fait par un parallèle ; exemple : « Comme un joueur de cithare, qui s'avance sous un superbe costume, revêtu d'une robe brodée en or, et d'une chlamyde de pourpre, nuancée de diverses couleurs ; le front orné d'une couronne d'or étincelante de magnifiques pierreries ; tenant en main son élégante cithare, enrichie d'or et d'ivoire ; remarquable lui-même par sa beauté, par sa taille et par la dignité de son maintien ; si, après avoir excité par cet appareil une grande attente parmi le peuple, tout à coup, au milieu du plus profond silence, il laisse échapper une voix discordante, accompagnée de gestes ignobles ; plus il aura étalé de pompe, plus il aura semblé promettre, plus on lui prodiguera de sarcasmes et de mépris en le chassant ; ainsi, lorsqu'un homme placé dans un rang élevé, au sein de la plus vaste opulence, se voit comblé de toutes les faveurs de la fortune, de tous les dons de la nature ; s'il ne possède ni la vertu, ni ces nobles études qui forment à la vertu ; plus il sera riche d'autres biens, plus son éclat fera attendre de lui, plus on l'accablera de ridicule et de mépris en le chassant de la société des honnêtes gens. » Cette similitude, en peignant avec de vives couleurs les deux parties de la comparaison, en traçant le parallèle de l'ignorance de l'un et de la sottise de l'autre, met la chose devant nos yeux. La similitude est ici sous la forme d'un parallèle, parce que, le rapport une fois établi, toutes les parties se répondent.

collationem, sic : « Uti citharœdus, quum prodierit optime vestitus, palla inaurata indutus, cum chlamyde purpurea, coloribus variis intexta et cum corona aurea, magnis fulgentibus gemmis illuminata, citharam tenens exornatissimam, auro et ebore distinctam, ipse præterea forma et specie sit et statura apposita ad dignitatem ; si, quum magnam populo commoverit his rebus exspectationem, repente, silentio facto, vocem emittat acerbissimam cum turpissimo corporis motu ; quo melius ornatus et magis fuerit exspectatus, eo magis derisus et contemptus ejicitur : item si quis in excelso loco, et in magnis ac locupletibus copiis collocatus fortunæ muneribus et naturæ commodis omnibus abundabit : si virtutis, et artium, quæ virtutis magistræ sunt, egebit ; quo magis cæteris rebus copiosus erit et illustris et exspectatus, eo vehementius derisus et contemptus, ex omni conventu bonorum ejicietur. » Hoc simile, exornatione utriusque rei, alterius inscientia artificii, alterius stultitia simili ratione collata, sub aspectum omnium rem subjecit. Dictum autem est per collationem, propterea quod, proposita similitudine, paria sunt omnia relata.

XLVIII. Dans l'emploi des similitudes, il faut avoir soin de choisir des mots appropriés à l'idée sur laquelle reposent les deux termes de la comparaison. Si, par exemple, nous avons dit : « Comme les hirondelles restent dans nos climats durant l'été, et s'en éloignent chassées par le froid ; » nous emprunterons, pour les mots suivants, nos métaphores à la même similitude : « De même les faux amis restent auprès de nous tant que nos jours sont sereins ; ils s'envolent tous, dès qu'ils voient arriver l'hiver de l'adversité. » Il sera facile de trouver des rapports de ce genre, si l'on peut se mettre fréquemment devant les yeux tous les êtres animés et inanimés, muets et doués de la parole, farouches et apprivoisés, habitant le ciel, la terre et les mers, si l'on peut se figurer tous les ouvrages de l'homme, du hasard et de la nature, tous les objets usités ou extraordinaires, pour y découvrir des similitudes qui contribuent à l'ornement, à la solidité et à la clarté du discours. Il n'est pas nécessaire que les deux choses comparées se ressemblent totalement, il suffit qu'elles soient en rapport sous le point de vue qui nous occupe.

XLIX. L'*exemple* est la citation d'un fait ou d'une parole, dont on nomme l'auteur. Cette figure est employée pour les mêmes motifs que la similitude : elle ajoute à l'ornement, lorsque nous n'y avons recours que pour embellir la pensée ; elle rend la pensée plus claire, lorsqu'elle a pour but de faire mieux com-

---

XLVIII. In similibus observare oportet diligenter, ut, quum rem adferamus similem, cujus rei causa similitudinem attulerimus, verba quoque ad similitudinem habeamus accommodata. Id est hujusmodi : « Ita ut hirundines æstivo tempore præsto sunt, frigore pulsæ recedunt. » Ex eadem similitudine nunc per translationem verba sumimus : « Item falsi amici sereno vitæ tempore præsto sunt ; simul atque hiemem fortunæ viderint, devolant omnes. » Sed inventio similium facilis erit, si quis sibi omnes res animantes et inanimas, mutas et loquentes, feras et mansuetas, terrestres et cœlestes et maritimas, artificio, casu, natura comparatas, usitatas atque inusitatas, frequenter ponere ante oculos poterit, et ex his aliquam venari similitudinem, quæ aut ornare, aut docere, aut apertiorem rem facere, aut ponere ante oculos possit. Non enim res tota totæ rei necesse est similis sit, sed ad ipsum, ad quod conferetur, similitudinem habeat oportet.

XLIX. Exemplum est alicujus facti, aut dicti præteriti, cum certi auctoris nomine propositio. Id sumitur iisdem de causis, quibus similitudo. Rem ornatiorem facit, quum nullius rei nisi dignitatis causa sumitur : apertiorem,

prendre ce qui est obscur : elle sert à prouver, quand elle donne à l'idée plus de vraisemblance ; elle met la chose devant nos yeux, lorsqu'elle en exprime tous les détails avec une vérité si frappante, qu'on croirait presque pouvoir la toucher. Nous ajouterions ici des exemples de chacune de ces espèces, si nous n'avions déjà fait connaître le caractère de cette figure, en parlant de l'expolition, et les motifs qui nous y font recourir, en parlant de la similitude. Voilà pourquoi je n'ai voulu ni me restreindre à quelques mots qu'on n'aurait pas compris, ni revenir sur des idées que l'on doit suffisamment comprendre.

L'*image* rapproche deux objets entre lesquels on saisit une similitude. On l'emploie pour louer ou pour blâmer. Pour louer : « Il allait au combat, semblable, par sa force, au taureau le plus vigoureux ; par son impétuosité, au lion le plus redoutable. » Pour blâmer, l'image inspirera la haine, ou l'envie, ou le mépris. Exemple de la manière d'inspirer la haine : « Ce monstre se glisse tous les jours au milieu du forum : tel qu'un dragon à la crête menaçante, aux défenses recourbées, au regard empoisonné, au souffle mortel, il promène ses yeux autour de lui, cherchant une victime qu'il puisse infecter de son haleine, atteindre de sa gueule impure, déchirer de ses dents, couvrir de son écume. » Exemple de la manière d'inspirer l'envie : « Cet homme qui vante ses richesses, comme un prêtre de Phrygie ou

---

quum id, quod sit obscurius, magis dilucidum reddit : probabiliorem, quum magis veri similem facit : ante oculos ponit; quum exprimit omnia perspicue, ut res prope dicam manu temptari possit. Uniuscujusque generis singula subjecissemus exempla, nisi exemplum, quod genus esset, in expolitione demonstrassemus, et causas sumendi in similitudine aperuissemus. Quare noluimus neque pauca, quo minus intelligeretur, neque, re intellecta, plura conscribere.

Imago est formæ cum forma cum quadam similitudine collatio. Hæc sumitur aut laudis aut vituperationis causa: Laudis causa, sic : « Ibat in prœlium, corpore tauri validissimi, impetu leonis acerrimi similis. » Vituperationis, ut in odium; aut in invidiam aut in contemptionem adducat. Ut in odium, hoc modo : « Iste cotidie per forum medium tanquam jubatus draco serpit, dentibus aduncis, aspectu venenato, spiritu rabido, circumspectans huc et illuc, si quem reperiat; cui aliquid mali faucibus adflare, quem ore attingere, dentibus insecare, lingua aspergere possit. » Ut in invidiam adducat, hoc modo : « Iste, qui divitias suas jactans, sicut Gallus e Phrygia, aut ariolus quispiam, depressus

comme un devin, courbé sous le poids de son or, crie et prodigue les serments. » Exemple de la manière d'inspirer le mépris : « Il est semblable au limaçon, qui, se retirant en silence et s'enfermant dans sa coquille, est emporté tout entier avec sa maison pour être mangé. »

Le *portrait* exprime et représente à l'aide des mots l'extérieur d'une personne, avec assez d'exactitude pour la faire reconnaître; ainsi : « Je parle, juges, de ce petit homme roux, voûté, qui a les cheveux blancs et un peu crépus, les yeux d'un bleu pers, et une grande cicatrice au menton : si toutefois, à ces traits, vous pouvez vous en souvenir. » Cette figure a de l'utilité quand on veut faire connaître quelqu'un ; en même temps, elle a de la grâce, quand l'expression en est claire et rapide.

L. L'*éthopée* décrit un caractère, en présentant certains traits qui en signalent la nature. Voici, par exemple, comme on peindrait, non pas le riche, mais celui qui prend des airs d'opulence : « Voyez, juges, cet homme qui trouve si beau de passer pour riche, voyez d'abord de quel œil il nous regarde ! Ne semble-t-il pas vous dire : Je vous donnerais volontiers, si vous ne m'importuniez pas? Lorsque de la main gauche il se soulève le menton, il s'imagine éblouir tous les yeux par l'éclat du diamant et de l'or qui brillent à son doigt. Il se retourne vers son unique

---

et oneratus auro, clamat et dejerat. » Ut in contemptionem, sic : « Iste, qui tamquam cochlea abscondens retentat sese tacitus, quo sit tutus cum domo sua, ut comedatur, aufertur. »

Effictio est, quum exprimitur atque effingitur verbis corporis cujuspiam forma, quoad satis sit ad intelligendum, hoc modo : « Hunc, judices, dico rubrum, brevem, incurvum, canum, subcrispum, cæsium, cui sane magna est in mento cicatrix, si quo modo potest vobis in memoriam redire. » Habet hæc exornatio quum utilitatem, si quem velis demonstrare; tum venustatem, si breviter et dilucide facta est.

L. Notatio est, quum alicujus natura certis describitur signis; quæ, sicuti notæ quædam, naturæ sunt attributa. Ut si velis non divitem, sed ostentatorem pecuniæ describere : « Iste, inquies, judices, qui, se dici divitem putat esse præclarum, primum nunc videte, quo vultu nos intueatur. Nonne vobis videtur dicere : Darem, si mihi molesti non essetis ? Quum vero sinistra mentum sublevavit, existimat se gemmæ nitore et auri splendore aspectus omnium

esclave que je connais, et que vous ne connaissez pas, je pense ; il l'appelle par un nom, puis par un autre, et par un autre encore : Holà, dit-il, viens ici, Sannion, de peur que ces rustres n'exécutent mes ordres de travers. Par ces mots, il veut faire croire à ceux qui ne le connaissent point, qu'il choisit l'un de ses nombreux esclaves. Il lui dit à l'oreille de disposer les lits à la maison, ou d'aller emprunter à son oncle un Éthiopien pour l'accompagner aux bains, ou de placer devant sa porte un cheval d'Espagne, ou de préparer quelque autre fragile ornement de sa fausse gloire. Ensuite, il crie pour que tout le monde l'entende : Veille à ce que la somme soit exactement comptée, s'il se peut, avant la nuit. Sannion, qui depuis longtemps connaît le faible de l'homme, lui répond : Il faut envoyer plus d'un esclave, si vous voulez que la somme soit aujourd'hui transportée et comptée chez vous. Eh bien, dit le maître, prends avec toi Libanus et Sosie. Vous serez obéi, dit l'autre. Ensuite le hasard amène à notre glorieux des hôtes qui, dans un de ses voyages, l'ont splendidement reçu. Il est, sans doute, passablement troublé ; mais, sans renoncer à cette vanité qui fait son caractère : Vous avez bien fait, dit-il, de venir me trouver ; mais vous eussiez encore mieux fait d'aller droit à ma maison. Nous l'aurions fait, répondent-ils, si nous avions connu votre demeure. — Mais il était facile de l'apprendre de tout le monde.

---

præstringere. Quum puerum respicit hunc unum, quem ego novi (vos non arbitror), alio nomine appellat, deinde alio atque alio. Heus tu, inquit, veni, Sannio, ne quid isti barbari turbent : ut ignoti, qui audiunt, unum putent seligi de multis. Ei dicit in aurem, aut ut domi lectuli sternantur, aut ab avunculo rogetur Æthiops, qui ad balneas veniat, aut asturconi locus ante ostium suum detur, aut aliquod fragile falsæ choragium gloriæ comparetur. Deinde exclamat, ut omnes audiant : Videto, ut diligenter numeretur, si potest, ante noctem. Puer, qui jam bene hominis naturam novit, Tu illo plures mittas oportet, inquit, si hodie vis transnumerari. Age, inquit, duc tecum Libanum et Sosiam. Sane. Deinde casu veniunt hospites homini, qui istum splendide, dum peregrinaretur, invitarant. Ex ea re homo hercle sane conturbatur : sed tamen a vitio naturæ non recedit. Bene, inquit, facitis, quum venitis : sed rectius fecissetis, si ad me domum recta abissetis. Id fecissemus, inquiunt illi, si domum novissemus. — At istud quidem facile fuit undelibet in-

Au reste, venez avec moi. Ils le suivent. Chemin faisant, toutes ses paroles ont pour but l'ostentation. Il demande si la moisson s'annonce bien, ajoutant qu'il ne peut visiter ses terres, parce que ses maisons de campagne ont été brûlées, et qu'il n'ose pas encore les rebâtir. Cependant, poursuit-il, j'ai commencé à faire cette folie dans mon bien de Tusculum, et à construire sur les anciens fondements.

LI. « Parlant ainsi, il arrive dans une maison, où ce jour même doit avoir lieu un banquet d'amis. Comme il connaît le maître du logis, il entre avec ses hôtes : C'est ici, dit-il, que je demeure. Voyant l'argenterie sur la table, et les trois lits préparés, il trouve que tout est bien. Mais un petit esclave s'approche, et, lui disant tout bas que son maître vient, l'invite à sortir. Est-ce bien vrai? dit-il : partons, mes hôtes ; mon frère arrive de Salerne ; je vais au-devant de lui. Pour vous, revenez ici à la dixième heure. Les étrangers s'éloignent, et lui se jette à la dérobée dans sa maison. A l'heure que lui-même a fixée, ils reviennent, ils le cherchent, ils apprennent quel est le maître du logis, et, raillés de leur méprise, se retirent dans une hôtellerie. Le lendemain ils retrouvent leur homme, lui racontent leur aventure, se plaignent, l'accusent. La ressemblance des lieux vous a trompés, dit-il ; vous vous êtes égarés de la longueur de la rue. Moi, je vous ai attendus bien avant dans la nuit, ce qui

---

venire : verum ite mecum. Sequuntur illi. Sermo interea hujus consumitur omnis in ostentatione. Quærit, in agris frumenta cujusmodi sint : negat se, quia villæ incensæ sint, accedere posse nec ædificare etiamnunc audere ; tametsi in Tusculano quidem cœpi insanire, et in iisdem fundamentis ædificare.

LI. « Dum hæc loquitur, venit in ædes quasdam, in quibus sodalitium erat eodem die futurum : quo iste pro notitia domini ædium ingreditur cum hospitibus. Hic, inquit, habito. Perspicit argentum, quod erat expositum ; visit triclinium stratum : probat. Accedit servulus : dicit homini clam dominum jam venturum, si velit exire. Itane? inquit ; eamus, hospites ; frater venit ex Falerno : ego illi obviam pergam : vos huc decuma venitote. Hospites discedunt. Iste se raptim domum suam conjicit : illi decuma, quo jusserat, veniunt. Quærunt hunc ; reperiunt, domus cuja sit : in diversorium derisi conferunt sese. Vident hominem postera die : narrant, expostulant, accusant. Ait iste, eos, similitudine loci deceptos, angiporto toto decrasse : se contra valetudinem suam

est contraire à ma santé. Cependant il avait chargé Sannion d'emprunter de la vaisselle, des tapis, des serviteurs. Le petit esclave, qui ne manque pas d'adresse, s'est acquitté de la commission avec promptitude et avec habileté. Le menteur conduit ses hôtes chez lui. Il prétend avoir prêté ses grands appartements à un ami pour y célébrer ses noces. Tout à coup, Sannion l'avertit qu'on redemande l'argenterie (le prêteur avait des inquiétudes). Laissez-moi tranquille, s'écrie-t-il ; j'ai prêté ma maison, j'ai cédé mes esclaves, et il veut encore mon argenterie?... Toutefois, bien que j'aie des hôtes, je ne puis me résoudre à la refuser ; nous nous contenterons de vaisselle de Samos. — Qu'ai-je besoin de vous raconter ce qu'il fait ensuite? Tel est le caractère de cet homme, que tous les traits de vanité et d'ostentation qui lui échappent en un jour, ne sauraient être racontés dans une année entière. » Ces éthopées, qui peignent un caractère au naturel, offrent un charme très-puissant. Elles placent devant nos yeux l'esprit et les mœurs d'un homme, soit d'un glorieux, comme dans l'esquisse que nous avons donnée pour exemple, soit d'un envieux, d'un lâche, d'un avare, d'un ambitieux, d'un amant, d'un débauché, d'un fripon, ou d'un délateur ; en un mot, tous les penchants peuvent être mis en scène par cette figure.

LII. Le *dialogisme* fait parler une personne en conservant le

ad noctem multam exspectasse. Sannioni puero negotium dederat, ut vasa, vestimenta, pueros corrogaret. Servulus non inurbanus satis strenue et concinne comparat : iste hospites domum deducit. Ait se ædes maximas cuidam amico ad nuptias commodasse. Nuntiat puer argentum repeti (pertimuerat enim, qui commodarat). Apage te, inquit, ædes commodavi, familiam dedi : argentum quoque vult ? Tametsi hospites habeo, tamen utatur licet; nos Samiis delectabimur. Quid ego, quæ deinde efficiat, narrem? Ejusmodi est hominis natura, ut, quæ singulis diebus efficiat gloria atque ostentatione, ea vix annuo sermone enarrare possim. » Hujusmodi notationes, quæ describunt, quid consentaneum sit unius cujusque naturæ, vehementer habent magnam delectationem. Totam enim naturam cujuspiam ponunt ante oculos aut gloriosi, ut nos exempli causa cœperamus, aut invidi aut timidi aut avari, ambitiosi, amatoris, luxuriosi, furis, quadruplatoris : denique cujusvis studium protrahi potest in medium tali notatione.

LIII. Sermocinatio est, quum alicui personæ sermo attribuitur, et is expo-

ton qui convient à son caractère. En voici un exemple : « Tandis que la ville était inondée de soldats, et que tous les habitants, saisis d'effroi, restaient enfermés chez eux, ce brigand survient, en habit de guerre, l'épée au côté, un javelot à la main : cinq jeunes gens armés comme lui l'accompagnent. Tout à coup il se précipite dans la maison, et s'écrie d'une voix terrible : Où est l'heureux propriétaire de ce logis? Pourquoi n'est-il pas devant moi? D'où vient ce silence? Immobiles d'épouvante, les autres n'osent ouvrir la bouche ; seule, l'épouse de cet infortuné, fondant en larmes, se jette aux pieds du barbare : Grâce ! dit-elle : au nom de ce que vous avez de plus cher au monde, prenez pitié de nous ! Voulez-vous éteindre une famille déjà éteinte? Soyez modéré dans la fortune ; nous aussi nous fûmes heureux ; songez que vous êtes homme. Mais lui : Qu'attend-on pour me le livrer? cessez de m'étourdir de vos lamentations : il n'échappera point. Cependant on annonce au proscrit que son ennemi est là, qu'il profère à grands cris des menaces de mort. A cette nouvelle : Gorgias, dit-il, fidèle gouverneur de mes enfants, cache-les, défends-les ; que tes soins les fassent parvenir heureusement à l'adolescence. A peine a-t-il prononcé ces mots, que l'assassin se présente : Tu ne viens pas, dit-il, téméraire? et ma voix ne t'a pas déjà arraché la vie? Que ton sang assouvisse mon inimitié, rassasie ma colère ! Alors le courageux citoyen lui répond : je craignais d'être

---

nitur cum ratione dignitatis; hoc pacto. « Quum militibus urbs redundaret, et omnes timore oppressi domi continerentur, venit iste cum sago, gladio succinctus, tenens jaculum ; quinque adolescentes hominem simili ornatu subsequuntur. Irrumpit in aedes subito, deinde magna voce : Ubi est iste beatus, inquit, aedium dominus? quin mihi praesto fit? quid tacetis? Hic alii omnes stupidi timore obmutuerunt. Uxor illius infelicissimi cum maximo fletu ad istius pedes abjecit sese. Parce, inquit, et per ea, quae tibi dulcissima sunt in vita, miserere nostri ; noli exstinguere exstinctos. Fer mansuete fortunam. Nos quoque fuimus beati ; nosce te esse hominem. At ille : Quin illum mihi datis ac vos auribus meis opplorare desinitis? Non abibit. Illi nuntiatur interea venisse istum, et clamore maximo mortem minari. Quod simul ut audivit, Heus, inquit, Gorgia, pedisceque puerorum, abscondе pueros ; defende ; fac, ut incolumes ad adolescentiam perducas. Vix haec dixerit, quum ecce iste praesto, Sedes, inquit, audax? non vox mea tibi vitam ademit? Exple meas inimicitias, et iracundiam satura tuo sanguine. Ille cum magno spiritu : Verebar, inquit, ne plane vi-

réellement vaincu ; mais, je le vois, tu ne veux pas vider notre querelle devant les tribunaux, où la défaite est honteuse et la victoire honorable ; tu veux me tuer. Eh bien je périrai assassiné, mois non vaincu. — Comment ! même à ta dernière heure, tu parles encore par sentences ! et tu ne veux point supplier celui qui a tout pouvoir sur toi ! Détrompez-vous, s'écrie la femme ; il prie, il conjure ; mais vous, ne soyez point inflexible ; et toi, cher époux, au nom des dieux, presse-le de tes bras suppliants. C'est ton maître ; il t'a vaincu ; sache te vaincre toi-même. — O ma femme, ne cesseras-tu point de me tenir des discours indignes de moi ? étouffe tes plaintes ; songe aux devoirs que tu as à remplir..... Et toi, que tardes-tu à m'arracher la vie, et à perdre par ce crime tout espoir de vivre honorablement ? Le bourreau repousse la femme éplorée, et comme le père de famille commençait à proférer quelques paroles dignes de son courage, il lui plonge son épée dans le flanc. » Je pense que, dans cet exemple, on a donné à chacun le langage qui convient à son caractère ; c'est ce qu'il y a de plus essentiel dans cette figure. On trouve aussi des dialogismes présentés comme conséquences. « Que dira-t-on si vous portez cette sentence ? Tout le monde ne tiendra-t-il pas ce langage ? » Puis on ajoute les paroles.

LIII. La *prosopopée* est une figure par laquelle une personne absente est présentée comme si elle était devant nous ; une

---

ctus essem : nunc video ; in judicio mecum contendere non vis, ubi superari turpissimum et superare pulcherrimum est : interficere me vis. Occidar equidem, sed victus non peribo. At iste : In extremo vitæ tempore etiam sententiose loqueris ? neque ei, quem vides dominari, vis supplicare ? Tum mulier : Imo quidem iste rogat et supplicat. Sed tu, quæso, commovere ; et tu, per deos, inquit, hunc examplexare. Dominus est ; vicit hic te, vince tu nunc animum. Cur non desinis, inquit, uxor, loqui, quæ me digna non sunt ? Tace, et quæ curanda sunt cura. Tu cessas mihi vitam, tibi omnem bene vivendi spem mea morte eripere ? Iste mulierem reppulit ab se lamentantem : illi nescio quid incipienti dicere, quod dignum videlicet illius virtute esset, gladium in latere defixit. » Puto in hoc exemplo datos esse uni cuique sermones ad dignitatem accommodatos : id quod oportet in hoc genere conservare. Sunt item sermocinationes consequentes, hoc genus : « Nam quid putamus illos dicturos, si hoc judicaveritis ? Nonne omnes hac utentur oratione ? » Deinde subjicere sermonem.

LIII. Conformatio est, quum aliqua, quæ non adest, persona confingitur,

figure qui donne aux êtres muets ou immatériels un langage, une forme, et les fait agir et parler selon leur nature. Par exemple : « Si maintenant notre invincible cité élevait la voix, ne pourrait-elle pas vous dire : Moi, cette patrie, belle de tant de trophées, riche des plus glorieux triomphes, parée de l'éclat des plus nobles victoires, maintenant, ô citoyens, je me vois déchirée par vos séditions ! Cette Rome, que ni les ruses de la perfide Carthage, ni les forces de la redoutable Numance, ni le génie de la savante Corinthe, n'ont pu même ébranler, souffrirez-vous qu'elle soit écrasée et foulée aux pieds par les plus méprisables des hommes ? » Autre exemple : « Si maintenant L. Brutus revenait à la vie, s'il paraissait à vos yeux, ne vous adresserait-il pas ces reproches : J'ai chassé les rois, et vous introduisez les tyrans ! Vous n'aviez pas la liberté, je vous l'ai donnée ; vous la possédez, et vous ne voulez point la garder ! Au péril de ma tête j'ai délivré ma patrie ; et quand vous pouvez être libres sans danger, vous ne le voulez point ! » Cette figure, qui le plus souvent personnifie les choses muettes et inanimées, est cependant aussi d'une grande utilité dans les diverses parties de l'amplification, et pour exciter la pitié.

LIV. La *signification* est une figure qui laisse plus à deviner qu'elle n'exprime. Elle se traite par exagération, par un terme ambigu, par conséquence, par réticence, par similitude. Par exa-

---

quasi adsit, aut quum res muta, aut informis, fit eloquens et formata, et ei oratio attribuitur ad dignitatem accommodata, aut actio quædam, hoc pacto : « Quodsi nunc hæc urbs invictissima vocem emittat, non hoc pacto loquatur : Ego illa plurimis tropæis ornata, triumphis ditata certissimis, clarissimis locupletata victoriis, nunc vestris seditionibus, o cives, vexor? quam dolis malitiosa Karthago, viribus probata Numantia, disciplinis erudita Corinthus labefactare non potuit, eam patimini nunc ab homunculis deterrimis proteri atque conculcari ? » Item : « Quodsi nunc L. ille Brutus reviviscat, et hic ante pedes vestros adsit, non hac utatur oratione ? Ego reges ejeci, vos tyrannos introducitis : ego libertatem, quæ non erat, peperi, vos partam servare non vultis : ego capitis mei periculo patriam liberavi, vos liberi sine periculo esse non curatis. » Hæc conformatio, licet in plures res mutas atque inanimas transferatur, proficit tamen plurimum in amplificationis partibus et commiseratione.

LIV. Significatio est res, quæ plus in suspicione relinquit, quam positum est in oratione. Ea fit per exsuperationem, ambiguum, consequentiam, abscisionem,

gération, lorsqu'on dit plus que la vérité ne permet, afin de fortifier un soupçon ; ainsi : « En si peu de temps, il ne s'est pas même réservé, d'un si grand patrimoine, un vase de terre pour aller chercher du feu. » Par un terme ambigu, lorsque le mot, usité dans deux ou plusieurs acceptions, doit être pris par l'auditoire dans celle que veut lui donner l'orateur ; comme si, en parlant d'un homme qui a recueilli beaucoup d'héritages, on disait : « Regardez bien, vous qui avez si souvent *vu et accepté.* » Autant il faut éviter les termes ambigus qui rendent le style obscur, autant on doit rechercher ceux qui produisent des *significations* de ce genre. Nous en trouverons aisément, si nous remarquons la valeur multiple des termes équivoques. La signification se fait par conséquence, lorsqu'on énonce les suites d'une chose, afin de faire naître l'idée de la chose elle-même ; comme si l'on disait au fils d'un marchand de marée : « Ne parlez pas si haut, vous dont le père se mouchait avec le coude. » Par réticence, lorsqu'après avoir commencé une phrase, nous nous interrompons, et que nos premières paroles laissent suffisamment soupçonner le reste ; ainsi : « Lui qui, si beau, si jeune, dernièrement dans une maison étrangère,... je ne veux pas en dire davantage. » Par similitude, lorsque, rappelant un fait analogue, sans ajouter aucune explication, nous indiquons par là notre pensée ; ainsi : « Saturninus, ne t'appuie pas avec trop de confiance

---

similitudinem. Per exusperationem, quum plus est dictum, quam patitur veritas, augendæ suspicionis causa, sic : « Hic de tanto patrimonio tam cito testam, qua sibi petat ignem, non reliquit. » Per ambiguum, quum verbum potest in duas pluresve sententias accipi, sed accipitur in eam partem, quam vult is qui dixit ; ut de eo si dicas, qui multas hæreditates adierit : « Prospice tu, qui plurimum cernis. » Ambigua quemadmodum vitanda sunt, quæ obscuram reddunt orationem ; item hæc consequenda, quæ conficiunt hujusmodi significationem. Ea reperientur facile, si noverimus et animadverterimus verborum ancipites aut multiplices potestates. Per consequentiam significatio fit, quum res, quæ sequantur aliquam rem, dicuntur, ex quibus tota res relinquitur in suspicione, ut si salsamentarii filio dicas : « Quiesce tu, cujus pater cubito se emungere solebat. » Per abscisionem, si, quum incipimus aliquid dicere, præcidimus, et ex eo, quod jam diximus, satis relinquitur suspicionis, sic : « Qui ista forma et ætate nuper alienæ domui... nolo plura dicere. » Per similitudinem, quum, aliqua re simili allata, nihil amplius dicimus, sed ex ea significa-

sur cette multitude qui t'environne ; les Gracques sont tombés, et leur mort reste sans vengeance. » Cette figure joint parfois beaucoup de finesse à beaucoup de dignité : elle laisse deviner à l'auditeur ce que l'orateur ne dit pas.

Le *laconisme* n'emploie que les mots nécessaires pour exprimer l'idée. Exemple : « Il prit Lemnos en passant ; ensuite il laissa une garnison à Thasos ; puis il ruina une ville en Bithynie ; de là, passant dans l'Hellespont, il s'empara d'Abydos. — Naguère consul, autrefois tribun, il devint ensuite chef de la république. — Il part pour l'Asie ; on l'exile, on le déclare ennemi de l'État ; ensuite on le nomme *imperator* ; enfin on le fait consul. » Le laconisme renferme en peu de mots beaucoup de choses. Aussi faut-il l'employer souvent, lorsque la pensée n'exige pas de longs développements, ou que le temps ne permet pas de s'arrêter.

LV. La *démonstration* présente un fait avec tant de vérité, qu'on croit l'avoir sous les yeux. Pour produire cet effet, il faut rassembler dans un seul tableau ce qui a précédé, suivi et accompagné l'action ; en d'autres termes, ne négliger ni les circonstances, ni les suites. Exemple : « Aussitôt que Gracchus s'aperçoit que le peuple s'agite et semble craindre qu'il ne soit lui-même

---

mus, quid sentiamus, hoc modo : « Noli, Saturnine, nimium populi frequentia fretus esse. Inulti jacent Gracchi. » Hæc exornatio plurimum festivitatis habet, interdum et dignitatis ; sinit enim quiddam, tacito oratore, ipsum auditorem suspicari.

Brevitas est res ipsis tantummodo verbis necessariis expedita, hoc modo : « Lemnum præteriens cepit ; inde Thasi præsidium reliquit ; post urbem in Bithynia sustulit ; inde appulsus in Hellespontum, statim potitur Abydo. » Item : « Modo consul, quondam tribunus, deinde primus erat civitatis. » — Tum : « Proficiscitur in Asiam, deinde exsul et hostis est dictus, post imperator, postremo factus est consul. » Habet paucis comprehensa brevitas multarum rerum expeditionem. Quare adhibenda sæpe est, quum aut res non egent longæ orationis, aut tempus non sinit commorari.

LV. Demonstratio est, quum ita verbis res exprimitur, ut geri negotium, et res ante oculos esse videatur. Id fieri poterit, si, quæ ante, et post, et in ipsa re facta erunt, comprehendemus, aut a rebus consequentibus, aut a circumstantibus non recedemus, hoc modo : « Quod simul atque Gracchus prospexit fluctuare populum verentem ne ipse auctoritate senatus commotus

entraîné par l'autorité du sénat à renoncer à ses projets, il convoque l'assemblée. Cependant ce furieux, ne respirant que le crime et les projets les plus funestes, s'élance du temple de Jupiter, et, les cheveux hérissés, l'œil ardent, le visage couvert de sueur, la toge retroussée, il précipite sa course, suivi de nombreux complices. En ce moment, le crieur commandait le silence pour Gracchus. L'autre, pressant du pied un des siéges, le brise, en arrache un fragment, et ordonne aux autres de l'imiter. Comme Gracchus commençait à invoquer les dieux, ils se précipitent sur lui au pas de course : de toutes parts on vole, on vient grossir leur troupe. Alors un homme du peuple s'écrie : Fuis, Tiberius, fuis ; ne vois-tu pas ? regarde, te dis-je ! Bientôt la multitude inconstante, frappée d'une terreur soudaine, prend la fuite. L'assassin, vomissant le crime de sa bouche écumante, exhalant la cruauté du fond de sa poitrine, roidit son bras, et tandis que Gracchus doute encore de ce qui se passe, mais ne recule point, il le frappe à la tempe. Le tribun, sans démentir sa vertu par un seul mot, tombe en silence. Le patricien, arrosé du sang à jamais déplorable de ce généreux citoyen, comme s'il avait accompli l'action la plus glorieuse, promène autour de lui ses regards, présente gaiement sa main sacrilége à ceux qui le félicitent, et retourne au temple de Jupiter. » Cette figure est d'un grand secours dans les récits de ce genre, pour amplifier, et pour exciter

a sententia desisteret, jubet advocari contionem. Iste interea scelera et malis cogitationibus redundans, evolat ex templo Jovis, sudans, oculis ardentibus, erecto capillo, contorta toga, cum pluribus aliis ire celerius cœpit. Illi præco faciebat audientiam : hic, subsellium quoddam calce premens, dextra pedem defringit, et hoc alios item jubet facere. Quum Gracchus deos inciperet precari, cursim isti impetum faciunt, et ex aliis alii partibus convolant ; atque e populo unus: Fuge, inquit, Tiberi, fuge. Non vides ? respice, inquam. Deinde vaga multitudo, subito timore perterrita, fugere cœpit. At iste spumans ex ore scelus, anhelans ex intimo pectore crudelitatem, contorquet brachium ; et dubitanti Graccho, quid esset, neque tamen locum, in quo consisteret, relinquenti percutit tempus. Ille, nulla voce delibans insitam virtutem, concidit tacitus. Iste viri fortissimi miserando sanguine aspersus, quasi facinus præclarissimum fecisset, circumspectans, et hilare sceleratam gratulantibus manum porrigens, in templum Jovis contulit sese. » Hæc exornatio plurimum prodest

la commisération. Elle met l'action en scène, et l'expose, pour ainsi dire, à nos yeux.

LVI. Nous avons soigneusement recueilli tous les moyens de perfectionner l'élocution : à ces préceptes, Herennius, joignez un exercice assidu, et vous réunirez dans votre diction la force, la beauté, la grâce : vous parlerez en orateur, et l'on ne vous reprochera point une invention nue et stérile, se produisant dans un langage trivial. Maintenant il convient de nous appuyer mutuellement l'un sur l'autre : car il s'agit d'un intérêt commun, je veux dire, de nous approprier tous les secrets de l'art par une étude constante, et par de fréquents exercices. D'autres sont rebutés de ce travail pour trois motifs surtout : ou ils n'ont personne avec qui ils puissent s'exercer en toute confiance ; ou ils se défient d'eux-mêmes ; ou ils ne savent quelle marche suivre. Nous ne rencontrons aucune de ces difficultés. En effet, nous nous exerçons très-volontiers ensemble, à cause de cette amitié que la parenté fit naître, et que la direction de nos études philosophiques a fortifiée ; ensuite nous ne saurions nous défier de nous-mêmes, puisque déjà nous avons fait quelques pas en avant, et qu'il est, dans la vie, d'autres biens plus précieux que nous poursuivons avec beaucoup plus de persévérance ; dès lors, quand même nous n'arriverions pas par la parole au but désiré, il ne nous manquera néanmoins qu'une faible part de ce qui

in amplificanda et commiseranda re, hujusmodi enarrationibus : statuit enim totam rem, et prope ponit ante oculos.

LVI. Omnes rationes honestandæ elocutionis studiose collegimus ; in quibus, Herenni, si te diligentius exercueris, et gravitatem et dignitatem et suavitatem habere in dicendo poteris, ut oratorie plane loquaris : ne nuda atque inornata inventio vulgari sermone efferatur. Nunc identitem nosmet ipsi nobis instemus. Res enim communis agitur, ut frequenter et adsidue consequamur artis rationem studio et exercitatione ; quod alii cum molestia tribus de causis maxime faciunt ; aut si, quicum libenter exerceantur, non habent, aut si sibi diffidunt, aut si nesciunt, quam viam sequi debeant ; quæ a nobis absunt omnes difficultates. Nam et simul libenter exercemur propter amicitiam, cujus initium cognatio fecit, cætera philosophiæ ratio confirmavit : et nobis non diffidimus, propterea quod et aliquantulum processimus, et alia meliora sunt, quæ multo intentius petimus in vita, ut, et si non pervenerimus in dicendo, quo volumus, parva pars vitæ perfectissimæ desideretur : et viam, quam sequamur,

fait un homme accompli. Enfin nous savons quelle est la marche à suivre, puisque, dans ce traité, nous n'avons omis aucun des préceptes de la rhétorique. On a expliqué comment se trouvent les moyens propres à chaque genre de causes, et comment on doit les disposer ; puis on a tracé les règles de la prononciation et de la mémoire ; on a fini par exposer les préceptes qui peuvent donner au style de la perfection. Ne nous écartons pas de ces principes, et notre invention sera prompte et intelligente, notre disposition méthodique et lumineuse, notre prononciation forte et gracieuse, notre mémoire fidèle et tenace, notre élocution élégante et persuasive : or, voilà tout ce que la rhétorique nous enseigne. C'est aussi tout ce que nous pouvons apprendre, si nous fécondons les préceptes de l'art par un exercice assidu.

habemus, propterea quod in his libris nihil præteritum est rhetoricæ præceptionis. Demonstratum est enim, quomodo res in omnibus generibus causarum inveniri oporteat : dictum est, quo pacto eas disponere conveniat : traditum est, qua ratione esset pronuntiandum : præceptum est, qua via meminisse possemus : demonstratum est, quibus modis perfecta elocutio compararetur. Quæ si exsequimur, acute et cito reperiemus, distincte et ordinate disponemus, graviter et venuste pronuntiabimus, firme et perpetuo meminerimus, ornate et suaviter eloquemur : ergo amplius in arte rhetorica nihil est. Hæc omnia adipiscemur, si rationes præceptionis diligentia consequemur exercitationis.

DE L'INVENTION

TRADUCTION FRANÇAISE DE E. GRESLOU

Revue avec le plus grand soin

PAR M. GRÉARD
INSPECTEUR DE L'ACADÉMIE DE PARIS

SOMMAIRE

DU LIVRE PREMIER

I à V. De l'éloquence, de ses avantages et de ses inconvénients; de son principe, de sa naissance et de ses progrès; de ses abus. De la nécessité de l'étudier pour les biens qu'elle procure à l'homme et à la société. — V à VI. Du genre, du devoir, de la fin, de la matière et des parties de la rhétorique. Définitions. Trois genres : le démonstratif, le délibératif et le judiciaire. — VII. Les parties de la rhétorique sont au nombre de cinq : l'invention, la disposition ou la division, l'élocution, la mémoire et le débit. — VIII à XIII. De l'invention. De la question dans tout état de cause. Question de fait ou conjecturale, de nom ou de définition, de genre et de récusation. Réfutation de la doctrine d'Hermagoras à propos de la question de genre. Divisions de la question de genre et subdivisions. Des causes, simples ou complexes. Discussion portant sur un raisonnement ou sur un texte; cinq espèces de ce dernier genre de cause. De la question, du raisonnement, du point à juger, des preuves confirmatives. Six parties du discours, l'exorde, la narration, la division, la confirmation, la réfutation, la conclusion. — XIV à XVIII. De l'exorde; son but. Différentes sortes de causes auxquelles il faut l'approprier. Exorde direct et par insinuation. But de l'exorde; gagner la bienveillance, l'intérêt et l'attention. De l'exorde par insinuation. Règles communes aux deux genres d'exorde. — XIX à XXII. De la narration; elle est de trois sortes exemples. Qualités de la narration : brièveté, clarté, vraisemblance. Cas où il faut supprimer la narration. — XXII à XXIV. De la division : deux parties; ses qualités : exemples. — XXIV à XLII. De la confirmation. Des arguments. Deux sortes d'arguments : probables ou nécessaires. De l'induction. Du syllogisme. Division de ses parties. Exemples de syllogismes à cinq, à quatre, à trois parties, etc. Variété dans l'emploi et dans la forme des raisonnements. — XLII à LII. De la réfutation. Elle puise aux mêmes sources que la confirmation. Manières de réfuter une proposition. Réfutation des arguments probables ou

nécessaires d'une comparaison, d'un jugement cité, d'un dilemme, d'une énumération, de la majeure ou de la mineure d'un syllogisme, de leurs preuves, ou de la conclusion, etc. Exemples de chaque réfutation. — LII à LV. Conclusion ou péroraison. Avant cette dernière partie du discours, Hermagoras place la digression. Pourquoi Cicéron ne l'admet pas. La conclusion a trois parties : la récapitulation, l'indignation et la plainte. — Différentes manières de traiter la récapitulation. L'indignation, son but et ses moyens, les lieux communs ; où elle doit les prendre ; ils sont au nombre de quinze. La plainte, le but qu'elle se propose, et les lieux communs qu'elle doit développer ; ils sont au nombre de seize.

DE L'INVENTION

LIVRE PREMIER

1. J'ai souvent et longuement réfléchi sur la question de savoir si le talent de la parole et l'étude approfondie de l'éloquence ont été pour les hommes et les sociétés la source de plus de biens que de maux. Si je considère les malheurs de notre république, si je rassemble par la pensée les calamités qui ont désolé autrefois les États les plus puissants, je trouve que des hommes très-éloquents ont été pour une grande part dans ces misères. D'un autre côté, si, m'appuyant sur les traditions de l'histoire, je remonte à des époques plus reculées, je trouve que nombre de villes ont été fondées, nombre de guerres éteintes, d'alliances solides et de saintes amitiés formées par la sagesse d'abord, mais aussi et surtout par l'éloquence. De sorte qu'après bien des méditations sur ce sujet,

DE INVENTIONE
LIBER PRIMUS

1. Sæpe et multum hoc mecum cogitavi bonine an mali plus attulerit hominibus et civitatibus copia dicendi, ac summum eloquentiæ studium. Nam quum et nostræ rei publicæ detrimenta considero, et maximarum civitatum veteres animo calamitates colligo, non minimam video per disertissimos homines invectam partem incommodorum. Quum autem res ab nostra memoria propter vetustatem remotas ex litterarum monumentis repetere instituo, multas urbes constitutas, plurima bella restincta, firmissimas societates, sanctissimas amicitias intelligo quum animi ratione, tum facilius eloquentia comparatas. Ac me quidem diu cogitantem ratio ipsa in hanc potissimum sententiam

la raison elle-même m'amène à croire que, si la sagesse est peu utile aux États sans l'éloquence, sans la sagesse, l'éloquence leur est presque toujours funeste et jamais utile. L'homme donc qui néglige la pure et noble étude de la morale et du devoir, pour se livrer exclusivement à l'exercice de la parole, n'est qu'un membre inutile à lui-même; bien plus, un membre dangereux pour la patrie, qui le nourrit dans son sein. Celui, au contraire, qui se revêt des armes de l'éloquence, non pour attaquer, mais pour défendre les intérêts de son pays, me semble destiné à être aussi éminemment utile à l'État qu'à lui-même, et le meilleur des citoyens. La preuve, c'est que si nous voulions rechercher l'origine de ce qu'on nomme l'éloquence, — qu'on la considère comme le fruit de l'étude, de l'art, de l'exercice, ou comme un don de la nature, — nous trouverions qu'elle doit sa naissance aux plus nobles causes et aux motifs les plus honorables.

II. En effet, il fut un temps où les hommes erraient dispersés dans les campagnes comme les animaux, et n'avaient, pour soutenir leur vie, qu'une nourriture sauvage. Ce n'était point la raison alors, mais la force matérielle, qui décidait de tout. L'homme n'avait aucune idée du culte des dieux et de ses devoirs envers ses semblables. Point d'unions légales, point de paternité cer-

---

inducit, ut existimem, sapientiam sine eloquentia parum prodesse civitatibus, eloquentiam vero sine sapientia nimium obesse plerumque, prodesse numquam. Quare si quis, omissis rectissimis atque honestissimis studiis rationis et officii, consumit omnem operam in exercitatione dicendi, is inutilis sibi, perniciosus patriæ civis alitur; qui vero ita sese armat eloquentia, ut non oppugnare commoda patriæ, sed pro his propugnare possit, is mihi vir et suis et publicis rationibus utilissimus atque amicissimus civis fore videtur.

Ac si volumus hujus rei, quæ vocatur eloquentia, sive studii, sive artis, sive exercitationis cujusdam, sive facultatis ab natura profectæ considerare principium, reperiemus id ex honestissimis causis natum, atque optimis rationibus profectum.

II. Nam fuit quoddam tempus, quum in agris homines passim bestiarum more vagabantur et sibi victu fero vitam propagabant; nec ratione animi quidquam, sed pleraque viribus corporis administrabant. Nondum divinæ religionis, non humani officii ratio colebatur; nemo nuptias viderat legitimas; non certos quisquam inspexerat liberos; non, jus æquabile quid utilitatis haberet,

taine ; les bienfaits de la justice n'étaient point connus. Au milieu des ténèbres de l'ignorance et de la barbarie, l'âme était la proie d'un instinct brutal et déréglé qui, pour se satisfaire, abusait des forces du corps, son dangereux satellite. Un homme s'est rencontré en ce temps-là, un grand homme, sans doute, un sage, qui comprit ce qu'il y avait de puissance et de grandeur dans l'âme humaine, pour qui saurait faire sortir ce germe et l'améliorer en le dirigeant. Les hommes étaient épars dans les campagnes, ou cachés dans les profondeurs des forêts; il sut les rassembler et les réunir en un même lieu, puis il leur inspira peu à peu tous les goûts utiles et honnêtes; le manque d'habitude les fit d'abord résister, mais devenus ensuite plus dociles au langage de la sagesse et de l'éloquence, de grossiers et de sauvages qu'ils étaient, il les rendit doux et sociables. Et je ne crois pas que, muette et dépourvue du secours de l'éloquence, la sagesse toute seule eût pu, par un coup soudain, changer ainsi les habitudes des hommes et les faire passer à un genre de vie si différent. Je dirai plus : les villes une fois bâties, comment leur apprendre à pratiquer la bonne foi, à respecter la justice; comment les accoutumer à obéir de leur plein gré aux autres, et non-seulement à supporter toute espèce d'épreuves, mais à sacrifier leur vie même dans l'intérêt commun, si la raison n'avait trouvé dans l'éloquence le moyen de leur faire aimer ses préceptes? Assuré-

acceperat. Ita propter errorem atque inscientiam, cæca ac temeraria dominatrix animi cupiditas ad se explendam viribus corporis abutebatur, perniciosissimis satellitibus. Quo tempore quidam, magnus videlicet vir et sapiens, cognovit, quæ materies et quanta ad maximas res opportunitas in animis inesset hominum, si quis eam posset elicere, et præcipiendo meliorem reddere : qui dispersos homines in agris, et in tectis silvestribus abditos, ratione quadam compulit unum in locum, et congregavit, et eos in unam quamque rem inducens utilem atque honestam, primo propter insolentiam reclamantes, deinde propter rationem atque orationem studiosius audientes, ex feris et immanibus mites reddidit et mansuetos. Ac mihi quidem videtur hoc nec tacita nec inops dicendi sapientia perficere potuisse, ut homines a consuetudine subito converteret, et ad diversas rationes vitæ traduceret. Age vero, urbibus constitutis, ut fidem colere, et justitiam retinere discerent, et aliis parere sua voluntate consuescerent, ac non modo labores excipiendos communis commodi causa, sed etiam vitam amittendam existimarent : qui tandem fieri potuit, nisi homines

12.

ment il n'y avait que le charme et l'autorité du discours qui pussent amener celui qui se sentait le plus fort à plier volontairement sous la justice, à souffrir l'égalité de ceux qu'il pouvait dominer, à renoncer de lui-même aux plus agréables habitudes, surtout quand le temps en avait fait, pour ainsi dire, une seconde nature. Tels me paraissent avoir été l'origine et les progrès de l'éloquence, que nous voyons plus tard, dans la paix comme dans la guerre, appliqués aux intérêts les plus graves de l'humanité. Mais dès qu'une certaine facilité de mauvais aloi, prenant le masque de la vertu, et peu soucieuse des lois de la morale, atteignit au talent de la parole, on vit la perversité se faire une arme des dons de la nature pour bouleverser les villes et troubler la vie des sociétés.

III. Et puisque nous avons montré l'origine des bienfaits de l'éloquence, mettons aussi en lumière la source des maux qu'elle a produits. Je suis porté à croire qu'il fut un temps où ce n'étaient point des hommes sans sagesse et sans éloquence qui s'occupaient des affaires publiques, et que ceux qui unissaient la portée de l'esprit au talent de la parole ne descendaient pas à la discussion des intérêts privés. Mais tandis que les hommes éminents gouvernaient les affaires de l'État, d'autres, j'imagine, qui n'étaient pas non plus sans talent, s'occupaient des humbles différends des simples particuliers. Accoutumés dans

---

ea, quæ ratione invenissent, eloquentia persuadere potuissent? Profecto nemo, nisi gravi et suavi commotus oratione, quum viribus plurimum posset, ad jus voluisset sine vi descendere, ut inter quos posset excellere, cum his se pateretur æquari et sua voluntate a jucundissima consuetudine recederet, quæ præsertim jam naturæ vim obtineret propter vetustatem. Ac primo quidem sic et nata et progressa longius eloquentia videtur, et item postea maximis in rebus pacis et belli cum summis hominum utilitatibus esse versata. Postquam vero commoditas quædam, prava virtutis imitatrix, sine ratione officii, dicendi copiam consecuta est; tum ingenio freta malitia pervertere urbes, et vitas hominum labefactare assuevit.

III. Atque hujus quoque exordium mali, quoniam principium boni diximus, explicemus. Veri simillimum mihi videtur, quodam tempore neque in publicis rebus infantes et insipientes homines solitos esse versari, nec vero ad privatas causas magnos ac disertos homines accedere; sed quum a summis viris maximæ res administrarentur, arbitror alios fuisse non incallidos homines, qui ad

ces différends à plaider le faux contre le vrai, l'habitude de la parole accrut leur hardiesse au point que les hommes supérieurs durent en venir à protéger leurs concitoyens contre ces audacieuses violences et à prendre en main la défense de leurs parents et leurs amis. Puis l'orateur, qui, dédaignant l'étude de la sagesse, s'était livré exclusivement à l'éloquence, égalant souvent, surpassant même quelquefois son adversaire, il arriva à croire lui-même, et à persuader à la multitude, qu'il était digne d'administrer la république. Et le gouvernail de l'État une fois remis aux mains de ces hommes sans lumières ni mesure, faut-il s'étonner si l'on vit les plus grands et les plus terribles naufrages ? La défaveur et l'odieux que ces maux jetèrent sur l'éloquence firent que les hommes supérieurs, cherchant pour ainsi dire, un port dans la tempête, se dérobèrent aux agitations et aux orages de la vie publique pour se livrer à de paisibles travaux. Et voilà comment, par la suite, les autres belles et nobles études auxquelles les plus grands hommes consacrèrent les loisirs de leur retraite brillèrent d'un si vif éclat ; tandis que l'éloquence fut négligée par la plupart d'entre eux dans le temps même où il importait le plus d'en maintenir avec énergie et d'en accroître avec zèle l'influence. Car, plus cette noble et salutaire puissance était indignement prostituée par l'aveuglement et l'audace des méchants qui la

parvas controversias privatorum accederent. Quibus in controversiis quum sæpe a mendacio contra verum stare homines consuescerent, dicendi assiduitas aluit audaciam, ut necessario superiores illi propter injurias civium resistere audacibus, et opitulari suis quisque necessariis cogerentur. Itaque quum in dicendo sæpe par, nonnumquam etiam superior visus esset is, qui, omisso studio sapientiæ, nihil sibi præter eloquentiam comparasset, fiebat, ut et multitudinis et suo judicio dignus, qui rem publicam gereret, videretur. Hinc nimirum non injuria, quum adgubernacula rei publicæ temerarii atque audaces homines accesserant, maxima ac miserrima naufragia fiebant. Quibus rebus tantum odii atque invidiæ suscepit eloquentia, ut homines ingeniosissimi, quasi ex aliqua turbida tempestate in portum, sic ex seditiosa et tumultuosa vita se in studium aliquod traderent quietum. Quare mihi videntur postea cætera studia recta atque honesta, per otium concelebrata ab optimis, enituisse ; hoc vero a plerisque eorum desertum obsolevisse tempore, quo multo vehementius erat retinendum, et studiosius adaugendum. Nam quo indignius rem honestissimam et rectissimam violabat stultorum et improborum temeritas et audacia summo cum

tournaient à la ruine de la république, plus c'était le devoir des gens de bien de leur résister avec courage, et de veiller à la défense de la patrie.

IV. Cette considération n'a point échappé à notre illustre Caton, ni à Lélius, ni à Scipion l'Africain, que je puis appeler leur disciple, ni aux Gracques ses petits-fils; tous hommes dont le mérite supérieur augmentait l'autorité, et en qui l'éloquence, en même temps qu'elle rehaussait leurs qualités, était pour la patrie une force. Je pense donc que, bien loin de nous moins attacher à l'étude d'éloquence à cause de l'abus criminel qui s'en fait dans les affaires publiques et particulières, il faut, au contraire, s'y livrer avec plus de zèle pour empêcher la puissance des méchants de s'accroître au détriment des gens de bien et pour la ruine de tous; d'autant que l'éloquence est la chose par excellence qui touche à tous les intérêts publics et privés, et que c'est elle qui fait la sûreté, la moralité, la gloire et le charme de la vie. C'est elle, en effet, qui, pour peu qu'elle soit assistée de la sagesse, ce guide suprême, devient pour les États une source de prospérités; c'est d'elle que découlent pour ceux qui la cultivent avec succès honneurs, hommages, dignités; c'est elle qui procure à leurs amis la protection la plus sûre et la plus puissante; c'est à elle enfin, c'est à la parole, que l'homme, si faible et si misérable à tant d'égards, doit sa supériorité sur la

---

rei publicæ detrimento, eo studiosius et illis resistendum fuit et rei publicæ consulendum.

IV. Quod nostrum illum non fugit Catonem, neque Lælium, neque horum, ut vere dicam, discipulum Africanum, neque Gracchos Africani nepotes : quibus in hominibus erat summa virtus, et summa virtute amplificata auctoritas, et, quæ his rebus ornamento, et rei publicæ præsidio esset, eloquentia. Quare, meo quidem animo, nihilo minus eloquentiæ studendum est, etsi ea quidam et privatim, et publice perverse abutuntur ; sed eo quidem vehementius, ne mali magno cum detrimento bonorum, et communi omnium pernicie, plurimum possint; quum præsertim hoc sit unum, quod ad omnes res et privatas et publicas maxime pertineat ; hoc tuta, hoc honesta, hoc illustris, hoc eodem vita jucunda fiat. Nam hinc ad rem publicam plurima commoda veniunt, si moderatrix omnium rerum præsto est sapientia ; hinc ad ipsos, qui eam adepti sunt, laus, honos, dignitas confluit ; hinc amicis quoque eorum certissimum ac tutissimum præsidium comparatur. Ac mihi quidem videntur homines, quum

bête. Et certes c'est quelque chose de beau à mon sens que de s'élever entre les hommes par ce qui les élève eux-mêmes au-dessus des animaux. Si donc l'éloquence n'est pas seulement un don de la nature et un fruit de l'exercice, mais encore le produit d'un art, il n'est pas inutile de considérer les doctrines des maîtres qui nous en ont tracé les règles.

Mais, avant de parler de ces règles, je crois devoir m'expliquer d'abord sur la nature même de l'art, sur son devoir, sa fin, sa matière et ses parties. Ces observations préliminaires faciliteront et abrégeront l'étude de l'art lui-même et de ses moyens.

V. La science de l'homme d'État comprend un grand nombre de connaissances importantes. Une des plus grandes et des plus considérables est cette éloquence artificielle à laquelle on a donné le nom de rhétorique; car, sans être de l'avis de ceux qui prétendent que l'homme d'État peut se passer de l'éloquence, je pense bien moins encore que la science du gouvernement soit tout entière comprise dans le talent et dans l'art de l'auteur. Je définirai donc le talent oratoire en disant qu'il est une partie de la science du gouvernement. Quant au devoir de l'orateur, il consiste à parler d'une manière propre à persuader; et la fin qu'il se propose est d'arriver à la persuasion par la parole. Entre le

multis rebus humiliores et infirmiores sint, hac re maxime bestiis præstare, quod loqui possunt. Quare præclarum mihi quiddam videtur adeptus is, qui, qua re homines bestiis præstent, ea in re hominibus ipsis antecellat. Hoc si forte non natura modo, neque exercitatione conficitur, verum etiam artificio quodam comparatur, non alienum est videre, quid dicant ii, qui quædam ejus rei præcepta nobis reliquerunt.

Sed antequam de præceptis oratoriis dicamus, videtur dicendum de genere ipsius artis, de officio, de fine, de materia, de partibus. Nam his rebus cognitis, facilius et expeditius animus unius cujusque ipsam rationem ac viam artis considerare poterit.

V. Civilis quædam ratio est, quæ multis et magnis ex rebus constat. Ejus quædam magna et ampla pars est artificiosa eloquentia, quam rhetoricam vocant. Nam neque cum his sentimus, qui civilem scientiam eloquentia non putant indigere; et ab eis, qui eam putant omnem rhetoris vi et artificio contineri, magno opere dissentimus. Quare hanc oratoriam facultatem in eo genere ponemus, ut eam civilis scientiæ partem esse dicamus. Officium autem ejus faculta-

devoir et la fin, il y a cette différence que le devoir indique la marche, la fin, le but. Ainsi nous disons que le devoir du médecin est d'administrer les remèdes qu'il faut pour guérir, et sa fin, de guérir par l'administration des remèdes. De même, quand nous parlons du devoir et de la fin de l'orateur, par devoir nous entendons ce qu'il doit faire, et, par fin, le but qu'il doit atteindre.

J'appelle matière d'un art l'ensemble des choses comprises dans l'exercice et la pratique de cet art. On dit, par exemple, que les maladies et les blessures sont la matière de la médecine, parce que la médecine roule sur ces deux objets. Ainsi nous appelons matière de la rhétorique tout ce qui se rapporte à l'art et au talent de l'orateur. Les auteurs ne s'accordent pas sur le plus ou moins de sujets qu'elle comprend. Gorgias de Léontium, le premier peut-être qui ait écrit sur la rhétorique, est d'avis que l'orateur doit être en état de bien parler sur tous les sujets possibles. C'est donner à la rhétorique une matière immense et infinie. Aristote, qui a répandu tant de lumière sur ces règles de l'art, l'enferme dans ces trois genres : le démonstratif, le délibératif et le judiciaire. Le genre démonstratif se propose l'éloge ou le blâme d'une personne déterminée ; le délibératif, consacré aux discussions

---

tis videtur esse dicere apposite ad persuasionem ; finis, persuadere dictione. Inter officium et finem hoc interest, quod in officio, quid fieri ; in fine, quid officio conveniat, consideratur : ut medici officium dicimus esse, curare ad sanandum apposite ; finem, sanare curatione. Item oratoris quid officium, et quid finem esse dicamus; intelligemus, quum id, quod facere debet, officium, esse dicemus; illud, cujus causa facere debet, finem appellabimus.

Materiam artis eam dicimus ; in qua omnis ars, et ea facultas, quæ conficitur ex arte, versatur. Ut si medicinæ materiam dicamus morbos ac vulnera, quod in his omnis medicina versetur : item, quibus in rebus versatur ars, et facultas oratoria, eas res materiam artis rhetoricæ nominamus. Has autem res alii plures, alii pauciores existimaverunt. Nam Gorgias Leontinus, antiquissimus fere rhetor, omnibus de rebus oratorem optime posse dicere existimavit. Hic infinitam et immensam huic artificio materiam subjicere videtur. Aristoteles autem, qui huic arti plurima adjumenta atque ornamenta subministravit, tribus in generibus rerum versari rhetoris officium putavit, demonstrativo, deliberativo, judiciali. Demonstrativum est, quod tribuitur in alicujus certæ personæ laudem aut vituperationem. Deliberativum, quod positum in disceptatione civili, habet

politiques, a pour but l'énoncé d'une opinion; le judiciaire, propre aux jugements, renferme une attaque et une défense, ou bien une demande et une récusation. Et c'est aussi mon avis, que dans cette triple division de la matière se trouve compris l'ensemble de l'art oratoire.

VI. Quant à Hermagoras, il me semble ne pas songer à ce qu'il dit et ne pas comprendre la portée de sa promesse, quand il divise la matière de la rhétorique en *cause* et en *question*. Il appelle *cause* un sujet de controverse à discuter par la parole avec intervention de personnes déterminées; sujet que nous avons, comme lui, compris dans le domaine de l'orateur, par la division, établie plus haut, des trois genres, démonstratif, délibératif et judiciaire. Il appelle *question* un sujet de controverse à discuter par la parole, mais sans intervention de personnes; par exemple : « Est-il un bien plus grand que la vertu? Le témoignage des sens est-il véritable? Quelle est la forme du monde? Quelle est la grosseur du soleil? » sujets fort étrangers au devoir de l'orateur, tout le monde le voit sans peine. N'est-ce point folie de donner à traiter à l'orateur, comme des points sans importance, ces hautes questions sur lesquelles nous savons que s'est laborieusement consumé le génie des plus grands philosophes. Si la science et l'étude avaient donné à Hermagoras une claire intelligence de ces grands objets, il faudrait

in se sententiæ dictionem. Judiciale, quod positum in judicio, habet in se accusationem et defensionem, aut petitionem et recusationem. Et, quemadmodum nostra quidem fert opinio, oratoris ars et facultas in hac materia tripertita versari existimanda est.

VI. Nam Hermagoras quidem, nec quid dicat, attendere, nec quid polliceatur, intelligere videtur, qui oratoris materiam in causam et in quæstionem dividat. Causam esse dicit rem, quæ habeat in se controversiam in dicendo positam cum personarum certarum interpositione; quam nos quoque oratori dicimus esse attributam : nam tres ei partes, quas ante diximus, supponimus, judicialem, deliberativam, demonstrativam. Quæstionem autem eam appellat, quæ habeat in se controversiam in dicendo positam, sine certarum personarum interpositione, ad hunc modum : « Ecquid sit bonum præter honestatem? Verine sint sensus? Quæ sit mundi forma? Quæ sit solis magnitudo? » Quas quæstiones procul ab oratoris officio remotas, facile omnes intelligere existimamus. Nam, quibus in rebus summa ingenia philosophorum plurimo cum labore consumpta intelligimus, eas, sicut aliquas parvas res, oratori attribuere, magna amentia

dire que le sentiment de sa force lui a fait mal définir le devoir de l'orateur, et qu'il a tracé les limites de ses propres connaissances plutôt que celles de l'art. Mais c'est un homme à qui il serait plus facile de contester le titre de rhéteur que d'accorder celui de philosophe. Et, si j'en porte ce jugement, ce n'est pas que son *Traité de rhétorique* me semble tout à fait fautif ; je trouve, au contraire, qu'il a choisi et classé avec goût et méthode les préceptes des anciens rhéteurs, et que les aperçus qu'il y a ajoutés ne manquent pas d'originalité. Mais il y a peu de mérite pour l'orateur à parler de l'art oratoire comme il l'a fait ; le vrai mérite est d'en parler selon les règles de l'art, et il est clair qu'Hermagoras n'en était pas capable. Je maintiens donc la définition de la matière oratoire donnée par Aristote.

VII. Ses parties, suivant la division généralement admise, sont l'invention, la disposition, l'élocution, la mémoire et le débit. L'invention comprend la recherche des raisons vraies ou vraisemblables qui peuvent appuyer la cause ; la disposition consiste à ces raisons mettre en ordre ; l'élocution a pour but d'approprier les mots et les pensées aux moyens fournis par l'invention. La mémoire a pour objet de graver fidèlement dans l'esprit les pensées. Le débit, enfin, règle le geste et la voix, et les met en harmonie avec le sujet et le langage.

videtur. Quodsi magnam in his Hermagoras habuisset facultatem, studio et disciplina comparatam, videretur fretus sua scientia, falsum quiddam constituisse de oratoris officio, et non quid ars, sed quid ipse posset, exposuisse. Nunc vero ea vis est in homine, ut ei multo rhetoricam citius quis ademerit, quam philosophiam concesserit : neque eo, quod ejus ars, quam edidit, mihi mendosissime scripta videatur ; nam satis in ea videtur ex antiquis artibus ingeniose et diligenter electas res collocasse, et nonnihil ipse quoque novi protulisse ; verum oratori minimum est de arte loqui, quod hic fecit ; multo maximum ex arte dicere, quod cum minime potuisse, omnes videmus. Quare materia quidem nobis rhetoricæ videtur ea, quam Aristoteli visam esse diximus.

VII. Partes autem hæ sunt, quas plerique dixerunt, inventio, dispositio, elocutio, memoria, pronuntiatio. Inventio est excogitatio rerum verarum aut veri similium, quæ causam probabilem reddant. Dispositio est rerum inventarum in ordinem distributio. Elocutio est idoneorum verborum et sententiarum ad inventionem accommodatio. Memoria est firma animi rerum ac verborum ad inventionem perceptio. Pronuntiatio est, ex rerum et verborum dignitate, vocis et corporis moderatio.

Ces principes brièvement établis, je remets à un autre temps les explications sur le genre, le devoir et la fin de la rhétorique; outre qu'elles exigent de longs développements, elles ne tiennent pas aussi étroitement à l'exposition de l'art et de ses règles, et c'est surtout à la matière de la rhétorique et à ses parties qu'on doit s'attacher dans un ouvrage de ce genre. Quant à ces deux derniers objets, on ne peut les traiter sans les réunir. L'invention étant la première de ces parties de l'art, je commencerai par en établir les règles pour tous les genres de causes.

VIII. Toute matière qui porte en soi quelque sujet de controverse, exposition ou discussion, renferme une question de fait, de nom, de genre ou d'action. La question qui donne lieu à la cause s'appelle état de cause : l'état de cause est le premier conflit des causes; il naît de la défense opposée à la poursuite, par exemple : « Vous avez fait cela. — Je ne l'ai pas fait, ou j'avais droit de le faire. » Quand la discussion roule sur un point de fait, comme la cause s'appuie sur des conjectures, on l'appelle conjecturale. Quand c'est sur un nom commun, il faut définir le sens du mot, et alors on l'appelle état de définition. Quand il s'agit de qualifier une chose, comme alors la discussion porte sur son genre et sa nature, on l'appelle état de question de genre. D'autre

---

Nunc his rebus breviter constitutis, eas rationes, quibus ostendere possimus genus, et officium, et finem hujus artis, aliud in tempus differemus. Nam et multorum verborum indigent, et non tantopere ad artis descriptionem et præcepta tradenda pertinent. Eum autem, qui artem rhetoricam scribat, de duabus reliquis rebus, de materia artis ac partibus scribere oportere existimamus. Ac mihi quidem videtur conjuncte agendum de materia ac partibus. Quare inventio, quæ princeps est omnium partium, potissimum in omni causarum genere, qualis debet esse, consideretur.

VIII. Omnis res, quæ habet in se, positam in dictione aut disceptatione, aliquam controversiam, aut facti, aut nominis, aut generis, aut actionis continet quæstionem. Eam igitur quæstionem, ex qua causa nascitur, constitutionem appellamus. Constitutio est prima conflictio causarum ex depulsione intentionis profecta, hoc modo : « Fecisti. — Non feci, aut jure feci. » Quum facti controversia est, quoniam conjecturis causa firmatur, constitutio conjecturalis appellatur. Quum autem nominis, quia vis vocabuli definienda verbis est, constitutio definitiva nominatur. Quum vero, qualis res sit, quæritur, quia et de vi, et de genere negotii controversia est, constitutio generalis vocatur. At

part, quand la cause roule sur ce que l'action n'est pas intentée par qui de droit et contre qui de droit, ni régulière quant aux juges, au temps, à la loi, au crime ou à la peine, comme il faut que l'action soit changée et portée devant un autre tribunal, on appelle la cause état de récusation. Toute cause tombe nécessairement dans l'un de ces cas, car autrement le point de discussion manquerait, et par là même il n'y aurait plus de cause.

La question de fait peut être étendue à tous les temps : le passé : « Ulysse a-t-il tué Ajax ? » — le présent : « Les Frégellans sont-ils bien disposés pour le peuple romain ? » — l'avenir : « Si nous épargnons Carthage, en résultera-t-il quelque dommage pour la république ? »

Il y a question de nom quand, d'accord sur le fait, on cherche le nom qu'il faut lui donner. Si, dans ce genre de causes, le débat ne porte que sur le nom, naturellement, ce n'est pas qu'on ne soit d'accord sur la chose même, et que le fait ne soit pas constant ; mais comme chacun l'envisage d'un point de vue différent, chacun aussi lui donne un nom différent. Il faut alors définir la chose et en faire une courte description. Par exemple, on a pris des vases sacrés dans une chapelle particulière : le coupable doit-il être jugé comme voleur ou comme sacrilége ?

quum causa ex eo pendet, quod non aut is agere videtur, quem oportet, aut non cum eo, quicum oportet, aut non apud quos, quo tempore, qua lege, quo crimine, qua poena oportet, translativa dicitur constitutio ; quod actio, translationis et commutationis indigere videtur. Atque harum aliquam in omne causae genus incidere necesse est ; nam in quam rem non inciderit, in ea nihil esse poterit controversiae : quare eam ne causam quidem convenit putari.

Ac facti quidem controversia in omnia tempora potest distribui. Nam quid factum sit, potest quaeri, hoc modo : « Occideritne Ajacem Ulixes ? » Et quid fiat, hoc modo : « Bonone animo sint erga populum Romanum Fregellani ? » Et quid futurum sit, hoc modo : « Si Karthaginem reliquerimus incolumem, num quid sit incommodi ad rem publicam perventurum ? »

Nominis controversia est, quum de facto convenit, et quaeritur, id quod factum est, quo nomine appelletur. Quo in genere necesse est [ideo nominis] esse controversiam [non quod de re ipsa non conveniat], non quod de facto non constet ; sed quod id, quod factum sit, aliud alii videatur esse, et idcirco alius alio nomine id appellet. Quare in hujusmodi generibus definienda res erit verbis et breviter describenda ; ut, si quis sacrum ex privato surripuerit,

Il est évident qu'on doit, dans ce cas, définir le vol et le sacrilége, et montrer, par une description, que la chose dont il s'agit doit être appelée d'un autre nom que celui que lui donnent les adversaires.

IX. Il y a question de genre quand, d'accord sur le fait, d'accord même sur le nom qu'il faut lui donner, on ne l'est pas sur ses rapports, sur son importance, en un mot, sur ses qualités ; quand il s'agit de savoir, par exemple, si une chose est juste ou injuste, utile ou nuisible, et généralement toutes les fois qu'il est besoin de qualifier un fait, le nom étant hors de question.

Hermagoras divise cette question de genre en quatre espèces : la question délibérative, la question démonstrative, la question juridiciaire, et la question *négociale*. C'est, à mon sens, une grande erreur qu'il faut réfuter, mais en peu de mots. La passer sous silence pourrait donner à croire que je n'ai point de motif pour m'écarter de son opinion ; s'y arrêter trop longuement retarderait et embarrasserait l'exposition des préceptes que j'ai à tracer.

Si le délibératif et le démonstratif sont des genres de causes, on ne peut raisonnablement les classer comme espèces de quelque genre. Que l'un appelle genre ce qu'un autre nomme espèce, je le conçois ; mais une chose ne saurait pour le même

---

utrum fur an sacrilegus sit judicandus. Nam id quum quæritur, necesse erit definire utrumque, quid sit fur, quid sacrilegus, et sua descriptione ostendere alio nomine illam rem, de qua agitur, appellari oportere, atque adversarii dicant.

IX. Generis est controversia, quum et, quid factum sit, convenit, et, quo id factum nomine appellari oporteat, constat ; et tamen, quantum et cujusmodi et omnino quale sit, quæritur, hoc modo : Justum an injustum ; utile, an inutile ; et omnia, in quibus, quale sit id, quod factum est, quæritur sine ulla nominis controversia.

Huic generi Hermagoras partes quattuor supposuit, deliberativam, demonstrativam, judicialem, negotialem. Quod ejus, ut nos putamus, non mediocre peccatum, reprehendendum videtur, verum brevi ; ne aut, si taciti præterierimus, sine causa non secuti eum putemur ; aut, si diutius in hoc constiterimus, moram atque impedimentum reliquis præceptis intulisse videamur.

Si deliberatio et demonstratio genera sunt causarum, non possunt recte partes alicujus generis causæ putari: Eadem enim res alii genus esse, alii pars

juge être genre et espèce à la fois. Or le genre délibératif et le genre démonstratif sont des genres; car, ou il n'y a pas de genres, ou il n'y en a pas d'autre que le judiciaire, ou bien il y a le judiciaire, le démonstratif et le délibératif. Dire qu'il n'y a aucun genre de causes, alors même qu'on dit qu'il y a plusieurs causes, et qu'on en trace les préceptes, c'est pure folie. D'un autre côté, comment n'y aurait-il qu'un seul genre, le judiciaire, quand le délibératif et le démonstratif, ne se ressemblant pas entre eux, et encore moins au judiciaire, ont chacun leur but particulier? Donc il faut conclure qu'ils sont tous trois des causes; donc le délibératif et le démonstratif ne peuvent être les espèces de quelque genre; donc Hermagoras se trompe en les classant comme espèces de la question de genre.

X. Que si l'on ne peut à bon droit les considérer comme espèces d'un genre de cause, encore bien moins doit-on en faire des espèces d'une espèce; car tout état de question est une partie de la cause. La cause, en effet, ne se règle pas sur l'état de question, mais c'est l'état de question qui est déterminé par la cause. Et si le genre délibératif et le genre démonstratif ne peuvent être considérés comme des espèces d'un genre de cause, puisqu'ils sont eux-mêmes genres de causes; à plus forte raison ne doit-on pas les considérer comme espèces d'une espèce, ainsi que fait Hermagoras. De plus, si l'état de question lui-même

---

potest; eidem genus esse et pars non potest. Deliberatio autem et demonstratio genera sunt causarum. Nam aut nullum causæ genus est, aut judiciale solum, aut et judiciale, et demonstrativum, et deliberativum. Nullum dicere causæ esse genus, quum causas esse multas dicat, et in eas præcepta det, amentia est. Unum autem judiciale solum esse qui potest, quum deliberatio et demonstratio neque ipsæ similes inter se sint, et ab judiciali genere plurimum dissideant, et suum quæque finem habeant quo referri debeant? Relinquitur ergo, ut omnia tria genera sint causarum. Deliberatio igitur et demonstratio non possunt recte partes alicujus generis causæ putari. Male igitur eas generalis constitutionis partes esse dixit.

X. Quodsi generis causæ partes non possunt recte putari, multo minus recte partis causæ partes putabuntur. Pars autem causæ constitutio est omnis. Non enim causa ad constitutionem, sed constitutio ad causam accommodatur. Sed demonstratio et deliberatio generis causæ partes non possunt recte putari, quod ipsa sunt genera; multo igitur minus recte partis ejus, quod hic dicit,

ou quelqu'une de ses parties, consiste dans la réponse que le défendeur oppose à la demande, ce qui n'est pas la réponse opposée à la demande ne peut être ni l'état de question ni aucune de ses parties. Et si tout ce qui n'est pas la réponse opposée à la demande n'est ni l'état de question ni aucune de ses parties, le délibératif et le démonstratif ne sont ni l'état de question ni aucune de ses parties. Si donc l'état de question lui-même, ou quelqu'une de ses parties, résulte de la réponse faite à la demande, le genre délibératif et le démonstratif ne sont ni l'état de question ni aucune de ses parties. Or, Hermagoras veut que la réponse faite à la demande constitue l'état de question. Qu'il déclare donc aussi que le délibératif et le démonstratif ne sont ni l'état de question ni quelqu'une de ses parties. Cette conséquence est également forcée pour lui, qu'il appelle l'état de question la formule générale de l'accusation, ou la formule générale de la défense; car les mêmes embarras le suivront toujours.

Ensuite il n'est pas possible qu'une cause de conjecture soit, à la fois et dans un même genre, cause de conjecture et cause de définition. De même, une cause de définition ne peut être, à la fois et dans un même genre, cause de définition et de récusation. Et, en général, nul état de question, nulle partie d'un état de question ne peut en contenir une autre, par la raison que chaque

---

partes putabuntur. Deinde si constitutio et ipsa et pars ejus quælibet, intentionis depulsio est; quæ intentionis depulsio non est, ea nec constitutio, nec pars constitutionis est. At si, quæ intentionis depulsio non est, ea nec constitutio nec pars constitutionis est; demonstratio et deliberatio neque constitutio nec pars constitutionis est. Si igitur constitutio et ipsa et pars ejus, intentionis depulsio est; deliberatio et demonstratio neque constitutio neque pars constitutionis est. Placet autem ipsi constitutionem intentionis esse depulsionem. Placet igitur oportet demonstrationem et deliberationem non esse constitutionem, nec partem constitutionis. Atque hoc eodem urgebitur, sive constitutionem primam causæ accusatoris confirmationem dixerit, sive defensoris primam deprecationem. Nam cum eadem omnia incommoda sequentur.

Deinde conjecturalis causa non potest simul ex eadem parte, eodem in genere, et conjecturalis esse, et definitiva. Rursus nec definitiva causa potest simul ex eadem parte, eodem in genere, et definitiva esse, et translativa. Et omnino nulla constitutio nec pars constitutionis potest simul et suam habere.

question doit être considérée en elle-même et dans son essence. Ajoutez un autre état de question, le nombre des questions est augmenté, mais la question n'a pas plus d'étendue. Mais, dira-t-on, une cause délibérative renferme ordinairement, sur le même point et dans le même genre, une et quelquefois plusieurs questions de conjecture, de genre, de définition et de récusation : elle n'est donc ni l'état de question ni une partie de l'état de question. Il en est de même le plus souvent pour le genre démonstratif. Il faut donc, ainsi que nous l'avons établi ci-dessus, les regarder comme des genres, et non comme des espèces de quelque état de question.

XI. Ainsi, dans ce que nous appelons question de genre, il y a, selon nous, deux parties, la juridiciaire et la *négociale* : la juridiciaire, qui discute le droit ou le tort, décide de la récompense ou du châtiment; la négociale, qui porte sur l'examen de ce que permettent le droit civil et l'équité, et qui est généralement comprise dans les attributions des jurisconsultes.

La question juridiciaire se subdivise elle-même en absolue et en accessoire ; elle est absolue quand elle renferme l'examen du droit ou du tort ; accessoire, quand, offrant par elle-même peu de force à la défense, elle va chercher ses moyens en dehors de la cause. Elle comprend alors quatre chefs : l'aveu, le recours,

---

et alterius in se vim continere : ideo quod una quæque ex se et ex sua natura simpliciter consideratur ; altera adsumpta, numerus constitutionum duplicatur, non vis constitutionis augetur. At deliberativa causa simul ex eadem parte, eodem in genere, et conjecturalem, et generalem, et definitivam, et translativam solet habere constitutionem, et unam aliquando, et plures nonnumquam. Ergo ipsa neque constitutio est nec pars constitutionis. Idem in demonstratione solet usu evenire. Genera igitur, ut ante diximus, hæc causarum putanda sunt, non partes alicujus constitutionis.

XI. Hæc ergo constitutio, quam generalem nominamus, partes nobis videtur duas habere, juridicialem et negotialem. Juridicialis est, in qua æqui et iniqui natura, præmii aut pœnæ ratio quæritur. Negotialis est, in qua, quid juris ex civili more et æquitate sit, consideratur : cui diligentiæ præcesse apud nos juris consulti existimantur.

Ac juridicialis quidem ipsa in duas distribuitur partes, absolutam et adsumptivam. Absoluta est, quæ ipsa in se continet juris et injuriæ quæstionem. Adsumptiva, quæ ipsa ex se nihil dat firmi ad recusationem, foris autem aliquid defensionis adsumit. Ejus partes sunt quattuor, concessio, remotio criminis,

la récrimination, la comparaison. Il y a concession, quand l'accusé ne se défend pas du fait, mais en demande le pardon. La concession se subdivise en deux parties : la justification et la déprécation. La justification consiste à avouer le fait, en repoussant la culpabilité par l'un de ces trois moyens : l'ignorance, le hasard, la nécessité. Dans la déprécation, l'accusé confesse sa faute et convient même de la préméditation, mais il demande qu'elle lui soit pardonnée; moyen qui est d'ailleurs d'un emploi fort rare. — Il y a recours, quand l'accusé rejette le fait sur autrui, en soutenant qu'il n'a eu ni l'intention, ni la force, ni la puissance de le commettre. Le procédé est double; on peut rejeter sur un autre la cause du fait, ou le fait lui-même : la cause, en montrant que le fait résulte d'une force et d'une puissance étrangère ; le fait lui-même, en soutenant que c'est un autre qui a dû, qui a pu s'en rendre coupable. — Il y a récrimination, quand on soutient qu'on a eu droit d'agir comme on l'a fait, parce qu'on a été injustement provoqué. — Il y a comparaison, quand on allègue que le fait incriminé avait pour but quelque action utile ou honnête.

Dans le quatrième état de cause, que j'appelle état de récusation, la question est de savoir qui doit intenter l'action, contre qui, comment, devant quel juge, selon quelle loi, dans quel

---

relatio criminis, comparatio. Concessio est, quum reus non id quod factum est defendit, sed ut ignoscatur postulat. Hæc in duas partes dividitur, purgationem et deprecationem. Purgatio est, quum factum conceditur, culpa removetur. Hæc partes habet tres, imprudentiam, casum, necessitatem. Deprecatio est, quum et peccasse, et consulto peccasse reus se confitetur, et tamen ut ignoscatur, postulat : quod genus perraro potest accidere. Remotio criminis est, quum id crimen, quod infertur, ab se et ab sua culpa, vi et potestate in alium reus removere conatur. Id dupliciter fieri poterit, si aut causa aut factum in alium transferetur. Causa transfertur, quum aliena dicitur vi et potestate factum ; factum autem, quum alius aut debuisse aut potuisse facere dicitur. Relatio criminis est, quum ideo jure factum dicitur, quod aliquis ante injuria lacessierit. Comparatio est, quum aliud aliquod alicujus factum rectum aut utile contenditur, quod ut fieret, illud quod arguitur, dicitur esse commissum.

In quarta constitutione, quam translativam nominamus, ejus constitutionis est controversia, quum aut quem, aut quicum, aut quo modo, aut apud quos,

temps il convient de l'intenter ; en un mot, s'il n'y a aucun vice qui doive annuler ou faire changer l'accusation. Hermagoras est regardé comme l'inventeur de cet état de question : non qu'une foule d'orateurs ne l'aient souvent employé avant lui, mais parce que les auteurs qui ont écrit sur l'art ne l'avaient pas remarqué, ni classé parmi les autres états de question. Plusieurs lui ont depuis contesté l'honneur de cette découverte, moins, je crois, par ignorance, car la chose est trop claire, que par esprit de jalousie et de malignité.

XII. Nous avons classé les états de question et leurs parties : quant aux exemples propres à chacune d'elles, ils viendront, je crois, plus à propos, quand nous traiterons des arguments qui leur sont propres. Les règles de l'argumentation seront plus faciles à saisir, quand on pourra les appliquer sur-le-champ au genre et à l'exemple de la cause.

L'état de question une fois trouvé, il faut examiner si la cause est simple ou complexe; et, dans ce dernier cas, si elle l'est par la réunion de plusieurs questions, ou par une comparaison. Elle est simple, quand elle renferme une seule question absolue, par exemple : « Faut-il ou non déclarer la guerre aux Corinthiens ? » complexe, quand elle renferme plusieurs questions, par exemple : « Faut-il détruire Carthage, la rendre aux Carthaginois, ou

aut quo jure, aut quo tempore agere oporteat, quæritur, aut omnino aliquid de commutatione, aut infirmatione actionis agitur. Hujus constitutionis Hermagoras inventor esse existimatur, non quo non usi sint ea veteres oratores sæpe multi, sed quia non animadverterunt artis scriptores eam superiores, nec rettulerunt in numerum constitutionum. Post autem ab hoc inventam multi reprehenderunt, quos non tam imprudentia falli putamus (res enim perspicua est), quam invidia atque obtrectatione quadam impediri.

XII. Et constitutiones quidem, et earum partes exposuimus. Exempla autem cujusque generis tum commodius exposituri videmur, quum in unum quodque eorum argumentorum copiam dabimus. Nam argumentandi ratio dilucidior erit, quum et ad genus, et ad exemplum causæ statim poterit accommodari.

Constitutione causæ reperta, statim placet considerare, utrum causa sit simplex, an juncta ; et si juncta erit, utrum sit ex pluribus quæstionibus juncta, an ex aliqua comparatione. Simplex est, quæ absolutam in se continet unam quæstionem, hoc modo : « Corinthiis bellum indicamus, an non ? » Conjuncta ex pluribus quæstionibus, in qua plura quæruntur, hoc pacto : « Utrum Kar-

y conduire une colonie romaine? » Elle est complexe par comparaison, si entre deux partis donnés l'on cherche, en les pesant, lequel de deux est le meilleur et le préférable, par exemple : « Faut-il envoyer en Macédoine une armée contre Philippe et au secours de nos alliés, ou faut-il la conserver en Italie, pour opposer le plus de forces possible à Annibal? »

XIII. Il faut ensuite examiner si la discussion roule sur un raisonnement ou sur un texte. On appelle discussion de texte toute contestation partant d'un texte : la discussion de texte offre cinq genres qu'il ne faut point confondre avec les états de question. Il peut arriver que les mots ne rendent pas la pensée de l'auteur, que deux ou plusieurs lois soient en contradiction, que le texte présente deux ou plusieurs sens, qu'on y trouve même un sens auquel l'auteur n'a point songé; enfin, on peut n'être point d'accord sur la valeur des termes, comme dans une question de définition. Je dirai donc que la première de ces espèces a pour objet le sens littéral du texte et la pensée de l'auteur; la seconde, la contradiction des lois; la troisième, l'ambiguité des termes; la quatrième, l'introduction; la cinquième, la définition. Il y a cause de raisonnement, quand la discussion ne roule pas seulement sur le sens littéral, mais sur l'interprétation du texte.

Après avoir examiné le genre de la cause, établi l'état de ques-

---

thago diruatur, an Karthaginiensibus reddatur, an eo colonia deducatur. » Ex comparatione, in qua per contentionem, utrum potius, aut quid potissimum sit, quæritur, ad hunc modum : « Utrum exercitus in Macedoniam contra Philippum mittatur, qui sociis sit auxilio, an teneatur in Italia, ut quam maximæ contra Hannibalem copiæ sint. »

XIII. Deinde considerandum est, in ratione, an in scripto sit controversia. Nam scripti controversia est ea, quæ ex scriptionis genere nascitur. Ejus autem genera, quæ separata sunt a constitutionibus, quinque sunt. Nam tum verba ipsa videntur cum sententia scriptoris dissidere, tum inter se duæ leges aut plures discrepare, tum id, quod scriptum est, duas aut plures res significare; tum ex eo, quod scriptum est, aliud quoque, quod non scriptum est inveniri; tum vis verbi, quasi in definitiva constitutione, in quo posita sit, quæri. Quare primum genus, de scripto et sententia ; secundum, ex contrariis legibus; tertium, ambiguum; quartum, ratiocinativum; quintum, definitivum nominamus. Ratio est autem, quum omnis quæstio non in scriptione, sed in aliqua argumentatione consistit.

At tum, considerato genere causæ, cognita constitutione, quum simplexne

tion, distingué si elle est simple ou complexe, si elle porte sur un texte ou sur un raisonnement, il s'agit de trouver le point de discussion, le raisonnement, le point à juger, et la preuve confirmative. Tout cela doit naître de l'état de la question, le point de discussion est le débat produit par le choc des causes : « Vous n'aviez pas droit. » — « J'avais droit. » C'est de ce conflit des causes que résulte l'état de question. C'est donc de l'état de question que naît le débat que j'appelle point de discussion, qui se formule ainsi : « Avait-il droit? » — Le raisonnement est ce qui constitue la cause; sans lui, point de débat : ainsi, pour nous en tenir à un exemple facile et rebattu, qu'Oreste, accusé d'avoir tué sa mère, ne réponde pas : « J'en avais le droit, puisqu'elle avait tué mon père; » n'y ayant point défense, il n'y a point débat. Le raisonnement sur lequel reposera cette cause, est donc celui-ci : « Elle avait tué Agamemnon. » — Du développement des raisons contraires sort le point à juger. En effet (nous continuons à nous servir du même exemple) : « Ma mère, dit Oreste, avait tué mon père. » — « Mais, répond la partie adverse, vous étiez son fils, et ce n'était pas à vous de la tuer; car son crime pouvait être expié autrement que par le crime que vous avez commis. » Ce développement des raisons produit le nœud de la cause, que je nomme le point à juger : on le formulera ainsi :

<small>an conjuncta sit intellexeris et scripti an rationis habeat controversiam videris; deinceps erit videndum, quæ quæstio, quæ ratio, quæ judicatio, quod firmamentum causæ sit; quæ omnia a constitutione proficiscantur oportet. — Quæstio est ea, quæ ex conflictione causarum gignitur controversia, hoc modo : « Non jure fecisti. » — « Jure feci. » Causarum autem hæc est conflictio, in qua constitutio constat. Ex ea igitur nascitur controversia, quam quæstionem dicimus, hoc modo : « Jurene fecerit. »—Ratio est ea, quæ continet causam, quæ si sublata sit, nihil in causa controversiæ relinquatur, hoc modo, ut docendi causa in facili et pervulgato exemplo consistamus : Orestes si accusetur matricidii, nisi hoc dicat, « Jure feci; illa enim patrem meum occiderat : » non habet defensionem. Qua sublata, omnis controversia quoque sublata sit. Ergo ejus causæ ratio est, « Quod illa Agamemnonem occiderit. » — Judicatio est, quæ ex infirmatione et confirmatione rationis nascitur controversia. Nam sit ea nobis exposita ratio, quam paullo ante exposuimus : « Illa enim meum, inquit, patrem occiderat. » — « At non, inquit adversarius, abs te filio matrem necari oportuit. Potuit enim sine tuo scelere illius factum puniri. » Ex hac deductione rationis illa summa nascitur controversia, quam judicationem ap-</small>

« Oreste avait-il le droit de tuer sa mère, parce qu'elle avait tué le père d'Oreste? » — La preuve confirmative est l'ensemble des arguments par lesquels l'accusé fortifie ses raisons et les ramène au point à juger. Oreste, par exemple, dira : « Les sentiments de ma mère pour mon père, pour moi, pour mes sœurs, pour notre empire, pour notre famille et notre maison, étaient tels, que ses enfans avaient, plus que qui que ce soit, le droit de la punir. »

C'est ainsi qu'on trouve le point à juger dans tout état de question. Toutefois, dans la question de conjecture, comme il n'y a pas de raisonnement sur le fait, le fait n'étant pas accordé, ce n'est point du développement du raisonnement que peut naître le point à juger; nécessairement alors le point de discussion et le point à juger ne font qu'un ; par exemple : « Le fait existe. » — « Il n'existe pas. » — « Existe-t-il? » Au surplus, autant, dans une cause, il y a d'états ou de parties d'états de question, autant il s'y trouve de questions, de raisonnements, de points à juger, de preuves à l'appui.

XIV. Ces divisions générales établies, il reste à considérer isolément chacune des parties dans l'ensemble de la cause; car il ne faut pas s'occuper des choses au fur et à mesure qu'on a à les présenter. Si vous voulez que votre début se rapporte et se lie parfaitement au fond de la cause, il faut le tirer de ce qui doit suivre.

---

pellamus. Ea est hujusmodi : « Rectumne fuerit, ab Oreste matrem occidi, quum illa Orestis patrem occidisset. » — Firmamentum est firmissima argumentatio defensoris, et appositissima ad judicationem : ut si velit Orestes dicere, « ejusmodi animum matris suæ fuisse in patrem suum, in se ipsum ac sorores, in regnum, in famam generis et familiæ, ut ab ea pœnas liberi sui potissimum petere debuerint. »

Et in cæteris quidem constitutionibus ad hunc modum judicationes reperientur : in conjecturali autem constitutione, quia ratio non est (factum enim non conceditur), non potest ex deductione rationis nasci judicatio. Quare necesse est eandem esse quæstionem et judicationem : « Factum est. » — « Non est factum. » — « Factumne sit ? » Quot autem in causa constitutiones aut earum partes erunt, totidem necesse erit quæstiones, rationes, judicationes, firmamenta reperiri.

XIV. His omnibus in causa repertis, tum denique singulæ partes totius causæ considerandæ sunt. Nam non ut quidque dicendum primum, ita primum animadvertendum videtur : ideo quod illa, quæ prima dicuntur, si vehementer velis congruere et cohærere cum causa, ex his ducas oportet, quæ post dicenda

Ce n'est qu'après avoir trouvé le point à juger et les arguments à l'appui, après les avoir soumis au travail de l'art, de l'étude et de la réflexion, que vous devrez songer à disposer les autres parties de la cause, selon moi, ces parties sont au nombre de six, savoir : l'exorde, la narration, la division, la confirmation, la réfutation et la péroraison. L'exorde étant la première de ces parties, c'est de l'exorde que nous tracerons d'abord les règles.

XV. L'exorde est la partie du discours qui a pour but de disposer favorablement l'auditeur à la suite du discours ; effet qui se produira, si l'on parvient à le rendre attentif, docile, bienveillant. Aussi, pour faire un bon exorde, faut-il parfaitement connaître à l'avance le genre de la cause. Il y a cinq genres de causes : honorables, extraordinaires, honteuses, équivoques ou obscures. Une cause honorable est celle pour laquelle l'auditeur est à l'avance favorablement prévenu ; elle est extraordinaire, quand les esprits sont prévenus en sens contraire ; honteuse, quand l'auditeur la dédaigne et ne la croit pas digne de son attention ; équivoque, si le point à juger n'est pas bien clair, ou si elle est à la fois honorable et honteuse, de manière à prévenir en même temps pour et contre ; obscure, enfin, si elle ne saisit pas l'intelligence de l'auditeur, ou si elle est embarrassée d'incidents difficiles à comprendre. Les genres de causes différant ainsi entre

---

sunt. Quare quum judicatio, et ea quæ ad judicationem oportet inveniri argumenta, diligenter erunt artificio reperta, cura et cogitatione pertractata ; tum denique ordinandæ sunt cæteræ partes orationis. Eæ partes sex esse omnino nobis videntur : exordium, narratio, partitio, confirmatio, reprehensio, conclusio. Nunc quoniam exordium princeps omnium esse debet, nos quoque primum in rationem exordiendi præcepta dabimus.

XV. Exordium est oratio animum auditoris idonee comparans ad reliquam dictionem : quod eveniet, si eum benevolum, attentum, docilem fecerit. Quare qui bene exordiri causam volet, eum necesse est genus suæ causæ diligenter ante cognoscere. Genera causarum quinque sunt, honestum, admirabile, humile, anceps, obscurum. Honestum causæ genus est, cui statim sine oratione nostra auditoris favet animus ; admirabile, a quo est alienatus animus eorum, qui audituri sunt ; humile, quod negligitur ab auditore, et non magnopere attendendum videtur ; anceps, in quo aut judicatio dubia est, aut causa, et honestatis, et turpitudinis particeps, ut et benevolentiam pariat et offensionem ; obscurum, in quo aut tardi auditores sunt, aut difficilioribus ad co-

LIVRE I.

eux, il faut approprier à chacun d'eux des exordes différents. Il y a deux sortes d'exorde, l'exorde direct et l'exorde par insinuation. L'exorde direct cherche tout d'abord et ouvertement à obtenir l'attention, la bienveillance ou l'intérêt de l'auditeur. L'exorde par insinuation, usant d'adresse, cherche à pénétrer dans l'âme de l'auditeur par certains détours habilement ménagés.

Dans une cause extraordinaire, si les auditeurs ne sont pas complétement indisposés, on peut chercher à gagner leur bienveillance par un exorde direct; mais sont-ils vivement animés, il faut recourir à l'insinuation : car, demander ouvertement des sentiments de paix et de bienveillance à des hommes aigris, c'est d'abord s'exposer à un échec, et c'est, de plus, risquer d'accroître et d'aviver ses sentiments hostiles. Dans une cause honteuse, il faut, pour écarter le mépris, piquer l'attention de l'auditeur. Dans une cause équivoque, si le point à juger est douteux, il doit faire la matière de l'exorde; si, au contraire, elle est à la fois honorable et honteuse, il faut, pour gagner la bienveillance, n'en montrer que le côté favorable. Dans une cause honorable, on peut omettre l'exorde, et, si on le trouve à propos, commencer par la narration, ou par la citation de la loi, ou par quelque raisonnement solide à l'appui de la cause. Si l'on préfère

---

gnoscendum negotiis causa implicata est. Quare quoniam tam diversa sunt genera causarum, exordiri quoque dispari ratione in uno quoque genere necesse est. Igitur exordium in duas partes dividitur, in principium et in insinuationem. Principium est oratio perspicue et protinus perficiens auditorem benevolum, aut docilem, aut attentum. Insinuatio est oratio quaedam dissimulatione et circuitione obscure subiens auditoris animum.

In admirabili genere causæ, si non omnino infesti auditores erunt, principio benevolentiam comparare licebit. Sin erunt vehementer abalienati, confugere necesse erit ad insinuationem. Nam ab iratis si perspicue pax et benevolentia petitur, non modo ea non invenitur, sed augetur atque inflammatur odium. In humili autem genere causæ, contemptionis tollendæ causa, necesse erit attentum efficere auditorem. Anceps genus causæ, si dubiam judicationem habebit, ab ipsa judicatione exordiendum est. Sin autem partem turpitudinis, partem honestatis habebit, benevolentiam captare oportebit, ut in genus honestum causa translata videatur. Quum autem erit honestum causæ genus, vel præteriri principium poterit, vel, si commodum fuerit, aut a narratione incipiemus, aut a

commencer par un exorde, il faut s'adresser à la bienveillance, pour fortifier les bonnes dispositions de l'auditoire. Dans les causes obscures, il faut toujours employer l'exorde direct, pour rendre les esprits dociles.

XVI. Après avoir montré le but qu'on se propose dans l'exorde, il nous reste à exposer les moyens qu'il faut employer pour l'atteindre.

Il y a quatre moyens de gagner la bienveillance : l'orateur peut parler de lui-même, de ses adversaires, des juges, de la cause même. En parlant de lui-même, il doit rappeler sans orgueil sa vie et ses services, réfuter les accusations, et dissiper les préventions fâcheuses dont il est l'objet; retracer l'embarras où il s'est trouvé; les difficultés qui le menacent encore; employer la prière, et recourir aux supplications les plus humbles et les plus pressantes. En parlant des adversaires, il répandra sur eux la haine, la défaveur et le mépris : la haine, en racontant des preuves de leur infamie, de leur orgueil, de leur cruauté, de leur méchanceté; la défaveur, en montrant leur force, leur puissance, leurs biens, leurs relations, leur fortune, l'insolent et insupportable abus qu'ils en font; de manière à faire croire que c'est plutôt dans ces avantages qu'ils se fient, que dans la bonté de leur cause. Pour attirer le mépris sur eux, il dévoilera leur indolence, leur négligence, leur lâcheté, leurs vaines occupations et leur oisiveté

lege, aut ab aliqua firmissima ratione nostræ dictionis : sin uti principio placebit, benevolentiæ partibus utendum est, ut id, quod est, augeatur. In obscuro causæ genere, per principium dociles auditores efficere oportebit.

XVI. Nunc, quoniam quas res exordio conficere oporteat, dictum est; reliquum est, ut ostendatur, quibus quæque rationibus res confici possit.

Benevolentia quattuor ex locis comparatur: ab nostra, ab adversariorum, ab judicum persona, ab ipsa causa. Ab nostra, si de nostris factis et officiis sine adrogantia dicemus; si crimina illata, et aliquas minus honestas suspiciones injectas diluemus; si, quæ incommoda acciderint, aut quæ instent difficultates, proferemus; si prece, et obsecratione humili, ac supplici utemur. Ab adversariorum autem, si eos aut in odium, aut in invidiam, aut in contemptionem adducemus. In odium ducentur, si quod eorum spurce, superbe, crudeliter, malitiose factum proferetur; in invidiam, si vis eorum, potentia, divitiæ cognatio, pecuniæ proferentur, atque eorum usus adrogans et intolerabilis; ut his rebus magis videantur quam causæ suæ confidere. In contemptionem adducentur, si eorum inertia, negligentia, ignavia, desidiosum studium, et luxu-

voluptueuse. On tire de la personne même des juges ses moyens de bienveillance, en racontant quelque trait qui fasse honneur à leur courage, à leur sagesse, à leur bonté, mais sans trop de flatterie, et de manière à leur faire sentir la haute estime que l'on a pour eux, et ce qu'on attend de leur justice et de leur autorité. La cause même devient une source de bienveillance, lorsqu'en relevant l'éclat de la sienne, on rabaisse en même temps celle des adversaires.

On rend l'auditoire attentif en annonçant que le sujet qu'on va traiter est grand, neuf, incroyable; qu'il intéresse tous les citoyens, ou les auditeurs, ou quelques personnages illustres, ou les dieux immortels, ou la république entière, en promettant d'être bref, en mettant en lumière le point, ou s'il s'en trouve plusieurs, les points à juger.

On le rend docile en faisant clairement et brièvement l'exposé de la cause, c'est-à-dire du point de discussion; car on ne peut rendre l'auditeur docile sans le rendre, du même coup, attentif, puisque la meilleure preuve de docilité qu'il puisse donner, c'est son attention.

XVII. Maintenant il me faut tracer les règles de l'exorde par insinuation. L'insinuation est de mise dans les causes extraordinaires, c'est-à-dire, comme nous l'avons établi plus haut, quand

---

riosum otium proferetur. Ab auditorum persona benevolentia captabitur, si res ab his fortiter, sapienter, mansuete gestæ proferentur, ut ne qua adsentatio nimia significetur; et si de his quam honesta existimatio quantaque eorum judicii et auctoritatis exspectatio sit, ostendetur; ab ipsis rebus, si nostram causam laudando extollemus, adversariorum causam per contemptionem deprimemus.

Attentos autem faciemus, si demonstrabimus ea quæ dicturi erimus, magna, nova, incredibilia esse, aut ad omnes, aut ad eos qui audient, aut ad aliquos illustres homines, aut ad deos immortales, aut ad summam rem publicam pertinere; et si pollicebimur, nos brevi nostram causam demonstraturos, atque exponemus judicationem, aut judicationes, si plures erunt.

Dociles auditores faciemus, si aperte et breviter summam causæ exponemus; hoc est, in quo consistat controversia. Nam et quum docilem velis facere, simu attentum facias oportet; nam is est maxime docilis, qui attentissime est paratus audire.

XVII. Nunc insinuationes quemadmodum tractari conveniat deinceps dicendum videtur. Insinuatione igitur utendum est, quum admirabile genus causæ

l'auditeur est mal disposé : ce qui a lieu dans trois cas principaux, par exemple, lorsque la cause elle-même a quelque chose de honteux; lorsque les juges semblent avoir une conviction arrêtée d'avance; ou lorsque nous avons à parler dans un moment où l'oreille de l'auditeur est déjà fatiguée ; car cette circonstance ne contribue pas moins puissamment que les deux autres à le mal disposer.

Si la cause est, par sa bassesse, de nature à blesser, il faut placer, en avant de la personne qui peut déplaire, une personne qu'on aime, ou effacer la chose qui répugne sous une autre à laquelle la faveur s'attache; substituer l'homme à la chose ou la chose à l'homme, de manière à faire passer l'auditeur de ce qui le blesse à ce qui le flatte; cacher l'intention de défendre ce qu'on s'attend à vous voir défendre; et ensuite, quand l'auditeur sera devenu plus maniable, entrer pas à pas dans la défense, dire que vous partagez, sur le fait incriminé, l'indignation de vos adversaires, et, le juge adouci, montrer que ce fait n'est point le vôtre, protester que vous ne direz rien vous-même de vos adversaires, ni ceci, ni cela, de façon à ne point attaquer ouvertement les personnes qui ont pour elles la faveur, mais à la leur retirer, néanmoins, s'il est possible, par des coups habilement dissimulés; citer enfin quelque jugement rendu dans une affaire semblable,

---

est, hoc est, ut ante diximus, quum animus auditoris infestus est. Id autem tribus ex causis fit maxime ; si aut inest in ipsa causa quædam turpitudo, aut ab iis, qui ante dixerunt, jam quiddam auditori persuasum videtur, aut eo tempore locus dicendi datur, quum jam illi, quos audire oportet, defessi sunt audiendo. Nam ex hac quoque re non minus, quam ex primis duabus, in oratore nonnumquam animus auditoris offenditur.

Si causæ turpitudo contrahet offensionem ; aut pro eo homine, in quo offenditur, alium hominem, qui diligitur, interponi oportet; aut pro re, in qua offenditur, aliam rem, quæ probatur ; aut pro re hominem, aut pro homine rem; ut ab eo, quod odit, ad id, quod diligit, auditoris animus traducatur ; et dissimulare id te defensurum, quod existimeris defensurus; deinde, quum jam mitior factus erit auditor, ingredi pedetemptim in defensionem, et dicere ea quæ indignentur adversarii, tibi quoque indigna videri; deinde, (quum lenieris eum, qui audiet), demonstrare, nihil eorum ad te pertinere, et negare te quidquam de adversariis esse dicturum, neque hoc, neque illud : ut neque aperte lædas eos, qui diliguntur, et tamen id obscure faciens, quoad possis, alienes ab eis auditorum voluntatem ; et aliquorum judicium simili de re, aut

invoquer un témoignage digne de faire autorité, et montrer que l'affaire est la même, ou analogue, plus importante, ou moins grave que la vôtre.

Le discours de l'adversaire semble-t-il avoir produit la conviction, ce qu'il est facile de reconnaître quand on sait par quels moyens s'opère la conviction, il faut annoncer qu'on va d'abord parler sur l'argument que les adversaires croient le plus solide, et qui a fait le plus d'impression sur l'esprit des juges ; ou bien tirer son exorde d'une parole de l'adversaire, et surtout de l'une des dernières, ou encore prendre la forme du doute, se montrer incertain de ce qu'on doit commencer par dire ou réfuter, et jouer l'embarras. Le juge qui vous croyait troublé par le discours de l'adversaire, vous voyant si plein d'assurance, si bien préparé à répondre, sera plutôt porté à s'accuser lui-même de précipitation dans ses jugements, qu'à vous reprocher une folle confiance.

Si la fatigue des juges les a détachés de la cause, il faut promettre qu'on ne dira point tout ce qu'on avait à dire, et qu'on n'imitera point l'adversaire. Quand le sujet s'y prête, il n'est pas mal à propos de commencer par quelque trait imprévu, risible, et tiré de la circonstance, comme un bruit, une acclamation ; ou préparé d'avance, comme un apologue, une fable, ou quelque

---

auctoritatem proferre imitatione dignam ; deinde eandem, aut consimilem, aut majorem, aut minorem agi rem in praesentia demonstrare.

Sin oratio adversariorum fidem videbitur auditoribus fecisse, idque ei qui intelligit, quibus rebus fides fiat, facile erit cognitu, oportet aut de eo, quod adversarii sibi firmissimum putarint, et maxime ii, qui audient, probarint, primum te dicturum polliceri ; aut ab adversarii dicto exordiri, et ab eo potissimum, quod ille nuperrime dixerit ; aut dubitatione uti, quid primum dicas, aut cui potissimum loco respondeas, cum admiratione. Nam auditor quum eum, quem adversarii perturbatum putat oratione, videt animo firmissimo contra dicere paratum, plerumque se potius temere adsensisse, quam illum sine causa confidere arbitratur.

Sin auditoris studium defatigatio abalienavit a causa, te brevius, quam paratus fueris, esse dicturum commodum est polliceri non imitaturum adversarium. Sin res dabit, non inutile est ab aliqua re nova aut ridicula incipere, aut ex tempore quae nata sit ; quod genus, strepitu, acclamatione ; aut jam parata, quae vel apologum, vel fabulam, vel aliquam contineat irrisionem ; aut,

raillerie piquante. Quand la gravité du sujet ne comporte pas la plaisanterie, il n'est pas sans avantage de jeter tout d'abord dans l'âme des auditeurs quelque impression de tristesse, d'étonnement ou d'horreur. Comme il faut au palais émoussé par la satiété ou le dégoût des mets qui le piquent par leur amertume ou le flattent par leur douceur, de même la surprise ou la plaisanterie réveille et ranime l'attention fatiguée.

XVIII. Voilà ce que j'avais à dire de particulier sur l'exorde direct et sur l'insinuation : j'ajoute quelques observations communes à ces deux genres.

Pour atteindre son but, il faut que l'exorde soit grave et semé de pensées, qu'il réunisse, en un mot, tous les genres de noblesse, puisque ce but est de donner à l'auditoire une bonne idée de l'orateur. Point d'éclat, d'élégance, ni de recherche ; ces ornements affectés laissent voir trop de travail et d'apprêt, et rien n'est plus propre à retirer au discours la persuasion, à l'orateur, l'autorité.

Or, voici les principaux défauts où l'on peut tomber dans l'exorde et qu'il faut par-dessus tout éviter : prenez garde qu'il ne soit trivial, commun, commutable, long, étranger à la cause, déplacé, contre les règles. Il est trivial, s'il peut s'appliquer et convenir à plusieurs causes ; commun, s'il s'adapte aussi bien à

---

si rei dignitas admittet jocandi facultatem, aliquid triste, novum, horribile, statim non incommodum est injicere. Nam ut cibi satietas et fastidium aut subamara aliqua re relevatur, aut dulci mitigatur ; sic animus defessus audiendo, aut admiratione integratur, aut risu novatur.

XVIII. Ac separatim quidem, quæ de principio et de insinuatione dicenda videbantur, hæc fere sunt. Nunc quiddam brevi communiter de utroque præcipiendum videtur.

Exordium sententiarum et gravitatis plurimum debet habere, et omnino omnia, quæ pertinent ad dignitatem, in se continere, propterea quod id optime faciendum est, quod oratorem auditori maxime commendat : splendoris, et festivitatis, et concinnitudinis minimum, propterea quod ex his suspicio quædam apparationis atque artificiosæ diligentiæ nascitur ; quæ maxime orationi fidem, oratori adimit auctoritatem.

Vitia vero hæc sunt certissima exordiorum, quæ summopere vitare oportebit : vulgare, commune, commutabile, longum, separatum, translatum, contra præcepta. Vulgare est, quod in plures causas potest accommodari, et conve-

la thèse de l'adversaire qu'à la vôtre ; commutable, lorsque, avec peu de changements, votre partie peut le retourner contre vous-même ; long, quand il renferme plus de mots, ou plus de pensées qu'il n'est nécessaire ; étranger, s'il ne naît pas de la cause, et ne se rattache pas comme un membre au corps même du discours ; déplacé, quand il produit un effet différent de celui que la cause exige : — (par exemple, si l'on cherche à rendre l'auditoire attentif, alors que l'intérêt de la cause réclame sa bienveillance, ou si l'on se sert de l'exorde direct, là où la situation exige l'emploi de l'insinuation) ; — contre les règles, s'il ne produit aucun des résultats en vue desquels sont établis les préceptes sur l'exorde : c'est-à-dire, s'il ne rend l'auditeur ni bienveillant, ni attentif, ni docile, ou, ce qui est le plus grand de tous les défauts, s'il produit le résultat contraire. Mais c'en est assez sur l'exorde.

XIX. La narration est l'exposé des faits tels qu'ils se sont passés, ou tels qu'ils ont pu se passer. Il y a trois sortes de narrations : la première est celle qui ne renferme que la cause même et le point de discussion ; la seconde contient quelque digression qui a pour objet de chercher, en dehors de la cause, quelque chef d'accusation, quelque rapprochement, quelque moyen de parer ou d'agrandir le sujet, sans, toutefois, s'en trop écarter ; la

nire videatur. Commune est, quod nihilo minus in hanc, quam in contrariam partem causæ, potest convenire. Commutabile, quod ab adversario potest, leviter mutatum, ex contraria parte dici. Longum, quod pluribus verbis, aut sententiis, ultra quam satis est, producitur. Separatum, quod non ex ipsa causa ductum est, nec, sicut aliquod membrum, adnexum orationi. Translatum est, quod aliud conficit, quam causæ genus postulat : ut si qui docilem faciat auditorem, quum benevolentiam causa desideret ; aut, si principio utatur, quum insinuationem res postulat. Contra præcepta est, quod nihil eorum efficit, quorum causa de exordiis præcepta traduntur : hoc est, quod eum, qui audit, neque benevolum, neque attentum, neque docilem efficit ; aut, quo nihil profecto pejus est, ut contra sit, facit. Ac de exordio quidem satis dictum est.

XIX. Narratio est gestarum rerum, aut ut gestarum, expositio. Narrationum genera tria sunt : unum genus est, in quo ipsa causa, et omnis ratio controversiæ continetur ; alterum, in quo digressio aliqua extra causam aut criminationis, aut similitudinis, aut delectationis non alienæ ab eo negotio, quo de agitur, aut amplificationis causa, interponitur ; tertium genus

troisième, qui n'a point d'emploi au barreau, n'est qu'un exercice aussi utile, d'ailleurs, qu'agréable, pour apprendre à écrire et à parler. Elle se partage en deux espèces ; l'une s'occupe des choses ; l'autre, des personnes. Celle qui s'occupe des choses offre trois parties ; la fable, l'histoire, l'hypothèse. On appelle fable le récit qui n'offre ni vérité ni vraisemblance, comme :

> De grands serpents ailés soumis au même joug.

L'histoire est le récit de faits réels, et placés loin de nous ; par exemple :

> Appius déclara la guerre aux Carthaginois.

L'hypothèse est un fait supposé, mais qui, cependant n'est pas impossible, comme dans ce récit de Térence :

> « Dès que mon fils fut sorti de l'enfance, mon cher Sosie, » etc.

La narration qui se rapporte aux personnes est celle qui, dans l'exposé même des faits, a pour but de faire connaître le langage et le caractère des individus ; par exemple :

> « Il vient sans cesse me crier aux oreilles : — Que faites-vous, Micion ? Pourquoi nous perdre ce jeune homme ? pourquoi a-t-il une maîtresse ? pourquoi boit-il ? pourquoi fournissez-vous à ses folles dépenses ? Vous l'habillez avec trop de recherche ; vous êtes trop faible. — Mais c'est lui plutôt qui se montre plus sévère qu'il n'est juste et raisonnable. »

est remotum a civilibus causis, quod delectationis causa, non inutili cum exercitatione, dicitur et scribitur. Ejus partes sunt duæ, quarum altera in negotiis, altera in personis maxime versatur. Ea, quæ in negotiorum expositione posita est, tres habet partes, fabulam, historiam, argumentum. Fabula est, in qua nec veræ nec veri similes res continentur ; cujusmodi est :

> Angues ingentes alites, juncti jugo.

Historia est gesta res, ab ætatis nostræ memoria remota ; quod genus :

> Appius indixit Karthaginiensibus bellum.

Argumentum est ficta res, quæ tamen fieri potuit. Hujusmodi apud Terentium :

> Nam is postquam excessit ex ephebis, Sosia.

Illa autem narratio, quæ versatur in personis, ejusmodi est, ut in ea simul cum rebus ipsis personarum sermones et animi perspici possint, hoc modo :

> Venit ad me sæpe clamitans : Quid agis, Micio ?
> Cur perdis adulescentem nobis ? cur amat ?
> Cur potat ? cur tu his rebus sumptum suggeris ?
> Vestitu nimio indulges, nimium ineptus es.
> Nimium ipse est durus præter æquumque et bonum.

Il faut mettre dans ces narrations tous les agréments que peuvent offrir la variété des faits, la différence des caractères, la sévérité, la douceur, l'espérance, la crainte, le soupçon, le désir, la dissimulation, l'erreur, la pitié, les changements de fortune, les revers soudains, les joies inespérées, et un heureux dénoûment. Mais c'est en traitant, plus loin, de l'élocution, que nous parlerons de ces ornements du style. Pour le moment, occupons-nous de la narration qui renferme l'exposé de la cause.

XX. Elle doit réunir trois qualités : la brièveté, la clarté, la vraisemblance. Elle aura le mérite de la brièveté, si l'on commence juste où il faut commencer, sans remonter à la première origine des choses, si l'on ne raconte pas en détail ce qu'il suffit d'indiquer sommairement (car souvent c'est assez d'énoncer un fait, sans en rapporter les circonstances); si on ne le conduit point au delà de ce qu'il importe de faire connaître; si l'on ne s'égare point dans des digressions; si l'on s'exprime, enfin, de telle manière, que ce qu'on dit fasse comprendre ce qu'on ne dit pas; si l'on omet, non-seulement ce qui est contraire à la cause, mais encore ce qui ne lui est ni contraire ni favorable; si l'on ne dit la même chose qu'une seule fois; si l'on ne revient pas sur ce qu'on a fini d'exprimer. Beaucoup de gens se font une fausse idée de la brièveté : ils ne sont jamais plus longs qu'alors qu'ils croient

---

Hoc in genere narrationis multa debet inesse festivitas, confecta ex rerum varietate, animorum dissimilitudine, gravitate, lenitate, spe, metu, suspicione, desiderio, dissimulatione, errore, misericordia, fortunæ commutatione, insperato incommodo, subita lætitia, jucundo exitu rerum. Verum hæc ex his, quæ postea de elocutione præcipientur, ornamenta sumentur. Nunc de narratione ea, quæ causæ continet expositionem, dicendum videtur.

XX. Oportet igitur eam tres habere res : ut brevis, ut aperta, ut probabilis sit. Brevis erit, si, unde necesse est, inde initium sumetur, et non ab ultimo repetetur, et si, cujus rei satis erit summam dixisse, ejus partes non dicentur (nam sæpe satis est, quod factum sit, dicere; non ut enarres, quemadmodum sit factum); et si non longius, quam quod scitu opus est, in narrando procedetur; et si nullam in rem aliam transibitur; et si ita dicetur, ut nonnumquam ex eo quod dictum sit, id quod non sit dictum, intelligatur; et si non modo id, quod obest, verum etiam id, quod nec obest, nec adjuvat, præteribitur; et si semel unum quodque dicetur; et si non ab eo, in quo proxime desitum erit, deinceps incipietur. Ac multos imitatio brevitatis dicipit, ut, quum

être courts. Ils se travaillent à dire beaucoup de choses en peu de mots, au lieu de se borner à ne dire qu'un petit nombre de choses essentielles. On croit généralement que c'est être bref que de dire : « J'approche de la maison, j'appelle un esclave : il me répond ; je lui demande son maître : il dit qu'il n'est pas au logis. » Il est impossible, sans doute, de dire plus de choses en moins de mots ; cependant, comme il suffisait de dire : « il n'y est pas, » c'est être long par la multiplicité des détails. Il faut donc éviter cette prétendue brièveté, et retrancher l'abondance des détails inutiles avec le même soin que l'abondance des mots parasites.

La narration aura le mérite de la clarté, si l'on y expose d'abord ce qui s'est fait d'abord, en observant l'ordre des temps et des faits, en racontant les choses comme elles se sont passées, ou comme il est vraisemblable qu'elles ont pu se passer. Il faut se garder surtout de l'entortillage et de la confusion ; ne point divaguer, ne point remonter trop haut, ne pas descendre trop bas, ne rien omettre d'essentiel à la cause, observer enfin toutes les règles que nous avons tracées pour la brièveté ; car, souvent, c'est plutôt la diffusion que l'obscurité même qui embrouille une question. Il faut employer aussi des expressions claires : mais c'est un point dont nous nous occcuperons en traitant des préceptes sur l'élocution.

se breves putent esse, longissimi sint : quum dent operam, ut res multas brevi dicant, non ut omnino paucas res dicant, et non plures, quam necesse sit. Nam plerisque breviter videtur dicere, qui ita dicit : « Accessi ad ædes ; puerum evocavi. Respondit. Quæsivi dominum : domi negavit esse. » Hic, tametsi tot res brevius non potuit dicere, tamen, quia satis fuit dixisse : « Domi negavit esse, ». fit rerum multitudine longus. Quare hoc quoque in genere vitanda est brevitatis imitatio, et non minus rerum non necessariarum, quam verborum multitudine supersedendum est.

Aperta autem narratio poterit esse, si, ut quidque primum gestum erit, ita primum exponetur, et rerum ac temporum ordo servabitur, ut ita narrentur, ut gestæ res erunt, aut ut potuisse geri videbuntur. Hic erit considerandum, ne quid perturbate, ne quid contorte dicatur ; ne quam in aliam rem transeatur ; ne ab ultimo repetatur, ne ad extremum prodeatur, ne quid, quod ad rem pertineat, prætereatur ; et omnino, quæ præcepta de brevitate sunt, hoc quoque in genere sunt conservanda. Nam sæpe res parum est intellecta longitudine magis, quam obscuritate narrationis. Ac verbis quoque dilucidis utendum est : quo de genere dicendum est in præceptis elocutionis.

XXI. La narration aura le mérite de la vraisemblance, si elle offre tous les caractères de la vérité, si elle observe fidèlement les convenances des personnes, si elle montre la cause des faits; si elle prouve qu'on a pu faire ce dont il s'agit, que le moment était propice, le temps suffisant, le lieu favorable, si le récit est bien en rapport avec le caractère des parties, avec l'opinion publique et les sentiments de l'auditoire. C'est ainsi qu'on donne au récit les couleurs de la vérité.

Il faut, en outre, quand la narration peut être nuisible ou simplement inutile, savoir la supprimer, il faut aussi prendre garde qu'elle soit déplacée ou présentée sous un jour défavorable, si elle est nuisible, quand l'exposé du fait produit une forte prévention, qu'il faut ensuite adoucir par l'argumentation et la plaidoierie. Dans ce cas, il faut disséminer les parties du fait dans le corps du discours, et donner aussitôt la justification de chacune d'elles, pour appliquer immédiatement le remède à la blessure, et calmer tout de suite, par la défense, la prévention. — Elle est inutile, quand l'adversaire a si bien exposé le fait, que nous n'aurions aucun intérêt à l'exposer une seconde fois, même d'une autre manière; ou quand les juges sont si bien instruits de toute l'affaire, que nous n'aurions aucun avantage à la leur présenter sous un autre point de vue. Dans ce cas, il faut absolu-

---

XXI. Probabilis erit narratio, si in ea videbuntur inesse ea, quæ solent apparere in veritate; si personarum dignitates servabuntur; si causæ factorum exstabunt; si fuisse facultates faciendi videbuntur; si tempus idoneum; si spatii satis; si locus opportunus ad eandem rem, qua de re narrabitur, fuisse ostendetur; si res et ad eorum, qui agent, naturam, et ad vulgi morem, et ad eorum, qui audient, opinionem accommodabitur. Ac veri quidem similis ex his rationibus esse poterit.
Illud autem præterea considerare oportebit, ne, aut quum obsit narratio, aut quum nihil prosit, tamen interponatur; aut non loco; aut non, quemadmodum causa postulat, narretur: — Obest tum, quum ipsius rei gestæ expositio magnam excipit offensionem; quam argumentando, et causam agendo leniri oportebit. Quod quum acciderit, membratim oportebit partes rei gestæ dispergere in causam; et ad unam quamque confestim rationem accommodare, ut vulneri præsto medicamentum sit; et odium statim defensio mitiget. — Nihil prodest narratio tum, quum aut ab adversariis re exposita, nostra nihil interest, iterum aut alio modo narrare; aut quum ab iis, qui audiunt, ita tenetur negotium; ut nostra nihil intersit eos alio pacto docere. Quod quum acci-

ment supprimer la narration. — Elle est déplacée, quand on ne lui donne pas la place qui lui convient, dans l'intérêt de la cause. Mais ce point rentre dans la disposition ; j'en parlerai en traitant cette partie. — Elle est mal présentée, quand elle met en lumière et en relief ce qui peut servir l'adversaire, qu'elle néglige et laisse dans l'ombre le côté qui nous est favorable. Pour éviter cette faute, il faut tout ramener à l'intérêt de la cause, omettre, autant qu'on le peut, les circonstances qui sont contre nous, passer légèrement sur celles qui sont à l'avantage de l'adversaire, faire ressortir et développer celles qui sont en notre faveur. Je crois en avoir assez dit sur la narration ; passons maintenant à la division.

XXII. Une bonne division dans la cause rend tout le discours clair et lumineux. Elle comprend deux parties, toutes deux également essentielles pour éclaircir la cause et déterminer le point de discussion. La première montre en quoi nous sommes d'accord avec l'adversaire, et ce que nous contestons ; elle détermine ainsi le point sur lequel doit se fixer l'attention du juge. La seconde renferme l'exposé rapide des parties qui doivent entrer dans le discours ; elle a pour but d'indiquer à l'auditeur les points que nous devons traiter avant de conclure. Je vais dire en peu de

---

det, omnino narratione supersedendum est. — Non loco dicitur, quum non in ea parte orationis collocatur, in qua res postulat ; quo de genere agemus tum, quum de dispositione dicemus ; nam hoc ad dispositionem pertinet. — Non quemadmodum causa postulat, narratur, quum aut id, quod adversario prodest, dilucide et ornate exponitur, aut id, quod ipsum adjuvat, obscure dicitur et negligenter. Quare, ut hoc vitium vitetur, omnia torquenda sunt ad commodum suæ causæ, contraria, quæ præteriri poterunt, prætereundo ; quæ illius erunt, leviter attingendo, sua diligenter et enodate narrando. Ac de narratione quidem satis dictum videtur ; deinceps ad partitionem transeamus.

XXII. Recte habita in causa partitio illustrem et perspicuam totam efficit orationem. Partes ejus sunt duæ, quarum utraque magno opere ad aperiendam causam, et constituendam pertinet controversiam. Una pars est, quæ, quid cum adversariis conveniat, et quid in controversia relinquatur, ostendit : ex qua certum quiddam destinatur auditori, in quo animum debeat habere occupatum. Altera est, in qua rerum earum, de quibus erimus dicturi, breviter expositio ponitur distributa : ex qua conficitur, ut certas animo res teneat au-

mots l'emploi qu'il faut faire de ces deux genres de divisions.

La première, qui établit en quoi nous sommes d'accord et en quoi nous ne le sommes pas avec l'adversaire, doit tourner à l'avantage de notre cause les points sur lesquels nous sommes d'accord ; par exemple : « Je conviens que le fils a tué sa mère ; » mais on convient aussi avec moi « que Clytemnestre avait tué Agamemnon. » De cette manière, chacun tombe d'accord sur un point, sans compromettre les intérêts de sa cause. Il faut ensuite établir le point de discussion, en établissant l'état de la question : nous avons enseigné plus haut la manière de le trouver.

Quant à cette partie de la division, qui renferme l'ordre et la distribution de la plaidoierie, elle doit être courte, complète et sommaire. — Le mérite de la brièveté est de n'admettre que les mots absolument nécessaires; aussi n'est-elle nulle part plus utile qu'ici, où c'est par les faits mêmes et les parties de la cause, non par des ornements étrangers, qu'il faut attacher l'attention du juge. — La narration sera complète, si elle embrasse tous les genres que renferme la cause. Il faut bien prendre garde d'oublier quelque genre nécessaire, qu'il faudrait plus tard placer en dehors de la distribution déjà faite, ce qui est une faute énorme et capitale. — Elle sera sommaire, si elle établit les genres

---

ditor, quibus dictis intelligat, fore peroratum. Nunc utroque genere partitionis quemadmodum conveniat uti, breviter dicendum videtur.

Quæ partitio, quid conveniat, aut quid non conveniat, ostendit; hæc debet illud, quod convenit, inclinare ad suæ causæ commodum, hoc modo : « Interfectam matrem esse a filio, convenit mihi cum adversariis. » Item contra « Intefectum esse a Clytemnestra Agamemnonem convenit. » Nam hic uterque et id posuit, quod conveniebat, et tamen suæ causæ commodo consuluit. Deinde, quid controversiæ sit, ponendum est in judicationis expositione : quæ quemadmodum inveniretur, ante dictum est.

Quæ autem partitio rerum distributarum continet expositionem, hæc habere debet brevitatem, absolutionem, paucitatem. — Brevitas est, quum, nisi necessarium, nullum adsumitur verbum. Hæc in hoc genere idcirco utilis est, quod rebus ipsis, et partibus causæ, non verbis, neque extraneis ornamentis animus auditoris tenendus est. — Absolutio est, per quam omnia, quæ incidunt in causam, genera, de quibus dicendum est, amplectimur. In qua partitione videndum est, ne aut aliquod genus utile relinquatur, aut sero extra partitionem, id quod vitiosissimum ac turpissimum est, inferatur. — Paucitas

sans y mêler confusément des espèces. Ce qu'on appelle genre comprend plusieurs espèces; par exemple : *animal*. L'espèce est comprise dans le genre, par exemple : *cheval* : mais souvent ce qui est genre sous un rapport est espèce sous un autre. Ainsi, le mot *homme* exprime une espèce du genre animal, et un genre par rapport aux Thébains ou aux Troyens.

XXIII. Je dois insister sur cette règle, parce que la division des genres une fois bien clairement établie, il est aisé de les ramener à une énonciation sommaire. Dire, par exemple : « Je montrerai que les passions, l'audace et la cupidité des adversaires ont été pour la république la source de tous les maux, » c'est ne pas comprendre qu'au genre on mêle l'espèce; car *passion* est le genre qui comprend toutes les affections déréglées, et la cupidité est évidemment une de ses espèces.

Il faut donc se garder, quand on a établi le genre, de faire entrer dans la même division quelqu'une de ces espèces, comme si elle était en dehors et ne faisait pas partie du genre. Que si un genre comprend plusieurs espèces, il suffit de l'énoncer d'abord dans la division générale, sauf ensuite à présenter ses espèces, quand le moment sera venu de le développer lui-même, après la division, dans la suite du discours. Pour que la division soit sommaire, il importe de ne point promettre plus de démonstrations

---

in partitione servatur, si genera ipsa rerum ponuntur, neque permixta cum partibus implicantur. Nam genus est, quod plures partes amplectitur, ut animal. Pars est, quæ subest generi, ut equus. Sed sæpe eadem res alii genus, alii pars est. Nam homo, animalis pars est ; Thebani aut Trojani, genus.

XXIII. Hæc ideo diligentius inducitur præscriptio, ut aperte intellecta generali partitione, paucitas generum in partitione servari possit. Nam qui ita partitur, « Ostendam, propter cupiditatem, et audaciam, et avaritiam adversariorum, omnia incommoda ad rem publicam pervenisse ; » is non intellexit, in partitione, exposito genere, partem se generis admiscuisse. Nam genus est, omnium nimirum libidinum, cupiditas ; ejus autem generis sine dubio pars est avaritia.

Hoc igitur vitandum est, ne, cujus genus posueris, ejus sicuti aliquam, diversam ac dissimilem, partem ponas in eadem partitione. Quodsi qod in genus plures incident partes, id quum in prima partitione causæ erit simpliciter expositum, distribuetur eo tempore commodissime ; quum ad ipsum ventum erit explicandum in causæ dictione post partitionem. Atque illud quoque pertinet ad paucitatem, ne aut plūra, quam satis est, demonstraturos nos di-

qu'il n'en faut; de ne pas dire, par exemple : « Je prouverai que les adversaires ont eu les moyens et la volonté de commettre le délit dont je les accuse, et qu'ils l'ont commis; » car il suffit de prouver qu'ils l'ont commis, ou même de supprimer la division, si la simplicité de la cause n'en admet aucune; ce qui, du reste, est très-rare.

Il est encore d'autres règles de la division, qui n'appartiennent pas proprement à l'art oratoire, mais qui touchent à la philosophie. Ces préceptes mêmes qui me paraissent convenir à mon sujet, c'est à la philosophie que je les ai empruntés; je ne les ai trouvés dans aucune autre rhétorique.

Pour terminer cet exposé des règles de la division, j'ajouterai qu'il faut, dans tous les genres possibles, développer chaque point selon l'ordre qu'on aura établi dans la division, et chacun de ces points traités, clore le discours, de façon à ce qu'on n'attende plus autre chose que la conclusion. Nous trouvons dans Térence un modèle de division claire et nette dans le passage où le vieillard de l'*Andrienne* expose ses desseins à son affranchi :

« Ainsi tu vas savoir la conduite de mon fils, mes idées, et le rôle que tu as à jouer dans cette affaire. »

Et tel est l'ordre de sa division, tel est son exposé; il parle d'abord de la conduite de son fils :

camus, hoc modo : « Ostendam, adversarios, quod arguimus, et potuisse facere, et voluisse, et fecisse; » nam fecisse ostendere satis est : aut quum in causa partitio nulla sit, et quum quiddam simplex agatur, tamen utamur distributione : id quod perraro potest accidere.

Ac sunt alia quoque præcepta partitionum, quæ ad hunc usum oratorium non tanto opere pertineant; quæ versantur in philosophia : ex quibus hæc ipsa transtulimus, quæ convenire videbantur, quorum nihil in cæteris artibus inveniebamus.

Atque his de partitione præceptis, in omni dictione meminisse oportebit, ut et prima quæque pars, ut exposita est in partitione, sic ordine transigatur, et omnibus explicatis, peroratum sit; hoc modo, ut ne quid posterius præter conclusionem inferatur. Partitur apud Terentium breviter et commode senex in Andria, quæ cognoscere libertum velit :

Eo pacto, et gnati vitam, et consilium meum
Cognosces, et quid facere in hac re te velim.

Itaque quemadmodum in partitione proposuit, ita narrat, primum gnati

« Depuis qu'il est sorti de l'adolescence, mon cher Sosie... »

Il explique ensuite son idée :

« Et maintenant je m'occupe..... »

Puis, ce qu'il veut que Sosie fasse, dernier point de sa division, il l'expose en dernier lieu :

« Ton rôle à toi..... »

Comme l'on voit qu'il traite successivement tous les points dans l'ordre qu'il a tracé d'avance, et finit de parler après les avoir tous développés, ainsi l'orateur doit traiter successivement chaque partie de sa division, et, ces parties traitées, il conclura immédiatement. Je vais parler maintenant de la confirmation; l'ordre même que j'ai indiqué nous y conduit.

XXIV. La confirmation est cette partie du discours où l'on cherche à établir la bonté de sa cause, à la soutenir et à la démontrer victorieusement par les preuves. Elle a ses règles déterminées, que nous classerons suivant les genres de causes. Cependant, je crois qu'il n'est pas mal à propos d'exposer d'abord dans leur ensemble et sans distinction toutes les ressources de

---

Nam is postquam excessit ex ephebis, Sosia...

Deinde suum consilium :

Et nunc id operam do...

Deinde quid Sosiam velit facere, id quod postremum posuit in partitione, postremum dicit :

Nunc tuum est officium...

Quemadmodum igitur hic et ad primam quamque partem primum accessit, et, omnibus absolutis, finem dicendi fecit, sic nobis placet et ad singulas partes accedere, et, omnibus absolutis, perorare. Nunc de confirmatione deinceps, ita ut ordo ipse postulat, præcipiendum videtur.

XXIV. Confirmatio est, per quam argumentando nostræ causæ fidem, et auctoritatem, et firmamentum adjungit oratio. Hujus partis certa sunt præcepta, quæ in singula causarum genera dividentur. Verumtamen non incommodum videtur quamdam silvam atque materiam universam ante permixtam et confu-

l'argumentation ; nous arriverons ensuite à montrer comment il faut tirer de cette espèce d'arsenal les arguments propres à chaque genre de cause en particulier.

Tous les arguments se tirent des personnes ou des choses. Nous regardons comme se rapportant aux personnes, le nom, la nature, le genre de vie, la fortune, la manière d'être, les affections, les goûts, les desseins, les actions, les événements, les discours.

Le nom est le mot propre et distinctif dont on se sert pour désigner un individu.

Il est difficile de définir la nature par elle-même ; il est plus simple d'énumérer celles de ses parties dont nous avons besoin pour établir ses préceptes. Or ces parties embrassent un double objet, ce qui est divin et ce qui est mortel. Ce qui est mortel comprend d'un côté les hommes, de l'autre les animaux. Dans les hommes, on considère le sexe, masculin ou féminin, la nation, la patrie, la famille, l'âge : pour la nation, le Grec ou le Barbare; pour la patrie, Athènes ou Lacédémone; pour l'âge, l'enfance ou l'adolescence, l'âge viril ou la vieillesse, pour la famille, les ancêtres et les parents; on considère encore les avantages ou les défauts naturels de l'esprit et du corps, la force

---

sam exponere omnium argumentationum ; post autem tradere, quemadmodum unum quodque genus causæ, omnibus hinc argumentandi rationibus tractis, confirmare oporteat.

Omnis res argumentando confirmatur, aut ex eo, quod personis, aut ex eo, quod negotiis est attributum. Ac personis has res attributas putamus nomen, naturam, victum, fortunam, habitum, adfectionem, studia, consilia, facta, casus, orationes.

Nomen est, quod uni cuique personæ datur, quo suo quæque proprio et certo vocabulo appallatur.

Naturam ipsam definire difficile est : partes autem ejus enumerare eas, quarum indigemus ad hanc præceptionem, facilius est. Ea autem partim divino, partim mortali in genere versantur. Mortalium autem pars in hominum, pars in bestiarum genere numeratur. Atque hominum genus et in sexu consideratur, virile an muliebre sit; et in natione, patria, cognatione, ætate : natione, Graius an Barbarus; patria, Atheniensis an Lacedæmonius ; cognatione, quibus majoribus, quibus consanguineis ; ætate, puer an adolescens, natu grandior an senex. Præterea commoda et incommoda considerantur ab natura

14.

ou la faiblesse, la grandeur ou la petitesse, la laideur ou la beauté, la lenteur ou la vivacité, la pénétration ou la cupidité; le plus ou moins de mémoire, de politesse, d'obligeance, de modestie et de patience. Et, en général, il faut considérer, dans la nature, tous les avantages ou les défauts du corps et de l'esprit que nous tenons de la nature. Tout ce qui est le produit de l'art se rapporte à la manière d'être, dont nous parlerons plus bas.

XXV. Dans le genre de vie, il faut considérer où, d'après quels principes et quelle direction, un homme a été élevé; quels ont été ses maîtres pour les arts libéraux, ses précepteurs pour la morale; quelles sont ses amitiés, la profession ou l'art qu'il exerce, ses moyens d'existence, la manière dont il gouverne ses biens, et ses habitudes domestiques.

Touchant la fortune, on cherche si un homme est libre ou esclave, riche ou pauvre, simple citoyen ou magistrat, et, dans ce dernier cas, s'il mérite ou non de l'être; s'il est heureux et honoré, ou s'il ne l'est pas; quels sont ses enfants; et, s'il n'est plus vivant, il faut considérer la manière dont il est mort.

On entend par manière d'être, une supériorité quelconque solide et bien établie, physique ou morale; par exemple : une vertu, un talent, une science quelconque, et de même quelque avan-

---

data animo aut corpori, hoc modo : valens an imbecillus; longus an brevis; formosus an deformis; velox an tardus sit; acutus an hebetior; memor an obliviosus; comis, officiosus, pudens, patiens, an contra. Et omnino, quæ a natura dantur animo et corpori, considerabuntur in natura. Nam quæ industria comparantur, ad habitum pertinent, de quo posterius dicendum est.

XXV. In victu considerare oportet, apud quos et quo more, et cujus arbitratu sit educatus, quos habuerit artium liberalium magistros, quos vivendi præceptores, quibus amicis utatur, quo in negotio, quæstu, artificio sit ocupapatus, quo modo rem familiarem administret, qua consuetudine domestica sit.

In fortuna quæritur servus sit an liber; pecuniosus an tenuis; privatus an cum potestate; si cum potestate, jure an injuria; felix, clarus, an contra; quales liberos habeat. Ac si de non vivo quæretur, etiam quali morte sit adfectus, erit considerandum.

Habitum autem appellamus, animi aut corporis constantem et absolutam aliqua in re perfectionem; ut virtutis, aut artis perceptionem alicujus, aut quam-

tage physique qui ne soit pas un don de la nature, mais un fruit de l'exercice et du travail.

Les affections sont les changements soudains qui se produisent dans l'état de l'âme et du corps, tels que la joie, le désir, la cruauté, la tristesse, la maladie, la faiblesse et tous les accidents de ce genre.

Le goût est une application soutenue, vive, décidée, de l'esprit à un objet unique : la philosophie, par exemple, la poésie, la géométrie ou les lettres.

Le dessein est un parti pris ou raisonné de faire ou de ne pas faire quelque chose.

Les actions, les événements et les discours peuvent être envisagés sous le triple rapport que présente la succession du temps : on examine ce qu'un individu a fait, ce qui lui est arrivé, ce qu'il a dit ; ou ce qu'il fait maintenant, ce qui lui arrive, ce qu'il dit ; ou ce qu'il fera plus tard, ce qui lui arrivera, et ce qu'il doit dire. — Voilà ce qui concerne les personnes.

XXVI. Dans ce qui se rapporte aux choses, il faut distinguer la substance d'un fait, les circonstance du fait, les caractères relatifs ou rapports du fait, les conséquences du fait.

Par la substance du fait, on entend ce qui est lié étroitement au fait et ne peut en être séparé. C'est de là que se tire cette

vis scientiam ; et item corporis aliquam commoditatem, non natura datam sed studio industriaque partam.

Adfectio est, animi aut corporis ex tempore, aliqua de causa, commutatio, ut lætitia, cupiditas, metus, molestia, morbus, debilitas, et alia, quæ genere in eodem reperiuntur.

Studium est animi adsidua et vehemens ad aliquam rem applicata magna cum voluntate occupatio, ut philosophiæ, poeticæ, geometriæ, litterarum.

Consilium est aliquid faciendi, aut non faciendi excogitata ratio.

Facta autem, et casus, et orationes tribus ex temporibus considerabuntur : quid fecerit, aut quid ipsi acciderit, aut quid dixerit ; aut quid faciat, quid ipsi accidat, quid dicat ; aut quid facturus sit, quid ipsi casurum sit, qua sit usurus oratione. — Ac personis quidem hæc videntur esse attributa.

XXVI. Negotiis autem quæ sunt attributa, partim sunt continentia cum ipso negotio, partim in gestione negotii considerantur, partim adjuncta negotio sunt, partim gestum negotium consequuntur.

Continentia cum ipso negotio sunt ea, quæ semper adfixa esse videntur ad rem, neque ab ea possunt separari. Ex his prima est brevis complexio totius

première et courte formule, qui résume l'idée générale d'un fait, comme *parricide, trahison*. Ensuite on développe cette énonciation sommaire ; on cherche la cause, les moyens, le but ; puis on examine tous les précédents jusqu'au fait même, les circonstances qui l'ont accompagné, et les résultats qui l'ont suivi.

Dans les circonstances du fait, qui est le second des lieux attribués aux choses, il faut considérer le lieu, le temps, l'occasion, la manière, les moyens. — On envisage le lieu sous le rapport des facilités qu'il offrait à l'exécution, et l'on juge de ces facilités par l'étendue, par la distance, par l'éloignement, par la proximité, par la solitude, par la fréquentation, par sa nature même, et par ses environs ; on examine encore si le lieu est sacré ou profane, public ou privé, si l'individu dont il s'agit en est ou en a été le propriétaire. — Le temps, sous le rapport qui nous occupe en ce moment (car il serait difficile d'en donner une définition générale) est une partie de l'éternité, que nous déterminons par les mots d'année, de mois, de jour, de nuit. Dans le temps, il faut tenir compte des faits anciens, de ceux même que l'âge a tellement effacés, que nous les jugeons incroyables et fabuleux ; de ceux qui, malgré leur antiquité et la distance qui les sépare de notre époque, sont admis comme vrais, parce que nous trouvons dans

---

negotii, quæ summam continet facti, hoc modo : *Parentis occisio, patriæ proditio*. Deinde causa ejus summæ, per quam, et quam ob rem, et cujus rei causa factum sit, quæritur ; deinde ante rem gestam, quæ facta sint, continenter usque ad ipsum negotium ; deinde, in ipso gerendo negotio quid actum sit ; deinde, quid postea factum sit.

In gestione autem negotii, qui locus secundus erat de iis, quæ negotiis attributa sunt, quæretur locus, tempus, occasio, modus, facultates. — Locus consideratur, in quo res gesta sit, ex opportunitate, quam videatur habuisse ad negotium administrandum. Ea autem opportunitas quæritur ex magnitudine, intervallo, longinquitate, propinquitate, solitudine, celebritate, natura ipsius loci, et vicinitate totius regionis ; ex his etiam attributionibus : sacer an profanus, publicus an privatus, alienus an ipsius, de quo agitur, locus sit aut fuerit.
— Tempus est autem id quo nunc utimur (nam ipsum quidem generaliter definire difficile est), pars quædam æternitatis, cum alicujus annui, menstrui, diurni, nocturnive spatii certa significatione. In hoc et quæ præterierint, considerantur ; et eorum ipsorum, quæ propter vetustatem obsoleverint, ut incredibilia videantur, et jam in fabularum numerum reponantur ; et quæ jam diu gesta, et a memoria nostra remota, tamen faciant fidem, vere tradita esse, quod eorum

l'histoire des preuves certaines de leur existence; des faits récents, que chacun peut connaître; des faits contemporains, qui s'accomplissent sous nos yeux ou qui vont s'accomplir. Dans ce dernier cas, on peut considérer encore le moment plus ou moins éloigné qui les verra naître. En général, dans l'appréciation du temps, il faut tenir compte de la durée; car souvent il est nécessaire de rapporter le fait à cette mesure, et de voir si la longueur de l'action ou le grand nombre des faits ont pu tenir dans l'espace déterminé. Il faut distinguer encore l'année, le mois, le jour, la nuit, les veilles, les heures ou quelqu'une de leurs parties.

XXVII. L'occasion est cette partie du temps qui offre la facilité de faire ou de ne pas faire une chose : c'est par là qu'elle diffère du temps; car, pour ce qui est du genre, ils ne font qu'un : mais ce que l'on distingue dans le temps, ce sont de certaines mesures, qui se déterminent par des années, par une année ou par une partie d'année; tandis qu'à l'idée de durée l'occasion ajoute celle d'une certaine facilité d'exécution. Ainsi, quoique la même chose quant au genre, elle diffère du temps sous un rapport et par l'espèce, comme je l'ai dit plus haut. On distingue trois sortes d'occasions : publique, commune, particulière. — Elle est publique, alors qu'elle rassemble toute une ville, comme des

monumenta certa in litteris exstent; et quæ nuper gesta sint, quæ scire plerique possint; et item quæ instent in præsentia et quum maxime fiant et quæ consequantur. In quibus potest considerari, quid ocius, et quid serius futurum sit. Et item communiter in tempore perspiciendo longinquitas ejus est consideranda. Nam sæpe oportet commetiri cum tempore negotium, et videre, potueritne aut magnitudo negotii aut multitudo rerum in eo transigi tempore. Consideratur autem tempus et anni, et mensis, et diei, et noctis, et vigiliæ, et horæ, et in aliqua parte alicujus horum.

XXVII. Occasio autem est pars temporis habens in se alicujus rei idoneam faciendi aut non faciendi opportunitatem. Quare cum tempore hoc differt. Nam genere quidem utrumque idem esse intelligitur : verum in tempore spatium quodam modo declaratur, quod in annis, aut in anno, aut in aliqua anni parte spectatur; in occasione, ad spatium temporis, faciendi quædam opportunitas intelligitur adjuncta. Quare quum genere idem sit, fit aliud, quod parte quadam, et specie, ut diximus, differat. Hæc distribuitur in tria genera, publicum, commune, singulare. — Publicum est, quod civitas universa aliqua de causa fre-

jeux, une fête ou une guerre; — commune, s'il s'agit d'une chose qui arrive pour tout le monde à peu près dans le même temps, comme la moisson, la vendange, le chaud, le froid; — particulière, s'il s'agit de quelqu'un des accidents de la vie individuelle, comme un mariage, un sacrifice, un convoi, un festin, le sommeil.

Dans la manière, on cherche comment et avec quelle intention une chose a été faite. Elle offre deux parties, la volonté et l'imprudence. On donne pour preuve de la volonté les manœuvres publiques ou cachées, les moyens de violence ou de persuasion employés par l'accusé. L'imprudence est alléguée dans la justification : elle a pour espèces l'ignorance, le hasard, la nécessité et les affections de l'âme qui comprennent le chagrin, l'irritation, l'amour et autres affections du même genre.

Par les moyens, on désigne généralement tout ce qui est favorable ou même indispensable à l'exécution.

XXVIII. Par les caractères relatifs ou rapports du fait, on entend ce qui est plus grand, moindre, semblable, égal, contraire, contradictoire, le genre, l'espèce et les résultats. La différence de grandeur et l'égalité se règlent sur la force, l'étendue et la figure du fait, c'est comme un corps dont on mesure les proportions. — La ressemblance résulte d'un point de comparaison, d'un rapprochement possible, d'un rapport saisissable dans la nature du

quentat, ut ludi, dies festus, bellum. — Commune, quod accidit omnibus eodem fere tempore, ut messis, vindemia, calor, frigus. — Singulare autem est, quod aliqua de causa privatim solet alicui accidere, ut nuptiæ, sacrificium, funus, convivium, somnus.

Modus autem est, in quo, quemadmodum et quo animo factum sit, quæritur. Ejus partes sunt prudentia et imprudentia. Prudentiæ ratio quæritur ex iis, quæ clam, palam, vi, persuasione fecerit; imprudentia autem in purgationem confertur, cujus partes sunt inscientia, casus, necessitas, et in adfectionem animi; hoc est, molestiam, iracundiam, amorem, et cætera, quæ in simili genere versantur.

Facultates sunt, aut quibus facilius fit, aut sine quibus aliquid confici non potest.

XXVIII. Adjunctum autem negotio id intelligitur, quod majus, et quod minus, et quod simile erit ei negotio, quo de agitur, et quod æque magnum, et quod contrarium, et quod disparatum, et genus, et pars, et eventus. — Majus et minus et æque magnum, ex vi, et ex numero, et ex figura negotii, sicut e statura corporis, consideratur. — Simile autem ex specie comparabili, aut e

fait. — On appelle contraire ce qui, placé dans un genre opposé, diffère essentiellement, comme le froid et le chaud, la vie et la mort. — Contradictoire, ce qui répugne entre soi, par exemple : « Être sage, n'être pas sage. » — On nomme genre ce qui renferme des espèces, comme passion. L'espèce est comprise dans le genre, comme amour, cupidité. — Le résultat est l'issue d'une affaire ; qu'at-il été ? qu'est-il ? que sera-t-il ? Aussi, pour le mieux concevoir, faut-il examiner quels sont les effets ordinaires de chaque chose, par exemple : « L'insolence produit la haine, l'orgueil engendre l'insolence. »

Les conséquences du fait forment la quatrième des espèces assignées aux choses. Elles comprennent tout ce qui se rattache au fait accompli : quel nom faut-il lui donner ? quels en sont les instigateurs, les auteurs, les approbateurs, les partisans ? Y a-t-il quelque loi, quelque coutume, quelque action, quelque jugement ? Qu'offrent sur ce point la théorie, la pratique ? La chose est-elle ordinaire par sa nature, ou rare et exceptionnelle ? l'opinion lui est-elle communément favorable ou commune ? en un mot, tout ce qui a une relation plus ou moins éloignée avec le fait en question. En dernier lieu, il faut examiner tout ce qui peut s'y rattacher

---

conferenda atque adsimulanda natura judicatur. — Contrarium est, quod positum in genere diverso, ab eodem, cui contrarium esse dicitur, plurimum distat, ut frigus calori, vitæ mors. — Disparatum autem est id, quod ab aliqua re per oppositionem negationis separatur, hoc modo : « Sapere, et non sapere. » — Genus est, quod partes aliquas amplectitur, ut cupiditas. Pars est, quæ subest generi, ut amor, avaritia. — Eventus est alicujus exitus negotii, in quo quæri solet ; quid ex quaque re evenerit, eveniat, eventurum sit. Quare hoc in genere, ut commodius, quid eventurum sit, ante animo colligi possit, quid quaque ex re soleat evenire, considerandum est, hoc modo : « Ex adrogantia odium, ex insolentia adrogantia. »

Quarta autem pars est ex iis, quas negotiis dicebamus esse attributas, consecutio. In hac eæ res queruntur, quæ gestum negotium consequuntur ; primum, quod factum est, quo id nomine appellari conveniat ; deinde, ejus facti qu sint principes et inventores ; qui denique auctoritatis ejus et inventionis comprobatores atque æmuli ; deinde, ecquæ ea de re, aut ejus rei sit lex, consuetudo, actio, judicium, scientia, artificium ; deinde, natura ejus evenire vulgo soleat ; an insolenter et raro : postea, homines id sua auctoritate comprobare ; an offendere in iis consuerint ; et cætera, quæ factum aliquod similiter confestim, aut ex intervallo soleant consequi. Deinde postremo attendendum est, num

de ce que nous classons parmi les espèces de l'honnête et de l'utile; espèces dont nous traiterons plus en détail à propos du genre délibératif. Voilà, si je ne me trompe, tous les caractères attribués aux choses.

XXIX. Tout argument tiré des lieux que nous avons indiqués doit être ou probable ou nécessaire. En effet, pour définir la chose en peu de mots, les arguments sont des moyens inventés dans le but d'établir la probabilité d'un fait ou d'en démontrer la nécessité. Un fait est démontré comme nécessaire, quand l'existence ou la preuve du contraire est impossible; par exemple : « Si elle est mère, c'est qu'elle a eu commerce avec un homme. » Ce genre d'argumentation, qui a pour but d'établir la nécessité d'un fait, se produit ordinairement dans le discours sous la forme de dilemme, d'énumération, ou de simple conclusion. Le dilemme est cet argument à deux faces, qui, quelle que soit la concession que vous fassiez, tourne en réfutation; par exemple : « Si c'est un malhonnête homme, pourquoi le fréquenter? Si c'est un homme de bien, pourquoi l'accuser? »
— L'énumération consiste à mettre en avant plusieurs hypothèses, puis à les ruiner toutes successivement, à l'exception d'une seule, qui se trouve ainsi nécessairement démontrée; par exemple : « Il faut que l'accusé, pour tuer cet homme, ait été poussé ou par la haine, ou par la crainte, ou par l'espérance, ou par l'intérêt

---

quæ res ex iis rebus, quæ sunt positæ in partibus honestatis, aut utilitatis, consequantur : de quibus in deliberativo genere causæ distinctius erit dicendum. Ac negotiis quidem fere res eæ, quas commemoravimus, sunt attributæ.
XXIX. Omnis autem argumentatio, quæ ex iis locis, quos commemoravimus, sumetur, aut probabilis, aut necessaria debebit esse. Etenim, ut breviter describamus, argumentatio videtur esse inventum ex aliquo genere, rem aliquam aut probabiliter ostendens, aut necessarie demonstrans. Necessarie demonstrantur ea, quæ aliter ac dicuntur, nec fieri, nec probari possunt, hoc modo : « Si peperit, cum viro concubuit. » Hoc genus argumentandi, quod in necessaria demonstratione versatur, maxime tractatur in dicendo, aut per complexionem, aut per enumerationem, aut per simplicem conclusionem. — Complexio est, in qua, utrum concesseris, reprehenditur, ad hunc modum : « Si improbus est, cur uteris? si probus, cur accusas? » Enumeratio est, in qua, pluribus rebus expositis, et cæteris infirmatis, una reliqua necessario confirmatur, hoc pacto :
Necesse est aut inimicitiarum causa ab hoc esse occisum, aut metus, aut

d'un ami : s'il n'était animé par aucune de ces passions, il ne l'a pas tué; car on ne commet pas un crime sans motif. Mais il est certain qu'il n'avait aucun sujet de haine, ni de crainte, qu'il n'avait rien à espérer de cette mort, qui ne pouvait non plus intéresser aucun de ses amis : donc il n'est pas le meurtrier. » La simple conclusion procède par voie de conséquence nécessaire : « Vous m'accusez d'avoir commis le délit précisément à cette époque; mais je me trouvais alors au delà des mers; donc, bien loin de l'avoir commis, je n'ai pas même pu le commettre. » Prenez garde toutefois, pour que l'argument ne puisse être retourné contre vous, non-seulement qu'il ait là forme d'un argument et une apparence de conséquence nécessaire ; mais aussi qu'il soit appuyé d'un raisonnement rigoureux.

Un fait est probable, quand il est ordinaire, conforme aux idées reçues, ou quand il en a du moins les caractères : vrai ou faux, d'ailleurs, peu importe. Voici des exemples d'un fait probable, parce qu'il est ordinaire : « Si elle est mère, elle aime son fils. S'il est avare, il doit tenir peu à son serment. » Voici des exemples d'un fait probable, parce qu'il est conforme aux idées communes : « Les peines des enfers attendent les impies ; les philosophes ne croient point qu'il y ait plusieurs dieux. »

---

spei, aut alicujus amici gratia ; aut, si horum nihil est, ab hoc non esse occisum. Nam sine causa maleficium susceptum esse non potest. Sed neque inimicitiæ fuerunt, nec metus ullus nec spes ex morte illius alicujus commodi, neque ad amicum hujus aliquem mors illius pertinebat. Relinquitur igitur, ut ab hoc non sit occisus. » Simplex autem conclusio ex necessaria consecutione conficitur, hoc modo : « Si vos me istud eo tempore fecisse dicitis, ego autem eo ipso tempore trans mare fui; relinquitur, ut id, quod dicitis, non modo non fecerim, sed ne potuerim quidem facere. » Atque hoc diligenter videre oportebit, ne quo pacto genus hoc refelli possit, ut ne confirmatio modum in se argumentationis solum habeat, et quandam similitudinem necessariæ conclusionis, verum ipsa argumentatio ex necessaria ratione consistat.

Probabile autem est id, quod fere fieri solet, aut quod in opinione positum est, aut quod habet in se ad hæc quandam similitudinem, sive id falsum est, sive verum. In eo genere, quod fere solet fieri, probabile hujusmodi est : « Si mater est, diligit filium. Si avarus est, negligit jus jurandum. » In eo autem quod in opinione positum est, hujusmodi sunt probabilia : « Impiis apud inferos pœnas esse paratas. Eos, qui philosophiæ dent operam, non arbitrari deos esse. »

XXX. On cherche la similitude dans les contraires, dans les semblables, dans les faits qui s'expliquent par une même cause. — Dans les contraires : « Si l'on doit le pardon aux torts involontaires, on ne doit point de reconnaissance aux services forcés. » — Dans les semblables : « De même qu'une côte sans port n'offre point de sûreté aux vaisseaux, ainsi une âme sans bonne foi n'offre pas de garantie à l'amitié. » — Dans les faits qui s'expliquent par la même cause, la probabilité s'établit ainsi : « S'il n'y a point de honte aux Rhodiens d'affermer leur port, il n'y en a point non plus à Hermacréon d'en prendre le bail. » Les probabilités reposent sur la réalité, comme : « Il y a cicatrice, donc il y eu blessure; » ou sur la vraisemblance, comme : « S'il avait beaucoup de poussière à sa chaussure, c'est qu'il arrivait de voyage. »

Pour déterminer catégoriquement les espèces de ce genre, je dois dire que toute probabilité employée dans le raisonnement s'appuie sur des indices, des vraisemblances, des opinions reçues, ou des comparaisons. — On nomme indices tout ce qui tombe sous les sens, et indique un résultat, un antécédent, une circonstance ou une dépendance du fait; ce sont des commencements de preuves qui ont besoin d'être confirmés par des témoignages plus forts, comme le sang, la fuite, la pâleur, la poussière et autres semblables. — La vraisemblance est ce que l'auditeur croit de lui-même

---

XXX. Similitudo autem in contrariis et paribus, et in iis rebus, quæ sub eandem cadunt rationem, maxime spectatur.—In contrariis, hoc modo : « Nam si iis, qui imprudentes læserunt, ignosci convenit, iis, qui necessario profuerunt, haberi gratiam non oportet. » — Ex pari, sic : « Nam ut locus in mari sine portu navibus esse non potest tutus; sic animus sine fide stabilis amicis non potest esse. » — In iis rebus, quæ sub eandem rationem cadunt, hoc modo probabile consideratur : « Nam si Rhodiis turpe non est portorium locare, ne Hermacreonti quidem turpe est conducere. » Hæc tum vera sunt, hoc pacto : « Quoniam cicatrix est, fuit vulnus; » tum veri similia, hoc modo : « Si multus erat in calceis pulvis, ex itinere eum venire oportebat. »

Omne autem (ut certas quasdam in partes distribuamus) probabile, quod sumitur ad argumentationem, aut signum est, aut credibile, aut judicatum, aut comparabile. — Signum est, quod sub sensum aliquem cadit, et quiddam significat; quod ex ipso profectum videtur, quod aut ante fuerit, aut in ipso negotio, aut post sit consecutum, et tamen indiget testimonii et gravioris confirmationis; ut cruor, fuga, pallor, pulvis, et quæ his sunt similia. — Credibile est, quod, sine ullo teste, auditoris opinione firmatur, hoc modo : « Nemo

sans autre témoignage, comme : « Il n'est personne qui ne souhaite le salut et le bonheur de ses enfants. » — L'opinion reçue est une idée qui a pour elle l'assentiment, le témoignage ou la décision d'un seul ou de plusieurs. Elle est religieuse, commune, ou approuvée : religieuse, quand elle repose sur un arrêt rendu par des magistrats assermentés ; commune, si elle exprime une chose convenue et généralement admise, comme le respect, qui ordonne de se lever devant les vieillards, la pitié qu'on doit aux suppliants ; approuvée, quand elle résulte d'une approbation générale, qui détermine un fait dont la qualité était d'abord douteuse, comme quand le peuple romain nomme consul, au sortir de la censure, le père des Gracques, parce que, dans cette charge, il n'avait rien fait que de concert avec son collègue. — La comparaison établit quelque point de rapport entre des choses différentes. Elle comprend trois espèces, l'image, le parallèle et l'exemple. L'image établit une ressemblance de forme ou de nature ; dans le parallèle, on compare deux choses par leurs côtés semblables ; par l'exemple, on invoque le témoignage d'une personne ou d'un fait, pour nier ou pour affirmer. Nous en donnerons des définitions et des exemples, quand nous en viendrons à exposer les règles de l'élocution.

J'ai indiqué aussi bien que je l'ai pu, et aussi clairement que la nature du sujet le comporte, les sources de l'argumentation.

est, qui non liberos suos incolumes et beatos esse cupiat. » — Judicatum est, res adsensione, aut auctoritate, aut judicio alicujus, aut aliquorum comprobata. Id tribus in generibus spectatur, religioso, communi, approbato. Religiosum est, quod jurati legibus judicarunt. Commune est, quod omnes vulgo probarunt et secuti sunt, hujusmodi : ut majoribus natu adsurgatur, ut supplicum misereatur. Approbatum est, quod homines, quum dubium esset, quale haberi oporteret, sua constituerunt auctoritate : velut Gracchi patris factum, quem populus Romanus ob id [factum], quod insciente collega in censura nihil egisset, post censuram consulem fecit. — Comparabile autem est, quod in rebus diversis similem aliquam rationem continet. Ejus partes sunt tres, imago, collatio, exemplum. Imago est oratio demonstrans corporum, aut naturarum similitudinem. Collatio est oratio rem cum re ex similitudine conferens. Exemplum est, quod rem auctoritate, aut casu alicujus hominis, aut negotii confirmat, aut infirmat. Horum exempla et descriptiones in præceptis elocutionis cognoscentur.

Ac fons quidem confirmationis, ut facultas tulit, apertus est nec minus di-

Quant à la manière dont il faut traiter chaque état de cause, chaque partie d'un état de cause, et en général toute discussion sur un raisonnement ou sur un texte, et quant aux arguments qui leur conviennent, j'en parlerai en détail dans mon second livre. Pour le moment, je n'ai voulu que jeter sans ordre mes idées sur le nombre, les formes et les parties des arguments; nous avons maintenant à distinguer et à choisir ce qui appartient à chaque genre de cause.

Si telles sont, en effet, les sources où l'on peut puiser les arguments, les arguments trouvés, il faut les embellir et les distribuer avec ordre ; c'est une partie de l'art, aussi agréable qu'éminemment utile, et que jusqu'ici les auteurs ont tout à fait négligée. Nous devons donc en dire un mot ici, pour joindre à la manière de trouver les arguments celle de les perfectionner. Et l'importance de la matière, la grande difficulté d'en exposer les règles exigent un soin et une attention toute particulière.

XXXI. Toute espèce d'argumentation repose sur l'emploi de l'induction ou du syllogisme.

L'induction est cette forme du raisonnement par laquelle on cherche à faire accorder par l'interlocuteur certaines propositions évidentes, pour le forcer ensuite, au moyen de ses concessions,

lucide, quam rei natura ferebat, demonstratus est. Quemadmodum autem quæque constitutio, et pars constitutionis, et omnis controversia, sive in ratione, sive in scripto versabitur, tractari debeat, et quæ in quamque argumentationes conveniant, singillatim in secundo libro de uno quoque genere dicemus. In præsenti tantummodo numeros et modos et partes argumentandi confuse et permixtim dispersimus; post descripte et electe in genus quodque causæ, quid cuique conveniat, ex hac copia digeremus.

Atque inveniri quidem omnis ex his locis argumentatio poterit : inventam exornari, et certas in partes distingui et suavissimum est, et summe necessarium, et ab artis scriptoribus maxime neglectum. Quare et de ea præceptione nobis et in hoc loco dicendum visum est, ut ad inventionem argumenti absolutio quoque argumentandi adjungeretur. Et magna cum cura et diligentia locus hic omnis considerandus est, quod non solum rei magna utilitas est, sed præcipiendi quoque summa difficultas.

XXXI. Omnis igitur argumentatio aut per inductionem tractanda est aut per ratiocinationem.

Inductio est oratio, quæ rebus non dubiis captat adsensiones ejus, quicum instituta est; quibus adsensionibus facit, ut illi dubia quædam res, propter si-

LIVRE I.

à convenir d'une autre proposition douteuse, par l'analogie qu'elle offre avec celles qu'il a précédemment accordées. C'est ainsi que Socrate, dans un dialogue d'Eschine, son disciple, fait raisonner Aspasie avec la femme de Xénophon et avec Xénophon lui-même : « Dites-moi, je vous prie, femme de Xénophon ; si votre voisine avait de l'or d'un plus haut titre que celui que vous possédez, lequel aimeriez-vous le mieux du vôtre ou du sien ? — Le sien, répondit-elle. — Et si elle avait des robes et des parures plus riches que les vôtres, lesquelles préféreriez-vous ? — Les siennes. — Et si elle avait un mari meilleur que le vôtre, lequel aimeriez-vous le mieux ? » Ici la femme de Xénophon se prit à rougir. Aspasie entreprend ensuite Xénophon lui-même : « Dites-moi, Xénophon, si votre voisin avait un meilleur cheval que le vôtre, est-ce le sien que vous aimeriez mieux, ou le vôtre ? — Le sien, répondit-il. — S'il avait une terre meilleure que la vôtre, laquelle préféreriez-vous ? — La sienne, sans doute, comme la meilleure. — Et s'il avait une meilleure femme que la vôtre, laquelle aimeriez-vous mieux ? » Xénophon, à son tour, garda le silence. « Puisque tous deux, reprend Aspasie, vous refusez de me répondre sur le seul point que je désirais savoir, je vais vous dire moi-même à chacun votre pensée. Vous, femme, vous désirez le plus parfait des maris, et vous, Xénophon, la plus accomplie des femmes ; de façon que,

---

militudinem earum rerum, quibus adsensit, probetur : velut apud Socraticum Æschinem demonstrat Socrates, cum Xenophontis uxore, et cum ipso Xenophonte Aspasiam locutam : « Dic mihi, quæso, Xenophontis uxor, si vicina tua melius habeat aurum, quam tu habes, utrum illiusne an tuum malis ? Illius, inquit. Quid, si vestem, et cæterum ornatum muliebrem pretii majoris habeat, quam tu habes, tuumne an illius malis ? Illius vero, respondit. Agesis, inquit, si virum illa meliorem habeat, quam tu habes, utrumne tuum virum an illius malis ? » Hic mulier erubuit. Aspasia autem sermonem cum ipso Xenophonte instituit : « Quæso, inquit, Xenophon, si vicinus tuus equum meliorem habeat, quam tuus est, tuumne equum malis an illius ? Illius, inquit. Quid, si fundum meliorem habeat, quam tu habes, utrum tandem fundum habere malis ? Illum, inquit, meliorem scilicet. Quid, si uxorem meliorem habeat, quam tu habes, utrum illius malis ? » Atque hic Xenophon quoque ipse tacuit. Post Aspasia : « Quoniam uterque vestrum, inquit, id mihi solum non respondit, quod ego solum audire volueram, egomet dicam, quid uterque cogitet. Nam et tu, mulier, optimum virum mavis habere, et tu, Xenophon, uxorem habere lectissimam maxime vis.

tant que vous n'aurez pas réussi à devenir le mari le plus parfait de la terre, et la femme la plus accomplie, il vous faudra toujours regretter la perfection, vous en fait de mari, vous en fait de femme. » Voilà comment, par la manière de poser les questions, après avoir fait convenir de propositions évidentes, on arrive, par voie d'analogie, à se faire accorder comme certaine une autre proposition, qui, prise séparément, fût demeurée douteuse. C'était la manière habituelle de Socrate : il ne prenait pas en lui-même ses raisons, mais il cherchait à déduire, des aveux de son interlocuteur, une proposition, que celui-ci, par ses aveux mêmes, fût forcé d'admettre.

XXXII. La première règle pour ce genre d'argumentation, c'est que les termes qui doivent amener la conséquence ne soient pas contestables. Car il ne faut pas que les propositions qui servent à établir une proposition douteuse, soient douteuses elles-mêmes. Ensuite il faut faire attention à ce que le point que nous voulons faire admettre par l'induction, ait de l'analogie avec les points que nous avons d'abord posés comme certains. À quoi nous serviraient, effet, les propositions qu'on nous aurait d'abord accordées, si celle que nous voulions démontrer par leur moyen était sans rapport avec elles? Il faut aussi cacher sa marche, et ne pas laisser voir le but auquel doivent conduire les premières inductions. Car si

---

Quare, nisi hoc perfeceritis, ut neque vir melior, neque femina lectior in terris sit, perfecto id semper, quod optimum putabitis esse, multo maxime requiretis, ut et tu maritus sis quam optimæ et hæc quam optimo viro nupta sit. » Hic quum rebus non dubiis esset adsensum, factum est propter similitudinem, ut etiam illud, quod dubium videbatur, si quis separatim quæreret, id pro certo, propter rationem rogandi, concederetur. — Hoc modo sermonis plurimum Socrates usus est, propterea quod nihil ipse adferre ad persuadendum volebat, sed ex eo, quod sibi ille dederat, quicum disputabat, aliquid conficere malebat, quod ille ex eo, quod jam concessisset, necessario approbare deberet.

XXXII. Hoc in genere præcipiendum nobis videtur, primum, ut illud, quod inducemus per similitudinem, ejusmodi sit, ut sit necesse concedi. Nam ex quo postulabimus nobis illud, quod dubium sit, concedi, dubium esse id ipsum non oportet. Deinde illud, cujus confirmandi causa fiet inductio, videndum est, ut simile iis rebus sit, quas res, quasi non dubias, ante induxerimus. Nam ante aliquid nobis concessum esse nihil proderit, si ei dissimile erit id, cujus causa illud concedi primum voluerimus. Deinde non intelligat, quo spectent illæ

l'interlocuteur s'aperçoit qu'en tombant d'accord sur la première question, il lui faudra de même accorder ce qu'il ne voudrait pas, il coupera court à vos questions en n'y répondant pas, ou en y répondant mal. Il faut donc ménager l'interrogation de manière à l'amener, sans qu'il s'en aperçoive, de ce qu'il accorde à ce qu'il ne veut pas accorder. Enfin il faut le réduire soit au silence, soit à la seule alternative de nier ou d'accorder la conséquence. S'il nie, prouvez l'identité des propositions qu'il a précédemment accordées, ou cherchez une autre induction. S'il avoue, tirez votre conclusion. S'il garde le silence, tâchez de lui arracher une réponse ; ou, puisque le silence équivaut à un aveu, tirez votre conclusion comme s'il l'avait accordée. Ainsi donc, cet argument se compose de trois parties. Dans la première, on pose une ou plusieurs analogies ; dans la seconde, la proposition que l'on veut faire admettre, et qui est l'objet des précédentes analogies ; dans la troisième enfin, la conclusion, qui sert à confirmer l'aveu, ou à montrer la conséquence qu'il en faut déduire.

XXXIII. Mais comme peut-être on ne trouverait pas cette exposition assez claire, si je n'y joignais un exemple d'induction tiré d'une cause civile, je vais en donner un ; non que les règles soient différentes pour l'emploi qu'on en peut faire dans la con-

---

primæ inductiones, et ad quem sint exitum perventuræ. Nam qui videt, si ei rei, quam primo rogetur, recte adsenserit, illam quoque rem, quæ sibi displiceat, esse necessario concedendam, plerumque aut non respondendo, aut male respondendo longius procedere rogationem non sinit. Quare ratione rogationis imprudens ab eo, quod concessit, ad id, quod non vult concedere, deducendus est. Extremum autem aut taceatur oportet, aut concedatur, aut negetur. Si negabitur, aut ostendenda est similitudo earum rerum, quæ ante concessæ sunt, aut alia utendum inductione. Si concedetur, concludenda est argumentatio. Si tacebitur, aut elicienda est responsio ; aut, quoniam taciturnitas imitatur confessionem, pro eo, ac si concessum sit, concludere oportebit argumentationem. Ita fit hoc genus argumentandi tripertitum : prima pars ex similitudine constat una, pluribusve ; altera ex eo, quod concedi volumus, cujus causa similitudines adhibitæ sunt ; tertia ex conclusione, quæ aut confirmat concessionem aut quid ex ea conficiatur ostendit.

XXXIII. Sed quia non satis alicui videbitur dilucide demonstratum, nisi quod ex civili causarum genere exempli subjecerimus : videtur hujusmodi quoque utendum exemplo, non quo præceptio differat, aut aliter hoc in sermone, at-

versation ou dans le discours, mais afin de contenter ceux qui ne savent pas reconnaître ailleurs, si on ne le leur montre, ce qu'ils ont vu exposé quelque part. Je me servirai d'un exemple célèbre dans les écoles de la Grèce, le procès fait à Épaminondas, général des Thébains, qui, au lieu de remettre le commandement de l'armée au successeur qui devait le remplacer conformément à la loi, l'avait conservé pendant quelques jours contre la loi, et avait porté un dernier coup aux Lacédémoniens. L'accusateur peut employer l'induction pour défendre le sens littéral de la loi contre l'interprétation qu'on veut lui donner. « Magistrats, dira-t-il, cette intention qu'Épaminondas prête au législateur, souffririez-vous qu'il l'ajoutât à la loi sous la forme d'une exception ainsi conçue : *Hors le cas où ce serait dans l'intérêt de l'État qu'on aurait gardé le commandement*? Je ne le crois pas, et si vous-mêmes, ce qui est loin de votre respect pour la loi et de votre sagesse, vous prétendiez, en considération d'Épaminondas, ajouter à la loi cette exception, le peuple thébain le souffrirait-il? Non, sans doute, il ne le souffrirait pas. Croirez-vous donc qu'il n'y ait point de crime à agir comme si la loi renfermait une exception que ce serait un crime d'ajouter à la loi? Je connais votre sagesse, magistrats : vous ne pouvez penser ainsi. Que si ni lui, ni vous ne pouvez modifier les termes de la volonté du législateur, ne seriez-vous pas cent fois plus coupables de déroger, par

---

que in dicendo sit utendum ; sed ut eorum voluntati satis fiat, qui, quo aliquo in loco viderunt, alio in loco, nisi monstratum, nequeunt cognoscere. Ergo in hac causa, quæ apud Græcos est pervagata, quod Epaminondas, Thebanorum imperator, ei, qui sibi ex lege prætor successerat, exercitum non tradidit, et quum paucos ipse dies contra legem exercitum tenuisset, Lacedæmonios funditus vicit, poterit accusator argumentatione uti per inductionem, quum scriptum legis contra sententiam defendat, ad hunc modum : « Si judices, id, quod Epaminondas ait legis scriptorem sensisse, ascribat ad legem, et addat exceptionem hanc : EXTRA QUAM SI QUIS REI PUBLICÆ CAUSA EXERCITUM NON TRADIDERIT, patiemini? Non opinor. Quodsi vosmet ipsi, quod a vestra religione et sapientia remotissimum est, istius honoris causa hanc eandem exceptionem, injussu populi, ad legem ascribi jubeatis, populus Thebanus id patieturne fieri? Profecto non patietur. Quod ergo ascribi ad legem nefas est, id sequi, quasi ascriptum sit, rectum vobis videatur? Novi vestram intelligentiam, non potest ita videri, judices. Quodsi litteris corrigi neque ab illo, ne-

un fait et par votre propre jugement, à une loi à la lettre de laquelle vous ne sauriez pas même changer un mot. » Mais c'est assez parler de l'induction pour le moment, reprenons le syllogisme et voyons-en la force et la nature.

XXXIV. Le syllogisme tire du fond même du sujet quelque proposition probable, qui, une fois établie et développée, trouve en elle-même sa force et sa raison. Les auteurs qui ont cru devoir étudier avec le plus de soin cet argument, sont d'accord sur l'emploi qu'on doit en faire dans le discours, mais diffèrent un peu sur les règles qu'il faut en tracer. Les uns lui donnent cinq parties, les autres ne lui en assignent que trois. Il n'est pas inutile de faire connaître cette différence et les raisons respectives de chaque opinion. La digression sera courte ; les uns et les autres ont d'ailleurs établi leurs raisons, et puis, c'est un point qui mérite qu'on s'y arrête.

Ceux qui admettent cinq parties disent qu'il faut d'abord établir la proposition que l'on veut démontrer, comme : « Les choses réglées par la prudence marchent plus sûrement que celles où la prudence n'a point de part. » Puis ils ajoutent qu'il faut l'appuyer de toutes sortes de raisons, et lui donner tout le développement nécessaire ; par exemple : « Une maison sagement gou-

---

que a vobis scriptoris voluntas potest ; videte, ne multo indignius sit id re et judicio vestro mutari, quod ne verbo quidem commutari potest. » Ac de inductione quidem satis in præsentia dictum videtur. Nunc deinceps ratiocinationis vim et naturam consideremus.

XXXIV. Ratiocinatio est oratio ex ipsa re probabile aliquid eliciens, quod expositum et per se cognitum, sua se vi et ratione confirmet. Hoc de genere qui diligentius considerandum putaverunt, quum idem usu dicendi sequerentur, paullulum in præcipiendi ratione dissenserunt. Nam partim quinque ejus partes esse dixerunt, partim non plus quam in tres partes posse distribui putaverunt. Eorum controversiam non incommodum videtur cum utrorumque ratione exponere. Nam et brevis est, et non ejusmodi, ut alteri prorsus nihil dicere putentur, et locus hic nobis in dicendo minime negligendus videtur.

Qui putant in quinque distribui partes oportere, aiunt, primum convenire exponere summam argumentationis, ad hunc modum : « Melius accurantur, quæ consilio geruntur, quam quæ sine consilio administrantur. » Hanc primam partem numerant : eam deinceps rationibus variis, et quam copiosissimis verbis approbari putant oportere, hoc modo : « Domus ea, quæ ratione regitur,

vernée est mieux fournie de toutes les choses nécessaires, et mieux tenue qu'une autre, livrée au désordre et à l'imprévoyance. Une armée aux soins d'un chef habile et sage est mieux conduite sous tous les rapports qu'une armée commise à l'ignorance d'un chef inexpérimenté. Quant au vaisseau, c'est celui qui a le pilote le plus habile, qui arrive le plus sûrement au port. » Après avoir ajouté à la proposition sa preuve, ce qui donne déjà deux parties du syllogisme, on arrive, disent-ils, à la troisième, qui consiste à tirer de la proposition même, ce qu'on veut démontrer : « Or il n'y a rien qui soit mieux gouverné que l'univers. » La preuve de cette partie appelée assomption constitue la quatrième partie : « Car les astres se lèvent et se couchent dans un ordre déterminé ; les saisons de l'année ne sont pas seulement soumises à une loi fixe et nécessaire, elles concourent encore directement au bon ordre universel ; la succession des jours et des nuits n'a jamais changé, ni amené aucun désordre dans le monde : preuves évidentes qu'une sagesse supérieure gouverne l'univers. » La cinquième partie est la conclusion, qui exprime simplement la conséquence des quatre premières parties : « Il est donc vrai que le monde est gouverné par la sagesse ; » on reprend en peu de mots la proposition et l'assomption, en ajoutant la consé-

---

omnibus instructior est rebus, et apparatior, quam ea, quæ temere et nullo consilio administratur. Exercitus is, cui præpositus est sapiens et callidus imperator, omnibus partibus commodius regitur, quam is, qui stultitia et temeritate alicujus administratur. Eadem navigii ratio est. Nam navis optime cursum conficit ea, quæ scientissimo gubernatore utitur. » Quum propositio sit hoc pacto approbata, et duæ partes transierint ratiocinationis, tertia in parte aiunt, quod ostendere velis, id ex vi propositionis oportere adsumere, hoc pacto : Nihil autem omnium rerum melius, quam omnis mundus, administratur. » Hujus adsumptionis quarto in loco aliam porro inducunt approbationem, hoc modo : « Nam et signorum ortus et obitus definitum quendam ordinem servant, et annuæ commutationes, non modo quadam ex necessitudine semper eodem modo fiunt, verum ad utilitates quoque rerum omnium sunt accommodatæ ; et diurnæ nocturnæque vicissitudines, nulla in re unquam mutatæ, quidquam nocuerunt. Quæ signo sunt omnia, non mediocri quodam consilio naturam mundi administrari. » Quinto inducunt loco complexionem eam, quæ aut id infert solum, quod ex omnibus partibus cogitur, hoc modo : « Consilio igitur, mundus administratur ; » aut unum in locum quum conduxerit breviter propositionem et adsumptionem, adjungit, quid ex his conficiatur, ad hunc modum : « Quodsi

quence : « S'il est vrai que les choses réglées par la sagesse soient mieux ordonnées que celles où la sagesse n'a point de part, et que rien ne soit mieux ordonné que l'univers, il est évident que l'univers est gouverné par la sagesse. » Voilà comment on croit devoir donner cinq parties au syllogisme.

XXXV. Ceux qui n'en reconnaissent que trois ne prescrivent pas des règles différentes; mais ils blâment la division des autres. Ils prétendent qu'il ne faut pas séparer la proposition et l'assomption de leur preuve, si l'on veut que chacune d'elles soit entière et complète. Ainsi, ce que les autres divisent en deux parties, la proposition et sa preuve, ils l'appellent simplement la proposition, la proposition présentée sans sa preuve n'étant pas une proposition. Ils suppriment aussi la distinction établie par les autres entre l'assomption et sa preuve, et ne reconnaissent que l'assomption. Voilà comme, sans cesser d'être le même, cet argument se divise en trois parties pour les uns, en cinq parties pour les autres. Aussi la différence porte-t-elle moins sur la pratique que sur la théorie.

Pour moi, je préfère la division en cinq parties, généralement adoptée par tous les disciples d'Aristote et de Théophraste. — Car si Socrate et son école ont adopté la méthode de raisonnement, qui procède par induction, l'argumentation par

---

melius geruntur ea, quæ consilio, quam quæ sine consilio administrantur, nihil autem omnium rerum melius administratur, quam omnis mundus ; consilio igitur mundus administratur. » Quinquepertitam igitur hoc pacto putant esse argumentationem.

XXXV. Qui autem tripertitam esse dicunt, ii non aliter putant tractari oportere argumentationem, sed partitionem horum reprehendunt. Negant enim neque a propositione, neque ab adsumptione approbationes earum separari oportere, neque propositionem absolutam, neque adsumptionem sibi perfectam videri, quæ approbatione confirmata non sit. Quare quas illi duas partes numerent, propositionem et approbationem, sibi unam partem videri, propositionem ; quæ si approbata non sit, propositio non sit argumentationis. Item, quæ ab illis adsumptio, et adsumptionis approbatio dicatur, eandem sibi adsumptionem solam videri. Ita fit, ut eadem ratione argumentatio tractata, aliis tripertita, aliis quinquepertita videatur. Quare evenit, ut res non tam ad usum dicendi pertineat, quam ad rationem præceptionis.

Nobis autem commodior illa partitio videtur esse, quæ in quinque partes distributa est, quam omnes ab Aristotele et Theophrasto profecti maxime secuti sunt. — Nam quemadmodum illud superius genus argumentandi, quod per

syllogisme a été préférée par Aristote, Théophraste, et les péripatéticiens, et, après eux, par les rhéteurs les plus habiles et les plus versés dans les secrets de l'art. — Or je dois justifier cette préférence, pour n'avoir pas l'air de l'adopter sans motifs ; mais je le ferai en peu de mots, pour ne pas nous arrêter à ces détails plus longtemps que ne l'exige notre exposition générale.

XXXVI. S'il est des arguments où il suffit d'énoncer la proposition sans qu'il soit nécessaire d'y ajouter la preuve ; et s'il en est d'autres où la proposition n'a de force qu'autant qu'on y joint la preuve, il est clair que la proposition et la preuve sont deux choses distinctes ; car ce qui peut s'ajouter ou se retrancher ne saurait être la même chose que l'objet auquel on l'ajoute ou dont on le retranche. Or, il est des arguments où la proposition peut se passer de preuve ; il en est d'autres où la proposition, séparée de la preuve, est sans force, comme je le démontrerai : donc la preuve est autre chose que la proposition. Voici maintenant la démonstration que j'ai promise.

Quand la proposition porte un caractère d'évidence qui doit frapper tout le monde, il est inutile de chercher à la fortifier par la preuve ; exemple : « Si, le jour que ce meurtre a été commis

inductionem sumitur, maxime Socrates et Socratici tractarunt : sic hoc, quod per ratiocinationem expolitur, summe est ab Aristotele, atque a Peripateticis, et Theophrasto frequentatum ; deinde a rhetoribus iis, qui elegantissimi atque artificiosissimi putati sunt. — Quare autem nobis illa magis partitio probetur, dicendum videtur, ne temere secuti putemur ; et breviter dicendum, ne in hujusmodi rebus diutius, quam ratio præcipiendi postulat, commoremur.

XXXVI. Si quædam in argumentatione satis est uti propositione, et non oportet adjungere approbationem propositioni ; quædam autem in argumentatione infirma est propositio, nisi adjuncta sit approbatio : separatum quiddam est a propositione approbatio. Quod enim et adjungi et separari ab aliquo potest, id non potest idem esse, quod est id, ad quod adjungitur, et a quo separatur. Est autem quædam argumentatio, in qua propositio non indiget approbationis : et quædam, in qua nihil valet sine approbatione, ut ostendemus : separata est igitur a propositione approbatio. Ostendetur autem id, quod polliciti sumus, hoc modo.

Quæ propositio in se quiddam continet perspicuum et quod stare inter omnes necesse est, hanc velle approbare et firmare nihil attinet. Ea est hujusmodi : « Si, quo die ista cædes Romæ facta est, ego Athenis eo die fui, inter-

à Rome, j'étais à Athènes, je n'ai point pu y prendre part. » Voilà qui est trop évident pour avoir besoin de preuve. Aussi faut-il passer immédiatement à l'assomption : « Or, j'étais à Athènes ce jour-là. » Si le point n'est pas constant, il faut y joindre la preuve; et, la preuve établie, on arrive à la conclusion. Il est donc des propositions qui n'ont pas besoin de preuve. Quant à montrer que d'autres en ont besoin, ce serait chose inutile; chacun le comprend de reste. Donc, il faut distinguer la preuve de la proposition : donc il est faux que le syllogisme n'ait pas plus de trois parties.

Il est évident, de la même façon, que l'assomption est distincte de la preuve. S'il est des cas où il suffit d'établir l'assomption, sans y joindre la preuve; si dans d'autres, l'assomption est faible à moins qu'on n'y ajoute la preuve, c'est que la preuve est en dehors de l'assomption. Or il est des raisonnements où l'assomption peut se passer de la preuve; il en est d'autres où, sans la preuve, l'assomption serait insuffisante, comme je le démontrerai : donc la preuve est autre chose que l'assomption. Voici maintenant la démonstration que j'ai promise.

Une assomption qui renferme une vérité claire pour tout le monde, n'a pas besoin de preuve; exemple :

esse in cæde non potui. » Hoc quia perspicue verum est, nihil attinet approbari. Quare adsumi statim oportet, hoc modo : « Fui autem Athenis eo die. » Hoc si non constat, indiget approbationis : qua inducta, complexio consequetur. Est igitur quædam propositio, quæ non indiget approbatione. Nam esse quidem quandam, quæ indigeat, quid attinet ostendere, quod cuivis facile perspicuum est ? Quodsi ita est, ex hoc et ex eo, quod proposueramus, hoc conficitur, separatum esse quiddam a propositione approbationem. Si autem ita est, falsum est non esse plus quam tripertitam argumentationem.

Simili modo liquet, alteram quoque approbationem separatam esse ab adsumptione. Si quadam in argumentatione satis est uti adsumptione, et non oportet adjungere approbationem adsumptioni ; quædam autem in argumentatione infirma est adsumptio, nisi adjuncta sit approbatio : separatum quiddam est extra adsumptionem approbatio. Est autem argumentatio quædam, in qua adsumptio non indiget approbationis ; quædam autem, in qua nihil valet sine approbatione, ut ostendemus. Separata est igitur ab adsumptione approbatio. Ostendemus autem quod polliciti sumus, hoc modo.

Quæ perspicuam omnibus veritatem continet adsumptio, nihil indiget approbationis. Ea est hujusmodi :

« Si la sagesse est nécessaire, il faut étudier la philosophie. » Cette proposition veut être prouvée ; car elle n'est pas évidente, ni également admise par tous, puisque bien des gens regardent la philosophie comme inutile, d'autres comme nuisible. Une assomption évidente est celle-ci : « Or la sagesse est nécessaire. » C'est une vérité palpable et qui se reconnaît d'abord ; il ne faut donc point s'arrêter à en donner la preuve, mais passer de suite à la conclusion. Il y a donc des assomptions qui peuvent se passer de preuve. Je n'ai pas besoin de dire que d'autres en ont besoin. Donc il faut distinguer la preuve de l'assomption. Donc il est faux que le syllogisme n'ait pas plus de trois parties.

XXXVII. Ce que je viens de dire montre avec évidence qu'il est des arguments dans lesquels la proposition et l'assomption peuvent se passer de preuve. En voici un exemple à la fois court et concluant : « S'il est vrai qu'on doive rechercher avant tout la sagesse, il faut éviter avant tout la folie ; or il est vrai qu'on doit rechercher avant tout la sagesse ; donc il faut éviter avant tout la folie. » Ici, la proposition et l'assomption sont d'une clarté évidente ; aussi n'ont-elles pas besoin de preuve.

Il résulte de tout ce que je viens de dire, qu'il est des cas où l'on ajoute la preuve, d'autres où on la supprime ; ce qui dé-

---

« Si oportet velle sapere, dare operam philosophiæ convenit. » Hæc propositio indiget approbationis. Non enim perspicua est, neque constat inter omnes, propterea quod multi nihil prodesse philosophiam, plerique etiam obesse arbitrantur. Adsumptio perspicua est ; est enim hæc : « Oportet autem velle sapere. » Hoc quia ipsum ex re perspicitur, et verum esse intelligitur, nihil attinet approbari. Quare statim concludenda est argumentatio. Est ergo adsumptio quædam, quæ approbationis non indiget. Nam quandam indigere perspicuum est. Separata est igitur ab adsumptione approbatio. Falsum ergo est non esse plus quam tripertitam argumentationem.

XXXVII. Atque ex his illud jam perspicuum est, esse quandam argumentationem, in qua neque propositio, neque adsumptio indigeat approbationis, hujusmodi ; ut certum quiddam, et breve, exempli causa, ponamus : « Si summo opere sapientia petenda est, summo opere stultitia vitanda est ; summo autem opere sapientia petenda est ; summo igitur opere stultitia vitanda est. » Hic et adsumptio et propositio perspicua est. Quare neutra quoque indiget approbatione.

Ex hisce omnibus illud perspicuum est, approbationem tum adjungi, tum

montre que la preuve n'est renfermée ni dans la proposition, ni dans l'assomption, mais que chacune de ces parties a sa place distincte, sa force propre et sa valeur déterminée. Cela étant, la meilleure division du syllogisme est celle qui le divise en cinq parties.

Je donnerai donc au syllogisme cinq parties : la proposition, qui exprime en peu de mots la pensée qui doit faire le fonds du raisonnement; la preuve de la proposition, qui appuie de raisons la pensée énoncée en peu de mots, et lui donne plus de probabilité, plus d'évidence; l'assomption, qui exprime la démonstration que l'on veut tirer de la proposition; la preuve de l'assomption, qui la fortifie de raisons à l'appui; la conclusion, qui renferme en peu de mots la conséquence de tout le raisonnement. Le raisonnement le plus compliqué renferme cinq parties, vient ensuite celui qui en contient quatre, puis celui qui en contient trois; celui qui n'en offre que deux n'est pas généralement admis; certains auteurs parlent d'un argument à une seule partie.

XXXVIII. Je vais donner des exemples de ceux qu'on admet, et les raisons à l'appui de ceux que l'on conteste.

Voici un exemple du syllogisme à cinq parties : « Toutes les lois, magistrats, doivent se rapporter à l'intérêt de la république;

non adjungi. Ex quo cognoscitur, neque in propositione, neque in adsumptione contineri approbationem, sed utramque suo loco positam, vim suam, tanquam certam et propriam, obtinere. Quodsi ita est, commode partiti sunt illi, qui in quinque partes distribuerunt argumentationem.

Quinque sunt igitur partes ejus argumentationis, quæ per ratiocinationem tractatur : Propositio, per quam locus is breviter exponitur, ex quo vis omnis oportet emanet ratiocinationis ; propositionis approbatio, per quam id, quod breviter expositum est, rationibus adfirmatum, probabilius et apertius fit ; adsumptio, per quam id, quod ex propositione ad ostendendum pertinet, adsumitur; adsumptionis approbatio, per quam id, quod adsumptum est, rationibus firmatur ; complexio, per quam id, quod conficitur ex omni argumentatione, breviter exponitur. Quæ plurimas habet argumentatio partes, ea constat ex his quinque partibus; secunda est quadripertita ; tertia tripertita dein bipertita, quod in controversia est. De una quoque parte potest alicui videre posse consistere.

XXXVIII. Eorum igitur, quæ constant, exempla ponemus ; horum, quæ dubia sunt, rationes adferemus.

Quinquepertita argumentatio est hujusmodi : « Omnes leges, judices, ad

il faut les interpréter dans le sens de l'utilité commune, plutôt que dans le sens de la lettre. Telles étaient la sagesse et la vertu de nos pères, qu'ils n'auraient pas cherché autre chose dans l'établissement des lois que le salut et le bonheur de la patrie. Leur intention n'était pas d'y insérer aucune disposition funeste, et ils comprenaient parfaitement que, s'ils l'eussent fait, la découverte de leur erreur devait amener l'abrogation de la loi ; car ce n'est point pour la loi elle-même qu'on veut que la loi soit inviolable, c'est dans l'intérêt de la république, dont on croit que le bonheur y est attaché. C'est donc d'après ce principe, qui fait la stabilité des lois, qu'il faut en interpréter la lettre; oui, puisque nous cherchons l'intérêt de la république, c'est en vue de cet intérêt, en vue du bien de la patrie que nous devons faire cette interprétation. S'il faut croire que la médecine n'a pas d'autre but que de rendre au corps la santé, parce qu'elle n'a pas d'autre objet, il faut croire aussi que les lois n'ont pas d'autre but que l'intérêt de la république, puisque tel est le motif qui les a fait établir. Laissez donc de côté, dans cette affaire, la lettre de la loi, pour ne l'envisager, comme il est juste, qu'au point de vue de l'intérêt de la république. Quoi de plus utile, en effet, pour les Thébains que l'abaissement de Lacédémone? De quoi Épaminondas, général des Thébains, pouvait-il

commodum rei publicæ referre oportet, et eas ex utilitate communi, non ex scriptione, quæ in litteris est, interpretari. Ea enim virtute et sapientia majores nostri fuerunt, ut in legibus scribendis nihil sibi aliud, nisi salutem atque utilitatem rei publicæ proponerent. Neque enim ipsi, quod obesset, scribere volebant ; et, si scripsissent; quum esset intellectum, repudiatum iri legem intelligebant. Nemo enim leges legum causa salvas esse vult, sed rei publicæ, quod ex legibus omnes rem publicam optime putant administrari. Quam ob rem igitur leges servari oportet, ad eam causam scripta omnia interpretari convenit : hoc est, quoniam rei publicæ servimus, et rei publicæ commodo atque utilitate interpretemur. Nam ut ex medicina nihil oportet putare proficisci, nisi quod ad corporis utilitatem spectet, quoniam ejus causa est instituta; sic a legibus nihil convenit arbitrari, nisi quod rei publicæ conducat, proficisci, quoniam ejus causa sunt comparatæ. Ergo in hoc quoque judicio desinite litteras legis perscrutari, et legem, ut æquum est, ex utilitate rei publicæ considerate. Quid magis utile Thebanis fuit quam Lacedæmonios opprimi? Cui rei magis Epaminondam, Thebanorum imperatorem, quam victoriæ Thebanorum,

LIVRE I.   269

se montrer plus jaloux que de rendre les Thébains victorieux? Que devait-il avoir de plus cher que la gloire des Thébains, de plus à cœur qu'un si beau et si brillant trophée? Sans doute son devoir était, laissant de côté le texte de la loi, de s'attacher à la pensée du législateur. Or nous avons suffisamment établi que les lois ne sauraient avoir d'autre but que l'intérêt de la république. Il a donc pensé que ce serait le comble de la démence de ne point interpréter dans le sens favorable au salut de la patrie une loi écrite pour le salut de la patrie. Que s'il faut ramener toutes les lois au bien de l'État, et si Épaminondas a véritablement sauvé l'État, assurément il ne se peut pas qu'il ait à la fois servi ses concitoyens et violé les lois de son pays. »

XXXIX. Le raisonnement n'a que quatre parties, quand on supprime la preuve de la proposition ou de l'assomption ; ce qu'il faut faire toutes les fois que la proposition est évidente, ou l'assomption assez claire pour avoir besoin de preuve. — Voici un exemple de raisonnement à quatre parties, où c'est la proposition qui n'est pas prouvée : « Magistrats, qui, en montant sur vos sièges, avez prêté serment à la loi, vous devez obéir à la loi ; or vous ne le pouvez qu'en vous attachant à la lettre même de ses dispositions : car quel témoignage plus sûr de son intention pouvait nous laisser le législateur, que ce texte rédigé par lui-même

consulere decuit? Quid hunc tanta Thebanorum gloria, tam claro atque exornato tropæo carius aut antiquius habere convenit? Scripto videlicet legis omisso, scriptoris sententiam considerare debebat. Atque hoc quidem satis consideratum est, nullam esse legem, nisi rei publicæ causa scriptam. Summam igitur amentiam esse existimabat, quod scriptum esset rei publicæ salutis causa, id non ex reipublicæ salute interpretari. Quodsi leges omnes ad utilitatem rei publicæ referri convenit, hic autem saluti rei publicæ profuit ; profecto non potest eodem facto et communibus fortunis consuluisse, et legibus non obtemperasse. »

XXXIX. Quattuor autem partibus constat argumentatio, quum aut proponimus, aut adsumimus sine approbatione. Id facere oportet, quum aut propositio ex se intelligitur, aut adsumptio perspicua est, et nullius approbationis indiget. — Propositionis approbatione præterita, quattuor ex partibus argumentatio tractatur, ad hunc modum : « Judices, qui ex lege jurati judicatis, legibus obtemperare debetis. Obtemperare autem legibus non potestis, nisi id, quod scriptum est in lege, sequamini. Quod enim certius legis scriptor testimonium voluntatis suæ relinquere potuit, quam quod ipse magna cum cura atque dili-

avec tant de soin et d'attention? Si la lettre de la loi n'existait pas, nous ferions tout au monde pour la trouver, afin d'y chercher les intentions du législateur, et nous ne souffririons pas qu'Épaminondas, quand même il serait hors de cause, se mêlât d'interpréter la pensée de la loi, bien loin de lui permettre, quand il est accusé, et quand nous avons cette loi sous les yeux, d'expliquer les intentions du législateur, non dans le sens très-clair de la lettre, mais dans le sens de sa cause. Si donc votre devoir, magistrats, est d'obéir à la loi, et si vous ne le pouvez qu'en vous attachant à la lettre de ses dispositions, quelle raison auriez-vous de ne pas condamner Épaminondas comme violateur de la loi? » — Voici un raisonnement à quatre parties, dans lequel la preuve de l'assomption est supprimée : « Quand des hommes nous ont trompés souvent, nous ne devons plus croire à leurs paroles; car, si leur manque de foi nous cause quelque dommage, nous ne pouvons nous en prendre qu'à nous-mêmes. Se laisser tromper la première fois est un malheur; la seconde, une sottise; la troisième, une honte. Or les Carthaginois nous ont déjà souvent trompés : donc ce serait le comble de la démence que de se reposer sur la bonne foi de ce peuple, dont nous avons tant de fois éprouvé la perfidie. »

Voici un raisonnement qui n'a que trois parties, par la suppression des deux preuves : « Il faut ou craindre les Carthagi-

gentia scripsit? Quodsi litteræ non exstarent, magno opere eas requireremus, ut ex iis scriptoris voluntas cognosceretur; nec tamen Epaminondæ permitteremus, ne si extra judicium quidem esset, ut is nobis sententiam legis interpretaretur, nedum nunc istum patiamur, quum præsto lex sit, non ex eo, quod apertissime scriptum est, sed ex eo, quod suæ causæ convenit, scriptoris voluntatem interpretari. Quodsi vos, judices, legibus obtemperare debetis, et id facere non potestis, nisi id, quod scriptum est in lege, sequamini, quid causæ est, quin istum contra legem fecisse judicetis? » — Adsumptionis autem approbatione præterita, quadripertita sic fiet argumentatio : « Qui sæpenumero nos per fidem fefellerunt, eorum orationi fidem habere non debemus. Si quid enim perfidia illorum detrimenti acceperimus, nemo erit, præter nosmet ipsos, quem jure accusare possimus. Ac primo quidem decipi incommodum est; iterum, stultum; tertio, turpe. Karthaginienses autem persæpe jam nos fefellerunt. Summa igitur amentia est in eorum fide spem habere, quorum perfidia toties deceptus sis. »

Utraque approbatione præterita tripertita fit, hoc pacto : « Aut metuamus

nois, si nous les épargnons ; ou détruire leur ville. Or il ne faut pas les craindre. Donc il ne reste qu'à détruire leur ville. »

XL. Certains auteurs pensent qu'on peut quelquefois supprimer la conclusion, quand la conséquence est évidente. Dans ce cas, le raisonnement peut n'avoir même que deux parties : « Si elle est mère, elle n'est plus vierge ; or elle est mère. » Ici, disent-ils, c'est assez de la proposition et de l'assomption ; la conséquence étant évidente, la conclusion est inutile. Pour moi, je pense que tout raisonnement doit avoir une conclusion ; seulement il faut éviter avec grand soin le défaut que ces auteurs signalent, et ne point donner à une vérité évidente la forme d'une conclusion.

Or il faut, pour cela, connaître les différents genres de conclusions. Tantôt la conclusion est la conséquence de la proposition et de l'assomption réunies ; par exemple : « Que s'il faut ramener toutes les lois à l'intérêt de la république, et si Épaminondas a véritablement sauvé la république, assurément il ne se peut pas qu'il ait à la fois sauvé son pays et violé les lois. » Tantôt elle se tire des contraires : « Ce serait donc le dernier degré de la folie de nous reposer sur la bonne foi d'un peuple dont nous avons si souvent éprouvé la perfidie. » Tantôt elle exprime simplement la conséquence : « Il faut donc détruire leur ville. » Tantôt elle

---

Karthaginienses oportet, si incolumes eos reliquerimus ; aut eorum urbem diruamus. Ac metuere quidem non oportet. Restat igitur, ut urbem diruamus. »

XL. Sunt autem, qui putant, nonnumquam posse [et oportere] complexione supersederi, quum id perspicuum sit, quod conficiatur ex ratiocinatione. Quod si fiat, bipertitam quoque fieri argumentationem, hoc modo : « Si peperit, virgo non est ; peperit autem. » Hic satis esse dicunt proponere et adsumere : quoniam perspicuum sit, quod conficiatur ex ratiocinatione ; quod si fiat, complexionis rem non indigere. Nobis autem videtur et omnis ratiocinatio concludenda esse ; et illud vitium, quod illis displicet, magno opere vitandum, ne, quod perspicuum sit, id in complexionem inferamus.

Hoc autem fieri poterit, si complexionum genera intelligantur. Nam aut ita complectemur, ut in unum conducamus propositionem et adsumptionem, hoc modo : « Quod si leges omnes ad utilitatem rei publicæ referri convenit, hic autem saluti rei publicæ profuit ; profecto non potest eodem pacto, et saluti communi consuluisse, et legibus non obtemperasse. » Aut ita, ut ex contrario sententia conficiatur, hoc modo : « Summa igitur amentia est, in eorum fide spem habere, quorum perfidia totiens deceptus sis. » Aut ita ut id solum, quod confici-

énonce ce qu'il faut nécessairement induire de la conséquence : « Si elle est mère, elle a eu commerce avec un homme ; or elle est mère ; » la conséquence est : « Donc elle a eu commerce avec un homme. » Si vous la supprimez pour exprimer ce qu'il en faut induire, et que vous ajoutiez : « Donc elle a perdu l'honneur, » vous complétez votre raisonnement, et vous évitez une conclusion trop évidente.

Ainsi, il faut, dans un raisonnement d'une certaine longueur, conclure par la combinaison des prémisses, ou par les contraires ; dans un raisonnement court, exprimer seulement la conséquence ; et là où la conclusion est évidente, ne parler que de l'induction qu'on doit en tirer.

Ceux qui admettent qu'un argument peut n'avoir qu'une seule partie, diront sans doute que c'est assez de le poser ainsi : « Puisqu'elle est mère, elle a eu commerce avec un homme. » De cette manière, en effet, il n'est besoin ni de preuve ni de conclusion. Mais, si je ne me trompe, il y a équivoque dans le sens du mot argument : ce mot signifie en même temps et les raisons inventées pour établir la probabilité ou la certitude, et l'art de les faire valoir. Ainsi, dans cet exemple : « Puisqu'elle est mère, elle a eu commerce avec un homme, » il y a une raison présentée, mais sans art :

---

tur, inferatur, ad hunc modum : « Urbem igitur diruamus. » Aut, ut id, quod eam rem, quæ conficitur, sequatur, necesse est. Id est hujusmodi : « Si peperit, cum viro concubuit ; peperit autem. » Conficitur hoc : « Concubuit igitur cum viro. » Hoc si nolis inferre, et inferas id, quod sequitur : « Fecit igitur incestum ; » et concluseris argumentationem, et perspicuam fugeris complexionem.

Quare in longis argumentationibus, aut ex conductionibus, aut ex contrario complecti oportet ; in brevibus id solum, quod conficitur, exponere ; in iis, in quibus exitus perspicuus est, consecutione uti.

Si qui autem ex una quoque parte putabunt constare argumentationem, poterunt dicere, sæpe satis esse hoc modo argumentationem facere : « Quoniam peperit, cum viro concubuit. » Nam hoc nullius neque approbationis, neque complexionis indigere. Sed nobis ambiguitate nominis videntur errare. Nam et argumentatio nomine uno res duas significat, ideo quod et inventum aliquam in rem probabile, aut necessarium, argumentatio vocatur, et ejus inventi artificiosa expolitio. Quando igitur proferent aliquid hujusmodi : « Quoniam pepe-

or, c'est précisément de cet art lui-même que je trace ici les règles.

XLI. Leur raisonnement ne porte donc pas, et la distinction que j'ai établie répond à tout ce que pourraient dire contre ma division ceux qui prétendraient qu'on peut quelquefois retrancher la proposition ou l'assomption. Les raisons qu'on emploie pour établir la probabilité ou l'évidence, doivent frapper l'auditeur, sous quelque forme qu'on les expose; mais s'il n'y avait pas autre chose, et s'il ne fallait point s'occuper de la manière de présenter ces raisons, on ne mettrait point une aussi grande différence entre un orateur éminent et un orateur médiocre.

Il est essentiel de varier les formes, car en toutes choses l'uniformité enfante l'ennui. La première condition de la variété, c'est de ne pas suivre toujours la même marche dans l'argumentation; il faut donc varier le style par le mélange des arguments, c'est-à-dire en employant tantôt l'induction, tantôt le syllogisme. Ensuite, dans chaque argument, il est bon de ne pas commencer toujours par la proposition, de ne pas abuser de la division en cinq parties, et de ne point toujours présenter ces parties dans le même ordre; on peut commencer tantôt par l'assomption, tantôt par l'une des deux preuves, tantôt même par toutes les deux à la fois, et employer tantôt une conclusion,

---

rit, cum viro concubuit ; » inventum proferent, non expolitionem. Nos autem de expolitionis partibus loquimur.

XLI. Nihil igitur ad hanc rem ratio illa pertinebit : atque hac distinctione, alia quoque, quæ videbuntur officere huic partitioni, propulsabimus, si qui aut adsumptionem aliquando tolli posse putent, aut propositionem. Quæ si quid habet probabile, aut necessarium, quoquo modo commoveat auditorem necesse est. Quod si solum spectaretur, ac nihil, quo pacto tractaretur id, quod excogitatum esset, referret : nequaquam tantum inter summos oratores et mediocres interesse existimaretur.

Variare autem orationem magno opere oportebit. Nam omnibus in rebus similitudo est satietatis mater. Id fieri poterit, si non similiter semper ingrediamur in argumentationem. Nam primum omnium generibus ipsis distinguere convenit, hoc est, tum inductione uti, tum ratiocinatione. Deinde in ipsa argumentatione non semper a propositione incipere, nec semper quinque partibus abuti, neque eadem ratione partitiones expolire; sed tum ab adsumptione incipere licet, tum ab approbatione alterutra, tum utraque, tum hoc, tum

tantôt une autre. Pour bien comprendre ces règles et en rendre l'application aussi aisée que possible, il faut écrire ou s'exercer sur un des exemples que j'ai donnés.

Je crois m'être assez étendu sur les parties du raisonnement. Je sais fort bien d'ailleurs que la philosophie enseigne encore un grand nombre d'autres règles peu connues pour l'argumentation, et que ces règles ont été mises sous forme de traités ; mais je les regarde comme étrangères à l'art oratoire. Quant à celles que je crois appartenir à l'éloquence, je ne dirai pas que je les ai mieux exposées que les autres auteurs, mais je puis garantir que j'y ai apporté plus de soin et d'exactitude. Je vais maintenant passer à ce qui me reste à dire, suivant l'ordre que j'ai établi.

XLII. La réfutation est cette partie du discours dans laquelle on cherche à ruiner, ou du moins à affaiblir la thèse de l'adversaire. Elle tire ses moyens de la même source que la confirmation; car les mêmes lieux qui servent à confirmer une thèse, peuvent aussi servir à l'infirmer, puisque tous ces moyens rentrent nécessairement dans les attributions des personnes ou des choses. Il faut donc rapporter à cette partie du discours les règles que j'ai tracées plus haut sur la manière de trouver et de présenter les arguments. Toutefois, pour donner aussi une théorie sur ce

---

illo genere complexionis uti, Id ut perspiciatur, aut scribamus, aut in quolibet exemplo de iis, quæ proposita sunt, hoc idem exerceamus, ut quam facile factu sit.

Ac de partibus quidem argumentationis satis nobis dictum videtur. Illud autem volumus intelligi; nos probe tenere, aliis quoque rationibus tractari argumentationes in philosophia multis et obscuris, de quibus certum est artificium constitutum. Verum illa nobis abhorrere ab usu oratorio videntur. Quæ pertinere autem ad dicendum putamus, ea nos commodius, quam cæteros, attendisse, non adfirmamus ; perquisitius et diligentius conscripsisse pollicemur. Nunc, ut instituimus proficisci, ordine ad reliqua pergemus.

XLII. Reprehensio est, per quam argumentando adversariorum confirmatio diluitur, aut infirmatur [aut allevatur]. Hæc fonte inventionis eodem utetur, quo utitur confirmatio, propterea quod, quibus ex locis aliqua res confirmari potest; iisdem potest ex locis infirmari: Nihil enim considerandum est in his omnibus inventionibus, nisi id, quod personis, aut negotiis attributum est. Quare inventionem et argumentationum expolitionem ex illis, quæ ante præcepta sunt, hanc quoque in partem orationis transferri oportebit. Verumtamen

sujet, je vais montrer les différents modes de réfutation. En suivant ces principes, on trouvera plus aisément les moyens de ruiner ou d'affaiblir les propositions de son adversaire.

Toute espèce de raisonnement se réfute, soit en n'accordant pas une ou plusieurs de ses parties, soit, si on les accorde, en niant la conclusion; soit en montrant que le genre même du raisonnement est vicieux, soit en opposant à un argument solide un argument de même ou de plus grande force. Ne pas accorder quelqu'une des parties d'un raisonnement, c'est nier que ce que l'adversaire présente comme probable, le soit en effet; c'est montrer le peu de rapport des rapports sur lesquels il s'appuie; c'est faire valoir contre lui-même les précédents dont il s'autorise, ou même les condamner absolument; c'est rejeter ce qu'il appelle un indice, nier sa conclusion en tout ou en partie; montrer que son énumération est fausse, ou que sa conclusion, si elle est simple, manque de justesse : car tels sont les lieux d'où se tirent les raisons propres à établir la probabilité ou l'évidence d'un fait, comme je l'ai fait voir plus haut.

XLIII. On réfute une proposition qu'on donne comme probable, soit quand elle est évidemment fausse, comme : « Il n'est personne qui ne préfère l'argent à la sagesse; » soit quand le contraire de ce qu'elle exprime offre aussi un caractère de pro-

---

ut quædam præceptio detur hujus quoque partis, exponemus modos reprehensionis; quos qui observabunt, facilius ea, quæ contra dicentur, diluere aut infirmare poterunt.

Omnis argumentatio reprehenditur, si aut ex iis, quæ sumpta sunt, non conceditur aliquod unum plurave; aut, his concessis, complexio confici ex iis negatur; aut si genus ipsum argumentationis vitiosum ostenditur; aut si contra firmam argumentationem, alia æque firma aut firmior ponitur. Ex iis, quæ sumuntur, aliquid non conceditur, quum aut id, quod credibile dicunt, negatur esse ejusmodi; aut, quod comparabile putant, dissimile ostenditur; aut judicatum aliam in partem traducitur; aut omnino judicium improbatur aut; quod signum esse adversarii dixerunt, id ejusmodi negatur esse; aut si comprehensio, aut una, aut utraque ex parte reprehenditur; aut si enumeratio falsa ostenditur; aut si simplex conclusio falsi aliquid continere demonstratur. Nam omne, quod sumitur ad argumentandum, sive pro probabili, sive pro necessario, necesse est sumatur ex his locis, ut ante ostendimus.

XLIII. Quod pro credibili sumptum erit, id infirmabitur, si aut perspicue falsum erit; hoc modo : « Nemo est, quin pecuniam, quam sapientiam ma-

babilité, par exemple : « Quel est l'homme qui ne met pas le devoir au-dessus de l'intérêt? » soit quand elle est tout à fait incroyable, comme si un avare, bien reconnu pour tel, disait « qu'à une légère considération morale, il a sacrifié une grande somme d'argent; » soit quand elle énonce comme un principe général et absolu ce qui n'est vrai que de certains hommes ou de certaines choses, par exemple : « Les pauvres mettent l'intérêt au-dessus du devoir. » — « Le lieu est désert; c'est là que le meurtre a été commis. » — « Est-il possible de tuer un homme dans un lieu fréquenté? » Soit quand elle présente comme absolument impossible un fait qui n'arrive que rarement, comme dans cette phrase du plaidoyer de Curion pour Fulvius : « On ne devient jamais amoureux d'une femme, pour l'avoir vue une fois et en passant. »

Quant aux indices, les mêmes lieux qui ont fourni des moyens pour les établir, en fourniront pour les ruiner. Car il faut d'abord prouver que l'indice est véritable; ensuite qu'il se rapporte spécialement au fait dont il s'agit, comme le sang, lorsqu'il est question d'un meurtre; puis qu'on a fait ce qu'il ne fallait pas faire, ou qu'on n'a pas fait ce qu'il fallait faire; enfin que l'accusé connaissait parfaitement la loi et la coutume : car ce sont là les conditions qu'il faut chercher dans l'indice. Je les développerai quand j'aurai à traiter particulièrement de l'état de question con-

---

lit : » aut ex contrario quoque credibile aliquid habebit, hoc modo : « Quis est, qui non officii cupidior sit, quam pecuniæ ? » aut erit omnino incredibile, ut si quis, quem constet esse avarum, dicat, « alicujus mediocris officii causa se maximam pecuniam neglexisse; » aut si, quod in quibusdam rebus, aut hominibus accidit, id omnibus dicitur usu venire, hoc pacto : « Qui pauperes sunt, iis antiquior officio pecunia est. » — « Qui locus desertus est, in eo cædem factam esse oportet. » — « In loco celebri homo occidi qui potuit ? » aut si id, quod raro fit, fieri omnino negetur : ut Curio pro Fulvio : « Nemo potest uno aspectu, neque præteriens, in amorem incidere. »

Quod autem pro signo sumetur, id ex iisdem locis, quibus confirmatur, infirmabitur. Nam in signo, primum verum esse ostendi oportet : deinde ejus esse rei signum proprium, qua de agitur, ut cruorem cædis : deinde factum esse, quod non oportuerit ; aut non factum, quod oportuerit : postremo scisse eum, de quo quæritur, ejus rei legem et consuetudinem. Nam ea res sunt signo attributæ : quas diligentius aperiemus, quum separatim de ipsa conjecturali constitutione dicemus. Ergo horum unum quidque in reprehen-

LIVRE I.

jectural. Il faut donc démontrer, dans la réfutation, que l'indice ne prouve rien, ou fort peu de chose, ou qu'il est plus favorable à notre thèse qu'à celle des adversaires, ou qu'il est complétement faux, ou tâcher de le rendre suspect de quelque autre façon.

XLIV. S'il s'agit de réfuter une comparaison, comme elle est ordinairement fondée sur la ressemblance, établissez que les deux choses comparées n'ont entre elles aucun rapport. Vous y réussirez en montrant qu'il y a dissemblance dans le genre, la nature, la force, l'importance, le temps, le lieu, les personnes et l'opinion ; en marquant le genre auquel appartient la similitude, et en remettant à sa véritable place l'objet dont il s'agit dans la cause ; en faisant ressortir la dissemblance, de façon à prouver qu'il n'y a pas le moindre rapport entre la chose comparée et celle avec laquelle on la compare. C'est surtout le moyen qu'il faut appliquer, quand il s'agit de réfuter un raisonnement produit sous forme d'induction.

Si l'on oppose quelque précédent, la meilleure manière de le faire valoir étant de faire l'éloge de ceux qui l'ont établi, de montrer les rapports des deux cas, de rappeler que l'arrêt, loin d'avoir été critiqué par personne, a rencontré l'approbation générale, et, enfin, que le cas offrait bien plus d'importance et de

---

sione, aut non esse signo, aut parum magno esse, aut a se potius quam ab adversariis stare, aut omnino falso dici, aut in aliam quoque suspicionem duci posse, demonstrabitur.

XLIV. Quum autem pro comparabili aliquid inducetur, quoniam id per similitudinem maxime tractatur, in reprehendendo conveniet, simile id negare esse, quod conferetur ei, quicum conferetur. Id fieri poterit, si demonstrabitur diversum esse genere, natura, vi, magnitudine, tempore, loco, persona, opinione ; ac si, quo in numero illud, quod per similitudinem adferetur, et quo in loco hoc, cujus causa adferetur, haberi conveniat, ostendetur. Deinde, quid res cum re differat, demonstrabimus : ex quo docebimus, aliud de eo, quod comparabitur, et de eo, quicum comparabitur, existimari oportere. Hujus facultatis maxime indigemus, quum ea ipsa argumentatio, quæ per inductionem tractatur, erit reprehendenda.

Sin judicatum aliquod inferetur, quoniam id ex his locis maxime firmatur : laude eorum, qui judicarunt ; similitudine ejus rei, qua de agitur, ad eam rem, qua de judicatum est, et commemorando, non modo non esse reprehensum judicium, sed ab omnibus approbatum ; et demonstrando difficilius et

difficultés que celui dont il s'agit, c'est des lieux contraires qu'il faudra tirer ses moyens de réfutation, si la vérité ou la vraisemblance le permettent. Il faudra surtout voir si le précédent invoqué n'offre pas, en effet, quelque rapport avec l'affaire; il faut bien prendre garde de citer une décision entachée d'erreur et d'avoir l'air de juger le juge lui-même. Il faut encore faire attention de ne pas aller choisir, parmi les précédents une décision exceptionnelle et isolée; car une décision de ce genre peut toujours très-aisément être réfutée. — Telle est la manière d'attaquer les raisons employées pour établir la probabilité.

XLV. Quant à celles qui ont pour but de démontrer l'évidence rigoureuse, si elles n'ont que l'apparence d'un raisonnement rigoureux, voici la manière de les réfuter. Lorsque le dilemme qui vous donne tort, quoi que vous accordiez, est juste, il ne faut jamais y répondre. S'il est faux, il y a deux manières de le détruire : il faut le rétorquer ou infirmer une des deux propositions. Exemple de rétorsion :

« S'il a de la pudeur, pourquoi accusez-vous un honnête homme? Si au contraire il porte une âme insensible à la honte, pourquoi accuser un homme qui se moquera de ce que vous direz? »

Ainsi, qu'on dise que l'accusé est sensible à la honte ou qu'il

majus fuisse id judicatum, quod adferatur, quam id, quod instet : contrariis locis, si res aut vera, aut veri similis permittet, infirmari oportebit. Atque erit observandum diligenter, ne nihil ad id, quo de agatur, pertineat id, quod judicatum sit ; et videndum, ne ea res proferatur, in qua sit offensum, ut de ipso, qui judicarit, judicium fieri videatur. Oportet autem animadvertere, ne, quum aliter multa sint judicata, solitarium aliquod, aut rarum judicatum adferatur. Nam his rebus auctoritas judicati maxime potest infirmari. Atque ea quidem, quae quasi probabilia sumentur, ad hunc modum tentari oportebit.

XLV. Quae vero sicuti necessaria inducentur, ea si forte imitabuntur modo necessariam argumentationem, neque erunt ejusmodi, sic reprehendentur. Primum comprehensio, quae, utrum concesseris, debet tollere, si vera est, numquam reprehendetur; sin falsa, duobus modis, aut conversione aut alterius partis infirmatione. Conversione, hoc modo :

Nam si veretur, quid eum accuses, qui est probus?
Sin inverecundum animi ingenium possidet,
Quid eum accuses, qui id parvi auditu æstumet?

Hic, sive vereri dixeris, sive non vereri; concedendum hoc putat; ut neges esse

ne l'est pas, la conclusion est qu'il ne faut pas l'accuser. Voici la manière de rétorquer le raisonnement : « Raison de plus, au contraire, pour l'accuser : car, s'il a de la pudeur, il ne sera point insensible à l'accusation ; si, au contraire, il est insensible à la honte, il faut encore l'accuser : car c'est un méchant homme. » Exemple d'infirmation : « S'il a conservé quelque pudeur, l'accusation peut le retirer du mal et le corriger. »

Vous prouvez qu'une énumération est vicieuse, en montrant qu'on a oublié d'y comprendre quelque point que vous êtes prêt à accorder, ou qu'on y a fait entrer des parties faibles que vous pourriez facilement réfuter, ou sur lesquelles vous n'avez aucun motif raisonnable de ne pas tomber d'accord. Voici un exemple d'énumération incomplète : « Puisque vous avez ce cheval, c'est que vous l'avez acheté, ou que vous en avez hérité, ou que vous l'avez reçu en présent, ou qu'il est né dans votre maison, ou, sinon, il faut absolument que vous l'ayez volé ; or, vous ne l'avez point acheté, vous n'en avez point hérité, il n'est point né chez vous, on ne vous l'a point donné en présent ; donc il faut que vous l'ayez volé. » Il est facile de réfuter ce raisonnement, si l'on peut dire qu'on l'a pris sur l'ennemi, et que cette partie du butin n'est pas soumise à l'enchère. Ce moyen infirme l'énumération, en introduisant un cas qu'elle avait omis.

---

accusandum. Quod conversione sic reprehendetur : « Imo vero accusandus est. Nam si veretur, accuses : non enim parvi auditu æstimabit. Sin inverecundum animi ingenium possidet, tamen accuses : non enim probus est. » Alterius autem partis infirmatione, hoc modo reprehendetur : « Verum si veretur, accusatione tua correctus, ab errato recedet. »

Enumeratio vitiosa intelligitur, si aut præteritum quiddam dicemus, quod velimus concedere, aut infirmum aliquid adnumeratum, quod aut contra dici possit, aut causa non sit, quare non honeste possimus concedere. Præteritur quiddam in ejusmodi enumerationibus : « Quoniam habes istum equum, aut emeris oportet, aut hereditate possideas, aut munere acceperis, aut domi tibi natus sit, aut, si horum nihil est, surripueris necesse est. Sed neque emisti, neque hereditate venit, neque donatus est neque domi natus est, : necesse est ergo surripueris. » Hoc commode reprehenditur, si dici possit ex hostibus equus esse captus, cujus prædæ sectio non venierit : quo illato, infirmetur enumeratio ; quoniam id sit inductum, quod præteritum sit in enumeratione.

XLVI. L'autre manière de réfuter l'énumération, c'est de contredire un des points qu'elle renferme, en montrant, pour rester dans le même exemple, que vous avez acquis le cheval par héritage; ou, enfin, d'accorder un des points, si vous le pouvez sans honte : ainsi, que l'adversaire dise : « Ou vous méditiez une perfidie, ou vous vouliez plaire à un ami, ou la passion vous entraînait; » vous conviendrez que vous avez voulu plaire à un ami.

On réfute une conclusion simple, en montrant que la conséquence n'est pas la déduction rigoureuse de ce qui précède. Dans celles-ci, par exemple : « S'il respire, il vit; — S'il fait jour, la lumière brille, » le rigoureux rapport du conséquent et de l'antécédent est clair. Mais dans ces autres : « Si elle est mère, elle aime ses enfants. — S'il a commis quelques fautes, il ne se corrigera jamais; » il suffit, pour les réfuter, de faire voir qu'il n'y a pas rapport rigoureux entre l'antécédent et le conséquent. — La théorie de ce genre d'argument et de tous les arguments rigoureux, et, en général, la théorie du raisonnement et de la réfutation a plus d'importance et d'étendue que je ne lui en donne ici. Mais l'ensemble de ces règles n'est pas de nature à pouvoir être joint à quelque partie de la rhétorique; il exige, à lui seul, une étude spéciale, l'emploi de beaucoup de temps, de graves et sérieuses réflexions. Aussi je réserve pour un autre moment et pour un autre ouvrage le traité que j'en dois faire, si je le

---

XLVI. Altero autem modo reprehenditur, si aut contra aliquid dicetur : hoc est, si, exempli causa, ut in eodem versemur, poterit ostendi hereditate venisse. Aut si extremum illud non erit turpe concedere ; ut si qui, quum dixerint adversarii : « Aut insidias facere voluisti, aut amico morem gessisti, aut cupiditate elatus es ; » amico se morem gessisse fateatur.

Simplex autem conclusio reprehenditur, si hoc, quod sequitur, non videatur necessario cum eo, quod antecessit, cohærere. Nam hoc quidem, « Si spiritum ducit, vivit ; — Si dies est, lucet ; » ejusmodi est, ut cum priore necessario posterius cohærere videatur. Hoc autem : « Si mater est, diligit ; — Si aliquando peccavit, numquam corrigetur ; » sic conveniet reprehendi, ut demonstretur non necessario cum priore posterius cohærere. — Hoc genus, et cætera necessaria, et omnino omnis argumentatio, et ejus reprehensio majorem quandam vim continet, et latius patet, quam hic exponitur : sed ejus artificii cognitio ejusmodi est, ut non ad hujus artis partem aliquam adjungi possit, sed ipsa separatim longi temporis, et magnæ atque arduæ cogitationis indigeat. Quare illa nobis

puis. Je dois me borner maintenant à exposer les règles de la rhétorique à l'usage des orateurs. — Telle est donc la manière de réfuter un raisonnement dont on nie quelque proposition.

XLVII. Mais si, les propositions accordées, c'est la conclusion que l'on attaque, il faut examiner si la conséquence n'est pas contraire aux prémisses. Vous dites, par exemple, que vous êtes parti pour l'armée; l'adversaire le nie et fait ce raisonnement : « Si vous vous étiez rendu à l'armée, les tribuns militaires vous auraient vu ; or, ils ne vous ont point vu ; donc vous n'êtes pas parti pour l'armée. » En accordant la proposition et l'assomption, il faut nier la conclusion, car elle n'est pas nécessairement vraie.

Pour me faire mieux comprendre, j'ai pris un exemple où le défaut est visible et saillant ; mais il est des cas où ce défaut, mieux déguisé, nous fait admettre la conclusion comme vraie, soit que nous ne nous souvenions plus de ce que nous avons accordé, soit que nous ayons accordé comme certaine une proposition douteuse. Si nous avons admis une proposition douteuse pour le sens que nous lui donnions, et que l'adversaire veuille, dans sa conclusion, en déduire une conséquence à laquelle nous n'avions point songé, il faudra démontrer que sa conclusion ne ressort pas de la proposition que nous avons admise, mais de

---

alio tempore atque ad aliud institutum, si facultas erit, explicabuntur. Nunc his præceptionibus rhetorum ad usum oratorium contentos nos esse oportebit. — Quum igitur ex iis, quæ sumuntur, aliquid non conceditur, sic infirmabitur.

XLVII. Quum autem, his concessis, complexio ex his non conficitur, hæc erunt consideranda : num aliud conficiatur, aliud dicatur, hoc modo : Si, quum aliquis dicat se profectum esse ad exercitum, contra eum quis velit hac argumentatione uti : « Si venisses ad exercitum, a tribunis militaribus visus esses ; non es autem ab his visus ; non es igitur profectus ad exercitum. » Hic quum concesseris propositionem et adsumptionem, complexio est infirmanda : aliud enim, quam cogebatur, illatum est.

Ac nunc quidem, quo facilius res cognosceretur, perspicuo et grandi vitio præditum posuimus exemplum ; sed sæpe obscurius positum vitium pro vero probatur, quum aut parum memineris, quid concesseris, aut ambiguum aliquid pro certo concesseris. Ambiguum si concesseris ex ea parte, quam ipse intellexeris, eam partem si adversarius ad aliam partem per complexionem velit accommodare ; demonstrare oportebit, non ex eo, quod ipse concesseris, sed ex eo,

l'assomption qu'il a lui-même établie; par exemple : « Si vous avez besoin d'argent, c'est que vous n'en avez pas; si vous n'avez pas d'argent, vous êtes pauvres; or, vous avez besoin d'argent, puisque sans cela vous ne feriez pas le commerce; donc vous êtes pauvres. » Voici la manière de répondre : Quand vous me disiez : « Si vous avez besoin d'argent, c'est que vous n'en avez pas, » je comprenais : « Si vous êtes dans le besoin, parce que vous manquez de tout, vous n'avez pas d'argent; » et voilà pourquoi je vous accordais votre proposition; quant à l'assomption : « Or, vous avez besoin d'argent, » j'entendais : « Or, vous voulez avoir plus d'argent. » De ces deux concessions ainsi faites, il ne faut pas conclure : « Donc vous êtes pauvres. » Cette conclusion ne serait juste qu'autant que je vous aurais d'abord accordé « que celui qui veut avoir plus d'argent, n'en a pas du tout. »

XLVIII. Souvent l'adversaire croit que vous ne vous souvenez plus de ce que vous avez accordé, et fait ainsi entrer dans la conclusion comme conséquence ce qui n'est nullement une conséquence; par exemple : « Puisqu'il était héritier, il est probable que c'est lui qui a commis ce meurtre. » Il fortifie cette proposition par des développements, puis passe à l'assomption : « Or, c'est lui qui était l'héritier; » et finit par conclure : « Donc c'est lui qui a commis le meurtre. » Ce qui n'est nullement la conséquence des propositions antécédentes. Il faut donc bien prendre

---

quod ille sumpserit, confici complexionem, ad hunc modum : « Si pecuniæ indigetis, pecuniam non habetis; si pecuniam non habetis, pauperes estis : indigetis autem pecuniæ; mercaturæ enim, nisi ita esset, operam non daretis: pauperes igitur estis.. » Hoc sic reprehenditur : Quum dicebas : « Si indigetis pecuniæ, pecuniam non habetis; » hoc intelligebam : « Si propter inopiam in egestate estis, pecuniam non habetis; » et idcirco concedebam. Quum autem hoc sumebas, « indigetis autem pecuniæ; » illud accipiebam : ».Vultis autem pecuniæ plus habere. » Ex quibus concessionibus non conficitur hoc : « Pauperes igitur estis : » conficeretur autem, si tibi primo quoque hoc concessissem, « qui pecuniam majorem vellet habere, eum pecuniam non habere. »

XLVIII. Sæpe autem oblitum putant, quid concesseris, et idcirco id, quod non conficitur, quasi conficiatur, in conclusione infertur, hoc modo : « Si ad illum hereditas veniebat, veri simile est ab illo necatum. » Deinde hoc approbant plurimis verbis; post adsumunt : « Ad illum autem hereditas veniebat; » deinde infertur : « Ille igitur occidit. ». Id quod ex iis, quæ sumpserant, non conficitur.

garde aux prémisses, et à la conséquence que l'on en tire.

XLIX. Quant au genre même du raisonnement, on prouve qu'il est vicieux en montrant qu'il est vicieux en lui-même, ou qu'il est mal appliqué dans l'espèce.

Il est vicieux en lui-même, s'il est complétement faux, commun, vulgaire, frivole, tiré de trop loin; s'il renferme une mauvaise définition; s'il est controversé, trop évident, contesté, honteux, offensant, contraire, inconséquent, maladroit. — Il est faux, quand il exprime une contre-vérité palpable, comme : « Celui qui méprise l'argent ne saurait être sage; or, Socrate méprisait l'argent; donc il n'était pas sage. » — Il est commun, quand il peut être aussi bien employé par l'adversaire : « Je n'ai pas eu besoin de parler longtemps, magistrats, parce que ma cause était bonne. » — Il est vulgaire, quand la raison qu'il énonce, recevable dans une affaire, peut également s'appliquer à une autre moins bonne : « Si la cause de mon client n'était pas juste, magistrats, il ne se fût pas soumis à votre jugement. » — Il est frivole, s'il est déplacé, comme : « S'il y avait pensé, il ne l'aurait point fait ; » ou s'il donne une justification sans force à une action dont la honte est manifeste; par exemple :

« Quand tous vous recherchaient, assis sur le trône le plus florissant, je vous

Quare observare diligenter oportet, et quid sumatur, et quid ex his conficiatur.
XLIX. Ipsum autem genus argumentationis vitiosum his de causis ostendetur, si aut in ipso vitium erit, aut si non ad id, quod instituitur, accommodabitur.
Atque in ipso vitium erit, si omnino totum falsum erit, si commune, si vulgare, si leve, si remotum, si mala definitio, si controversum, si perspicuum, si non concessum, si turpe, si offensum, si contrarium, si inconstans, si adversum. — Falsum est, in quo perspicue mendacium est, hoc modo : « Non potest esse sapiens, qui pecuniam negligit ; Socrates autem pecuniam negligebat; non igitur sapiens erat. » — Commune est, quod nihilo magis ab adversariis, quam a nobis facit, hoc modo : « Idcirco, judices, quia veram causam habebam, brevi peroravi. » — Vulgare est, quod in aliam quoque rem non probabilem, si nunc concessum sit, transferri possit, ut hoc : « Si veram causam non haberet, vobis se, judices, non commisisset. » — Leve est, quod aut post tempus dicitur, hoc modo : « Si in mentem venisset, non commisisset ; » aut perspicue rem turpem levi tegere vult defensione, hoc modo :

Quum te expetebant omnes, florentissimo

laissai de côté ; maintenant que tous vous abandonnent, au milieu de tant de périls, seule je m'apprête à vous relever. »

— Il est tiré de trop loin, quand on remonte plus haut qu'il n'est nécessaire ; par exemple : « Si P. Scipion n'eût point marié sa fille avec Tiberius Gracchus, et que de ce mariage ne fussent point nés les deux Gracques, de pareilles séditions n'auraient point eu lieu ; c'est donc à Scipion qu'il faut imputer ces malheurs. » Il y a le même défaut dans cette plainte :

« Plût aux cieux que jamais, sur le Pélion, sapins abattus ne fussent tombés sous la hache ! »

C'est reprendre la chose de trop haut. — La définition est défectueuse quand elle peut s'appliquer également à différents objets ; par exemple : « Un séditieux est un citoyen dangereux et nuisible. » Ce n'est pas donner l'idée d'un séditieux, plutôt que celle d'un ambitieux, d'un calomniateur, ou de tout autre individu pervers. Elle est fausse encore, si elle énonce une idée de cette nature, comme : « La sagesse est le talent de s'enrichir ; » ou si elle n'a ni sérieux, ni importance, comme : « La folie est un désir immense de gloire. » Sans doute c'est là une folie, mais c'est une espèce de folie, et non la folie. — Un argument controversé est celui dans lequel on apporte une raison douteuse à l'appui d'un point douteux ; exemple :

Regno reliqui : nunc desertum ab omnibus,
Summo periclo, sola ut restituam, paro.

— Remotum est, quod ultra quam satis est, petitur, hujus modi : « Quodsi non P. Scipio Corneliam filiam Tib. Graccho collocasset, atque ex ea duos Gracchos procreasset, tantæ seditiones natæ non essent : quare hoc incommodum Scipioni ascribendum videtur. » Hujusmodi est illa quoque conquestio :

Utinam ne in nemore Pelio securibus
Cæsa cecidisset abiegna ad terram trabes !

Longius enim repetita est, quam res postulabat. — Mala definitio est, quum aut communia describit, hoc modo : « Seditiosus est is, qui malus atque inutilis est civis. » Nam hoc non magis seditiosi, quam ambitiosi, quam calumniatoris, quam alicujus improbi hominis vim describit. Aut falsum quiddam dicit, hoc pacto : « Sapientia est pecuniæ quærendæ intelligentia. » Aut aliquid non grave, nec magnum continens, sic : « Stultitia est immensa gloriæ cupiditas. » Est hæc quidem stultitia, sed ex parte quadam, non ex omni genere, definita. — Controversum est, in quo ad dubium demonstrandum dubia causa adfertur, hoc modo :

« Eh, quoi ! ne sais-tu pas que les dieux, maîtres souverains du ciel et de l'enfer, établissent entre eux la paix et font régner l'harmonie ? »

— Un raisonnement trop évident est celui qui porte sur un point non contesté, « si : « par exemple », l'accusateur d'Oreste s'attachait à démontrer qu'il a tué sa mère. » — L'argument contesté développe ce qui forme précisément le point à juger, « si, » par exemple, « en accusant Ulysse, on s'arrêtait longtemps sur cette idée, que c'est une indignité, qu'Ajax, le plus courageux des hommes, ait péri de la main du plus lâche. » — Il est honteux, quand il exprime des idées inconvenantes, également indignes du lieu où elles sont dites, de l'orateur qui les énonce, du temps où il parle, de ceux qui l'écoutent, du sujet qu'il traite. — Il est offensant, lorsqu'il blesse l'opinion de l'auditoire ; par exemple, « si, devant des chevaliers romains, jaloux de la puissance judiciaire, on citait avec éloge la loi de Cépion sur les jugements. » — Il est contraire, quand il porte avec lui la condamnation d'un fait qui est le fait du juge ; par exemple, si un orateur, plaidant devant Alexandre de Macédoine contre quelque destructeur de villes, disait « que rien n'est plus cruel que de détruire des villes, » quand il sait bien qu'Alexandre lui-même a détruit Thèbes. — Il est inconséquent, lorsqu'il ne se trouve pas d'accord avec lui-même sur un point ; par exemple, si quelqu'un après avoir dit « que l'homme vertueux n'a besoin que de sa

Echo tu, di, quibus est potestas motus superum atque inferum,
Pacem inter sese conciliant, conferunt concordiam.

— Perspicuum est, de quo non est controversia : ut, « si qui, quum Oresten accuset, planum faciat, ab eo matrem esse occisam. » — Non concessum est, quum id, quod augetur, in controversia est, ut, « si qui, quum Ulixen accuset, in hoc maxime commoretur : Indignum esse, ab homine ignavissimo virum fortissimum, Ajacem, necatum. » — Turpe est, quod aut eo loco, in quo dicitur ; aut eo homine, qui dicit ; aut eo tempore, quo dicitur ; aut iis, qui audiunt ; aut ea re, qua de agitur, indignum, propter inhonestam rem, videtur. — Offensum est, quod eorum, qui audiunt, voluntatem lædit : ut, « si qui apud equites Romanos cupidos judicandi Cæpionis legem judiciariam laudet. » — Contrarium est, quod contra dicitur, atque ii, qui audiunt, fecerunt : ut, si quis apud Alexandrum Macedonem [dicens] contra aliquem urbis expugnatorem diceret, « nihil esse crudelius, quam urbes diruere, » quum ipse Alexander Thebas diruisset. — Inconstans est, quod ab eodem de eadem re diverse dicitur : ut, si

vertu pour vivre heureusement, » ajoutait ensuite « qu'il n'y a pas de bonheur possible sans la santé; » ou « que l'amitié l'amène auprès de son ami, à cause de l'avantage qu'il compte en retirer. » — Il est maladroit, quand il renferme quelque chose de nuisible à la cause ; par exemple, « si un général, exhortant son armée à combattre, allait exagérer la force, le nombre et le bonheur des ennemis. »

L. Voici en quoi peut pécher un argument mal appliqué dans l'espèce. Ou l'on prouve moins qu'on n'avait avancé; ou bien, quand il faut démontrer le tout, on ne parle que d'une partie ; comme : « La femme est portée à la cupidité, car Ériphyle a vendu à prix d'or la vie de son époux ; ou bien l'on ne se défend point de ce dont on est accusé; comme « lorsque, à une accusation de brigue, on oppose la preuve de son courage ; » ainsi, Amphion, dans Euripide, et dans Pacuvius, répond « par l'éloge de la sagesse au blâme jeté sur la musique ; » ou bien l'on part des défauts d'un homme pour condamner une chose; par exemple, « lorsqu'on rejette sur la science même les vices de quelque savant, » ou bien, pour faire l'éloge d'un individu, on parle de son bonheur, et point de son mérite; ou bien, dans la comparaison de deux choses, on ne croit pas louer l'une, si l'on ne rabaisse l'autre ; ou bien l'on ne se contente pas de louer la pre-

---

qui, quum dixerit, qui virtutem habeat, eum nullius rei ad bene vivendum indigere, » neget postea « sine bona valetudine posse bene vivi; » aut « se amico adesse propter benevolentiam; sperare tamen aliquid commodi ad se perventurum. » — Adversum est, quod ipsi causæ aliqua ex parte officit : ut, « si qui hostium vim et copias et felicitatem augeat, quum ad pugnandum milites adhortetur. »

L. Si non ad id, quod instituitur, accommodabitur aliqua pars argumentationis, horum aliquo in vitio reperietur : si plura pollicitus pauciora demonstrabit ; aut si, quum totum debebit ostendere, de parte aliqua loquatur, hoc modo : « Mulierum genus avarum est ; nam Eriphyla auro viri vitam vendidit ; » aut si non id, quod accusabitur, defendet : ut, « si qui, quum ambitus accusabitur, manu se fortem esse defendet : » ut Amphion apud Euripidem, item apud Pacuvium, qui, « vituperata musica, sapientiam laudat ; » aut si res ex hominis vitio vituperabitur : ut, « si qui doctrinam ex alicujus docti vitio reprehendat ; » aut si qui, quum aliquem volet laudare, de felicitate ejus, non de virtute dicat ; aut si qui rem cum re ita comparabit, ut alteram se non putet laudare, nisi alteram

mière sans parler de la seconde ; ou bien l'on sort d'une question déterminée, pour se jeter dans une thèse générale, comme « si, quand il s'agit de délibérer sur une guerre à entreprendre, on se mettait à faire simplement l'éloge de la paix, sans songer à prouver que la guerre dont il est question n'est pas avantageuse ; » ou bien l'on donne de fausses raisons d'une chose ; par exemple : « La richesse est un bien, parce que, plus que tout le reste, elle procure le bonheur ; » ou des raisons faibles, comme dans ces vers de Plaute :

« Il est cruel de reprendre un ami pour une faute dont il s'est rendu coupable ; mais c'est aussi quelquefois une chose utile et profitable dans la vie ; car moi-même je me prépare aujourd'hui à reprendre un ami pour la faute qu'il a commise ; »

ou des raisons qui n'en sont pas, comme : « L'avarice est un très-grand mal, car l'amour de l'argent nous cause de grands malheurs ; » ou des raisons peu convenables ; par exemple : « L'amitié est le premier des biens ; car elle offre une foule d'agréments. »

LI. Le quatrième mode de réfutation que j'ai indiqué consiste à opposer à un raisonnement solide un autre raisonnement de même ou de plus grande force. Il faut l'employer surtout dans

vituperarit ; aut si alteram ita laudet, ut alterius non faciat mentionem ; aut si, quum de certa re quæretur, de communi instituetur oratio : ut, « si qui, quum aliqui deliberent, bellum gerant, an non, pacem laudet omnino, non illud bellum inutile esse demonstret ; » aut si ratio alicujus rei reddetur falsa, hoc modo : « Pecunia bonum est, propterea quod ea maxime vitam beatam efficiat ; » aut si infirma, ut Plautus,

> Amicum castigare ob meritam noxiam,
> Immune est facinus ; verum in ætate utile
> Et conducibile : nam ego amicum hodie meum
> Concastigabo pro commerita noxia ;

aut eadem, hoc modo : « Maximum malum est avaritia ; multos enim magnis incommodis adfecit pecuniæ cupiditas ; » aut parum idonea, hoc modo : « Maximum bonum est amicitia ; plurimæ enim delectationes sunt in amicitia. »

LI. Quartus modus erat reprehensionis, per quem contra firmam argumentationem, æque firma aut firmior ponebatur. Hoc genus in deliberationibus

les auses délibératives : nous convenons que l'avis de l'adversaii est conforme à l'équité, mais nous prouvons que le nôtre est dicté par la nécessité même ; ou bien nous reconnaissons que la proposition contraire est utile, mais nous démontrons que la nôtre est plus honorable. Voilà ce que j'avais à dire sur la réfutation. Je vais maintenant parler de la conclusion.

Avant la conclusion, qui est la dernière partie du discours, Hermagoras place la digression. Et dans la digression, il veut que l'orateur insère quelque développement étranger à la cause et au point à juger ; par exemple, l'éloge de celui qui parle ou le blâme de ses adversaires, ou qu'il se laisse aller à quelque autre développement qui lui fournisse, plutôt à titre d'amplification que de raisonnement, quelques moyens d'attaque ou de réfutation. Si l'on croit que la digression soit une partie du discours, on peut adopter l'avis d'Hermagoras ; car j'ai moi-même donné, ou je donnerai en temps et lieu les règles pour l'amplification, pour l'éloge et pour le blâme. Mais je ne suis pas d'avis de classer la digression parmi les parties du discours, n'admettant de digression que sous la forme du lieu commun dont j'aurai à parler plus tard. Quant à l'éloge et au blâme, je ne crois pas qu'on doive les traiter séparément ; mais il faut les mêler à l'argumentation. Je vais maintenant parler de la conclusion.

maxime versabitur, quum aliquid, quod contra dicatur, æquum esse concedimus, sed id, quod nos defendimus, necessarium esse demonstramus : aut quum id, quod illi defendant, utile esse fateamur ; quod nos dicamus, demonstremus esse honestum. Ac de reprehensione hæc quidem existimavimus esse dicenda. Deinceps nunc de conclusione ponemus.

Hermagoras digressionem deinde, tum postremam conclusionem ponit. In hac autem degressione ille putat oportere quandam inferri orationem, a causa, atque a judicatione ipsa remotam, quæ aut sui laudem, aut adversarii vituperationem contineat, aut in aliam causam deducat, ex qua conficiat aliquid confirmationis, aut reprehensionis, non argumentando, sed augendo per quandam amplificationem. Hanc si qui partem putarit esse orationis, sequatur licebit. Nam et augendi, et laudandi, et vituperandi præcepta a nobis partim data sunt, partim suo loco dabuntur. Nobis autem non placuit, hanc partem in numerum reponi, quod de causa degredi, nisi per locum communem, displicet ; quo de genere posterius est dicendum. Laudes autem et vituperationes non separatim placet tractari, sed in ipsis argumentationibus esse implicitas. Nunc de conclusione dicemus.

LII. La conclusion est le complément et la fin du discours. Elle comprend trois parties : la récapitulation, l'indignation, la plainte.

La récapitulation réunit en un faisceau toutes les raisons disséminées dans le corps du discours, de manière à les faire embrasser d'un seul regard pour en rappeler le souvenir. Si l'on traitait toujours cette partie de la même manière, l'emploi de l'art serait trop facilement reconnaissable; la variété aura le double avantage de cacher l'art et de prévenir l'ennui. Il faut donc, et c'est la méthode la plus suivie, parce qu'elle est la plus facile, reprendre en l'effleurant chaque partie du discours, et récapituler en peu de mots tous les arguments. On peut aussi, mais c'est moins facile, retracer les parties de la division, rappeler les points qu'on avait promis de traiter, et remettre sous les yeux les raisons données à l'appui de chaque proposition. On peut aussi demander aux juges quel est le point qu'ils désirent qu'on leur démontre encore; en disant : « Voilà ce que j'ai démontré, voilà ce que j'ai prouvé. » On réveille ainsi les souvenirs de l'auditoire, et on lui persuade qu'il n'a plus d'autres éléments de conviction à attendre.

Et ici, comme je l'ai dit, on peut, tantôt reprendre séparément toutes ses raisons, tantôt y joindre les objections de l'adversaire,

---

LII. Conclusio est exitus et determinatio totius orationis. Hæc habet partes tres, enumerationem, indignationem, conquestionem,

Enumeratio est, per quam res disperse et diffuse dictæ unum in locum coguntur, et reminiscendi causa unum sub aspectum subjiciuntur. Hæc si semper eodem modo tractabitur, perspicue ab omnibus artificio quodam tractari intelligetur; sin varie fiet, et hanc suspicionem et satietatem vitare poterit. Quare tum oportebit ita facere, ut plerique faciunt propter facilitatem, singillatim unam quamque rem attingere, et ita omnes transire breviter argumentationes; tum autem, id quod difficilius est, dicere, quas partes exposueris in partitione, de quibus te pollicitus sis dicturum, et reducere in memoriam, quibus rationibus unam quamque partem confirmaris; tum ab iis, qui audiunt, quærere, quid sit, quod sibi velle debeant demonstrari, hoc modo : « Illud docuimus, illud planum fecimus. » Ita simul et in memoriam redibit auditor, et putabit nihil esse præterea, quod debeat desiderare.

Atque in his generibus, ut ante dictum est, tum tuas argumentationes transire separatim; tum, id quod artificiosius est, cum tuis contrarias conjungere;

en rappelant d'abord ses moyens, puis la manière dont on a réfuté les propositions contraires. Ainsi, par une courte comparaison, on remet l'auditoire au fait de la confirmation et de la réfutation. Il faut aussi varier les formes de cette récapitulation. Au lieu de faire soi-même la récapitulation, de rappeler ce que l'on a dit, de quelle manière et en quel lieu, il vaut mieux mettre en scène quelque autre personnage, ou même quelque objet inanimé que l'on charge de la récapitulation. — Voici comme on fait parler un personnage étranger : « Si le législateur venait à paraître, et qu'il vous demandât la cause de votre hésitation, que pourriez-vous lui répondre, après que tel et tel point vous ont été démontrés? » Vous pouvez alors, comme si vous parliez en votre nom, tantôt reprendre séparément toutes vos raisons, tantôt retracer le plan des divisions que vous avez établies, tantôt demander à l'auditeur quelle nouvelle preuve il désire encore, tantôt mettre en parallèle vos arguments et ceux de l'adversaire. Faire parler une chose inanimée, c'est, par exemple, charger la loi, un lieu, une ville, un monument, de la récapitulation : « Si la loi pouvait parler, n'aurait-elle pas lieu de se plaindre et de vous dire : Quelle nouvelle preuve attendez-vous encore, magistrats, quand on vous a démontré que, etc.? » Vous avez de plus toutes les ressources de l'autre forme. Mais

---

et quum tuam argumentationem dixeris, tum contra eam quod adferebatur, quemadmodum dilueris, ostendere. Ita per brevem comparationem, auditoris memoria et de confirmatione, et de reprehensione redintegrabitur. Atque hæc aliis actionis quoque modis variare oportebit. Nam quum ex tua persona enumerare possis, ut, quid, et quo quidque loco dixeris, admoneas; tum vero personam aut rem aliquam inducere, et enumerationem ei totam attribuere. — Personam hoc modo : « Nam si legis scriptor exsistat, et quærat a vobis, quid dubitetis; quid possitis dicere, quum vobis hoc et hoc sit demonstratum? » Atque hic, item ut in nostra persona, licebit alias singillatim transire omnes argumentationes, alias ad partitiones singula genera referre, alias ab auditore, quid desideret, quærere; alias hæc facere per comparationem suarum et contrariarum argumentationum. Res autem inducetur, si alicui rei hujusmodi, legi, loco, urbi, monumento attribuetur oratio per enumerationem, hoc modo : « Quid, si leges loqui possent? nonne hæc apud vos quererentur? Quidnam amplius desideratis, judices, quum vobis hoc et hoc planum factum sit? » In hoc quoque genere omnibus iisdem modis uti licebit. Commune autem

c'est une règle commune aux deux que, comme on ne peut pas reprendre en entier chaque partie de l'argumentation, il n'en faut rappeler que les points essentiels, et cela le plus brièvement posssible, de manière à rafraîchir la mémoire, sans recommencer la plaidoierie.

LIII. L'indignation a pour objet d'exciter un vif sentiment de haine contre un individu, ou de prévention contre un fait. Il doit être entendu d'abord que, pour traiter cette partie, il faut puiser aux mêmes sources que j'ai indiquées pour la confirmation; car, dans les lieux attribués aux personnes et aux choses, se trouve toute la matière de l'indignation, comme de l'amplification. Toutefois, je crois devoir exposer les règles particulières de l'indignation.

Le premier lieu se tire de l'importance de la chose prouvée, par l'intérêt qu'y prennent les dieux immortels ou les personnages dont l'importance est grande. Ce lieu se tirera des sorts, des oracles, des prophéties, des phénomènes, des prodiges, des réponses des devins, et autres faits de ce genre; du témoignage des aïeux, des rois, des villes, des hommes les plus sages, du sénat, du peuple, des législateurs. — Par le second lieu, on montre, avec les développements que suggère l'indignation, quels

---

præceptum hoc datur ad enumerationem, ut ex una quaque argumentatione, quoniam tota iterum dici non potest, id eligatur, quod erit gravissimum; et unum quidque quam brevissime transeatur; ut memoria, non oratio renovata videatur.

LIII. Indignatio est oratio, per quam conficitur, ut in aliquem hominem magnum odium, aut in rem gravis offensio concitetur. In hoc genere illud primum intelligi volumus, posse omnibus ex locis iis, quos in confirmandi præceptis posuimus, tractari indignationem. Nam ex iis rebus, quæ personis atque negotiis attributæ sunt, quævis amplificationes et indignationes nasci possunt; sed tamen ea, quæ separatim de indignatione præcipi possunt, consideremus.

Primus locus sumitur ab auctoritate, quum commemoramus, quantæ curæ res ea fuerit dis immortalibus, aut eis, quorum auctoritas gravissima debeat esse. Qui locus sumetur ex sortibus, ex oraculis, vatibus, ostentis, prodigiis, responsis, et similibus rebus, item majoribus nostris, regibus, civitatibus, gentibus, hominibus sapientissimis, senatu, populo, legum scriptoribus. — Secundus locus est, per quem, illa res ad quos pertineat, cum amplificatione, per indignationem, ostenditur, aut ad omnes, aut ad majorem partem, quod

sont ceux que le fait intéresse, si c'est la société tout entière, ou la majeure partie de ses membres, — ce qui constitue un crime atroce ; — ou des supérieurs, comme dans le premier lieu tiré de l'autorité, ce qui est le comble de la scélératesse ; — ou des égaux sous le rapport des avantages de l'âme, du corps et de la fortune, ce qui est une extrême injustice ; ou des inférieurs, ce qui est le comble de la violence et du despotisme.—Dans le troisième lieu, on cherche ce qui arriverait, si un tel exemple avait des imitateurs, et l'on fait voir combien l'indulgence pour ce crime en produirait d'autres semblables, et tout le mal qui en résulterait. — Dans le quatrième lieu, on démontre que bien des gens attendent impatiemment le prononcé de l'arrêt, afin de trouver, dans l'indulgence avec laquelle on aura traité l'accusé, la mesure de ce qu'ils pourront se permettre en pareille occasion. — Dans le cinquième lieu, on montre que, dans d'autres cas, une première erreur peut se réparer quand la vérité vient à être reconnue ; mais que, pour le fait dont il s'agit, aucun jugement contraire, aucune puissance, ne sauraient corriger le vice d'une première décision. — Dans le sixième lieu, on fait voir que le crime a été commis volontairement et de dessein prémédité, en ajoutant que, si parfois l'erreur a droit à l'indulgence, il ne faut jamais pardonner à un crime volontaire.—Dans le septième lieu, l'indignation s'enflamme contre l'attentat, parce qu'il est affreux,

---

atrocissimum est ; an ad superiores, quales sunt ii, quorum ex auctoritate indignatio sumitur, quod indignissimum est ; an ad pares animo, fortuna, corpore, quod iniquissimum est ; an ad inferiores, quod superbissimum est. — Tertius locus est, per quem quærimus, quidnam sit eventurum, si idem cæteri faciant ; et simul ostendimus, huic si concessum sit, multos æmulos ejusdem audaciæ futuros : ex quo, quid mali sit eventurum, demonstrabimus. — Quartus locus est, per quem demonstramus, multos alacres exspectare, quid statuatur ; ut ex eo, quod uni concessum sit, sibi quoque tali de re quid liceat, intelligere possint. — Quintus locus est, per quem ostendimus, cæteras res perperam constitutas, intellecta veritate, commutatas corrigi posse : hanc esse rem, quæ si sit semel judicata, neque alio commutari judicio, neque ulla potestate corrigi possit. — Sextus locus est, per quem consulto et de industria factum demonstratur, et illud adjungitur, voluntario maleficio veniam dari non oportere ; imprudentiæ concedi nonnumquam convenire. — Septimus locus est, per quem indignamur, quod tætrum, crudele, nefarium, tyrannicum factum

cruel, abominable, tyrannique, l'œuvre de la force et d'une violence qui n'a respecté ni les lois ni les principes de l'équité.

LIV. Dans le huitième lieu, on démontre que le fait dont il s'agit n'est pas un crime vulgaire ni même un crime que les plus grands scélérats aient déjà commis, mais un attentat inconnu même aux hommes sauvages, aux nations barbares, aux animaux féroces. Telles sont les violences exercées sur les parents, les enfants, les époux, les alliés, les suppliants ; tels les actes de cruauté commis contre des vieillards, des hôtes, des voisins, des amis, contre ceux enfin chez qui nous avons été élevés, contre ceux qui nous ont donné l'instruction, contre les morts, contre des malheureux dignes de pitié, contre des hommes illustres, grands par leur naissance et par leurs dignités, contre des personnes également incapables d'attaquer et de se défendre, comme les enfants, les vieillards, les femmes. Puissamment excitée par toutes ces circonstances, l'indignation ne peut manquer de soulever une violente haine contre l'auteur de quelqu'une de ces atrocités. — Dans le neuvième lieu, on compare le crime qui est l'objet du débat, avec d'autres crimes bien reconnus ; et, par ce parallèle, on montre combien il l'emporte en scélératesse et en atrocité. — Dans le dixième, on rassemble toutes les circonstances de l'exécution et les faits qui l'ont suivie, en faisant ressortir, par l'indi-

esse dicamus, per vim, per manum opulentam, quæ res ab legibus et ab æquabili jure remotissimæ sint.

LIV. Octavus locus est per quem demonstramus, non vulgare, neque factitatum esse, ne ab audacissimis quidem hominibus, id maleficium, de quo agitur; atque id a feris quoque hominibus, et a barbaris gentibus, et immanibus bestiis remotum esse. Hæc erunt, quæ in parentes, liberos, conjuges, consanguineos, supplices, crudeliter facta dicentur ; et deinceps si qua proferantur in majores natu, in hospites, in vicinos, in amicos, in eos, quibuscum vitam egeris, in eos, apud quos educatus sis, in eos, a quibus eruditus, in mortuos, in miseros et misericordia dignos, in homines claros, nobiles et honore usos, in eos, qui neque lædere alium, nec se defendere potuerint, ut in pueros, senes, mulieres : quibus ex omnibus acriter excitata indignatio, summum in eum, qui violarit horum aliquid, odium commovere poterit. — Nonus locus est, per quem cum aliis, quæ constant esse peccata, hoc, quo de quæstio est, comparatur ; et ita per contentionem, quanto atrocius et indignius sit illud, quo de agitur, ostenditur. — Decimus locus est, per quem omnia, quæ in negotio gerendo acta sunt, quæque post negotium consecuta sunt, cum unius cujusque in-

gnation, tout ce que chaque détail offre de criminel, et l'on met, pour ainsi dire, le crime lui-même sous les yeux des juges, de manière à leur inspirer autant d'horreur que s'ils le voyaient réellement se commettre devant eux. — Dans le onzième, on fait voir que celui qui a commis le crime devait être le dernier à le commettre, et le premier à empêcher qu'un autre ne le commît. — Dans le douzième, on s'indigne d'être la première victime d'un attentat jusqu'alors inconnu. — Dans le treizième, on montre l'outrage s'ajoutant à l'injustice, et l'on soulève ainsi la haine contre l'orgueil et l'arrogance du coupable. — Dans le quatorzième, on prie les juges de se mettre à notre place, de penser à leurs enfants, s'il s'agit d'enfants ; à leurs épouses, s'il s'agit de femmes ; à leurs pères et à leurs parents, s'il s'agit de vieillards outragés. — Enfin, dans le quinzième, on dit qu'un ennemi public ou particulier serait lui-même révolté de ce que nous avons eu à souffrir. — Voilà quels sont à peu près les lieux les plus propres à fournir des moyens à l'indignation.

LV. Voici maintenant les lieux d'où il faut tirer la plainte. Le but de la plainte est d'exciter la compassion du juge ; il faut donc commencer par l'attendrir et l'apitoyer, pour arriver plus facilement à l'émouvoir par notre plainte : ce que produira l'em-

dignatione et criminatione colligimus, et rem verbis quam maxime ante oculos ejus, apud quem dicitur, ponimus ; ut id, quod indignum est, perinde illi videatur indignum, ac si ipse interfuerit, et præsens viderit. — Undecimus locus est, per quem ostendimus ab eo factum, a quo minime oportuerit, et a quo, si alius faceret, prohiberi conveniret. — Duodecimus locus est, per quem indignamur, quod nobis hoc primis acciderit, neque alicui umquam usu venerit.— Tertius decimus locus est, si cum injuria contumelia juncta demonstratur, per quem locum in superbiam et adrogantiam odium concitatur.— Quartus decimus locus est, per quem petimus ab iis, qui audiunt, ut ad suas res nostras injurias referant ; si ad pueros pertinebit, de liberis suis cogitent ; si ad mulieres, de uxoribus ; si ad senes, de patribus aut parentibus.— Quintus decimus locus est, per quem dicimus, inimicis quoque et hostibus ea, quæ nobis acciderint, indigna videri solere. — Et indignatio quidem his fere de locis gravissime sumetur.

LV. Conquestionis autem hujusmodi de rebus partes petere oportebit. Conquestio est oratio, auditorum misericordiam captans. In hac primum animum auditoris mitem et misericordem conficere oportet, quo facilius conque-

ploi des lieux communs sur la souveraine puissance de la fortune, et sur la faiblesse de l'homme. Exprimés dans un style grave et sententieux, ces développements portent dans les âmes une impression de tristesse qui les dispose à la compassion. A la vue du mal d'autrui, on pense à sa propre faiblesse.

Le premier lieu pour exciter la compassion, c'est le tableau de notre félicité passée opposé à notre infortune actuelle. — Le second, embrassant l'ordre des temps, montre nos maux passés, présents et à venir. — Le troisième est celui par lequel on relève chaque circonstance de son infortune ; par exemple, s'il s'agit de la mort d'un fils, on fera valoir les charmes de son enfance, l'amour qu'il inspirait, l'espérance et les consolations attachées à sa vie, les soins de son éducation, et autres détails semblables qui, dans quelque malheur que ce soit, sont des moyens d'intérêt. — Dans le quatrième, nous faisons connaître les affronts, les humiliations, les outrages tout à fait indignes de notre âge, de notre naissance, de notre fortune, de nos honneurs passés, de nos services, que nous avons déjà soufferts, ou que nous avons à souffrir encore. — Le cinquième mettra sous les yeux du tribunal le détail de nos malheurs, de manière à les rendre, pour ainsi dire, palpables, en sorte qu'il soit moins attendri par le récit que par la vue des choses — Dans le sixième, il faut montrer que le coup a été une surprise, et que c'est au

---

stione commoveri possit. Id locis communibus efficere oportebit, per quos fortunæ vis in omnes, et hominum infirmitas ostenditur : qua oratione habita graviter et sententiose, maxime demittitur animus hominum, et ad misericordiam comparatur ; quum in alieno malo suam infirmitatem considerabit.

Deinde primus locus est misericordiæ, per quem, quibus in bonis fuerint, et nunc quibus in malis sint ostenditur. — Secundus, qui in tempora tribuitur, per quem, quibus in malis fuerint, et sint, et futuri sint, demonstratur. — Tertius, per quem unum quodque deploratur incommodum, ut, in morte filii, pueritiæ delectatio, amor, spes, solatium, educatio, et, si qua, simili in genere, quolibet de incommodo per conquestionem dici poterunt. — Quartus, per quem res turpes, et humiles, et illiberales proferentur, et indignæ ætate, genere, fortuna, pristino honore, beneficiis, quæ passi perpessurive sint. — Quintus, per quem omnia ante oculos singillatim incommoda ponuntur, ut videatur is, qui audit, videre, et re quoque ipsa, quasi adsit, non verbis solum, ad misericordiam ducatur. — Sextus, per quem præter spem in miseriis de-

moment où nous espérions un sort plus heureux que, loin d'y atteindre, nous sommes tombés dans les plus grands malheurs. — Dans le septième, on fait aux juges l'application même de ces malheurs ; on les supplie de songer à leurs enfants, à leurs parents, à tous ceux enfin qui doivent leur être chers. — Dans le huitième, on parlera de ce qu'on a fait quand on ne le devait pas, ou de ce qu'on n'a pas fait quand on devait le faire. Par exemple : « Je n'étais pas présent ; je ne l'ai point vu ; je n'ai pu entendre ses dernières paroles, ni recevoir son dernier soupir ; » ou « Il est mort aux mains des ennemis ; son corps est demeuré sans sépulture, sur une terre étrangère, longtemps exposé en proie aux bêtes féroces ; il a été privé même de ces derniers honneurs qu'on rend à tous les morts. » — Dans le neuvième, on s'adresse à des êtres muets, à des choses inanimées ; par exemple, on suppose des paroles adressées à un cheval, à une maison, à un vêtement, puissant moyen d'émotion, quand le juge est un homme sensible qui a aimé. — Dans le dixième, on montre sa misère, sa faiblesse, son isolement. — Dans le onzième, on recommande ses enfants, ses parents, sa sépulture, ou quelque chose de semblable. — Dans le douzième, on gémit d'être séparé d'une personne avec qui l'on se trouvait heureux de vivre, comme un père, un fils, un frère, un ami. — Dans le treizième, on se

---

monstratur esse ; et, quum aliquid exspectaret, non modo id non adeptum esse, sed in summas miserias incidisse. — Septimus, per quem ad ipsos, qui audiunt, similem casum convertimus, et petimus, ut de suis liberis, aut parentibus, aut aliquo, qui illis carus debeat esse, nos quum videant, recordentur. — Octavus, per quem aliquid dicitur esse factum, quod non oportuerit, aut non factum, quod oportuerit, hoc modo : « Non adfui, non vidi, non postremam ejus vocem audivi, non extremum ejus spiritum excepi. » Item : « Inimicorum in manibus mortuus est, hostili in terra turpiter jacuit insepultus ; a feris diu vexatus, communi quoque honore in morte caruit. » — Nonus, per quem oratio ad mutas et expertes animi res fertur : ut, si ad equum, domum, vestem, sermonem alicujus accommodes, quibus animus eorum, qui audiunt et aliquem dilexerunt, vehementer commovetur. — Decimus, per quem inopia, infirmitas, solitudo demonstratur. — Undecimus, per quem aut liberorum, aut parentum, aut sui corporis sepeliendi, aut alicujus ejusmodi rei commendatio fit — Duodecimus, per quem disjunctio deploratur ab aliquo, quum diducaris ab eo, quicum libentissime vixeris, ut a parente, filio, fratre, familiari. — Tertius de-

plaint en même temps qu'on s'indigne d'être outragé par ceux mêmes qui devraient être les derniers à se mal conduire envers nous, par des parents, par des amis, par des hommes comblés de nos bienfaits, et dont nous croyions pouvoir attendre quelque assistance ; ou par des hommes de la part de qui c'est une indignité, des esclaves, des affranchis, des suppliants. — Le quatorzième lieu s'applique sous la forme de l'obsécration et consiste à implorer seulement la pitié des juges par des supplications et des prières. — Dans le quinzième, nous prouvons que c'est moins notre sort qui excite nos plaintes, que celui des êtres qui nous sont chers. — Dans le seizième enfin, on montre qu'on a l'âme compatissante aux malheurs d'autrui, mais grande et forte pourtant, qu'elle a été jusqu'ici, et qu'elle sera toujours inaccessible à la faiblesse ; car souvent le courage même et la grandeur d'âme, s'exprimant avec noblesse et dignité, excitent la commisération mieux que les plus humbles prières. Mais les âmes une fois émues, il ne faut pas prolonger ses plaintes ; car, ainsi que l'a dit le rhéteur Apollonius, « rien ne sèche plus vite que les larmes. »

Je crois avoir suffisamment développé toutes les parties oratoires, et ce livre me semble déjà trop long ; je renvoie donc à un second livre la suite de ces préceptes.

cimus, per quem cum indignatione conquerimur, quod ab iis, a quibus minime conveniat, male tractemur, propinquis, amicis, quibus benigne fecerimus, quos adjutores fore putarimus ; aut a quibus indignum sit, ut servis, libertis, clientibus, supplicibus. — Quartus decimus, qui per obsecrationem sumitur : in quo orantur modo illi, qui audiunt, humili et supplici oratione, ut misereantur.— Quintus decimus, per quem non nostras, sed eorum, qui cari nobis debent esse, fortunas conqueri nos demonstramus. — Sextus decimus est, per quem animum nostrum in alios misericordem esse ostendimus ; et tamen amplum, et excelsum, et patientem incommodorum esse, et futurum esse, si quid acciderit, demonstramus. Nam sæpe virtus et magnificentia, in quo gravitas et auctoritas est, plus proficit ad misericordiam commovendam, quam humilitas et obsecratio. Commotis autem animis, diutius in conquestione morari non oportebit. Quemadmodum enim dixit rhetor Apollonius, « lacrima nihil citius arescit. »

Sed quoniam et satis, ut videmur, de omnibus partibus orationis diximus, et hujus voluminis magnitudo longius processit ; quæ sequuntur, deinceps in secundo libro dicemus.

17.

SOMMAIRE

DU LIVRE DEUXIÈME

I à III. Introduction. L'auteur se propose l'exemple de Zeuxis peignant, à Crotone, le portrait d'Hélène. Tous les ouvrages des anciens maîtres ont été recueillis et résumés par Aristote : c'est dans ses écrits qu'il faut étudier leurs préceptes. Réflexions de l'auteur sur l'esprit de son ouvrage. Rappel de ce qu'il a dit dans son premier livre. Il va exposer d'une manière plus précise les règles de la confirmation et de la réfutation. — IV à IX. Du genre judiciaire. De la question conjecturale, ou question des lieux dans la question conjecturale. Trois sources : le motif, la personne, le fait. De la passion et de sa préméditation. Manière d'établir la préméditation. Deux sortes d'erreurs, portant sur le fait ou sur le résultat. Ce que l'accusateur doit prouver sur ce point. Comment le défenseur doit le réfuter. — IX à XII. Conjectures tirées de la personne : le nom, la nature, le genre de vie, la fortune, la manière d'être, le fait, les affections de l'âme; devoir de l'accusateur, devoir du défenseur. — XII à XV. Conjectures tirées du fait; du fait et de la personne tout ensemble. Des tortures, des témoignages, des bruits publics. Des lieux communs : définition; de leur usage; de la manière de les traiter. — XVI. Des lieux communs qui conviennent à la question de fait. — XVII à XVIII. Question de définition. Exemple. Manière de réfuter une définition. — XIX à XX. Question de récusation. — XXI à XXXIX. Question de genre : elle se divise en négociale et juridiciaire. Question négociale. Du droit, naturel, fondé sur la coutume, prétorien, légal. Question judiciaire : absolue et accessoire. Exemple de la première. Définition de la seconde. Ses parties sont au nombre de quatre : l'alternative, la récrimination, le recours et l'aveu. De l'alternative. De la récrimination. De l'aveu. Justification et déprécation. Questions de récompense et de peine. Motifs à développer. Considérations qui s'y rattachent. — XL à LI. De la discussion portant sur un texte. Lieux communs et exemples. Questions portant sur deux ou plusieurs lois contra-

dictoires : exemples ; moyens ; lieux communs. Question d'analogie : exemple. Question portant sur la définition : exemple. Fin des règles du genre judiciaire. Définition des trois genres. — LII à LIX. Du genre délibératif. Réflexions générales sur les vertus et les vices. Trois genres des unes et des autres : l'honneur et le bien, principes des choses désirables ; la honte et le mal, principes des choses qu'il faut éviter ; la nécessité et les circonstances ou affections. De l'honnête et du droit naturel. Du droit fondé sur la coutume. De la force et de ses attributs. De la tempérance et de ce qui s'y rapporte. Vices contraires à ces vertus. De l'utile et de l'honnête réunis. De la gloire, de la considération, de la grandeur, de l'amitié. De l'utilité personnelle et extérieure. De la nécessité : définition ; exemple ; différentes sortes de nécessité. — Des circonstances : définition et exemple. De l'éloge et du blâme. Ils se tirent des lieux propres aux personnes, ou des lieux propres à l'âme, au corps, aux choses extérieures. Conclusions du deuxième livre.

LIVRE DEUXIÈME

I. Les habitants de Crotone, au temps de leur plus grande prospérité, et quand leur ville était regardée comme une des plus fortunées de l'Italie, songèrent à enrichir de peintures de choix le temple de Junon, qu'ils honoraient d'un culte particulier. Ils firent donc venir, à grands frais, Zeuxis d'Héraclée, le plus éminent, sans comparaison, des peintres de cette époque. Zeuxis peignit d'abord plusieurs tableaux, dont quelques-uns, grâce à la l'inviolabilité du temple, ont été conservés jusqu'à nos jours ; puis, dans la pensée de fixer sur une toile muette le type idéal de la beauté, il annonça qu'il voulait faire le portrait d'Hélène. Les Crotoniates, qui avaient plus d'une fois entendu vanter le talent supérieur de Zeuxis pour peindre les femmes, furent charmés de ce projet ; pensant que si ce grand peintre voulait appliquer son génie à un genre où il excellait, il ne pouvait manquer de laisser dans leur temple un chef-d'œuvre.

Et leur attente ne fut point trompée. Zeuxis d'abord leur de-

LIBER SECUNDUS

I. Crotoniatæ quondam, quum florerent omnibus copiis, et in Italia cum primis beati numerarentur, templum Junonis, quod religiosissime colebant, egregiis picturis locupletare voluerunt. Itaque Heracleotem Zeuxin, qui tum longe cæteris excellere pictoribus existimabatur, magno pretio conductum adhibuerunt. Is et cæteras complures tabulas pinxit, quarum nonnulla pars usque ad nostram memoriam propter fani religionem remansit ; et, ut excellentem muliebris formæ pulcritudinem muta in sese imago contineret, Helenæ se pingere simulacrum velle dixit : quod Crotoniatæ, qui eum muliebri in corpore pingendo plurimum aliis præstare sæpe accepissent, libenter audierunt ; putaverunt enim, si quo in genere plurimum posset, in eo magno opere elaborasset, egregium sibi opus illo in fano relicturum.

Neque tum eos illa opinio fefellit. Nam Zeuxis illico quæsivit ab eis, quasnam

manda s'ils avaient parmi eux de jeunes vierges remarquables par leur beauté. Aussitôt ils le conduisirent à leur gymnase, et lui firent voir un grand nombre de jeunes hommes d'une grande distinction de forme. Car il fut un temps où les Crotoniates se faisaient remarquer entre tous les autres peuples par la vigueur et les grâces du corps, et, vainqueurs dans les combats gymniques, en revenaient chargés de gloire et de couronnes. Comme Zeuxis ne se lassait pas d'admirer la figure et la taille de ces jeunes gens : Nous avons, lui dirent-ils, leurs sœurs vierges encore ; ce que vous voyez peut vous donner une idée de leur beauté. — Donnez-moi donc, leur dit-il, les plus belles de ces vierges pour me servir à peindre le tableau que je vous ai promis, et je réunirai dans ma peinture muette toutes les perfections de la beauté vivante. »

Les Crotoniates alors, par un décret public, réunirent en un même lieu toutes leurs jeunes vierges, et permirent au peintre de faire son choix parmi elles. Zeuxis en prit cinq ; et plusieurs poëtes nous ont transmis les noms de ces femmes déclarées belles au jugement de l'homme qui devait le mieux se connaître en beauté. Cet excellent juge ne croyait donc pas que tous les caractères de la beauté pussent se rencontrer dans un seul modèle ; en effet, la nature ne produit rien de complet dans aucun genre, il semble qu'elle craigne d'épuiser le trésor de ses perfec-

virgines formosas haberent. Illi autem statim hominem deduxerunt in palæstram, atque ei pueros ostenderunt multos, magna præditos dignitate. Etenim quodam tempore Crotoniatæ multum omnibus corporum viribus et dignitatibus ante steterunt, atque honestissimas ex gymnico certamine victorias demum cum maxima laude rettulerunt. Quum puerorum igitur formas et corpora magno hic opere miraretur : Horum, inquiunt illi, sorores sunt apud nos virgines ; quare, qua sint illæ dignitate, potes ex his suspicari. Præbete igitur mihi, quæso, inquit, ex istis virginibus formosissimas, dum pingo id, quod pollicitus sum vobis, ut mutum in simulacrum ex animali exemplo veritas transferatur.

Tum Crotoniatæ, publico de consilio, virgines unum in locum conduxerunt, et pictori, quam vellet eligendi potestatem dederunt. Ille autem quinque delegit ; quarum nomina multi poetæ memoriæ prodiderunt, quod ejus essent judicio probatæ, qui verissimum pulcritudinis habere judicium debuisset. Neque enim putavit, omnia, quæ quæreret ad venustatem, uno se in corpore reperire posse, ideo quod nihil, simplici in genere, omnibus ex partibus perfectum natura

tions, en les prodiguant toutes à un seul être; elle fait toujours acheter ses faveurs par quelque disgrâce.

II. Et moi aussi, dans le dessein que j'ai formé de tracer les règles de la rhétorique, je ne me suis pas proposé un modèle unique pour en copier servilement tous les traits, qualités ou défauts; mais, en réunissant tous les auteurs qui ont écrit sur cette matière, j'ai choisi dans chacun d'eux les meilleurs préceptes, et pris en quelque sorte la fleur des ouvrages les plus parfaits. Car, de tous ces hommes dont le nom mérite d'être conservé, il n'en est pas un seul qui n'offre d'excellents préceptes, comme il n'en est pas un seul qui nous semble avoir atteint la perfection en tout. Aussi ai-je cru que ce serait une folie de rejeter ce qu'il y a de bon dans un auteur, à cause de ce qui peut s'y rencontrer de mauvais, ou de le suivre dans ses erreurs, parce que quelques-un de ses préceptes nous auront été d'excellents guides.

Si, appliquant la même méthode aux autres arts, on faisait en sorte de prendre à chaque chose ce qu'elle a de meilleur, plutôt que de s'attacher exclusivement à un seul modèle, on verrait parmi les hommes moins de folle présomption, moins d'opiniâtreté dans l'erreur, moins d'ignorance : et si j'avais pour l'éloquence le même talent que Zeuxis pour la peinture, peut-être mon ouvrage serait-il, dans son genre, supérieur à celui de ce grand

expolivit ; itaque, tamquam cæteris non sit habitura quod largiatur, si uni cuncta concesserit, aliud alii commodi, aliquo adjuncto incommodo, muneratur.

II. Quod quoniam nobis quoque voluntatis accidit, ut artem dicendi perscriberemus, non unum aliquod proposuimus exemplum, cujus omnes partes, quocumque essent in genere, exprimendæ nobis necessario viderentur ; sed, omnibus unum in locum coactis scriptoribus, quod quisque commodissime præcipere videbatur, excerpsimus, et ex variis ingeniis excellentissima quæque libavimus. Ex his enim, qui nomine et memoria digni sunt, nec nihil optime nec omnia præclarissime quisquam dicere nobis videbatur. Quapropter stultitia visa est, aut a bene inventis alicujus recedere, si quo in vitio ejus offenderemur, aut ad vitia quoque ejus accedere, cujus aliquo bene præcepto duceremur.

Quodsi in cæteris quoque studiis a multis eligere homines commodissimum quodque, quam sese uni alicui certo vellent addicere, minus in adrogantiam offenderent, non tanto opere in vitiis perseverarent ; aliquanto levius ex inscientia laborarent. Ac si par in nobis hujus artis, atque in illo picturæ, scientia fuisset fortasse magis hoc in suo genere opus nostrum, quam ille in sua pictura

peintre dans le sien ; car j'ai eu à choisir parmi un plus grand nombre de modèles. Il n'a pu choisir, lui, que dans une seule ville, et parmi les vierges qui existaient alors ; moi, j'ai eu à ma disposition tous les traités de rhétorique qui ont été écrits depuis l'origine de l'éloquence jusqu'à nos jours, et j'ai pu, à mon gré, puiser parmi leurs richesses.

Les premiers ouvrages écrits sur cette matière depuis Tisias, le père et l'inventeur de la rhétorique, ont été recueillis et rassemblés par Aristote, qui sut si bien éclaircir et développer sous le nom de chaque auteur cette multitude de préceptes, et qui se montra tellement supérieur aux inventeurs eux-mêmes par le charme et la précision de son style, que ce n'est plus dans leurs livres, mais dans ses écrits, qu'on va chercher la connaissance plus claire des règles. En mettant sous nos yeux ses préceptes et ceux des auteurs plus anciens, il se fait connaître lui et les autres ; ses disciples aussi, bien que, à l'exemple de leur maître, ils se soient principalement occupés des plus hautes questions de la philosophie, nous ont laissé beaucoup de préceptes sur l'art oratoire. D'autres écoles ont encore fourni d'autres rhéteurs, qui ont puissamment servi au progrès de l'éloquence, s'il est vrai que l'art y contribue en quelque chose : Isocrate, ce grand et célèbre ora-

---

nobilis eniteret. Ex majore enim copia nobis, quam illi, fuit exemplorum eligendi potestas. Ille una ex urbe, et ex eo numero virginum, quæ tum erant, eligere potuit : nobis omnium, quicumque fuerunt, ab ultimo principio hujus præceptionis usque ad hoc tempus, expositis copiis, quodcumque placeret, eligendi potestas fuit.

Ac veteres quidem scriptores artis, usque a principe illo atque inventore Tisia repetitos, unum in locum conduxit Aristoteles, et nominatim cujusque præcepta magna conquisita cura perspicue conscripsit, atque enodata diligenter exposuit : ac tantum inventoribus ipsis suavitate et brevitate dicendi præstitit, ut nemo illorum præcepta ex ipsorum libris cognoscat, sed omnes, qui quod illi præcipiant, velint intelligere, ad hunc, quasi ad quendam multo commodiorem explicatorem, revertantur. Atque hic quidem ipse, et se ipsum nobis, et eos, qui ante se fuerant, in medio posuit, ut cæteros, et se ipsum per se cognosceremus : ab hoc autem qui profecti sunt, quamquam in maximis philosophiæ partibus operæ plurimum consumpserunt, sicut et ipse, cujus instituta sequebantur, fecerat, tamen permulta nobis præcepta dicendi reliquerunt. Atque alii quoque alio ex fonte præceptores dicendi emanaverunt, qui item permultum ad dicendum, si quid ars proficit, opitulati sunt ; nam fuit tempore

teur, vivait du temps d'Aristote ; je n'ai pu, il est vrai, découvrir aucun traité de rhétorique dont il soit incontestablement l'auteur ; mais de ses disciples, et des orateurs sortis immédiatement de son école, les ouvrages sont en grand nombre.

III. De ces deux classes d'hommes, dont la première, livrée plus particulièrement à la philosophie, consacrait néanmoins quelques moments à l'éloquence, et dont l'autre s'occupait exclusivement d'éloquence et de rhétorique, une troisième s'est formée plus tard, qui a emprunté aux deux premières ce qu'elle a trouvé de meilleur dans leurs ouvrages. Quant à moi, j'ai pris pour maîtres les anciens et les nouveaux, je me suis réglé sur eux autant que j'ai pu le faire, ajoutant seulement quelques observations personnelles au fonds commun.

Si les préceptes que j'expose dans ces livres valent en effet le soin que j'ai mis à les recueillir, personne n'aura regret à ce travail, ni moi, ni les autres. Si au contraire l'empressement m'a fait omettre quelques préceptes utiles, ou adopter légèrement des opinions peu fondées, il suffira de m'avertir de la faute, pour que je me hâte de la reconnaître. Car ce n'est pas l'erreur qui ait la honte, mais la sotte obstination qui nous attache à l'erreur ; l'une est le partage de la faiblesse humaine, l'autre tient à un vice particulier d'organisation. Ainsi donc, sans prétendre jamais

eodem, quo Aristoteles, magnus et nobilis rhetor Isocrates : cujus ipsius quam constet esse artem, non invenimus ; discipulorum autem atque eorum, qui protinus ab hac sunt disciplina profecti, multa de arte præcepta reperimus.

III. Ex his duabus diversis sicuti familiis, quarum altera quum versaretur in philosophia, nonnullam rhetoricæ quoque artis sibi curam adsumebat, altera vero omnis in dicendi erat studio et præceptione occupata, unum quoddam est conflatum genus a posterioribus, qui ab utrisque ea, quæ commode dici videbantur, in suas artes contulerunt : quos ipsos simul, atque illos superiores, nos nobis omnes, quoad facultas tulit, proposuimus, et ex nostro quoque nonnihil in commune contulimus.

Quodsi ea, quæ in his libris exponuntur, tanto opere eligenda fuerunt, quanto studio electa sunt, profecto neque nos, neque alios industriæ nostræ pœnitebit. Sin autem temere aliquid alicujus præterisse, aut non satis eleganter secuti videbimur, docti ab aliquo, facile et libenter sententiam commutabimus. Non enim parum cognosse, sed in parum cognito stulte et diu perseverasse turpe est : propterea quod alterum communi hominum infirmitati, alterum singulari

affirmer, mais comme un homme qui cherche la vérité, je parlerai toujours avec la réserve du doute ; en cherchant à mériter la faible louange d'avoir heureusement résumé les règles de l'art, je ne veux pas en perdre une autre beaucoup plus importante, celle de n'avoir rien adopté avec présomption ou légèreté. C'est un mérite auquel je tiens, et auquel je tiendrai autant que possible, dans tout le cours de ma vie. Mais il est temps de couper court à ces réflexions, et de passer immédiatement à la suite des règles que je dois tracer.

Dans le premier livre, après avoir exposé la nature de l'éloquence, son devoir, sa fin, sa matière et ses parties, j'ai parlé des causes, de leurs moyens, des questions, des points à juger, puis des parties du discours, et des règles propres à chacune d'elles. Ces différents sujets y sont traités avec méthode et détail, sauf en ce qui touche la confirmation et la réfutation, dont les règles sont exposées sommairement et sans ordre. Nous allons maintenant déterminer les lieux communs qui conviennent à ces deux parties, dans tous les genres de causes. Et comme, dans le premier livre, nous avons étudié la marche générale du raisonnement avec assez de soin, il suffira, dans celui-ci, d'exposer avec simplicité et sans ornement les raisons à trouver dans chaque cause : de sorte que ce livre traitera du fond même des raisons, et le premier de

unius cujusque vitio est attributum. Quare nos quidem sine ulla adfirmatione, simul quærentes, dubitanter unum quidque dicemus, ne, dum parvulum hoc consequimur, ut satis commode hæc perscripsisse videamur, illud amittamus, quod maximum est, ut ne cui rei temere atque adroganter adsenserimus. Verum hoc quidem nos, et in hoc tempore, et in omni vita studiose, quoad facultas feret, consequemur. Nunc autem, ne longius oratio progressa videatur, de reliquis, quæ præcipienda videntur esse, dicemus.

Igitur primus liber, exposito genere hujus artis, et officio, et fine, et materia, et partibus, genera controversiarum, et inventiones, et constitutiones, et judicationes continebat, deinde partes orationis, et in eas omnes omnia præcepta. Quare quum in eo cæteris de rebus distinctius dictum sit, disperse autem de confirmatione et de reprehensione ; nunc certos confirmandi et reprehendendi in singula causarum genera locos tradendos arbitramur. Et quia quo pacto tractari conveniret argumentationes, in libro primo non indiligenter expositum est, hic tantum ipsa inventa unam quamque in rem exponentur simpliciter, sine ulla exornatione, ut ex hoc inventa ipsa, ex superiore autem ex-

LIVRE II.   507

l'art de les faire valoir. Ainsi donc, les règles que je vais tracer doivent être rapportées aux différentes parties de la confirmation et de la réfutation.

IV. Toute cause, démonstrative, délibérative ou judiciaire, se rapporte nécessairement à un ou plusieurs des genres de questions précédemment établis. Quoiqu'on puisse donner pour tous un certain nombre de préceptes généraux, chacun d'eux, toutefois, a ses règles particulières et distinctes. Car la méthode ne saurait être la même pour louer, blâmer, énoncer une opinion, attaquer et défendre. Dans les jugements, on cherche ce que demande l'équité; dans les démonstrations, ce qu'exige l'honneur; dans les délibérations, ce que veulent l'honneur et l'intérêt: du moins, à mon avis, car les autres rhéteurs prétendent que c'est l'intérêt seul qu'il faut avoir en vue en cherchant à persuader ou à dissuader.

Des genres dont la fin et le but sont si différents ne sauraient donc être soumis aux mêmes règles. Ce n'est pas que les mêmes questions ne puissent s'y rencontrer; à vrai dire, le fond même et le genre de toute cause sont de faire connaître la vie d'un homme, ou d'énoncer une opinion. Je vais donc maintenant traiter du développement des points de discussion, touchant le genre judiciaire; la plupart de ces préceptes pourront aisément s'ap-

politio inventorum petatur. Quare hæc, quæ nunc præcipientur, ad confirmationis et reprehensionis partes referre oportebit.

IV. Omnis et demonstrativa, et deliberativa, et judicialis causa, necesse est in aliquo eorum, quæ ante exposita sunt, constitutionis genere, uno pluribusve, versetur. Hoc quamquam ita est, tamen quum communiter quædam de omnibus præcipi possint, separatim quoque aliæ sunt cujusque generis, et diversæ præceptiones. Aliud enim laus aut vituperatio, aliud sententiæ dictio, aliud accusatio, aut recusatio, conficere debet. In judiciis, quid æquum sit, quæritur; in demonstrationibus, quid honestum; in deliberationibus, ut nos arbitramur, quid honestum sit, et quid utile : nam cæteri utilitatis modo finem in suadendo et in dissuadendo exponi oportere arbitrati sunt.

Quorum igitur generum fines et exitus diversi sunt, eorum præcepta eadem esse non possunt. Neque nunc hoc dicimus, non easdem incidere constitutiones; verumtamen oratio quædam ex ipso fine et ex genere causæ nascitur, quæ pertineat ad vitæ alicujus demonstrationem, aut ad sententiæ dictionem. Quare nunc in exponendis controversiis, in judiciali genere causarum et præcepto-

pliquer aux autres genres qui renfermeront les mêmes questions à débattre : j'exposerai ensuite les règles particulières à chacun d'eux séparément.

Commençons par la question conjecturale ou question de fait. En voici un exemple. « Un voyageur trouva sur sa route un marchand qui allait faire des achats, et qui portait sur lui quelque argent. Chemin faisant, il engage la conversation, comme c'est l'ordinaire ; les voilà bientôt voyageant de compagnie, et dans une certaine intimité. Ils s'arrêtent à la même auberge, soupent ensemble et demandent à passer la nuit dans la même chambre. En effet, le repas achevé, ils vont se coucher ensemble. Mais l'aubergiste, — comme on l'a su plus tard, lorsqu'il eut été condamné pour un autre crime, — avait remarqué celui des deux qui portait de l'argent. Au milieu de la nuit, et quand il juge qu'ils sont dans ce profond sommeil qui suit la fatigue, il s'approche, tire du fourreau l'épée que le voyageur qui ne portait point d'argent avait mise à ses côtés, frappe son compagnon, prend l'argent, remet l'épée sanglante dans le fourreau, et retourne se coucher. Cependant le voyageur dont l'épée avait servi à ce meurtre se lève bien avant le jour, et appelle plusieurs fois son compagnon. Pensant que c'est le sommeil qui l'empêche de répondre, il prend son épée, tout son bagage, et se

---

rum versabimur; ex quo pleraque in cætera quoque causarum genera, simili implicata controversia, nulla cum difficultate transferentur : post autem separatim de reliquis dicemus.

Nunc ab conjecturali constitutione proficiscemur; cujus exemplum sit hoc expositum : « In itinere quidam proficiscentem ad mercatum quendam, et secum aliquantum nummorum ferentem, est consecutus. Cum hoc, ut fere fit, in via sermonem contulit : ex quo factum est, ut illud iter familiarius facere vellent. Quare, quum in eandem tabernam devertissent, simul cœnare, et in eodem loco somnum capere voluerunt. Cœnati discubuerunt ibidem. Caupo autem — nam ita dicitur post inventum, quum in alio maleficio deprehensus esset — quum illum alterum, videlicet qui nummos haberet, animum advertisset : noctu, postquam illos artius jam, ut fit, ex lassitudine dormire sensit, accessit, et alterius eorum, qui sine nummis erat, gladium propter appositum e vagina eduxit, et illum alterum occidit, nummos abstulit, gladium cruentum in vaginam recondidit, ipse se in lectum suum recepit. Ille autem, cujus gladio occisio erat facta, multo ante lucem surrexit, comitem suum inclamavit semel et sæpius. Illum somno impeditum non respondere existimavit : ipse gla-

met seul en route. Un instant après, l'aubergiste se met à crier au meurtre, et, suivi de quelques autres voyageurs qu'il avait logés, il court à la poursuite de celui qui venait de partir. Il l'atteint sur la route, tire son épée du fourreau, et la trouve ensanglantée. On ramène l'homme à la ville; on le met en jugement. » Dans cette cause, la formule de l'accusation est : « Vous avez tué; » celle de la défense : « Je n'ai point tué. » De là naît la question qui, dans le genre conjectural n'est autre que le point à juger, c'est-à-dire : « A-t-il tué? »

V. Maintenant je vais indiquer les lieux qui conviennent plus ou moins à toute question de conjecture. Mais je ferai préalablement une remarque également applicable aux autres lieux communs, c'est que tous ne conviennent pas à toutes les causes. De même que toutes les lettres de l'alphabet n'entrent pas dans la composition d'un mot, mais seulement quelques-unes; de même une seule cause n'admet pas l'emploi de tous les arguments possibles, mais de ceux-là seulement qui sont nécessaires. Or, toute conjecture doit se tirer du motif, de la personne, du fait lui-même.

Dans le motif, on distingue la passion et la préméditation. — La passion est une violente affection de l'âme qui nous pousse, sans nous laisser le temps de réfléchir, à une action; tels l'amour, la colère, la douleur, l'ivresse, et généralement tout ce

dium, et cætera, quæ secum attulerat, sustulit, solus profectus est. Caupo non multo post conclamat, hominem esse occisum, et cum quibusdam deversoribus illum, qui ante exierat, consequitur. In itinere hominem comprehendit, gladium ejus e vagina educit, reperit cruentum : homo in urbem ab illis deducitur, ac reus fit. » In hac causa intentio est criminis : « Occidisti. » Depulsio : « Non occidi. » Ex quibus constitutio est, id est quæstio, eadem in conjecturali, quæ judicatio, « Occideritne? »

V. Nunc exponemus locos, quorum pars aliqua in omnem conjecturalem incidit controversiam. Hoc autem et in horum locorum expositione, et in cæterorum, oportebit attendere, non omnes in omnem causam convenire. Nam ut omne nomen ex aliquibus, non ex omnibus litteris scribitur, sic omnem in causam non omnis argumentorum copia, sed eorum necessario pars aliqua conveniet. Omnis igitur, ex causa, ex persona, ex facto ipso, conjectura capienda est.

Causa distribuitur in impulsionem, et in ratiocinationem. — Impulsio est quæ sine cogitatione per quamdam adfectionem animi facere aliquid hortatur, ut amor, iracundia, ægritudo, vinolentia, et omnino omnia, in quibus ani-

qui peut ôter à l'âme le calme et le sang-froid nécessaires à la réflexion, et faire agir par l'effet d'un entraînement aveugle plutôt que par un sage raisonnement. — La préméditation, au contraire, est un mûr et sérieux examen des raisons qui doivent nous porter à faire ou à ne pas faire quelque chose. On dit qu'il y a eu préméditation, quand on voit que l'esprit a eu des motifs bien déterminés pour agir dans un sens, ou pour ne pas agir dans un autre ; par exemple, l'amitié, la vengeance, la crainte, la gloire, la fortune, enfin, pour généraliser davantage, l'idée d'un bien à conserver, à augmenter, à acquérir, ou d'un mal à repousser, à diminuer, à éviter ; car, dans l'un de ces deux genres, on doit comprendre aussi le cas où l'on se soumet volontairement à quelque mal pour en éviter un plus grand, ou pour se procurer un plus grand bien, et ceux où l'on renonce à quelque bien soit pour en acquérir un plus grand, soit pour éviter un plus grand mal.

Ce lieu commun est comme le fondement de ce genre de cause. Car on ne prouve point un fait sans montrer les motifs qui l'ont produit. Si donc l'accusateur prétend que c'est la passion qui a fait agir l'accusé, il doit développer, par des pensées et par des expressions vives, la puissance et la fougue désordonnée de ces tempêtes de l'âme, montrer quelle est la violence de l'amour et

mus ita videtur adfectus fuisse, ut rem perspicere cum consilio et cura non potuerit; et id, quod fecit, impetu quodam animi potius, quam cogitatione fecerit. — Ratiocinatio autem est diligens et considerata faciendi aliquid, aut non faciendi excogitatio. Ea dicitur interfuisse tum, quum aliquid faciendi, aut non faciendi, certa de causa vitasse, aut secutus esse animus videtur, ut, si amicitiæ quid causa factum dicetur, si inimici ulciscendi, si metus, si gloriæ, si pecuniæ, si denique, ut omnia generatim amplectamur, alicujus retinendi, augendi, adipiscendive commodi, aut contra rejiciendi, diminuendi, devitandive incommodi causa. Nam horum in genus alterutrum illa quoque incident, in quibus aut incommodi aliquid majoris vitandi incommodi causa, aut majoris adipiscendi commodi, suscipitur, aut commodum aliquod majoris adipiscendi commodi, aut majoris vitandi incommodi, prætermittitur.

Hic locus sicut aliquod fundamentum est hujus constitutionis; nam nihil factum esse cuiquam probatur, nisi aliquid, quare factum sit, ostenditur. Ergo accusator quum aliquid impulsione factum esse dicet, illum impetum, et quamdam commotionem animi, adfectionemque verbis et sententiis amplificare debebit, et ostendere, quanta vis amoris sit, quanta animi perturbatio ex ira

e trouble profond où nous jette, soit la colère, soit tout autre de ces sentiments qu'il prétend avoir poussé l'accusé. Puis, par les exemples d'actions commises sous ces mêmes influences, par les comparaisons et par l'étude de la nature même de la passion, l prouvera qu'il n'est point étonnant que l'âme, sous le coup d'une émotion aussi violente, se soit laissé emporter au crime.

VI. Lorsque c'est la préméditation que l'on accuse, non la passion, il faut montrer l'avantage que le prévenu voulait acquérir, e dommage qu'il voulait éviter, et développer ces raisons de façon à établir, le plus clairement possible, que l'accusé avait les motifs suffisants de mal faire. Dites-vous que c'est une dée de gloire qui l'a fait agir, montrez quelle grande gloire il se promettait. Est-ce l'amour de la puissance, l'intérêt, l'amitié, quelque motif que ce puisse être, attachez-vous à le bien développer, et n'insistez pas seulement sur ce qui est vrai en soi, mais encore, et particulièrement sur ce qui paraissait tel au point de vue de l'accusé. Car il importe peu que le bien qu'il spérait et que le mal qu'il craignait, fussent réels, il suffit d'établir qu'il en jugeait ainsi. En effet, il y a pour l'homme deux manières de se tromper; il apprécie mal la nature même d'un fait, ou bien c'est le résultat qui ne répond pas à son attente.

india fiat, aut ex aliqua causa earum, qua impulsum aliquem id fecisse dicet. Hic . exemplorum commemoratione, qui simili impulsu aliquid commiserint, et militudinum collatione, et ipsius animi adfectionis explicatione, curandum t, ut non mirum videatur, si quod ad facinus tali perturbatione commotus nimus accesserit.

VI. Quum autem non impulsione, verum ratiocinatione aliquem commisisse id dicet; quid commodi sit secutus, aut quid incommodi fugerit, demonstrat, et id augebit, quam maxime poterit, ut, quoad ejus fieri possit, idonea iam maxime causa ad peccandum hortata videatur. Si gloriæ causa; quantam oriam consecuturam existimarit : item si dominationis, si pecuniæ, si amiciæ, si inimicitiarum; et omnino quidquid erit, quod causæ fuisse dicet, id nunc augere debebit. Et hoc eum magno opere considerare oportebit, non id in veritate modo, verum etiam vehementius, quid in opinione ejus, quem guet, fuerit. Nihil enim refert, non fuisse, aut non esse aliquid commodi t incommodi, si ostendi potest, ei visum esse, qui arguatur. Nam opinio duciter fallit homines; quum aut res aliusmodi est, ac putatur, aut non is entus est, quem arbitrati sunt.

L'erreur touche à la nature de la chose, quand on prend le bien pour le mal, ou le mal pour le bien; quand on regarde comme bien ou mal ce qui est indifférent, ou comme indifférent ce qui est bien ou mal. Cela compris, si l'on objecte qu'il n'est point de somme d'argent qui puisse être plus chère, plus douce que la vie d'un frère, d'un ami, que le devoir enfin, l'accusateur ne doit pas dire le contraire; car, nier cette pure et sainte vérité, ce serait se rendre à la fois odieux et coupable : mais il dira que l'accusé n'en a pas jugé ainsi : cette manière d'argumenter se tire des lieux propres aux personnes, dont je parlerai plus tard.

L'erreur porte sur le résultat, quand on prouve que l'événement n'a pas répondu aux espérances de l'accusé; par exemple, qu'il a tué celui qu'il ne voulait pas, abusé par la ressemblance, par de faux soupçons, par une fausse indication; qu'il a tué un homme dont il n'était pas légataire, croyant l'être. Car, ajoutez-vous, il ne faut pas juger de l'intention par l'événement, mais chercher plutôt dans quelle intention et dans quelle espérance le crime a été commis; c'est la pensée même du coupable, et non le résultat du fait, qui importe dans la cause.

VII. Dans ce lieu, le premier point pour l'accusateur, c'est de prouver que nul autre que l'accusé n'avait intérêt à commettre

---

Res aliusmodi est tum, quum aut id, quod bonum est, malum putant; aut contra, quod malum est, bonum; aut quod nec malum est, nec bonum, malum aut bonum; aut quod malum, aut bonum est, nec malum nec bonum. Hoc intellecto, si qui negabit, ullam esse pecuniam, fratris aut amici vita, aut denique officio suo antiquiorem aut suaviorem, non erit hoc accusatori negandum. Nam in eum culpa, et summum odium transferetur, qui id, quod tam vere et pie dicetur, negabit. Verum illud dicendum erit, illi non esse ita visum : quod sumi oportet ex iis, quæ ad personam pertinent, de quo post dicendum est.

Eventus autem tum fallit, quum aliter accidit, atque ii, qui arguuntur, arbitrati esse dicuntur: ut, si qui dicatur alium occidisse, ac voluerit; quod aut similitudine, aut suspicione, aut demonstratione falsa deceptus sit; aut cum necesse, cujus testamento non sit heres, quod ejus testamento se heredem arbitratus sit. Non enim ex eventu cogitationem spectari oportere; sed qua cogitatione animus et spe ad maleficium profectus sit, considerari; quo animo quid quisque faciat, non quo casu utatur, ad rem pertinere.

VII. In hoc autem loco, caput illud erit accusatori, si demonstrare poterit

le crime; le second, d'établir que nul autre n'avait un aussi grand, un aussi puissant motif; s'il paraît que d'autres aussi avaient des raisons pour le commettre, il faut démontrer que la possibilité, les moyens ou la volonté leur manquaient : — la possibilité, en alléguant leur ignorance, leur éloignement, ou l'impuissance où ils étaient de faire ce dont il s'agit; — les moyens, en montrant qu'ils n'avaient ni plan, ni complices, ni secours, ni rien de ce qu'il fallait pour l'entreprise; — la volonté, en soutenant qu'ils avaient une âme pure et incapable de pareilles pensées. Enfin, les mêmes moyens que j'indiquerai à l'accusé pour sa défense, l'accusateur doit s'en servir pour la justification des autres; mais il doit le faire en peu de mots et sommairement, de manière à ne pas faire croire qu'il accuse l'un pour justifier les autres, mais plutôt qu'il ne justifie les seconds que pour accuser le premier.

VIII. Telle est à peu près la marche que doit suivre l'accusateur. Le défenseur, au contraire, doit soutenir d'abord que la passion n'a été pour rien dans le fait de l'accusé, ou, s'il lui accorde quelque part, il la fera petite, ou prouvera que d'ordinaire, elle ne produit pas de pareils effets. Il faut alors définir la nature et le caractère de la passion à laquelle on attribue la conduite de l'accusé, citer des exemples et des comparaisons, ne

---

alii nemini causam fuisse faciendi; secundarium, si tantam, aut tam idoneam nemini. Sin fuisse aliis quoque causa faciendi videbitur; aut potestas aliis defuisse demonstranda est, aut facultas, aut voluntas. — Potestas, si aut nescisse, aut non adfuisse, aut conficere aliquid non potuisse dicetur. — Facultas, si ratio, adjutores, adjumenta, cæteraque, quæ ad rem pertinebunt, defuisse alicui demonstrabuntur. — Voluntas, si animus a talibus factis vacuus, et integer esse dicetur. Postremo, quas ad defensionem rationes reo dabimus, iis accusator ad alios ex culpa eximendos abutetur. Verum id brevi faciendum est, et in unum multa sunt conducenda, ut ne alterius defendendi causa hunc accusare, sed hujus accusandi causa defendere alterum videatur.

VIII. Atque accusatori quidem hæc fere sunt in causa faciendi consideranda. Defensor autem ex contrario primum impulsionem aut nullam fuisse dicet, aut, si fuisse concedet, extenuabit, et parvulam quandam fuisse demonstrabit, aut non ex ea solere hujusmodi facta nasci docebit. Quo erit in loco demonstrandum, quæ vis et natura ejus sit adfectionis, qua impulsus aliquid reus commisisse dicetur : in quo et exempla, et similitudines erunt proferendæ, et

présenter la passion que sous ses faces les plus tranquilles et les plus douces, de manière à ramener le fait de ses apparences de criminalité et de violence à un caractère doux et tranquille, sans blesser toutefois la conscience et les sentiments intimes de l'auditoire.

Il affaiblira le soupçon de préméditation, en disant que l'accusé n'avait aucun intérêt, ou qu'un faible intérêt au crime; que d'autres en avaient plus que lui, ou que lui n'en avait pas plus que d'autres; ou qu'il avait un intérêt tout contraire, au point qu'il n'y a aucune comparaison à établir entre l'avantage qu'il se serait promis et le dommage qu'il a éprouvé, ou le danger auquel il est exposé; il faudrait employer ces mêmes lieux s'il s'agissait d'un dommage que l'accusé aurait voulu éviter.

Si l'adversaire prétend que l'accusé, quoique égaré par de fausses idées, n'en a pas moins agi dans le but d'atteindre ce qu'il croyait un bien pour lui, ou d'éviter ce qu'il regardait comme un mal, le défenseur devra démontrer qu'il n'y a pas d'homme assez peu intelligent pour se tromper sur ce point; qu'en accordant même ce point, il ne conviendra jamais que l'accusé n'ait pas eu au moins quelque doute sur ce qui l'intéressait, et qu'il ait tout d'abord, et sans hésitation, jugé faux ce qui était faux, reconnu vrai ce qui était vrai; que, s'il a douté,

---

ipsa diligenter natura ejus adfectionis quam lenissime quietissimam al partem explicanda, ut et res ipsa a facto crudeli et turbulento ad quiddam mitius et tranquillius traducatur et oratio tamen ad animum ejus, qui audiet, et ad animi quendam intimum sensum accommodetur.

Ratiocinationis autem suspiciones infirmabit, si aut commodum nullum fuisse, aut parvum, aut aliis magis fuisse, aut nihilo sibi magis, quam aliis, aut incommodum sibi majus, quam commodum dicet : ut nequaquam fuerit illius commodi, quod expetitum dicatur, magnitudo aut cum eo incommodo, quod acciderit, aut cum illo periculo, quod subeatur, comparanda : qui omnes loci similiter in incommodi quoque vitatione tractabuntur.

Sin accusator dixerit, cum id esse secutum, quod ei visum sit commodum, aut id fugisse, quod putarit esse incommodum, quamquam in falsa fuerit opinione, demonstrandum erit defensori, neminem tanta esse stultitia, qui tali in re possit veritatem ignorare. Quodsi id concedatur, illud non concessum iri, ne dubitasse quidem hunc, quid verius esset, sed id, quod falsum fuerit, sine ulla dubitatione, pro vero probasse. Quodsi dubitarit, summae fuisse

c'eût été chez lui le comble de la folie de s'exposer pour une espérance incertaine à un danger certain. J'ai dit que l'accusateur devra, pour la justification des autres, se servir des lieux propres à la défense; de même l'accusé emploiera les lieux propres à l'accusation, quand il voudra imputer à d'autres le fait dont on l'accuse.

IX. Pour tirer de la personne les conjectures, il faut considérer avec soin tous les lieux attribués aux personnes, et que j'ai exposés dans le premier livre. Le nom même peut fournir parfois des inductions; et quand je dis le nom, j'y comprends le surnom. Car je parle du mot propre qui sert à distinguer quelqu'un; on dira, par exemple : « cet homme est appelé Caldus, parce qu'il est aveugle et précipité dans ses résolutions; » ou bien : « les Grecs se sont joués de la sottise de ces hommes qui avaient nom Clodius, ou Cécilius, ou Mucius. » On peut tirer aussi quelque argument de la nature. Le sexe, le pays, la famille, la parenté, l'âge, les qualités de l'esprit et du corps, toutes choses comprises dans la nature, pourront fournir encore matière à quelque conjecture. Le genre de vie même offre de nombreuses inductions tirées des personnes qui ont élevé l'accusé, des maîtres qui l'ont instruit, de ses relations, de son plan d'existence, de ses habitudes domestiques. On trouvera aussi des arguments

---

amentiæ, dubia spe impulsum, certum in periculum se committere. Quemadmodum autem accusator, quum ab aliis culpam demovebit, defensoris locis utetur, sic iis locis, qui accusatori dati sunt, utetur reus, quum in alios ab se crimen volet transferre.

IX. Ex persona autem conjectura capietur, si eæ res, quæ personis attributæ sunt, diligenter considerabuntur, quas omnes in primo libro exposuimus. Nam et de nomine nonnumquam aliquid suspicionis nascitur. Nomen autem quum dicimus, cognomen quoque intelligatur oportet. De hominis enim certo et proprio vocabulo agitur : ut si dicamus, « Idcirco aliquem Caldum vocari, quod temerario et repentino consilio sit; » aut si, « Ea re hominibus Græcos imperitis verba dedisse, quod Clodius, aut Cæcilius, aut Mucius, vocaretur. » Et de natura licet aliquantum ducere suspicionis. Omnia enim hæc, vir an mulier; hujus an illius civitatis sit; quibus sit majoribus, quibus consanguineis, qua ætate, quo animo, quo corpore, quæ naturæ sunt attributa, ad aliquam conjecturam faciendam pertinebunt. Et ex victu multæ trahuntur suspiciones, quum, quemadmodum, et apud quos, et a quibus educatus et eruditus sit,

dans la fortune, en examinant si un homme est, s'il a été, s'il sera libre ou esclave, riche ou pauvre, illustre ou inconnu, heureux ou malheureux, simple particulier ou magistrat; en un mot, en s'attachant à tout ce qui est compris dans ce mot fortune. Pour la manière d'être qui consiste dans une disposition constante et absolue, soit morale, soit physique, comme la vertu, la science, ou leurs contraires; c'est au fait même de la cause à faire connaître les inductions qu'elle peut fournir. Les conjectures à tirer des affections de l'âme, de l'amour, par exemple, de la colère ou de la douleur sont toutes claires ; on est parfaitement fixé sur la nature de chacune d'elles, et les résultats qu'elle doit amener sont faciles à connaître. Quant au goût, qui exprime une application de l'esprit vive et soutenue à un seul objet, il ne sera pas difficile d'en tirer des arguments selon l'intérêt de la cause. Il en sera de même du dessein, qui est une résolution raisonnée de faire ou de ne pas faire quelque chose. Pour les actions, les événements et les discours, qui, comme je l'ai dit en exposant les règles de la confirmation, se rapportent à la triple division du temps, on verra facilement la matière qu'ils peuvent fournir à des conjectures.

X. Tels sont les lieux attribués aux personnes : l'accusateur

quæritur, et quibuscum vivat, qua ratione vitæ, quo more domestico vivat. Et ex fortuna sæpe argumentatio nascitur, quum, servus an liber, pecuniosus an pauper, nobilis an ignobilis, felix an infelix, privatus an in potestate sit, aut fuerit, aut futurus sit, consideratur; aut denique aliquid eorum quæritur, quæ fortunæ esse attributa intelliguntur. Habitus autem quoniam in aliqua perfecta et constanti animi aut corporis absolutione consistit, quo in genere est virtus, scientia, et quæ contraria sunt; res ipsa, causa posita, docebit, ecquid hic quoque locus suspicionis ostendat. Nam adfectionis quidem ratio perspicuam solet præ se gerere conjecturam, ut amor, iracundia, molestia : propterea quod et ipsorum vis intelligitur, et quæ res harum aliquam rem consequuntur, faciles cognitu sunt. Studium autem quoniam est adsidua et vehemens ad aliquam rem applicata magna cum voluntate occupatio, facile ex eo ducetur argumentatio, quam res ipsa desiderabit in causa. Item ex consilio sumetur aliquid suspicionis. Nam consilium est, aliquid faciendi non faciendive excogitata ratio. Jam facta, et casus, et orationes, quæ sunt omnia (ut in confirmationis præceptis dictum est) in tria tempora distributa, facile erit videre, ecquid adferant ad conjecturam confirmandam suspicionis.

X. Ac personis quidem res eæ sunt attributæ, ex quibus omnibus unum in

doit les réunir tous en masse, et jeter de la défaveur sur l'accusé, car les motifs du fait seraient peu de chose en eux-mêmes, si l'on n'y ajoutait certains soupçons qui puissent faire croire l'accusé coupable d'un pareil crime. En effet, s'il ne sert de rien d'attaquer le caractère d'un homme, quand on ne montre pas qu'il a eu quelque raison de mal faire, c'est peu de chose aussi d'établir le motif du crime, quand on l'impute à un homme honnête et incapable d'une mauvaise action. Que l'accusateur donc s'attache à flétrir la vie de l'accusé en rappelant ses antécédents ; à prouver, s'il y a lieu, qu'il a déjà été convaincu d'un crime semblable ; ou, si cela n'est pas possible, à montrer que déjà les mêmes soupçons avaient plané sur sa tête, et surtout, si cela est possible, que des motifs du même ordre l'avaient porté précédemment à quelque faute du même genre, ou plus grave, ou plus légère, ou égale. Par exemple, si vous dites que c'est la passion de l'argent qui l'a entraîné, démontrez que, dans certaines circonstances, il s'est montré avare. C'est ainsi que, dans toute cause, il faut joindre au motif qui a fait agir le coupable, des inductions tirées de la nature, du genre de vie, des goûts de la fortune, ou de quelque autre des lieux propres à la personne, ou chercher même dans des fautes d'un autre genre les reproches qu'on veut faire à la moralité de l'adversaire, quand on ne trouve point de faute du même ordre à lui reprocher :

locum coactis, accusatoris erit improbatione hominis uti. Nam causa facti parum firmitudinis habebit, nisi animus ejus, qui insimulatur, in eam suspicionem adducetur, ut a tali culpa non videatur abhorruisse. Ut enim animum alicujus improbare nihil attinet, quum causa quare peccarit, non intercessit, sic causam peccati intercedere leve est, si animus nulli minus honestæ rationi adfinis ostenditur. Quare vitam ejus, quem arguit, ex ante factis accusator improbare debebit, et ostendere, si quo in pari ante peccato convictus sit. Si id non poterit ; si, quam in similem ante suspicionem venerit, ac maxime, si fieri poterit, simili aliquo in genere ejusdemmodi causa aliqua commotum peccasse, aut in æque magna re, aut in majore, aut in minore : ut si, quem pecunia dicat inductum fecisse, possit demonstrare aliqua in re ejus aliquod factum avarum. Item in omni causa naturam, aut victum, aut studium, aut fortunam, aut aliquid eorum, quæ personis attributa sunt, ad eam causam, qua commotum peccasse dicet, adjungere, atque ex dispari quoque genere culparum, si ex pari sumendi facultas non erit, improbare

« Si vous dites, par exemple, que c'est l'avarice qui l'a poussé au crime, et que vous ne puissiez prouver que c'est un avare, dites qu'il a d'autres vices, et qu'il n'est pas étonnant qu'un homme qui a donné des preuves de bassesse, de cupidité, de violence, ait commis aussi le crime dont vous l'accusez. » Chaque brèche que vous aurez faite à son honneur et à sa moralité, diminuera d'autant ses moyens de défense. S'il n'est possible de lui reprocher aucun mauvais antécédent, rejetez-vous sur ce lieu commun par lequel vous exhortez les juges à n'avoir point d'égard, dans la cause actuelle, à sa vieille réputation. » Jusqu'à ce jour, il a su se cacher ; le voilà maintenant découvert : ce n'est pas sa vie antérieure qui doit justifier du fait dont on l'accuse, mais plutôt c'est ce dernier fait qui doit condamner sa vie passée ; il ne lui avait manqué que le pouvoir ou l'occasion de mal faire. » Ou, si vous ne pouvez employer cet argument, dites, pour dernière ressource, qu'il n'est pas étonnant que ce soit là son premier crime ; car il faut bien qu'un homme pervers débute dans le mal. Si sa vie antérieure n'est pas connue, supprimez ce lieu, en disant pourquoi vous le supprimez, et passez de suite aux raisonnements qui doivent appuyer l'accusation.

XI. Quant au défenseur, son premier soin est de représenter, s'il se peut, son client comme un modèle de probité. Il y arrivera

animum adversarii oportebit : « Si avaritia inductum arguas fecisse, et avarum eum, quem accuses, demonstrare non possis; aliis adfinem esse vitiis doceas, et ex ea re non esse mirandum, qui in illa re turpis, aut cupidus, aut petulans fuerit, hac quoque in re eum deliquisse. » Quantum enim de honestate et auctoritate ejus, qui arguitur, detractum est, tantumdem de facultate totius est defensionis deminutum. Si nulli adfinis poterit vitio reus ante admisso demonstrari ; locus inducetur ille, per quem hortandi judices erunt, ut veterem famam hominis nihil ad rem putent pertinere. Nam eum ante celasse, nunc manifesto teneri ; quare non oportere hanc rem ex superiori vita spectari, sed superiorem vitam ex hac re improbari; et aut potestatem ante peccandi non fuisse, aut causam ; aut, si hæc dici non poterunt, dicendum erit illud extremum, non esse mirum, si nunc primum deliquerit : nam necesse esse eum, qui velit peccare, aliquando primum delinquere. Sin vita ante acta ignorabitur, hoc loco præterito, et cur præterealur, demonstrato, argumentis accusationem statim confirmare oportebit.

XI. Defensor autem primum, si poterit, debebit vitam ejus, qui insimulabitur, quam honestissimam demonstrare. Id faciet, si ostendet aliqua ejus

en montrant qu'il a rempli tous les devoirs ordinaires de la morale envers ses parens, ses proches, ses alliés, ses amis ; ou citant des traits de vertu plus rares et plus éclatants, comme les entreprises pénibles et périlleuses qu'il se serait imposées lui-même, non par nécessité, mais par zèle, dans l'intérêt de la république, de ses parents, ou de quelque autre de ces êtres chéris dont je viens de parler, en ajoutant qu'il n'a jamais fait de mal, que nulle passion ne l'a jamais détourné de ses devoirs ; et, pour appuyer cette apologie, il démontrera que, s'étant trouvé en position de faire le mal impunément, il n'en eut jamais la pensée.

Mais un moyen de justification encore plus fort, c'est de prouver qu'il est toujours demeuré pur de ce qui tient au fait même dont on l'accuse ; qu'il n'a jamais eu de sa vie le moindre faible pour l'argent, par exemple, si l'adversaire disait que l'avarice l'a porté au crime. Ici prenez le ton grave d'une vertueuse indignation mêlée de plaintes ; montrez combien il est misérable et infâme de supposer, qu'après être demeuré toute sa vie étranger aux vices, le plus moral de tous les hommes ait pu se laisser aller au crime par les mêmes motifs qui entraînent les hommes pervers ; combien il serait injuste et terrible pour tous les gens de bien, de ne tenir aucun compte, en pareille circonstance, d'une vie constamment honorable, et de juger des hommes sur une

ita et communia officia : quod genus, in parentes, cognatos, amicos, adfines, necessarios; etiam quæ magis rara et eximia sunt, si ab eo cum magno aliquid labore, aut periculo, aut utraque re, quum necesse non esset, officii causa, aut in rem publicam, aut in parentes, aut in aliquos eorum, qui modo positi sunt, factum esse dicet; deinde si nihil deliquisse, nulla cupidate impeditum ab officio recessisse. Quod eo confirmatius erit, si, quum potestas impune aliquid faciendi minus honeste fuisse dicetur, voluntas ei faciendi monstrabitur adfuisse.
Hoc autem ipsum genus erit eo firmius, si eo ipso in genere, quo arguetur, integer ante fuisse demonstrabitur : ut si, quum avaritiæ causa fecisse arguatur, minime omni in vita pecuniæ cupidus fuisse doceatur. Hic illa magna in gravitate inducetur indignatio, juncta conquestioni, per quam miserum indignus esse, et indignum demonstrabitur, ut, quum animus omni invita fuerit vitiis remotissimus, eam causam, putare, quæ homines audaces in fraudem ferre soleat, castissimum quoque hominem ad peccandum potuisse impellere; et iniquum esse, et optimo cuique perniciosissimum, non vitam honeste actam omni tempore quam plurimum prodesse, sed subita ex criminatione, quæ

incrimination soudaine, où l'imposture est si facile, plutôt que sur l'irrécusable et incorruptible témoignage de leur existence passée.

Si, au contraire, la vie passée présente quelques souillures, dites que ce sont de fausses imputations, qui n'ont d'autre fondement que l'envie, la malveillance ou l'erreur ; rejetez-les sur l'ignorance, la nécessité, l'égarement d'une jeunesse mal conseillée, sur quelque passion qui n'ait rien de criminel, sur quelque défaut d'autre nature, afin de montrer que si votre client n'est pas irrépréhensible en toute chose, il est incapable au moins du fait dont il s'agit. S'il n'y a pas moyen de déguiser la honte et l'infamie de sa conduite, soutenez qu'il ne s'agit point de juger son caractère ni sa vie passée, mais seulement l'accusation portée contre lui ; qu'il faut laisser de côté ses antécédents, pour ne voir que le fait même de la cause.

XII. Pour tirer quelques conjectures du fait même, il faut en sonder la marche sur tous les points. De ces soupçons, les uns naissent du fait isolément, les autres du fait et de la personne tout ensemble.

On les tire du fait en considérant avec soin tous les lieux que j'ai assignés aux choses. Tous leurs genres, et presque toutes les espèces de ces genres conviennent à cet état de question.

---

confingi quamvis facile possit, non ex ante acta vita, quæ neque ad tempus fingi neque ullo modo mutari possit, facere judicium.

Sin autem in ante acta vita aliquæ turpitudines erunt : aut falso venisse eam existimationem dicetur, et ex aliquorum invidia, aut obtrectatione, aut falsa opinione ; aut imprudentiæ, necessitudini, persuasioni adolescentiæ aut alicui non malitiosæ animi adfectioni attribuentur, dissimili in genere vitiorum, ut animus non omnino integer, sed ab tali culpa remotus esse videatur. Ac si nullo modo vitæ turpitudo, aut infamia leniri poterit oratione : negari oportebit de vita ejus et moribus quæri, sed de eo crimine, quo de arguatur; quare, ante factis omissis, illud, quod instet, agi oportere.

XII. Ex facto autem ipso suspiciones ducentur, si totius administratio negotii ex omnibus partibus pertemptabitur : atque hæ suspiciones partim ex negotio separatim, partim communiter ex personis atque ex negotio proficiscentur.

Ex negotio duci poterunt, si eas res, quæ negotiis attributæ sunt, diligenter considerabimus. Ex iis igitur in hanc constitutionem convenire videntur genera eorum omnia, partes generum pleræque.

On devra d'abord chercher à reconnaître les circonstances inhérentes au sujet, c'est-à-dire, ce qui en est inséparable. Il suffit, pour cela, de considérer ce qui a précédé le fait, ce qui a donné l'espérance du succès, et fourni les moyens d'exécution, es circonstances du fait même, et ses suites.

Il faut ensuite s'occuper des détails mêmes de l'exécution, c'est là le second des lieux que j'ai assignés aux choses. Il comprend le lieu, le temps, l'occasion, la possibilité, toutes choses bien déterminées dans les règles de la confirmation. Pour qu'on ne puisse pas nous reprocher de n'en avoir pas dit un mot ici, ou de revenir deux fois sur les mêmes détails, je vais indiquer, en peu de mots, ce qu'il faut considérer sur chacun de ces points. Dans le lieu, la commodité; dans le temps, la durée; dans l'occasion, l'opportunité; dans la possibilité, la plénitude et le libre usage des moyens qui rendent l'exécution plus facile, ou sans lesquels même elle serait absolument impossible.

On considère ensuite les rapports du fait, c'est-à-dire, ce qui est plus grand ou plus petit, égal ou semblable; d'où l'on tire des conjectures en se réglant sur la marche ordinaire des choses moindres ou plus grandes, égales ou semblables. Ici, il faut examiner aussi avec beaucoup de soin les résultats, c'est-à-dire,

---

Videre igitur primum oportebit, quæ sint continentia cum ipso negotio, hoc st, quæ ab re separari non possint. Quo in loco satis erit diligenter considerasse, quid sit ante rem factum, ex quo spes perficiendi nata, et faciendi cultas quæsita videatur: quid in ipsa re gerenda; quid postea consecutum sit.

Deinde ipsius est negotii gestio pertractanda. Nam hoc genus earum rerum, quæ negotio attributæ sunt, secundo in loco nobis est expositum. Hoc ergo in mere spectabitur locus, tempus, occasio, facultas : quorum unius cujusque vis diligenter in confirmationis præceptis explicata est. Quare, ne aut hic non admonuisse, aut ne eadem iterum dixisse videamur, breviter injiciemus quid in aqua in parte considerari oporteat. In loco igitur opportunitas, in tempore diuturnitas, in occasione commoditas ad faciendum idonea, in facultate copia potestas earum rerum, propter quas aliquid facilius fit, aut sine quibus omnino confici non potest, consideranda est.

Deinde videndum est, quid adjunctum sit negotio, hoc est, quid majus, quid minus, quid æque magnum sit, quid simile : ex quibus conjectura quædam ducitur, si, quemadmodum res majores, minores, æque magnæ similesque agi soleant, diligenter considerabitur. Quo in genere eventus quoque videndus erit,

les effets habituels de chaque chose, comme la joie, la crainte, le trouble.

Les conséquences sont le quatrième des lieux que j'ai assignés aux choses ; elles comprennent les dépendances du fait, immédiates ou éloignées. La coutume, la loi, l'action, sa formule consacrée, son usage, son exercice, la faveur ou la réprobation qui s'attache au fait, voilà ce qu'il faut considérer, et ce qui peut donner matière à quelques conjectures.

XIII. Il est aussi des conjectures que fournissent à la fois les lieux attribués aux personnes, et ceux attribués aux choses. Car tout ce qui tient à la fortune, à la nature, au genre de vie, aux goûts, aux actions, aux événements, aux desseins, à la manière d'être physique et morale, fait partie des moyens qui servent à rendre une chose croyable ou incroyable, et se joint aux conjectures qu'on peut tirer du fait.

Car ce qui importe, en effet, dans cet état de question, c'est de savoir d'abord si le fait lui-même était possible ; ensuite si tout autre que l'accusé peut en être l'auteur ; puis on discute si les moyens d'exécution ne manquaient pas ; si l'action est telle qu'on ait dû en avoir des remords ; quelle espérance on avait de la cacher ; ce qu'il y a eu de nécessaire en elle, ou dans la façon dont elle s'est produite. Presque tous ces points se rapportent à l'intention,

---

hoc est, quid ex una quaque re soleat evenire, magno opere considerandum est, ut metus, lætitia, titubatio.

Quarta autem pars erat ex iis, quas negotiis dicebamus esse attributas, consecutio. In ea quæruntur ea, quæ gestum negotium confestim, aut ex intervallo consequuntur. In qua videbimus ecquæ consuetudo sit, ecqua lex, ecqua actio, ecquod ejus rei artificium sit, aut usus, aut exercitatio, hominum aut approbatio, aut offensio ; ex quibus nonnumquam elicitur aliquid suspicionis.

XIII. Sunt autem aliquæ suspiciones, quæ communiter et ex negotiorum, et ex personarum attributionibus sumuntur. Nam et ex fortuna, et ex natura, et ex victu, studio, factis, casu, orationibus, consilio, et ex habitu animi aut corporis pleraque pertinent ad easdem res, quæ rem credibilem, aut incredibilem facere possunt, et cum facti suspicione junguntur.

Maxime enim quæri oportet in hac constitutione, primum potueritne aliquid fieri ; deinde ecquo ab alio potuerit ; deinde facultas, de qua ante diximus ; deinde utrum id facinus sit, quod poenitere fuerit necesse ; item quod sperandi non haberet ; deinde necessitudo ; in qua, num necesse fuerit id aut fieri, aut ita fieri, quæritur. Quorum pars ad consilium pertinet, quod personi

lieu que nous attribuons aux personnes, comme dans l'espèce que j'ai citée. Les circonstances qui ont précédé le fait, sont la familiarité contractée en chemin, la conversation engagée, la descente à la même auberge, le souper commun ; celles qui l'ont accompagné, la nuit, le sommeil ; celles qui l'ont suivi, le départ de l'accusé, l'indifférence avec laquelle il abandonne un compagnon de voyage qu'il avait traité comme un ami, son épée teinte de sang.

La plupart de ces points appartiennent à l'intention. On examine ensuite si les faits offrent une suite de démarches habilement calculées, ou une complète absence de combinaisons, qui éloigne toute vraisemblance de culpabilité. On considère alors si l'accusé n'aurait pu trouver, si le hasard même ne lui aurait pas ouvert une voie plus commode. Car souvent, faute d'argent, de secours, de complices, tous les moyens d'exécution viennent à manquer. Avec quelque peu d'attention, on verra aisément l'étroite solidarité qui existe entre les lieux assignés aux personnes, et les lieux attribués aux choses.

Il serait difficile, et il est superflu de tracer avec détail, comme nous l'avons fait plus haut, la marche à suivre pour l'attaque ou pour la défense. Cela est superflu, parce que, la question posée, on n'aura pas de peine à reconnaître les raisons qui s'y rapportent : il ne faut pour cela qu'une intelligence ordi-

---

attributum est, ut in ea causa, quam exposuimus. Ante rem erit, quod in itinere se tam familiariter applicaverit, quod sermonis causam quæsierit, quod simul deverterit, cœnarit. In re, nox, somnus. Post rem, quod solus exierit, quod illum tam familiarem comitatum tam æquo animo reliquerit, quod cruentum gladium habuerit.

Horum pars ad consilium pertinet. Quæritur enim, utrum videatur diligenter ratio faciendi esse habita et excogitata, an ita temere, ut non veri simile sit quemquam tam temere ad maleficium accessisse. In quo quæritur, num quo alio modo commodius potuerit fieri, vel a fortuna administrari. Nam sæpe, si pecuniæ, si adjumenta, si adjutores desint, facultas fuisse faciendi non videtur. Hoc modo si diligenter attendamus, apta inter se esse intelligimus hæc, quæ negotiis, et illa, quæ personis sunt attributa.

Hic neque facile est, neque necessarium distinguere, ut in superioribus partibus, quo pacto quidque accusatorem, et quomodo defensorem tractare oporteat. Non necessarium, propterea quod, causa posita, quid in quamque conveniat, res ipsa docebit eos, qui non omnia hic se inventuros putabunt, sed

naire, qui n'ait pas besoin qu'on lui montre d'avance tous les cas particuliers, mais qui sache, par comparaison, tirer parti des exemples donnés. Cela serait difficile, parce qu'on n'aurait jamais fini de développer un aussi grand nombre de préceptes pour toutes les causes particulières dont il serait impossible, d'ailleurs, de prévoir toutes les modifications. Il faudra donc étudier les préceptes généraux que j'ai tracés.

XIV. Pour procéder plus aisément dans l'invention des preuves, l'orateur devra examiner, en y revenant et en y regardant de près, la narration de l'adversaire et la sienne, afin d'en tirer les conjectures qu'elles pourront offrir, et de voir pourquoi, dans quel dessein, dans quelle espérance l'action a été commise; pourquoi de cette manière plutôt que d'une autre; pourquoi plutôt par celui-ci que par celui-là; pourquoi sans aide, ou précisément avec cet aide; pourquoi sans complice, ou avec un tel complice; pourquoi telle circonstance avant l'action, pourquoi pas telle autre; pourquoi celle-ci pendant l'action même, pourquoi celle-là après l'action; ce qui prouve l'intention; ce qui est une conséquence nécessaire du fait; si les paroles s'accordent avec le fait ou avec elles-mêmes; si cet indice doit se rapporter à ceci ou à cela, ou à tous les deux, et auquel préférablement; ce qu'on a fait d'inutile, ce qu'on a omis d'essentiel.

[ad ea, quæ præcepta sunt, comparationis] modo quandam in commune mediocrem intelligentiam conferent : non facile autem, quod et infinitum est tot de rebus utramque in partem singillatim de una quaque explicare, et alias aliter hæc in utramque partem causæ solent convenire. Quare considerare hæc, quæ exposuimus, oportebit.

XIV. Facilius autem ad inventionem animus incedet, si gesti negotii et suam, et adversarii narrationem sæpe et diligenter pertractabit, et quod quæque pars suspicionis habebit, eliciens, considerabit, quare, quo consilio, qua spe perficiendi quidque factum sit; cur hoc modo potius, quam illo; cur ab hoc potius, quam ab illo; cur nullo adjutore, aut cur hoc; cur nemo sit conscius, aut cur sit, aut cur hic sit; cur hoc ante factum sit, cur hoc ante factum non sit; cur hoc in ipso negotio, cur hoc post negotium; aut factum de industria, aut rem ipsam consecutum sit; constetne oratio aut cum re, aut ipsa secum; hoc hujusne rei sit signum, an illius, an et hujus et illius, et utrius potius; qui factum sit, quod non oportuerit, aut non factum, quod oportuerit.

Pendant cette revue attentive de tous les détails d'une affaire, ces mêmes lieux communs, dont j'ai parlé plus haut, tenus comme en réserve, s'offriront à l'esprit; séparés ou réunis, ils fourniront des arguments solides pour établir soit la probabilité, soit l'évidence.

Souvent encore on tire certaines conjectures, de la question, des témoignages, des bruits publics, que chacune des deux parties, au reste, doit s'efforcer de faire tourner à son avantage. Car la question, les témoignages, les bruits publics donnent matière à des conjectures, de la même manière que le motif, la personne, le fait. Aussi est-ce à mon sens, une erreur de dire qu'il n'y a point de règles à donner pour ce genre de conjectures, comme aussi de vouloir lui en assigner d'autres que celles qui s'appliquent aux conjectures en général. Les mêmes lieux, en effet, fournissent toutes sortes de conjectures : pour expliquer, pour vérifier une parole dite au milieu des tortures, une déposition de témoins, ou un bruit public, la marche à suivre est absolument la même. Et s'il est évident qu'il y a dans chaque cause un certain nombre d'arguments qui lui sont propres, et qu'elle seule fournit, en sorte qu'il serait difficile de les employer dans d'autres causes du même genre; il en est aussi d'autres plus généraux, qui peuvent s'appliquer à toutes les causes du même genre, du moins au plus grand nombre.

Quum animus hac intentione omnes totius negotii partes considerabit, tum illi ipsi in medium conservati loci procedent, de quibus ante dictum est; et tum ex singulis, tum ex conjunctis argumenta certa nascentur. Quorum argumentorum pars probabili, pars necessario in genere versabitur.

Accedunt autem ad conjecturam sæpe quæstiones, testimonia, rumores : quæ contra omnia uterque simili via præceptorum torquere ad suæ causæ commodum debebit. Nam et ex quæstione suspiciones, et ex testimonio et ex rumore alique pari ratione, ut ex causa, et ex persona, et ex facto duci oportebit. Quare nobis et ii videntur errare, qui hoc genus suspicionum artificii non putant indigere, et ii, qui aliter hoc de genere, ac de omni conjectura præcipiendum putant. Omnis enim iisdem ex locis conjectura sumenda est: nam et ejus, qui in quæstione aliquid dixerit, et ejus, qui in testimonio, et ipsius rumoris causa et veritas ex iisdem attributionibus reperietur. Omni autem in causa pars argumentorum est adjuncta ei causæ solum, quæ dicitur, et ab ipsa ita ducta, ut ab ea separatim in omnes ejusdem generis causas transferri non satis commode possit; pars autem est pervagatior, et aut in omnes ejusdem generis, aut in plerasque causas accommodata.

XV. Ces arguments, qu'on peut employer dans plusieurs causes, je les nomme lieux communs; car un lieu commun sert à développer ou une proposition certaine, par exemple : « qu'un parricide a mérité le dernier supplice; » — seulement il faut d'abord établir le point de fait, et prouver le crime; — ou une proposition douteuse, et qui a contre elle des raisons plausibles, comme : « Il ne faut pas croire aux soupçons, » ou bien : « Il y faut croire. » Parmi les lieux communs, les uns s'emploient pour exciter l'indignation ou la pitié, j'en ai parlé plus haut ; les autres servent à déterminer un point qui offre des raisons pour et contre.

Les lieux communs répandent la lumière et la variété dans le discours, surtout si on ne les prodigue pas, et si on ne les emploie qu'à la suite de plus fortes preuves qui ont déjà fait impression sur l'auditoire. Ce n'est qu'après avoir développé avec soin les faits particuliers de la cause, que l'on peut se permettre des arguments plus généraux qui réveillent l'attention de l'auditeur sur les points qu'on doit traiter ensuite, ou qui la ramènent sur ceux que l'on a déjà traités. Car c'est dans les lieux communs qu'il faut déployer toutes les richesses de l'élocution, la grâce, la force, la noblesse des expressions et des pensées. Ce qui fait que, si les lieux communs conviennent à beaucoup de causes, ils ne conviennent pas de même à beaucoup d'orateurs ; car, à

XV. Hæc ergo argumenta, quæ transferri in multas causas possunt, locos communes nominamus. Nam locus communis aut certæ rei quandam continet amplificationem : ut si qui hoc velit ostendere, eum, qui parentem necarit, maximo supplicio esse dignum ; quo loco, nisi perorata et probata causa, non est utendum : aut dubiæ, quæ ex contrario quoque habeat probabiles rationes argumentandi : ut suspicionibus credi non oportere, et contra, suspicionibus credi oportere. Ac pars locorum communium per indignationem, aut per conquestionem inducitur, de quibus ante dictum est ; pars per aliquam probabilem utraque ex parte rationem.

Distinguitur autem oratio atque illustratur maxime, raro inducendis locis communibus, et aliquo loco, jam certioribus illis [auditoribus et] argumentis confirmatis. Nam et tum conceditur commune quiddam dicere, quum diligenter aliquis proprius causæ locus tractatus est, et auditoris animus aut renovatur ad ea, quæ restant, aut omnibus jam dictis exsuscitatur. Omnia enim ornamenta elocutionis, in quibus et suavitatis et gravitatis plurimum consistit, et omnia, quæ in inventione verborum et sententiarum aliquid habent dignitatis, in omnes locos conferuntur. Quare, non ut causarum, sic oratorum quo-

moins de s'être fait, par l'exercice, une riche provision de pensées et d'expressions, il est impossible de les traiter avec toute la force et l'éclat que leur nature même exige. Cette observation s'applique à tous les lieux communs en général.

XVI. Pour en revenir à la question conjecturale ou question de fait, voici les lieux communs qui s'y présentent d'ordinaire : « Il faut croire, et il ne faut pas croire aux soupçons, aux dépositions des témoins, aux paroles arrachées par la torture ; il faut tenir compte de la conduite passée, il n'en faut pas tenir compte; un homme déjà coupable de tel délit peut être coupable de tel autre, il peut n'en pas être coupable ; il faut surtout considérer les motifs, il ne le faut pas. » Ces lieux communs, et tous ceux que peut offrir une cause particulière, s'emploient également pour et contre.

Mais il est des lieux exclusivement propres à l'accusation, comme celui qui fait ressortir l'atrocité du crime, et celui qui interdit la pitié pour les méchants ; il y en a d'autres exclusivement propres à la défense, comme celui où l'on repousse avec indignation les calomnies de l'accusateur, et celui où l'on cherche à exciter le compassion par la plainte. Pour ces lieux communs et pour les autres, il faut suivre les règles générales tracées pour toutes les sortes de raisonnements ; mais ceux-ci exigent plus

que multorum communes loci sunt. Nam nisi ab iis, qui multa exercitatione magnam sibi verborum et sententiarum copiam comparaverint, tractari non poterunt ornate et graviter, quemadmodum natura ipsorum desiderat. Atque hoc sit nobis dictum communiter de omni genere locorum communium.

XVI. Nunc exponemus, in conjecturalem constitutionem qui loci communes incidere soleant : « Suspicionibus credi oportere, et non oportere ; rumoribus credi oportere, et non oportere ; testibus credi oportere, et non oportere ; quæstionibus credi oportere, et non oportere ; vitam ante actam spectari oportere, et non oportere ; ejusdem esse, qui in illa re peccarit, et hoc quoque admisisse, et non esse ejusdem : maxime spectari causam oportere, et non oportere. » Atque hi quidem, et si qui ejusmodi ex proprio argumento communes loci nascentur, in contrarias partes deducentur.

Certus autem locus est accusatoris, per quem auget facti atrocitatem ; et alter, per quem negat malorum misereri oportere : defensoris, per quem calumnia accusatorum cum indignatione ostenditur, et per quem cum conquestione misericordia captatur. Hi et cæteri omnes loci communes ex iisdem præceptis sumuntur ; quibus cæteræ argumentationes : sed illæ tenuius, et acutius, et

de finesse, plus d'art, plus de simplicité ; les lieux communs, au contraire, veulent plus d'ornements, plus de grandeur dans l'expression et dans la pensée. Car les premiers n'ont pour but que la démonstration ; les seconds, tout en servant aussi à la démonstration, ont un but qui leur est propre, l'amplification. Maintenant passons à un autre état de cause.

XVII. Quand la discussion porte sur un mot, comme il faut définir ce mot, c'est une question de définition. Voici un exemple de ce genre de cause : « C. Flaminius, le même qui, étant consul, mit la république en péril dans la seconde guerre punique, voulait, pendant son tribunat, malgré les résistances des sénateurs et l'opposition générale des principaux citoyens, faire passer la loi agraire, en poussant le peuple à la sédition. Son père vint l'arracher de la tribune, pendant qu'il tenait l'assemblée du peuple. On le met en jugement comme coupable de lèse-majesté. L'accusation dit : Vous êtes coupable de lèse-majesté pour avoir arraché de la tribune un tribun du peuple. La défense répond : Je ne suis point coupable de lèse-majesté. La question sera donc : Est-il coupable de lèse-majesté ? La raison : J'ai usé envers mon fils de mon autorité. La réfutation : Mais, opposer la puissance paternelle, c'est-à-dire une puissance toute privée, à la puissance tribunitienne, qui est celle du peuple même, c'est un crime de lèse-majesté. Le point à juger sera dès lors :

---

subtilius tractantur ; hi autem gravius, et ornatius, et quum verbis, tum etiam sententiis excellentibus. In illis enim finis est, ut id, quod dicitur, verum esse videatur ; in his, tametsi hoc quoque videri oportet, tamen finis est amplitudo. Nunc ad aliam constitutionem transcamus.

XVII. Quum est nominis controversia, quia vis vocabuli definienda verbis est, constitutio definitiva dicitur. Ejus generis exemplo nobis posita sit hæc causa : « C. Flaminius is, qui consul rem publicam male gessit bello Punico secundo, quum tribunus plebis esset, invito senatu, et omnino contra voluntatem omnium optimatum, per seditionem ad populum legem agrariam ferebat. Hunc pater suus concilium plebis habentem de templo deduxit : arcessitur majestatis. » Intentio est : « Majestatem minuisti, quod tribunum plebis de templo deduxisti. » Depulsio est : « Non minui majestatem. » Quæstio est : « Majestatemne minuerit. » Ratio : « In filium enim quam habebam potestatem, ea usus sum. » Rationis infirmatio : « At enim, qui patria potestate, hoc est, privata quadam, tribunitiam [potestatem], hoc est, populi potestatem infirmat, minuit

Est-ce un crime de lèse-majesté d'opposer l'autorité paternelle à la puissance tribunitienne? » C'est à ce point à juger que doivent se rapporter tous les raisonnements.

Il ne faut pas croire que je regarde cette question comme la seule que puisse présenter cette cause ; mais je ne veux voir maintenant que celle dont je me propose de tracer les règles. Je développerai toutes les autres dans la suite de ce livre, et il ne sera pas difficile, avec un peu d'attention, de reconnaître, dans quelque cause que ce soit, toutes les questions, avec leurs parties, et tous les points de discussion qui pourront s'y rencontrer; car je donnerai des règles pour tous ces points.

Le premier lieu qui s'offre ici à l'accusateur, c'est la définition courte, claire et conforme aux idées générales, du mot dont il s'agit de déterminer la valeur. Par exemple : « On appelle crime de lèse-majesté une atteinte quelconque à la dignité, à la grandeur, à la puissance du peuple ou des magistrats qu'il a investis de son autorité. » Cette définition établie en peu de mots, il faudra la développer, et l'appuyer de raisons qui en démontrent la justesse. On rapprochera ensuite le fait incriminé de la définition du crime, et on soutiendra que, suivant la définition donnée du crime de lèse-majesté, l'adversaire s'en est rendu coupable: puis, pour donner plus de force à cette démonstration, on

---

is majestatem. » Judicatio est : « Minuatne is majestatem, qui in tribunitiam potestatem patria potestate utatur. » Ad hanc judicationem argumentationes omnes adferri oportebit.

Ac ne qui forte arbitretur, nos non intelligere, aliam quoque incidere constitutionem in hanc causam; eam nos partem solam sumimus, in quam præcepta nobis danda sunt. Omnibus autem partibus hoc in libro explicatis, quivis omni in causa, si diligenter attendet, omnes videbit constitutiones, et earum partes et controversias, si quæ forte in eas incident. Nam de omnibus perscribemus.

Primus ergo accusatoris locus est, ejus nominis, cujus de vi quæritur, brevis et aperta, et ex hominum opinione definitio, hoc modo : « Majestatem minuere, est de dignitate aut amplitudine aut potestate populi aut eorum, quibus populus potestatem dedit, aliquid derogare. » Hoc sic breviter expositum, pluribus verbis est et rationibus confirmandum, et ita esse, ut descripseris, ostendendum. Postea ad id, quod definieris, factum ejus, qui accusabitur, adjungere oportebit, et ex eo, quod ostenderis esse, verbi causa, majestatem minuere, docere, adversarium majestatem minuisse, et hunc totum locum communi loco

ajoutera un lieu commun qui, par l'indignation, fasse ressortir l'atrocité, la scélératesse, en un mot, la criminalité du fait.

Il faudra ensuite réfuter la définition donnée par l'adversaire. Or, on la réfutera en prouvant sa fausseté ; et pour cela, on invoquera l'opinion générale ; on considérera quand, de quelle manière et à quel propos ce terme s'emploie d'ordinaire, soit dans les écrits, soit dans les discours. On la réfutera encore, en montrant qu'il y aurait autant de danger que de honte à accepter la définition qu'on en donne, et en faisant voir les funestes conséquences qui en résulteraient. — Les raisons sur ce point se tirent des lieux communs de l'honneur et de l'intérêt dont je parlerai plus tard, en exposant les règles du genre délibératif. — On comparera aussi sa définition avec celle de l'adversaire ; on montrera que la sienne est juste, honnête, utile, au lieu que celle de l'adversaire n'est rien moins que tout cela. Puis on cherchera dans d'autres causes, d'une plus haute ou d'une moindre ou d'une égale importance, des témoignages qui appuient la définition.

XVIII. S'il y a plusieurs choses à définir, comme dans la question de savoir « si celui qui a dérobé des vases sacrés dans une chapelle particulière est coupable de vol ou de sacrilége, » il faudra donner plusieurs définitions, et suivre la marche ordinaire dans le reste de la cause. Le lieu commun portera, dans ce

---

confirmare, per quem ipsius facti atrocitas, aut indignitas, aut omnino culpa cum indignatione augeatur.

Post erit infirmanda adversariorum descriptio. Ea autem infirmabitur, si falsa demonstrabitur. Hoc ex opinione hominum sumetur, quum, quemadmodum, et quibus in rebus homines in consuetudine scribendi, aut sermocinandi eo verbo uti soleant, considerabitur. Item infirmabitur, si turpis, aut inutilis esse ostendetur ejus descriptionis approbatio, et si, quæ incommoda consecutura sint, eo concesso, ostendetur ; — id autem ex honestatis et ex utilitatis partibus sumetur; de quibus in deliberationis præceptis exponemus :—et si cum definitione nostra adversariorum definitionem conferemus, et nostram, veram, honestam, utilem esse demonstrabimus ; illorum, contra. Quæremus autem res, aut majore, aut minore, aut pari in negotio similes, ex quibus adfirmetur nostra descriptio.

XVIII. Jam si res plures erunt definiendæ : ut, si quæratur, « Fur sit, an sacrilegus, qui vasa ex privato sacra surripuerit ; » erit utendum pluribus definitionibus ; deinde simili ratione causa tractanda. Locus autem communis in

cas, sur la perversité du prévenu, qui prétend soumettre à sa puissance les mots comme les choses, faire ce qui lui plaît, et donner le nom qu'il veut à son action.

Le premier lieu commun de la défense est également la définition du mot, courte, claire et conforme aux idées reçues ; par exemple : « Le crime de lèse-majesté, c'est l'usurpation de la puissance publique ; » définition qu'il faut appuyer par des rapprochements, des exemples et des raisons. On montre ensuite qu'elle s'applique mal au fait incriminé ; puis on ajoute le lieu commun qui fait ressortir l'honnêteté ou l'utilité de l'action.

On arrive alors à réfuter la définition de l'adversaire au moyen de tous les lieux que j'ai indiqués à l'accusateur. Au lieu commun près, l'accusé doit suivre en tout la même marche. Le lieu commun qu'il emploiera sera l'indignation contre l'accusateur, qui, pour le mettre en péril, cherche non-seulement à dénaturer les faits, mais encore à changer le sens des mots. L'emploi des lieux communs qui servent à montrer la perfidie de l'accusateur, ou à exciter la compassion, à soulever l'indignation contre le coupable, ou à lui refuser tout droit à la pitié, se règle sur la grandeur du péril, et non sur le genre de cause. Ainsi, ce n'est pas seulement dans toutes les causes, mais dans tous les genres de cause qu'ils peuvent être employés.

ejus malitiam, qui non modo rerum, verum etiam verborum potestatem sibi adrogare conetur, ut et faciat quod velit, et id, quod fecerit, quo velit nomine appellet.

Deinde defensoris primus locus est, item nominis brevis, et aperta, et ex opinione hominum descriptio, hoc modo : « Majestatem minuere est aliquid de re publica, quum potestatem non habeas, administrare. » Deinde hujus confirmatio similibus et exemplis, et rationibus. Postea sui facti ab illa definitione separatio. Deinde locus communis, per quem facti utilitas, aut honestas adaugetur.

Deinde sequitur adversariorum definitionis reprehensio, quæ iisdem ex locis omnibus, quos accusatori præscripsimus, conficitur ; et cætera post eadem præter communem locum inducentur. Locus autem communis erit defensoris is, per quem indignabitur, accusatorem sui periculi causa non res solum convertere, verum etiam verba commutare conari. Nam illi quidem communes loci, qui aut calumniæ accusatorum demonstrandæ, aut misericordiæ captandæ, aut facti indignandi, aut a misericordia deterrendi causa sumuntur, ex periculi magnitudine, non ex causæ genere ducuntur. Quare non in omnem causam, sed

J'en ai parlé déjà dans l'état de cause nommé conjectural. Quand la cause l'exige, on se sert aussi de l'induction.

XIX. S'il faut que l'action soit portée à un autre tribunal, et changée, ou parce que celui qui l'intente n'a pas droit, ou parce qu'il ne l'intente pas contre qui de droit, ou parce que les juges, la loi, la peine, le crime, le temps, n'ont pas été bien choisis, c'est une question de récusation. J'aurais besoin de beaucoup d'exemples pour indiquer toutes les espèces de récusation. Mais comme les règles sont les mêmes pour toutes, je laisse de côté les exemples. D'ailleurs, plusieurs motifs rendent les cas de récusation très-rares devant nos tribunaux. Les édits de nos préteurs admettent un grand nombre de cas d'exception (restriction), et c'est un principe de notre droit civil, que le demandeur perd sa cause lorsqu'il n'exerce pas son action dans les formes prescrites. Aussi tout se passe devant le préteur : c'est de lui que dépendent les exceptions ; c'est lui qui donne, pour ainsi dire, le pouvoir d'intenter une action, et qui règle la formule à suivre dans tous les jugements particuliers. Les récusations devant les tribunaux sont donc rares. S'il s'en rencontre parfois, elles sont peu solides par elles-mêmes, et il faut, pour leur donner plus de force, les appuyer de quelque autre état de question. En voici un exemple : « Dans la cause d'un homme, ac-

---

in omne causæ genus incidunt. Eorum mentionem in conjecturali constitutione fecimus. Inductione autem, quum causa postulabit, utemur.

XIX. Quum autem actio translationis aut commutationis indigere videtur, quod non aut is agit, quem oportet, aut cum eo quicum oportet, aut apud quos, qua lege, qua pœna, quo crimine, quo tempore oportet, constitutio translativa appellatur. Ejus nobis exempla permulta opus sint, si singula translationum genera quæramus : sed quia ratio præceptorum similis est, exemplorum multitudine supersedendum est. Atque in nostra quidem consuetudine multis de causis fit, ut rarius incidant translationes. Nam et prætoriis exceptionibus multæ excluduntur actiones, et ita jus civile habemus constitutum, ut causa cadat is, qui non, quemadmodum oportet, egerit. Quare in jure plerumque versantur. Ibi enim et exceptiones postulantur, et quonam modo agendi potestas datur, et omnis conceptio privatorum judiciorum constituitur. In ipsis autem judiciis rarius incidunt, et tamen si quando incidunt, ejusmodi sunt ; ut per se minus habeant firmitudinis, confirmentur autem adsumpta alia aliqua constitutione : ut in quodam judicio, « Quum venefici cujusdam nomen esset

cusé d'empoisonnement, cause intitulée parricide, et, comme telle, inscrite et appelée hors de son rang, les dépositions des témoins et les preuves fournies par l'accusation établissent d'autres faits à la charge du prévenu, mais le parricide n'est dans la cause qu'une simple allégation. » Il faut alors que le défenseur insiste fortement et longtemps sur ce point. « On n'a pas prouvé le meurtre du père, » dira-t-il; « ce serait donc une atrocité que d'infliger à mon client la peine des parricides, ce qui ne peut manquer d'avoir lieu, puisque son affaire est intitulée parricide, et comme telle, appelée hors de son rang. S'il n'a point mérité cette peine, il ne faut pas le condamner, puisque la condamnation doit nécessairement entraîner cette peine. » En demandant ainsi par voie de récusation le changement de la peine, il renverse toute l'accusation. Il faut cependant, qu'à l'appui de la récusation qu'il demande, il justifie son client sur les autres chefs en traitant la question de fait.

XX. Prenons pour exemple de récusation dans la cause l'espèce suivante: « Des gens armés, venus pour piller, eurent affaire à d'autres gens armés, et, dans la lutte, un des assaillants coupa la main à un chevalier qui se défendait. Ce dernier intente une action en voies de fait. L'accusé demande au préteur cette exception: « *A moins que l'accusé ne tombe préalablement*

delatum, et, quia parricidii causa subscripta esset, extra ordinem esset acceptum, quum in accusatione alia quædam crimina testibus et argumentis confirmarentur, parricidii autem solum mentio facta esset; » defensor in hoc ipso multum oportet et diu consistat: « quum de nece parentis nihil demonstratum sit, indignum facinus esse, ea pœna afficere eum, qua parricidæ afficiuntur; id autem, si damnaretur, fieri necesse esse, quoniam et id causæ subscriptum, et ex ea re nomen extra ordinem sit acceptum. Ea igitur pœna si adfici reum non oporteat, damnari quoque non oportere, quoniam ea pœna damnationem necessario consequatur. » Hic defensor, pœnæ commutationem ex translativo genere inducendo, totam infirmabit accusationem. Verumtamen cœteris quoque criminibus defendendis conjecturali constitutione translationem confirmabit.

XX. Exemplum autem translationis in causa nobis positum sit hujusmodi: « Quum ad vim faciendam quidam armati venissent, armati contra præsto fuerunt, et cuidam equiti Romano, quidam ex armatis, resistenti, gladio manum præcidit. Agit is, cui manus præcisa est, injuriarum. Postulat is, quicum agitur, a prætore exceptionem: EXTRA QUAM IN REUM CAPITIS PRÆJUDICIUM FIAT.

19.

sous le coup d'un jugement capital. » Le demandeur veut un jugement pur et simple; le défendeur soutient qu'il faut y joindre l'exception. » La question est : « Faut-il ou ne faut-il pas admettre la restriction? » — La raison : « Il ne faut point, à propos de dommages-intérêts, préjuger un crime d'assassinat. » — La réfutation : « Les voies de fait sont telles, qu'il serait injuste de différer la sentence à cet égard. » — Le point à juger : « Les voies de fait sont-elles assez graves pour qu'on doive les juger, au risque même de préjuger sur un plus grand crime, qui doit être jugé plus tard? » Ceci est un exemple ; mais, dans toute cause, c'est à chacune des parties de chercher par qui, devant qui, comment, dans quel temps, l'action doit être intentée et jugée, et la décision qui doit intervenir.

Il faut consulter là-dessus la jurisprudence, dont j'ai à parler plus bas; démêler quel est l'usage en pareille circonstance; tâcher de reconnaître si une action apparente ne cache pas la véritable, adroitement déguisée ; si c'est par ignorance, par nécessité, parce qu'on n'a pas d'autres moyens, ou par envie de profiter de celui-là, que l'on veut intenter l'action de cette manière, et poursuivre le jugement, ou si la marche qu'on suit est régulière. Le lieu commun à développer contre celui qui demande l'exception, c'est de dire qu'il veut se soustraire au jugement et

---

Hic is, qui agit, judicium purum postulat ; ille, quicum agitur, exceptionem addi ait oportere. » Quæstio est, « Excipiendum sit, an non. » Ratio, « Non enim oportet, in recuperatorio judicio ejus maleficii, de quo inter sicarios quæritur, præjudicium fieri. » Infirmatio rationis, » Ejusmodi sunt injuriæ, ut de iis indignum sit non primo quoque tempore judicari. » Judicatio : « Atrocitas injuriarum satisne causæ sit, quare, dum de ea judicatur, de aliquo majore maleficio, de quo judicium comparatum sit, præjudicetur. » Atque exemplum quidem hoc est. In omni autem causa ab utroque quæri oportebit, a quo, et per quos, et quo modo, et quo tempore aut agi, aut judicari, aut quid statui de ea re conveniat.

Id ex partibus juris, de quibus post dicendum est, sumi oportebit, et ratiocinari, quid in similibus rebus fieri soleat, et videre, utrum malitia quid aliud agatur, aliud simuletur, an stultitia, an necessitudine, quod alio modo agi non possit, an occasione agendi sic sit judicium aut actio constituta, an recte sine ulla re ejusmodi res agatur. Locus autem communis contra eum, qui translationem inducet, fugere judicium ac pœnam, quia causæ diffidat. A translatione autem,

à la peine, parce qu'il se défie de sa cause. Il doit répondre que ce serait le règne du désordre, si l'on ne procède pas, si les jugements ne sont pas rendus, conformément à la loi ; c'est-à-dire, s'il est permis de poursuivre celui contre lequel on n'a pas droit, de changer la peine, la cause et le temps de l'accusation ; qu'un pareil abus troublerait toute l'économie de la justice. » Telle est la manière de traiter ces trois états de causes, qui n'ont point de parties. Maintenant passons à la question de genre et à ses divisions.

XXI. Quand, le fait n'étant point contesté, ni le nom qu'il faut lui donner, quand, aucune difficulté ne s'élevant sur la procédure, c'est le caractère, la nature, le genre du fait qu'il s'agit de déterminer, la question s'appelle une question de genre. J'ai dit plus haut qu'elle se divisait en deux parties principales, négociale et juridiciaire. La première est celle qui offre, dans le fait même de la cause, un point de droit civil à discuter. Exemple : « Un mineur a été fait héritier ; il meurt avant d'avoir atteint sa majorité ; les héritiers substitués du père et les agnats du mineur se disputent son hérédité ; les héritiers substitués sont en possession. » Les agnats demandeurs viennent dire : « Les biens dont notre agnat n'a point disposé nous appartiennent. — Non, répondent les défendeurs, mais à nous qui sommes hé-

---

omnium fore perturbationem, si non ita res agantur, et in judicium veniant, quo pacto oporteat ; hoc est, si aut cum eo agatur, quocum non oporteat, aut alia pœna, alio crimine, alio tempore ; atque hanc rationem ad perturbationem judiciorum omnium pertinere. Tres igitur hæ constitutiones, quæ partes non habent, ad hunc modum tractabuntur. Nunc generalem constitutionem, et partes ejus consideremus.

XXI. Quum et facto, et facti nomine concesso, neque ulla actionis illata controversia, vis et natura, et genus negotii ipsius quæritur ; constitutionem generalem appellamus. Hujus primas esse partes duas nobis videri diximus, negotialem, et juridicialem. Negotialis est, quæ in ipso negotio juris civilis habet implicatam controversiam. Ea est hujusmodi : « Quidam pupillum heredem fecit ; pupillus autem ante mortuus est, quam in suam tutelam veniret. De hereditate ea, quæ pupillo venit, inter eos, qui patris pupilli heredes secundi sunt, et inter agnatos pupilli controversia est. Possessio heredum secundorum est. » Intentio est agnatorum : « Nostra pecunia est, de qua is, cujus agnati sumus, testatus non est. » Depulsio est : « Immo nostra, qui heredes secundi

ritiers substitués par le père. » La question est : « A qui appartiennent-ils ? » — La raison : « Le testament du père est celui du fils; par conséquent les biens du fils sont à nous par le testament du père. » — La réfutation : « Non, le père n'a testé que pour lui seul : ce n'est pas pour son fils, mais pour lui-même qu'il a institué des héritiers en second ; ainsi son testament ne peut vous donner que les biens qui lui appartenaient. » — Le point à juger : « Peut-on, par testament, disposer des biens d'un mineur, ou les héritiers substitués du père n'ont-ils pas droit en même temps à l'héritage de son fils mineur ? » Je crois à propos de faire ici, pour ne pas être exposé à l'oublier ou à la répéter sans cesse, une observation générale. Il est des causes qui, n'offrant qu'une seule question à résoudre, s'appuient cependant sur plusieurs raisons, comme il arrive, quand il y a plusieurs manières de justifier un fait ou d'établir une proposition. Dans le cas que je viens d'exposer, par exemple, supposons qu'un des héritiers allègue cette raison : « Il n'est pas possible qu'un seul héritage appartienne à plusieurs à des titres différents ; et jamais on n'a vu deux héritiers, l'un testamentaire, l'autre légitime, concourir ensemble pour un même bien; » on lui répondra : « Il ne s'agit pas d'un seul héritage ; le mineur avait déjà des biens adventices, et il n'y avait point encore d'hé-

---

testamento patris sumus. » Quæstio est : « Utrorum sit. » Ratio : « Pater enim et sibi, et filio testamentum scripsit, dum is pupillus esset. Quare, quæ filii fuerunt, testamento patris nostra fiant necesse est. » Infirmatio rationis : « Immo pater sibi scripsit, et secundum heredem non filio, sed sibi jussit esse. Quare, præterquam quod ipsius fuit, testamento illius vestrum esse non potest. » Judicatio : « Possitne quisquam de filii pupilli re testari ; an heredes secundi, ipsius patrisfamilias, non filii quoque ejus pupilli heredes sint. » Atque hoc non alienum est, quod ad multa pertineat, ne aut nusquam, aut usquequaque dicatur, hic admonere. Sunt causæ, quæ plures habent rationes in simplici constitutione : quod fit, quum id, quod factum est, aut quod defenditur, pluribus de causis rectum, aut probabile videri potest, ut in hac ipsa causa. Supponatur enim ab heredibus hæc ratio : « Unius enim pecuniæ plures, dissimilibus de causis, heredes esse non possunt ; nec umquam factum est, ut ejusdem pecuniæ alius testamento, alius lege heres esset; » infirmatio autem hæc erit : « Non est una pecunia : propterea, quod altera jam pupilli erat adventitia ; cujus heres non, illo tempore, testamento quisquam scriptus erat, si quid

ritiers désignés pour le cas où il viendrait à mourir : quant aux autres biens, il faut suivre la volonté du père défunt, qui, au décès du mineur, les a donnés à ses propres héritiers. »

N'y a-t-il qu'un héritage? Tel est le point à juger. Si l'on oppose que « des titres différents peuvent donner droit à un seul et même héritage, » il en résulte ce nouveau point à juger : « Est-il possible que plusieurs soient héritiers d'un seul et même bien à des titres différents? »

XXII. On comprend ainsi qu'une seule question peut offrir plusieurs raisons, plusieurs réfutations, et aussi plusieurs points à juger. Voyons maintenant les règles propres à ces sortes de causes. Les deux parties, ou toutes les parties, s'il y en a plusieurs, doivent examiner ce qui constitue le droit. Le droit a ses principes dans la nature ; mais des raisons d'utilité plus ou moins reconnue ont introduit certaines coutumes ; puis des règlements consacrés par l'usage, ou véritablement utiles, ont reçu la sanction de la loi. Il est un droit naturel, qui ne se fonde pas sur l'opinion, mais qui est inné dans le cœur humain, comme la religion, la piété, la reconnaissance, la vengeance, le respect, la vérité. La crainte des dieux et le culte qu'on leur rend constituent la religion. La piété est le sentiment qui nous avertit des devoirs que nous avons à remplir envers notre patrie, nos pa-

pupillo accidisset : et de altera, patris etiamnunc mortui voluntas plurimum valebat, quæ jam mortuo pupillo suis heredibus concædebat. »

Judicatio est : « Unane pecunia fuerit ? » aut, si hac erunt usi infirmatione : « Posse plures esse unius pecuniæ heredes dissimilibus de causis ; » de eo ipso judicatio nascitur : « Possintne ejusdem pecuniæ plures dissimilibus generibus esse heredes. »

XXII. Ergo una in constitutione intellectum est, quomodo et rationes, et rationum infirmationes et propterea judicationes plures fiant. Nunc hujus generis præcepta videamus. Utrisque, aut etiam omnibus, si plures ambigent, jus ex quibus rebus constet, est considerandum. Initium ergo ejus ab natura ductum videtur ; quædam autem ex utilitatis ratione aut perspicua nobis, aut obscura, in consuetudinem venisse ; post autem, approbata quædam, a consuetudine aut a vero utilia visa, legibus esse firmata. Ac naturæ quidem jus esse, quod nobis non opinio, sed quædam innata vis adferat, ut religionem, pietatem, gratiam, vindicationem, observantiam, veritatem ; religionem eam, quæ in metu et cærimonia deorum sit, appellant ; pietatem, quæ erga patriam, aut parentes,

rents, et ceux qui nous sont unis par les liens du sang. La reconnaissance comprend le souvenir des bienfaits, le désir de rendre, et de répondre aux égards et à l'amitié qu'on nous témoigne. La vengeance est le sentiment qui nous porte à repousser ou à punir la violence ou l'injure qui nous est faite à nous personnellement, ou à ceux que nous devons chérir; elle comprend aussi le châtiment des crimes. On entend par respect, les marques de la déférence qu'il faut rendre à ceux que leur âge, leur sagesse, leurs dignités, leur mérite enfin, élèvent au-dessus de nous. La vérité consiste à faire en sorte que, dans le présent, dans le passé, dans l'avenir, rien ne puisse démentir ce que nous affirmons. Il est rare que l'on invoque le droit naturel dans une cause de ce genre; il a peu de rapport avec le droit civil, et d'ailleurs il n'est guère à la portée du vulgaire; mais il peut servir quelquefois pour la similitude ou l'amplification. — On appelle droit fondé sur la coutume ce que le temps et la volonté générale ont consacré sans l'intervention de la loi. La loi même comprend, si je puis ainsi dire, plusieurs droits que leur ancienneté a rendus légitimes : le nombre en est grand; et la majeure partie est contenue dans les édits des préteurs. D'autres espèces de droits sont légitimées par la coutume, comme le contrat, l'équité, le précédent. Le contrat est une convention particu-

aut alios sanguine conjunctos officium conservare moneat; gratiam, quæ in memoria et remuneratione officiorum, et honoris, et amicitiarum observantiam teneat; vindicationem, per quam, vim, et contumeliam, defendendo, aut ulciscendo, propulsamus a nobis, et a nostris, qui nobis esse cari debent, et per quam peccata punimur; observantiam, per quam ætate, aut sapientia, aut honore, aut aliqua dignitate antecedentes veremur et colimus; veritatem, per quam damus operam, ne quid aliter, quam confirmaverimus, fiat, aut factum aut futurum sit. — Ac naturæ quidem jura minus ipsa quæruntur ad hanc controversiam, quod neque in hoc civili jure versantur, et a vulgari intelligentia remotiora sunt; ad similitudinem vero aliquam, aut ad rem amplificandam sæpe sunt inferenda. —

Consuetudinis autem jus esse putatur id, quod voluntate omnium sine lege vetustas comprobarit. In ea autem jura sunt quædam ipsa jam certa propter vetustatem. Quo in genere et alia sunt multa, et eorum multo maxima pars, quæ prætores edicere consuerunt. Quædam autem genera juris jam certa consuetudine facta sunt : quod genus, pactum, par, judicatum. Pactum est, quod inter aliquos convenit, quod jam ita justum putatur, ut jure præstari dicatur.

lière, mais regardée comme si obligatoire, qu'on dit que son exécution est de droit. L'équité exprime l'idée d'un droit égal pour tous. Le précédent est une décision antérieure, rendue par un seul ou par plusieurs juges. Quant au droit légal, c'est dans la loi même qu'on le trouve. Il faut donc chercher dans chacune de ces parties du droit tout ce que peut fournir le fait même, ou un autre semblable, ou un autre plus ou moins important, et sonder avec soin toutes ses parties. Comme il y a deux sortes de lieux communs, ainsi que je l'ai dit plus haut, les uns servant à développer un point douteux, les autres un point évident, il faudra considérer les circonstances mêmes de la cause, et quels sont les lieux communs qui peuvent et doivent y trouver place. Car il est impossible de les déterminer d'avance pour toutes les causes ; dans presque toutes, il faut invoquer l'autorité des jurisconsultes, ou l'attaquer. On examinera si, dans la cause présente et dans toutes les autres, outre ces lieux communs que je viens d'exposer, l'affaire même n'en fournit pas d'autres encore. Passons maintenant à la question juridiciaire et à ses parties.

XXIII. La question juridiciaire est celle où l'on discute le droit ou le tort, la récompense ou la peine. Elle offre deux parties, l'une absolue, l'autre accessoire. L'absolue est celle où la question de droit ou de tort se trouve, non pas implicitement com-

---

Par, quod in omnes æquabile est. Judicatum, de quo jam ante sententia alicujus, aut aliquorum constitutum est. Jam jura legitima ex legibus cognosci oportebit. His ergo ex partibus juris, quidquid aut ex ipsa re, aut ex simili, aut ex majore minoreve nasci videbitur, attendere, atque elicere pertemptando unam quamque partem juris oportebit. Locorum autem communium, quoniam (ut ante dictum est) duo sunt genera, quorum alterum dubiæ rei, alterum certæ continet amplificationem, quid ipsa causa det, et quid augeri per communem locum possit et oporteat, considerabitur. Nam certi, qui in omnes incidant, loci, præscribi non possunt : in plerisque fortasse ab auctoritate juris consultorum, et contra auctoritatem dici oportebit. Attendendum est autem et in hac, et in omnibus, num quos locos communes, præter eos, quos nos exposuimus, ipsa res ostendat. Nunc juridiciale genus et partes ejus consideremus.

XXIII. Juridicialis est, in qua æqui et iniqui natura, et præmii aut pœnæ ratio quæritur. Hujus partes sunt duæ, quarum alteram, absolutam, adsumptivam alteram nominamus. Absoluta est, quæ ipsa in se, non ut negotialis implicite

prise et cachée, comme dans la question négociale, mais où elle est saillante, et nettement posée. En voici un exemple : « Vainqueurs de Lacédémone, les Thébains, suivant l'usage, presque général chez les Grecs, d'élever un trophée sur les confins de leur territoire, après un avantage obtenu dans leurs guerres particulières, avaient dressé un trophée d'airain, non pour éterniser le souvenir de cette guerre, mais comme un témoignage actuel de la victoire qu'ils avaient remportée. On les accuse devant le conseil des Amphictyons, c'est-à-dire dans l'assemblée générale des Grecs. » — « Ils ne le devaient pas, » dit l'accusation. « Ils le devaient, » répond la défense. « Le devaient-ils ? » voilà la question. La raison des Thébains est celle-ci : « La gloire acquise par nous à la guerre est telle que nous avons voulu en laisser un monument éternel à nos descendants. » On la réfute ainsi : « Mais il ne convient pas à des Grecs de dresser un monument éternel de leurs divisions. Voici le point à juger : « Convient-il, ou ne convient-il pas à des Grecs d'élever, en l'honneur de leur courage héroïque, un monument éternel des divisions de la Grèce ? » La raison que je mets ici dans la bouche des Thébains n'a pour but que de faire connaître le genre de cause dont je traite. Car si nous supposons celle qu'ils ont vraisemblablement alléguée : « La guerre que vous nous avez faite est injuste et impie, » ce serait une récrimination, et nous n'en sommes pas encore là. Il

---

et abscondite, sed patentius et expeditius recti et non recti quæstionem continet. Ea est hujusmodi : « Quum Thebani Lacedæmonios bello superavissent, et fere mos esset Graiis, quum inter se bellum gessissent, ut ii, qui vicissent, tropæum aliquod in finibus statuerent victoriæ modo in præsentia declarandæ causa, non ut in perpetuum belli memoria maneret, æneum statuerunt tropæum. Accusantur apud amphictyonas, id est, apud commune Græciæ concilium. » Intentio est, « Non oportuit. » Depulsio est, « Oportuit. » Quæstio est, « Oportueritne. » Ratio est, « Eam enim ex bello gloriam virtute peperimus, ut ejus æterna insignia posteris nostris relinquere vellemus. » Infirmatio est, « Attamen æternum inimicitiarum monumentum Graios de Graiis statuere non oportet. » Judicatio est, « Quum summæ virtutis concelebrandæ causa Graii de Graiis æternum inimicitiarum monumentum statuerint, rectene, an contra fecerint. » Hanc ideo rationem subjecimus, ut hoc causæ genus ipsum, de quo agimus, cognosceretur. Nam si eam supposuissemus, qua fortasse usi sunt : « Non enim juste, neque pie bellum gessistis ; » in relationem criminis delabe-

est certain que cette cause présente ces deux genres de questions, et, qu'en ce cas, les arguments se tirent des mêmes lieux que pour la question négociale. Quant aux lieux communs, la cause elle-même, pour peu qu'elle offre de matière à l'indignation ou à la plainte, l'utilité et la nature du droit en fourniront de nombreux et de solides, qu'il sera permis, et même nécessaire d'employer, si l'importance de la cause paraît l'exiger.

XXIV. Considérons maintenant la question juridiciaire accessoire. La question juridiciaire est accessoire, quand le fait ne porte pas en lui-même sa justification, et qu'il faut l'appuyer de considérations étrangères. Elle offre quatre parties : l'alternative, la récrimination, le recours et l'aveu.

L'alternative s'emploie pour justifier, par les motifs, un fait en lui-même condamnable. Par exemple : « Un général enveloppé par les ennemis, et dans l'impuissance de s'échapper, capitule avec eux, et convient d'emmener ses soldats en laissant armes et bagages. La convention s'exécute : en sacrifiant armes et bagages, il sauve au moins ses soldats contre toute espérance. On l'accuse de lèse-majesté. » C'est le cas d'une définition. Mais ne pensons qu'à l'objet qui nous occupe actuellement. L'accusation dit : « Il ne fallait pas laisser armes et bagages. » La défense

---

remur, de qua post loquemur. Utrumque autem causæ genus in hanc causam incidere perspicuum est. In hanc argumentationes ex iisdem locis sumendæ sunt, atque in causam negotialem, qua de ante dictum est. Locos autem communes et ex causa ipsa, si quid inerit indignationis aut conquestionis, et ex uris utilitate et natura multos et graves sumere licebit, et oportebit, si causæ dignitas videbitur postulare.

XXIV. Nunc adsumptivam partem juridicialis consideremus. Adsumptiva igitur une dicitur, quum ipsum ex se factum probari non potest, aliquo autem foris adjuncto argumento defenditur. Ejus partes sunt quattuor : comparatio, relatio criminis, remotio criminis, concessio.

Comparatio est, quum aliquod factum, quod per se ipsum non sit probandum, ex eo, cujus id causa factum est, defenditur. Ea est hujusmodi : Quidam imperator, quum ab hostibus circumsideretur, neque effugere ullo modo posset, depactus est cum eis, ut arma et impedimenta relinqueret, milites educeret ; itaque fecit ; armis et impedimentis amissis, præter spem milites conservavit. Accusatur majestatis. » Incurrit huc definitio. Sed nos hunc locum, de quo agimus, consideremus. Intentio est : « Non oportuit arma et

répond : « Il le fallait. » La question est : « Le fallait-il? » La raison : « C'est que tous les soldats auraient péri. » On la réfute par cette objection conjecturale : « Ils n'auraient point péri; » ou par cette autre : « Ce n'a pas été là votre motif; » ce qui donne deux points à juger : « Les soldats auraient-ils péri? » et : « Était-ce là son motif? » ou par cette autre, qui appartient à l'alternative : « mais il valait mieux perdre tous ses soldats, que d'abandonner à l'ennemi les armes et les bagages; » d'où naît ce point à juger : « tous les soldats devant périr sans cette capitulation, lequel valait mieux de perdre ses soldats ou de les sauver à ces conditions? »

C'est ainsi qu'on doit traiter ce genre de cause, en suivant du reste la marche et les règles tracées pour toutes les autres questions, et surtout en réfutant, par des conjectures, l'alternative présentée par l'accusé. Pour cela, il faut ou nier que le fait qu'il présente comme ayant dû nécessairement arriver, s'il n'eût point accompli ce dont on l'accuse, fût réellement arrivé; ou démontrer qu'il avait des raisons et des motifs différents de ceux qu'il allègue pour agir comme il a fait. C'est dans la question conjecturale qu'il faut chercher les arguments pour et contre cette assertion; ou bien, quand le crime qui donne matière à la poursuite est clairement qualifié, comme dans cette cause où le

---

impedimenta relinquere. « Depulsio est, « Oportuit. » Quæstio est, « Oportueritne. » Ratio est, « Milites enim omnes perissent. » Infirmatio est aut conjecturalis, « Non perissent; » aut altera conjecturalis, « Non ideo fecisti. » Ex quibus sunt judicatio est, « Perissentne? » et « Ideone fecerit? » aut hæc comparativa, cujus nunc indigemus, « At enim satius fuit amittere milites, quam arma et impedimenta hostibus concedere. » Ex qua judicatio nascitur, « Quum omnes perituri milites essent, nisi ad hanc pactionem venissent, utrum satius fuerit amittere milites, an ad hanc conditionem venire? »

Hoc causæ genus ex his locis tractari oportebit, et adhibere cæterarum quoque constitutionum rationem atque præcepta; ac maxime conjecturis faciendis nfirmare illud, quod cum eo, quod crimini dabitur, ii, qui accusabuntur, comparabunt. Id fiet, si aut id, quod dicent defensores futurum fuisse, nisi id factum esset, quo de facto judicium est, futurum fuisse negabitur; aut si alia ratione, et aliam ob causam, ac dicet se reus fecisse, demonstrabitur esse factum. Ejus rei confirmatio, et item contraria de parte infirmatio ex conjecturali constitutione sumetur. Sin autem certo nomine maleficii vocabitur in ju-

général est accusé de lèse-majesté, c'est à la définition et à ses règles qu'il faut avoir recours.

XXV. Il arrive le plus souvent que, dans les causes de ce genre, on doit employer tout ensemble les conjectures et la définition; et si quelque autre question s'y rencontre encore, on pourra de même suivre les règles qui lui sont propres. Car le but principal de l'accusateur est de réunir le plus d'objections possible contre le fait que l'accusé veut établir. C'est en multipliant le nombre des questions le plus possible, qu'il parvient à ruiner son système de défense.

En considérant l'alternative séparément et en elle-même, on fera voir que le fait qui sert de point de comparaison n'est ni honnête, ni utile, ni nécessaire, ou que du moins il ne l'est pas autant que l'accusé voudrait le faire croire.

L'accusateur doit ensuite séparer le fait qu'il incrimine de l'alternative présentée par l'accusé, en démontrant qu'il n'en va pas ainsi d'ordinaire, qu'aucune nécessité, qu'aucune raison n'autorise à livrer à l'ennemi, pour le salut des soldats, les instruments mêmes de leur salut. Il faut ensuite comparer le bien et le mal, mettre enfin en parallèle le fait que l'on incrimine, et celui que l'accusé présente comme louable ou nécessaire, en affaiblir

---

dicium, sicut in hac causa (nam majestatis arcessitur), definitione et definitionis præceptis uti oportebit.

XXV. Atque hæc quidem plerumque in hoc genere accidunt, ut et conjectura et definitione utendum sit. Sin aliud quoque aliquod genus incidet, ejus generis præcepta licebit huc pari ratione transferre. Nam accusatori maxime est in hoc elaborandum, ut id ipsum factum, propter quod sibi reus concedi putet oportere, quam plurimis infirmet rationibus. Quod facile est, si quam plurimis constitutionibus aggreditur id improbare.

Ipsa autem comparatio, separata a cæteris generibus controversiarum, sic ex sua vi considerabitur, si illud, quod comparabitur, aut non honestum aut non utile aut non necessarium fuisse, aut non tanto opere utile aut non tanto opere honestum aut non tanto opere necessarium demonstrabitur.

Deinde oportet accusatorem illud, quod ipse arguat, ab eo, quod defensor comparat, separare. Id autem faciet, si demonstrabit, non ita fieri solere, neque oportere neque esse rationem, quare hoc propter hoc fiat, ut, propter salutem militum, ea, quæ salutis causa comparata sunt, hostibus tradantur. Postea comparare oportebit cum beneficio maleficium, et omnino id, quod arguitur, cum eo, quod factum ab defensore laudatur, aut faciendum fuisse de-

le mérite, en faire ressortir l'indignité. Pour cela, il faut démontrer que ce qu'il a voulu éviter était plus honorable, plus utile, plus nécessaire que ce qu'il a fait. Je ferai connaître, en exposant les règles du genre délibératif, ce que c'est que l'honneur, l'utilité, la nécessité.

Il faut ensuite poser cette question d'alternative, comme une question du genre délibératif, et suivre les règles de ce même genre, dans le cours de la plaidoirie. Prenons pour exemple le point posé plus haut : « Tous les soldats devant périr sans cette capitulation, lequel valait mieux de les laisser périr ou de l'accepter? » Il faut traiter cette question suivant les règles du genre délibératif, comme si l'on avait à donner son avis dans une délibération.

XXVI. Le défendeur doit chercher les moyens de justification dans les mêmes questions accessoires que l'accusateur aura traitées; seulement pour celles que renferme l'alternative elle-même, il les développera dans le sens contraire à celui de l'accusation.

Les lieux communs seront : 1° pour l'accusateur de s'élever avec indignation contre l'accusé qui, tout en s'avouant coupable d'une action infâme ou funeste, ou infâme et funeste tout ensemble, cherche pourtant à se justifier, et de lui reprocher les

monstratur, contendere, et hoc extenuando, maleficii magnitudinem simul adaugere. Id fieri poterit, si demonstrabitur, honestius, utilius, magis necessarium fuisse illud, quod vitarit reus, quam illud, quod fecerit. Honesti autem et utilis et necessarii vis et natura in deliberationis præceptis cognoscetur.

Deinde oportebit ipsam illam comparativam judicationem exponere, tamquam causam deliberativam, et de ea ex deliberationis præceptis deinceps dicere. Sit enim hæc judicatio, quam ante exposuimus : « Quum omnes perituri milites essent, nisi ad hanc pactionem venissent, utrum satius fuerit perire milites, an ad hanc pactionem venire. » Hoc ex locis deliberationis, quasi aliquam in consultationem res veniat, tractari oportebit.

XXVI. Defensor autem, quibus in locis ab accusatore aliæ constitutiones erunt inductæ, in iis ipse quoque ex iisdem constitutionibus defensionem comparabit; cæteros autem omnes locos, qui ad ipsam comparationem pertinebunt, ex contrario tractabit.

Loci communes hi erunt : accusatoris, in eum, qui quum de facto turpi aliquo, aut inutili, aut utroque fateatur, quærat tamen aliquam defensionem, et facti inutilitatem, aut turpitudinem cum indignatione proferre; defensoris, nullum

dangers et l'infamie de cette action ; pour le défenseur, de répondre qu'on ne peut juger des avantages et des dangers, de la gloire ou de l'infamie d'une action, sans en connaître l'intention, le temps et le motif ; — ce lieu commun bien traité sera, dans cette cause, un puissant moyen de persuasion ; — 2° de démontrer, avec largeur, l'importance du service, par des considérations d'utilité, d'honneur et de nécessité ; 3° d'exposer le fait, et d'en mettre sous les yeux des auditeurs une peinture si vive, qu'ils se persuadent qu'eux-mêmes, avec les mêmes motifs et dans les mêmes circonstances, il n'auraient pas agi autrement.

La récrimination a lieu, quand l'accusé, convenant du fait, s'en justifie, en prouvant que le tort d'un autre l'a mis dans son droit. Par exemple : « Horace, après la mort des trois Curiaces et de ses deux frères, se retire victorieux dans sa maison ; là il voit que sa sœur n'est nullement affligée de la mort de ses frères, et qu'au contraire elle prononce de temps en temps, avec des sanglots et des larmes le nom de celui des trois Albains auquel elle était fiancée ; transporté de colère, il la tue. On le met en accusation. »

Accusation : « Vous avez tué votre sœur sans aucun droit. » Défense : « J'en avais le droit. » La question est : « Avait-il le droit de la tuer ? » Raison : « Elle pleurait la mort de mon ennemi.

factum inutile, neque turpe, neque item utile, neque honestum putari oportere, nisi, quo animo, quo tempore, qua de causa factum sit, intelligatur : qui locus ita communis est, ut bene tractatus in hac causa, magno ad persuadendum momento futurus sit ; et alter locus, per quem, magna cum amplificatione, beneficii magnitudo ex utilitate, aut honestate, aut facti necessitudine demonstratur ; et tertius, per quem res expressa verbis, ante oculos eorum, qui audiunt, ponitur, ut ipsi se quoque idem facturos fuisse arbitrentur, si sibi illa res, atque ea faciendi causa per idem tempus accidisset.

Relatio criminis est, quum reus id, quod arguitur, confessus, alterius se inductum peccato, jure fecisse demonstrat. Ea est hujusmodi : « Horatius, occisis tribus Curiatiis, et duobus amissis fratribus, domum se victor recepit. Is animadvertit sororem suam de fratrum morte non laborantem ; sponsi autem nomen appellantem identidem Curiatii cum gemitu et lamentatione. Indigne passus, virginem occidit. Accusatur. »

Intentio est, « Injuria sororem occidisti. » Depulsio est, « Jure occidi. » Quæstio est, « Jurene occiderit. » Ratio est, « Illa enim hostium mortem luge-

non celle de ses frères; elle maudissait ma victoire et celle du peuple romain. » Réfutation : « Son frère n'avait pas pour cela le droit de la tuer, sans qu'elle fût condamnée. » Point à juger : « Horatia, pour avoir pleuré la mort de nos ennemis, non celles de ses frères, et n'avoir témoigné aucune joie de la victoire du peuple romain, pouvait-elle être justement mise à mort par son frère, sans avoir été condamnée? »

XXVII. Dans une cause de ce genre, il faut d'abord prendre dans les autres questions les moyens qui peuvent convenir, comme je l'ai prescrit pour l'alternative; puis trouver, s'il est possible, quelque question qui serve à la défense de celui sur qui l'accusé rejette le crime; prouver que le tort qu'il lui impute est moins grave que celui dont lui-même s'est rendu coupable; puis employer les arguments propres à la récusation; montrer par qui, devant qui, comment, dans quel temps l'affaire devait être portée, plaidée, jugée, et montrer en même temps que le supplice ne devait point devancer la condamnation. Il faut citer aussi les lois et les jugements qui pouvaient amener, par des voies honnêtes et légales, le châtiment d'un crime puni par un acte arbitraire. L'accusateur soutiendra de plus, qu'il n'en faut point croire le témoignage de l'accusé sur le fait qu'il reproche à sa victime, quand lui-même n'a pas voulu qu'il fût porté de-

---

bat, fratrum negligebat; me et populum Romanum vicisse moleste ferebat. » Infirmatio est, « Tamen a fratre indemnatam necari non oportuit. » Ex qua judicatio fit : « Quum Horatia fratrum mortem negligeret, hostium lugeret, fratris et populi Romani victoria non gauderet, oportueritne eam a fratre indemnatam necari. »

XXVII. Hoc in genere causæ primum, si quid ex cæteris dabitur constitutionibus, sumi oportebit, sicut in comparatione præceptum est; postea si qua facultas erit, per aliquam constitutionem illum, in quem crimen transferatur, defendere; deinde, levius esse illud, quod in alterum peccatum reus transferat, quam quod ipse susceperit; postea translationis partibus uti et ostendere, a quo et per quos, et quo modo, et quo tempore aut agi, aut judicari, aut statui de ea re convenerit; ac simul ostendere, non oportuisse ante supplicium quam judicium, interponere. Tum leges quoque et judicia demonstranda sunt; per quæ potuerit id peccatum, quod sponte sua reus punitus sit, moribus et judicio vindicari. Deinde negare audiri oportere id, quod in eum criminis conferatur; de quo is ipse, qui conferat, judicium fieri noluerit; et id,

ant les juges ; qu'on doit regarder comme non avenu ce qui n'a point été jugé : il montrera ensuite l'impudence de ces hommes qui viennent accuser devant les juges celui qu'ils ont eux-mêmes condamné sans juges, et dont ils poursuivent le jugement après avoir puni de leur seule autorité. Puis il dira que c'est porter le désordre dans les jugements, et que les juges même dépasseraient les bornes de leur pouvoir, en jugeant à la fois l'accusé et celui qu'il accuse; ce principe une fois établi de punir un crime par un crime, une injustice par une autre, que de maux n'en résulterait-il pas? Si l'accusateur avait voulu faire comme l'accusé, il n'y aurait pas besoin de jugement ; et si tout le monde suivait ce même exemple, il n'y aurait plus de tribunaux.

Il fera voir alors que, quand même la sœur de l'accusé, sur laquelle celui-ci rejette son crime, eût été légalement condamnée, ce n'était point à lui de la punir. C'est donc une indignité à lui, qui n'avait point le droit de la punir condamnée, de l'avoir punie sans qu'elle eût été même appelée en justice. Puis il lui demandera de citer la loi en vertu de laquelle il a agi.

Il faudra aussi, comme je l'ai enseigné pour l'alternative, affaiblir autant que possible l'importance du fait mis en parallèle. Ainsi, l'accusateur devra comparer la faute de celui à qui l'accusé ren-

---

od judicatum non sit, pro infecto haberi oportere ; postea impudentiam demonstrare eorum, qui cum nunc apud judices accusent, quem sine judicibus ipsi condemnarint, et de eo judicium faciant, de quo jam ipsi supplicium sumpserint. Postea perturbationem judicii futuram dicemus, et judices longius, quam potestatem habeant, progressuros, si simul et de reo, et de eo, quem reus arguat, judicarint ; deinde, hoc si constitutum sit, ut peccata homines peccatis, et injurias injuriis ulciscantur, quantum incommodorum consequatur ; ac si idem facere ipse, qui nunc accusat, voluisset, ne hoc quidem ipso quidquam ei fuisse judicio; si vero cæteri quoque idem faciant, omnino judicium nullum futurum.

Postea demonstrabitur, ne si judicio quidem illa damnata esset, in quam id crimen ab reo conferatur, potuisse hunc ipsum de illa supplicium sumere: ire esse indignum, eum, qui ne de damnata quidem pœnas sumere ipse debuisset, de ea supplicium sumpsisse, quæ ne adducta quidem sit in judicium. Inde postulabit, ut legem, qua lege fecerit, proferat.

Deinde quemadmodum in comparatione præcipiebamus, ut illud, quod comparabatur, extenuaretur ab accusatore quam maxime : sit in hoc genere opor-

voie l'accusation, avec le crime de celui qui prétend n'avoir rien fait contre la justice : puis il démontrera que la faute du premier ne pouvait en rien justifier celle du second ; et enfin, comme dans l'alternative, il reprendra le point à juger, et lle développera par l'amplification, suivant les règles du genre délibératif.

XXVIII. Le défenseur, de son côté, emploiera, pour réfuter les arguments tirés des autres questions, les lieux communs que j'ai indiqués. Il appuiera la récrimination, d'abord en exagérant le crime et la scélératesse de celui qu'il accuse, et surtout en les retraçant, si le sujet le comporte, avec un accent d'indignation mêlée de plaintes ; puis en démontrant que le coupable n'a pas été même assez puni, et en comparant la faute avec le châtiment. Ensuite, il réfutera, par des raisons contraires, les lieux communs que l'accusateur aura traités de manière à ce qu'on puisse les rétorquer et les retourner contre lui, comme les trois derniers dont j'ai parlé. Quant à ce moyen si puissant de l'accusation, que ce serait porter le trouble dans tous les jugements que de permettre, à qui que ce soit, de punir un homme qui n'aurait point été condamné ; il en affaiblira l'effet, d'abord en montrant que le crime était tel que, non pas un homme vertueux, mais seulement un homme libre ne devait pas le souf-

---

tebit illius culpam, in quem crimen transferetur, cum hujus maleficio, qui se jure fecisse dicat, comparare. Postea demonstrandum est, non esse illud ejusmodi, ut ob id hoc fieri conveniret. Extrema est, ut in comparatione, adsumptio judicationis, et de ea per amplificationem ex deliberationis præceptis dictio.

XXVIII. Defensor autem, quæ per alias constitutiones inducentur, ex iis locis, qui traditi sunt, infirmabit ; ipsam autem relationem comprobabit, primum augendo ejus, in quem referet crimen, culpam et audaciam, et quam maxime per indignationem, si res feret, juncta conquestione, ante oculos ponendo ; postea levius demonstrando reum se punitum, quam sit ille promeritus, et suum supplicium cum illius injuria conferendo. Deinde oportebit eos locos, qui ita erunt ab accusatore tractati, ut refelli, et contrariam in partem converti possint, quo in genere sunt tres extremi, contrariis rationibus infirmare. Illa autem acerrima accusatorum criminatio, per quam perturbationem fore omnium judiciorum demonstrant, si de indemnato supplicii sumendi potestas data sit levabitur, primum si ejusmodi demonstrabitur injuria, ut non modo viro bono, verum omnino homini libero videatur non fuisse toleranda ; deinde ita perspi-

frir ; si évident, que le coupable même ne le niait pas ; tel, en un mot, que c'était pour celui qui l'a puni plus que pour tout autre un devoir de le faire ; que la justice et la convenance exigeaient moins qu'il fût poursuivi devant les tribunaux, que puni comme il l'a été, et de la main qui s'est chargée de le punir ; si public enfin, qu'il n'était pas besoin de jugement. Et ici le défenseur démontrera, par des raisons et des similitudes, qu'il y a un grand nombre de crimes, tellement évidents, tellement atroces, qu'il n'est point nécessaire, ni même utile, d'en attendre le jugement, si prompt qu'il puisse être.

L'accusateur a ici un lieu commun contre l'accusé qui, ne pouvant nier le fait qu'on lui reproche, ose fonder quelque espérance sur le renversement de la justice. Il démontrera l'utilité des jugements, plaindra le malheur de la victime immolée sans condamnation, et s'indignera contre la scélératesse et la cruauté de son bourreau. L'accusé, au contraire, exhalera son indignation contre la scélératesse de celui qu'il a puni, avec des plaintes sur lui-même. Il dira qu'il ne faut pas juger du fait par le nom qu'on lui donne, mais par le motif, le temps et l'intention. Quelles conséquences fatales n'entraînerait pas l'injustice ou le crime, si un attentat de cette nature et aussi évident n'avait été puni par celui qu'il frappait dans sa réputation, dans ses parents,

---

cua, ut ne ab ipso quidem, qui fecisset, in dubium vocaretur ; deinde ejusmodi, ut in eam is maxime debuerit animadvertere, qui animadverterit ; ut non tam rectum, non tam fuerit honestum, in judicium illam rem pervenire quam eo modo, atque ab eo vindicari, quo modo et a quo sit vindicata ; postea sic rem fuisse apertam, ut judicium de ea re fieri nihil attinuerit. Atque hic demonstrandum est rationibus, et rebus similibus, permultas ita atroces, et perspicuas res esse, ut de his non modo non necesse sit, sed ne utile quidem, quam mox judicium fiat, exspectare.

Locus communis accusatoris in eum, qui quum id, quod arguitur, negare non possit, tamen aliquid sibi spei comparet ex judiciorum perturbatione. Atque hic utilitatis judiciorum demonstratio, et de eo conquestio, qui supplicium dederit indemnatus; in ejus autem, qui sumpserit, audaciam et crudelitatem, indignatio. Ab defensore, in ejus, quem ultus sit, audaciam sui conquestio : rem non ex nomine ipsius negotii, sed ex consilio ejus, qui fecerit, et causa, et tempore considerari oportere : quid mali futurum sit, aut ex injuria ut ex scelere alicujus, nisi tanta, et tam perspicua audacia ab eo, ad cujus

dans ses enfants, dans quelqu'un enfin de ces intérêts qui sont ou qui doivent être chers à tous les hommes?

XXIX. Il y a recours, quand un accusé rejette sur une autre personne ou sur une chose l'accusation portée contre lui. Les recours sont de deux sortes; tantôt c'est la cause, tantôt c'est le fait lui-même qu'on rejette. Exemple du premier cas : « Les Rhodiens ont nommé des députés pour se rendre à Athènes ; les questeurs n'ont point remis à ces députés l'argent dont ils avaient besoin ; ils ne sont point partis. » On les met en jugement. Accusation : « Ils devaient partir. » Défense : « Ils ne le devaient pas. » Question : « Le devaient-ils? » Raison : « Les frais de voyages, qui se prennent d'ordinaire sur le trésor public, ne leur ont point été remis par le questeur. » Réfutation : « Chargés d'un mandat public, vous ne deviez pas vous dispenser de le remplir. » Point à juger : « Les députés, quoique n'ayant point reçu les frais d'ambassade qui leur étaient dus par le trésor public, devaient-ils néanmoins remplir leur mission? » Dans cette cause, comme dans toutes les autres, il faut voir d'abord les moyens que peut fournir la question conjecturale, ou toute autre question. Puis on emploiera la plupart des arguments propres à l'alternative et à la récrimination.

L'accusateur s'attachera d'abord à justifier, s'il est possible,

famam aut ad parentes aut ad liberos pertinuerit aut ad aliquam rem, quam curam esse omnibus, aut necesse est, aut oportet esse, fuerit vindicata.

XXIX. Remotio criminis est, quum ejus intentio facti, quod ab adversario infertur in alium, aut in aliud demovetur. Id fit bipertito. Nam tum causa, tum res ipsa removetur. Causæ remotionis hoc nobis exemplo sit : « Rhodii quosdam legarunt Athenas. Legatis quæstores sumptum, quem oportebat dari, non dederunt. Legati profecti non sunt. Accusantur. » Intentio est, « Proficisci oportuit. » Depulsio est, « Non oportuit. » Quæstio est, « Oportueritne? » Ratio est « Sumptus enim, qui de publico dari solet, is ab quæstore non est datus. » Infirmatio est, « Vos tamen id, quod publice vobis datum erat negotii, conficere oportebat. » Judicatio est, « Quum iis, qui legati erant, sumptus, qui de publico debebatur, non daretur, oportueritne eos conficere nihilo minus legationem? » Hoc in genere primum, sicut in cæteris, si quid aut ex conjecturali, aut ex alia constitutione sumi possit, videri oportebit. Deinde pleraque et ex comparatione, et ex relatione criminis in hanc quoque causam convenire poterunt.

Accusator autem illum, cujus culpa id factum reus dicet, primum defendet,

celui sur qui l'accusé rejette sa faute ; s'il ne le peut, il dira que
c'est la faute de l'accusé, non celle de l'autre, qui fait la matière
de ce jugement. Puis il ajoutera que chacun doit remplir ses devoirs ; que la faute de l'un n'autoriserait pas celle de l'autre ; que
si celui sur lequel on se rejette est coupable, il faut lui faire
séparément son procès, comme à l'accusé, et ne point mêler
ainsi l'accusation de l'un à la défense de l'autre.

Quant à l'accusé, après avoir traité les points tirés des autres
questions, voici comment il doit argumenter sur le recours. D'a-
bord, il fera voir à qui la faute doit être imputée ; puis, soutenant que ce n'est pas à lui, il s'attachera à démontrer qu'il n'a
pas pu, qu'il n'a pas dû faire ce que l'accusateur dit qu'il était
obligé de faire. Il ne l'a pas pu : des raisons d'intérêt, qui
comprennent aussi la nécessité le prouveront ; il ne l'a pas
dû : considérations tirées de l'honneur. — J'insisterai sur ces
deux points plus bas, en traitant du genre délibératif. — Il soutiendra qu'il a fait tout ce qui était en son pouvoir, et que, s'il n'a
pas fait tout ce qu'il fallait, c'est à un autre qu'il faut s'en prendre. En cherchant à établir la culpabilité de ce dernier, il fera ressortir son propre zèle et sa bonne volonté, il en signalera les
preuves dans l'empressement qu'il a mis à remplir tous ses autres
devoirs, dans sa conduite antérieure, dans ses discours ; il ajoutera que ce qu'on lui reproche de n'avoir point fait, il était dans

si poterit ; sin minus poterit, negabit, ad hoc judicium illius, sed hujus, quem
ipse accuset, culpam pertinere. Postea dicet suo quemque officio consulere
oportere ; nec, si ille peccasset, hunc oportuisse peccare ; deinde, si ille deliquerit, separatim illum, sicut hunc, accusari oportere, et non cum hujus defensione conjungi illius accusationem.

Defensor autem quum cætera, si qua ex aliis incident constitutionibus, pertra-
ctarit, de ipsa remotione sic argumentabitur. Primum, cujus acciderit culpa, demonstrabit ; deinde, quum id aliena culpa accidisset, ostendet, se aut non potuisse,
aut non debuisse id facere, quod accusator dicat oportuisse : quod non potuerit,
ex utilitatis partibus, in quibus est necessitudinis vis implicata, demonstrabitur ;
quod non debuerit, ex honestate considerabitur. De utroque distinctius in deliberativo genere dicetur. Deinde omnia facta esse ab reo, quæ in ipsius fuerint
potestate ; quod minus, quam convenerit, factum sit, culpa id alterius accidisse.
Deinde in alterius culpa exponenda demonstrandum est, quantum voluntatis et
studii fuerit in ipso : et id signis confirmandum hujusmodi ; ex cætera diligentia, ex ante factis, aut dictis ; atque hoc ipsi utile fuisse facere, inutile

son intérêt de le faire, contre son intérêt, de ne le pas faire ; qu'il était plus conforme à toute sa vie passée de remplir ce devoir, que d'y manquer par la faute d'un autre.

XXX. Si, au lieu d'une personne, c'est sur une chose qu'on rejette l'accusation ; par exemple, si, dans l'espèce dont il s'agit, « c'était la mort du questeur, qui eût empêché de remettre l'argent nécessaire aux députés, » laissant de côté la récrimination et le rejet de la faute, on devra se servir néanmoins de tous les autres lieux, et tirer de l'aveu, dont je traiterai plus bas, tous les moyens qui peuvent convenir à la cause. Les lieux communs à développer sont à peu près les mêmes des deux côtés que dans les précédentes questions. Voici néanmoins les plus spécialement convenables : pour l'accusateur, l'indignation ; pour l'accusé, l'injustice qu'il y aurait à le punir d'une faute dont un autre est coupable.

L'accusé rejette l'imputation du fait lui-même, quand il soutient que l'action pour laquelle on le met en jugement, ne dépendait ni de sa personne ni de ses attributions ; et que, si elle offre quelque chose de criminel, ce n'est point à lui d'en répondre. Voici un exemple de ce genre de cause : « Lors du traité conclu autrefois avec les Samnites, un jeune homme, de famille patricienne, tint la victime par ordre du général. Le sénat refusa

---

autem non facere, et cum cætera vita magis hoc fuisse consentaneum, quam quod propter alterius culpam non fecerit.

XXX. Si autem non in hominem certum, sed in rem aliquam causa demovebitur, « ut in hac eadem re, si quæstor mortuus esset, et idcirco legatis pecunia data non esset ; » accusatione alterius, et culpæ depulsione dempta, cæteris similiter uti locis oportebit, et ex concessionis partibus, quæ conveniunt, adsumere : de quibus post nobis dicendum erit. Loci autem communes iidem utrisque fere, qui superioribus adsumptivis, incident ; hi tamen certissime : accusatoris, facti indignatio : defensoris, quum in alio culpa sit, aut in ipso non sit, supplicio se adfici non oportere.

Ipsius autem rei fit remotio, quum id, quod datur crimini, negat neque ad se, neque ad officium suum reus pertinuisse ; nec, si quod in eo sit delictum, sibi attribui oportere. Id genus causæ est hujusmodi : « In eo fœdere, quod factum est quondam cum Samnitibus, quidam adolescens nobilis porcam sustinuit jussu imperatoris. Fœdere autem ab senatu improbato, et imperatore Samnitibus dedito, quidam in senatu cum quoque dicit, qui porcam tenuerit, dedi oportere. »

de ratifier ce traité ; le général fut livré aux ennemis ; un sénateur dit qu'il fallait aussi livrer celui qui avait tenu la victime. » Accusation : « Il faut le livrer. » Défense : « Il ne le faut pas. » Question : « Le faut-il ? » Raison : « Mon âge et ma position sans caractère public m'ôtaient toute puissance et toute responsabilité ; c'était au général, revêtu de la puissance et de l'autorité suprêmes, à apprécier si le traité était honorable ou non. » Réfutation : « Pour avoir pris part aux cérémonies les plus saintes dans la conclusion d'un traité infâme, vous devez être livré. » Point à juger : « L'homme qui, sans caractère public et par l'ordre du général, est intervenu dans le traité et dans les cérémonies les plus saintes, doit-il ou ne doit-il pas être livré aux ennemis ? » Ce qui distingue cette cause de la précédente, c'est que, dans cette dernière, l'accusé convient qu'il aurait dû faire ce que l'accusateur lui reproche de n'avoir pas fait, mais en rejetant la faute sur une personne ou sur une chose qui a fait obstacle à sa volonté, et sans recourir aux moyens que fournit l'aveu ; car ces moyens ont bien plus de force, comme je le ferai comprendre tout à l'heure : dans celle-ci, au contraire, il ne doit accuser personne, ne rejeter la faute sur personne ; mais seulement démontrer qu'il n'est pas, qu'il ne peut être responsable d'un fait complétement en dehors de

Intentio est, « Dedi oportet. » Depulsio est, « Non oportet. » Quæstio est, « Oporteatne ? » Ratio est, « Non enim meum fuit officium, nec mea potestas, quum et id ætatis, et privatus essem, et esset summa cum auctoritate et potestate imperator, qui videret, ut satis honestum fœdus feriretur. » Infirmatio est, « At enim, quoniam tu particeps factus es in turpissimo fœdere summæ religionis, dedi te convenit. » Judicatio est, « Quum is, qui potestatis nihil habuerit, jussu imperatoris in fœdere, et in tanta religione interfuerit, dedendusne sit hostibus, necne ? » Hoc genus causæ cum superiore hoc differt, quod in illo concedit se reus oportuisse, facere id, quod fieri dicat accusator oportuisse, sed alicui rei, aut homini causam attribuit, quæ voluntati suæ fuerit impedimento, sine concessionis partibus ; nam earum major quædam vis est ; quod paullo post intelligetur : in hoc autem non accusare alterum, nec culpam in alium transferre debet, sed demonstrare, eam rem nihil ad se, neque ad potestatem, neque ad officium suum pertinuisse aut pertinere. Atque in hoc genere hoc accidit novi, quod accusator quoque sæpe ex remotione criminationem conficit : ut, « si qui cum accuset, qui, quum

son pouvoir et de ses attributions. Un incident particulier à ce genre de cause, c'est que souvent l'accusateur aussi appuie son accusation sur le recours. Tel le cas « où l'on ferait le procès à un citoyen qui aurait, pendant sa préture, appelé le peuple aux armes pour quelque expédition, en présence des consuls. » Car, de même que dans l'exemple précédent, l'accusé disait, pour se défendre, que le fait n'était ni dans sa puissance ni dans ses attributions, ici l'accusateur démontre que le fait était en dehors de la puissance et du devoir de celui qu'il accuse, et tourne ce moyen même au profit de l'accusation. Chacune des parties, dans cette cause, doit, par tous les lieux communs que fournissent l'honneur et l'intérêt, par des exemples, par des indices, par des analogies, déterminer les devoirs, les droits, la puissance respective de ceux dont il s'agit, et voir si chacun s'est tenu dans les bornes de son droit, de son devoir, de sa puissance. Quant aux lieux communs de l'indignation et de la plainte, la nature du fait indique s'il faut les employer.

XXXI. L'aveu consiste à ne point se défendre sur le fait même dont on est accusé, mais à en demander le pardon. Il offre deux parties : la justification et la déprécation. Par la première, l'accusé cherche à se justifier, non du fait, mais de l'intention. Elle comprend trois moyens : l'ignorance, le hasard, la nécessité.

Il y a cas d'ignorance, quand l'accusé prétend qu'il n'avait pas connaissance de la chose. Exemple : « Chez certain peuple, la loi

prætor esset, in expeditionem ad arma populum vocarit, quum consules essent. » Nam ut in superiore exemplo reus ab suo officio et a potestate factum demovebat ; sic in hoc ab ejus officio ac potestate, qui accusatur, ipse accusator factum removendo, hac ipsa ratione confirmat accusationem. In hac ab utroque ex omnibus honestatis et ex omnibus utilitatis partibus, exemplis, signis, ratiocinando, quid cujusque officii, juris, potestatis sit, quæri oportebit, et fueritne ei, qua de agitur, id juris, officii, potestatis attributum, necne. Locos autem communes ex ipsa re, si quid indignationis ac conquestionis habebit, sumi oportebit.

XXXI. Concessio est, per quam non factum ipsum probatur ab reo ; sed, ut ignoscatur, id petitur. Cujus partes sunt duæ, purgatio et deprecatio. Purgatio est, per quam ejus, qui accusatur, non factum ipsum, sed voluntas defenditur. Ea habet partes tres, imprudentiam, casum, necessitudinem.

Imprudentia est, quum scisse aliquid is, qui arguitur, negatur : « Ut apud

défendait de sacrifier des veaux à Diane. Des matelots, battus par une tempête au milieu des mers, firent vœu, s'ils avaient le bonheur de toucher le port qu'ils voyaient devant eux, d'immoler un veau en l'honneur de la divinité qu'on y adorait. Le hasard voulut que dans ce port se trouvât le temple de la Diane à laquelle il n'était pas permis de sacrifier des veaux. Ils ignoraient la loi. Débarqués, ils immolèrent un veau. » On les mit en jugement. Accusation : « Vous avez immolé un veau à la déesse ; la loi le défendait. » La réponse est dans l'aveu du fait. Raison : « Je ne savais pas que cela était défendu. » Réfutation : « Vous n'en êtes pas moins digne de mort, pour avoir fait ce que la loi défendait. » Point à juger : « Pour avoir agi malgré la défense, ne la connaissant pas, l'accusé a-t-il mérité la mort? »

L'accusé invoque le hasard, quand il prouve qu'un accident plus fort a empêché l'effet de sa volonté. Exemple : « Il y avait à Lacédémone une loi qui condamnait à mort celui qui, chargé de fournir les victimes pour certain sacrifice, manquait à ses engagements. A l'approche d'un jour de fête, l'entrepreneur des sacrifices dirigeait vers la ville les victimes qu'il avait achetées dans la campagne. Tout à coup, enflé par d'affreux orages, l'Eurotas, fleuve qui coule près de Lacédémone, devint si large et si rapide, qu'il fut impossible de faire passer les victimes. L'entrepreneur, pour

quosdam lex erat, ne quis Dianæ vitulum immolaret. Nautæ quidam, quum adversa tempestate in alto jactarentur, voverunt, si eo portu, quem conspiciebant, potiti essent, ei deo, qui ibi esset, se vitulum immolaturos. Casu erat in eo portu fanum Dianæ ejus, cui vitulum immolari non licebat. Imprudentes legis, quum exissent, vitulum immolaverunt. Accusantur. » Intentio est, « Vitulum immolastis ei deo, cui non licebat. » Depulsio est in concessione posita. Ratio est, « Nescivi non licere. » Infirmatio est, « Tamen, quoniam fecisti quod non licebat, ex lege supplicio dignus es. » Judicatio est, « Quum id fecerit, quod non oportuerit, et id non oportere nescierit, sitne supplicio dignus ? »

Casus autem inferetur in concessionem, quum demonstrabitur aliqua fortunæ vis voluntati obstitisse, ut in hac : « Quum Lacedæmoniis lex esset, ut, hostias nisi ad sacrificium quoddam redemptor præbuisset, capital esset, hostias is, qui redemerat, quum sacrificii dies instaret, in urbem ex agro cœpit agere. Flum subito magnis commotis tempestatibus fluvius Eurotas is, qui præter Lacedæmonem fluit, ita magnus et vehemens factus est, ut ea traduci victimæ

témoigner de sa bonne volonté, range les victimes sur le rivage, de manière à ce que, de l'autre bord, on pût les voir. Tout le monde savait que la crue subite du fleuve avait seule arrêté son zèle ; quelques citoyens pourtant lui intentent une accusation capitale. » L'accusation dit : « Les victimes que vous deviez fournir pour le sacrifice ont manqué. » La réponse est dans l'aveu. Raison : « Le fleuve s'est enflé tout à coup, et je n'ai pu les faire passer. » Réfutation : « N'importe, vous n'avez pas fait ce qu'ordonnait la loi ; vous avez mérité la mort. » Point à juger : « L'entrepreneur qui a manqué à la loi parce que la crue subite du fleuve a arrêté l'effet de sa bonne volonté, doit-il être puni de mort ? »

XXXII. On invoque la nécessité, quand on soutient que l'action commise est le résultat d'une force majeure. Exemple : « Il y a chez les Rhodiens une loi qui ordonne que tout vaisseau éperonné, trouvé dans le port, sera vendu au profit du trésor public. Une grande tempête s'élève, et la violence des vents pousse un vaisseau dans le port de Rhodes, malgré les efforts des matelots. Le trésorier veut le faire vendre au profit de la ville. Le propriétaire du vaisseau s'y oppose. » L'accusation dit : « On a surpris dans le port un vaisseau éperonné. » La réponse est dans l'aveu. Raison : « C'est la nécessité qui nous a jetés dans le port malgré nous. » Réfutation : « N'importe, la loi veut

---

nullo modo possent. Redemptor, suæ voluntatis ostendendæ causa, hostias constituit omnes in littore, ut, qui trans flumen essent, videre possent. Quum omnes studio ejus subitam fluminis magnitudinem scirent fuisse impedimento, tamen quidam capitis arcessierunt. » Intentio est, « Hostiæ, quas debuisti ad sacrificium, præsto non fuerunt. » Depulsio est, concessio. Ratio, « Flumen enim subito accrevit, et ea re traduci non potuerunt. » Infirmatio est, « Tamen, quoniam, quod lex jubet, factum non est, supplicio dignus es. » Judicatio est, « Quum in ea re redemptor contra legem aliquid fecerit, qua in re studio ejus subita fluminis obstiterit magnitudo, supplicio dignusne sit. »

XXXII. Necessitudo autem infertur, quum vi quadam reus id, quod fecerit, fecisse defenditur, hoc modo : « Lex est apud Rhodios, ut, si qua rostrata in portu navis deprehensa sit, publicetur. Quum magna in alto tempestas esset, vis ventorum, invitis nautis, Rhodiorum in portum navem coegit. Quæstor navem populi vocat. Navis dominus negat publicari oportere. » Intentio est, « Rostrata navis in portu deprehensa est. » Depulsio est, concessio. Ratio, « Vi et

qu'il soit vendu au profit du trésor public. » Point à juger :
« La loi ordonne que tout vaisseau éperonné, saisi dans le
port, soit vendu au profit du trésor public : un vaisseau jeté
par la tempête, et contre le gré de son équipage, dans notre
port, doit-il être ainsi vendu? »

J'ai réuni les exemples de ces trois genres, parce que la marche du raisonnement est la même pour tous. Car, dans chacun d'eux, si le sujet le comporte, l'accusateur doit chercher à établir des conjectures propres à faire soupçonner que l'accusé n'a pas fait sans dessein ce qu'il prétend avoir fait contre sa volonté ; définir la nécessité, le hasard, l'ignorance ; joindre à sa définition des exemples de l'ignorance, du hasard ou de la nécessité, et bien distinguer ces cas de celui de l'accusé, c'est-à-dire en montrer la différence ; soutenir, par exemple, que le cas dont il s'agit était moins embarrassant, moins difficile ; que l'ignorance, le hasard, la nécessité ne sont pour rien dans son affaire ; puis prouver, qu'au surplus, il pouvait éviter ce malheur, le prévenir, ou se tirer de peine ; et montrer, par les définitions, qu'il ne s'agit point en cela d'ignorance, de hasard ou de nécessité, mais de paresse, d'inattention et de sottise.

Si la nécessité sur laquelle on se rejette porte en elle quelque

---

necessario sumus in portum coacti. » Infirmatio est, « Navem ex lege tamen
publi esse oportet. » Judicatio est, « Quum rostratam navem in portu deprensam lex publicarit, quumque hæc navis, invitis nautis, vi tempestatis in portum conjecta sit ; oporteatne eam publicari. »

Horum trium generum idcirco unum in locum contulimus exempla, quod similis in ea præceptio argumentorum traditur. Nam in his omnibus primum, quid res ipsa dabit facultatis, conjecturam induci ab accusatore oportebit, id, quod voluntate factum negabitur, consulto factum, suspicione aliqua demonstretur ; deinde inducere definitionem necessitudinis aut casus aut imprudentiæ, et exempla ad eam definitionem adjungere, in quibus imprudentia esse videatur aut casus aut necessitudo, et ab his id, quod reus inferat, separare [id est, ostendere dissimile], quod levius, facilius, non ignorabile, non fortuitum, non necessarium fuerit ; postea demonstrare potuisse vitari ; et hanc ipsam provideri potuisse, si hoc aut illud fecisset ; aut ni sic fecisset, præverti ; et definitionibus ostendere, non hanc imprudentiam aut casum aut necessitudinem, sed inertiam, negligentiam, fatuitatem nominari oportere.

De si qua necessitudo turpitudinem videbitur habere, oportebit per locorum

chose de honteux, il faut retourner l'excuse contre celui qui l'invoque, et démontrer, par un enchaînement de lieux communs, qu'il devait tout souffrir, la mort même, plutôt que de se soumettre à une pareille nécessité. Alors, au moyen des lieux dont j'ai parlé dans la question négociale, on s'attache à déterminer la nature du droit et de l'équité; puis, comme dans la question juridiciaire absolue, on considère le fait en lui-même, abstraction faite de tout ce qui s'y rapporte. Et c'est ici qu'on doit, s'il est possible, citer l'exemple de causes dans lesquelles une semblable excuse n'a point été admise; prouver, par la comparaison, que le fait était plus excusable; montrer, par les moyens du genre délibératif, qu'il serait honteux ou funeste d'excuser la faute de l'accusé; qu'en pareil cas, l'indulgence de ceux qui sont chargés de punir serait un fait grave, et qui pourrait avoir les plus fâcheuses conséquences.

XXXIII. L'accusé pourra se servir de tous ces moyens en les retournant; mais il s'attachera surtout à prouver sa bonne volonté, et insistera sur les obstacles qui en ont empêché l'effet; il dira qu'il ne lui a pas été possible de mieux faire; qu'en toute chose, il faut considérer l'intention; qu'on ne peut le convaincre d'aucune faute proprement dite; que, si l'on peut condamner quelque chose en lui, c'est seulement la faiblesse, qui est le pro-

communium implicationem redarguentem demonstrare, quidvis perpeti, mor denique satius fuisse, quam ejusmodi necessitudini obtemperare. Atque tum e iis locis, de quibus in negotiali parte dictum est, juris et æquitatis naturan oportebit quærere, et, quasi in absoluta juridiciali, per se hoc ipsum ab rebu omnibus separatim considerare. Atque hoc in loco, si facultas erit, exempli uti oportebit, quibus in simili excusatione non sit ignotum; et contentione magis illis ignoscendum fuisse; et ex deliberationis partibus, turpe aut inu tile esse concedi eam rem, quæ ab adversario commissa sit; permagnum ess et magno futurum detrimento, si ea res ab iis, qui potestatem habent vindi candi, neglecta sit.

XXXIII. Defensor autem conversis omnibus his partibus poterit uti. Maxim autem in voluntate defendenda commorabitur, et in ea re adaugenda, qu voluntati fuerit impedimento; et se plus, quam fecerit, facere non potuisse et in omnibus rebus voluntatem spectari oportere, et se convinci no posse, quod absit a culpa; suo nomine communem hominum infirmitate posse damnari; deinde nihil indignius esse, quam eum, qui culpa carea

pre de la nature humaine ; et enfin, que c'est le comble de l'injustice, que celui-là ne soit pas à l'abri du châtiment qui est exempt de faute. L'accusation tirera ses lieux communs, le premier, de l'aveu ; le second, de la licence qu'on laisse au crime, si l'on établit une fois ce principe qu'il faut juger, non le fait, mais l'intention. L'accusé se plaindra du malheur où le jette, non sa faute, mais une puissance supérieure, de l'ascendant du hasard, de la faiblesse humaine ; il dira que ce n'est pas l'événement qu'il faut considérer, mais son intention : il mêlera à tous ces développements la plainte sur sa propre infortune, et l'indignation contre la cruauté de ses adversaires.

Il ne faudrait point s'étonner de voir la discussion portant sur le texte de la loi, se joindre à cette cause ou à d'autres semblables. Je traiterai plus bas ce genre de question, et séparément, parce que, s'il est des causes qu'il faut considérer isolément et en elles-mêmes, il en est d'autres aussi qui renferment en elles plusieurs genres de questions. C'est pourquoi il ne sera pas difficile, quand on les connaîtra toutes, d'appliquer à chacune d'elles les moyens propres à chacun des genres qui s'y rapportent. Ainsi, dans tous ces exemples de l'aveu, se trouve comprise la discussion sur le texte de la loi, qui s'appelle question de lettre et de sens. Mais je n'avais à traiter ici que de l'aveu ; je me suis donc borné à en exposer les règles. Je parle-

---

supplicio non carere. Loci autem communes accusatoris, in confessionem, et quanta potestas peccandi relinquatur, si semel institutum sit, ut non de facto, sed de facti causa quæratur ; defensoris, conquestio est calamitatis ejus, quæ non culpa, sed vi majore quadam acciderit, et de fortunæ potestate, et hominum infirmitate, et uti suum animum, non eventum considerent : in quibus omnibus conquestionem suarum ærumnarum, et crudelitatis adversariorum indignationem inesse oportebit.

Ac neminem mirari conveniet, si aut in his aut in aliis exemplis scripti quoque controversiam adjunctam videbit. Quo de genere post erit nobis separatim dicendum, propterea quod quædam genera causarum, simpliciter, ex sua vi considerantur ; quædam autem sibi aliud quoque aliquod controversiæ genus adsumunt. Quare, omnibus cognitis, non erit difficile in unam quamque causam transferre, quod ex eo quoque genere conveniet : ut in his exemplis concessionis inest omnibus scripti controversia ea, quæ ex scripto et sententia nominatur ; sed quia de concessione loquebamur, in eam præcepta dedimus.

rai ailleurs de la lettre et du sens. Passons maintenant à l'autre partie de l'aveu.

XXXIV. La déprécation a lieu, quand l'accusé ne cherche point à se défendre sur le fait, mais demande qu'on lui pardonne. Ce moyen ne me paraît point de mise dans les jugements, parce qu'il est difficile, quand on s'est avoué coupable, d'obtenir son pardon de celui dont le devoir est de punir les crimes. Aussi ne doit-on s'en servir qu'accessoirement. Par exemple, en défendant la cause d'un homme illustre, d'un homme de cœur, qui a rendu à l'État de nombreux services, sans paraître employer la déprécation, vous pouvez y avoir recours et dire : « Si, pour prix de ses services, magistrats; si, pour prix de son dévouement incessant à vos intérêts, mon client vous priait, dans la position où il se trouve, d'excuser une seule faute en faveur de tant de belles actions, il serait digne de votre clémence, autant que de sa vertu, d'accorder une telle grâce à un tel suppliant. » On peut ensuite rehausser l'éclat de ces services, et, par des lieux communs, tourner l'esprit des juges à l'indulgence.

Si donc ce moyen ne peut être employé devant les tribunaux qu'accessoirement, comme néanmoins, il peut être employé à ce titre, et comme dans le sénat ou dans les assemblées, il faut l'employer souvent comme moyen principal, je dois aussi en

---

Alio autem loco de scripto et de sententia dicemus. Nunc in alteram concessionis partem considerationem intendemus.

XXXIV. Deprecatio est, in qua non defensio facti, sed ignoscendi postulatio continetur. Hoc genus vix in judicio probari potest, ideo quod, concesso peccato, difficile est ab eo, qui peccatorum vindex esse debet, ut ignoscat, impetrare. Quare parte ejus generis, quum causam non in eo constitueris, uti licebit. Ut si pro aliquo claro, aut forti viro, cujus in rem publicam multa sunt beneficia dixeris; possis, quum videaris non uti deprecatione, uti tamen, ad hunc modum : « Quodsi, judices, hic pro suis beneficiis, pro suo studio, quod in vos habuit semper, tali suo tempore, multorum suorum recte factorum causa, uni delicto ut ignosceretis, postularet, tamen dignum vestra mansuetudine, dignum virtute hujus esset, judices, a vobis hanc rem, hoc postulante, impetrari. » Deinde augere beneficia licebit, et judices per locum communem ad ignoscendi voluntatem deducere.

Quare hoc genus, quamquam in judiciis non versatur, nisi quadam ex parte : tamen quia et pars hæc ipsa inducenda nonnumquam est, et in senatu, aut in consilio sæpe omni in genere tractanda, in id quoque præcepta ponemus. « Nam

exposer les règles. En effet, dans le long procès de Syphax devant le sénat et devant l'assemblée du peuple, et dans celui de Q. Numitorius devant L. Opimius et son conseil, ce fut moins la défense qui sauva l'accusé, que son appel à la clémence des juges. Car il n'était pas aussi aisé pour lui de prouver, par la question de fait, qu'il avait toujours été favorable aux intérêts du peuple romain, que d'obtenir, par la déprécation, sa grâce, en considération de ses derniers services.

XXXV. Il faut donc que l'accusé, qui demande qu'on lui pardonne, rappelle, s'il y a lieu, d'anciens services, et, dans ce cas, qu'il montre qu'ils sont plus grands que la faute qu'il a commise, de manière à prouver qu'il a fait plus de bien que de mal. Il doit ensuite citer les services rendus par ses aïeux, s'il en a; puis faire voir que ce n'est point la haine ou la cruauté qui l'a conduit à faire ce qu'il a fait, mais l'ignorance ou une influence étrangère, ou quelque motif honnête, ou du moins peu répréhensible; puis promettre et assurer, qu'instruit par cette faute et affermi dans le bien par la clémence de ses juges, il ne retombera plus dans le même cas; puis donner à espérer que, dans certaines circonstances, il pourra rendre d'importants services à ceux qui lui auront pardonné; puis, s'il y a lieu, rappeler à ses juges qu'il leur est uni par les liens du sang, ou par

in senatu, et in consilio de Syphace diu deliberatum est; et de Q. Numitorio Pullo apud L. Opimium et ejus consilium diu dictum est. Et magis in hoc quidem ignoscendi, quam cognoscendi postulatio valuit. Nam semper animo bono se in populum romanum fuisse non tam facile probabat, quum conjecturali constitutione uteretur, quam ut, propter posterius beneficium, sibi ignosceretur, quum deprecationis partes adjungeret. »

XXXV. Oportebit igitur eum, qui, sibi ut ignoscatur, postulabit, commemorare, si qua sua poterit beneficia, et si poterit, ostendere, ea majora esse, quam hæc, quæ deliquerit, ut plus ab eo boni quam mali profectum esse videatur; deinde majorum suorum beneficia, si qua exstabunt, proferre; deinde ostendere, non odio, neque crudelitate fecisse, quod fecerit, sed aut stultitia, aut impulsu alicujus, aut aliqua honesta aut probabili causa; postea polliceri, et confirmare, se et hoc peccato doctum, et beneficio eorum, qui sibi ignoverint, confirmatum, omni tempore a tali ratione abfuturum; deinde spem ostendere, aliquo se in loco, magno iis, qui sibi concesserint, usui futurorum; postea, si facultas erit, se, aut consanguineum, aut jam a majoribus

une étroite amitié héréditaire; relever l'éclat de son zèle, la naissance et la haute position de ceux qui s'intéressent à son salut, et tous les autres avantages qui constituent l'honneur et la dignité des personnes. Qu'il emploie la plainte, et prouve sans orgueil qu'on lui doit plutôt des remercîments que des châtiments; qu'il cite l'exemple de personnes à qui des fautes plus graves ont été pardonnées. S'il peut établir que lui-même s'est montré miséricordieux dans sa puissance, et prompt à pardonner, ce sera un grand avantage. Il doit aussi atténuer sa faute, et la rendre aussi légère que possible; puis faire voir que la condamnation d'un homme tel que lui serait chose aussi honteuse que funeste. Enfin il emploiera, pour exciter la compassion des juges, tous les lieux communs que j'ai indiqués dans mon premier livre.

XXXVI. L'adversaire, de son côté, exagérera la faute; il dira que ce n'est pas l'ignorance, mais la cruauté, la méchanceté, qui l'ont fait commettre; il signalera l'accusé comme un homme superbe et sans pitié; il a toujours été mon ennemi, ajoutera-t-il même, s'il y a lieu, et jamais il ne reviendra à de meilleurs sentiments. Si l'accusé rappelle des services rendus, il dira qu'ils avaient une toute autre cause que la bienveillance, ou qu'une haine violente les a suivis, ou que les torts qu'il a eus depuis les ont tous ef-

---

in primis amicum esse demonstrabit; et amplitudinem suæ voluntatis, nobilitatem generis eorum, qui se salvum velint, et dignitatem ostendere; et cætera ea, quæ personis ad honestatem et amplitudinem sunt attributa; cum conquestione, sine adrogantia, in se esse demonstrabit, ut honore potius aliquo, quam ullo supplicio dignus esse videatur; deinde cæteros proferre, quibus majora delicta concessa sint. Ac multum proficiet, si se misericordem in potestate, propensum ad ignoscendum fuisse ostendet. Atque ipsum illud peccatum erit extenuandum, ut quam minimum obfuisse videatur, et aut turpe aut inutile demonstrandum, tali de homine supplicium sumere. Deinde locis communibus misericordiam captare oportebit ex iis præceptis, quæ in primo libro sunt exposita.

XXXVI. Adversarius autem malefacta augebit; nihil imprudenter, sed omnia ex crudelitate et malitia facta dicet; ipsum immisericordem, superbum fuisse; et, si poterit, ostendet, semper inimicum fuisse, et amicum fieri nullo modo posse. Si beneficia proferet: aut aliqua de causa facta, non propter benevolentiam demonstrabit; aut postea odium esse acre susceptum, aut illa omnia

facés, ou que ses services n'étaient pas comparables à ses torts, ou que les premiers, ayant reçu leur récompense, les seconds doivent aussi recevoir leur châtiment ; qu'il serait honteux ou préjudiciable de lui pardonner; que de la part des juges, il y aurait inconséquence, après avoir si longtemps souhaité de voir tomber cet homme en leur pouvoir, à ne pas user de ce pouvoir contre lui ; qu'ils doivent se rappeler au moins leurs sentiments et leur haine à son égard. Les lieux communs de l'accusateur seront l'indignation que doit inspirer le crime, et la pitié qu'il faut réserver pour ceux que le hasard, non leur propre faute, a jetés dans le malheur.

Forcé de m'arrêter aussi longtemps sur la question de genre, à cause du grand nombre de ses parties, et craignant que la différence et la variété des objets n'induisent quelques personnes en erreur, je crois devoir prévenir ici de ce qui me reste encore à dire sur ce genre de question, et pourquoi il me reste quelque chose à dire. La question juridiciaire, ai-je dit, comprend les débats sur le droit ou le tort, sur la récompense ou la peine. J'ai traité des causes qui portent sur l'examen du droit ou du tort ; il me reste à parler sur la récompense et la peine.

XXXVII. Il est beaucoup de causes qui ont pour objet la demande d'une récompense ; car souvent les juges ont à s'occuper de la récompense due aux accusateurs et souvent aussi des de-

maleficiis esse deleta ; aut leviora beneficia, quam maleficia ; aut, quum beneficiis honos habitus sit, pro maleficio pœnam sumi oportere. Deinde turpe esse, aut inutile, ignosci. Deinde, de quo ut potestas esset, sæpe optarint, in eum potestate non uti, summam esse stultitiam ; cogitare oportere, quem animum in eum, et quale odium habuerint. Locus autem communis erit, indignatio maleficii, et alter, eorum misereri oportere, qui propter fortunam, non propter malitiam in miseriis sint.

Quoniam ergo in generali constitutione tamdiu propter ejus partium multitudinem commoramur, ne forte varietate et dissimilitudine rerum diductus alicujus animus in quendam errorem deferatur : quid etiam nobis ex eo genere restet, et quare restet, admonendum videtur. Juridicialem causam esse dicebamus, in qua æqui et iniqui natura, et præmii aut pœnæ ratio quæreretur. Eas causas, in quibus de æquo et iniquo quæritur, exposuimus. Restat nunc; ut de præmio et de pœna explicemus.

XXXVII. Sunt enim multæ causæ, quæ ex præmii alicujus petitione constant. Nam et apud judices de præmio sæpe accusatorum quæritur, et a senatu; aut

mandes de récompenses sont portées devant le sénat ou devant l'assemblée du peuple. — Et il ne faut pas croire qu'en citant des exemples d'affaires plaidées devant le sénat, je m'écarte du genre judiciaire. Car ce qu'on dit pour l'éloge ou le blâme, devant servir à motiver les opinions des juges, bien que présenté sous la forme d'avis, n'appartient pas au genre délibératif, mais bien au judiciaire, puisqu'il s'agit de porter un jugement sur la conduite d'une personne. L'examen approfondi de la nature et du caractère de toutes les causes, montre qu'elles diffèrent essentiellement entre elles, soit par le genre, soit par la variété des formes qu'elle présente ; mais, dans le détail, elles sont toutes liées les unes aux autres, et se tiennent par plus d'un point. — Cela dit, occupons-nous des récompenses. « L. Licinius Crassus, consul, poursuivit et extermina, dans la Gaule Citérieure, quelques brigands qui, conduits par des chefs inconnus et sans gloire, ne méritaient, sans doute, ni par leur nombre, ni par leur nom, d'être considérés comme des ennemis du peuple romain, mais qui désolaient la province par leurs incursions et leurs ravages. En revenant à Rome, il demande au sénat les honneurs du triomphe. » Ici, comme dans la déprécation, il ne s'agit point d'établir le point à juger par une suite de raisons et de réfutations, attendu que s'il ne se présente aucune autre question

---

a consilio aliquod præmium sæpe petitur. — Ac neminem conveniet arbitrari, nos, quum aliquod exemplum ponamus, quod in senatu agatur, ab judiciali genere exemplorum recedere. Quidquid enim de homine probando, aut improbando dicitur, quum ad eam dictionem sententiarum quoque ratio accommodetur, id non, et si per sententiæ dictionem agitur, deliberativum est ; sed quia de homine statuitur, judiciale est habendum. Omnino autem qui diligenter omnium causarum vim et naturam cognoverit, genere et prima conformatione eas intelliget dissidere ; cæteris autem partibus aptas inter se omnes, et aliam in alia implicatam videbit. — Nunc de præmiis consideremus. « L. Licinius Crassus consul quosdam in Citeriore Gallia, nullo illustri, neque certo duce, neque eo nomine, neque numero præditos, ut digni essent, qui hostes populi Romani esse dicerentur ; qui tamen excursionibus et latrociniis infestam provinciam redderent, consectatus est, et confecit ; Romam redit ; triumphum ab senatu postulat. » Hic, et in deprecatione, nihil ad nos attinet, rationibus et infirmationibus rationum supponendis, ad judicationem pervenire : propterea quod, nisi alia quoque incidet constitutio, aut pars constitutionis, simplex erit

incidente : le point à juger sera simple et renfermé dans la demande même. On dirait dans la déprécation : « Faut-il punir? » Ici l'on dira : « Faut-il récompenser? » Maintenant je vais exposer les lieux propres à la question de récompense.

XXXVIII. La question de récompense renferme quatre parties : les services, l'homme, le genre de récompense, la richesse.

Dans les services, il faut considérer leur nature, les circonstances, l'intention de celui qui les a rendus et le hasard. — Pour la nature des services, on examine s'ils sont grands ou petits, difficiles ou aisés, rares ou communs, réels ou apparents. — Pour les circonstances, il faut distinguer s'ils ont été rendus au moment même où l'on en avait besoin ; quand d'autres ne pouvaient en rendre de pareils ou ne le voulaient pas ; quand on avait perdu tout espoir. — Pour l'intention, s'ils ont eu pour but non l'intérêt personnel, mais simplement le résultat qu'ils ont amené. — Pour le hasard, si ce n'est point un coup de la fortune, mais le fruit de la volonté, ou si la fortune même n'a pas été contraire à la volonté.

Relativement à l'homme, il faut examiner sa conduite ; la dépense de temps et d'argent que l'action lui a coûtée ; s'il a déjà fait quelque chose de semblable ; s'il ne cherche point à se faire récompenser de la peine d'un autre ou de la bonté des dieux ; si

---

judicatio, et in quæstione ipsa continebitur. In deprecatione, hujusmodi : « Oporteatne pœna adfici ? » In hac, hujusmodi : « Oporteatne præmium dari ? » Nunc ad præmii quæstionem appositos locos exponemus.

XXXVIII. Ratio igitur præmii quattuor est in partes distributa : in beneficia n hominem, in præmii genus, in facultates.

Beneficia, ex sua vi, ex tempore, ex animo ejus, qui fecit, ex casu considerantur. — Ex sua vi quærentur hoc modo : magna an parva ; facilia an difficilia ; singularia sint an vulgaria ; vera an falsa quadam exornatione honestentur. — Ex tempore autem, si tum, quum indigeremus ; quum cæteri non possent, aut nollent opitulari ; si tum, quum spes deseruisset. — Ex animo, si non sui commodi causa, si eo consilio fecit omnia, ut hoc conficere posset. — Ex casu, si non fortuna, sed industria factum videbitur, aut si industriæ fortuna obstitisse.

In hominem autem, quibus rationibus vixerit, quid sumptus in eam rem aut laboris insumpserit ; ecquid aliquando tale fecerit ; num alieni laboris, aut deorum bonitatis præmium sibi postulet ; num aliquando ipse talem ob causam

lui-même n'a pas été d'avis de refuser une demande fondée sur des motifs semblables ; s'il n'a pas déjà été assez payé de ses services ; s'il n'y avait pas pour lui nécessité de faire ce qu'il a fait, ou si l'action n'est pas telle qu'il pouvait mériter d'être puni en ne la faisant pas, mais d'être récompensé pour l'avoir faite, s'il ne se hâte pas trop de solliciter une récompense, ne pouvant encore payer que d'espérances incertaines le prix positif qu'il réclame ; si enfin cette demande de récompense n'est pas un moyen de se dérober au châtiment par une décision qui préjugerait en sa faveur.

XXXIX. Pour le genre de récompense, on considère la nature, la grandeur de celle qu'on réclame, l'action pour laquelle on la réclame, et le prix dû à chaque action. On cherchera ensuite, à quels hommes et pour quels motifs, dans les temps anciens, on accordait de pareilles récompenses ; puis on dira qu'il ne faut pas les prodiguer. L'orateur qui s'opposera à la demande aura pour lieux communs cette pensée, qu'il faut que les récompenses du mérite et de la vertu demeurent saintes et pures ; qu'on ne doit point les prostituer au vice, ni les prodiguer à la médiocrité ; puis cette autre, qu'on refroidit l'amour de la vertu en vulgarisant trop les récompenses, dont l'attrait seul peut rendre belles et agréables des choses rares et difficiles ; et cette autre encore : que les

præmio aliquem adfici negarit oportere; aut num jam satis pro eo, quod fecerit, honos habitus sit; aut num necesse fuerit ei facere id, quod fecerit ; aut num ejusmodi sit factum, ut, nisi fecisset, supplicio dignus esset, non, quia fecerit, præmio; aut num ante tempus præmium petat, et spem incertam certo venditet pretio ; aut num, quod supplicium aliquod vitet, eo præmium postulet, uti de se præjudicium factum esse videatur.

XXXIX. In præmii autem genere, quid et quantum et quamobrem postuletur, et quo et quanto quæque res præmio digna sit, considerabitur ; deinde, apud majores quibus hominibus, et quibus de causis talis honos sit habitus, quæretur ; deinde, ne is honos nimium pervagetur. Atque hic ejus, qui contra aliquem præmium postulantem dicet, locus erit communis ; præmia virtutis et officii sancta et casta esse oportere, neque ea aut cum improbis communicari, aut in mediocribus hominibus pervulgari ; et alter : minus homines virtutis cupidos fore, virtutis præmio pervulgato; quæ enim rara et ardua sint, ea experiendo pulcra et jucunda hominibus videri ; et tertius : si exsistant, qui apud majores nostros ob egregiam virtutem tali honore dignati

hommes qui, chez nos aïeux, ont dû cette distinction à leur mérite supérieur trouveraient que c'est flétrir leur gloire, que d'accorder la même récompense à de pareils personnages. Il citera les noms de ces grands hommes, et établira le parallèle. De son côté, celui qui sollicite la récompense doit rehausser le mérite de son action, et la comparer avec celles qu'on a récompensées ; puis il dira que ce serait décourager la vertu que de lui refuser le prix qu'il a mérité.

On considère la richesse, quand c'est une récompense pécuniaire qui est demandée. On examine alors si l'État qui l'accorde est riche ou pauvre en terres, en revenus, en argent comptant. Voici les lieux communs : Il faut augmenter les ressources de l'État loin de les diminuer ; et il y a de l'impudeur à demander pour des services, non de la reconnaissance, mais de l'argent. L'adversaire répondra que ces considérations d'argent sont misérables, quand il s'agit de reconnaissance ; qu'il ne vend point ses services, mais qu'il demande pour ce qu'il a fait la récompense qui lui est due. Mais c'est assez parler des états de cause ; passons maintenant aux discussions qui portent sur un texte.

XL. Il y a discussion sur un texte quand la rédaction présente un sens douteux : ce qui provient de l'ambiguïté des termes, de la lettre et de l'esprit, des lois contraires, de l'analogie, de la définition.

sunt, nonne de sua gloria, quum pari præmio tales homines adfici videant, delibari putent? et eorum enumeratio, et cum eis, quos contra dicas, comparatio. Ejus autem, qui præmium petet, facti sui amplificatio, eorum, qui præmio adfecti sunt, cum suis factis contentio. Deinde cæteros a virtutis studio repulsum iri, si ipse præmio non sit adfectus.

Facultates autem considerantur, quum aliquod pecuniarum præmium postulatur : in quo, utrum copiane sit agri, vectigalium, pecuniæ, an penuria, consideratur. Loci communes : Facultates augere, non minuere oportere, et : Impudentem esse, qui pro beneficio non gratiam, verum mercedem postulet. Contra autem de pecunia ratiocinari, sordidum esse, quum de gratia referenda deliberetur ; et se pretium non pro facto, sed honorem [ita uti factitatum sit] pro beneficio postulare. Ac de constitutionibus quidem satis dictum est : nunc de iis controversiis, quæ in scripto versantur dicendum videtur.

XL. In scripto versatur controversia, quum ex scriptionis ratione aliquid dubii nascitur. Id fit ex ambiguo, ex scripto et sententia, ex contrariis legibus, ex ratiocinatione, ex definitione.

La discussion naît de l'ambiguïté des termes, quand la pensée de l'auteur demeure obscure, le texte offrant deux ou plusieurs sens : « Un père de famille, instituant son fils héritier, lègue à sa femme cent livres de vaisselle d'argent, par cette phrase : *Que mon héritier donne à ma femme cent livres de vaisselle d'argent, à son choix.* Le testateur mort, la mère demande à son fils les pièces les plus magnifiques et les mieux ciselées. Celui-ci répond qu'il doit lui donner celles qu'il voudra. » D'abord, s'il est possible, on démontre qu'il n'y a point là d'ambiguïté, puisque ce mot ou ces mots sont employés tous les jours, en conversation, pour exprimer l'idée qu'on soutient que le testateur a voulu exprimer dans cette pièce ; puis on montre que le sens des mots en question est rendu très-clair par ce qui précède et ce qui suit. Si l'on considère tous les termes séparément, tous ou presque tous auront quelque chose d'ambigu ; mais ceux qui, pris dans le corps de la rédaction, présentent un sens clair, n'offrent pas d'ambiguïté. Il faut ensuite prouver l'intention du rédacteur par ses autres écrits, par ses actions, par ses paroles, par son esprit, par sa conduite, et examiner avec soin toutes les parties de l'écrit dans lequel on trouve de l'ambiguïté, pour y chercher des inductions favorables au sens qu'on lui donne, ou contraires à l'interprétation des adversaires. Car il est facile de

Ex ambiguo autem nascitur controversia, quum, quid senserit scriptor, obscurum est, quod scriptum duas pluresve res significat, ad hunc modum : « Paterfamilias, quum filium heredem faceret, vasorum argenteorum centum pondo uxori suæ sic legavit : Heres meus uxori meæ vasorum argenteorum pondo centum, quæ volet, dato. Post mortem ejus, vasa magnifica et pretiose cælata petit a filio mater. Ille se, quæ ipse vellet, debere dicit. » Primum, si fieri poterit, demonstrandum est, non esse ambigue scriptum ; propterea quod omnes in consuetudine sermonis sic uti solent eo verbo uno pluribusve in eam sententiam, in quam is, qui dicet, accipiendum esse demonstrabit. Deinde ex superiore et ex inferiore scriptura docendum, id quod quæratur, fieri perspicuum. Quare si ipsa separatim ex se verba considerentur, omnia aut pleraque ambigua visum iri. Quæ autem ex omni considerata scriptura perspicua fiant, hæc ambigua non oportere existimari. Deinde, qua in sententia scriptor fuerit, ex cæteris ejus scriptis et ex factis, dictis, animo atque vita ejus sumi oportebit, et eam ipsam scripturam, in qua inerit illud ambiguum, de quo quæretur, totam omnibus ex partibus pertemptare, si quid, aut ad id appositum sit, quod nos interpretemur, aut ei, quod adversarius intelligat, adversetur. Nam facile

découvrir, dans l'ensemble de l'écrit, dans le caractère du rédacteur et dans l'examen de tout ce qui tient aux personnes, l'intention probable de celui de qui est l'écrit. Montrez ensuite, si le sujet vous le permet, que le sens adopté par l'adversaire est bien moins raisonnable que le vôtre ; qu'il est absolument impraticable et sans exécution possible ; tandis que votre sens n'offre rien que de simple et de facile à exécuter. Par exemple, supposons, et rien n'empêche une pareille supposition qui sert à rendre la démonstration plus facile, supposons une loi ainsi conçue : « Une courtisane ne doit point avoir de couronne ; si elle en a une, qu'on la vende au profit du trésor public. » A celui qui soutiendrait que c'est la courtisane qu'il faut vendre, on pourrait répondre : « Il n'y a rien à faire d'une courtisane publique, et ce ne serait point exécuter la loi que de vendre cette femme au profit du trésor ; mais vendre sa couronne est chose profitable, facile et sans nul inconvénient. »

XLI. Il faut aussi bien considérer si, dans le sens donné par l'adversaire, le rédacteur ne se trouverait pas avoir laissé de côté des considérations plus utiles, plus honnêtes, plus nécessaires. Pour cela, nous prouverons que notre sens n'exprime rien qui ne soit utile, honnête et nécessaire, tandis que le sens des adversaires n'offre rien de pareil. Ensuite, si c'est sur un texte

quid veri simile sit cum voluisse, qui scripsit, ex omni scriptura, et ex persona scriptoris, atque iis rebus, quæ personis attributæ sunt, considerabitur. Deinde erit demonstrandum, si quid ex ipsa re dabitur facultatis, id, quod adversarius intelligat, multo minus commode fieri posse, quam id, quod nos accipimus, quod illius rei neque administratio, neque exitus ullus, exstet ; nos quod dicamus, facile et commode transigi posse. Ut in hac lege (nihil enim prohibet fictam exempli loco ponere, quo facilius res intelligatur) : MERETRIX CORONAM NE HABETO ; SI HABUERIT, PUBLICA ESTO ; contra eum, qui meretricem publicari dicat ex lege oportere, possit dici, « Neque administrationem esse ullam publicæ meretricis, neque exitum legis in meretrice publicanda. At in auro publicando et administrationem et exitum facilem esse, et incommodi nihil inesse. »

XLI. Ac diligenter illud quoque attendere oportebit, num, illo probato, quod adversarius intelligat, utilior res, aut honestior, aut magis necessaria, a scriptore neglecta videatur. Id fiet, si id, quod nos demonstrabimus, honestum, aut utile, aut necessarium demonstrabimus ; et, si id, quod ab adversariis

21.

de loi que porte l'équivoque, il faut faire en sorte de prouver que la disposition que l'adversaire y prétend voir exprimée, se trouve comprise dans une autre loi ; ce sera beaucoup, dans ce cas, de montrer quels termes le législateur eût employés, s'il eût voulu faire faire ou faire entendre ce que suppose l'adversaire. Ainsi dans la cause où il est question de vaisselle d'argent, la mère pourra dire : « Il n'était pas besoin de mettre *à son choix*, s'il eût voulu laisser la chose à la disposition de l'héritier. Ces termes omis, il n'y a point de doute que l'héritier serait libre de donner la vaisselle à qui il voudrait. Il y aurait donc eu folie, de sa part, à exprimer, en faveur de l'héritier, un avantage qui, sans être exprimé, ne lui en était pas moins acquis. » Tel est donc le raisonnement à employer dans les causes de ce genre : si l'on avait voulu exprimer cette idée, on ne se serait pas servi de ce mot, ou bien on ne l'aurait pas mis à cette place. Ces détails servent essentiellement à faire connaître la pensée de l'auteur. Ensuite il faut examiner à quelle époque la pièce a été écrite, afin de savoir quelles devaient être alors les intentions de la personne ; puis on démontre, par les moyens que fournit le genre délibératif, ce que l'honneur et l'intérêt conseillaient au testateur d'écrire, et aux autres de comprendre : s'il y a lieu à l'amplification, les deux parties emploieront les lieux communs propres à ce genre.

dicetur, minime ejusmodi dicemus esse. Deinde si in lege erit ex ambiguo controversia, dare operam oportebit, ut de eo, quod adversarius intelligat, alia in lege cautum esse doceatur. Permultum autem proficiet illud demonstrare, quemadmodum scripsisset, si id, quod adversarius accipiat, fieri, aut intelligi voluisset : ut in hac causa, in qua de vasis argenteis quæritur, possit mulier dicere, « Nihil attinuisse ascribi, quæ volet, si heredis voluntati permitteret. Eo enim non ascripto, nihil esse dubitationis, quin heres, quæ ipse vellet, daret. Amentiam igitur fuisse, quum heredi vellet cavere, id ascribere, quo non ascripto, nihilominus heredi caveretur. » Quare hoc genere magno opere talibus in causis uti oportebit : Si hoc modo scripsisset, isto verbo usus non esset ; non isto loco verbum istud collocasset. Nam ex his sententia scriptoris maxime perspicitur. Deinde quo tempore scriptum sit, quærendum est, ut, quid eum voluisse in ejusmodi tempore veri simile sit, intelligatur. Post ex deliberationis partibus, quid utilius, et quid honestius, et illi ad scribendum, et his ad comprobandum sit, demonstrandum ; et ex his, si quid amplificationis dabitur, communibus utrinque locis uti oportebit.

XLII. Il y a discussion sur l'esprit et la lettre, quand l'une des parties s'attache à la lettre même d'un écrit, tandis que l'autre veut en ramener tous les termes à l'intention qu'il suppose à l'auteur. Celui qui se fonde sur l'intention de la personne, doit démontrer qu'elle n'a jamais eu qu'un seul but, qu'une seule pensée ; ou prouver, soit par le fait même, soit par quelque circonstance, qu'elle n'a pu en avoir une autre à l'époque dont il s'agit. Il démontrera que la volonté n'a jamais varié, comme dans cet exemple : « Un père de famille, sans enfants, quoique marié, fit un testament ainsi conçu : *Si j'ai un ou plusieurs fils, ils seront mes héritiers.* Suivent les formules d'usage. Puis il ajoutait : *Si mon fils meurt avant sa majorité, vous serez mon second héritier.* Il n'eut point de fils. Les agnats plaident contre l'héritier substitué pour le cas où le fils mourrait avant sa majorité. » Dans cette espèce, on ne peut pas dire que la volonté du testateur se rapporte à une certaine époque ou à quelque circonstance particulière, puisque, au contraire, il est démontré qu'il n'en a eu qu'une seule, et c'est ce qui fait la force de celui qui attaque le texte, et prétend que l'hérédité lui appartient.

Il faut s'y prendre différemment pour soutenir l'intention, quand on ne représente pas la volonté du testateur comme ayant

XLII. Ex scripto et sententia controversia consistit, quum alter verbis ipsis, quæ scripta sunt, utitur; alter ad id, quod scriptorem sensisse dicet, omnem adjungit dictionem. Scriptoris autem sententia ab eo, qui sententia se defendet, tum semper ad idem spectare, et idem velle demonstrabitur; tum ex facto, aut ex eventu aliquo ad tempus id, quod instituit, accommodatur. Semper ad idem spectare, hoc modo : « Paterfamilias, quum liberorum nihil haberet, uxorem autem haberet, in testamento ita scripsit : Si mihi filius genitur unus pluresve, is mihi heres esto. Deinde quæ adsolent. Postea, Si filius ante moritur, quam in tutelam suam venerit, tum mihi, dicet, secundus heres esto. Filius natus non est. Ambigunt agnati cum eo, qui est heres, si filius ante, quam in suam tutelam veniat, mortuus sit. » In hoc genere non potest hoc dici, ad tempus, aut ad eventum aliquem sententiam scriptoris oportere accommodari, propterea quod ea sola demonstratur, qua fretus ille, qui contra scriptum dicit, suam esse hereditatem defendit.

Alterum autem genus est eorum, qui sententiam inducunt, in quo non simplex voluntas scriptoris ostenditur, quæ in omne tempus, et in omne factum

toujours été la même dans toutes les circonstances, et dans tous les temps, et qu'on soutient au contraire qu'il faut l'expliquer par le fait, ou par quelque circonstance accidentelle. Les moyens à employer dans ce cas se tirent surtout de la question juridiciaire accessoire. Car tantôt on emploie l'alternative ; par exemple, dans la cause de « celui qui, malgré la loi qui défendait d'ouvrir les portes d'une ville pendant la nuit, les a ouvertes pour y faire entrer des auxiliaires qui, demeurés dehors, eussent été écrasés par l'ennemi campé sous les murs ; » tantôt la récrimination, comme dans l'affaire « du soldat qui, contre la loi générale qui défend l'homicide, a tué son tribun pour se soustraire à une violence infâme ; » tantôt le recours, comme dans la défense de « celui qui, devant partir en ambassade au jour fixé par la loi, ne partit pas, parce que le trésorier ne lui avait pas remis l'argent nécessaire ; » tantôt l'aveu, avec justification fondée sur l'ignorance, comme « dans le sacrifice des veaux, » ou sur la force majeure, comme « dans la saisie du vaisseau éperonné, » ou sur le hasard, comme « dans la crue de l'Eurotas. » Ainsi, quand on défend l'esprit contre la lettre, il faut montrer que l'intention de l'auteur a toujours été une et invariable, ou qu'elle a été déterminée par le temps et les circonstances.

XLIII. Voici les lieux qui tous, ou du moins la plupart, pourront être employés par celui qui défend la lettre : il commen-

---

idem valeat ; sed ex quodam facto, aut eventu ad tempus interpretanda dicitur. Ea partibus juridicialis adsumptivæ maxime sustinetur. Nam tum inducitur comparatio, ut « In eo, qui, quum lex aperiri portas noctu vetaret, aperuit quodam in bello, et auxilia quædam in oppidum recepit, ne ab hostibus opprimerentur, si foris essent, quod prope muros hostes castra haberent : » tum relatio criminis, ut « In eo milite, qui, quum communis lex omnium hominem occidere vetaret, tribunum suum, qui vim sibi adferre conaretur, occidit : » tum remotio criminis, ut « In eo, qui, quum lex, quibus diebus in legationem proficisceretur, præstituerat, quia sumptum quæstor non dedit, profectus non est : » tum concessio per purgationem, et per imprudentiam, ut « In vituli immolatione : » et per vim, ut « In nave rostrata : » et per casum, ut « In Eurotæ fluminis magnitudine. » Quare aut ita sententia inducetur, ut unum quiddam voluisse scriptor demonstretur ; aut sic, ut in ejusmodi re et tempore hoc voluisse doceatur.

XLIII. Ergo is, qui scriptum defendit, his locis plerumque omnibus, majore

cera par l'éloge de l'auteur, et par un lieu commun sur l'obligation imposée aux juges de ne s'attacher qu'à ce qui est écrit, surtout s'il est question d'un texte authentique, d'une loi, par exemple, ou d'un fragment de loi. Il doit ensuite, et c'est là pour lui le point principal, comparer le fait ou la prétention des adversaires avec l'écrit, et montrer ce qu'est cet écrit, ce qu'est le fait, en rappelant aux juges leur serment. C'est un lieu commun qu'il faut traiter avec une grande variété de formes : le défenseur se demandera donc à lui-même, avec surprise, ce qu'on peut répondre à son raisonnement ; puis, revenant aux obligations des juges, il leur demandera quel éclaircissement nouveau, quelle plus grande lumière ils attendent encore ; alors, prenant en quelque sorte le rôle d'accusateur, il interpellera directement l'adversaire lui-même, et le pressera de déclarer, s'il nie que l'écrit soit tel, ou qu'il en ait enfreint ou attaqué les dispositions. Niez l'un ou l'autre, dira-t-il, et je me tais. Si, sans nier aucune de ces deux propositions, l'adversaire persiste dans sa demande, dites alors qu'il est impossible de voir jamais une plus grande impudence. Là-dessus il faut s'arrêter, — comme si l'on avait plus rien à dire après, comme s'il n'y avait plus d'objection à faire, — en lisant plusieurs fois l'écrit à haute voix, en le comparant à plusieurs reprises avec la conduite de

---

autem parte semper poterit uti : Primum scriptoris collaudatione, et loco communi, nihil eos, qui judicent, nisi id, quod scriptum sit, spectare oportere ; et hoc eo magis, si legitimum scriptum proferetur, id est, aut lex ipsa, aut ex lege aliquid. Postea, quod vehementissimum est, facti, aut intentionis adversariorum cum ipso scripto contentione, quid scriptum sit, quid factum, quid juratus judex : quem locum multis modis variare oportebit, tum ipsum secum admirantem, quidnam contra dici possit ; tum ad judicis officium revertentem, et ab eo quærentem, quid præterea audire, aut exspectare debeat ; tum ipsum adversarium, quasi intemptantis loco producendo, hoc est, interrogando, utrum scriptum neget esse eo modo, an ab se contra factum esse, aut contra contenti neget ; utrum negare ausus sit, se dicere desiturum ; si neutrum neget, et contra tamen dicat, nihil esse, quod hominem impudentiorem quisquam se visurum arbitretur. In hoc ita commorari conveniet, quasi nihil præterea dicendum sit, et quasi contra dici nihil possit, sæpe id, quod scriptum est, recitando ; sæpe cum scripto factum adversarii confligendo ; atque interdum acriter ad judicem ipsum revertendo. Quo in loco judici demonstrandum est, quid

l'adversaire, et en s'adressant plusieurs fois au juge lui-même, pour lui rappeler le serment qu'il a fait, le devoir qui lui est imposé. Deux choses, dira-t-on, pourraient le mettre dans l'incertitude, l'obscurité du texte, ou les dénégations de l'adversaire. Mais le texte est parfaitement intelligible, et l'adversaire ne nie rien. Le juge donc doit obéir à la loi, non l'interpréter.

XLIV. Ceci bien établi, il faudra détruire les objections qu'on pourrait faire. Or elles consistent à dire que le rédacteur avait une autre intention que celle qu'il a exprimée, comme dans l'affaire du testament cité plus haut ; ou à démontrer, par une question accessoire, pourquoi l'on ne pouvait pas, ou pourquoi l'on ne devait pas s'en tenir à la lettre. Si l'on a prétendu que le rédacteur avait une autre intention que celle qu'il a exprimée, celui qui défend la lettre dira qu'il ne convient pas de raisonner sur la volonté d'un homme qui, précisément pour nous en empêcher, a pris la peine de laisser lui-même un témoignage de ses intentions ; que le principe de s'écarter du sens littéral, une fois admis, entraînerait mille inconvénients : ceux qui écriront leurs volontés croiront que le témoignage n'en sera pas respecté, et les juges n'auront plus de règles sûres, dès qu'ils auront adopté l'habitude de s'écarter de la lettre. On parle de suivre les intentions de l'auteur ; c'est l'adversaire qui s'en éloigne, et c'est

---

juratus sit, quid sequi debeat ; duabus de causis judicem dubitare oportere, si aut scriptum sit obscure, aut neget aliquid adversarius. Quum et scriptum aperte sit, et adversarius omnia confiteatur, tum judicem legi parere, non interpretari legem oportere.

XLIV. Hoc loco confirmato, tum diluere ea, quæ contra dici poterunt, oportebit. Contra autem dicetur, si aut prorsus aliud sensisse scriptor, et scripsisse aliud demonstrabitur : ut in illa de testamento, quam posuimus, controversia ; aut causa adsumptiva inferetur ; quamobrem scripto non potuerit, aut non oportuerit obtemperari. Si aliud sensisse scriptor, aliud scripsisse dicetur, is, qui scripto utetur, hoc dicet, non oportere de ejus voluntate nos argumentari ; qui, ne id facere possemus, indicium nobis reliquerit suæ voluntatis ; multa incommoda consequi, si instituatur, ut ab scripto recedatur. Nam et eos, qui aliquid scribant, non existimaturos, id, quod scripserint, ratum futurum ; et eos, qui judicent, certum, quod sequantur, nihil habituros, si semel ab scriptore cedere consueverint. Quod si voluntas scriptoris conservanda sit, se, non adversarios,

nous qui nous y conformons. Car on s'en approche beaucoup plus en cherchant ses intentions dans ses expressions, qu'en ne les cherchant pas dans cet écrit qu'il nous a laissé comme une image de ses intentions, et en y substituant des conjectures particulières.

Si celui qui s'attache à l'esprit donne quelque raison, il faut d'abord la réfuter en disant qu'il est absurde de convenir qu'on a violé la loi, et de chercher les raisons pour justifier cette conduite. Ajoutez que tout est bouleversé; que c'étaient autrefois les accusateurs qui prouvaient aux juges la culpabilité de celui qu'ils poursuivaient, et qui faisaient connaître le motif qui l'avait porté à mal faire; tandis que maintenant c'est l'accusé lui-même qui fait la preuve de ses propres fautes. Ensuite établissez cette division, dont chaque partie vous fournira de nombreux arguments: d'abord, il n'est jamais permis d'alléguer des raisons contraires au texte d'une loi; d'autre part, quand toutes les autres lois en admettraient, celle dont il s'agit n'est pas de nature à en admettre; et enfin, quand cette loi même en admettrait, la raison que l'on oppose est la dernière qu'on doive accueillir.

XLV. Voici les principaux lieux qui peuvent servir à appuyer la première partie : l'auteur ne manquait ni d'intelligence, ni de temps, ni d'aucun des moyens nécessaires pour exprimer

---

a voluntate ejus stare. Nam multo propius accedere ad scriptoris voluntatem eum, qui ex ipsius eam litteris interpretetur, quam illum, qui sententiam scriptoris non ex ipsius scripto spectet, quod illæ suæ voluntatis quasi imaginem reliquerit, sed domesticis suspicionibus perscrutetur.

Sin causam adferet is, qui a sententia stabit, primum erit contra dicendum quam absurdum, non negare contra legem fecisse, sed quare fecerit, causam aliquam invenire; deinde conversa omnia esse: ante solitos esse accusatores judicibus persuadere, adfinem esse alicujus culpæ eum, qui accusaretur; causam proferre, quæ eum ad peccandum impulisset; nunc ipsum reum causam adferre, quare deliquerit. Deinde hanc inducere partitionem, cujus in singulas partes multæ convenient argumentationes : primum nulla in lege ullam causam contra scriptum accipi convenire; deinde si in cæteris legibus conveniat; hanc esse ejusmodi legem, ut in ea non oporteat; postremo si in hac quoque lege oporteat, hanc quidem causam accipi minime oportere.

XLV. Prima pars his fere locis confirmabitur : scriptori neque ingenium, neque operam, neque ullam facultatem defuisse, quo minus posset aperte

clairement sa pensée. S'il avait cru devoir écrire l'exception que soutient l'adversaire, il le pouvait sans peine et sans difficulté; n'est-ce pas l'usage des législateurs de poser des exceptions? Il faut citer ensuite les lois qui en renferment; puis examiner surtout si la loi dont il s'agit en admet dans quelqu'une de ses dispositions, ou s'il s'en rencontre dans d'autres écrits du même législateur, ce qui prouverait avec plus d'évidence encore qu'il n'aurait pas manqué d'exprimer en cet endroit celles qu'il aurait jugées nécessaires; puis montrer qu'admettre l'exception, c'est anéantir la loi, puisque l'exception admise ne se rapporte point à une loi dans laquelle elle n'est pas écrite : ce précédent établi, tous en prendraient l'occasion et les moyens de mal faire, voyant que, dans le jugement des délits, c'est le caprice de celui qui a violé la loi que vous prenez pour règle, non la loi même que vous avez juré d'observer. Ensuite vous dites que, s'écarter du texte de la loi, c'est troubler toutes les notions qui doivent diriger la conduite des juges et la vie des citoyens; car les juges n'auront plus de principes certains, s'ils s'éloignent de la lettre, ni aucune raison de condamner les autres, puisqu'ils auront eux-mêmes enfreint la loi ; et les citoyens ne sauront plus ce qu'ils doivent faire, si chacun, dans sa conduite, prend pour règle, non plus les lois générales de l'État, mais les conseils de sa

---

perscribere id, quod cogitaret; non fuisse ei grave, nec difficile, eam causam excipere, quam adversarii proferant, si quidquam excipiendum putasset; consuesse eos, qui leges scribant, exceptionibus uti. Deinde oportet recitare leges cum exceptionibus scriptas, et maxime videre, ecquæ in ea ipsa lege, qua de agatur, sit exceptio aliquo in capite, aut apud eundem legis scriptorem, quo magis cum probetur fuisse excepturum, si quid excipiendum putaret; et ostendere, causam accipere, nihil aliud esse, nisi legem tollere; ideo quod, quum semel causa consideretur, nihil attineat eam ex lege considerare, quippe quæ in lege scripta non sit. Quod si sit institutum; omnibus causam dari et potestatem peccandi, quum intellexerint, vos ex ingenio ejus, qui contra legem fecerit, non ex lege, in quam jurati sitis, rem judicare; deinde et ipsis judicibus judicandi, et cæteris civibus vivendi rationes perturbatum iri, si semel ab legibus recessum sit : nam et judices neque, quid sequantur, habituros, si ab eo, quod scriptum sit, recedant; neque, quo pacto aliis probare possint, quod contra legem judicarint; et cæteros cives, quid agant, ignoraturos, si ex suo quisque consilio, et ex ea ratione, quæ in mentem, aut in libidinem venerit,

LIVRE II.   377

propre sagesse, les inspirations du caprice et d'une volonté particulière. Puis on demande aux juges pourquoi ils s'occupent des affaires des autres, pourquoi ils s'embarrassent d'emplois publics, au lieu de donner tous leurs soins à leurs intérêts et à leurs propres affaires; pourquoi ils prononcent une formule de serment; pourquoi nul d'entre eux n'allègue jamais, pour s'exempter quelquefois du service public, d'autres raisons que celles qui sont comprises comme exceptions dans la loi : leur semblerait-il juste, quand la loi leur impose à eux-mêmes tant de fâcheux devoirs, de permettre aux adversaires de se mettre au-dessus de la loi? Il faut encore leur demander si, dans le cas où le coupable voudrait ajouter à la loi l'exception au moyen de laquelle il prétend justifier sa conduite contraire à la loi, ils y consentiraient ; puis ajouter, qu'il y a plus d'impudeur et d'infamie à faire ce qu'il fait, qu'à ajouter l'exception ; et en supposant même qu'ils y consentent, le peuple romain le souffrirait-il ? et ne serait-ce pas plus mal à eux, quand ils ne peuvent changer la loi par des mots et par des lettres, de la changer par le fait même, et surtout par un jugement? C'est un crime de déroger en quelque chose à la loi, de l'abroger, d'en altérer quelques dispositions, sans que le peuple puisse délibérer sur cette mesure, l'approuver ou la rejeter. Un pareil fait livrerait les juges eux-mêmes à la haine publique. Ce n'est pas le lieu, ce n'est pas

non ex communi præscripto civitatis unam quamque rem administrarit. Postea quærere a judicibus ipsis, quare in alienis detineantur negotiis ; cur rei publicæ munere impediantur, quo secius suis rebus et commodis servire possint ; cur in certa verba jurent ; cur certo tempore conveniant, certo discedant; nihil quisquam adferat causæ, quo minus frequenter operam rei publicæ det, nisi quæ causa in lege excepta sit ; an se legibus obstrictos in tantis molestiis esse æquum censeant, adversarios nostros leges negligere concedant. Deinde item quærere ab judicibus, si ejus rei causæ, propter quam se reus contra legem fecisse dicat, exceptionem ipse in lege ascribat, passurine sint ; postea hoc, quod faciat, indignius et impudentius esse, quam si ascribat ; age porro, quid, si ipsi velint judices ascribere, passurusne sit populus ? atque hoc esse indignius, quam rem verbo et litteris mutare non possint, eam re ipsa, et judicio maxime, commutare ; deinde indignum esse de lege aliquid derogari, aut legem abrogari, aut aliqua ex parte commutari, quum populo cognoscendi, et probandi, aut improbandi potestas nulla fiat ; hoc ipsis judicibus invidiosis-

le moment de modifier les lois; c'est au peuple qu'il faut en référer; c'est le peuple qui doit en décider; s'ils osent le faire eux-mêmes, dites que vous voulez connaître celui qui se chargera de la proposition, et ses partisans; que vous voyez d'ici les accusations prochaines, et que vous voulez les leur épargner; si cette action de leur part serait encore plus honteuse que funeste, leur devoir comme juges est d'obéir provisoirement à la loi, quelle qu'elle puisse être; s'ils la trouvent mauvaise sous quelque rapport, c'est au peuple qu'il appartient de la modifier. Puis vous dites encore que, si le texte de la loi n'existait pas, il faudrait le chercher avec le plus grand soin, et ne point s'en rapporter à l'adversaire, quand même il ne serait pas accusé. Mais puisque nous avons ce texte, il y aurait folie à écouter les paroles d'un coupable, plutôt que les paroles mêmes de la loi. C'est par ces raisons, et par d'autres semblables, qu'on prouve qu'il ne faut rien admettre de contraire à la lettre de la loi.

XLVI. La seconde partie est celle où vous devez montrer que, quand même toutes les autres lois admettraient des exceptions, celle dont il s'agit n'en admettrait pas : pour cela, il faut prouver qu'elle touche aux choses les plus importantes, les plus utiles, les plus honorables, les plus saintes; que ce serait une honte, un sacrilége, en pareille affaire, de ne point s'en tenir scrupuleusement à ses dispositions; ou bien l'on dira que la rédaction

simum futurum; non hunc locum esse, neque hoc tempus legum corrigendarum; apud populum hæc, et per populum agi convenire; quodsi nunc id agant, velle se scire, qui lator sit, qui sint accepturi; se captiones videre et dissuadere velle; quodsi hæc quum summe inutilia, tum multo turpissima sint, legem, cuicuimodi sit, in præsentia conservari ab judicibus, post, si displiceat, a populo corrigi convenire. Deinde, si scriptum non exstaret, magno opere quæreremus; neque isti, ne si extra periculum quidem esset, crederemus. Nunc quum scriptum sit, amentiam esse, ejus, qui peccarit, potius, quam legis ipsius verba cognoscere. His et hujusmodi rationibus ostenditur, causam extra scriptum accipi non oportere.

XLVI. Secunda pars est, in qua est ostendendum, si in cæteris legibus oporteat, in hac non oportere. Hoc demonstrabitur, si lex aut ad res maximas, utilissimas, honestissimas, religiosissimas videbitur pertinere; aut inutile, aut turpe, aut nefas esse tali in re non diligentissime legi obtemperare; aut ita lex diligenter perscripta demonstrabitur, ita cautum una quaque de re, ita,

a été faite avec tant de soin, qu'on a si bien prévu tous les cas, si bien marqué toutes les exceptions, qu'il n'est pas permis de supposer des omissions dans une loi rédigée avec tant d'exactitude.

Le troisième lieu, et le plus important pour celui qui défend la lettre, consiste à dire que, dans le cas même où l'on pourrait admettre des raisons contraires au texte de la loi, ce ne serait pas au moins celle que propose l'adversaire. Ce point est capital, parce que celui qui plaide contre la lettre doit faire valoir des considérations de justice ; car ce serait à lui le comble de l'impudeur que de vouloir attaquer le texte formel de la loi, autrement qu'avec des armes fournies par l'équité. Si donc l'accusateur peut affaiblir sur ce point la défense, l'accusation deviendra dans son ensemble, plus juste et plus forte. Car ce qu'il avait dit précédemment ne tendait qu'à forcer les juges à condamner l'accusé, quand même ils ne l'auraient pas voulu ; mais cette partie de son discours doit les porter à le vouloir, quand même ils n'y seraient pas forcés. Il faut, pour cela, puiser aux mêmes lieux que l'accusé a fait servir à sa justification, l'alternative, le recours, la récrimination ou l'aveu dont j'ai traité plus haut avec tout le soin possible, et en tirer tous les moyens que la cause peut fournir pour ruiner le système des adversaires ; ou bien alléguer

---

quod oportuerit, exceptum, ut minime conveniat quidquam in tam diligenti scriptura præteritum arbitrari.

Tertius locus est ei, qui pro scripto dicet, maxime necessarius, per quem ostendat oportet, si conveniat causam contra scriptum accipi, eam tamen minime oportere, quæ ab adversariis adferatur. Qui locus idcirco est huic necessarius, quod semper is, qui contra scriptum dicit, æquitatis aliquid adferat oportet. Nam summa impudentia sit, eum, qui contra quam scriptum sit, aliquid probare velit, non æquitatis præsidio id facere conari. Si quid igitur ex hac ipsa quippiam accusator deroget, omnibus partibus justius et probabilius accusare videatur. Nam superior oratio hoc omnis faciebat, uti, judices, etiamsi nollent necesse esset ; hæc autem, etiamsi necesse non esset, ut vellent contra judicare. Id autem fiet, si, quibus ex locis culpa demonstrabitur esse in eo, qui comparatione, aut remotione, aut relatione criminis, aut concessionis partibus se defendit (de quibus ante, ut potuimus, diligenter perscripsimus), si de iis locis, quæ res postulabit, ad causam adversariorum improbandam transferemus ; aut causæ et rationes adferentur, quare

les raisons et les motifs qui expliquent comment et pourquoi de semblables dispositions se rencontrent dans le testament ou dans la loi, de manière à prouver qu'elles ne se fondent pas seulement sur l'autorité de la lettre, mais encore sur la pensée même et sur l'intention du rédacteur ; ou employer encore, pour établir la criminalité, d'autres états de question.

XLVII. — Celui qui plaide contre la lettre, commencera par établir l'équité de sa cause ; il montrera quelles ont été ses intentions, son esprit, ses motifs ; et, quelques raisons qu'il fasse valoir, il suivra dans sa défense les règles que j'ai exposées plus haut pour la question accessoire. Après s'être longtemps arrêté sur ce point, et avoir démontré avec développement les motifs de son action et la justice de sa cause, il emploiera, pour prouver contre les adversaires qu'il faut admettre des exceptions, les lieux suivants : il dira d'abord qu'il n'est point de loi qui ordonne rien de funeste ou d'injuste ; que toutes les peines prononcées par les lois ont pour but de châtier le crime et la perversité ; que le législateur lui-même, s'il était présent, approuverait l'action dont il s'agit, et ne se serait pas conduit autrement dans des circonstances pareilles ; qu'il a établi que les juges devaient être choisis dans une certaine classe de citoyens et avoir atteint un certain âge, pour qu'ils fussent capables, non de répéter ses paroles, comme pourrait le faire le premier enfant

et quo consilio ita sit in lege, aut in testamento scriptum, ut sententia quoque, et voluntate scriptoris, non ipsa solum scriptura causa confirmata esse videatur ; aut aliis quoque constitutionibus factum coarguetur.

XLVII. Contra scriptum autem qui dicet, primum eum inducet locum, per quem æquitas causæ demonstretur ; aut ostendet, quo animo, quo consilio, qua de causa fecerit ; et, quancumque causam adsumet, adsumptionis partibus se defendet, de quibus ante dictum est. Atque hoc in loco quum diutius commoratus, sui facti rationem et æquitatem causæ exornaverit, tum ex his locis fere contra adversarios dicet oportere causas accipi. Demonstrabit, nullam esse legem, quæ aliquam rem inutilem, aut iniquam fieri velit ; omnia supplicia, quæ a legibus proficiscantur, culpæ ac malitiæ vindicandæ causa constituta esse ; scriptorem ipsum, si exsistat, factum hoc probaturum ; et idem ipsum, si ei talis res accidisset, facturum fuisse ; et ea re legis scriptorem certo ex ordine judices, certa ætate præditos constituisse ; ut essent, non qui scriptum suum recitarent, quod quivis puer facere posset, sed qui cogitatione adsequi

venu, mais de comprendre sa pensée et d'interpréter ses intentions ; s'il eût dû confier l'expression de sa pensée à des hommes ignorants, à des juges barbares, il eût mis le soin le plus minutieux à prévoir tous les cas; mais sachant à quels hommes serait remis l'office de juges, il n'a pas cru devoir écrire ce qui lui semblait trop clair, il a pensé que vous seriez, non les échos de ses paroles, mais les interprètes de ses intentions. Puis on demande aux adversaires : si j'avais fait telle chose; si tel événement avait eu lieu, — ayant soin d'ailleurs de ne spécifier que des actions d'une moralité parfaite ou d'une absolue nécessité ; — m'accuseriez-vous? La loi cependant n'a point distingué ces cas d'exception; tous ne sont donc pas écrits; mais il en est que leur évidence exprime, pour ainsi dire, tacitement. Enfin, dans les lois, dans les contrats écrits, même dans le langage habituel, et dans les prescriptions domestiques, il serait impossible de rien mener à bien, si chacun voulait s'attacher à la lettre, au lieu de se prêter à l'intention de celui qui a parlé.

XLVIII. Il faut ensuite montrer, par les lieux communs de l'honnêteté et de l'utilité, combien honteuse et combien funeste serait la conduite que l'on aurait dû ou que l'on devrait tenir suivant les adversaires, et combien utile et honorable est, au contraire, ce que l'on a fait ou ce que l'on demande. Nous devons

possent, et voluntatem interpretari; deinde illum scriptorem, si scripta sua stultis hominibus et barbaris judicibus committeret, omnia summa diligentia perscripturum fuisse; nunc vero, quod intelligeret, quales viri res judicaturi essent, idcirco eum, quæ perspicua videret esse, non ascripsisse : neque enim vos scripti sui recitatores, sed voluntatis interpretes fore putavit. Postea quærere ab adversariis, Quid si hoc fecissem ? quid si hoc accidisset ? — eorum aliquid, in quibus aut causa sit honestissima, aut necessitudo certissima ; — tuimne accusaretis ? Atqui hoc lex nusquam excepit. Non ergo omnia scriptis, sed quædam, quæ perspicua sint, tacitis exceptionibus caveri. Deinde nullam rem neque legibus, neque scriptura ulla, denique ne in sermone quidem quotidiano atque imperiis domesticis recte posse administrari, si unus quisque velit verba spectare, et non ad voluntatem ejus, qui ea verba habuerit, accedere.

XLVIII. Deinde ex utilitatis et honestatis partibus ostendere, quam inutile, aut quam turpe sit id, quod adversarii dicant fieri oportuisse, aut oportere; et id, quod nos fecerimus aut postulemus, quam utile, aut quam honestum sit.

dire aussi que nous aimons les lois, non pour les lettres qui les expriment, faibles et obscurs témoignages de l'intention, mais pour l'importance des intérêts qu'elles doivent régler, pour la sagesse et la profonde intelligence de ceux qui les ont faites ; puis on définit la loi de manière à montrer qu'elle est toute dans la pensée, non dans les mots ; et que le juge qui obéit véritablement aux lois, est celui qui s'attache plus à leur esprit qu'à leurs termes ; ensuite on montre quelle indignité ce serait d'infliger la même peine à l'homme violent et pervers qui a enfreint la loi, et au citoyen que des motifs honorables ou nécessaires ont porté à s'écarter, non de l'esprit, mais de la lettre de la loi : c'est par ces raisons et autres semblables qu'il faut établir la nécessité d'admettre en général des exceptions, d'en admettre dans la loi dont il s'agit, et d'admettre enfin celle pour laquelle on plaide.

Et comme j'ai dit qu'il était fort important, pour celui qui défend la lettre, de retirer à l'adversaire l'apparence de justice qu'il pourrait avoir de son côté, il ne sera pas moins avantageux à celui qui parle contre la lettre, de montrer que le texte est pour lui, ou qu'il renferme quelque ambiguïté ; puis, parmi les sens qu'il présente, de soutenir celui qui lui est favorable, ou bien de tourner par une définition, au profit de sa cause, le terme qui semblait le plus directement la condamner ; ou bien de tirer

---

Deinde leges nobis caras esse non propter litteras, quæ tenues et obscuræ notæ sint voluntatis, sed propter earum rerum, quibus de scriptum est, utilitatem, et eorum, qui scripserint, sapientiam et diligentiam. Postea, quid sit lex, describere, ut ea videatur in sententiis, non in verbis consistere ; et judex is videatur legi obtemperare, qui sententiam ejus, non qui scripturam sequatur. Deinde, quam indignum sit, eodem adfici supplicio cum, qui propter aliquod scelus et audaciam contra legem fecerit, et eum, qui honesta, aut necessaria de causa, non ab sententia, sed ab litteris legis recesserit : atque his, et hujusmodi rationibus, et accipi causam, et in hac lege accipi, et eam causam, quam ipse adferat, oportere accipi demonstrabit.

Et quemadmodum ei dicebamus, qui ab scripto diceret, hoc fore utilissimum, si quid de æquitate ea, quæ cum adversario staret, derogasset : sic huic, qui contra scriptum dicet, plurimum proderit, ex ipsa scriptura aliquid ad suam causam convertere, aut ambigue aliquid scriptum ostendere ; deinde ex illo ambiguo eam partem, quæ sibi prosit, defendere, aut verbi definitionem inducere, et illius verbi vim, quo urgeri videatur, ad suæ causæ commodum

lu texte ce qu'il ne dit pas, au moyen de l'induction dont je
parlerai plus bas. Quelque faible que soit le moyen de défense
tiré de la lettre même, il ne peut manquer de servir beaucoup,
même dans la cause la plus juste, par la raison qu'en ruinant
ainsi la base de l'accusation, on affaiblit ses moyens, et qu'on
en ôte le nerf et le mordant. Tous les autres lieux communs
que fournit la question accessoire pourront être également employés par les deux parties. De plus, celui qui défend la lettre dira
qu'il ne faut pas interpréter la loi selon l'intérêt de celui qui l'a
violée, et que la loi passe avant toute autre considération ; et l'adversaire, de son côté, soutiendra que c'est l'intention du législateur, et l'utilité commune, qui constituent la loi, non la lettre,
et que c'est une indignité de soumettre aux mots la justice dont
le maintien faisait l'unique sollicitude du législateur.

XLIX. La discussion naît des lois contradictoires, quand deux
ou plusieurs lois semblent s'exclure mutuellement. Par exemple,
une loi porte : *Le meurtrier d'un tyran recevra la même récompense que les vainqueurs d'Olympie, et ce qu'il voudra demander lui sera accordé par les magistrats.* Une autre loi porte :
*Le tyran tué, les magistrats feront mettre à mort ses cinq plus
proches parents.* « Alexandre, tyran de Phères en Thessalie, a
été tué, pendant la nuit, par Thébé, son épouse, qui reposait à

---

traducere, aut ex scripto non scriptum aliquod inducere per ratiocinationem,
de qua post dicemus. Quacumque autem in re, quamvis leviter probabili,
scripto ipso se defenderit, etiam quum æquitate causa abundabit, necessario
multum proficiet, ideo quod, si id, quo nititur adversariorum causa, sub-
ruxerit, omnem illam ejus vim et acrimoniam lenierit ac diluerit. Loci autem
communes cæteris ex adsumptionis partibus in utramque partem conveniunt.
Præterea ejus, qui a scripto dicet : leges ex se, non ex ejus, qui contra com-
miserit, utilitate spectari oportere; et legibus antiquius haberi nihil oportere.
Contra scriptum : leges in consilio scriptoris, et utilitate communi, non in
urbis consistere; quam indignum sit, æquitatem litteris urgeri, quæ voluntate
jus, qui scripserit, defendatur.

XLIX. Ex contrariis autem legibus controversia nascitur, quum inter se duæ
dentur leges, aut plures discrepare, hoc modo : Lex, QUI TYRANNUM OCCI-
DERIT, OLYMPIONICARUM PRÆMIUM CAPITO, ET QUAM VOLET SIBI REM A MAGISTRATU
POSCITO, ET MAGISTRATUS EI CONCEDITO. Et altera lex, TYRANNO OCCISO, QUINQUE
EJUS PROXIMOS COGNATIONE MAGISTRATUS NECATO. « Alexandrum ; qui apud
Pheræos in Thessalia tyrannidem occuparat, uxor sua, cui Thebe nomen fuit,

ses côtés. Cette femme demande, pour sa récompense, le fils qu'elle a eu du tyran. Quelques citoyens soutiennent que cet enfant doit être mis à mort suivant la loi; on plaide. » Ici les mêmes lieux communs, les mêmes préceptes conviennent aux deux parties, puisque chacune d'elles doit soutenir la loi qui lui est favorable, attaquer celle qui lui est contraire. Il faut d'abord comparer ces lois, voir celle qui se rapporte aux objets les plus importants, c'est-à-dire, les plus utiles, les plus honnêtes, les plus nécessaires, par où l'on arrive à démontrer que de deux ou de plusieurs lois qu'on ne peut conserver toutes, parce qu'elles se contredisent, la meilleure à garder est celle qui règle les plus grands intérêts. On examine ensuite laquelle est la plus récente; car les dernières sont les plus respectables; puis, on distingue la loi qui ordonne et la loi qui permet : le commandement implique nécessité, la permission, volonté. On considère encore quelle est celle qui porte des peines contre la désobéissance, ou quelle est celle qui porte les peines les plus sévères : car il importe surtout de maintenir celle qui est revêtue de la sanction la plus forte. Puis on distingue la loi qui ordonne et la loi qui défend ; car souvent cette dernière n'est que le correctif de celle qui ordonne; la loi générale et la loi particulière; celle qui s'applique à plusieurs cas, celle qui régit un objet déterminé : car

noctu, quum simul cubaret, occidit. Hæc filium suum, quem ex tyranno habebat, sibi in præmii loco deposcit. Sunt, qui ex lege puerum occidi di aut oportere. Res in judicio est. » In hoc genere utramque in partem iidem loci, atque eadem præcepta conveniunt, ideo quod uterque suam legem confirmare, contrariam infirmare debebit. Primum igitur leges oportet contendere, considerando, utra lex ad majores, hoc est, ad utiliores, ad honestiores ac magis necessarias res pertineat : ex quo conficitur, ut, si leges duæ, aut si plures, aut quotquot erunt, conservari non possint, quia discrepent inter se ; ea maxime conservanda putetur, quæ ad maximas res pertinere videatur. Deinde utra lex posterius lata sit : nam postrema quæque gravissima est. Deinde utra lex jubeat aliquid, utra permittat : nam id, quod imperatur, necessarium ; illud, quod permittitur, voluntarium est. Deinde in utra lege, si non obtemperatum sit, pœna adficiatur, aut in utra major pœna statuatur : nam maxime conservanda est ea, quæ diligentissime sancta est. Deinde utra lex jubeat, utra vetet : nam sæpe ea, quæ vetat, quasi exceptione quadam corrigere videtur illam, quæ jubet. Deinde utra lex de genere omni; utra de parte quadam; utra commu-

la loi particulière, et qui s'applique à un objet spécial, touche de plus près à la cause, et sert davantage dans les jugements. On examine encore si la loi veut être obéie sur-le-champ, ou si elle accorde des délais et certains tempéraments : car l'obéissance doit être plus prompte, quand la loi n'admet pas de retard. Tâchez aussi que votre loi se soutienne par ses expressions mêmes, et que celle de l'adversaire soit équivoque, et forcée de s'appuyer sur l'analogie ou sur la définition : la loi qui présente un sens clair a toujours plus de force et d'autorité. Donnez aussi le sens de votre loi à côté du texte, et donnez de la loi contraire une autre explication; de manière à montrer, s'il est possible, que toutes les deux se ressemblent; et enfin prouvez, si la cause le permet, qu'en adoptant votre sens, on peut conserver les deux lois, tandis qu'avec celui de l'adversaire, il faut nécessairement que l'une des deux soit écartée. Quant aux lieux communs, il faudra voir ceux que peut fournir la cause, et, en développant les lieux féconds de l'honnêteté et de l'utilité, montrer à laquelle des deux lois il convient de donner la préférence.

L. La discussion naît de l'analogie quand, de ce qui est écrit quelque part, on cherche à déduire ce qui n'est point écrit; par exemple, une loi dit : *La personne et les biens du furieux seront*

---

niter in plures; utra in aliquam certam rem scripta videatur : nam quæ in partem aliquam, et quæ in certam quandam rem scripta est, propius ad causam accedere videtur, et ad judicium magis pertinere. Deinde, ex lege utrum statim fieri necesse sit : utrum habeat aliquam moram et sustentationem : nam id, quod statim faciendum sit, perfici prius oportet. Deinde operam dare, ut sua lex ipso scripto videatur niti; contraria autem aut per ambiguum, aut per ratiocinationem, aut per definitionem induci : quo sanctius et firmius id videatur esse, quod apertius scriptum sit. Deinde suæ legis ad scriptum ipsam sententiam quoque adjungere, contrariam legem item ad aliam sententiam transducere, ut, si fieri poterit, ne discrepare quidem videantur inter se : postremo facere, si causa dabit facultatem, ut nostra ratione utraque lex conservari videatur; adversariorum ratione, altera sit necessario negligenda. Locos autem communes, et quos ipsa causa det, videre oportebit, et ex utilitatis et ex honestatis amplissimis partibus sumere, demonstrantem per amplificationem, ad utram potius legem accedere oporteat.

L. Ex ratiocinatione nascitur controversia, quum ex eo, quod uspiam est ad id, quod nusquam scriptum est, venitur hoc pacto : Lex : Si furio

administrés par les parents des deux lignes paternelle et maternelle. Une autre loi porte : *Le père de famille a le droit de disposer de ses biens.* Une troisième enfin dit : *Si le père de famille meurt intestat, ses biens appartiendront à ses parents des deux lignes paternelle et maternelle.* « Un homme est condamné comme parricide : aussitôt, pour l'empêcher de s'échapper, on charge ses pieds d'entraves, on lui couvre le visage d'un sac de cuir lié autour de sa tête, et on le conduit en prison afin qu'il y demeure le temps d'attendre que le sac, où l'on doit l'enfermer pour le jeter dans le Tibre, soit préparé. Pendant ce temps, quelques-uns de ses amis apportent des tablettes dans la prison, amènent des témoins, écrivent les noms des héritiers qu'il institue, et le testament est signé. Plus tard, le condamné est conduit au supplice. Les héritiers institués par le testament, et les agnats se disputent son hérédité. » Il est impossible ici de citer aucune loi spéciale qui interdise le droit de tester en pareil cas. C'est donc dans les autres lois, dans celles qui ont amené la condamnation du parricide, dans celles qui règlent le droit de tester en général, qu'il faut trouver par analogie la réponse à cette question : avait-il ou n'avait-il pas le droit de faire un testament ?

Voici en général, les lieux communs qui conviennent à ce genre de cause : d'abord, il faut faire l'éloge du texte sur lequel on le

sus escit, agnatum gentiliumque in eo pecuniaque ejus potestas esto. Et lex : Paterfamilias uti super familia pecuniaque sua legassit, ita jus esto. Et lex : Si paterfamilias intestato moritur, familia pecuniaque ejus agnatum gentiliumque esto. « Quidam judicatus est parentem occidisse. Ei statim, quod effugiendi potestas non fuit, ligneæ soleæ in pedes inductæ sunt ; os autem obvolutum est folliculo et prœligatum ; deinde est in carcerem deductus, ut ibi esset tantisper, dum culeus, in quem conjectus in profluentem deferretur, compararetur. Interea quidam ejus familiares in carcerem tabulas adferunt, et testes adducunt ; heredes, quos ipsis libet, scribunt ; tabulæ obsignantur. De illo post supplicium sumitur. Inter eos, qui heredes in tabulis scripti sunt, et inter agnatos, ed hereditate controversia est. » Ille certa lex, quæ testamenti faciundi iis, qui in eo loco sint, adimat potestatem, nulla proferetur. Ex cæteris legibus, et quæ hunc ipsum supplicio hujusmodi adficiunt, et quæ ad testamenti faciundi potestatem pertinent, per ratiocinationem veniendum est ad ejusmodi rationem, ut quæratur, habueritne testamenti faciendi potestatem.

Locos autem communes hoc in genere argumentandi, hos, et hujusmodi

LIVRE II.

fonde, et prouver sa validité; ensuite comparer le point douteux que présente la cause avec un autre point reconnu constant, de manière à présenter l'un et l'autre comme semblables; puis s'étonner, en faisant le parallèle, qu'on puisse admettre comme juste, le second, et non le premier qui l'est plus, ou pour le moins autant; puis on dira que, si le législateur n'a point statué sur ce premier cas, c'est qu'il a pensé que ce qu'il avait écrit sur le second ne laissait aucun doute sur l'autre; que toutes les lois sont pleines de ces sortes d'omissions, qui ne sont cependant des omissions pour personne, parce qu'on peut, au moyen de ce qui est écrit, suppléer à ce qui ne l'est pas. Ensuite, il faut démontrer la justice de la cause, comme dans la question juridiciaire absolue.

L'adversaire doit chercher à réfuter la comparaison; pour cela, il démontrera que les deux termes n'ont entre eux aucun rapport de genre, de nature, d'importance, de grandeur, de temps, de lieu, de personne ou d'opinion; il remettra chacun d'eux à sa véritable place, marquera les différences, de manière à faire voir qu'on ne doit point attacher à tous les deux la même idée. Si lui-même peut employer l'analogie, il suivra les règles que j'ai exposées plus haut; s'il ne le peut pas, il soutiendra qu'il ne faut

---

quosdam esse arbitramur: primum, ejus scripti, quod proferas, laudationem et confirmationem; deinde ejus rei, qua de quæratur, cum eo, de quo constet, collationem ejusmodi, ut id, de quo quæritur, rei, de qua constet, simile esse videatur; postea admirationem per contentionem, qui fieri possit, ut, qui hoc æquum esse concedat, illud neget, quod aut æquius, aut eodem sit in genere; deinde idcirco hac de re nihil esse scriptum, quod, quum de illa esset scriptum, de hac is, qui scribebat, neminem dubitaturum arbitratus sit; postea multis in legibus multa esse prætorita, quæ idcirco prætorita nemo arbitretur, quod ex cæteris, de quibus scriptum sit, intelligi possint: deinde æquitas rei demonstranda est, ut in juridiciali absoluta.

Contra autem qui dicet, similitudinem infirmare debebit: quod faciet, si demonstrabit, illud, quod conferatur, ab eo, cui conferatur, diversum esse genere, natura, vi, magnitudine, tempore, loco, persona, opinione; si, quo in numero illud, quod per similitudinem adfertur, et quo in loco illud, cujus causa adfertur, haberi conveniat, ostendetur; deinde, quid res cum re differat, demonstrabitur, ut non idem videatur de utraque existimari oportere. Ac, si ipse quoque poterit ratiocinationibus uti, iisdem rationibus, quibus ante dictum est, utetur: si non poterit, negabit oportere quidquam, nisi quod

tenir compte que de ce qui est écrit ; que ces rapprochements, une fois admis, compromettraient l'existence de toutes les lois ; qu'il n'y a presque rien au monde qui ne ressemble à quelque chose; qu'au milieu de tant d'objets différents, il y a néanmoins des lois spéciales pour chacun d'eux ; qu'il est facile de montrer partout des rapports et des différences. Les lieux communs qui servent à soutenir l'analogie, consistent à dire qu'il faut, au moyen des conjectures, arriver de ce qui est écrit à ce qui ne l'est pas ; qu'il est impossible au rédacteur de prévoir d'avance tous les cas; que la rédaction la plus parfaite est celle qui fait comprendre une chose par une autre. Celui qui plaide contre l'analogie répondra que cette manie de conjectures est une véritable divination, et qu'il n'appartient qu'à un rédacteur peu intelligent de ne savoir pas exprimer tous les cas qu'il veut prévoir.

LI. La définition a lieu lorsque, dans un texte, se rencontre quelque expression dont il s'agit de déterminer la valeur; par exemple : *La loi porte que ceux qui, dans une tempête, abandonnent un vaisseau, perdent tous leurs droits sur le chargement, et que le vaisseau, ainsi que sa cargaison, appartiennent à ceux qui ne l'ont point abandonné.* « Deux individus, propriétaires l'un d'un navire, l'autre de sa cargaison, aperçurent en pleine mer un naufragé qui cherchait à se sauver à la nage, et leur tendait les bras : touchés de compassion, ils dirigèrent leur bâtiment de son

---

scriptum sit, considerare ; periclitari omnia jura, si similitudines accipiantur; nihil esse pœne, quod non alteri simile esse videatur ; multas de dissimilibus rebus, in unam quamque rem tamen singulas esse leges ; omnia posse inter se vel similia vel dissimilia demonstrari. Loci communes : a ratiocinatione, oportere conjectura ex eo, quod scriptum sit, ad id, quod non scriptum sit, pervenire; et neminem posse omnes res per scripturam amplecti, sed eum commodissime scribere, qui curet, ut quædam ex quibusdam intelligantur : contra ratiocinationem, hujusmodi, conjecturam divinationem esse, et stulti scriptoris esse, non posse omnibus de rebus cavere, quibus velit.

LI. Definitio est, quum in scripto verbum aliquod est positum, cujus de vi quæritur, hoc modo : Lex, QUI IN ADVERSA TEMPESTATE NAVEM RELIQUERINT, OMNIA AMITTUNTO; EORUM NAVIS ET ONERA SUNTO, QUI IN NAVE REMANSERINT. « Duo quidam, quum jam in alto navigarent, et quum eorum alterius navis, alterius onus esset, naufragum quendam natantem, et manus ad se tendentem animum adverterunt; misericordia commoti, navem ad eum applicaverunt; ho-

côté, et le prirent à bord. Bientôt après, la tempête vint à battre leur navire avec tant de force, que le propriétaire du vaisseau, qui était en même temps pilote, se jeta dans un esquif, d'où il cherchait, autant que possible, à régler les mouvements du vaisseau au moyen du câble qui tenait la barque attachée à la poupe. Le propriétaire des marchandises se perça de son épée sur le vaisseau même. Le naufragé, qu'ils avaient recueilli, se met alors au gouvernail, et fait tous ses efforts pour sauver le bâtiment. Les flots venant à s'apaiser et le temps à changer, le navire entre dans le port. Celui qui s'était frappé de son épée, légèrement blessé, guérit facilement. Chacun des trois soutient que le navire et tout le chargement lui appartiennent. » Dans cette cause, toutes les parties invoquent le texte de la loi, et la difficulté porte sur le sens des mots; car il s'agit de déterminer, par des définitions, ce qu'on doit entendre par abandonner le navire, demeurer sur le navire, et enfin ce que c'est que le navire lui-même. Les lieux communs à employer ici sont les mêmes que dans la question de définition.

Maintenant que j'ai exposé la théorie des arguments propres au genre judiciaire, je vais tracer les règles et la méthode qui conviennent au genre délibératif et démonstratif; non que, dans ces deux genres, toute cause ne renferme toujours quelque état

---

minem ad se sustulerunt. Postea aliquanto, ipsos quoque tempestas vehementius jactare cœpit, usque adeo, ut dominus navis, quum idem gubernator esset, in scapham confugeret, et inde funiculo, qui a puppi religatus, scapham adnexam trahebat, navi, quoad posset, moderaretur; ille autem, cujus merces erant, in gladium ignare ibidem incumberet. Hic ille naufragus ad gubernaculum accessit, et navi, quoad potuit, est opitulatus. Sedatis autem fluctibus, et tempestate jam commutata, navis in portum pervehitur. Ille autem, qui in gladium incubuerat, leviter saucius, facile ex vulnere est recreatus. Navem cum onere horum trium suam quisque esse dicit. » Hic omnes scripto ad causam accedunt, et ex nominis vi nascitur controversia. Nam et relinquere navem, et remanere in navi, denique navis ipsa quid sit, definitionibus quæretur. Iisdem autem ex locis omnibus, quibus definitiva constitutio tractabitur.

Nunc, expositis iis argumentationibus, quæ in judiciale causarum genus accommodantur, deinceps in deliberativum genus et demonstrativum argumentandi locos et præcepta dabimus, non quo non in aliqua constitutione

de question, mais parce que chacun d'eux offre certains lieux qui, sans être précisément étrangers à l'état de question, se rapportent néanmoins plus particulièrement au but de ces genres.

On s'accorde à dire que la fin du genre judiciaire, c'est l'équité, c'est-à-dire une partie de l'honnêteté. Au genre délibératif, Aristote assigne pour but l'utilité; à laquelle je crois qu'il faut ajouter aussi l'honnêteté; au démonstratif, l'honnêteté. Dans ce dernier genre de causes, il en est qu'il faut traiter selon les règles générales et communes de l'argumentation ; mais il en est aussi pour lesquelles je dois tracer des règles plus particulièrement appropriées au but de tout le discours; et je n'aurais pas de peine à donner des exemples de chaque état de question, si je ne savais que les explications qui rendent claires les choses obscures, ne servent qu'à embrouiller celles qui sont naturellement claires. Occupons-nous d'abord des règles du genre délibératif.

LII. Les choses que l'on doit rechercher se divisent en trois genres, et aussi celles qu'il faut au contraire éviter. Il en est qui nous attirent par elles-mêmes et sans aucune considération d'intérêt, par la seule puissance de leur beauté, comme la vertu, la science, la vérité. Il en est d'autres qu'il faut rechercher moins pour elles-mêmes et pour leur propre mérite, que pour le

omnis semper causa versetur; sed quia proprii tamen harum causarum quidam loci sunt, non a constitutione separati, sed ad fines horum generum accommodati.

Nam placet, in judiciali genere finem esse æquitatem, hoc est, partem quandam honestatis. In deliberativo autem Aristoteli placet utilitatem, nobis et honestatem; et utilitatem. In demonstrativo, honestatem. Quare in hoc quoque genere causæ quædam argumentationes communiter ac similiter tractabuntur; quædam separatius ad finem, quo referri omnem orationem oportet, adjungentur. Atque unius cujusque constitutionis exemplum supponere non gravaremur, nisi illud videremus, quemadmodum res obscuræ dicendo fierent apertiores, sic res apertas, obscuriores fieri oratione. Nunc ad deliberationis præcepta pergamus.

LII. Rerum expetendarum tria genera sunt; par autem numerus vitandarum ex contraria parte. Nam est quiddam, quod sua vi nos adliciat ad sese, non emolumento captans aliquo, sed trahens sua dignitate : quod genus virtus, scientia, veritas est. Aliud autem non propter suam vim et naturam, sed propter fru-

profit et l'avantage qu'elles procurent : telles sont, par exemple, les richesses. Il en est d'autre enfin qui tiennent le milieu entre les deux premières, et nous captivent par elles-mêmes et par leur propre beauté, en même temps qu'elles offrent à nos désirs l'appât d'une utilité réelle qui nous les rend plus chères encore : l'amitié, par exemple, et la bonne réputation. Quant à leurs contraires, il n'est pas nécessaire que je les nomme. Mais, pour rendre cette classification plus simple, je vais qualifier d'un mot chacun de ces genres. Tout ce qui est compris dans le premier est appelé honnête ; tout ce qui est compris dans le deuxième, utile ; le troisième renferme ce qui est en partie honnête ou partie utile : mais comme le principe de l'honnêteté est supérieur, quoique la chose participe de deux genres, pour lui donner le nom le plus noble, je l'appellerai aussi honnête. D'où l'on peut conclure que l'honnêteté et l'intérêt sont le principe de ce qu'il faut désirer, comme la honte et le mal le principe de ce qu'il faut fuir. A ces deux principes, il faut en ajouter deux autres non moins puissants, la nécessité et l'affection : dans l'une, on considère la force ; dans l'autre, les choses et les personnes. J'en parlerai plus au long ci-après. Je vais commencer par dire ce qui constitue l'honnêteté.

LIII. Ce qui, en tout ou en partie, mérite d'être recherché pour soi-même, voilà ce que nous nommerons honnêteté. L'honnêteté

---

ctum, atque utilitatem, petendum : quod genus pecunia est. Est porro quiddam ex horum partibus junctum, quod et sua vi et dignitate nos inductos ducit et præ se quandam gerit utilitatem, quo magis expetatur, ut amicitia, bona existimatio. Atque ex his horum contraria facile, tacentibus nobis, intelligentur. Sed ut expeditius ratio tradatur, ea, quæ posuimus, brevi nominabuntur. Nam in primo genere quæ sunt, honesta appellabuntur. Quæ autem in secundo, utilia. Hæc autem tertia, quia partem honestatis continent, et quia major est vis honestatis, juncta esse omnino ex duplici genere intelligentur ; sed in meliorem partem vocabuli conferentur, et honesta nominentur. Ex his illud conficitur, ut appetendarum rerum partes sint, honestas et utilitas ; vitandarum, turpitudo et inutilitas. His igitur duabus rebus duæ res grandes sunt attributæ, necessitudo et adfectio : quarum altera ex vi, altera ex re et personis consideratur. De utraque post apertius perscribemus. Nunc honestatis rationes primum explicemus.

LIII. Quod aut totum, aut aliqua ex parte propter se petitur, honestum

comprend deux genres, l'un simple, l'autre composé. Je m'occuperai d'abord du premier. En lui se trouve la vertu, dont le nom et l'essence résument tout ce qui se rattache à l'honnêteté. La vertu est une disposition naturelle de l'âme, et conforme à la raison. C'est pourquoi la connaissance de tous ses attributs donnera une idée complète de tout ce qui est compris dans l'honnêteté. La vertu comprend quatre parties : la prudence, la justice, la force, la tempérance. La prudence est la science de ce qui est bien ou mal ou indifférent : elle comprend la mémoire, l'intelligence, la prévoyance. La mémoire conserve le souvenir des choses passées ; l'intelligence perçoit le présent ; la prévoyance devine l'avenir. La justice est une disposition de l'âme qui, sans porter atteinte à l'intérêt général, rend à chacun ce qui lui est dû ; elle a sa source dans la nature ; puis l'intérêt a introduit certaines coutumes, et, plus tard, ces principes naturels, confirmés par l'usage, ont reçu la sanction des lois et de la religion.

Le droit naturel comprend ces notions que l'opinion n'a point produites en nous, mais qu'une secrète puissance a gravées dans nos cœurs, comme la religion, la piété, la reconnaissance, la vengeance, le respect, la vérité. La religion nous enseigne le culte et l'hommage que nous devons à cette nature supérieure,

---

nominabimus. Quare quum ejus duæ partes sint, quarum altera simplex, altera juncta sit, simplicem prius consideremus. Est igitur in eo genere omnes res una vi atque uno nomine amplexa virtus. Nam virtus est animi habitus naturæ modo atque rationi consentaneus. Quamobrem omnibus ejus partibus cognitis, tota vis erit simplicis honestatis consideranda. Habet igitur partes quattuor : prudentiam, justitiam, fortitudinem, temperantiam. Prudentia est rerum bonarum, et malarum, neutrarumque scientia. Partes ejus, memoria, intelligentia, providentia. Memoria est, per quam animus repetit illa, quæ fuerunt. Intelligentia est, per quam ea perspicit, quæ sunt. Providentia est, per quam futurum aliquid videtur ante quam factum sit. Justitia est habitus animi, communi utilitate conservata, suam cuique tribuens dignitatem. Ejus initium est ab natura profectum ; deinde quædam in consuetudinem ex utilitatis ratione venerunt ; postea res et ab natura profectas, et ab consuetudine probatas, legum metus et religio sanxit.

Natura jus est, quod non opinio genuit, sed quædam innata vis inseruit, ut religiônem, pietatem, gratiam, vindicationem, observantiam, veritatem. Religio est, quæ superioris cujusdam naturæ, quam divinam vocant, curam cærimo-

appelée divine. La piété comprend tous nos devoirs envers ceux qui nous sont unis par le sang et les bienfaiteurs de la patrie. La reconnaissance est le souvenir des bienfaits et des services, et le désir de nous acquitter. La vengeance est ce qui nous porte à punir ou à repousser l'injustice, la violence, et en général tout ce qui peut nous nuire. Le respect consiste dans les marques de la déférence qu'il faut rendre aux hommes supérieurs en dignité. La vérité est l'exposé fidèle de ce qui est, de ce qui a été, de ce qui sera.

LIV. Le droit fondé sur la coutume consiste ou dans une inspiration de la nature entretenue ou fortifiée par l'usage, comme la religion ; ou dans ces notions exprimées plus haut dont la nature a fourni le principe, et que l'usage a développées ; ou dans ces coutumes, consacrées par le temps et le consentement public, comme un contrat, l'équité, le précédent. Le contrat est une convention particulière ; l'équité est l'usage qui établit l'égalité de la justice pour tous ; le précédent est une décision antérieure rendue par une ou par plusieurs personnes. Le droit civil est l'ensemble des lois écrites qu'on expose à la vue du peuple afin qu'il s'y conforme.

La force est ce courage raisonné qui brave les périls et soutient les épreuves. Elle comprend la grandeur, la confiance, la

niamque adfert : pietas, per quam sanguine conjunctis, patriæque benevolis officium et diligens tribuitur cultus ; gratia, in qua amicitiarum et officiorum alterius memoria, et remunerandi voluntas continetur : vindicatio, per quam vis et injuria, aut omnino omne, quod obfuturum est, defendendo, aut ulciscendo propulsatur : observantia, per quam homines aliqua dignitate antecedentes cultu quodam et honore dignantur : veritas, per quam immutata ea, quæ sunt, aut ante fuerunt aut futura sunt, dicuntur.

LIV. Consuetudine jus est, quod aut leviter a natura tractum aluit et majus fecit usus, ut religionem ; aut si quid eorum, quæ ante diximus, ab natura profectum, majus factum propter consuetudinem videmus ; aut quod in morem vetustas vulgi approbatione perduxit : quod genus, pactum est, par, judicatum. Pactum est, quod inter aliquos convenit : par, quod in omnes æquabile est : judicatum, de quo alicujus, aut aliquorum jam sententiis constitutum est. Lege jus est, quod in eo scripto, quod populo expositum est, ut observet, continetur.

Fortitudo est considerata periculorum susceptio, et laborum perpessio. Ejus

patience, la persévérance. La grandeur consiste à former et à réaliser des choses grandes et hardies qu'on entreprend dans une haute et noble pensée. La hardiesse est cette ferme assurance, cette puissante certitude que l'âme trouve en elle-même pour exécuter des projets grands et honorables. La patience est une volontaire et longue résignation aux plus rudes, aux plus pénibles travaux entrepris dans un but d'honnêteté ou d'utilité ; la persévérance est une ferme et durable persistance dans un parti pris après mûres délibérations.

La tempérance est un sage et ferme empire de la raison exercé sur les passions et sur tous les désirs déréglés de l'âme. Elle comprend la continence, la clémence, la modération. La continence est l'assujétissement des passions au joug de la sagesse. La clémence est la vertu qui ramène par la douceur l'âme livrée à l'emportement d'une haine aveugle. La modération consiste dans une autorité douce et discrète, qui se fait aimer et ne se dément point. Toutes ces vertus doivent être recherchées pour elles-mêmes, sans aucune considération d'intérêt. Le démontrer n'entre pas dans mon plan, et la brièveté qui convient aux préceptes s'y oppose.

Il faut, d'autre part, éviter pour eux-mêmes, non-seulement les défauts opposés à ces vertus, comme la lâcheté l'est au courage,

---

partes, magnificentia, fidentia, patientia, perseverantia. Magnificentia est rerum magnarum, et excelsarum cum animi ampla quadam et splendida propositione agitatio atque administratio : fidentia est, per quam magnis et honestis in rebus multum ipse animus in se fiduciæ certa cum spe collocavit : patientia est, honestatis aut utilitatis causa, rerum arduarum ac difficilium voluntaria ac diuturna perpessio : perseverantia est in ratione bene considerata stabilis et perpetua permansio.

Temperantia est rationis in libidinem, atque in alios non rectos impetus animi, firma et moderata dominatio. Ejus partes, continentia, clementia, modestia. Continentia est, per quam cupiditas consilii gubernatione regitur ; clementia, per quam animi, temere in odium alicujus invectionis concitati, comitate retinentur : modestia, per quam pudor honesti curam et stabilem comparat auctoritatem. Atque hæc omnia propter se solum, ut nihil adjungatur emolumenti, petenda sunt. Quod ut demonstretur, neque ad hoc nostrum institutum pertinet, et a brevitate præcipiendi remotum est.

Propter se autem vitanda sunt, non ea modo, quæ his contraria sunt, ut

l'injustice à l'équité, mais ceux encore qui, tout en paraissant leur ressembler et s'en rapprocher beaucoup, en diffèrent néanmoins essentiellement. Par exemple, la timidité est opposée à la confiance, et par là même elle est un défaut ; l'audace ne lui est pas contraire, ou plutôt elle s'en rapproche et lui ressemble, et cependant c'est un défaut. Ainsi, auprès de chaque vertu nous trouvons un défaut qui, tantôt est désigné par un nom qui lui est propre, — comme l'audace et la confiance, l'opiniâtreté et la la persévérance, la superstition et la religion, —tantôt n'a pas de dénomination particulière. Tous ces défauts, indirectement contraires aux vertus comme les défauts proprement dits, nous les plaçons parmi les choses à éviter. Mais c'est assez parler des choses honnêtes qu'il faut rechercher exclusivement pour elles-mêmes.

LV. Il faut nous occuper maintenant de celles qui joignent l'utilité à l'honnêteté, et que nous appelons aussi du nom d'honnêtes. Il est beaucoup de choses qui nous attirent à la fois, et par leur propre excellence et par les avantages qu'elles procurent, comme la gloire, la grandeur, l'amitié. La gloire est cette haute renommée qui s'attache aux actions louables ; la dignité est une considération entourée d'hommages, d'honneur et de respect ; la grandeur, un haut degré de puissance, de majesté, ou de fortune ; l'amitié, un vif sentiment d'intérêt pour quelqu'un qui vous paye de retour. — Ici,

fortitudini ignavia, et justitiæ injustitia ; verum etiam illa, quæ propinqua videntur et finitima esse, absunt autem longissime : quod genus, fidentiæ contrarium est diffidentia, et ea re vitium est ; audacia non contrarium, sed appositum est, ac propinquum, et tamen vitium est. Sic uni cuique virtuti finitimum vitium reperietur, aut certo jam nomine appellatum ; — ut audacia, quæ fidentiæ ; pertinacia, quæ perseverantiæ finitima est ; superstitio, quæ religioni propinqua est ; — aut sine ullo certo nomine. Quæ omnia item, uti contraria rerum bonarum, in rebus vitandis reponentur. Ac de eo quidem genere honestatis, quod omni ex parte propter se petitur, satis dictum est.

LV. Nunc de eo, in quo utilitas quoque adjungitur, quod tamen honestum vocamus, dicendum videtur. Sunt igitur multa, quæ nos quum dignitate, tum fructu quoque suo ducunt : quo in genere est gloria, dignitas, amplitudo, amicitia. Gloria est frequens de aliquo fama cum laude : dignitas, alicuju honesta, et cultu, et honore, et verecundia digna auctoritas : amplitudo, potentiæ, aut majestatis, aut aliquarum copiarum magna abundantia : amicitia voluntas erga aliquem rerum bonarum, illius ipsius causa, quem diligit, cum

comme je traite des causes civiles, je ne sépare point l'amitié des avantages qu'on en retire, et pour lesquels même nous devons la rechercher ; je dis cela pour éviter toute critique, comme si je parlais de l'amitié d'une manière absolue. Au surplus, les uns pensent que l'amitié n'est désirable que pour l'intérêt qu'on y trouve ; d'autres, qu'il ne faut la rechercher que pour elle-même ; d'autres, enfin, qu'il faut la rechercher à la fois pour elle-même et pour le bien qu'elle procure. Quelle est de ces définitions la meilleure, c'est ce que j'examinerai dans un autre ouvrage. Admettons, pour le moment, au point de vue de l'art oratoire, qu'il faut rechercher l'amitié pour ces deux motifs. — Mais comme il y a plusieurs espèces d'amitié, religieuse ou profane, ancienne ou nouvelle, fondée sur des services reçus ou sur des services rendus, sur des services plus ou moins importants, il faut apprécier l'amitié selon l'importance des causes, l'opportunité des temps, les services, la religion, l'ancienneté.

LVI. Quant à l'utilité, elle est ou personnelle ou extérieure : toutefois, alors même qu'elle repose sur les choses extérieures, elle se rapporte le plus souvent au bien-être personnel : tels, dans un État, le territoire, les ports, l'argent, des flottes, les matelots, les soldats, les alliés qui sont, pour ainsi dire, le corps, la personne de l'État, et qui servent à maintenir son exis-

---

ejus pari voluntate. — Hic, quia de civilibus causis loquimur, fructus ad amicitiam adjungimus, ut eorum quoque causa petenda videatur : ne forte qui nos de omni amicitia dicere existimans, reprehendere incipiant. Quanquam sunt, qui propter utilitatem modo petendam putent amicitiam ; sunt qui propter se solum ; sunt qui propter se et utilitatem. Quorum quid verissime constituatur, alius locus erit considerandus. Nunc hoc sic ad usum oratorium relinquatur, utramque propter rem amicitiam esse expetendam. — Amicitiarum autem ratio, quoniam partim sunt religionibus junctæ, partim non sunt, et quia partim veteres sunt, partim novæ, partim ab illorum, partim ab nostro beneficio profectæ, partim utiliores, partim minus utiles, ex causarum dignitatibus, ex temporum opportunitatibus, ex officiis, ex religionibus, ex vetustatibus habebitur.

LVI. Utilitas autem aut in corpore posita est, aut in extrariis rebus ; quarum tamen rerum multo maxima pars ad corporis commodum revertitur, ut in re publica quædam sunt, quæ, ut sic dicam, ad corpus pertinent civitatis, ut agri, portus, pecunia, classes, nautæ, milites, socii ; quibus rebus incolumitatem ac libertatem retinent civitates : aliæ vero, quæ jam quidam magis

tence et sa liberté. D'autres constituent des avantages plus brillants et moins nécessaires, comme la grandeur et la beauté d'une ville, des richesses immenses, des amis et des alliés nombreux qui servent, non-seulement à maintenir la sûreté et l'indépendance des États, mais encore à fonder leur grandeur et leur puissance. L'utilité peut donc être envisagée sous deux aspects, la sûreté et la puissance. La sûreté comprend tout ce qui tient à la conservation de l'existence ; la puissance unit les moyens de conquête aux moyens de conservation.

Il faut encore, dans toutes ces choses dont j'ai parlé, tenir compte du plus ou du moins de facilité. On nomme facile tout ce qui ne demande que peu ou point d'efforts, de frais, de peine ou de temps ; difficile, ce qui, exigeant beaucoup de travail, de frais, de peine, de temps, et offrant toutes ou presque toutes les causes de difficulté, peut néanmoins s'exécuter et s'accomplir après que tous ces obstacles ont été vaincus.

Maintenant que j'ai parlé de l'honnêteté et de l'utilité, il me reste à dire quelque chose de la nécessité et de l'affection, que j'ai rattachées à ces deux mobiles.

LVII. J'entends par nécessité une force irrésistible qu'on ne peut ni changer ni affaiblir ; et pour me faire mieux comprendre,

---

amplum, et minus necessarium conficiunt, ut urbis egregia exornatio atque amplitudo., ut quædam excellens pecuniæ magnitudo, amicitiarum ac societatum multitudo. Quibus rebus non illud solum conficitur, ut salvæ et incolumes, verum etiam, ut amplæ atque potentes sint civitates. Quare utilitatis duæ partes videntur esse, incolumitas et potentia. Incolumitas est salutis tuta atque integra conservatio. Potentia est ad sua conservanda et alterius obtinenda idonearum rerum facultas.

Atque in iis omnibus, quæ ante dicta sunt, quid difficulter fieri, et quid facile fieri possit, oportet considerare. Facile id dicimus, quod sine magno, aut sine ullo labore, sumptu, molestia, quam brevissimo tempore confici potest. Difficile autem fieri, quod quamquam laboris, sumptus, molestiæ, longinquitatis indiget, atque aut omnes, aut plurimas, aut maximas causas habet difficultatis, tamen, his susceptis difficultatibus, compleri atque ad exitum perduci potest.

Quoniam ergo de honestate et de utilitate diximus, nunc restat ut de iis rebus, quas his attributas esse dicebamus, necessitudine et adfectione, præscribamus.

LVII. Puto igitur esse hanc necessitudinem, cui nulla vi resisti potest, quæ

je vais, par des exemples, donner une idée de cette puissance. « Le bois est nécessairement consumé par le feu ; l'homme mortel doit nécessairement périr un jour ; » et cela aussi nécessairement que le veut cette puissance dont j'ai parlé tout à l'heure, à qui rien ne peut résister, que rien ne peut changer ni affaiblir. Si de pareilles nécessités se rencontrent dans les causes, il faudra leur conserver ce nom ; si ce ne sont que des difficultés, on examinera, d'après la question précédente, s'il est possible de les surmonter. Il me semble aussi qu'il faut distinguer des nécessités relatives et des nécessités simples et absolues ; car on ne dit pas dans le même sens : « Il est nécessaire que les habitants de Casilinum se rendent à Annibal ; » et : « Il est nécessaire que Casilinum tombe en la puissance d'Annibal. » Dans le premier exemple, il faut ajouter cette exception : « à moins qu'ils n'aiment mieux mourir de faim ; » car s'ils préfèrent ce parti, la nécessité disparaît. Il n'en est pas de même dans le second exemple, par la raison que, soit que les habitants de Casilinum se rendent, soit qu'ils aiment mieux périr par la famine, il faudra toujours nécessairement que leur ville tombe au pouvoir d'Annibal. Cette distinction des cas de nécessité peut-elle donc être utile? Sans doute, et très-utile même, quand ces sortes de cas se rencontrent. Car, s'il s'agit d'une nécessité absolue, il

---

neque mutari, neque leniri potest. Atque, ut apertius hoc sit, exemplis licet vim rei, qualis et quanta sit, cognoscamus. « Uri posse flamma ligneam materiam necesse est. Corpus mortale aliquo tempore interire necesse est ; » atque ita necesse, ut vis postulat ea, quam modo describebamus, necessitudinis, cui nulla vi resisti potest, quæ neque mutari, neque leniri potest. Hujusmodi [necessitudines] quum in dicendi rationes incident, recte necessitudines appellabuntur : sin aliquæ res incident difficiles, in illa superiori, possitne fieri, quæstione considerabimus. Atque etiam hoc mihi videor videre, esse quasdam cum adjunctione necessitudines, quasdam simplices et absolutas. Nam aliter dicere solemus, « Necesse est Casilinenses se dedere Annibali ; » aliter autem, « Necesse est Casilinum venire in Annibalis potestatem. » Illic, in superiore, adjunctio est hæc, nisi si maluut fame perire ; si enim id malunt, non necesse : hoc inferius non item, propterea quod, sive velint Casilinenses se dedere, sive famem perpeti atque ita perire, necesse est Casilinum venire in Annibalis potestatem. Quid igitur perficere potest hoc necessitudinis distributio ? Prope dicam, plurimum, quum is locus necessitudinis

y a peu de chose à dire, puisqu'il est tout à fait impossible de l'affaiblir. Mais s'il n'y a nécessité que pour éviter quelque malheur ou acquérir quelque avantage, il faut alors considérer ce qu'il y a d'honnête ou d'utile dans cette nécessité accessoire. Car, en y regardant bien, du moins en tout ce qui tient à la vie civile, il n'y a rien à quoi nous soyons nécessairement obligés, autrement que par quelqu'une de ces causes dites accessoires; mais il est aussi beaucoup de nécessités dans lesquelles cet accessoire n'entre pour rien. Par exemple : « Il est nécessaire que l'homme né mortel meure. » Il n'y a point là de condition accessoire. « Il n'est pas nécessaire qu'il se nourrisse. » Non, pourvu qu'on n'ajoute pas : « à moins qu'il veuille ne pas mourir de faim. » Il faut donc toujours, comme je l'ai dit, considérer la nature des accessoires. Car, dans tous les cas possibles, il faut que la nécessité se fonde ou sur l'honnêteté, comme : « Il le faut, si nous voulons être honnêtes; » ou sur la conservation; comme : « Il le faut, si nous voulons subsister ; » ou sur le bien-être, comme : « Il le faut, si nous ne voulons pas qu'il nous arrive aucun mal. »

La nécessité la plus forte, à mon sens, est celle que nous impose l'honnêteté; ensuite vient celle de la conservation; la troisième, et la plus faible, est celle du bien-être ; il ne faudra jamais

videbitur incurrere. Nam quum simplex erit necessitudo, nihil erit, quod multa dicamus, quum eam nulla ratione lenire possimus : quum autem ita necesse erit, ut aliquid effugere, aut adipisci velimus, tum adjunctio illa quid habeat utilitatis, aut quid honestatis, erit considerandum. Nam si velis attendere (ita tamen, ut id quæras, quod conveniat ad usum civitatis), reperias nullam esse rem, quam facere necesse sit, nisi propter aliquam causam, quam adjunctionem nominamus ; pariter autem esse multas res necessitudinis, ad quas similis adjunctio non accedit. Quod genus, « Ut homines mortales intereant, necesse est, » sine adjunctione; « Ut cibo utantur, non necesse est, » nisi cum illa exceptione : Extra quam, si nolint fame perire. Ergo, ut dixi, illud, quod adjungitur, semper, cujusmodi sit, erit considerandum. Nam omni tempore id pertinebit, ut aut ad honestatem hoc modo exponenda necessitudo sit : « Necesse est, si honeste volumus vivere; » aut ad incolumitatem, hoc modo : « Necesse est, si incolumes volumus esse ; » aut ad commoditatem, hoc modo : « Necesse est, si sine incommodo volumus vivere. »

Ac summa quidem necessitudo videtur esse honestatis; huic proxima, incolumitatis ; tertia ac levissima, commoditatis : quæ cum his numquam poterit

la mettre en parallèle avec les deux premières. Mais celles-ci doivent souvent être comparées l'une à l'autre, pour qu'on puisse déterminer, — quoique l'honnêteté l'emporte sur la conservation — lequel de ces deux intérêts doit passer avant l'autre. Je crois pouvoir donner sur ce point une règle générale. Quand on voit qu'il sera possible, après avoir agi dans l'intérêt de la conservation, de réparer un jour, par ses talents ou ses vertus, la brèche qu'on a faite à l'honnêteté, il est permis de songer à sa conservation; hors de là, l'honnêteté doit passer la première. Ainsi, même en paraissant n'écouter que le sentiment de la conservation, nous pourrons dire, avec vérité, que c'est le sentiment de l'honneur qui nous a guidés, puisque, en sacrifiant notre conservation, nous n'aurions pu le recouvrer. Il faut montrer alors qu'on cède à une force étrangère, qu'on est obligé de se soumettre à la volonté d'un autre, de se condamner, pour un moment, à ne point agir, et d'attendre un autre temps. Quant au bien-être, il faut examiner seulement si la raison d'intérêt à laquelle nous cédons est assez importante pour nous faire déroger en quelque chose à la noblesse des sentiments et à l'honneur. Le point capital en ceci est de considérer quel est le bien ou le mal que nous ne pouvons obtenir ou éviter sans nous soumettre à telle ou telle condition nécessaire, c'est-à-dire quel est l'ac-

---

duabus contendere. Hasce autem inter se sæpe necesse est comparari, ut, quamquam præstet honestas incolumitati, tamen, utri potissimum consulendum sit, deliberetur. Cujus rei certum quoddam præscriptum videtur in perpetuum dari posse. Nam, qua in re fieri poterit, ut quum incolumitati consuluerimus, quod sit in præsentia de honestate delibatum, virtute aliquando et industria recuperetur, incolumitatis ratio videbitur habenda; quum autem id non poterit, honestatis. Ita in ejusmodi quoque re, quum incolumitati videbimur consulere, vere poterimus dicere, nos honestatis rationem habere, quoniam sine incolumitate eam nullo tempore possumus adipisci. Qua in re vel concedere alteri, vel ad conditionem alterius descendere, vel in præsentia quiescere, atque aliud tempus exspectare oportebit. In commoditatis vero ratione, modo illud attendatur, dignane causa videatur ea, quæ ad utilitatem pertinebit, quare aut de magnificentia, aut de honestate quiddam derogetur. Atque in hoc loco mihi caput illud videtur esse, ut quæramus, quid sit illud, quod si adipisci, aut effugere velimus, aliqua res nobis sit necessaria, hoc est, quæ sit adjunctio, ut

cessoire, afin de nous déterminer en conséquence, et de regarder l'intérêt le plus important comme le plus nécessaire.

LVIII. On entend par affection la manière dont le temps, l'issue ou la conduite des affaires, les passions des hommes, modifient les choses, en leur donnant un aspect qu'elles n'avaient pas auparavant, ou qu'elles n'ont pas d'habitude. Par exemple : « C'est une honte de passer à l'ennemi, mais non pas d'y passer dans le même dessein qu'Ulysse ; — c'est s'appauvrir que de jeter son argent à la mer, mais non pas de l'y jeter avec la même pensée qu'Aristippe. » Il est donc des faits qu'il faut juger selon le temps et l'intention, et non pas selon leur propre nature : dans tous les cas de ce genre, on doit voir ce que le temps exige, et ce qui convient aux personnes ; ce n'est pas le fait en lui-même qu'il faut considérer, mais les motifs, les acteurs, le temps et la durée. Telles sont, à mon avis, les sources où l'on doit puiser des lieux communs à l'appui d'une opinion.

LIX. Pour la louange et le blâme, il faut les tirer des lieux attribués aux personnes, et dont j'ai parlé plus haut. Si l'on veut une classification plus précise, on peut les diviser en lieux propres à l'âme, au corps et aux choses extérieures. A l'âme appartient la vertu, dont j'ai parlé tout à l'heure ; au corps ap-

proinde, uti quæque res erit, laboremus, et gravissimam quamque causam vehementissime necessariam judicemus.

LVIII. Affectio est quædam ex tempore, aut ex negotiorum eventu aut administratione, aut hominum studio, commutatio rerum, ut non tales, quales ante habitæ sint, aut plerumque haberi soleant, habendæ videantur esse : ut, « Ad hostes transire turpe videtur esse ; at non illo animo, quo Ulyxes transiit : et pecuniam in mare dejicere inutile ; at non eo consilio, quo Aristippus dejecit. » Sunt igitur res quædam ex tempore, et ex consilio, non ex sua natura considerandæ : quibus in omnibus, quid tempora petant, aut quid personis dignum sit, considerandum est, et non quid, sed quo quidque animo, quicum, quo tempore, quamdiu fiat, attendendum est. His ex partibus, ad sententiam dicendam, locos sumi oportere arbitramur.

LIX. Laudes autem et vituperationes ex his locis sumentur, qui loci personis sunt attributi, de quibus ante dictum est. Sin distributius tractare quis volet, partiatur in animum, et corpus, et extrarias res licebit. Animi est virtus, cujus de partibus paullo ante dictum est ; corporis, valetudo, dignitas, vires, ve-

partiennent la santé, la beauté, la force, l'agilité; aux choses extérieures, la considération, la richesse, la naissance, les alliances, les amis, la patrie, la puissance, et tous les autres avantages du même genre. Et ici, comme dans tout le reste, on appliquera la règle générale des contraires.

Mais dans le blâme ou dans l'éloge, il faudra moins s'attacher aux avantages physiques ou extérieurs, qu'à la manière dont la personne en a usé. Car louer un homme pour ce qu'il tient de la fortune, c'est une sottise; l'en blâmer, c'est de l'orgueil. Mais il n'y a point de honte à louer les qualités de l'âme, ni d'injustice à blâmer ses défauts.

Maintenant que j'ai exposé la manière de trouver les arguments pour tous les genres de causes, je crois avoir assez parlé de l'Invention, la première et la plus importante des parties de la rhétorique. Comme elle remplit à elle seule le premier livre et celui-ci, qui ne laisse pas d'être assez long, je renvoie aux suivants ce qui me reste à exposer.

---

locitas; extrariæ, honos, pecunia, affinitas, genus, amici, patria, potentia, e cætera, quæ simili esse in genere intelligentur. Atque in his, id, quod in omnia valet, valere oportebit : contraria quoque, quæ et qualia sint, intelligentur.

Videre autem in laudando et vituperando oportebit, non tam quæ in corpore, aut in extraneis rebus habuerit is, de quo agetur, quam quo pacto his rebus usus sit. Nam fortunam quidem et laudare, stultitia, et vituperare, superbia est; animi autem et laus honesta, et vituperatio vehemens est.

Nunc quoniam omne in causæ genus argumentandi ratio tradita est, de Inventione, prima ac maxima parte rhetoricæ, satis dictum videtur. Quare, quoniam et una pars ad exitum hunc ab superiore libro perducta est, et hic liber non parum continet litterarum, quæ restant, in reliquis dicemus.

FIN DU TOME DEUXIÈME

NOTES

RHÉTORIQUE

LIVRE PREMIER

II, page 4. *Le devoir de l'orateur.* Cette définition du devoir de l'orateur est beaucoup trop restreinte. *Voyez*, sur le même sujet, *Invent.*, liv. I, ch. v; *de l'Orat.*, liv. I, ch. xxxi; Quintil., liv. II, ch. xv.

III, page 6. *Examiner quel est le genre de la cause.* Plus haut, on a distingué trois genres de causes d'après le but que se propose l'orateur ; maintenant on distingue quatre nouveaux genres, en considérant le discours sous un autre point de vue. Il y a un vice de langage à exprimer par les mêmes termes deux classifications très-distinctes. Cette confusion se retrouve dans le traité *de l'Invention ;* seulement le passage qui nous occupe y est un peu modifié. Au lieu de quatre genres, l'auteur en veut cinq : *Honestum, admirabile, humile, anceps, obscurum (Invent.*, lib. I, c. xv).

IV, page 7. *Il a pour but de le rendre attentif, docile.* Le mot *docile* est employé ici dans le sens de son étymologie, *qui doceri potest.* M. Le Clerc a traduit ce mot par des équivalents qui ne permettent pas de conserver la rigoureuse précision de l'original. Pour ne rien changer à la marche didactique de notre auteur, il nous faut ici un

adjectif qui manque à la langue française. Autorisés par l'exemple de la plupart des rhéteurs modernes, nous conservons le mot *docile* en l'expliquant.

VIII, page 12. *Il y a trois sortes de narrations.* Notre auteur reproduit ce passage (*Invent.* liv. I, ch. xix, xxi), mais en le corrigeant et en choisissant mieux ses exemples. Il faut nécessairement recourir au dernier ouvrage pour comprendre ce que signifient les mots *fabula, historia, argumentum.*

Ibid. *La narration historique rapporte un fait véritable, mais éloigné de notre époque.* Des critiques ont voulu voir ici une définition de l'histoire, et ils ont sérieusement reproché à l'auteur d'en avoir restreint le domaine. Il est manifeste que Cicéron ne parle ici que de la narration de fantaisie, qu'on écrit pour s'exercer ou pour se distraire.

Ibid. *Une cause véritable.* Le mot *veritatem* s'explique par ceux-ci, qui terminent le ch. xix du liv. I *de l'Invention :* « Nunc de narratione ea quæ causæ continet expositionem dicendum videtur. »

IX, page 14. *Sans remonter à la première origine.* Ces préceptes rappellent quelques vers de l'*Épître aux Pisons :*

..... Jam nunc dicat jam nunc debentia dici.....
Nec gemino bellum Trojanum orditur ab ovo.

Ce chapitre correspond au xxe du livre I *de l'Invention.*

Ibid. *Si, évitant toute digression, etc.* — *Transitio* est expliqué un peu plus bas, et dans le traité de *l'Invention,* liv. I, ch. xx : « Si nullam in rem aliam transibitur. »

IX, page 15. *Je crois être d'accord avec les maîtres de l'art.* Cicéron, sans doute, fait ici allusion aux rhéteurs grecs. Les mots suivants prouvent que l'ouvrage est de la jeunesse de l'auteur : il attache une grande importance à une innovation qui n'en vaut pas la peine. C'est au commencement du chapitre vi que se trouve la distinction des trois espèces d'insinuations. La même division se retrouve dans le traité *de l'Invention* (liv. I, ch. xvii), ce qui contribue à prouver que cet ouvrage a été composé après la *Rhétorique à Herennius.*

X, page 17. *Le sujet du discours.* Ces observations sont beaucoup plus développées dans le traité de *l'Invention* (liv. I, ch. xxii, xxiii, xxiv).

XII, page 19. « Tullius donnera a ma femme. » Les mots *Tullius* et *Terentia* sont manifestement interpolés. Tout en admettant que Cicéron

est l'auteur de l'ouvrage, il faut reconnaître qu'il l'a écrit à une époque où il ne pouvait parler ni de son fils ni de sa femme. Le même exemple est reproduit dans le traité *de l'Invention* (liv. II, ch. xL), mais sans les noms propres. Toutefois, l'interpolation que nous relevons, se trouvant dans tous les manuscrits, prouve du moins que l'opinion qui attribue la *Rhétorique* à Cicéron est très-ancienne.

XIII, page 21. *Mais qui a quelques rapports avec d'autres lois.* Il n'est pas hors de propos de faire remarquer que *a legibus similitudinem aucupare* est une expression très-recherchée, et que plus tard l'auteur a cru devoir dire la même chose avec plus de simplicité (*Invent.*, liv. II, ch. L).

Ibid. *Si un homme est furieux.—Si furiosus escit.* Vieille forme pour *erit.*—Voyez le traité *de l'Invention*, liv. II, ch. L. On trouve dans Lucrèce (liv. II, v. 415):

Ergo rerum inter summam minimamque quid escit?

Aulu-Gelle (liv. xx, ch. 1) cite les mots suivants, extraits des Douze Tables : *Si morbus ævitasque vitium escit*. Cicéron (*des Lois*, liv. II), citat. des Douze-Tables : *Quoi auro dentes vincti escunt.* Au troisième livre du même ouvrage, on lit *esunto* pour *sunto.* Les anciens, selon Varron, conjuguaient ainsi le présent : *esum, es, est, esumus, estis, esunt*, ce qui rappelle le grec ἔσομαι.

Ibid. *Puis on le jettera à la rivière.* Schütz retranche cette seconde citation, qui n'a pas un rapport direct à la question, et qui n'est pas dans le passage correspondant du traité *de l'Invention* (liv. II, ch. L). Mais n'est-il pas possible que Cicéron se soit trompé dans le premier ouvrage, et corrigé dans le second?

Ibid. *Malleolus a été condamné pour avoir tué sa mère.* Malleolus, premier parricide condamné à Rome (an de R. 654).

XIV, page 22. *La question juridiciaire.* Cicéron dit, dans les *Topiques* (ch. xxiv) que le mot *juridicialis* lui déplaît. Cependant il traduit exactement le mot δικανικόν. L'auteur revient avec plus de détails sur ce sujet dans le livre suivant (ch. xiii). Voyez *de Invent.*, lib. II, ch. xxiii.

Ibid. *Elle est absolue.* C'est ce que Quintilien (liv. VII, ch. iv, v) appelle *defensio absoluta.* — *Absoluta* signifie ici *in se perfecta*, qui se suffit à elle-même.

Ibid. *Ou empruntée.* — *Assumptiva*, c'est-à-dire *solens assumere aliquid extrinsecus* (QUINTILIEN, liv. VII, ch. iv, vii); en grec προσ-

ληπτική. Un fait douteux par lui-même peut se prouver par des circonstances extérieures.

XIV, page 22. *La pièce était livrée à la représentation.* Ce procès a été réellement jugé, et le comédien condamné par P. Mucius Scévola.

XV, page 24. *On l'accuse de lèse-majesté.* Caïus Popillius Lénas, lieutenant du consul L. Cassius Longinus, l'an de Rome 647, fut accusé par Célius, tribun du peuple, du crime de lèse-majesté, pour avoir laissé passer les soldats romains sous le joug après avoir donné des otages (*voyez* Cicéron, *des Lois*, liv. III. Conférez César, *Guerre des Gaules*, liv. I, ch. xii ; Tite-Live, *Epitome* lxv). L'auteur nous donne plus bas (liv. IV, ch. xxiv) la défense de Popillius.

LIVRE DEUXIÈME

V, page 36. L'argument *soutient l'accusation par des preuves plus certaines.* La répétition *argumentum... argumentis* rend cette définition trop vicieuse pour que le texte ne soit pas altéré. Schütz a proposé *reus coarguitur certioribus indiciis*.

Ibid., page 38. *C'est ainsi qu'on blâme ou qu'on approuve les témoins.* Ce passage sur les témoins offre des rapports assez remarquables avec le ch. xv la *Rhétorique à Alexandre*, attribuée à Aristote.

VII, page 39. *Car l'un peut être plus qu'un autre novice à la douleur.* Au lieu de *recentior*, Lambin, d'après deux manuscrits, donne *reticentior*, et cette leçon est adoptée par Lallemand. Mais *recentior in dolore*, que donnent la plupart des manuscrits et des éditions, est une expression usitée et élégante pour signifier *neuf encore dans la douleur ; peu exercé, peu accoutumé à la douleur.*

Ibid. *Souvent aussi l'on peut savoir ou soupçonner ce que le juge veut apprendre.* — *Quæsitor*, interrogateur, juge d'instruction ; Cicéron, plaidoyer pour *Sextus Roscius d'Amérie*, ch. xxx : « Hunc quæsitorem ac judicem fugiebant atque horrebant; » Virgile, *Énéide*, liv. VI, v. 432 : « Quæsitor Minos urnam movet. »

Ibid. *Et l'on n'ignore pas qu'il suffit de le dire pour mettre fin à ses douleurs.* Tout ce chapitre est imité de la *Rhét. à Alexandre*, ch. xvi.

IX, page 41. *Maintenant passons à la question légale.* Sur la question légale, voyez *de l'Invention,* liv. I, ch. xiii; liv. II, ch. xvii et xl.

XI, page 44. *Il importe de connaître ce que les dialecticiens enseignent sur les* AMPHIBOLIES. — Amphiboliæ, de ἀμφιβάλλω, qui frappe des deux côtés. Par le mot *dialecti,* Cicéron désigne les stoïciens, qui attachaient une une très-grande importance à la dialectique, comme le remarque Turnèbe, *Adversaria,* l. V., XV, c. ii. Denys d'Halicarnasse (*de Comp. verb.*) témoigne pour les subtilités de Chrysippe le même mépris que Cicéron professe pour toute l'école. Le grand orateur ne pouvait souffrir ces écrivains secs et décharnés : « Spinosum dicendi genus... vellunt de spinis atque ossa nudant. » (*Des Biens et des maux,* liv. III et IV). Zénon n'est qu'un artisan de vaines paroles, *ignobilis verborum opifex* (*Des Biens et des maux,* liv. III; *Tuscul.,* liv. V).

XIII, page 46. *De la nature dérive le droit qui consacre les liens du sang et la piété envers la famille, envers la patrie.* Cicéron (*de l'Invent.,* liv. II, ch. liii) définit ainsi la piété : « Pietas per quam sanguine conjunctis patriæque benevolis officium et diligens tribuitur cultus. »

XV, page 49. *Fallait-il faillir parce qu'auparavant un autre avait failli?* On trouve un commentaire très-satisfaisant de ce passage, *de l'Invent.,* liv. II. ch. xxvii.

XIX, page 54. *Nous allons prouver qu'Ulysse.* — Voyez le même exemple, liv. I, ch. xi et xvii; *de l'Invent.,* liv. I, ch. viii, et xlix. Les rhéteurs grecs mettaient souvent en scène Ulysse, Ajax et tous les héros d'Homère.

XX, page 57. *Personne ne peut, au premier coup d'œil, et en passant, être pris d'amour.* Phrase de l'orateur Curion, aïeul du tribun du peuple, dans son discours *pro Fulvio, de incestu.* Voyez *de l'Invent.,* liv. I, ch. xliii; *Brutus,* ch. xxxii.

XXI, page 59. *Et la superstition?* Au lieu de *religio,* quelques-uns ont proposé *irreligio,* mais sans motif. *Religio* se prend souvent en mauvaise part. C'est dans le sens de superstition qu'il est employé dans ces vers :

Nova nunc religio in te istæc incessit !
(TERENT., *Andr.,* act. IV, sc. 5.)

Tantùm relligio potuit suadere malorum.
(LUCRET., lib. I, v. 102.)

XXIII, page 61. *N'attribuent à la fortune aucun malheur.* Juvénal (sat. X, vers. 365) dit dans le même sens :

> Nullum numen habes, si sit prudentia ; nos te,
> Nos facimus, Fortuna, deam cœloque locamus.

XXIV, page 63. *Vous m'affligez*, etc. Vers tirés de la tragédie de *Cresphonte*, imitée d'Euripide par Ennius.

Ibid. *Je te l'ai donné pour époux.* Les conditions métriques du vers exigeraient *locavi*, au lieu de *collocavi*.

XXV, page 65. *Lorsque tous te recherchaient*, etc. Vers de la tragédie d'Ennius intitulée *Thyeste.* Depuis Lambin, tous les commentateurs mettent ces paroles dans la bouche d'Atrée, sans tenir compte du féminin *sola*, et sans faire connaître l'autorité sur laquelle ils s'appuient.

XXVI, page 66. *Le délateur de crimes publics.* On appelait *quadruplator* les délateurs de profession, parce qu'on leur donnait le quart des biens de ceux qu'ils accusaient, ou de l'amende à laquelle on les condamnait.

XXX, page 72. *L'amplification a pour objet d'entraîner les auditeurs.* Sur l'amplification dans la péroraison, voyez Aristote, *Rhétorique*, liv. III, ch. xix. Les lieux indiqués par le rhéteur grec sont la *compassion*, l'*indignation*, la *colère*, la *haine*, l'*envie*, l'*émulation*, et le *mépris*. Plus d'une fois, en ce livre, l'auteur fait allusion à une théorie des lieux qu'il n'expose point. La manière dont il y renvoie donne à croire qu'elle devait être contenue dans un ouvrage familier à Herennius.

Ibid., page 74. Au lieu d'*ingenuam* que donnent un grand nombre d'éditions, nous préférons et adoptons, d'après Kayser et autres, *ingenuum*. Plus d'une fois Cicéron rapproche la violence faite aux garçons de condition libre, de celle qui s'attaque aux mères de famille. V. *Philipp.* III, 31 ; *Verr.* II, 5, 33 ; *ibid.*, II, 1, 64 ; V. surtout *Herenn.* IV, 8. Violer une fille libre était, selon la loi romaine, moins grave que violer un jeune homme de même condition : Quintil. *Declm.* 370. Ainsi s'explique la maxime de notre auteur : C'est un plus grand crime d'attenter à la pudeur d'un ingénu que de piller un temple.

LIVRE TROISIÈME

V, page 85. *L'armée, cernée par les Carthaginois, délibérait sur le parti à prendre.* En Sicile, l'an de Rome 490, première guerre punique, lorsque Calpurnius Flamma, tribun militaire, délivra l'armée par son dévouement.

Ibid. *Il est impossible d'arriver à la vertu quand on n'a pas pourvu à la sûreté de sa marche.* Cette idée est nettement expliquée, *de l'Invention*, liv. II, ch. LVIII : « Quum incolumitati videbimur consulere, etc. »

X, page 94. *Cette disposition des moyens est semblable à l'ordre de bataille d'une armée.* Cicéron donne le même conseil, *de l'Orateur*, liv. II, ch. LXXVII. Quintilien (liv. V, ch. XII) appelle cet ordre *homérique*, parce que Nestor range l'armée dans un ordre analogue (*Iliade*, ch. IV, v. 297).

XI, page 95. *Quels sont les soins par lesquels on peut perfectionner la voix.* S'agit-il des médecins, comme le pense Schütz, ou, comme le préfère M. J. V. Le Clerc, de ceux que Quintilien (liv. XI, ch. III) nomme *artifices loquendi*?

XV, page 100. *Les mouvements du corps se composent de gestes.* Sur le geste et sur l'action en général, consultez *de l'Orateur*, liv. III, ch. LIX, où Cicéron définit l'action, *quasi sermo corporis*, ce qui a peut-être inspiré à Buffon un passage remarquable de son discours de réception à l'Académie : « Ces hommes sentent vivement, s'affectent de même, le marquent fortement au dehors; et, par une impression purement mécanique, ils transmettent aux autres leur enthousiasme et leurs affections. *C'est le corps qui parle au corps.* »

XVI, page 102. *Passons maintenant à la mémoire.* Saint Augustin, *Princip. Rhetor.*, ch. I, paraît faire allusion à ce passage : « Hæc omnia memoria suscipi debent, quam plerique Græcorum et M. Tullius in primis oratori affirmant necessariam, hoc, ut opinor, modo : venio nunc ad thesaurum rerum omnium memoriam, quæ nisi custos inventis ordinatisque rebus adhibeatur, intelligemus omnia, etiamsi præclarissima sint in oratore, peritura. » Mais il est plus probable

que le célèbre docteur avait eu en vue le *de Oratore*, lib. I, c. v :
« Quid dicam de thesauro rerum omnium, memoria ? quæ nisi custos inventis cogitatisque rebus et verbis adhibeatur, intelligimus, omnia, etiam si præclarissima fuerint in oratore, peritura. » Conf. *Ibid*., ch. lxxxv, lxxxvi, lxxxvii et lxxxviii.

XVI, page 103. *C'est par l'étude que le génie se perfectionne*. Ces idées sont exprimées avec autant d'élégance que de précision dans l'*Art poétique* d'Horace (v. 407) :

> Natura fieret laudabile carmen, an arte
> Quæsitum est. Ego nec studium sine divite vena,
> Nec rude quid prosit video ingenium : alterius sic
> Altera poscit opem res, et conjurat amice.

XX, page 107. *A côté du lit nous placerons l'accusé, tenant de la main droite une coupe, de la gauche des tablettes*, etc. La coupe indique le poison ; les tablettes, la succession ; les testicules, d'après l'étymologie latine (*testes*), les témoins. Ces testicules de bélier étaient une bourse de cuir, suivant Politien, *Miscellanea*, c. lxii.

LIVRE QUATRIÈME

III, page 119. *Comment Ladas ou Boius coururent avec des souliers de Sicyone*. Xénophon (*Anabase*, liv. V) parle d'un athlète nommé *Boiscus ;* Pausanias (*Laconic.*) mentionne un Βοΐός. Les manuscrits portent *Bois, Boys, Boiscus, Boiuscus*. Catulle cite Ladas (élégie III) :

> Non si Pegaseo ferar volatu,
> Non Ladas si ego, pennipesve Perseus.

Sur les souliers de Sicyone, *voyez* Lucrèce (liv. IV, v. 1118) :

> Unguenta et pulchra in pedibus *Sicyonia* rident.

Cicéron, *de l'Orat.*, liv. I, ch. liv : « Si mihi calceos Sicyonios attulisses, non uterer, quamvis essent habiles et apti ad pedem. »

III, page 120. *Quibus possumus et debemus.* Ces mots sont tirés du discours de Crassus au peuple en faveur de la loi de Servilius Cépion, an de Rome 647. Le même passage est cité *de l'Orat.*, liv. I, ch. LII : « Nolite sinere nos cuiquam servire, nisi vobis universis quibus et possumus et debemus. » La consonnance française, *nous le pouvons et le devons,* ne fait pas le même plaisir à l'oreille que les expressions latines.

VIII, page 127. *Le sublime, le tempéré, le simple.* La distinction des trois genres de style est très-philosophique ; elle repose sur la nature même de l'esprit, et correspond aux diverses facultés. Le style simple est le langage de la raison; le style tempéré convient à l'imagination et aux sentiments calmes ou affectueux; le style sublime appartient aux passions. Sur cette question, consultez Cicéron, *l'Orat.*, ch. XXIII et suivants ; Quintilien, liv. XII, ch. x ; Rollin, *Traité des études,* liv. III, ch. III, art. 1. Voyez La Harpe, *Cours de littérature;* Blair, *Rhét.* ; Le Batteux, *Principes de littérature;* Marmontel, *Éléments de littérature;* Voltaire, *Dictionnaire philosophique,* aux mots *Style* et *Genre de style.*

XIII, page 157. *Autre exemple.* M. Le Clerc pense que cet exemple est extrait peut-être de l'accusation de Carbon par Crassus; mais il faudrait supposer que notre auteur s'est éloigné de sa méthode favorite, et qu'il cite des exemples qui ne sont pas de lui.

XIV, page 158. *La* complexion. Συμπλοκή (Quintilien, liv. IX, ch. III, 51). Plus bas, *complexio* est pris dans un autre sens.

Ibid., même page. *La figure appelée* traductio. Cette figure est celle que les Grecs nomment ἀντανάκλασις, *repercussio,* parce que la même expression frappe plusieurs fois l'oreille. *Voyez* Quintilien, liv. IX, ch. III. A l'exemple des traducteurs qui nous ont précédés, nous nous sommes efforcés de rendre en français la plupart des exemples, en leur conservant, autant que possible, le caractère de l'original ; souvent même nous nous sommes résignés à être barbares par un scrupule de fidélité. Nous continuerons à expliquer en note les exemples qui ne peuvent passer dans notre langue qu'en cessant d'être applicables aux définitions et aux préceptes de notre rhétorique.

Ibid., page 159. *En voici des exemples.* — *Cur eam rem,* etc. « Pourquoi vous occuper avec tant d'ardeur d'une affaire qui vous causera tant de soucis ? »

XIV, page 139. *Veniam ad vos*, etc. « J'irai auprès de vous, si le sénat m'en accorde la permission. »

Ces jeux de mots, si méprisés de nous, étaient recherchés à Rome par les plus grands écrivains.

XV, page 140. *Vos illustres petits-fils*. L'auteur parle ici des Gracques.

XVI, page 141. *La* ratiocination. Cette figure a beaucoup de rapport avec la subjection dont l'auteur parle plus bas (ch. xxv). L'exemple qui suit peut, selon M. Le Clerc, avoir été imité de Crassus, dans sa défense de la vestale Licinia. Mais l'argumentation de ce fragment ne nous paraît pas digne d'un aussi grand orateur.

XIX, page 144. *Les coups de l'adversité.* Cette pensée a été exprimée par Horace (*Odes*, liv. II, ode x, v. 13) :

> Sperat infestis, metuit secundis
> Alteram sortem bene præparatum
> Pectus.

Ibid., page 552. *L'union intime des mots est si indispensable à la force de l'expression.*

Pour notre compte, nous préférerions, avec Schütz, à *continuationis*, que donnent presque toutes les éditions, *orationis*, et nous traduisons en ce sens.

XX, page 148. *Comme dans ces phrases.* Voici la traduction des exemples qui se trouvent dans le ch. xx : « Vous louez un homme pauvre en honneur, riche en bonheur. — Celui qui a mis tout son espoir dans la richesse a l'esprit bien éloigné de la sagesse ; il n'a d'activité que pour acquérir des richesses ; il néglige son âme, qui se corrompt. Et cependant, en vivant de cette sorte, il pense que personne, au prix de lui, n'est homme. — Tu oses agir honteusement, tu t'appliques à parler méchamment. Tu es odieux dans ta conduite, tu recherches le crime, tu blesses par tes paroles. — Audacieux quand tu menaces, tu es humble quand tu supplies. — C'est la conduite la plus honteuse, que de se livrer à l'amour, et de renoncer à la pudeur ; de se passionner pour la beauté, et de négliger sa réputation. »

XXIII, page 152. *L'agréable et le joli inspirent bientôt de la satiété à l'oreille, le plus dédaigneux des sens.* Cicéron exprime plus d'une fois la même idée sur l'oreille ; *voyez* surtout *l'Orat.*, ch. xliv : « Aures quarum est judicium superbissimum. » Conf. Quintilien,

liv. IX, ch. iv, *passim*. Le grand orateur, le grand critique est déjà tout entier dans ce passage de notre rhétorique.

XXVIII, page 160. *Si un poëme est un tableau parlant, un tableau doit être un poëme muet.* Pensée de Simonide, au rapport de Plutarque, *de Audiendis poetis*, c. iii; et *Quest. conviv.*, liv. IX, v. 15. — La pensée qui suit rappelle cet impromptu de Théophile à un mauvais plaisant qui lui disait : « Il faut avouer que tous les poëtes sont fous : »

> J'avoûrai avecque vous
> Que tous les poëtes sont fous ;
> Mais, sachant ce que vous êtes,
> Tous les fous ne sont pas poëtes.

XXXI, page 163. *Restent encore dix figures de mots.* Ce sont les tropes. *Voyez* Quintilien, liv. I, ch. iv; liv. VIII, ch. vi, vii. Traduisons les exemples p. 164 « Rugir, mugir, vagir, murmurer, siffler. — Dès que ce brigand se jeta sur Rome, soudain le *craquement* de la république se fit entendre. » — Ce que l'auteur voit de neuf dans cette phrase, c'est l'alliance des deux mots *fragor civitatis;* on trouve ici l'application du précepte d'Horace (*Art. poét.*, v. 47) :

> Dixeris egregie, notum si callida verbum
> Reddiderit junctura novum.

Ibid., page 165. *Plagioxippus.* On lit dans les différentes leçons *plagiosippus*, *plagioxiphus*. Ces diverses leçons s'expliquent très-bien par des étymologies grecques et latines, et peuvent désigner un homme fourbe et violent.

XXXIV, page 168. *La* métaphore. Sur cette figure, *voyez* Quintilien, liv. VIII, ch. vi. Pour conserver les images de l'original, nous avons été condamnés à traduire les exemples avec une fidélité scrupuleuse qui souvent touche au ridicule.

LIV, page 197. *La* signification. — *Emphasis* (Quintilien, liv. VIII, ch. iii; liv. IX, ch. ii). — *Ambiguum : cernere* qui ordinairement signifie *voir, considérer, juger, se décider*, est, en droit romain, la formule consacrée pour l'acceptation d'un héritage. Cette acceptation légale est désignée par le mot *cretio*, dérivé du même radical. V. Ulpien, *Liber singularis regularum* tit. xxii, § 28 : *Cernere* est verba *cretionis* dicere ad hunc modum : « Quod me Mævius heredem instituit, eam hereditatem *adeo cernoque.* » Notre formule *Vu et approuvé, vu et ratifié*, se prête au même jeu de mots.

DE L'INVENTION

LIVRE PREMIER

I, page 207. *J'ai souvent et longuement réfléchi sur la question de savoir*, etc. Le début de ce livre est grave et élevé ; il ne dépareraît aucun des ouvrages que Cicéron composa plus tard sur l'art oratoire dans la maturité de l'âge et du talent. Du reste, ce qu'il dit ici des avantages et des inconvénients de l'éloquence ne se rapporte qu'à cette définition générale : *L'éloquence est l'art de bien dire ou de persuader*, quelles que soient les idées qu'elle exprime. On a distingué depuis une vraie et une fausse éloquence, à tort, selon nous ; car si l'éloquence n'est que l'art de bien dire ce qu'on veut exprimer, ce talent s'applique indistinctement à toutes sortes d'idées, bonnes ou mauvaises. Quand Horace dit : « Pour bien écrire, il faut bien penser » (*Art poét.*), il donne sans doute un sage conseil aux écrivains, mais non pas une définition juste du talent, qui est à la science ce que la forme est au fond, et doit en être distingué. D'ailleurs, qu'est-ce que bien penser, *sapere*? Caïus Gracchus et Scipion Nasica ne pensaient pas de même, et tous deux étaient éloquents. Cicéron dit fort bien que l'éloquence est utile ou funeste, selon les doctrines qu'elle professe, comme une arme dont l'emploi fait le mérite ou l'inconvénient. *Voyez*, sur la question traitée dans ces premiers chapitres, Quintil., *de l'Instit. orat.*, liv. II, chap. 20, intitulé : *Si la rhétorique est une vertu*.

IV, page 212. Sur Caton (le censeur dont il s'agit ici), voyez : *ad Brutum*, XVI ; *de Oratore*, I, XXXVII ; XLIX ; *de Claris oratoribus*, I, XLVIII ; III, XV et XXXIII ; sur Lélius, *ad Brutum*, XXI ; *de Oratore*, II, XLVIII ; et II, XXXVII.

V, page 214. *Gorgias de Léontium, le premier peut-être qui ait écrit sur la rhétorique*. Gorgias, célèbre sophiste du cinquième siècle avant l'ère chrétienne, disciple d'Empédocle, est surnommé *Leontinus* du lieu

NOTES. 415

de sa naissance, Léontium, ville de Sicile. Ayant été choisi par ses compatriotes pour aller à Athènes solliciter des secours contre les Syracusains, il déploya tant d'éloquence devant l'assemblée, qu'après lui avoir accordé tout ce qu'il demandait, les citoyens de cette ville voulurent qu'il restât parmi eux, pour leur enseigner son art. Il brilla longtemps aux jeux Olympiques et Pythiens, et mourut, dit-on, à cent sept ans. Malgré l'enflure de ses expressions, la recherche de ses images, et tous les défauts qu'on peut reprocher à l'espèce de déclamation qu'il avait introduite et que Quintilien appelle *extemporalis oratio*, Gorgias a le mérite d'avoir étendu les bornes de l'art oratoire. Il passe également pour un des fondateurs du scepticisme, système que devait nécessairement amener l'usage d'adopter et de défendre tour à tour les opinions les plus opposées, et qui s'excluent mutuellement. Reiske a inséré, dans le huitième volume de ses *Oratores Græci*, deux déclamations attribuées à Gorgias, l'*Éloge d'Hélène*, et l'*Apologie de Palamède*. (Dict. histor.)

VI, page 215. *Quant à Hermagoras, il me semble ne pas songer à ce qu'il dit.* Voir, sur le dissentiment de Cicéron et d'Hermagoras, le chap. IV du liv. III de l'*Instit. orat.*, et sur ce qu'il faut penser du mérite d'Hermagoras, le chap. II du livre III du même ouvrage, et autres endroits. Quintilien le regarde comme un esprit juste et fin, mais étroit et minutieux. Il était né à Temnos, en Éolie, et vint enseigner à Rome au temps d'Auguste. Il composa six livres sur la rhétorique, et quelques traités. Ernesti pense qu'il ne faut pas le confondre avec le rhéteur du même nom dont Plutarque a parlé dans sa *Vie de Pompée*.

XIII, 227. *Oreste avait-il le droit de tuer sa mère?* L'exemple d'Oreste est célèbre dans toutes les écoles d'éloquence. Cicéron l'avait pris aux Grecs; Quintilien s'en sert après lui. C'est sans doute le jugement d'Oreste dans la pièce d'Eschyle, les *Euménides*, qui a fourni ce texte aux rhéteurs et aux maîtres de déclamation, en Grèce d'abord, et plus tard en Italie.

XV, p. 228. *L'exorde est la partie du discours*, etc. Voir, sur l'exorde, Quintil., de l'*Instit. orat.*, liv. IV, chap. I; et Cicéron lui-même, *de Orat.*, lib. II, cap. XIX.

XIX, page 236. *De grands serpents ailés soumis au même joug.* Un commentateur croit que ce vers est de la *Médée* d'Ennius, et que les serpents ailés (*alites* pour *alatos*) dont il s'agit ici, étaient attelés au char de cette magicienne.

XXII, page 241. *Quant à cette partie de la division, qui renferme l'ordre et la distribution de la plaidoierie, elle doit être courte, complète et sommaire.* « Je ne vois rien qui éclaircisse une matière comme une division bien juste. C'est un moyen que la nature nous suggère elle-même; en sorte que rien n'aide tant la mémoire que de ne point quitter la route que l'on s'est proposé de tenir en parlant. C'est pourquoi je ne puis approuver ceux qui trouvent à redire que l'on partage un discours en plus de trois points. Il est vrai que, quand on les multiplie trop, ils échappent à la mémoire des juges, et troublent leur attention. Mais encore ne faut-il pas nous assujettir au nombre de trois, comme si c'était une règle inviolable, sans considérer que la cause en demande quelquefois davantage » (QUINTIL., *de l'Instit. orat.*, liv. IV, ch. IV). En cet endroit, nous avons rendu *paucitas* par *sommaire*, qui nous a paru l'équivalent. Le dernier traducteur a mis *exactitude;* nous avons cru que ce mot ne rendait pas le texte d'une manière assez précise. L'auteur veut dire qu'il faut réduire la division à un petit nombre de points principaux; le mot *sommaire* nous a paru plus convenable et rendant mieux son idée.

Ibid. *Elle sera sommaire, si elle établit les genres sans y mêler confusément les espèces.* Il faut que la division soit brève et ne s'embarrasse d'aucun mot superflu; car il s'agit moins ici de ce que vous dites, que de ce que vous vous proposez de dire. Il faut enfin tâcher que rien n'y manque, et qu'il n'y ait rien de trop. Or, il y aura du trop, si l'on distingue en espèces ce qu'il suffit de distinguer en genres; ou si, après avoir posé le genre, on y accole les espèces, par exemple « Je vais parler de la vertu, de la justice et de la tempérance. » Voilà une mauvaise division, car la justice et la tempérance ne sont que des espèces de la vertu, qui est le genre (QUINTIL., *de l'Instit. orat.*, liv. IV, chap. V).

XXIII, page 243. *Ainsi tu vas savoir la conduite de mon fils.* Ces vers et ceux qui suivent sont tirés de *l'Andrienne* de Térence (acte I, sc. I, v. 22 et suiv.) : c'est Simon qui parle. Cicéron donne son discours comme le modèle d'une division parfaite.

XXXVIII, page 268. *De quoi Épaminondas, général des Thébains, pouvait-il se montrer plus jaloux que de rendre les Thébains victorieux?* Voir CORNELIUS NEPOS, *Épaminondas*, chap. VII et VIII.

XLIII, page 276. *Quant aux indices.* On appelle *signe*, ou, suivant quelques-uns, *indice*, ou, suivant quelques autres, *vestiges*, ce qui sert à reconnaître une chose par le moyen d'une autre, comme le meurtre se préjuge par des traces de sang. *Voyez* QUINTIL., *de l'Instit. orat.*, liv. V, chap. IX.

NOTES. 417

XLV, page 278. *S'il a de la pudeur, pourquoi accusez-vous un honnête homme ?* Ce même passage est cité liv. II, chap. xxvi de la *Rhétor. à Herenn.*, où Cicéron attribue ces vers à Ennius.

XLIX, page 283. *Quand tous vous recherchaient, assis sur le trône le plus florissant.* Ces vers sont tirés d'Ennius, tragédie de *Thyeste* : c'est Atrée qui parle à son frère.

Ibid., page 284. *Plût au cieux que jamais, sur le Pélion.* Vers tirés de la *Médée* d'Ennius. Voyez, *Rhétorique à Herennius*, une citation plus longue du même passage, et la critique dont l'auteur l'accompagne.

Ibid., page 285. *Eh quoi! ne sais-tu pas que les Dieux.* Ces vers sont aussi d'Ennius, qui les met dans la bouche de Cresphonte; mais nous ne savons de quelle pièce ils sont tirés.

Ibid., même page. *La loi de Cépion sur les jugements.* Quintus Servilius Cépion, consul l'an de Rome 647, fit rendre une loi qui partageait entre les chevaliers et les sénateurs le droit de juger, que la loi Sempronia (*de Sempronius Gracchus*) attribuait exclusivement aux chevaliers.

L, page 287. *Il est cruel de reprendre un ami.* Voyez ces mêmes vers de Plaute, *in Trinummo*, cités et critiqués liv. II, chap. xxiii de la *Rhétorique à Herennius*.

LI, page 288. *Avant la conclusion, qui est la dernière partie du discours, Hermagoras place la digression.* Quintilien distingue deux sortes de péroraison ou de conclusion : celle connue chez les Grecs qui ne permettaient pas à leurs orateurs de faire appel aux passions, ἀνακεφαλαίωσις, récapitulation, en latin *enumeratio*, et la péroraison passionnée, qui, chez les Romains, concourait avec la première, quand le genre de la cause le permettait. *Voyez* Quintil., *de l'Instit. orat.*, liv. VI, chap. i. Quant à la prétention d'Hermagoras, contre laquelle notre auteur s'élève en cet endroit, nous la croyons mal fondée. La digression ne peut être comptée comme une des parties du discours, ni prendre place entre la réfutation et la péroraison, puisqu'elle s'offre à chaque instant sous la forme de lieu commun dans toute la suite de la plaidoierie. *Voyez*, sur les digressions, *de l'Orateur*, liv. II, et *sur les Orateurs illustres*, liv. III.

LV, page 297. Apollonius, surnommé Molon, ou, selon Plutarque, fils de Molon, était d'Alabanda, ville de l'Asie Mineure. Il enseigna

d'abord la rhétorique à Rhodes, et vint à Rome, l'an 87 avant J. C. : Cicéron et César furent ses disciples. Voyez Plutarq., Vie de Cicéron; et de Orat., liv. I, chap. xvii, l'éloge qu'en a fait notre auteur.

LIVRE DEUXIÈME

II, page 504. *Tysias, le père et l'inventeur de la rhétorique.* Après ceux dont les poëtes nous ont transmis les noms, Empédocle passe pour avoir agité le premier quelques questions sur la rhétorique. Les plus anciens écrivains de l'art sont Corax et Tisias de Sicile, qui furent suivis de près par Gorgias de Léontium, leur compatriote. (Voyez Quintillien, *de l'Instit. orat.*, liv. III, chap. i, et les premiers chapitres de *Brutus*.)

Ibid. Isocrate, ce grand et célèbre orateur, vivait du temps d'Aristote. Isocrate vivait sans doute du temps d'Aristote, mais il était vieux quand ce dernier commença à professer l'art oratoire. Quintilien nous apprend qu'il eut pour maître Gorgias, et que ce fut depuis lui que les traditions reçues des premiers maîtres, Corax, Tisias, Empédocle et Gorgias, se partagèrent. On dit qu'il mourut après la défaite de Chéronée, à l'âge de quatre-vingt-dix-huit ans accomplis. Aristote le remplaça pour ainsi dire de son vivant, et disait de lui, en parodiant un vers de Philoctète : « Qu'il était honteux de se taire et de laisser parler Isocrate; » plutôt sans doute pour inviter les jeunes rhéteurs à le remplacer dans ses leçons fatigantes pour son grand âge, que pour attaquer son mérite. Quintilien le cite comme le plus illustre des rhéteurs qui eussent enseigné jusqu'alors. Il nous reste d'Isocrate quelques discours qui peuvent donner une juste idée de ses qualités et de ses défauts. On lui attribue ce mot célèbre, qui justifie bien la haine que Socrate portait aux rhéteurs de son temps : « L'éloquence est l'art de faire que ce qui est bien paraisse mal, et que ce qui est mal paraisse bien. »

V, page 509. *Maintenant je vais indiquer les lieux qui conviennent plus ou moins à toute question de conjecture.* Il ne faut pas entendre ici dans le sens ordinaire les lieux communs où simplement les lieux

dont parle Cicéron. Il ne s'agit point ici de généralités sans rapport avec le fond même de la cause, de déclamations étrangères et stériles; mais bien des sources mêmes où se puisent les moyens de l'argumentation, des lieux où il faut chercher les preuves qui, nécessairement, varient selon les genres de causes et la nature de l'affaire ou de l'espèce dont il s'agit. (*Voyez* Quintilien, liv. V, chap. vιιι, *De la preuve artificielle*.)

VII, page 312. *Dans ce lieu, le premier point pour l'accusateur, c'est de prouver que nul autre que l'accusé n'avait intérêt à commettre le crime*. Le plaidoyer pour Milon offre un modèle admirable de la manière de tirer des conjectures selon les règles tracées dans ce chapitre.

IX, page 315. *Le nom même peut fournir parfois des inductions.* On met aussi en jeu le nom de la personne, dit Quintilien, et il faut convenir que qui que ce soit n'est à l'abri d'un pareil accident; aussi n'en tire-t-on d'arguments que lorsque ce nom a été donné pour certaines causes, comme celui de sage, de grand, de riche, etc., ou lorsqu'il a inspiré quelque pensée à celui qui le porte, comme à Lentulus, qui s'associa à des complots parce que les livres des sybilles et les réponses des aruspices promettaient successivement la domination à trois Cornelius, et qu'après Sylla et Cinna il se croyait le troisième, s'appelant lui-même Cornelius. On voit aussi, dans Euripide, que le frère de Polynice lui reproche son nom comme un argument contre son caractère; mais ce jeu de mots m'a toujours paru froid. Convenons pourtant que le nom donne souvent matière à des railleries très-piquantes : aussi Cicéron n'a-t-il pas dédaigné ce genre d'argument contre Verrès.

XVII, page 328. *C. Flaminius*. La loi Agraire, chez les Romains, ne répond point à l'idée que nous avons d'une loi de ce genre. C'était une loi *de agro dividendo*, sur des terres conquises à distribuer au peuple ou aux soldats. Le Flaminius dont il s'agit est le vaincu de Thrasymène, dans la seconde guerre punique, l'an de Rome 535. Tribun dix ans auparavant, il avait partagé au peuple, contre l'autorité du sénat, des parties de territoire dans le Picenum et dans la Gaule.

XIX, page 332. *Ainsi tout se passe devant le préteur*. Cicéron distingue ici *le droit civil et les jugements*. — *Voyez* le passage correspondant, *Rhétorique à Herennius*, liv. I, ch. xιι, où l'auteur explique d'une manière plus intelligible la différence qui exis-

tait à Rome entre les jugements publics et les jugements privés : *Judicia sunt causarum publicarum ; jus autem civile dicitur de causis privatis, et judiciis causarum privatarum, quale judicium est furti, quod distinguitur a peculatu, quod est furtum publicum.*

XX, page 334. *Il ne faut point à propos de dommages-intérêts.* Mot à mot, *dans un jugement récupératoire ;* ce qui eût été moins intelligible. Les récupérateurs à Rome étaient des commissaires nommés par le préteur pour statuer sur les indemnités et les restitutions dues aux particuliers. Ils prononçaient également sur ce que nous appelons les dommages-intérêts résultant d'un crime ou d'un délit, qui, chez nous, se poursuivent par voie d'action civile devant les tribunaux de répression, ou par action principale devant les tribunaux civils.

XXVI, page 345. *Elle pleurait la mort de mon ennemi, non celle de de ses frères.* Voyez P. CORNEILLE, *les Horaces*, acte IV, sc. VI.

« On ose soutenir, dit Cicéron dans la *Milonienne*, que quiconque s'avoue coupable d'un meurtre est indigne de voir le jour. Et dans quels lieux les plus ignorants des hommes avancent-ils une pareille doctrine? aux lieux mêmes qui ont été jadis témoins du jugement rendu en faveur d'Horace, qui, bien qu'il eût tué sa sœur de sa propre main, fut absous par les comices du peuple, dans un temps où Rome n'était pas libre encore. »

XXVIII, page 348. *Il appuiera la récrimination d'abord en exagérant le crime et la scélératesse de celui qu'il accuse.* — *Voyez* le *Plaidoyer pour Milon*, chap. IX. Clodius avait formé le projet de tourmenter la république, pendant sa préture, par tous les crimes possibles. — Bien différent des autres, la gloire d'être nommé flattait peu son désir ; ce qu'il voulait, c'était d'éviter d'avoir pour collègue le vertueux L. Paullus, et de pouvoir déchirer la patrie pendant toute une année. Comment prouver que Clodius a été l'agresseur? Lorsqu'il s'agit d'un scélérat, d'un monstre de cette espèce, il suffit de montrer qu'il avait un grand intérêt à faire périr Milon, etc.

LI, page 390. *Au genre délibératif Aristote assigne pour but l'utilité, à laquelle je crois qu'il faut ajouter aussi l'honnêteté.* « Je m'étonne, dit Quintilien, que quelques écrivains aient réduit à la seule utilité le genre délibératif : s'il fallait renfermer ce genre dans un seul objet, je préférerais penser, avec Cicéron, que la dignité est éminemment son partage. Au surplus, je ne doute pas que ceux qui sont de ce premier avis n'aient entendu, suivant la plus noble définition,

qu'il n'y a d'utile que ce qui est honnête, et cela serait en effet très-vrai si l'on n'avait affaire qu'à des sages; mais comme très-souvent on est dans le cas d'exprimer son opinion devant des ignorants, et surtout devant le peuple, dont la masse est généralement grossière, il faut bien faire des distinctions, et descendre à la portée des intelligences les plus communes. Que de gens n'estiment pas assez utile ce qui, d'ailleurs, leur paraît louable, et combien, séduits par l'apparence de quelque utilité, approuvent ce qu'ils savent être honteux! témoin le traité de Numance et celui des Fourches-Caudines. »

Aristote pensait que le genre démonstratif, et après lui le genre judiciaire, étaient les seuls propres à faire briller l'orateur: l'un, parce que son but unique est de produire de l'effet; l'autre parce que l'art y est nécessaire, fût-ce pour tromper, si l'intérêt de la cause l'exige; tandis que les délibérations ne demandent que de la bonne foi et de la sagesse. Cette opinion nous paraît peu fondée: les *Philippiques* de Démosthènes, qui appartiennent au genre délibératif, ne sont en rien inférieures à ses plaidoyers, et l'éloquence de Cicéron n'est pas moins admirable dans ses avis au sénat et dans ses harangues au Forum que dans ses accusations et ses défenses devant les tribunaux.

Au démonstratif, l'honnêteté. Aristote, et à son exemple Théophraste, ont en quelque sorte isolé ce genre de la partie active et politique, et l'ont borné au seul plaisir des auditeurs; c'est en effet à quoi semble le restreindre son nom, qui n'exprime guère qu'une idée d'ostentation. Mais, chez les Romains, l'usage l'introduisit dans les affaires publiques; car souvent le simple devoir d'une charge ou un sénatus-consulte confiait à des magistrats le soin de prononcer des éloges funèbres, etc. *Voyez* Quintilien, liv. III, ch. vii.

Le genre démonstratif des anciens est plus souvent appelé, chez nous, genre académique ou d'apparat.

LII, page 390. *Les choses que l'on doit rechercher se divisent en trois genres.* — *Voyez*, sur ce passage, *Rhétorique à Herennius*, liv. III, ch. ii, et Quintilien, liv. III, ch. vi. — Cette classification nous paraît plus subtile que vraie, et Cicéron lui-même, dans un autre ouvrage, nous fournit des armes pour le combattre. « C'est renverser les bases posées par la nature même, dit-il au liv. III, ch. xxviii, des *Devoirs*, que de séparer l'utile de l'honnête; car nous sommes transportés, entraînés vers l'utile, et il n'est point en notre pouvoir de résister à ce penchant. Quel est celui qui rejette ce qui lui est utile, ou plutôt quel est celui qui ne le désire avec le plus d'ardeur? Mais, comme nous ne pouvons le trouver que dans ce qui est beau, glorieux et hon-

nête, nous regardons l'honneur, la gloire et l'honnêteté, comme les premiers et les plus grands biens, et le nom d'utile nous paraît alors non-seulement honorable, mais encore nécessaire. »

LVI, page 396. *Quant à l'utilité, elle est ou personnelle ou extérieure.* Voyez *Partit. orat.*, chap. xxii. Cicéron distingue trois sortes d'avantages, ceux du corps, ceux de l'âme, exprimés ici par *in corpore posita*, renfermés dans la personne, et ceux placés en dehors de la personne. *Voyez* ARISTOTE, *Rhétorique*, liv. i, chap. 5, où cette division est parfaitement expliquée par des exemples qui, d'ailleurs, se trouvent répétés par Cicéron lui-même.

FIN DES NOTES DU TOME DEUXIÈME

TABLE DES MATIÈRES

Préface de la première édition. v
Préface de cette nouvelle édition. xiii

RHÉTORIQUE

Argument du livre premier. 1
    Livre premier. 5
Argument du livre deuxième. 29
    Livre deuxième. 30
Argument du livre troisième. 77
    Livre troisième. 78
Argument du livre quatrième. 115
    Livre quatrième. 116

DE L'INVENTION

Sommaire du livre premier. 205
    Livre premier. 207
Sommaire du livre deuxième. 299
    Livre deuxième. 301
Notes. 597

PARIS. — IMP. SIMON RAÇON ET COMP., RUE D'ERFURTH, 1.

EXTRAIT DU CATALOGUE
DE LA LIBRAIRIE
GARNIER FRÈRES
6, rue des Saints-Pères et Palais-Royal, 215.

DICTIONNAIRE NATIONAL

OUVRAGE ENTIÈREMENT TERMINÉ

MONUMENT ÉLEVÉ A LA GLOIRE DE LA LANGUE ET DES LETTRES FRANÇAISES

Ce grand Dictionnaire classique de la Langue française contient, pour la première fois, outre les mots mis en circulation par la presse, et qui sont devenus une des propriétés de la parole, les noms de tous les Peuples anciens, modernes ; de tous les Souverains de chaque État ; des institutions politiques ; des Assemblées délibérantes ; des Ordres monastiques, militaires ; des Sectes religieuses, politiques, philosophiques ; des grands Événements historiques : Guerres, Batailles, Siéges, Journées mémorables, Conspirations, Traités de paix, Conciles ; des Titres, Dignités, Fonctions, des Hommes ou Femmes célèbres en tout genre ; des Personnages historiques de tous les pays et de tous les temps : Saints, Martyrs, Savants, Artistes, Écrivains ; des Divinités, Héros et personnages fabuleux de tous les peuples ; des Religions et Cultes divers, Fêtes, Jeux, Cérémonies publiques, Mystères, enfin la Nomenclature de tous les Chefs-lieux, Arrondissements, Cantons, Villes, Fleuves, Rivières, Montagnes de la France et de l'Étranger ; avec les Étymologies grecques, latines, arabes, celtiques, germaniques, etc., etc.

Cet ouvrage classique est rédigé sur un plan entièrement neuf, plus exact et plus complet que tous les dictionnaires qui existent, et dans lequel toutes les définitions, toutes les acceptions des mots et les nuances infinies qu'ils ont reçues sont justifiées par plus de quinze cent mille exemples extraits de tous les écrivains moralistes et poètes philosophes et historiens, etc., etc. Par M. BESCHERELLE aîné, principal auteur de la *Grammaire nationale*. 2 magnifiques vol. in-4 de plus de 3,000 pages, à 4 col., imprimés en caractères neufs et très-lisibles, sur papier grand raisin, glacé, contenant la matière de plus de 500 volumes in-8......... 50 fr.

Demi-reliure chagrin, plats en toile............... 10 fr.

GRAMMAIRE NATIONALE

Ou Grammaire de Voltaire, de Racine, de Bossuet, de Fénelon, de J. J. Rousseau, de Bernardin de Saint-Pierre, de Chateaubriand, de Casimir Delavigne, et de tous les écrivains les plus distingués de la France ; par MM. BESCHERELLE FRÈRES et LITAIS DE CAUX. 1 fort vol. grand in-8. Complément indispensable du *Dictionnaire national*......... 10 fr.

NOUVEAU DICTIONNAIRE CLASSIQUE DE LA LANGUE FRANÇAISE

Comprenant : Les mots du Dictionnaire de l'Académie française, et un très-grand nombre d'autres autorisés par l'emploi qu'en ont fait les bons écrivains; leurs acceptions propres et figurées et l'indication de leur emploi dans les différents genres de style; — 2° Les termes usités dans les sciences, les arts, les manufactures, ou tirés des langues étrangères; — 3° La synonymie rédigée sur un plan tout nouveau; — 4° La prononciation figurée de tous les mots qui représentent quelque difficulté;—5° Un Vocabulaire général de géographie, d'histoire et de biographie, etc., etc.; par MM. Bescherelle aîné, et J. A. Pons, professeur d'histoire. 1 vol. gr. in-8 de 1100 pag. . . . . 10 fr.

GRAMMAIRE ESPAGNOLE-FRANÇAISE DE SOBRINO

Très-complète et très-détaillée, contenant toutes les notions nécessaires pour apprendre à parler et à écrire correctement l'espagnol. Nouvelle édition, refondue avec le plus grand soin, par A. Galban. 1 vol. in-8. . . . 5 fr.

GRAMMATICA DE LA LENGUA FRANCESA

Para los Españoles, por Chantreau, corrigée avec le plus grand soin par A. Galban, 1 vol, in-8. . . . . 4 fr.

GRAMMAIRE ITALIENNE

En 25 leçons, d'après Vergani, corrigée et complétée par C. Ferrari, ancien professeur à l'école normale et à l'Université de Turin, auteur du *Nouveau Dictionnaire italien-français et français-italien*. 1 vol. . . . . . . 2 fr.

PETIT DICTIONNAIRE NATIONAL

Contenant la définition très-claire et très-exacte de tous les mots de la langue usuelle; l'explication la plus simple des termes scientifiques et techniques; la prononciation figurée dans tous les cas douteux ou difficiles, etc., etc.; à l'usage de la jeunesse, des maisons d'éducation et de tous ceux qui ont besoin de renseignements prompts et précis, par M. Bescherelle aîné, auteur du *Grand Dictionnaire national*, etc. 1 fort vol. in-32 jésus, de plus de 600 pag. . . . . 2 fr. 25

PETIT DICTIONNAIRE D'HISTOIRE, DE GÉOGRAPHIE ET DE MYTHOLOGIE

Par J. P. Quitard, auteur du *Dictionnaire des Proverbes*, faisant suite au *Petit Dictionnaire national* de M. Bescherelle aîné. 1 vol. in-32. 1 fr. 75
Les deux ouvrages réunis en 1 fort vol., rel. toile. . . . . 4 fr.

DICTIONNAIRE USUEL DE TOUS LES VERBES FRANÇAIS,

Tant réguliers qu'irréguliers ; par MM. Bescherelle frères. 3e édition. 2 forts vol. in-8 à 2 colonnes. . . . . 12 fr.
Ce livre est indispensable à tous les écrivains et à toutes les personnes qui s'occupent de la langue française. La conjugaison des verbes est sans contredit ce qu'il y a de plus difficile dans notre langue, puisqu'on y compte plus de trois cents verbes irréguliers. A l'aide de ce dictionnaire, tous les doutes sont levés, toutes les difficultés vaincues.

PETITS DICTIONNAIRES EN DEUX LANGUES

Avec la prononciation figurée, très-complets et exécutés avec le plus grand soin, contenant chacun la matière d'un fort volume in-8, à l'usage des voyageurs, des lycées, des collèges, de la jeunesse des deux sexes, et de toutes les personnes qui étudient les langues étrangères.

Dictionnaire grec-français, Rédigé sur un plan nouveau, contenant tous les termes employés par les auteurs classiques présentant un aperçu de la dérivation des mots dans la langue grecque et suivi d'un lexique des noms propres, par A. CHASSANG, maître de Conférences de langue et littérature grecques à l'Ecole normale supérieure. 1 vol. grand in-32 de plus de 1000 pages. . . . . 7 fr. 50

Nouveau dictionnaire latin-français contenant tous les termes employés par les auteurs classiques; l'explication d'un certain nombre de mots appartenant à la langue du droit; les noms propres d'hommes et de lieux, etc., par E. DE SUCKAU, chargé du cours de littérature française à la Faculté d'Aix. 1 fort vol. grand in-32. . . . 4 fr. 50

Nouveau dictionnaire anglais-français et français-anglais contenant : Tout le vocabulaire de la langue usuelle, et donnant la *prononciation* figurée de tous les mots anglais, et celle des mots français dans les cas douteux, par M. CLIFTON. 1 vol. grand in-32, imprimé avec soin. . 4 fr. 50

Nouveau dictionnaire allemand-français et français-allemand du langage littéraire, scientifique et usuel, contenant, à leur ordre alphabétique, tous les mots usités et nouveaux de ces deux idiomes ; les noms propres de personnes, de pays, de villes, etc.; la grammaire et les idiotismes, et suivi d'un Tableau des verbes irréguliers, par K. ROTTECK (de Berlin). 1 fort vol. grand in-32 jésus. . . 4 fr. 50

Nouveau dictionnaire de poche français-espagnol et espagnol-français avec *la prononciation* dans les deux langues, rédigé d'après les matériaux réunis par D. VICENTE SALVA et les meilleurs dictionnaires parus jusqu'à ce jour. 1 fort vol. grand in-32, format dit Cazin, d'environ 1,100 p. . . 5 fr.

Dictionnaire italien-français et français-italien, contenant tous les mots de la langue usuelle et donnant la prononciation figurée des mots italiens et des mots français, dans les cas douteux et difficiles, par C. FERRARI. 1 fort volume in-32. . . . 4 fr. 50

Dictionnaire de poche français-turc, par A. CALFA. 5ᵉ édition refondue. 1 vol gr. in-32, relié. . . . . 6 fr

Reliure percaline, tr.-jaspée, de chacun de ces quatre dictionnaires.. 0, 60 c.

Les dictionnaires en petit format publiés jusqu'à ce jour sont plutôt des vocabulaires, souvent très-incomplets, qui ne contiennent aucune des indications nécessaires pour aider un commençant à traduire correctement d'une langue dans une autre.

Dans ces dictionnaires que nous recommandons à l'attention du public ami des lettres :

1° Tous les mots, sans exception, sont à leur ordre alphabétique; pas de liste particulière de noms propres, de mots géographiques, etc.

2° Les diverses acceptions de chaque mot sont indiquées par des numéros. Le premier numéro donne le sens le plus conforme à l'étymologie ; les numéros suivants présentent successivement les sens dérivés, détournés ou figurés. Enfin différents signes typographiques et de ponctuation viennent encore guider l'étranger dans le choix des mots.

3° La prononciation a été figurée avec le plus grand soin et à l'aide des moyens les plus simples.

On voit que nous n'avons rien négligé pour rendre cette publication aussi utile et pratique que possible. Si l'on considère encore que nous donnons également la solution des difficultés grammaticales, relatives, par exemple, à la conjugaison des verbes, des prépositions, etc., on sera forcé de convenir que jamais on n'a présenté autant de matières sous un aussi petit volume.

GRAND DICTIONNAIRE

ESPAGNOL-FRANÇAIS ET FRANÇAIS-ESPAGNOL

Avec la prononciation dans les deux langues, plus exact et plus complet que tous ceux qui ont paru jusqu'à ce jour, rédigé d'après les matériaux réunis par D. VICENTE SALVA, et les meilleurs dictionnaires anciens et modernes, par F. DE P. NORIÉGA ET GUIM. 1 fort vol. gr. in-8 jésus, d'environ 1,600 pag., à 3 col. . . . . . . 18 fr.

GUIDES POLYGLOTTES

Manuels de la conversation et du style épistolaire, à l'usage des voyageurs et des écoles. Grand in-32, format dit Cazin, papier satiné, élégamment cartonnés. Prix du vol. . . . . 2 fr.

Français - anglais, par M. Clifton, 1 vol.

Français-italien, par M. Vitali, 1 vol.

Français-allemand, par M. Ebeling, 1 vol.

Français - espagnol, par M. Corona Bustamente, 1 vol.

Espanol-francés, por Corona Bustamente.

English-french, by Clifton 1 vol.

Hollandsch - fransch, van A. Dufriche, 1 vol.

Espanol-inglés, por Corona Bustamente y Clifton, 1 vol.

English and italian. 1 vol.

Espanol-aleman, por Corona Bustamente Ebeling, 1 vol.

Deutsch-english, von Carolino Duarte, 1 vol.

Espanol-italiano, por M. Corona Bustamente y Vitali, 1 vol.

Italiano-Tedesco, da Giovani Vitali et D' Ebeling, 1 vol.

Portuguez-francez, por M. Carolino Duarte y Clifton, 1 vol.

Portuguez inglez, por Duarte y Clifton, 1 vol.

GUIDE EN SIX LANGUES. Français-anglais-allemand-italien-espagnol-portugais. 1 fort in-16 de 550 pages. . . . . 5 fr.

GUIDE EN QUATRE LANGUES, français-anglais-allemand-italien, 1 vol. grand in-32, cartonné. . . . . 4 fr.

Nous appelons d'une manière toute spéciale l'attention sur nos *Guides polyglottes*. Le soin intelligent et scrupuleux qui en a dirigé l'exécution leur assure, parmi les livres de ce genre, une incontestable supériorité. Le texte original a été fait et préparé, avec beaucoup d'adresse et d'habileté, par un maître de conférences à l'École normale supérieure. Les besoins de la conversation usuelle y sont très-heureusement prévus. Les dialogues, au lieu de se traîner dans l'ornière des banalités ennuyeuses, ont un à propos, une vivacité, un sel, qui amusent et réveillent le lecteur. Les traducteurs se sont acquittés de leur tâche avec exactitude et fidélité.

Guide français-anglais, manuel de la conversation et du style épistolaire, avec la *prononciation figurée de tous les mots anglais*, à l'usage des voyageurs. 1 vol. in-16. . . . . . . 4 fr.

Polyglot guides manual of conversation with models of letters for the use of travellers and students. English and French with the figured pronunciation of the French, by MM. Clifton and Dufriche-Desgenettes. 1 volume in-16. . . . . 4 fr.

CODES ET LOIS USUELLES

Classés par ordre alphabétique, édition sans supplément conforme à la législation la plus récente, collationnée sur les textes officiels, contenant en note sous chaque article des codes ses différentes modifications, la corrélation des articles entre eux, la concordance avec le droit romain, l'ancienne législation française et les lois nouvelles, précédée de la constitution de l'Empire français et accompagnée d'une table chronologique et d'une table générale des matières, par M. A. Roger, avocat à la Cour impériale de Paris, auteur de la 2e édition du *Traité de la Spisie-Arrêt*, et M. A. Sorel, avocat à la Cour impériale de Paris, suppléant du juge de paix du VIIIe arrondissement de Paris. 1 beau v. gr. in-8 raisin de 1,200 pages. Prix, br. . 15 fr.
La reliure, demi-chagrin. . . . . 5 fr.

LE MÊME OUVRAGE

Édition portative, format gr. in-32 jésus, en deux parties :

Ire Partie. Les *Codes*. . . . . 4 fr.
IIe Partie. Les *Lois usuelles*. . . . . 4 fr.

DICTIONNAIRE DE LA CONVERSATION ET DE LA LECTURE.

52 vol. grand in-8 de 500 pages à 2 col., contenant la matière de plus de 500 vol. . . . . 208 fr.

SUPPLÉMENT AU DICTIONNAIRE DE LA CONVERSATION ET DE LA LECTURE

Rédigé par tous les écrivains et savants dont les noms figurent dans cet ouvrage et publié sous la direction du même rédacteur en chef. 16 vol. in-8 de 500 pages, pareilles à celles des 52 vol. publiés de 1855 à 1859. 80 fr.

Le *Supplément*, aujourd'hui TERMINÉ, se compose de *seize volumes* formant les tomes 55 à 68 de cette Encyclopédie si populaire.

Le *Supplément* a réparé toutes les erreurs, toutes les omissions qui avaient échappé dans le travail si rapide de la rédaction des 52 premiers volumes. Tous les *renvois* que le lecteur chercherait vainement dans l'ouvrage principal se trouvent traités dans le *Supplément*.

Aujourd'hui les seuls exemplaires qui conservent *leur valeur primitive* sont ceux qui sont accompagnés du *Supplément*, en d'autres termes des tomes 55 à 68.

COURS COMPLET D'AGRICULTURE,

Ou Nouveau Dictionnaire d'agriculture théorique et pratique d'économie rurale et de médecine vétérinaire, sur le plan de l'ancien Dictionnaire de l'abbé Rosnier, par MM. le baron de Morogues, membre de l'Institut; Mirbel, professeur de culture au Jardin des Plantes, etc.; le vicomte Héricart de Thury, président de la Société impériale d'agriculture; Payen, professeur de chimie agricole; Mathieu de Dombasle, etc, etc. 4ᵉ édition, revue et corrigée. 20 vol. br. en 19 gr. in-8 à 2 col., avec environ 4,000 sujets grav., relat. à la grande et à la petite culture, à l'économie rurale et domestique, à la description des plantes, etc. Complet. . . . 112 fr.

Chaque volume est orné du portrait d'un des hommes les plus notables des sciences agricoles. Le *Supplément* compte des textes tout récents; on y voit figurer les noms de MM. Chevreul, Gaudichaud, Boucherie, Paul Gaubert, Polonceau, Fuster, Morin, etc.

DICTIONNAIRE D'HIPPIATRIQUE ET D'ÉQUITATION.

Ouvrage où se trouvent réunies toutes les connaissances équestres et hippiques, par F. Cardini, lieutenant-colonel en retraite. 2 vol. grand in-8, ornés de 70 figures; 2ᵉ édition, considérablement augmentée. . . 20 fr

NOUVEAU DICTIONNAIRE COMPLET DES COMMUNES DE LA FRANCE

De l'Algérie et des autres colonies françaises, contenant la Nomenclature de toutes les communes, leur division administrative, leur population d'après le dernier recensement; les bureaux de poste; leur distance de Paris; les stations de chemins de fer; les bureaux télégraphiques; l'industrie; le commerce; les productions du sol; les châteaux et tous les renseignements relatifs à l'organisation administrative, ecclésiastique, judiciaire, universitaire, financière, militaire et maritime de la France, avant et depuis 1789, par A. Gindre de Mancy. 1 fort vol. gr. in-8 d'environ 1,000 p., à deux colonnes avec une carte des chemins de fer, par Charle, géographe. 12 fr.

DICTIONNAIRE PORTATIF DES COMMUNES DE LA FRANCE, DE L'ALGÉRIE ET DES AUTRES COLONIES FRANÇAISES

Précédé de tableaux synoptiques, et accompagné d'une carte de la France, par M. Gindre de Mancy, membre de la Société philotechnique et de plusieurs sociétés savantes. 1 fort vol. in-32 de 750 pages. . . . . 3 fr. 50

DICTIONNNAIRE GÉNÉRAL DES SCIENCES THÉORIQUES ET APPLIQUÉES

Comprenant les mathématiques, la physique et la chimie, la mécanique et la technologie, l'histoire naturelle et la médecine, l'économie rurale et l'art vétérinaire, par MM. Privat-Deschanel et Ad. Focillon, professeurs des sciences physiques et des sciences naturelles au lycée de Louis-le-Grand, avec la collaboration d'une réunion de savants ; 4 parties, vol. gr. in-8. Prix. 50 fr.

GÉOGRAPHIE UNIVERSELLE,

Par Malte-Brun. Description de toutes les parties du monde sur un nouveau plan, d'après les grandes divisions du globe; précédée de l'histoire de la géographie chez les peuples anciens et modernes, et d'une théorie générale de la géographie mathématique, physique et politique. 6ᵉ édition revue, corrigée et augmentée, mise dans un nouvel ordre et enrichie de toutes les nouvelles découvertes, par J. J. N. Huot. 6 beaux vol. gr. in-8, ornés de 41 grav. sur acier, ... 60 fr.
Avec un superbe Atlas entièrement établi à neuf. 1 vol. in-folio, composé de 72 magnifiques cartes coloriées, dont 14 doubles. . . . . 80 fr.
On peut acheter l'Atlas séparément. . . . . 20 fr.

CHEFS-D'ŒUVRE DE LA LITTÉRATURE FRANÇAISE
21 volumes sont en vente à 7 fr. 50

Cette collection imprimée avec luxe par M. Claye, sur magnifique papier des Voges fabriqué spécialement pour cette édition est ornée de vignettes gravées sur acier, d'après les dessins de Staal.

On tire de chaque volume de la collection 150 *exemplaires numérotés* sur papier de Hollande, avec figures sur chine avant la lettre, au prix de : 15 fr. le vol.

Œuvres complètes de Molière, nouvelle édition très-soigneusement revue sur les textes originaux avec un nouveau travail de critique et d'érudition, aperçus d'histoire littéraire, examen de chaque pièce, commentaire, biographie, etc., etc., par M. Louis Moland. 7 vol. in-8 cavalier.

Chefs-d'œuvre littéraires de Buffon, avec une introduction par M. Flourens, membre de l'Académie française, secrétaire de l'Académie des sciences, etc. 2 vol in-8 cavalier.

Histoire de Gil Blas de Santillane, Par Le Sage, avec les principales remarques des divers annotateurs, précédée d'une notice par Sainte-Beuve, les jugements et témoignages sur le Sage et sur *Gil Blas*. 2 vol in-8 illustrés de 6 belles gravures sur acier d'après les dessins de Staal.

L'Imitation de Jésus-Christ. Traduction nouvelle avec des réflexions à la fin de chaque chapitre, par M. l'abbé de Lamennais. 1 vol. in-8.

Essais de Michel de Montaigne, nouvelle édition, avec les notes de tous les commentateurs, choisies et complétées par M. J. V. Le Clerc, ornée d'un magnifique portrait de Montaigne, précédée d'une nouvelle étude sur Montaigne, par M. Prévost-Paradol, de l'Académie française. 4 vol.

Œuvres complètes de Boileau Despréaux, avec un nouveau travail et un commentaire, par M. Géruzez. 4 v.

Œuvres choisies de Marot, accompagnées de notes philologiques et littéraires et précédées d'une étude sur l'auteur, par M. d'Héricault. 1 vol.

EN PRÉPARATION

Œuvres complètes de Racine, avec un travail nouveau, par M. Saint-Marc Girardin, de l'Académie française.

Œuvres complètes de la Fontaine, avec un nouveau travail de critique et d'érudition, par M. Louis Moland.

Nous avons promis, dans le prospectus de *Molière*, de chercher à remettre en honneur les belles éditions de nos auteurs classiques. Les volumes qui ont paru permettent de juger si nous avons tenu parole.

Notre collection contiendra la fleur de la littérature française. Elle se composera d'une soixantaine de volumes environ, imprimés avec le plus grand luxe par Claye, et dignes de tenir une place d'honneur dans les meilleures bibliothèques.

BIBLIOTHÈQUE AMUSANTE

Contenant les meilleurs romans du xviiᵉ et du xviiiᵉ siècles, et quelques-uns des principaux du xixᵉ. Le volume, grand in-8 cavalier, 5 grav. sur acier d'après STAAL. . . . . 7 fr. 50

Œuvres de madame de la Fayette. 1 vol.

Œuvres de mesdames de Fontaines et Tencin. 1 vol.

Gil Blas, par LE SAGE. 2 vol.

Diable boiteux, suivi de *Estévanille Gonzalès*, par LE SAGE.

Histoire de Guzman d'Alfarache, par LE SAGE.

Vie de Marianne, suivie du *Paysan parvenu*, par MARIVAUX. 2 vol.

Œuvres de madame Riccoboni. 1 v.

Lettres du marquis de Roselle, par madame ELIE DE BEAUMONT; Mademoiselle de Clermont, par madame DE GENLIS, et la Dot de Suzette, par FIÉVÉE. 1 vol.

Chefs-d'œuvre de madame de Souza. 1 vol.

Corinne, par madame de STAEL. 1 vol.

HISTOIRE DE FRANCE PAR ANQUETIL

Avec continuation jusqu'en 1852, par BAUDE, l'un des principaux auteurs du *Million de faits* et de *Patria*. 8 demi-vol. gr. in-8, illustrés de 120 gravures, renfermant la collection complète des portraits des rois, imprimés en beaux caractères, à 2 colonnes, sur papier des Vosges. . . . . . . 50 fr.

HISTOIRE DE FRANCE D'ANQUETIL

Continuée depuis la Révolution de 1789, par LÉONARD GALLOIS. Édition ornée de 50 gravures en taille-douce. 5 vol. gr. in-8 jésus à 2 colonnes, contenant la matière de 40 vol. in-8 ordinaire, 62 fr. 50; net. . . . . . 50 fr.

ŒUVRES COMPLÈTES DE CHATEAUBRIAND

Nouvelle édition, précédée d'une étude littéraire sur Chateaubriand, par M. SAINTE-BEUVE, de l'Académie française. 12 très-forts volumes in-8, sur papier cavalier vélin, ornés d'un beau portrait de Chateaubriand et de 42 gravures exécutées spécialement pour cette édition, et avec le plus grand soin, par MM. F. DELANNOY, G. THIBAULT, OUTHWAITE, MASSARD, etc., d'après les dessins originaux de STAAL, de RACINET, etc.

ON VEND SÉPARÉMENT AVEC UN TITRE SPÉCIAL

Le Génie du christianisme. 1 vol. orné de 5 grav. sur acier.

Les Martyrs. 1 vol. orné de 5 grav. sur acier.

L'Itinéraire de Paris à Jérusalem. 1 vol. orné de 6 gravures.

Atala, René, le Dernier Abencérage, les Natchez, Poésies. 1 vol. orné de 4 grav. sur acier.

Voyage en Amérique, en Italie et en Suisse. 1 vol orné de 4 gravures.

Le Paradis perdu. 1 vol. orné de 4 grav. sur acier.

Histoire de France. 1 vol. orné de 4 grav. sur acier.

Études historiques. 1 vol. orné de 5 grav. sur acier.

Le prix de chaque volume, avec 3, 4 ou 5 gravures, est de 6 fr.
Sans gravures. . . . . 5 fr.

CHATEAUBRIAND ET SON GROUPE LITTÉRAIRE

Sous l'Empire, par M. SAINTE-BEUVE, de l'Académie française. 2 volumes in-8. . . . . 15 fr.

HISTOIRE DE NAPOLÉON

Par Laurent (de l'Ardèche); illustrée de 500 vignettes, avec les types en noir imprimés dans le texte, par Horace Vernet. 1 vol. gr. in-8... 9 fr.
Reliure toile, tranche dorée.. . . . . 4 fr. 50

NOUVEAU TRAITÉ DE BLASON

Ou science des armoiries, d'après le P. Ménétrier, d'Hozier, Ségoing, Scohier, Palliot, H. de Bara, Favin, par Victor Bouton, peintre héraldique et paléographe. 1 vol. in-8 de 500 pag. 460 blasons, 800 noms de familles. 10 fr.

ABRÉGÉ MÉTHODIQUE DE LA SCIENCE DES ARMOIRIES

Suivi d'un glossaire des attributs héraldiques, d'un traité élémentaire des ordres modernes de chevalerie, et de notions sur l'origine des noms de familles et des classes nobles, etc., par M. Maigne. 1 vol. gr. in-18 jésus, orné d'environ 500 vignettes dans le texte, grav. par M. Dufrénoy. 6 fr.

LA SCIENCE DU BLASON

Accompagnée d'un armorial général des familles nobles de l'Europe, publiée par le vicomte de Magny, directeur de l'Institut héraldique. 1 vol. gr. in-8, jésus vélin, enrichi de 2,000 blasons gravés dans le texte, 25 fr.; net. 12 fr.

LE HÉRAUT D'ARMES

Revue illustrée de la noblesse. — Directeur : le comte Alfred de Bizemont. — Gérant : Victor Bouton. Tome I (novembre 1861, à janvier 1863), 30 fr. net. . . . . 12 fr.

L'ITALIE CONFÉDÉRÉE

Histoire politique, militaire et pittoresque de la campagne de 1859, par Amédée de Césena. 4 beaux vol. gr. in-8. . . . . 24 fr.
Illustrée de très belles gravures sur acier, parmi lesquelles un magnifique portrait de l'Empereur et de l'Impératrice, de vingt types militaires coloriés, d'une excellente carte du nord de l'Italie, par Vuillemin; des plans de bataille de Magenta et de Solférino, des plans coloriés de Venise, de Mantoue et de Vérone.

CAMPAGNE DE PIÉMONT ET DE LOMBARDIE

Par Amédée de Césena. 1 vol. gr. in-8 jésus. . . . . 20 fr.
L'ouvrage est orné des portraits de l'Empereur, de l'Impératrice, et de Victor-Emmanuel, admirablement gravés sur acier par Delannoy, d'après Winterhalter, de plans et de cartes, de types militaires des trois armées et de planches sur acier représentant les batailles; il renferme aussi la liste complète et nominale des décorés et des médaillés de l'armée d'Italie.

HISTOIRE DES DUCS DE BOURGOGN

Par M. de Barante, membre de l'Académie française; 7ᵉ édition. 12 vol. in-8, caractères neufs, imprimés sur papier vélin satiné des Vosges, ornés de 104 gravures et d'un grand nombre de cartes. Prix du volume.. . 5 fr.

HISTOIRE UNIVERSELLE

Par le comte de Ségur, de l'Académie française; contenant l'histoire de tous les peuples de l'antiquité, l'histoire romaine et l'histoire du Bas-Empire. 9ᵉ édition, ornée de 50 gravures sur acier, d'après les grands maîtres de l'école française. 5 vol. gr. in-8. . . . . 37 fr. 50
peut acheter séparément chaque volume, qui forme un tout complet.

LAMARTINE

Histoire de la Révolution de 1848. Nouvelle édition, complètement revue par l'auteur. 2 vol. in-8, papier cavalier vélin, 12 fr.; net. . . . 10 fr.
Raphaël. Pages de la vingtième année. Deuxième édition. 1 v. in-8 cavalier vélin . . . . 5 fr.
Histoire de Russie. Paris, Perrotin, 1856. 2 vol. in-8, 10 fr.; net. . 6 fr.

ŒUVRES COMPLÈTES DE BUFFON
(OUVRAGE TERMINÉ)

Avec la nomenclature linnéenne et la classification de Cuvier ; édition nouvelle, revue sur l'édition in-4 de l'Imprimerie impériale ; annotée par M. Flourens, membre de l'Académie française, secrétaire perpétuel de l'Académie des sciences, professeur au Muséum d'histoire naturelle. Les *Œuvres complètes de Buffon* forment 12 vol. gr. in-8 jésus, illustrés de 165 planches, 800 sujets coloriés, gravés sur acier, d'après les dessins originaux de M. Victor Adam ; imprimés en caractères neufs, sur papier pâte vélin, par la typographie J. Claye. . . . . 120 fr.

M. le ministre de l'instruction publique a souscrit pour les bibliothèques à cette magnifique publication (aujourd'hui complètement achevée), reconnue par les hommes les plus compétents comme une édition modèle des œuvres du grand naturaliste. Le nom et le travail de M. Flourens la recommandent d'une façon toute particulière et lui donnent un cachet spécial.

ŒUVRES DE P. ET TH. CORNEILLE

Précédées de la Vie de P. Corneille, par Fontenelle, et des Discours sur la poésie dramatique. Nouvelle édition, ornée de gravures sur acier. 1 beau vol. gr. in-8, même format que le Racine et le Molière. . . . . 12 fr. 50

ŒUVRES DE J. RACINE

Avec un essai sur la vie et les ouvrages de J. Racine, par Louis Racine; ornées de 15 vignettes, d'après Gérard, Girodet, Desenne, etc. 1 beau vol. gr. in-8 jésus. . . . . 12 fr. 50

ŒUVRES COMPLÈTES DE BOILEAU

Avec une notice par M. Sainte-Beuve, et les notes de tous les commentateurs; illustrées de gravures sur acier. Nouv. édit. 1 vol. gr. in-8. . . 12 fr. 50

MOLIÈRE

1 beau vol. gr. in-8, pareil au *Corneille*, au *Racine* et au *Boileau*, orné de charmantes gravures sur acier, par F. Delannoy, d'après les dessins de Staal, et accompagné de notes explicatives, philologiques et littéraires. . . . . 12 fr. 50

MOLIÈRE

Œuvres complètes, précédées d'une notice sur la vie et les ouvrages de Molière, par M. Sainte-Beuve, illustrées de 800 dessins, par Tony Johannot. Nouvelle édit. 1 magnifique vol. gr. in-8 jésus, impr. par Plon frères. 20 fr.

ŒUVRES COMPLÈTES DE CASIMIR DELAVIGNE

Comprenant le *Théâtre*, les *Messéniennes* et les *Chants sur l'Italie*. Nouvelle édition. 1 beau vol. gr. in-8 jésus, illustré de 12 belles vignettes de A. Johannot. . . . . 12 fr. 50
—— LE MÊME OUVRAGE. 6 vol. in-8 cavalier. . . . . 42 fr.

ENCYCLOPÉDIE THÉORIQUE ET PRATIQUE DES CONNAISSANCES UTILES

Composée de traités sur les connaissances les plus indispensables, ouvrage entièrement neuf, avec environ 1,500 gravures intercalées dans le texte, par MM. Alcan, L. Baude, Bellanger, Berthelet, Delafond, Deveux, Dubreuil, Foucault, H. Fournier, Génin, Giguet, Girardin, Léon Lalanne, Elizée Lefèvre, Henri Martin, Martins, Mathieu, Moll, Moreau de Jonnès, Ludovic Lalanne, Péclet, Persoz, Louis Reybaud, L. de Wailly, Wolowski, etc. 2 vol grand in-8. . . . . 25 fr.

DICTIONNAIRE HISTORIQUE DE LA MÉDECINE ANCIENNE ET MODERNE

Ou précis de l'histoire générale, technologique et littéraire de la médecine; suivi de la bibliographie médicale du dix-neuvième siècle, et d'un répertoire bibliographique par ordre de matières, par Dezeimeris, docteur en médecine, bibliothécaire à la Faculté de médecine de Paris. 4 tomes en 7 vol. in-8 de 400 pag. chacun, 42 fr.; net. . . . . 10 fr.

DICTIONNAIRE UNIVERSEL DE MATIÈRES MÉDICALES ET DE THÉRAPEUTIQUE GÉNÉRALE

Contenant l'indication, la description et l'emploi de tous les médicaments connus dans les diverses parties du globe, ouvrage complet, par Mérat F. et Delens. Paris 1829-1846. 7 forts vol. in-8 de 7 à 800 pag. chacun. 56 fr.; net. . . . . 20 fr.

HISTOIRE DES HOTELLERIES

Cabarets, Courtilles, Hôtels garnis, Restaurants et Cafés, et des anciennes Communautés et Confréries d'hôteliers, de taverniers, de marchands de vins, de restaurateurs, de limonadiers. etc., par Michel Francisque et Fournier Édouard. Paris, Librairie archéologique de Séré, 1854. 2 vol. gr. in-8 jésus vélin, illustrés de 31 grandes vignettes sur bois tirées à part. 50 fr. net. . . . . 12 fr.

RUBENS ET L'ÉCOLE D'ANVERS

Par Michiels. 1 beau vol. in-8, suivi du Catalogue des tableaux de Rubens. 6 fr.; net. . . . . 4 fr.

BIOGRAPHIE UNIVERSELLE

Biographie portative universelle, contenant 29,000 noms, suivie d'une table chronologique et alphabétique, où se trouvent répartis en cinquante-quatre classes différentes les noms mentionnés dans l'ouvrage, par L. Lalanne, L. Renier, Th. Bernard, Ch. Laumier, E. Janin, A. Delloye, etc. 1 vol. de 2,000 col., format du *Million de faits*, contenant la matière de 17 vol. 12 fr.; net. . . . . 7 fr. 50

LETTRES CHOISIES DE MADAME DE SÉVIGNÉ

Avec une magnifique galerie de portraits sur acier, représentant les personnages principaux qui figurent dans la correspondance. 1 très-beau vol. gr. in-8. . . . . 20 fr.

HISTOIRE DE FRANCE

Depuis la fondation de la monarchie, par Mennechet, illustrée de 20 gravures sur acier, d'après les grands maîtres de l'école française, gravées par F. Delannoy, Massard, Outhwaite, etc, 1 vol. gr. in-8 jésus. . . . 20 fr.

LES FEMMES D'APRÈS LES AUTEURS FRANÇAIS

Par E. Müller. Ouvrage illustré de portraits des femmes les plus illustres, gravés au burin, d'après les dessins de Staal, par Massard, Delannoy, Regnault et Geoffroy. 1 vol. gr. in-8 jésus. . . . . 20 fr.
Ce livre, imprimé avec luxe et orné de très-belles gravures sur acier, contient la fleur de tout ce que les prosateurs et les poëtes français ont écrit de plus original et de plus piquant sur un sujet qui excite éternellement la curiosité.

L'ESPACE CÉLESTE ET LA NATURE TROPICALE

Description physique de la terre et des divers corps que renferme l'espace céleste, d'après des observations personnelles faites dans les deux Hémisphères, par M. Emm. Liais, illustré de nombreuses gravures d'après les dessins de Yan' Dargent. 1 magnifique volume gr. in-8 jésus. . . 20 fr.

GALERIE DE FEMMES CÉLÈBRES

Tirée des *Causeries du lundi*, par M. SAINTE-BEUVE, de l'Académie française. 1 beau vol. gr. in-8 jésus, orné de 12 magnifiques portraits dessinés par STAAL, et gravés sur acier par MASSARD, THIBAULT, GOUTTIÈRE, GEOFFROY, GERVAIS, OUTHWAITE, etc. 20 fr

De magnifiques gravures, une très-belle impression se joignent à un texte charmant pour faire de cet ouvrage, à tous les points de vue, une œuvre d'art très remarquable.

NOUVELLE GALERIE DE FEMMES CÉLÈBRES

Tirée des *Causeries du lundi*, des *Portraits littéraires*, des *Portraits de femmes*, par M. SAINTE-BEUVE, de l'Académie française, 1 vol. gr. in-8 jésus, semblable au volume que nous avons publié il y a quatre ans, et illustré de portraits inédits.. . . . . 20 fr

Ces volumes se complètent l'un par l'autre et se vendent séparément. Ils contiennent la fleur des *Causeries du Lundi*, des *Portraits littéraires* et des *Portraits de femmes*. Nous ne pouvions offrir à la gravure un cadre meilleur.

CORINNE

Par madame la baronne de STAËL. Nouvelle édition, richement illustrée de 250 bois dans le texte, et de 8 grandes gravures sur bois, par Karl GIRARDET, BARRIAS, STAAL, tirées à part. 1 magnifique vol. gr. in-8 jésus vélin, glacé. . . . . 10 fr.

LES MILLE ET UNE NUITS

Contes arabes, traduits par GALLAND, illustrés par MM. FRANCIS, BARON, WATTIER, etc., etc., revus et corrigés sur l'édition princeps de 1794, augmentés d'une dissertation sur les Mille et une Nuits, par le baron SILV. DE SACY. 1 vol. gr. in-8 de 1,100 pag.. . . . . 15 fr.

LES MILLE ET UN JOURS

Contes persans, turcs et chinois, traduits par PÉTIS DE LA CROIX, CARDANNE, CAYLUS, etc. 1 magnifique vol. gr. in-8 jésus vélin. Edition illustrée de 400 dessins par nos premiers artistes. 15 fr.; net. . . . . 10 fr.

ŒUVRES CHOISIES DE GAVARNI

Revues, corrigées et classées par l'auteur; notices par MM. DE BALZAC, TH. GAUTIER, LÉON GOZLAN, JULES JANIN, ALPH. KARR, etc. 2 vol. gr. in-8, renfermant chacun 80 grandes vignettes. Prix de chaque vol. . . . 10 fr.

Le Carnaval à Paris. — Paris le matin. — Les Étudiants. 1 vol.
La Vie de jeune homme. — Les Débardeurs.. . . . . . . 1 vol.

COLLECTION DE 16 BEAUX VOLUMES ILLUSTRÉS

Grand in-8 raisin, à 10 fr.

Cette charmante collection se distingue par un grand nombre de gravures sur bois dans le texte et hors texte, exécutées par les premiers artistes. *Jamais livres édités à ce prix n'ont offert autant de belles illustrations.*

Prix de la reliure des seize volumes ci-dessous:
Demi-reliure, maroquin, plats toile, doré sur tranche, le vol. 4 fr.

L'Homme depuis 5,000 ans, par S. HENRY BERTHOUD, illustré d'un grand nombre de vignettes sur bois, gravées par les premiers artistes, d'après les dessins de YAN' DARGENT. 1 vol.

Le Monde des Insectes, par S. HENRY BERTHOUD, illustré d'un grand nombre de vignettes sur bois, gravées par les premiers artistes, d'après les dessins de YAN' DARGENT. 1 vol.

Contes du docteur Sam, par S. HENRY BERTHOUD, Illustrés de gravures sur bois dans le texte et de grandes vignettes hors texte, par STAAL. 1 vol.

Le Magasin des Enfants, ou Dialogues d'une sage Gouvernante avec ses élèves, par Mme LEPRINCE DE BEAUMONT, augmenté d'un Conte du même auteur. Édition revue et corrigée, d'après les plus anciennes et meilleures éditions, précédée d'une notice par Mme S. L. BELLOC, illustré d'un grand nombre de gravures d'après les dessins de STAAL. 1 beau vol.

Contes des Fées, par PERRAULT, Mme D'AULNOY, Mme LEPRINCE DE BEAUMONT et HAMILTON, illustrés par STAAL et BERTALL, contenant tous les contes devenus classiques et reconnus les modèles du genre ; 1 très-beau vol.

L'Ami des Enfants, de BERQUIN, nouvelle édition, illustrée de dessins par STAAL et GÉRARD SÉGUIN. 1 vol.

Œuvres de Berquin. Sandford et Merton. — Le petit Grandisson. — Le Retour de Croisière. — Les Sœurs de Lait. — Les Joueurs. — Le Page. — L'Honnête Fermier. Nouvelle édition illustrée de nombreuses vignettes dessinées par STAAL. 1 vol.

Robinson Suisse, par M. WYSS, avec la suite donnée par l'auteur, traduit de l'allemand par Mme Élise VOIART ; précédé d'une Notice de Ch. NODIER. 1 vol. illustré de 200 vign.

Contes de Schmid, traduction de l'abbé MACKER, la seule approuvée par l'auteur. 2 beaux vol. avec de nombreuses vignettes, d'après les dessins de G. STAAL.

Les Animaux Historiques, par ORTAIRE FOURNIER, suivis des LETTRES SUR L'INTELLIGENCE ET LA PERFECTIBILITÉ DES ANIMAUX, par C. G. LEROY, et de particularités curieuses extraites de Buffon. 1 vol. illustré par VICTOR ADAM.

Les Veillées du Château, ou Cours de morale à l'usage des enfants, par Mme la comtesse DE GENLIS. Nouvelle édition, illustrée de dessins par STAAL. 1 volume.

Aventures de Robinson Crusoé, par D. DE FOE, ill. par GRANDVILLE. 1 beau volume.

Voyages illustrés de Gulliver. 400 dessins par GRANDVILLE. 1 beau vol., papier glacé.

Le Don Quichotte de la Jeunesse, par FLORIAN, illustré d'un grand nombre de vignettes, etc., d'après les dessins de STAAL. 1 vol.

Fables de Florian, 1 vol. illustré par GRANDVILLE de 80 grandes gravures, 25 vignettes dans le texte.

L'illustration de Florian appartenait de droit au crayon qui venait de peindre avec tant de bonheur les bêtes de la Fontaine.

Découverte de l'Amérique, par J. H. CAMPE, précédée d'un Essai sur la vie et les ouvrages de l'auteur, par CH. SAINT-MAURICE. 1 vol. ill. de 120 bois dans le texte et à part.

Œuvres complètes du comte Xavier de Maistre. Nouvelle édition. Expédition nocturne : le Lépreux de la Cité d'Aoste ; Voyage autour de ma chambre ; les Prisonniers du Caucase ; la Jeune Sibérienne, avec une préface par M. SAINTE-BEUVE, illustrées avec le plus grand soin par STAAL. 1 vol.

FABLES DE LA FONTAINE.

Illustrations de GRANDVILLE. 1 splendide vol. grand in-8 jésus, sur papier glacé, satiné, avec encadrement des pages et un sujet pour chaque fable. Édition unique par les soins qui y ont été apportés. . . . . . 18 fr

GRANDVILLE.

ALBUM de 120 sujets tirés des Fables de la Fontaine. 1 vol. gr. in-8 . 6 fr

ALBUM DES RÉBUS.

1 vol. petit in-4 illustré, relié en toile, tranche dorée. . . . . . 5 fr. 50

ŒUVRES DE TOPFFER

Albums formant chacun un grand volume jésus oblong à. . . . . 7 fr. 50

Monsieur Jabot. . . . . 1 vol.	**Monsieur Pencil**. . . . . 1 vol.
Monsieur Vieux-Bois. . . . 1 vol.	**Docteur Festus**. . . . . 1 vol.
Monsieur Crépin. . . . . . . 1 vol.	**Albert** . . . . 1 vol.

Histoire de Cryptogame. . . 1 vol.

On sait la vogue si méritée des albums de Topffer. Ces œuvres spirituelles et charmantes ont le privilége d'être admises dans tous les salons, d'y figurer sans choquer personne, d'amuser tous les âges, et de pouvoir être offertes aux dames, aux demoiselles, aux adolescents et même aux enfants.

PAUL ET VIRGINIE (ÉDITION V. LECOU),

suivi de *la Chaumière indienne*, par BERNARDIN DE SAINT-PIERRE, nouvelle édition richement illustrée de 120 bois dans le texte, et de 14 gravures sur chine tirées à part. 1 vol. grand in-8 jésus. . . . . 7 fr. 50

PREMIERS VOYAGES EN ZIGZAG,
OU EXCURSIONS D'UN PENSIONNAT EN VACANCES DANS LES CANTONS SUISSES ET SUR LE REVERS ITALIEN DES ALPES,

Par R. TÖPFFER. Magnifiquement illustrés, d'après les dessins de l'auteur, de 53 grands dessins par CALAME et d'un grand nombre de bois dans le texte; nouvelle édition. 1 vol. grand in-8 jésus, papier glacé satiné. 12 fr.

NOUVEAUX VOYAGES EN ZIGZAG
A LA GRANDE-CHARTREUSE, AU MONT BLANC, DANS LES VALLÉES D'HERENZ, DE ZERMATT, AU GRIMSEL ET DANS LES ÉTATS SARDES,

Par R. TÖPFFER. Splendidement illustrés de 48 gravures sur bois tirées à part et de 520 sujets dans le texte, dessinés d'après les dessins originaux de Töpffer, par MM. CALAME, KARL GIRARDET, FRANÇAIS, DAUBIGNY, et gravés par nos meilleurs artistes. 1 volume grand in-8 jésus, papier glacé, satiné. . . . . 12 fr.
Ce second volume est le complément du premier.

LES NOUVELLES GENEVOISES,

Par TÖPFFER, illustrées, d'après les dessins de l'auteur, d'un grand nombre de bois dans le texte et de 40 hors texte, gravés par BEST, LELOIR, HOTELIN et RÉGNIER. 1 charmant vol. grand in-8 jésus. . . . . 12 fr.

HISTOIRE DE PARIS,

Par TH. LAVALLÉE. 207 vues par CHAMPIN. 1 vol. gr. in-8 jésus. . . . 12 fr.

HISTOIRE DE L'EMPIRE OTTOMAN
DEPUIS LES TEMPS LES PLUS ANCIENS JUSQU'A NOS JOURS,

Par M. THÉOPHILE LAVALLÉE. 1 magnifique volume grand in-8, accompagné de 18 belles gravures anglaises sur acier, représentant des scènes historiques des vues, des portraits, etc. . . . . 15 fr.

LA NORMANDIE HISTORIQUE

Pittoresque et monumentale, par M. JULES JANIN, illustrée par MM. H. BELLANGÉ, GIGOUX, MOREL-FATIO, TELLIER, DAUBIGNY et J. NOEL. Troisième édition, revue et corrigée par l'auteur. 1 volume grand in-8, 15 francs; net. . . . . 12 fr.

LA BRETAGNE HISTORIQUE

Pittoresque et monumentale, par JULES JANIN, illustré par H. BELLANGÉ, GIROUX, RAFFET, GUDIN, ISABEY, MOREL-FATIO, JULES NOEL et DAUBIGNY. Deuxième édition, revue et corrigée par l'auteur. 1 vol. grand in-8 jésus vélin, 15 fr., net. . . . . 12 fr.

La *Normandie* et la *Bretagne* forment chacune un splendide volume grand in-8 jésus vélin et contiennent : de 140 à 180 gravures sur bois, imprimées dans le texte; 20 belles vignettes; un beau portrait en pied de CORNEILLE, pour la *Normandie* et de CHATEAUBRIAND, pour la *Bretagne*, gravés sur acier; 12 types *normands* et *bretons*, imprimés en couleurs, de 4 planches d'armoiries tirées en couleurs, or et argent, par le même ; 2 cartes de la *Normandie* et de la *Bretagne*, gravées sur acier, coloriées.

DON QUICHOTTE DE LA MANCHE

Traduction nouvelle, précédée d'une notice sur la vie et les ouvrages de l'auteur, par Louis Viardot, orné de 800 dessins par Tony Johannot. 1 vol. gr. in-8 jésus, 20 fr.; net. . . . . 15 fr.

PHYSIOLOGIE DU GOUT

Par Brillat-Savarin; illustrée par Bertall. 1 beau vol. in-8, illustré d'un grand nombre de gravures sur bois intercalées dans le texte, et de 8 sujets gravés sur acier, par Ch. Geoffroy. . . . . 8 fr.

HISTOIRE PITTORESQUE DES RELIGIONS

Doctrines. Cérémonies et Coutumes religieuses de tous les peuples du monde, par F. T. B. Clavel; ill. de 29 gravures sur acier. 2. vol. gr. in-8 20 fr.; net. . . . . 12 fr. 50

VOYAGE ILLUSTRÉ DANS LES CINQ PARTIES DU MONDE

Par Adolphe Joanne. 1 vol. in-folio (format de l'*Illustration*), illustré d'environ 700 gravures . . . . 15 fr.

TABLEAU DE PARIS

Par Edmond Texier; ouvrage illustré de 1,500 gravures, d'après les dessins de Blanchard, Chám, Champin, Forest, Français, Gavarni, etc. 2 vol. in-folio, du format de l'*Illustration*, 50 fr.; net. . . . . 20 fr.

CHANTS ET CHANSONS POPULAIRES DE LA FRANCE

Nouvelle édition *avec musique*, illustrée de 359 belles gravures sur acier, d'après MM. E. de Beaumont, Daubigny, Dubouloz, E. Giraud, Meissonnier, Pascal, Staal, Steinheil, Trimolhet, gravées par les meilleurs artistes, et augmentée de la *Marseillaise*, notice par A. de Lamartine. 3 vol. gr. in-8; 54 fr.; net. . . . . 36 fr.

CHANTS ET CHANSONS POPULAIRES DES PROVINCES DE FRANCE (4º volume)

Notices par Champfleury. Accompagnement de piano par J. B. Wekerlin. Illustrations par Bida, Courbet, Jacques, etc., etc. Paris, 1860. 1 vol. gr. in-8. . . . . 12 fr.

—— LE MÊME OUVRAGE, sans notes et sans musique, avec addition de plus de 800 chansons. Nouvelle édit. ornée des mêmes gravures. 2 beaux vol. gr. in-8, prix de chaque volume. . . . . 11 fr.

LES CONTES DROLATIQUES

Colligez es abbayes de Touraine et mis en lumières par le sieur de Balzac, pour l'esbattement des pantagruélistes et non aultres. Edition illustrée de 425 dessins par Gustave Doré. 1 magnifique vol. in-8, papier vélin, glacé, satiné, 12 fr.; net. . . . . 10 fr.
  Reliure toile, *non* rogné. . . . . 1 fr. 50

ENCYCLOPEDIANA

Recueil d'anecdotes anciennes, modernes et contemporaines, etc., édition illustrée de 120 vignettes. 1 vol. in-8 de 840 pages. . . . . . . 4 fr. 50

UN MILLION DE FAITS

Aide-mémoire universel des sciences, des arts et des lettres, par MM. J. Aicard, Desportes, Léon Lalanne, Ludovic Lalanne, Gervais, A. le Pileur, Ch. Martins, Ch. Vergé et Jung. 1 fort vol. portatif, petit in-8 de 1,720 col., orné de gravures sur bois. 12 fr.; net. . . . . 9 fr.

COLLECTION D'OUVRAGES ILLUSTRÉS POUR LES ENFANTS

Jolis volumes grand in-18 anglais à 3 fr.

Reliés en toile, dorés sur tranche, 4 fr. 50 c.

CHAQUE VOLUME FORME UN TOUT COMPLET SANS TOMAISON, ET SE VEND SÉPARÉMENT

Le Livre du premier âge illustré. 1 fort vol. in-18 orné de 250 gravures environ.

Abrégé de l'Ami des enfants et des adolescents. par BERQUIN, illustré de bois dans le texte. 1 vol.

Sandford et Merton, par BERQUIN. Nouvelle édition illustrée d'un grand nombre de vignettes sur bois intercalées dans le texte, dessinées par STAAL. 1 vol.

Le Petit Grandisson, etc., etc., par BERQUIN. Nouvelle édition, illustrée d'un grand nombre de vignettes sur bois intercalées dans le texte, dessinées par STAAL. 1 vol.

Théâtre choisi de Berquin. Illustré de vignettes sur bois intercalées dans le texte. 1 vol.

Contes des Fées, de PERRAULT, Mme D'AULNOY, etc., illustrés de gravures dans le texte 1 vol.

Contes de Schmid, illustrés de gravures dans le texte. 4 vol.

Paul et Virginie, suivi de **la Chaumière indienne,** par BERNARDIN DE SAINT-PIERRE, illustrés de vignettes par BERTALL et DEMARLE. 1 vol.

Aventures de Télémaque, par FÉNELON, avec des notes géographiques et littéraires et lesAventures d'Aristonoüs. 8 gravures. 1 vol.

Fables de la Fontaine, avec des notes philologiques et littéraires, par M. FÉLIX LEMAISTRE, et illustrées de 8 gravures. 1 vol.

Mes Prisons, suivi des Devoirs des hommes, par SILVIO PELLICO ; traduction nouvelle par le comte H. DE MESSET, revue par le vicomte ALBAN DE VILLENEUVE. 6 grav. 1 vol.

Le Langage des Fleurs. Édition de luxe, ornée de gravures entièrement nouvelles, coloriées avec le plus grand soin, avec un texte remarquable d'AIMÉ MARTIN, sous le nom de CHARLOTTE DE LA TOUR. 1 vol.

Contes et scènes de la vie de famille, dédiés aux enfants, par Mme DESBORDES-VALMORE, illustrés de nombreuses vignettes. 2 vol.

Le Magasin des Enfants, par Mme LEPRINCE DE BEAUMONT. 2 vol. illustrés d'un grand nombre de vignettes.

Choix de Nouvelles, tirées de Mme DE GENLIS et de BERQUIN, suivies de nouvelles instructives et amusantes par Mme ADAM-BOISGONTIER. 1 vol. orné de vignettes.

Lettres choisies de madame de Sévigné, accompagnées de notes explicatives sur les faits et les personnages du temps et précédées d'observations littéraires par M. SAINTE-BEUVE. 1 vol.

Œuvres complètes du comte Xavier de Maistre. Nouvelle édition. L'Expédition nocturne, le Lépreux de la Cité d'Aoste, Voyage autour de ma chambre, les Prisonniers du Caucase, la Jeune Sibérienne, avec une Préface par M. SAINTE-BEUVE. 1 vol.

Alphabet français, nouvelle méthode de lecture en 80 tableaux, illustré de 25 gravures, par Mme DE LANSAC. 1 vol.

60,000 VOLUMES COMPLETS DE L'ILLUSTRATION

DIVISÉS EN 4 CATÉGORIES DE PRIX

1° Volumes isolés : 5, 8, 9, 10, 15, 17, 18, 19, 20, 22, 25, 26, 27, 28, 29, 30, 31, 32, 33, 34, à . . . . 10 fr.
2° Série de 21 volumes, 25 à 45 inclusivement, contenant les *guerres de Crimée, des Indes, de la Chine, d'Italie, du Mexique,* etc. Au lieu de 18 fr. le vol.; net. . . . . 16 fr.
3° Les collections complètes dont il ne nous reste plus qu'un petit nombre d'exemplaires, restent fixées au même prix que précédemment, 46 volumes; chacun. . . . . 18 fr.
4° A partir du tome 41 et les suivants, nous sommes *exclusivement chargés, en vertu d'un traité,* de la vente des volumes composant cette nouvelle série. Prix de chaque tome . . . . 18 fr.

COURS ÉLÉMENTAIRE D'HISTOIRE NATURELLE

A l'usage des Lycées et des Maisons d'éducation, rédigé conformément au programme de l'Université. Le cours comprend :

Zoologie, par M. Milne-Edwards, membre de l'Institut, professeur au Jardin des Plantes.
Botanique, par M. A. de Jussieu, de l'Institut, professeur au Jardin des Plantes.
Minéralogie et Géologie, par M. F. S. Beudant, de l'Institut, inspecteur général des études. 3 forts vol. in-12 ornés de plus de 2,000 figures intercalées dans le texte.
Chaque vol. se vend séparément.. . . . . 6 fr.

TRAITÉ DE CHIMIE APPLIQUÉE AUX ARTS

Par M. Dumas, sénateur, ancien ministre, membre de l'Académie des sciences et de l'Académie de médecine, etc. 8 vol. in-8 et 2 atlas in-4. édition de Liége, introduite en France avec l'autorisation de l'auteur.. . . . . 150 fr.

Cet ouvrage, dont l'édition française est aujourd'hui totalement épuisée et que recommande si puissamment le nom de M. Dumas, fait autorité dans la science. Il est indispensable aux industriels comme aux savants. C'est un livre essentiellement pratique, où les fabricants puiseront les plus utiles notions sur toutes les applications de la chimie. Le traité de M. Dumas a jeté une vive lumière sur cet intéressant sujet, et son succès est aujourd'hui européen.

COURS ÉLÉMENTAIRE DE MÉCANIQUE THÉORIQUE ET APPLIQUÉE

A l'usage des Facultés, des établissements d'enseignement secondaire, des écoles normales et des écoles industrielles, par M. Delaunay, de l'Institut, ingénieur des Mines, professeur à la Faculté des sciences de Paris, etc. 1 vol. in-18 jésus, illustré de 540 fig. dans le texte. 5ᵉ édit. . . . . 8 fr.

TRAITÉ DE MÉCANIQUE RATIONNELLE

Contenant les éléments de mécanique exigés pour l'admission à l'Ecole polytechnique et toute la partie théorique du cours de mécanique et machines de cette école, par M. Ch. Delaunay, de l'Institut, professeur à l'Ecole polytechnique et à la Faculté des sciences de Paris. 4ᵉ édit. 1 vol. in-8. 8 fr.

COURS ÉLÉMENTAIRE D'ASTRONOMIE

Concordant avec les articles du programme officiel pour l'enseignement de la cosmographie dans les lycées, par le même. 1 vol. in-18 jésus, illustré de planches en taille-douce et de vignettes dans le texte. 3ᵉ édit. . . 7 fr. 50

COURS ÉLÉMENTAIRE THÉORIQUE ET PRATIQUE D'ARBORICULTURE

Comprenant l'étude des pépinières d'arbres et d'arbrisseaux forestiers, fruitiers et d'ornements, celle des plantations d'alignement forestières et d'ornement, la culture spéciale des arbres à fruits à cidre, et de ceux à fruits de table, précédé de quelques notions d'anatomie et de physiologie végétales ; par M. A. Du Breuil, professeur d'agriculture et de sylviculture, chargé du cours d'arboriculture au Conservatoire impérial des Arts et métiers, membre de la Société d'horticulture de France, correspondant de la Société d'agriculture de France, etc. Cinquième édition, considérablement augmentée. 1 très-fort vol. in-18 jésus, illustré de 814 figures dans le texte et de 5 planches gravées sur acier. Publié en deux parties. 12 fr.

Ouvrage approuvé par l'Université, couronné par les Sociétés d'horticulture de Paris, de Rouen et de Versailles.

INSTRUCTION ÉLÉMENTAIRE POUR LA CONDUITE DES ARBRES FRUITIERS

reffe. — Taille. — Restauration des arbres mal taillés ou épuisés par la vieillesse. — Culture, récolte et conservation des fruits, par Dubreuil. Ouvrage destiné aux jardiniers, aux élèves des fermes-écoles et des écoles normales. 1 vol. in-18 jésus illustré de fig. dans le texte. 6e édit. 2 fr. 50

MANUEL D'ARBORICULTURE DES INGÉNIEURS

Plantations des alignements forestiers et d'ornement.— Boisement des dunes, etc., etc., par Dubreuil, illustré d'un grand nombre de gravures sur bois. 1 vol. gr. in-18.. . . . . 5 fr. 50

CULTURE PERFECTIONNÉE ET MOINS COUTEUSE DU VIGNOBLE

Par A. Dubreuil. 1 vol. gr. in-18 jésus. . . . . 5 fr. 50

COURS ÉLÉMENTAIRE D'AGRICULTURE

Destiné aux élèves des écoles d'agriculture et des écoles normales primaires, aux propriétaires et aux cultivateurs, par MM. Girardin, correspondant de l'Institut, professeur, et Du Breuil, 2 forts vol. in-18 jésus, illustrés de 842 fig. dans le texte. 5e édition. . . . . 16 fr.

ÉLÉMENTS DE BOTANIQUE

Première partie : Organographie, par M. Payer, de l'Institut, professeur de botanique à la Faculté des sciences et à l'Ecole normale supérieure. 1 vol. gr. in-18, avec 668 fig. intercalées dans le texte.. . . . . 5 fr.

NOUVELLE FLORE FRANÇAISE

Descriptions succinctes et rangées par tableaux dichotomiques des plantes qui croissent spontanément en France et de celles qu'on y cultive en grand avec l'indication de leurs propriétés et de leurs usage en médecine, en hygiène vétérinaire, dans les art et dans l'économie domestique, par M. Gillet, vétérinaire principal de l'armée, et par M. J. H. H. Magne, professeur de botanique à l'Ecole d'Alfort. 1 beau vol. gr. in-18 jésus orné de 97 planches comprenant plus de 1,200 fig. Prix. . . . . 8 fr.

MANUEL DE GÉOLOGIE ÉLÉMENTAIRE

Ou changements anciens de la terre et de ses habitants, tels qu'ils sont démontrés par les monuments géologiques, par sir Ch. Lyell, membre de la Société royale de Londres, traduit de l'anglais par M. Hugard, 2 forts vol. in-8, illustrés de 720 fig. . . . . 20 fr.
—— Supplément au Manuel de géologie.. . . . . 1 fr. 25

GÉOLOGIE APPLIQUÉE

Ou traité du gisement et de l'exploitation des minéraux utiles, par M. A. Burat, ingénieur, professeur de géologie et d'exploitation des mines à l'Ecole centrale des arts et manufactures. 4e édition divisée en deux parties :— Géologie ;— Exploitation. 2 forts vol. in-8 illustrés. . . . . 20 fr.

COURS ÉLÉMENTAIRE DE CHIMIE

Par M. V. Regnault, de l'Institut, directeur de la Manufacture impériale de Sèvres, professeur au Collège de France et à l'Ecole polytechnique. 4 vol. in-18 jésus, ornés de 700 figures dans le texte. 5e édition. . . . . 20 fr.

PREMIERS ÉLÉMENTS DE CHIMIE

A l'usage des Facultés, des établissements d'enseignement secondaire, des écoles normales et des écoles industrielles, par M. V. Regnault. In-18 jésus, illustré d'un grand nombre de figures dans le texte . . . . 5 fr.

COURS COMPLET DE MÉTÉOROLOGIE

De L. F. KAEMTZ, professeur de physique à l'Université de Hall, traduit et annoté par CH. MARTENS, professeur agrégé d'histoire naturelle à la Faculté de médecine de Paris, avec un appendice contenant la représentation graphique des tableaux numériques, par L. LALANNE, ingénieur. 1 fort vol. de plus de 500 pages, gr. in-18 jésus, orné de figures.. . . . . . . 8 fr.

GUIDE DU SONDEUR

Ou traité théorique et pratique des sondages, par MM. DEGOUSÉE et CH. LAURENT, ingénieurs civils, fabricants d'équipages de sonde, entrepreneurs de sondages. 2e édition, composée de 2 forts vol. in-8, avec un grand nombre de gravures sur bois intercalées dans le texte, et accompagnés d'un Atlas de 62 pl. gravées sur acier, représentant un très-grand nombre de figures, d'outils, coupes de terrains, etc. Prix des 2 vol. brochés et de l'atlas cartonné. . . . . 30 fr.

TRAITÉ ÉLÉMENTAIRE DES CHEMINS DE FER

Par AUG. PERDONNET, ancien élève de l'Ecole polytechnique, directeur de l'Ecole impériale centrale des arts et manufactures. 3e édit., revue, corrigée et considérablement augmentée, 4 très-forts vol. in-8 avec 1,100 fig. sur bois et sur acier, cartes, tableaux, etc. . . . . 70 fr.

Un ouvrage complet et spécial avait jusqu'à ce jour manqué aux ingénieurs et aux personnes qui s'occupent de chemins de fer. Beaucoup, et des plus compétents, ont écrit sur cette matière ; mais chacun traitait d'une partie séparée de cette grande industrie ; tel s'était attaché spécialement aux travaux d'art, tel autre au matériel, etc., et personne n'avait tenté de résumer sous une forme compacte ce travail de chacun. M. Perdonnet, qui joint aux connaissances théoriques les plus étendues une très-grande pratique industrielle et administrative des chemins de fer, a pensé qu'un livre qui pourrait être lu par le public, et qui en même temps fournirait aux ingénieurs des renseignements qu'il leur serait à peu près impossible de se procurer ailleurs, serait une chose utile pour combler cette lacune.

Telle est l'importance de ce livre si impatiemment attendu du public, et auquel rien n'a manqué, ni les peines de l'auteur, ni les sacrifices des éditeurs, pour arriver à faire une œuvre consciencieuse.

MANUEL DU CAPITALISTE.

Ou Comptes faits des intérêts à tous les taux, pour toutes sommes, de 1 jusqu'à 366 jours, ouvrage utile aux négociants, banquiers, commerçants de tous les états, trésoriers, receveurs généraux, comptables, aux employés des administrations de finances et de commerce et à tous les particuliers, par BONNET, ancien caissier de l'Hôtel des Monnaies de Rouen, auteur du *Manuel monétaire*, Nouvelle édition, augmentée d'une Notice sur l'intérêt, l'escompte, etc., par M. Joseph GARNIER, professeur à l'École supérieure du Commerce et à l'École impériale des Ponts et Chaussées ; revue, pour les calculs, par M. X. RYMKIEWICZ, calculateur au Crédit foncier. 1 vol. in-8. . . . . 6 fr.

Ce livre, éminemment commode pour les opérations financières, qui ont pris une si grande extension, est devenu, par le soin extrême donné à sa révision, et par les excellentes additions et corrections qu'on y a faites, un ouvrage de première utilité pour tous les comptables, tous les négociants, tous les banquiers, toutes les administrations financières. Aussi est-il recherché et demandé avec le plus vif empressement.

MANUEL DES FONDS PUBLICS ET DES SOCIÉTÉS PAR ACTIONS,

Par A. COURTOIS fils, membre de la Société libre d'économie politique de Paris. 5e édition, entièrement refondue. 1 fort volume grand in-18 jésus, de 750 pages. . . . . 7 fr. 50

ANNUAIRE DE LA BOURSE ET DE LA BANQUE.

Guide universel des capitalistes et des actionnaires, par une Société de jurisconsultes et de financiers, sous la direction de M. A. F. DE BIRIEUX, avocat, rédacteur principal. 4 vol. in-12, 20 fr.; net . . . . 6 fr.

ÉTUDE SUR LA CIRCULATION ET LES BANQUES

Par M. ALFRED SUDRE. 1 vol. grand in-18. . . . . 3 fr. 50

ÉTUDES POUR TOUS DES VALEURS DE BOURSE

Par J. PRUDHAN. Janvier à juin 1865, 1 vol. in-18. . . . . 2 fr.

VIGNOLE. — TRAITÉ ÉLÉMENTAIRE PRATIQUE D'ARCHITECTURE,

Étude des cinq ordres, d'après JACQUES BAROZZIO DE VIGNOLE. Ouvrage divisé en 72 planches, comprenant les cinq ordres, avec l'indication des ombres nécessaires au lavis, le tracé des frontons, etc., et des exemples relatifs aux ordres; composé, dessiné et mis en ordre par J. A. LEVEIL, architecte, ancien pensionnaire du roi à Rome, et gravé sur acier par HIBON. 1 vol. in-4. . . . . 10 fr.

Le beau travail de M. Leveil est le plus complet, le mieux exécuté, en même temps que le plus exact qu'on ait publié jusqu'ici d'après BAROZZIO DE VIGNOLE. Les planches se distinguent par une élégance et un fini remarquables. Elles sont d'ailleurs plus nombreuses que dans les autres traités sur la matière. Le texte, au lieu d'être groupé en tête de l'ouvrage, se trouve au bas des pages auxquelles il s'applique; ce qui en rend l'usage infiniment plus commode et plus facile.

OUVRAGES DE M. JOSEPH GARNIER
Professeur d'économie politique à l'École impériale des ponts et chaussées, secrétaire perpétuel de la Société d'économie politique, etc.

ÉCONOMIE POLITIQUE, FINANCES, etc.

Traité d'Économie politique. Exposé didactique des principes et des applications de cette science et de l'organisation économique de la Société — Adopté dans plusieurs Écoles ou Universités. — Cinquième édition, considérablement augmentée. 1 très-fort vol. grand in-18. . . . . 7 fr.

Traité de finances. — L'impôt, son assiette, ses effets économiques et moraux — Catégories et espèces diverses d'impôts. — Les Emprunts et le Crédit public. — Les Dépenses publiques et les attributions de l'État. — Les Réformes financières. — L'Impôt et la Misère. — Notes historiques et documents. 2ᵉ édition, considérablement augmentée. 1 vol. grand in-18.
. . . . 5 fr. 50

Notes et petits Traités, faisant suite au Traité d'économie politique, et contenant

Éléments de Statistique et Opuscules divers, faisant suite aux Traités d'Économie politique et de Finances. édition, considérablement augmentée. 1 fort vol. grand-18 jésus. . 4 fr. 50

Ces cinq ouvrages constituent un COURS COMPLET d'études pour les questions qu'embrasse l'économie politique; ils sont devenus classiques et font autorité dans la science.

« Un style à la fois ingénieux, simple et correct, un esprit droit et pénétrant, un savoir sérieux et fort étendu, un juste respect pour l'autorité des maîtres, toutes ces qualités ont valu à ses publications un succès mérité... L'économie politique est aujourd'hui une science faite. M. Joseph Garnier aura beaucoup contribué à ce résultat, après J. B. Say, par l'ordre, la méthode et les perfectionnements qu'il a introduits dans l'exposé des théories et dans les démonstrations, par la justesse des analyses, par la précision des termes et par le soin rigoureux qu'il a mis à s'en servir, toujours dans le même sens. »
(Rapport de M. H. Passy, à l'Académie des sciences morales et politiques.)

ENSEIGNEMENT COMMERCIAL

Traité complet d'Arithmétique, théorique et appliquée au Commerce, à la Banque, aux Finances, à l'Industrie, contenant un recueil de Problèmes avec les Solutions, Cours professé à l'École supérieure du Commerce. — Nouvelle édition, avec *figures* et très-

considérablement augmentée. 1 très-fort vol. in-8 . . . . 7 fr. 50

Ouvrage essentiellement utile à tous ceux qui s'occupent d'affaires, et à tous les jeunes gens qui se destinent aux carrières financières, commerciales, industrielles, agricoles, maritimes.

Traité des Mesures métriques (Mesures.— Poids. — Monnaies.). Exposé succinct et complet du système français métrique et décimal; avec une notice historique, et *gravures* intercalées dans le texte. 1 vol. in-18. 75 c.

ŒUVRES DE ÉD. MENNECHET

Matinées Littéraires. Cours complet de littérature moderne. Troisième édition. 4 vol. grand in-18. . 14 fr.

Nous n'entreprendrons point ici l'éloge du dernier ouvrage de M. Ed. Mennechet. Quelle louange pourrions-nous en faire qui parlât plus haut que le succès éclatant des leçons dont ce livre offre le recueil? Ces leçons offrent un ensemble intéressant et varié qui instruit et amuse à la fois le lecteur. Ce livre mérite l'attention de tous ceux qui désirent connaître l'histoire de la littérature moderne.

Histoire de France, depuis la fondation de la monarchie. 2 volumes grand in-18 jésus . . . . 7 fr.

Ouvrage dédié aux pères de famille et couronné par l'Académie française.

Cours de lecture à haute voix. 1 vol. in-18 broché . . . . 5 fr.

BIBLIOTHÈQUE LATINE-FRANÇAISE
PUBLIÉE PAR M. C. L. F. PANCKOUCKE
CHAQUE AUTEUR SE VEND SÉPARÉMENT

Au lieu de 7 fr. . . . . 3 fr. 50 c. le vol.

Papier des Vosges, non mécanique, caractères neufs.

PREMIÈRE SÉRIE

Œuvres complètes de Cicéron, traduites en français. 36 vol. in-8.

Les *Œuvres complètes de Cicéron*, publiées au prix de 7 fr. le volume, ont été jusqu'ici d'une acquisition difficile. Nous avons pensé en assurer le débit et les rendre accessibles à tous les amateurs de la belle et grande latinité, au moyen d'un rabais considérable sur le prix de l'ouvrage. Les *Œuvres de Cicéron* doivent figurer au premier rang dans la bibliothèque de tout homme lettré; mais beaucoup d'acheteurs reculaient devant une acquisition très-coûteuse. En faciliter l'achat et le rendre désirable par l'attrait du bon marché est donc une combinaison qui ne peut manquer de réussir — Cette édition est celle de la Bibliothèque Panckoucke.

Œuvres complètes de Tacite, traduites en français. 7 vol. in-8.

Tacite, signalé par Racine comme le plus grand peintre de l'antiquité, est un des auteurs latins qu'on recherche le plus, et dont les œuvres sont d'un débit constant et assuré. Cette édition est fort estimée, soit pour la traduction, soit pour la correction du texte.

Œuvres complètes de Quintilien, traduites en français, 6 vol. in-8.

Les *Œuvres de Quintilien* font loi en matière de critique comme en matière d'éducation. Elles s'adressent donc à un grand nombre de lecteurs.

Justin, traduction nouvelle par MM. J. Pierrot, ex-proviseur du collége Louis-le-Grand, et Boitard, avec une notice par M. Laya. 2 vol.

Florus, traduction nouvelle par M. Ragon, professeur d'histoire, avec une Notice par M. Villemain, de l'Académie française. 1 vol.

Velleius Paterculus, traduction nouvelle par M. Després. 1 vol.

Valère Maxime, traduction nouvelle par M. Frémion, professeur au lycée Charlemagne. 3 vol.

Pline le Jeune, traduction nouvelle de Sacy, revue et corrigée par M. J. Pierrot. 3 vol.

Juvénal, traduction de M. Dusaulx, revue par M. J. Pierrot. 2 vol.

Ovide, *Métamorphoses*, par M. Gros, inspecteur de l'Académie. 3 vol.

Valerius Flaccus, traduit pour la première fois en prose par M. Causin de Perceval, membre de l'Institut. 1 vol.

ace, traduction nouvelle, 4 vol. :
Tome 1, Silves, par MM. Rinn, professeur au collége Rollin, et Achaintre.
Tomes 2, 3, 4. La Thébaïde, par MM. Achaintre et Boutteville.
L'Achilléide, par M. Boutteville.

Phèdre, traduction nouvelle par M. E. Panckoucke. — Avec un fac-simile du manuscrit découvert à Reims, par le P. Sirmond, en 1608. 1 vol.

SECONDE SÉRIE, 33 VOLUMES A 7 FR. 50

Les ouvrages suivants nous restent en nombre, 7 fr. 50 ; net, 3 fr. 50

Les auteurs désignés par un * sont traduits pour la première fois en français
Aulu-Gelle et Sulpice Sévère ne se vendent pas séparément.

oetæ Minores : Arborius*, Calpurnius, Eucheria*, Gratius Faliscus, Lupercus Servasius*, Nemesianus, Pentadius*, Sabinus*, Valerius Cato*, Vestritius Spurinna * et le Perrigilium Veneris; traduction de M. Cabaret-Dupaty, 1 vol.

ornandès, traduct. de M. Savagner, professeur d'histoire en l'Université. 1 vol.

ensorinus*. traduction de M. Mangeart, ancien professeur de philosophie ; — Julius Obsequens, Lucius Ampellius*, traduction de M. Verger, 1 vol.

usone, traduction de M. E. F. Corpet. 2 vol.

omponius Mela, Vibius Sequester*, Ethicus Ister*, P. Victor', traduction de M. Louis Baudet, professeur. 1 vol.

. Festus Avienus*. Cl. Rutilius Numatianus, etc., traduction de MM. Eug. Despois et Ed. Saviot, anciens élèves de l'École normale. 1 vol.

arron, Économie rurale, traduction, de M. Rousselot, professeur. 1 vol.

utrope, Messala Corvinus*. Sextus Rufus, traduction de M. N. A. Dubois professeur. 1 vol.

Palladius, Économie rurale, traduct. de M. Cabaret-Dupaty, professeur. 1 vol.

Histoire Auguste. 3 vol.

C. Lucilius, traduction de M. E. F. Corpet ; — **Lucilius Junior, Saleius Bassus, Cornelius Severus, Avianus*, Dionysius Caton**, traduction de M. Jules Cheno. 1 vol,

Sextus Pompeius Festus, traduction de M. Savagner. 2 vol.

S. J. Solin*, traduction de M. Alph Agnant, élève de l'École normale, agrégé des classes supérieures. 1 vol.

Vitruve, Architecture, avec de nombreuses figures pour l'intelligence du texte; traduction de M. Ch. de Mauffras, professeur au collége Rollin. 2 vol.

Sextus Aurelius Victor, traduction de M. N. A. Dubois, professeur. 1 vol.

———

Pline l'Ancien. Histoire naturelle, traduction française, par Ajasson de Grandsagne. 20 vol. (presque épuisé. Il ne reste plus que quelques exemplaires), par exception, au lieu de 7 fr., le vol., net. . . . . 4 fr.

. B. Il existe encore dans nos magasins trois ou quatre collections complètes de la Bibliothèque latine, composée de 218 volumes au prix de 1,500 fr. net. . . . . 1,200 fr.
Un certain nombre des ouvrages composant la collection, étant épuisés, ne figurent pas sur le atalogue. Comme il nous rentre de temps en temps des volumes, et que nous sommes disposés faire l'acquisition de ceux qu'on vient nous offrir, on peut toujours nous adresser des demandes our les ouvrages mêmes qui ne sont pas indiqués ici.

COLLECTION FORMAT IN-24 JÉSUS (ANCIEN IN-12)

PUBLIÉE SOUS LA DIRECTION DE M. LEFÈVRE

Prix de chaque volume, fr. 50 c.

laute. Son théâtre, trad. de M. Naudet, de l'Académie des inscriptions et belles-lettres. 4 vol.

acite, trad. de Dureau de la Malle, revue et corrigée, augmentée de la vie de Tacite, des suppléments de Brottier. 3 vol.

Pline l'Ancien. L'Histoire des Animaux traduction de Guéroult, augmentée de sommaires et de notes nouvelles. 1 vol. de près de 700 pages.

Morceaux extraits de Pline le Naturaliste, traduction de Guéroult, augmentée de sommaires et de notes nouvelles. 1 vol.

Q. Horatii Flacci, Opera omnia, ex recensione Joannis Gasparis Orelli. 1 vol, in-24, édition Lefèvre, 1851. 4 fr.
Edition remarquable par l'exécution typographique et la correction du texte.

FABLES DE LA FONTAINE

Avec les notes de M. Walckenaer. 2 vol. in-8, cavalier vélin, avec 12 gravures d'après Moreau, 10 fr. ; net. . . . . 6 fr. 50

LA HENRIADE DE VOLTAIRE

Édition collationnée sur les textes originaux, avec notes et variantes. 1 vol. grand in-18, imprimé par M. Didot sur papier grand raisin vélin, et illustré de 11 gravures. . . . . 2 fr. 50

LES HISTORIETTES DE TALLEMANT DES RÉAUX

Mémoires pour servir à l'histoire du seizième siècle, publiés sur le manuscrit autographe de l'auteur. Deuxième édition, précédée d'une notice sur l'auteur, augmentée de passages inédits et accompagnée de notes et d'éclaircissements, par M. Monmerqué. 10 tomes brochés en 5 volumes ornés de 10 portraits gravés sur acier. . . . . 17 fr. 50

NOUVELLE COLLECTION DE GUIDES EUROPÉENS

Complets chacun en 1 vol. grand in-18 jésus

TOUS ACCOMPAGNÉS DE CARTES GÉNÉRALES ET SPÉCIALES, DE PLANS DE VILLES, DE PANORAMAS ET DE VUES PITTORESQUES

Nouveau Guide général du Voyageur en France, par Amédée de Cesena, avec une grande carte générale des chemins de fer, 5 cartes spéciales, 2 panoramas, 1 vol. . . . . 7 fr. 50

Nouveau Guide complet du Voyageur en Allemagne, par Édouard Simon, avec 5 cartes générales des routes et des chemins de fer, 20 plans de villes et 20 gravures. 1 vol. . 11 fr.

Nouveau Guide général du Voyageur en Angleterre, par William Darcy, avec une carte générale des routes et des chemins de fer, 15 plans de villes et 75 gravures. 1 vol. 11 fr.

Nouveau Guide général du Voyageur en Belgique et en Hollande, par Eug. d'Auriac, avec deux cartes, 12 plans de villes et 60 grav. . 8 fr.

Ce volume se compose de deux parties qui se vendent séparément :

La Belgique, 4 fr.

La Hollande, 4 fr.

Nouveau Guide général du Voyageur en Espagne et en Portugal, par Lannau-Rolland, avec deux cartes, 9 plans de villes et 20 grav. . 10 fr.

Nouveau Guide général du Voyageur en Italie, par Edmond Renaudin, avec une carte générale, 40 plans de villes et de musées et 20 gravures, 1 vol. . . . . 10 fr.

Nouveau Guide général du Voyageur aux bords du Rhin, ou le Rhin de Constance à Amsterdam. Par Edmond Renaudin, avec 7 cartes, 50 plans de villes et 40 grav. . . 5 fr.

Nouveau Guide général du Voyageur en Suisse, par J. Lacroix, avec une carte générale, 8 plans de villes et 60 gravures. 1 vol. . . . . . 8 fr.

Nouveau Guide général du Voyageur aux Pyrénées, par J. Lacroix, avec une grande carte routière, des cartes partielles et des vues de villes et de montagnes. 1 vol. grand in-18. 7 fr. 50

Nouveau Guide aux Bains de mer, des côtes de France, par Eugène d'Auriac, avec une carte de paysages, des vues de villes et des principaux établissements de bains. 1 vol.

Nouveau Guide du Voyageur en Algérie, par Achille Fillias, avec vues des principales villes et des monuments. 1 vol. grand in-18. . 5 fr.

Le Nouveau Paris, par Am. de Cesena. Guide pratique, historique, descriptif et pittoresque. 1 plan, 60 gravures. 1 vol. . . . . 7 fr. 50

Nouveau Guide complet aux Eaux de Vichy, avec une carte des chemins de fer, un plan et des vues pittoresques. 2 fr. Reliure toile. . . 2 fr. 50

es **Environs de Paris**, par AM. DE
CESENA. Guide pratique, historique,
descriptif et pittoresque. 1 carte, 9
plans, 75 gravures. . . . . . 5 fr.
    La reliure en percaline rouge se
paye 1 fr. 50, à l'exception de celles
des Guides de Belgique et de Hollande, 1 fr.

**Guide universel et complet de l'É-
tranger dans Paris**, contenant tous
les renseignements pratiques, la to-
pographie et l'histoire de Paris, le tableau de ses rues et leurs nouvelles
dénominations, etc., et un *Petit Guide
des environs de Paris*; par ALBERT
MONTÉMONT. 9ᵉ édition complétement
refondue. Orné de nombreuses vignettes et d'un plan de Paris. 1 vol. in-18.
4 fr.

BIBLIOTHÈQUE CHOISIE

Collection des meilleurs ouvrages français et étrangers, anciens et modernes,
format grand in-18 (dit anglais), papier jésus vélin. Cette collection est divisée par séries. La première contient des volumes de 400 à 500 pages, au
prix de 3 fr. 50 le volume. La deuxième série renferme plusieurs ouvrages illustrés, et se vend 2 fr. le volume. La troisième série est composée
de volumes à 2 fr. dont beaucoup sont ornés d'une vignette ou d'un portrait sur acier.

1ʳᵉ Série. — Vol. à 3 fr. 50

OUVRAGES DE M. SAINTE-BEUVE
DE L'ACADÉMIE FRANÇAISE

Causeries du Lundi.
    Ce charmant recueil, contenant une
foule d'articles non moins variés qu'in-
téressants, est complet en 15 volumes.
Chaque volume se vend séparément.

Portraits contemporains et divers.
Nouvelle édition. 5 forts vol. in-18.

**Portraits littéraires et derniers por-
traits**, suivis des *Portraits de Femmes*.
Nouvelle édition. 4 vol. in-18.

Chateaubriand, et son groupe littéraire sous l'Empire, 2 vol. grand
in-18.

L'Imitation de Jésus-Christ, traduction nouvelle, avec des Réflexions à
la fin de chaque chapitre, suivie de la
Messe, tirée de Fénelon, et des Vêpres
du dimanche. 4 gravures sur acier,
Frontispice or et couleur. 1 vol.

Essais de littérature française, par
M. GÉRUZEZ. 2 vol. 1ᵉʳ volume : *Moyen
âge et Renaissance*. 2ᵉ volume : *Temps
modernes*. 5ᵉ édition.

Les Petites Chroniques de la science,
années 1861 à 1866. Par S. HENRY
BERTHOUD. 6 vol.

**Légendes et traditions surnaturelles
des Flandres**, par S. HENRY BERTHOUD.
1 vol.

**Les Femmes des Pays-Bas et des
Flandres**, par S. HENRY BERTHOUD. 1 v.

Fantaisies scientifiques de Sam. Par
S. HENRY BERTHOUD. Botanique, Repti-
les, Mammifères, Oiseaux, Minéralogie, Médecine, Ethnologie, etc., etc.
4 vol.

Diodore de Sicile. Traduction nouvelle
avec une préface, des notes importantes et des index, par M. FERDINAND
HOEFER. 4 volumes.

Méditations sur l'Évangile, par Bos-
SUET. Revues sur les manuscrits originaux et les éditions les plus correc-
tes. 1 vol.

Le Livre des Affligés, Douleurs et
Consolations, par le vicomte Alban de
VILLENEUVE-BARGEMONT. 2 volumes ornés
de vignettes.

Histoire morale des Femmes, par
ERNEST LEGOUVÉ, de l'Académie française. 5ᵉ édition. 1 vol.

Histoire de la Révolution de 1848,
par LAMARTINE. Quatrième édit. 2 vol.

Œuvres de J. Reboul, de Nîmes.
Poésies diverses; le Dernier Jour,
poëme. 1 vol. avec portrait.

**Chansons et Poésies de Pierre
Dupont.** Quatrième édition, augmentée de chants nouveaux. 1 vol.

Muse Juvénile, études littéraires, *vers*
et *prose*, par PIERRE DUPONT. 1 vol.

Histoire intime de la Russie sous les
empereurs *Alexandre* et *Nicolas*, par
J. M. SCHNITZLER. 2 forts vol.

BIBLIOTHÈQUE LATINE-FRANÇAISE

RÉIMPRESSION DES CLASSIQUES LATINS DE LA COLLECTION PANCKOUCKE

46 volumes sont en vente, format grand in-18 jésus

TRADUCTIONS REVUES ET REFONDUES AVEC LE PLUS GRAND SOIN

Ces réimpressions, si bien accueillies du public, se poursuivent activement. 44 volumes sont maintenant en vente, et plusieurs autres sont sous presse ou en préparation. Le succès de cette collection est aujourd'hui avéré. Belle impression, joli papier, correction soignée, révision intelligente et sérieuse, rien n'a été négligé pour recommander nos éditions aux amis de la bonne littérature. La modicité du prix, jointe aux avantages d'une bonne exécution, fait rechercher nos *classiques* avec prédilection.

VOLUMES A 4 FR. 50

Œuvres complètes de Virgile, traduites en français (traduction de la collection Panckoucke). Nouvelle édition, refondue par M. Félix Lemaistre, et précédée d'une étude sur Virgile par M. Sainte-Beuve. 1 fort vol.

Confessions de saint Augustin, avec la traduction française d'Arnauld d'Andilly, revue avec le plus grand soin et adaptée pour la première fois au texte latin, par M. Charpentier, inspecteur de l'Académie de Paris. 1 vol.

Les Métamorphoses d'Ovide. Traduction française de Gros, refondue par M. Cabaret-Dupaty, professeur de l'Université, auteur d'ouvrages classiques ; et précédée d'une Notice sur Ovide par M. Charpentier. Édition complète en 1 vol.

Les Comédies de Térence, traduction nouvelle par Victor Bétolaud, docteur ès lettres de la Faculté de Paris, ancien professeur de l'Université, traducteur d'*Apulée*. 1 fort vol. de 750 pag.

César, *Commentaires sur la guerre des Gaules et sur la guerre civile*, traduit par M. Artaud. Nouvelle édition, revue par M. Félix Lemaistre, et précédée d'une notice par M. Charpentier. 1 vol.

Claudien, œuvres complètes. 1 vol. Traduit par M. Héguin de Guerle.

VOLUMES A 3 FR. 50

Œuvres complètes d'Horace, traduites en français, nouvelle édition enrichie de notes explicatives, accompagnée du texte latin, précédée d'une étude sur Horace, par H. Rigault, 1 vol.

Œuvres complètes de Salluste, avec la traduction française de du Rozoir, revue par MM. Charpentier, inspecteur de l'Académie de Paris, et Félix Lemaistre ; précédées d'un nouveau travail sur Salluste, par M. Charpentier. 1 vol.

Œuvres complètes de Quinte-Curce, avec la traduction française de la collection Panckoucke, par MM. Auguste et Alphonse Trognon. Nouvelle édition, revue avec le plus grand soin par M. E. Pessonneaux, professeur au Lycée Napoléon. 1 vol.

Œuvres de Suétone, traduction française de La Harpe, refondue par M. Cabaret-Dupaty, professeur de l'Université, auteur de divers ouvrages classiques. 1 vol.

Œuvres complètes de Tite-Live, traduites par MM. Liez, Dubois, Verger et Corpet. Nouvelle édition, revue par E. Pessonneaux, Blanchet et Charpentier, et précédée d'une *Étude* sur Tite-Live, par M. Charpentier. 6 vol.

Œuvres complètes de Sénèque le philosophe. Nouvelle édition, revue par MM. Charpentier et Félix Lemaistre. 4 vol.

Œuvres complètes de Juvénal et de Perse, suivies des fragments de *Turnus* et de *Sulpicia*, traduction de Dussaulx. Nouvelle édition, revue avec le plus grand soin par MM. Jules Pierrot et Félix Lemaistre. 1 vol.

Œuvres complètes de Justin. Abrégé de l'Histoire universelle de Trogue Pompée, traduction française par MM. Jules Pierrot et E. Boitard. Édition soigneusement revue par M. Pessonneaux. 1 vol.

:uvres d'Ovide. **Les Amours, l'Art d'Aimer**, etc. Nouvelle édition, revue par M. Félix Lemaistre, et précédée d'une *Étude sur Ovide et la Poésie amoureuse* par M. Jules Janin. 1 vol.

Les Fastes, les Tristes, nouvelle édition, revue par M. Pessonneaux. 1 v.

:uvres **complètes de Lucrèce**, avec la traduction française de Lagrange, revue par M. Blanchet, professeur de rhétorique au lycée de Strasbourg. 1 vol.

:uvres **complètes de Pétrone**, traduites par M. Héguin de Guerle, ancien inspecteur de l'académie de Lyon. 1 vol.

:uvres **complètes d'Apulée**, traduites en français par Victor Bétolaud, docteur ès lettres de la faculté de Paris, ancien professeur de l'Université, etc. 2 vol.

ttulle, **Tibulle et Properce**, traduits par Héguin de Guerle, Valatour et Genouille. Nouvelle édition, revue par M. Valatour. 1 vol.

:uvres **complètes d'Aulu-Gelle**. Nouvelle édition, revue par MM. Charpentier et Blanchet. 2 vol.

uvres **complètes de Tacite**. Traduction de Dureau de la Malle, revue par M. Charpentier. 2 vol.

ine **le Jeune**, Lettr trad. par M. Cabaret-Dupaty. 1 vol.

agédies **de Sénèque**. Traduction française par E. Greslou. Nouvelle édition revue par M. Cabaret-Dupaty, ancien professeur de l'Université. 1 v.

uvres **complètes de Quintilien**. Traduction de la collection Panckoucke par M. C. V. Ouisille. Nouvelle édition, revue par M. Charpentier. 5 vol.

Œuvres complètes de Valère Maxime Traduction française de C. A. F. Frémion. Nouvelle édition, revue par M. Paul Charpentier. 2 vol.

Œuvres complètes de M. V. Martial, avec la traduction de MM. V. Verger, N. A. Dubois et J. Mangeart. Nouvelle édition, revue avec le plus grand soin par M. Félix Lemaistre, ét précédée des *Mémoires de Martial*, par M. Jules Janin. 2 vol.

Fables de Phèdre, traduites en français par M. Panckoucke, suivies des *Œuvres d'Avianus*, de *Denys Caton*, de *Publius Syrus*, traduites par Levasseur et J. Chenu. Nouvelle édition, revue par M. E. Pessonneaux, professeur au lycée Napoléon, et précédée d'une *Étude sur Phèdre*, par M. Charpentier. 1 vol.

Cornélius Nepos, avec une traduction nouvelle par M. Amédée Pommier. — **Eutrope**, abrégé de l'Histoire romaine, traduit par M. N. A. Dubois. 1 vol.

Velleius Paterculus, traduction de Després, refondue avec le plus grand soin par M. Guéard, professeur au lycée Bonaparte. — **Œuvres de Florus**, traduites par M. Ragon, précédées d'une notice sur Florus, par M. Villemain. 1 vol.

Lucain. — La Pharsale, Traduction de Marmontel, revue et complétée avec le plus grand soin par M. H. Durand, professeur au lycée Charlemagne; précédée d'une *Étude sur la Pharsale*, par M. Charpentier. 1 vol.

En Préparation : **CICÉRON.**

COLLECTION DES CLASSIQUES FRANÇAIS

DIRIGÉE PAR M. A. MARTIN

Format in-24 jésus (ancien in-12), 2 fr. 50 c. le vol.

uvres **de Jacques Delille**, avec notes de Delille, Choiseul-Gouffier, Féletz, Aimé Martin. 2 vol.

eury. Discours sur l'histoire ecclésiastique, Mœurs des Israélites, Mœurs des Chrétiens, Traité des études, etc. ? vol.

Bossuet. Oraisons funèbres, Panégyriques et sermons. 4 vol.

Bourdaloue. Chefs-d'œuvre oratoires. 1 vol.

Essai sur l'éloquence de la chaire, par le cardinal Maury. 1 vol.

EXTRAIT DU CATALOGUE

Messieurs les Cosaques, par MM. Taxille DELORD, Clément CARAGUEL et Louis HUART. 2 vol. ill. de 100 vignettes par Cham.

Le Whist rendu facile, suivi des Traités du Whist, de Gand, du Boston de Fontainebleau et du Boston russe; par un Amateur. Deuxième édition. 1 vol.

Correspondance de Jacquemont avec sa famille et plusieurs de ses amis pendant son voyage dans l'Inde (1828-1852). Nouvelle édition, augmentée de lettres inédites et d'une carte. 2 vol.

Mémoires de Beaumarchais, nouvelle édition, précédée d'une appréciation tirée des *Causeries du Lundi*, par M. SAINTE-BEUVE. 1 vol.

Causeries de Chasseur et de Gourmets, 1 fort vol.

La Musique ancienne et moderne, par Scudo. Nouveaux mélanges de critique et de littérature. 1 vol.

Cours d'hygiène, par le docteur A. TESSEREAU, professeur d'hygiène; ouvrage couronné par l'Académie de médecine. 1 vol.

Voyages dans l'Inde et en Perse, par SOLTYKOFF. 1 vol. orné d'une carte.

Souvenirs de l'Orient, par le comte DE MARCELLUS. 3ᵉ édition. 1 vol.

Un mois en Espagne suivi de *Christine*, nouvelle, par E. CHAUFFARD. 1 v.

Souvenirs de la marquise de Créqui (1718-1803). Nouvelle édition, revue, corrigée et augmentée de notes. 10 vol. broc. en 5 vol. avec gravures sur acier.

Excursion en Orient, l'Égypte, le mont Sinaï, l'Arabie, la Palestine, la Syrie, par M. le comte Ch. DE PARDIEU. 1 vol.

Proverbes sur les Femmes, L'AMITIÉ — L'AMOUR — LE MARIAGE. Recueillis et commentés, par M. QUITARD. 1 vol.

L'Anthologie de l'Amour, choix de pièces érotiques, tirées des meilleurs poëtes français, par QUITARD. 1 vol.

L'Amour, les Femmes et le Mariage, historiettes, pensées et réflexions glanées à travers champs, par ADOLPHE RICARD. 4ᵉ édition. 1 vol.

Les Français dans le désert. *Journal d'une expédition aux limites du S'ah'ra algérien*, par C. TRUMELET, capitaine adjudant-major. 1 vol.

Œuvres de Parny. Élégies et poésies diverses. Nouv. éd., avec une préf. de M. SAINTE-BEUVE. 1 vol.

Les Contes drolatiques, colligez es abbayes de Tourraine et mis en lumière par le sieur de BALZAC, pour l'esbatlement des pantagruelistes et non aultres. Édition illustrée de vignettes en tête des chap. par GUSTAVE DORÉ. 1 vol.

Odes d'Horace, traduites en vers, par HENRY VESSERON, avocat. 1 vol.

LAVATER ET GALL. — **Physiognomonie et Phrénologie**, rendues intelligibles pour tout le monde. Exposé du sens moral, des traits de la physionomie humaine et de la signification des protubérances, etc., par A. YSABEAU, ancien professeur d'histoire naturelle, accompagné de 150 figures dans le texte. 1 vol.

Éducation progressive, ou Étude du cours de la vie, par madame NECKER DE SAUSSURE. 2 vol. Ouvrage qui a obtenu le prix Montyon.

Lettres adressées à M. Villemain, etc., par M. E. CHEVREUL, de l'Académie des sciences. 1 vol.

Genèse selon la Science, par PAUL DE JOUVENCEL. 5 vol. avec fig. dans le texte.
I. **Les Commencements du Monde** (*résumé des sciences physiques et application à la formation du globe*). Deuxième édition, revue et augmentée. 1 vol.
II. **La Vie** (*sa nature, son origine*). Deuxième édition, revue et augmentée. 1 vol.
III. **Les Déluges** (*développements du globe et de l'organisation*). 1 vol.
Chaque volume se vend séparément.

Légendes du Nord, par MICHELET. 1 v.

Mémoires. Correspondance et Ouvrages inédits de Diderot, publiés sur les manuscrits confiés, en mourant, par l'auteur, à Grimm. 2 vol.

EUG. DE LONLAY. Chansons populaires. Nouvelle édition, ornée de portraits. 1 vol.

2ᵉ Série. — Volumes à 3 fr.

PLUTARQUE. — **Les Vies des Hommes illustres**, traduites en français par RICARD, précédées de la Vie de Plutarque. Nouvelle édition, revue avec le plus grand soin. 4 vol.

Théâtre complet de Racine, avec des remarques littéraires et un choix de notes classiques, par M. FÉLIX LEMAISTRE. 1 fort vol. de plus de 700 pages.

Œuvres complètes de Molière. Nouv éd., accompagnée de notes tirées de tous les commentateurs, avec des remarques nouv., par M. FÉLIX LEMAISTRE, précédée de la Vie de Molière par Voltaire. 3 vol.

Œuvres de Boileau, avec notice de SAINTE-BEUVE et notes de tous les commentateurs. 1 vol.

a **Nouvelle Héloïse**, par J. J. Rousseau. Nouvelle édition avec des notes explicatives. 1 fort vol.

MILE, par J.-J. Rousseau.

ettres choisies de madame de **Sévigné**. Accompagnées de notes explicatives sur les faits et les personnages du Temps et précédées d'observations littéraires par M. Sainte-Beuve. 1 vol.

omans de **Voltaire**. Suivis de ses contes en vers. 1 vol. grand in-18.

istoire de **Gil-Blas de Santillane**, par Le Sage. 1 vol.

uvres choisies de **Descartes**. Discours de la Méthode — méditations métaphysiques. — Règles pour la direction de l'esprit, etc. Nouvelle édition. 1 vol.

ettres écrites à un **Provincial**, par Blaise Pascal, précédées d'un Essai sur les Provinciales et sur le style de Pascal. 1 vol.

iscours sur l'histoire universelle, A Mgr le Dauphin, pour expliquer la suite de la religion et les changements des empires, par Bossuet, évêque de Meaux. 1 vol.

uvres choisies de **Fénelon**. — De l'**Existence de Dieu**. Lettres sur la Religion. Discours pour le sacre de l'Électeur de Cologne. Lettres sur l'Église, etc. Précédés d'observations par le cardinal de Bausset. Nouvelle édition, revue d'après les meilleurs textes. 1 vol.

ERGERAC. (Cyrano de). **Histoire comique des États et Empires de la Lune et du Soleil.** Nouvelle édit., revue sur les éditions originales, accompagnée de notes et précédée d'une Notice biographique, par P. L. Jacob, bibliophile. 1 vol.

Œuvres comiques, galantes et littéraires. Nouvelle édit., revue et publiée avec des notes, par P. L. Jacob, bibliophile. Les Lettres satiriques, les Lettres amoureuses. 1 fort vol.

ONAVENTURE DES PÉRIERS. Le Cymbalum mundi, précédé des Nouvelles récréations et Joyeux devis. Nouvelle édition, revue et corrigée. 1 fort vol.

USSY-RABUTIN. Histoire amoureuse des Gaules, suivie de la France galante, romans satiriques du dix-septième siècle, attribué au comte de Bussy; édition nouvelle avec des notes. 2 forts vol.

ASSOUCY. Ses aventures burlesques. Nouvelle édition, avec préface et notes, par Émile Colombey. 1 fort v.

ESPORTES (Philippe). **Œuvres poétiques**. Nouvelle édit., revue et

publiée avec des Notes et une Introduction par Alfred Michiels. 1 fort vol.

LARCHER. Satires et diatribes sur les femmes, l'amour et le mariage. 1 vol.

LÉLUT (membre de l'Institut). **La Phrénologie, son histoire, ses systèmes et sa condamnation;** 2ᵉ édition, avec planches. 1 vol.

LEROUX DE LINCY. Le livre des Proverbes français, précédé de recherches historiques sur les proverbes français et leur emploi dans la littérature du Moyen Age et de la Renaissance, par M. Leroux de Lincy. 2ᵉ édition, revue, corrigée et augmentée. 2 forts vol.

MERLIN COCCAIE. Histoire macaronique de Coccaie, prototype de Rabelais, où sont traités les ruses de Cingar, le tour de Boccal, les Adventures de Léonard, etc., avec des notes et une notice, par G. Brunet, nouvelle édition, corrigée sur l'édition de 1606. 1 fort vol.

RECUEIL DE FARCES, soties et moralités du quinzième siècle, réunies pour la première fois avec des notices et des notes. 1 fort vol.

PARIS RIDICULE ET BURLESQUE DU DIX-SEPTIÈME SIÈCLE, par Claude, le Petit, Bertrod, François Colletet, Scarron, Boileau, etc. Nouvelle édition. 1 vol.

QUINET (Edgard). **Fondation de la République des Provinces-Unies.** Marnix Sainte-Aldegonde. 1 volume.

RÉGNIER (Mathurin). **Œuvres complètes**, nouvelle édition, augmentée d'un grand nombre de pièces qui n'avaient pas été recueillies. 1 vol.

SCARRON (Paul). **Le Virgile travesti en vers burlesques**, avec la suite de Moreau de Brasei. Nouvelle édition, revue, annotée et précédée d'une Étude sur le burlesque, par Victor Fournel. 1 fort vol.

SOREL. La Vraie Histoire comique de Francion, composée par Charles Sorel (sieur de Sauvigny). Nouvelle édition, avec Avant-Propos et Notes, par Émile Colombey. 1 fort vol.

TABARIN (Œuvres de), avec les Aventures du capitaine Rodomont, la Farce des Bossus et autres pièces tabariniques. Nouvelle édition, préface et notes, par Georges d'Harmonville. 1 vol. in-16 de plus de 500 pages, figures, papier vergé, collé.

CHRONIQUE DE LA PUCELLE, ou Chronique du Cousinot, suivie de la

Chronique normande de P. Cauchon, de documents inédits relatifs aux règnes de Charles VI et Charles VII, avec notices et notes, par M. VALLET de VIRVILLE, etc. 1 fort vol.

BACHAUMONT. Mémoires secrets. revus et publiés avec des notes et une préface. 1 fort vol.

Œuvres de P.-L. Courier, précédées d'un Essai sur la vie et les écrits de l'auteur, par ARMAND CARREL. Nouvelle édition, revue d'après les meilleurs textes. 1 fort vol.

Aventures de Télémaque, par FÉNELON, avec des notes géographiques et littéraires et les Aventures d'Aristonoüs. 8 gravures. 1 vol.

Œuvres de Millevoye. Précédées d'une notice sur l'auteur, par M. SAINTE-BEUVE. 1 vol.

LA BRUYÈRE. — Les Caractères de Théophraste, avec les caractères ou les mœurs de ce siècle. 1 vol.

Œuvres complètes du comte Xavier de Maistre, nouvelle édition. Expédition nocturne, le Lépreux de la Cité d'Aoste, Voyage autour de ma chambre, les Prisonniers du Caucase, la Jeune Sibérienne, avec une préface par M. SAINTE-BEUVE. 1 vol.

Les Confessions de Rousseau. 1 vol.

Corinne, ou l'Italie, par madame de STAEL. Nouvelle édition, précédée de quelques Observations par Mme NECKER DE SAUSSURE et M. SAINTE-BEUVE. 1 fort volume.

De l'Allemagne, par Mme DE STAEL. Nouvelle édition, revue d'après les meilleurs textes. 1 fort vol.

Mes Prisons, suivies des Devoirs des hommes, par SILVIO PELLICO; traduction par le comte H. DE MESSEY, revue par M. le vicomte ALBAN DE VILLENEUVE, 6 gravures. 1 vol.

Théâtre de Corneille, nouvelle édition. 1 vol.

Fables de la Fontaine, avec des notes philologiques et littéraires, par M. FÉLIX LEMAISTRE, et illustrées de gravures. 1 vol.

Œuvres de Gresset, précédées d'une appréciation littéraire par LA HARPE. Nouvelle édition, revue d'après les meilleurs textes. 1 vol.

Contes et nouvelles de la Fontaine, nouvelle édition revue avec soin et accompagnée de notes explicat. 1 vol.

Jérusalem délivrée, traduction en prose, par M. V. PHILIPON DE LA MADELAINE; augmentée d'une description de Jérusalem, par M. DE LAMARTINE. 1 vol.

Œuvres de Rabelais, nouvelle édit. revue sur les meilleurs textes, éclaircie, quant à l'orthographe et à la ponctuation, accompagnée d'un glossaire, par Louis BARRÉ. 1 fort vol. papier glacé satiné, de 630 pages.

Contes de Boccace, traduits par SABATIER DE CASTRES. 1 vol.

De l'Éducation des Femmes, par madame de RÉMUSAT, avec une Préface par M. Ch. de RÉMUSAT. Paris, 1843. 1 v.

L'Heptaméron. Contes de la reine de Navarre. Nouvelle édition. 1 vol.

Les cent Nouvelles nouvelles, texte revu avec beaucoup de soin sur les meilleures éditions et accompagné de notes explicatives. 1 vol.

ŒUVRES DE F. DE LAMENNAIS.

Essai sur l'Indifférence en matière de Religion. Nouvelle édition, 4 vol.

Paroles d'un Croyant. — Une voix de Prison. — Le livre du Peuple. — Du passé et de l'Avenir du peuple, etc. 1 vol.

Affaires de Rome. 1 vol.

Les Évangiles, traduction nouvelle avec des notes et réflexions. 3e édition. 1 vol.

De l'Art et du Beau, tiré du 5e volume de l'Esquisse d'une Philosophie. 1 vol.

3e Série. — Volumes, au lieu de 3 fr.; net, 2 fr.

Vies des Dames galantes, par le seigneur de Brantôme. Nouvelle édition, revue et corrigée sur l'édition de 1740. 1 vol.

Curiosités dramatiques et littéraires, par M. Hippolyte LUCAS. 1 vol.

Œuvres de Gilbert. Nouvelle édition précédée d'une notice historique sur Gilbert, par CHARLES NODIER. 1 beau vol.

La Princesse de Clèves, suivie de la Princesse de Montpensier, par madame DE LA FAYETTE. Nouvelle édition. 1 beau volume.

Raphaël. Pages de la vingtième année, par A. de LAMARTINE. 5e édition, 1 vol.

Histoire de Manon Lescaut et du chevalier des Grieux, par l'abbé Prévost. Nouvelle édition, collationnée sur l'édition publiée à Amsterdam en

RÉIMPRESSION DES CLASSIQUES LATINS DE LA COLLECTION PANCKOUCKE

Format grand in-18 jésus. — 3 fr. 50 c. le volume

1. OEUVRES COMPLÈTES D'HORACE. Nouv. édit., revue par M. F. Lemaistre, précédée d'une *Étude* par H. Rigault. . 1 vol.
2. OEUVRES COMPLÈTES DE SALLUSTE. Traduction par Durozoir. Nouv. édition, revue par MM. Charpentier et F. Lemaistre; précédée d'un nouveau travail sur Salluste, par M. Charpentier. 1 vol.
3. OEUVRES CHOISIES D'OVIDE (Les Amours, L'Art d'aimer, etc.). Nouv. édit., revue par M. F. Lemaistre, précédée d'une *Ét. de*, par M. J. Janin. . . . . 1 vol.
4. OEUVRES DE VIRGILE. Nouv. édit., revue par M. F. Lemaistre; précédée d' ne *Étude* sur Virgile, par M. Sainte-Beuve. 1 vol. Par exception. . . . . 4 fr. 50
5 à 8. OEUVRES COMPLÈTES DE SÉNÈQUE LE PHILOSOPHE. Nouvelle édition, revue par MM. Charpentier et F. Lemaistre. . . . . 4 vol
9. CATULLE, TIBULLE ET PROPERCE, traduits par MM. Héguin de Guerle, Valatour et Genouille. Nouv. édit., revue par M. Valatour. . . . . . 1 vol.
10. CÉSAR. Commentaires sur la *Guerre des Gaules*, avec les réflexions de Napoléon 1er, suivis des Commentaires sur la *Guerre civile* et de la *Vie de César*, par Suétone. traduction d'Artaud, nouvelle édition, très-soigneusement revue par M. Félix Lemaistre; précédée d'une *Étude* sur César, par M. Charpentier. 1 fort vol. Par exception. . . 4 fr. 50
11. OEUVRES COMPLÈTES DE PÉTRONE, traduites par M. Héguin de Guerle. . . . . 1 vol.
12. OEUVRES COMPLÈTES DE QUINTE-CURCE, avec la traduction de MM. Aug. et Alph. Trognon, revue avec le plus grand soin par M. Pessonneaux, professeur au lycée Napoléon . . . . 1 vol.
13. OEUVRES COMPLÈTES DE JUVÉNAL. Trad. de Dusaulx, revue par MM. Jules Pierrot et F. Lemaistre. . 1 vol.
14. OEUVRES CHOISIES D'OVIDE. — Les Fastes, les Tristes. Nouvelle édition, revue par M. E. Pessonneaux. . 1 vol.
15 à 20. OEUVRES COMPLÈTES DE TITE-LIVE, traduites par MM. Liez, Dubois, Verger et Corpet. Nouv. édit., revue par MM. E. Pessonneaux, Blanchet et Charpentier, précédée d'une *Étude*, par M. Charpentier. . . . . . . 6 vol.
21. OEUVRES COMPLÈTES DE LUCRÈCE, avec la traduction de Lagrange; revue avec le plus grand soin, par M. Blanchet. . . . . 1 vol.
22. LES CONFESSIONS DE SAINT AUGUSTIN. Traduction française d'Arnauld d'Andilly, très-soigneusement revue et adaptée pour la première fois au texte latin, avec une introduction, par M. Charpentier. 1 vol. Par exception. . . . . 4 fr. 50
23. OEUVRES COMPLÈTES DE SUÉTONE. Traduction de La Harpe, refondue a ec le plus grand soin par M. Cabaret-Dupaty. . . . . 1 vol.
24-25. OEUVRES COMPLÈTES D'APULÉE, traduites en français par M. Victor Bétolaud. Nouvelle édition, entièrement refondue. . . . . 2 vol.
26. OEUVRES COMPLÈTES DE JUSTIN, traduites par MM. J. Pierrot et E. Boitard. Nouv. édit., revue par M. Pessonneaux. 1 vol.
27. OEUVRES CHOISIES D'OVIDE. — Les Métamorphoses. Nouvelle édition, revue par M. Cabaret-Dupaty, avec une préface par M. Charpentier. 1 fort vol. Par exception. . . . . 2 fr. 50
28-9. OEUVRES COMPLÈTES DE TACITE. Traduction de Dureau-Delamalle, revue par M. Charpentier. . 2 vol.
30. LETTRES DE PLINE LE JEUNE, traduites par MM. de Sacy et J. Pierrot. Nouv. édit. revue par M. Cabaret-Dupaty. . 1 vol.
31-2. OEUVRES COMPLÈTES D'AULU-GELLE. Nouv. édit., revue par MM. Charpentier et Blanchet. . . 2 vol.
33 à 35. QUINTILIEN. OEuvres complètes, traduites par M. C. V. Ouizille. Nouvelle édition revue par M. Charpentier. 3 vol.
36. TRAGÉDIES DE SÉNÈQUE, trad. par E. Greslou. Nouvelle édition revue par M. Cabaret-Dupaty. . . . . 1 vol.
37-8. VALÈRE-MAXIME. OEuvres complètes, trad. de C. A. F. Frémion. Nouv. éd. revue par M. Paul Charpentier. 2 vol.
39. LES COMÉDIES DE TÉRENCE, traduction nouv. par M. Victor Bétolaud. 1 très-fort vol. Par exception. . . 4 fr. 50
40-41. MARTIAL. OEuvres complètes, avec la trad. de MM. V. Verger, N. A. Dubois et J. Mangeart. Nouvelle édition revue avec le plus grand soin, par M. F. Lemaistre et M. N. A. Dubois, et précédée des *Mémoires de Martial*, par M. Jules Janin. . 2 vol.
42. FABLES DE PHÈDRE, traduites en français, par M. Panckoucke, suivies des œuvres d'Avianus, de Denys Caton, de Publius Syrus, traduites par Levasseur et J. Chenu. Nouv. édit., revue par M. E. Pessonneaux, et précédée d'une *Étude* par M. Charpentier. . . . . 1 vol.
43. VELLEIUS PATERCULUS. Traduction de Despres, refondue avec le plus grand soin par M. Gréard, professeur au lycée Bonaparte. Suivie des OEUVRES DE FLORUS. Traduites par M. Ragon, précédées d'une *Notice sur Florus*, par M. Villemain. 1 vol.
44. CORNÉLIUS NÉPOS, avec une traduction nouvelle, par M. Amédée Pommier. Suivi d'EUTROPE. *Abrégé de l'histoire romaine*, traduit par M. N. A. Dubois. Nouvelle édition, revue avec le plus grand soin par le traducteur. . . . . 1 vol.
45. LUCAIN. — La Pharsale, traduction de Marmontel, revue et complétée avec le plus grand soin, par M. H. Durand, profess. au lycée Charlemagne, précédée d'une étude sur la *Pharsale*, par M. Charpentier. 1 vol.
46. OEUVRES COMPLÈTES DE CLAUDIEN, traduites en français par M. Héguin de Guerle, ancien inspecteur de l'Université, ancien professeur au lycée Louis-le-Grand. Traduction de la collection Panckoucke, revue avec le plus grand soin. 1 vol. Prix, par exception. . . . . 4 fr. 50

En préparation : OEUVRES DE CICÉRON.

PARIS. — IMP. SIMON RAÇON ET COMP., RUE D'ERFURTH, 1.

www.ingramcontent.com/pod-product-compliance
Lightning Source LLC
Chambersburg PA
CBHW072104220426
43664CB00013B/1989